KB237311

나치즘과 동성애

지은이 **김학이**
한국외국어대학교 독어과를 졸업한 뒤 서울대학교 서양사학과에서 석사학위를, 독일 보쿰 대학에서 역사학 박사학위를 받았다. 박사학위 논문인 『대공황기 대기업과 경제정책 1931~1933』은 독일 베를린의 둥케르 운트 훔블로트 출판사의 "사회경제사" 총서에 포함되어 출간되었다. 주요 논문으로 「바이마르 말기의 기업가와 정치」「나치즘과 근대화」「홀로코스트와 근대성」「홀로코스트 학살자들의 양심」 등이, 옮긴 책으로 『히틀러국가』『홀로코스트, 유럽 유대인의 파괴』『나치 시대의 일상사』『나치스 민족공동체와 노동계급』 등이 있다.
　　역사학은 문학과 사회과학이 결합된 학문이라고 믿는다. 현재 동아대학교 사학과 교수로 재직 중이다.

현대의 지성 151

나치즘과 동성애
독일의 동성애 담론과 문화

제1판 제1쇄　2013년 10월 28일
제1판 제2쇄　2014년 12월 15일

지은이　김학이
펴낸이　주일우
펴낸곳　㈜**문학과지성사**
등록번호　제1993-000098호
주소　121-894 서울 마포구 잔다리로7길 18(서교동 377-20)
전화　02) 338-7224
팩스　02) 323-4180(편집)　02) 338-7221(영업)
전자우편　moonji@moonji.com
홈페이지　www.moonji.com

ISBN 978-89-320-2461-5

이 저서는 2009년도 정부(교육부)의 재원으로 한국연구재단의 지원을 받아 수행된 연구임.
(NRF-2009-812-A00179)

현대의 지성 151

나치즘과 동성애

독일의 동성애 담론과 문화

김학이 지음

문학과지성사
2013

왕난경 님께 헌정함

차례

제3부 나치즘과 동성애

서언

1920년 10월 4일, 뮌헨의 톤할레 연주회장에서 마그누스 히르슈펠트Magnus Hirschfeld가 "성性개혁Sexualreform"에 대하여 강연을 했다. 히르슈펠트는 당대의 가장 탁월한 성과학자는 아닐지 몰라도 가장 유명한 성과학자이자 성개혁 운동가이기는 했다. 당시 성개혁이란 낙태, 매춘, 동성애, 인공수정, 회춘, 성범죄, 이혼, 사생아 문제 등에 대한 우생학적 대책으로서, 국가의 입법과 개인의 사생활 모두에 걸쳐져 있던 매우 중요한 의제였다. 히르슈펠트는 강연 직전 극우 청년들이 자신을 공격하려 한다는 정보를 입수했다. 그런 일은 그때가 처음이 아니었다. 일곱 달 전 3월 함부르크에서 그는 "인간의 생식과 인류의 고양"이라는 제목으로 강연을 하다가 오물 폭탄과 폭죽탄 세례를 받기도 했다. 이번에도 강연 중에 "젊은 갈고리십자가(나치) 청년들"이 오물 폭탄을 던졌다. 겨우 강연을 마친 히르슈펠트가 연주회장 밖으로 빠져나오자 군중이 그를 에워쌌다. 도저히 앞으로 나아갈 수 없던 히르슈펠트가 길 건너

카페로 방향을 잡고 옆길로 접어들자 돌멩이가 날아들었다. 다행스럽게 빗나갔다. 심호흡을 하고 몇 걸음 걷자 이번에는 갈고리가 그의 오른발을 노렸다. 껑충 뛰어올라 피하자 골목에서 튀어나온 청년 몇 명이 앞을 막아섰고, 그들을 바라보는 순간 누군가 뒤에서 뒤통수와 등을 내리쳤다. 뒤로 돌아서려는데 머리에 또 한 번의 충격이 가해졌다. 히르슈펠트는 의식을 잃고 쓰러졌다.

히르슈펠트는 병원에서 깨어났다. 그가 일주일간의 입원 끝에 베를린으로 돌아와 보니, 일부 신문이 성급하게 그의 죽음을 보도한 터여서 집무실에 죽음을 애도하는 전보와 편지가 수북이 쌓여 있었다. 쓴웃음으로 일을 마무리하려는데, 뮌헨 검찰이 연락을 해왔다. 공공질서를 교란한 혐의와 음란물을 유포한 혐의로 그를 수사한다는 것이었다. 히르슈펠트는 혐의를 부인하는 장문의 편지를 담당 검사에게 보냈다. 뮌헨 검찰은 사면이라도 해주는 듯 수사를 종결했지만, 히르슈펠트를 쓰러트린 가해자들에 대한 수사도 종결지었다. "어둠을 이용하여 빠져나간 탓에 찾을 수 없다"는 것이었다. 10월 18일, 신출내기 정치가 아돌프 히틀러Adolf Hitler가 뮌헨의 호프브로이하우스 연설에서 그 일을 언급했다. 히틀러는 사건의 경과를 요약한 뒤 선언했다. "과거 민족의 동지 수천 명의 살인을 교사한 그런 인간을 왜 법정에 세울 수 없는지 나는 도저히 이해할 수 없습니다. 거꾸로 검찰은 그 돼지유대인들을 보호하고 있단 말입니다! 이제는 인민 스스로가 나서서 인민재판을 해야 합니다. 그날 내가 뮌헨에 있었더라면 그자에게 싸대기를 몇 대 올려붙였을 겁니다. 그 돼지유대인이 팔려고 내놓은 것은 우리 민족에 대한 비열한 조롱입니다."[1]

위 사건에서 우리는 여러 가지를 읽어낼 수 있다. 테러가 벌어진 1920년의 뮌헨은 1919년 4월에 공산주의자들이 평의회공화국을 선언했다가 무력으로 진압되었던 곳이고, 1920년 4월의 카프Wolfgang Kapp 쿠데타 실패 이후 독일에서 가장 우익적인 정권이 들어서 있었다. 뮌헨 검찰이 테러범들은 못 본 척해버리고 엉뚱하게 히르슈펠트를 기소하려 한 것은 성개혁 운동에 대한 보수 우익의 분노를 보여준다. 그리고 나치 청년들이 히르슈펠트를 공격한 것은, 그들이 13년 뒤 정권을 잡았을 때 어떤 일을 벌일지 예고하는 것이었다. 그러나 그에 앞서, 평소 같았으면 뮌헨 필하모니가 고전음악을 연주했을 톤할레 연주회장에서 히르슈펠트가 성에 대한 강연을 했다는 사실은 당시 성이 독일에서 얼마나 큰 관심사였는지를 보여준다.

성은 20세기 전반기 독일에서 만개했다. 성애에 대한 관심은 가히 폭발적이었다. 단적으로, 성애 안내서들이 날개 돋친 듯 팔려나갔다. 예컨대 덴마크 산부인과 의사 반 데 벨데Theodoor van de Velde가 1926년에 출간한 『완전한 결혼』은 출간 즉시 독일어로 번역되어 1932년까지 무려 42쇄를 찍었다. 그 책은 남자가 어떻게 해야 여자를 오르가슴으로 이끌 수 있는가에 관한 책이다. 책으로 만족하지 못하는 사람들은 인근의 성 상담소를 방문할 수도 있었다. 당시 독일에는 베를린에만 19개나 되는 성상담소가 설치되어 있었다. 성은 과학에 의해서도 뒷받침되었다. 예컨대 히르슈펠트는 1919년 7월에 베를린에 성과학연구소를 설립했다. 이 연구소에서 혹은 연구소의 소개로 1923년부터 남성을 여성으로 바꿔놓는 성전환수술이 실시되었다. 연구소 2층에는 "기록보관실"이 따로 마련되어 있었는데, 그곳은 사료만이 아니라 남녀추니를 비롯한 비일상적인 성 유형들의 사진과 모조품이 진열된 성박물관이었다. 성과학연구소도, 성전환수술도, 성박물관도 모두 세계 최초였다.

　성과학연구소는 매주 한 번씩 "질문의 밤"을 개최하여 사람들을 계몽했다. 그때 쏟아지는 질문은 주로 낙태, 피임, 성병, 불임에 관한 것이었다. 강연회가 끝나면 사람들은 새로 출시된 강장제에 대한 정보를 듣거나 콘돔을 선물로 챙겨서 집으로 돌아갔다. 19세기 후반에 개발된 콘돔은 1920년대에 와서도 여전히 사용하기 불편했다. 여성용 피임기구인 페서리도 마찬가지였다. 그것도 하나의 이유가 되어 낙태수술이 광범하게 실행되었다. 여전히 불법이었음에도 불구하고 1920년대 독일에서는 연간 100만 건의 낙태수술이 이루어졌다. 낙태는 성에 대한 탐닉과 피임 수단의 불편함 이외에 두 자녀 가족의 일반화에서 비롯된 현상이었다. 1890년대에 인구 1000명당 37명에 달하던 독일의 출생률은 1930년까지 17.5명으로 추락했다. 그리고 두 자녀 가족의 일반화는 인구의 정체를 뜻했다. 당대인들은 그러한 인구 변동 추세를 인식했다. "가족의 위기"와 "민족의 죽음"이 시대적 개념이 되었다. 성은 그렇게 지극히 국가적이고 정치적인 문제였다.

　인구 감소에 가장 놀란 진영은 우익이었다. 그들의 일차적인 공격 대상은 여성이었다. 그들은 "여성들의 임신 파업" 혹은 "여성들의 무한 이기주의"를 성토했다. 그 이기적인 여성의 선두 주자가 "신여성"이었다. 우익의 눈에 신여성은 그저 할리우드 영화의 패션과 헤어스타일을 흉내 내는 존재일 뿐 아니라, 무엇보다도 성적 쾌락을 좇는 "병든 존재"였다. "병든 존재"라는 표현에서 알 수 있듯이, 우익은 성에서 인구 문제만을 보았던 것이 아니다. 보다 근원적으로는 도덕이 문제였다. 성은 원체 두 얼굴을 지녔다. 성은 개개인의 내밀한 삶의 문제인 동시에 공동체 재생산의 문제이기도 하다. 따라서 성 도덕은 개인과 사회의 관계를 결정하는 가장 중요한 수단 중의 하나로 작동한다. 그것에 의하여 성과 인간이 생산되기 때문이다. 그리하여 위기에 부딪친 사회는 언제나 성에 주목하고, 새로운 사회를 여는 운동 역시 언제나 성에서 새로운 도덕을 탐색하고 실험한다. 또한 그래서 성은 위기와 변동의 시기에 과격하게 정치화된다.

독일에서 위기와 변동은 1890년경에 뚜렷이 의식되었다. 산업화가 서구에서는 상대적으로 늦게 시작되었으나 가장 빨리 그러나 그만큼 잦은 경기변동 속에 진행되었고, 그 와중에 각종의 사회적 긴장과 갈등이 터져 나왔으며, 통일 민족국가의 꿈은 실현하였으나 일부 지방이 독자적인 왕정을 유지하고 있을 만큼 내적 통합력이 느슨했고, 통치 체제는 권위적이었으나 대중의 시대에 직면하여 국가는 취약하다고 여겨졌으며, 지리적·역사적 조건 때문에 제국주의 경쟁에 뒤늦게 뛰어들어야 했고 따라서 모험적이었고, 또 그래서 국제정치적 지위가 불안정했으며, 변화와 불안과 위기로부터 창조성이 솟아올라 모더니즘 문화예술에서 괄목할 만한 성취가 이루어졌다. 이 모든 것이 제1차 세계대전으로 인하여 극단으로 치달았다. 패전으로 체제의 정당성은 파괴되었고, 혁명과 봉기와 쿠데타와 암살이 반복되면서 내전을 방불케 하는 나날이 한동안 지속되었으며, 경제는 초인플레이션과 세계대공황을 겪었음은 물론 더욱 근본적으로는 1950년대에 와서야 끝날 장기간의 하강 국면으로 접어들었고, '타고난 노동자'의 증가에서 볼 수 있듯 계급 구조는 더욱 굳어졌으며, 정당은 좌우를 막론하고 분열되었을 뿐만 아니라 "하노버농민당" "바이에른인민당" 등의 예에서 나타나듯 직업적, 지역적 이해관계의 정치적 수단으로 격하되고 또 그렇게 사회문화적 통합 능력을 상실했으며, "바이마르 문화"는 유럽 문화의 전위로서 매혹과 공포를 낳았다.

갈림길로 보였다. 국가와 민족의 기치 아래 모두가 하나가 될 것이냐, 아니면 내면의 억압마저 잘라버리고 그 아래의 욕망에 충실한 모더니스트적인 자아 해방으로 나아갈 것이냐? 공동체인가 개인인가? 국가인가 인권인가? 성은 그 한가운데 있었다. 성은 생식인가 환희인가? 의무인가 자유인가? 낙태 합법화, 매춘 합법화, 미성년 연령의 상향 조정, 음란물 검열 등은 실업보험의 도입만큼이나 뜨겁게 논의되었고 또 사회를 갈라놓았다. 성은 위기의 진원지이자 증상이었다. 혹은, 위기의 원인이자 여타의 모든 문제가 코드화되는 표면이었다. 당시의 독일 국가, 즉 바이마르공화국은 갈팡질팡했다. 1926년에는 음란물에 대한 법률을 제정하여 '청소년의 도덕감'을 해칠 수 있는 도서에 대한 사후적인 검열 제도를 도입했지만, 이듬해에는 매춘 행위를 합법화하여 창녀들이 대로에서 고객을 만날 수 있도록 했다. 우익은 격노하여 '볼셰비키화된 공화국'을 공격했다. 좌익은 실망하여 '보수적인 공화국'을 한탄했다.

이제 우리는 왜 우익이 히르슈펠트를 그토록 증오했는지 알 수 있다. 성을 개혁하자면서 낙태와 매춘의 합법화와 자유로운 성을 주장하는 그는 우익의 눈에 "병든" 성을 확산시킴으로써 독일 민족을 생물학적, 도덕적 죽음으로 이끌려는 유대인 음모꾼이었다. 게다가 히르슈펠트는 1897년에 역사상 최초로 동성애 해방을 위한 '공적인' 운동 조직을 결성하였고, 1898년 1월부터 1929년 10월까지 지치지도 않고 의회에 청원서를 내고 의원단에게 성개혁 강연을 하고 법무부와 내무부 장관을 만나고 있었다. 골칫거리는 히르슈펠트만이 아니었다. 1919년, 회원 수가 추후 5만 명에 달하게 되는 동성애자들의 대중 조직인 "인권동맹"이 결성되었다. 그들은 동성애 비범죄화 운동에 열렬히 참여했을 뿐만 아니라, 대부분의 도시에 지회가 조직되어 동성애자들에게 만남과 놀이의 기회를 제공했다. 그들이 발간하는 각종 저널들은 버젓이 가판대에서 판매되었고, 그들이 출입하는 동성애자 전용 술집은 베를린에만 100개가 넘었다. 1920년대에 동성애자들은 그렇게 백주에 몸을 드러냈다.

따라서 동성애는 지극히 정치적인 문제였다. 이는 동성애자가 이성이 아닌 동성과 성교를 하고, 그들 중 일부가 짙은 화장에 여장을 하고 술집을 드나드는 기이한 혹은 '개혁적인' 성이기 때문만은 아니었다. 가장 단순하게 그들은 성교를 여자와 하지 않고, 따라서 민족의 재생산에 전혀 기여하지 않는 존재였다. 제1차 세계대전에서 사망한 독일인 병사가 180만 명이었는데, 당대인들의 추산으로 200만 명 혹은 300만 명에 달하는 남자가 동성애 때문에 생식으로부터 이탈하다니 이 얼마나 암울한 일인가. 그러나 더욱 근본적인 문제가 있었다. 그들은 여자를 사랑하지 않는 존재, 즉 남녀이분법을 깨트리는 존재였다. 남녀이분법을 깨트린다는 점에서 동성애는 신여성과 같았다. 우익이 신여성을 공격한 것은 그들의 "타락" 때문만이 아니었다. 신여성이 자신의 성을 남자와 가족에 대하여 독립적인, 자신의 것으로 주장하는 것이 더 큰 문제였다. 신여성은 남녀이분법으로 코드화되어 있는 정치사회 질서 전체를 뒤흔드는 존재였던 것이다. 우익은 민주주의와 대중과 사회주의와 식민지를 여성성으로 표상하고 그에 따라 거부되고 예속되어야 한다고 주장해왔는데, 여자가 자신의 주인임을 선포하고 공적 영역이 남녀 모두에게 개방되어야 한다고 주장하니 어쩌란 말인가. 상황이 그러하였기에 여성이 아닌 남성을 사랑하는 남성 동성애자는 신여성만큼이나 위험한 존재였다. 게다가 남성 동성애 해방운동은 낙태 합법화를 주장하는 "모성보호협회"와 공동으로 집회를 여는 등 함께 움직였다.

그렇듯 동성애는 정치화된 성의 한가운데 있었다. 우리가 동성애를 통하여 1890년대부터 1945년에 이르는 시기의 독일의 성정치를 읽어내려는 까닭은, 그 문제에 대한 논의와 정책을 통하여 당시의 국가와 사회가 어떤 성을 생산하려 하였는지, 그에 참여한 정당들은 어떤 성격이었고 바이마르공화국과 나치 체제는 어떤 국가였는지 가늠해볼 수 있기 때문이다. 연구 주제가 동성애의 정치사라면, 그에 적절한 연구 방법은 어떤 것일까? 동성애에 대한 당대의 설명을 일별해보면 답이 보인다. 성이 과학화되는 19세기 후반부터 1945년에 이르는 시기에 과학자들과 정치가들은 주로 동성애의 원인에 집중했다. 그러나 원인 규명에 대단히 골몰했음에도 불구하고 아무도 원인을 발견해내지 못했다. 동성애가 타고나는 것인지 획득되는 것인지, 자연인지 문화인지, 인류는 오늘날까지도 그 원인을 모른다. 원인이 밝혀지지 않았음에도 불구하고, 원인에 대하여 무수한 말을 해온 것이다. 존재하는 것은 말뿐이었고, 현재에도 말뿐이다. 이는 동성애가 담론이었고, 여전히 담론임을 가리킨다. 성이 자연적이라고 말해지는 시기에는 동성애는 타고나는 것으로 주장되었고, 성이 구성되는 것이라고 말해지는 시기에는 획득되는 것으로 주장되었던 것이다. 따라서 동성애를 연구할 최적의 방법은 담론 분석이다.

문제는 담론 분석이 결코 쉽지 않은 작업이라는 데 있다. 역사 연구에 가장 많이 그리고 효과적으로 이용되어온 담론 이론은 철학자 미셸 푸코Michel Foucault의 것인데, 푸코의 담론은 방대한 요소들로 이루어져 있다. 언설의 질서를 뜻하는 담론에는 개념어, 비개념어, 비유, 상징, 행위, 기관 및 제도 등이 모두 포함될 뿐만 아니라, 시대적인 인식체계를 의미하는 고고학적 차원과 권력의 작동을 담보해내는 계보학적 차원도 기입되어 있다. 구체적인 연구에서 그 모두를 담아내는 것이 참으로 난망하기에 이 책은 지름길을 택하기로 했다. 1970년대부터 독일 역사학계 일부에서 추진되어 풍성한 연구 성과를 생산해낸 개념사 Begriffsgeschichte를 이용하기로 한 것이다.

개념사를 개척한 라인하르트 코젤레크Reinhart Koselleck는 "개념"을 그 자체로 다의적이어서 여러 가지 의미가 투여될 수 있는 단어로 규정했다. 개념은 다의적이기에 사람들이 각자의 관심에 따라 서로 다른 의미를 부여할 수 있고, 따라서 한 개념이 같은 시대에도 여러 의미를 지닐 수 있으며, 시대에 따라 다른 의미를 발현시킬 수 있다. 그러므로 주요 개념의 의미 변화를 추적하면 각 시대에 고유한 의미 체계와 그 변화를 도출해낼 수 있다.[2] 물론 개념과 담론은 다르다. 푸코는 개념은 어떤 담론에 편입되느냐에 따라 특정한 의미를 지닌다고 명료하게 적시했다. 그러나 바로 그 발언에 열쇠가 들어 있다. 담론에 따라 특정 개념의 특정한 의미가 생산된다면, 역으로 특정 개념의 특정 의미를 적출해내면 그 개념을 둘러싼 담론 지형이 도출되지 않겠는가.

게다가 코젤레크의 제자인 롤프 라이하르트Rolf Reichardt의 개념사 연구는 개념을 담론에 바짝 붙여놓았다. 라이하르트는 독일 구조주의 언어학의 기본 발상, 즉 개념은 홀로 사용되지 않고 동의어, 유의어, 반의어와 함께 사용되면서 비로소 의미를 생산해낸다는 주장을 받아들였다. 구체적으로 한 개념의 "개념장Begriffsfeld"은 그 개념의 특성을 지시하는 통합syntagmatic관계의 단어, 그 개념과 교환 가능한 계열 paradigmatic관계의 단어, 그 개념의 반의어, 그 개념의 의미를 추동한 원인, 네 가지 요소로 구성된다고 파악했다. 아주 간단하게 말하자면 라이하르트는 한 개념은 두 개의 동의어와 한 개의 반의어와 함께 사용되며, 그것들을 함께 도출해내면 그 개념의 의미가 포착된다고 주장한

계열의 장	통합의 장	계열의 장	통합의 장
요새(20)	철창(11)	무서운 감옥(5)	전제정(11)
감옥(6)	지하감옥(9)	무서운 요새(5)	자의성(3)
공포, 눈물(1)	비밀(7)	노예제 기념물(5)	노예제(2)
─── 바스티유 ───		─── 바스티유 ───	
원인	반의어	원인	반의어
소장(9)	법(2)	소장(7)	자유(13)
루이 11세(5)	자유(1)	무제한의 권위(1)	애국주의(5)
정부(3)		궁정의 부패(1)	법(3)
1774년		**1789년**	

것이다. 라이하르트는 그러한 발상을 구체적인 연구에 적용했다. 예컨대 그는 "바스티유Bastille"라는 단어의 개념장이 프랑스혁명이 발발하기 15년 전인 1774년과 프랑스혁명이 발발한 1789년에 어떻게 달랐는지 보여주었다.[3]

위 표를 보면, 1774년에는 "바스티유" 개념의 통합의 장에 "철창"이 11회, 계열의 장에 "요새"가 20회나 나타나고, 반의어는 없는 것이나 마찬가지이며, 원인 항목에는 바스티유의 "소장"이 9회 나타났었다. 그러나 1789년에는 개념장이 완전히 변화하여 통합의 장에 "전제정"이, 계열의 장에 "무서운 감옥"이, 반의어에 "자유"가, 원인에는 "소장"이 위치했다. 이 얼마나 큰 변화인가. 우리는 이를 통해 파리 시민들이 1789년 7월 14일에 바스티유로 몰려간 의미를 포착할 수 있다. 그들은 무기를 구하기 위하여 그곳으로 갔지만, 프랑스인들에게 그 행위는 동기를 떠나 "전제정"을 부수고 "자유"를 확보한 행동으로 의미화되었던 것이다.

참고로 원인 항목을 보면, 그때 그들은 아직 루이 16세에게 책임을 묻지 않았음을 알 수 있다.

위 표는 방법론과 관련하여 또 한 가지 중요한 사항을 알려준다. 1789년 "바스티유" 개념장의 계열의 장과 통합의 장을 비교해보면, 계열의 장에 위치한 단어("무서운 요새" "무서운 감옥")는 결정적인 의미를 생산해내지 못했다. 결정적이었던 것은 통합의 장에 있는 "전제정"과 그 반의어인 "자유"였다. 그리고 통합의 장을 보다 면밀히 살펴보면, 성격이 다소 다른 두 가지 유형의 단어들이 위치하고 있음을 알 수 있다. "자의성"과 "전제정"이 그것이다. "자의성"은 바스티유의 내적 속성이고, "전제정"은 그 자의성의 구현, 즉 궁극적인 의미다. 그렇다면 우리는 라이하르트의 개념장을 변형하여, 계열의 장을 과감하게 없애는 대신 통합의 장을 '속성의 장'과 '의미의 장'으로 나눌 수 있을 것이다.

이 책은 '변형된 개념장'을 이용하여 19세기 후반에서 1945년에 이르는 시기에 성이 어떻게 의미화되었고, 그에 따라 동성애는 어떻게 규정되었는지 드러내고자 한다. 또한 위 표에서 알 수 있듯이 라이하르트가 시간의 변화에 따라, 즉 통시적으로 연구를 진행한 반면에, 이 책에서는 공시적인 분석을 주로 하고 그로부터 검출된 개념장이 시간이 달라짐에 따라 어떻게 변주되었는지 살펴보기로 한다. 다시 말해서 라이하르트는 동일한 시대의 다양한 발화 중에서 공통된 것을 도출해낸 반면, 우리는 같은 시대 같은 개념에 서로 다른 의미가 투여되는 양상을 도출하고, 논의가 정치와 사법의 장으로 옮겨가 정치화될 때 어떤 개념장이 관철되었는지 살펴보기로 한다. 다만, 개념사에는 치명적인 약점이 있다. 단어의 의미와 그 변화를 정밀하게 추적하다 보니 연구하기도 힘들지만 읽기도 힘들고 지겹다. 그래서 이 책은 성과 관련된 단어들의 의미를 하나하나 추적하지 않고, 소위 '변태적인' 성들이 분류되고 정의되고 주장되는 과정에서 성이 어떻게 의미화되고 그 정치적인 함축은 무엇인지에 주목할 것이며, 정치의 장에서도 성을 무기로 하여 상대를 공격하고 방어하는 가운데 어떤 정치적 가치가 주창되었는지를 그려낼 것이다.

그리하여 우선은 성과학에서 도착적인 성들, 특히 동성애가 어떻게 말해졌는지 규명할 것이다. 당대 신생 학문이었던 성과학에는 많은 학자들이 뛰어들었는데, 이 책은 그들 중에서 리하르트 크라프트에빙Richard von Krafft-Ebing(1장), 마그누스 히르슈펠트(2장), 베네딕트 프리들랜더Benedict Friedlaender(3장)에 주목할 것이다. 크라프트에빙은 성과학을 정초한 학자이자 의사이고, 히르슈펠트는 동성애 해방운동을 개시하고 주도한 스스로가 동성애자인 의사이며, 프리들랜더는 극우적인 동성애론을 제창한 문필가이다. 그들에게서 우리는 각각 부르주아적인 성, 민주적·아나키즘적인 성, 파쇼적인 성을 만나게 될 것이다. 그다음으로 1890년대에서 1932년까지 국가는 동성애를 어떻게 처벌했고 동성애 해방운동은 어떻게 이의를 제기했으며 의회와 정당은 그 주장을 어떻게 논의했는지, 그리고 그 논의에 어떤 개념장이 깃들어 있었는지 검토할 것이다(4장).

동성애는 과학과 정치에서만 논의되었던 것이 아니다. 어쩌면 과학 및 정치보다 더 중요한 것은 동성애자들의 자율적인 움직임이다. 우리는 우선 동성애자들이 어떤 직업, 어떤 연령대의 사람들이었고, 그들이 자신의 성을 어떻게 규정했으며, 그 규정에 성과학의 어떤 주장이 어떤 방식으로 얽혀 있었는지 주목할 것이다(5장). 이를 도출해내기에 적합한 사료도 있다. 1920년대 내내 발간된 인권동맹의 기관지 『인권』이 동성애 대중 조직의 활동과 논의를 보여줄 창이 되어줄 것이다. 그러나 동성애의 정치사는 '운동'만으로 잡아낼 수 있는 것이 아니다. 동성애자들이 어떻게 만나서 술 마시고 노래하고 춤추었는지도 중요하다. 놀이 문화에는 언제나 특정한 가치가 담기기 때문이다. 성애도 빼놓을 수 없다. 이 책은 동성애자들의 하위문화를 통하여 그들의 일상적인 삶을 엿보는 동시에, 그 양상이 동성애 해방운동 및 성과학의 주장과 어떤 면에서 일치하고 어떤 면에서 어긋나는지 주목할 것이다. 이를 위한 우리의 자료는 동성애자들이 성과학자들에게 보낸 자서전적인 편지와 르포 형식의 저술 및 저널 기사이다(6장).

나치즘에게 동성애는 간단치 않은 문제였다. 나치에게는 묘한 구석이 있었다. 나치는 동성애에 대한 가차 없는 투쟁을 선포했지만, 나치당의 행동 조직인 돌격대의 수장으로서 정치적으로 아주 중요한 인물이었던 에른스트 룀Ernst Julius Röhm이 동성애자였다. 우리는 우선 나치 집권 이전에 룀의 동성애가 당 내외에 일으킨 파장을 통하여 나치와 동성애의 관계를 탐문하고(7장), 이어서 나치 시대의 대표적인 성 이론가 두 명의 동성애론을 검토할 것이다(8장). 그리고 그때 그들의 성 개념과 부르주아적, 민주적, 파쇼적 성 개념 사이의 공통점과 차이점에 유의할 것이다.

나치즘과 동성애의 관계가 간단치 않았던 것은 룀 개인 때문만은 아니었다. 나치는 여성이 배제된 남성 전사戰士들만의 공동체라는 "남성동맹"으로서의 정체성이 뚜렷한 운동이었다. 영혼마저 하나가 되는 남성들만의 단일대오라는 특징은 집권 이전만이 아니라 집권 이후에도 나치즘을 규정했다. 따라서 1933년 1월 30일에 히틀러가 총리에 임명된 후 나치의 동성애 정책은 인구 증가를 목표로 한 생명 정책과 남성동맹으로서의 정체성 사이의 긴장 속에 있었다. 게다가 히틀러는 인구 증가와 도덕성 회복을 고집하던 보수 세력과 함께 집권했다. 그리하여 히틀러 정부는 '히틀러 운동' 내부의 긴장과 보수 동맹 세력과의 긴장이라는 이중적인 문제 상황에 봉착했다. 이 책은 그 긴장 속에서 나치 동성애 정책이 어떻게 결정되고 또 변화하는지 주목할 것이다(9장).

물론 정책은 일상에서 집행되어야만 본격적인 의미를 갖는다. 동성애를 담당한 기관은 묘하게도, 간첩을 잡아야 했던 안보경찰, 즉 게슈타포였다. 우리는 독일 기록보관소에서 찾아낸 게슈타포의 수사파일을 분석하여, 일선 게슈타포 경찰관이 동성애자를 어떻게 검거하고 기소하고 거세하고 수용소에 보냈는지, 그리고 판사는 얼마만큼의 형량을 부여하였고 판사의 판결문에 어떤 성 개념이 펼쳐졌는지 살펴볼 것이다. 물론 독일 전역에서 벌어지던 게슈타포의 검거 활동 전부를 검토할 수는 없다. 서부 독일의 뒤셀도르프 지구에만 게슈타포의 동성애 수사파일이 7만 2000개에 달하기 때문이다. 따라서 이 책에서는 독일 서북부 지역의 공업 도시 에센의 게슈타포에 한정하여 분석을 진행할 것이다. 이를 통하여 나치 국가의 성격을 가늠하는 한편, 나치 치하 동성애자들의 일상을 재구성할 것이다(10장).

동성애를 연구하는 사람이라면 도저히 지나칠 수 없는 철학자가 있다. 미셸 푸코. 그는 빅토리아 시대, 즉 19세기 중후반이라는 부르주아 문화의 황금기에 성은 억압된 것이 아니라 왕성하게 말해졌으며, 그 말들은 특정한 질서에 의해 관통되고 있었으니, 그 질서에 의하여 동성애를 비롯한 각종 변태적인 성들이 더 이상 일탈적인 성행위가 아니라 변태적인 인간 "종種," 즉 변태적인 성적 인격으로 발명되었다고 강조했다. 푸코는 또한 성 인격의 발명은 동성애를 죄악시하던 도덕론자만이 아니라 동성애를 정상적인 성으로 격상시키려던 해방론자들에 의해서도 수행되었으며, 그 작업은 자신의 성애를 과학자들에게 기꺼이 고백하고 그들로부터 자신의 성애에 대한 정의定義를 얻고 믿게 된 동성애 행위자들에 의하여 비로소 성립되었다고 주장했다. 그리고 그 과정을 통하여 인간은 자신의 몸과 마음에 대한 외부의 시선을 내면화하게 되니, 권력이란 다름 아닌 개별 인간 하나하나를 통하여 작동한다는 것이다.[4]

사실 푸코는 무서운 주장을 펼친 사람이다. 동성애를 억압하는 정치와 성과학은 물론 동성애를 해방하자는 일부 성과학, 그리고 성과학의 주장에 저항적이던 '정체성 정치'까지 권력의 통로로 간주했기 때문이다. 이 책은 푸코의 주장에 유의할 것이다. 그리하여 우선 푸코를 따라 동성애 인격이 주창되고 수용되는 양상에 주목할 것이다. 자료도 적절하다. 성과학자들의 책 일부에 동성애자들의 자서전적인 편지가 통째로 수록되어 있다. 동성애자들이 과학자들의 주장에 독자로서 반응한 것이다. 우리는 『인권』에서도 동성애 인격이 어떻게 설파되고 강화되었는지 검토할 것이다. 게슈타포의 수사파일과 판결문에도 똑같은 질문을 던질 것이다. 그러나 다른 기대도 있다. 우리는 동성애자 독자들의 편지에서 과학자의 정의 및 범주와 어긋나는 성애의 모습을 마주칠지 모른다. 인권동맹의 기관지와 게슈타포의 수사파일에서도 마찬가지다. 만일 그렇다면 그곳에서 우리는 권력의 틈새와 균열을 발견해낼 수 있을 것이다.

탈식민주의와 젠더 및 퀴어 이론은 담론이 인간을 장악하는 과정과 경우에 따라 그것이 실패하는 양상을 이론적으로 탐색했다. 호미 바바Homi Bhabha가 혼종성 개념을 제시한 지는 이미 오래다. 캔디스 웨스트Candice West와 돈 짐머만Don Zimmermann은 젠더를 일상의 일견 사소해 보이는 미시적인 사회적 상호작용 속에서 성취되는 지위로 규정했고, 일부 학자들은 그 속에서 전복적 가능성을 탐색했다. 주디스 버틀러Judith Butler 역시 담론을 반복하되 위치 변경을 통하여 그로부터 벗어나는 수행성performativity 개념을 제시했다. 그러나 역사는 이론이 아니다. 역사학은 이론과 논리적으로 대결하는 게 아니라 이론에 유념하면서 경험을 뒤지는 작업이다. 그리하여 푸코와 젠더 및 퀴어 이론에 유념하는 역사학은 성 정체성이 언제부터 어느 집단에서 어느 정도 관철되었고 그 너머에 무엇이 있었는지를 경험적으로 확인하려 한다. 우리의 주제인 동성애로 좁힐 경우, 예컨대 영국의 역사가 랜돌프 트럼바흐Randolph Trumbach는 푸코의 명제와는 달리 이미 18세기 영국에서 동성애자로서의 정체성을 갖춘 남자들이 나타났다고 주장했고, 미국의 역사가 커윈 케이Kerwin Kaye는 부르주아와는 달리 노동자들의 경우에는 1930년대 초에 와서야 동성애자와 이성애자가 명료하게 분리되었다고 주장했다.[5]

이 책은 간접적인 길을 가려 한다. 이 책에 이용된 사료가 일상적 상호작용은 물론 정체성의 정도와 양상과 범위를 정밀하게 보여주지 않기 때문이다. 이 책은 그래서, 유감천만이지만 정체성 형성의 정도를 시기적으로 표식하는 대신 성과학 및 동성애 해방운동과 일반 동성애자들 사이의 간극과 차이를 적시하는 선에서 멈추기로 한다. 이는 이 책의 명백한 한계이지만, 그저 간극을 적시하는 그 뭉툭함이 역사 연구에서 단점만은 아니다. '삶'이 담론과 권력의 피안에서 불현듯 제 길을 가고 그렇게 '생명력'을 발휘하는 것은 삶의 뭉툭함 덕분이며, 본질적으로 이론이라기보다 경험인 역사학이야말로 그런 삶을 구체적으로 암시할 수 있는, 어쩌면 유일한 학문이다. 이 책에서 부분적으로 나치 치하의 일상에 주목하는 것도 전체주의 체제에서조차 삶이 어떻게 약동하는가를 보여줄 수 있으리라는 기대 때문이다.

모쪼록 이 책이 즐거움을 주기를, 생각의 재료가 되기를!

제1부

성과학

1장

부르주아적 성과학: 리하르트 폰 크라프트에빙

과학과 부르주아 도덕

정신의학자이자 의사인 리하르트 폰 크라프트에빙(1840~1902)에게 성은 과학이었다. 그래서 사람들은 그를 신뢰했다. 부르주아인 크라프트에빙에게 성은 그러나 도덕이었다. 그래서 사람들은 그에게 환호했다. 그가 1886년에 처음으로 발간한 『성 정신병리: 역전된 성 감각을 중심으로 ― 의료·법의학 연구』(이하 『성 정신병리』)는 그가 독자층으로 거명한 의사들과 판사들을 넘어서 일반인들도 읽은 당대의 베스트셀러였다. 그 책은 그가 사망한 다음 해인 1903년에 마지막 판본이 출간될 때까지 모두 11개의 개정판이 발간되었고, 죽은 뒤에도 1924년까지 네 개의 판본이 출간되었다. 이는 인쇄 횟수를 포함하지 않고 순수한 판본만을 꼽은 것이다. 1937년에 발간된 열여섯번째 판본은 1962년까지 열두 번이나 인쇄되었다. 마지막 판본은 1984년에 조르주 바타유Georges

Bataille, 살바도르 달리Salvador Dalí, 줄리아 크리스테바Julia Kristeva 등의 헌사와 함께 발간되었다. 그 책은 또한 크라프트에빙 생전에 이미 영어, 러시아어, 불어, 이탈리아어, 네덜란드어, 헝가리어, 일본어로 번역되었다.[1]

크라프트에빙은 성과학을 정초한 인물이다. 이는 그가 성에 대하여 과학적으로 발언한 최초의 인물이라는 뜻은 아니다. "자연적인 성"은 이미 18세기부터 논의되었고, 현재의 연구자들이 성과학으로 분류하는 저술들도 이미 1860년대부터 출현하고 있었다. 다만 크라프트에빙에 앞선 연구들은 동성애 같은 개별적인 성 병리를 논했다. 이를 종합하여 여러 가지 성 병리를 하나로 묶은 것은 그가 처음이었고, 사디즘과 마조히즘 그리고 소아성애증이란 성 유형을 처음으로 고안해낸 사람도 그였다. 1906년에 "성과학Sexualwissenschaft"이란 개념을 만들어낸 인물은 독일인 의사 이반 블로흐Iwan Bloch였지만, 성을 체계화했다는 의미에서 성과학을 본격적으로 개시한 인물은 크라프트에빙이었다.[2]

성에 대한 크라프트에빙의 진술은 진정 과학이었을까? 과학이란 단어는 그 의미가 다양하다 못해 아예 비어非語로 사용되는 경우조차 허다하지만, 과학이라 하려면 적어도 경험적 현상에 대한 수미일관한 설명이자 경험적 사실에 의하여 검증 가능한 진술이기는 해야 할 것이다. 오해를 피하기 위하여 덧붙이자면, 이 글의 목적은 크라프트에빙의 과학성을 검증하는 데 있지 않다. 그의 과학을 논하는 것은 다만, 그가 자신의 진술을 과학으로 명명하였을 뿐만 아니라 당대인들이 그렇게 받아들였고, 따라서 그의 진술을 검토하면 그와 당대인들의 사고 지형을 도출해낼 수 있기 때문이다.

그의 책 『성 정신병리』를 분석해보자. 우선 당장 『성 정신병리』라는 책 제목이 의미심장하다. 성과학을 개시한 책의 내용이 성 일반이 아니라 성 병리인 것이다. 이는 특이한 것은 아니었다. 그 당시 성의학자들은 하나같이 성 일반이 아니라 성 병리를 연구했다. 사실 근대로 접어들면서 성은 언제나 그런 방식으로 언급되고 연구되었다. 17~18세기에는 자위행위가 집중적으로 다루어졌고, 18~19세기에는 여자의 성이 편집증적으로 서술되었다. 그에 따라 평범한 이성애자 남성의 성은 "어둠의 대륙" 혹은 "공백"으로 남아, 푸코의 명제처럼 병리를 통하여 역으로 규정되고 있었다.[3]

무엇인가를 규정하는 데 결정적인 역할을 하는 것은 언제나 분류 체계이다. 분류, 즉 범주화야말로 담론의 핵심이고, 담론은 인간의 사고 지형을 규정한다. 크라프트에빙이 『성 정신병리』에서 제시한 분류법은 언뜻 과학적인 것으로 보인다. 그는 성 병리를 "성신경증"으로 규정하면서, 그것을 성기와 관련된 국부신경증, 중추신경과 관련된 척수신경증, 뇌와 관련된 뇌신경증으로 나눈다. 이러한 분류는 생리학적인 기준에 따른 것으로, 따라서 그의 주장처럼 자연과학적인 것으로 여겨질 수 있다. 그러나 그렇지만은 않다. 그는 국부신경증은 분류만 했을 뿐 단 한 줄도 서술하지 않았다. 척수신경증에 대해서도 딱 두 쪽만 서술했다.[4]

성기신경증과 중추신경증에 대하여 그가 그토록 무심했던 것은 물론, 그의 관심이 "정신병리"에 있었기 때문일 것이다. 그러나 오직 그 때문에 그가 뇌신경증에만 집중했던 것은 아니다. 그것은 성의학 일반의 관점 및 시선 변화와 관련된다. 19세기 초중반의 서양 성의학자들은 성 병리를 논할 때 성기에 집중했다. 주로 법정에서 성범죄 여부를 증언했는데, 예컨대 항문성교를 하면서 엎드리는 남자 동성애자의 성기는 가늘고 짧으며, 뒤에서 감싸 안는 남자의 성기는 창같이 생겼고 때로는 개

성과학을 정초한 리하르트 폰 크라프트에빙
크라프트에빙의 성과학은 과학이라기보다는 도덕에 가까웠다. 그는
모든 위기를 성이라는 병든 씨앗 때문인 것으로 의미화하고, 그에 대
한 해법을 도덕에 입각한 자기통제에서 찾았다.

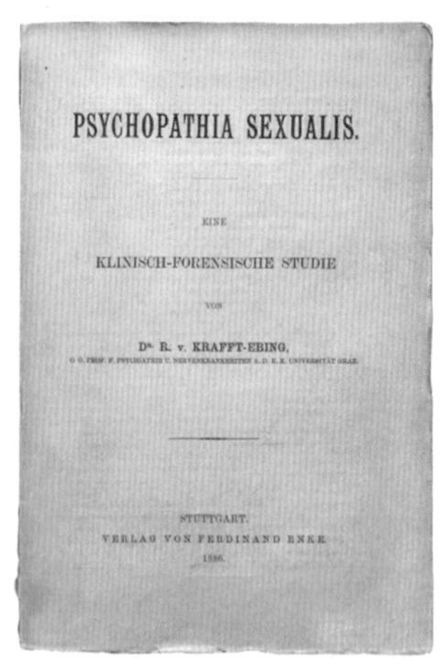

『성 정신병리』 초판(1886년) 표지
크라프트에빙의 『성 정신병리』는 그가 독자층으로 거명한 의사들과 판
사들을 넘어서 일반인들도 읽은 당대의 베스트셀러였다.

의 성기와 비슷하다고 주장했다.[5] 변화는 19세기 중반에 찾아왔다. 인간 심리에 대한 관심이 높아지면서 생리학적이고자 하는 성의학자들이 뇌에 집중하게 되었던 것이다. 크라프트에빙도 그중 한 명이었다.

국부신경증과 척수신경증에 대한 그의 논의를 통해 알 수 있는 것이 하나 더 있다. 아예 서술하지 않거나 한 마디만 쓰기는 했지만 그는 두 신경증을 세부 항목으로 재차 분류했다. 그는 국부신경증을 감각 이상, 정소精所 이상, 운동 이상으로 분류한 뒤, 첫번째 항은 다시금 성욕결핍증, 성욕과다증, 정소신경증으로, 두번째 항은 무정자증과 다정자증으로, 세번째 항은 사정부진과 유정遺精으로 나누었다. 척수신경증도 마찬가지다. 발기중추 이상과 사정중추 이상으로 분류한 뒤에, 첫번째 항은 발기과잉에서 발기불능까지 네 단계로 나누었고, 두번째 항은 조루와 지루로 나누었다.[6] 내용이 전무함에도 불구하고 분류 작업을 한 것은 무엇 때문이었을까? 이는 당대의 성과학이 그러했기 때문이다. 17세기 후반 처음으로 현미경으로 정자와 난자를 관찰하고 1910년대에 성호르몬과 성염색체에 대한 탐색이 개시될 때까지, 서양에서는 성에 대한 새로운 지식이 출현하지 않고 있었다. 넘쳐나던 것은 지식이 아니라 담론이었고, 담론은 곧 분류였다.

크라프트에빙의 주된 관심사는 뇌신경증이었다. 따라서 이 부분을 살펴보면 그가 말하는 과학이 무엇인지 드러날 것이다. 여기서도 그는 분류한다. 크게 네 가지다. 첫째는 유소아나 노인이 성욕을 느끼는 경우를 지칭하는 성욕역설, 두번째는 성욕결핍증, 그리고 성욕과다증과 성감각 이상이다. 여기서도 그의 관심은 편향적이다. 성욕역설에 약 5쪽, 성욕결핍증에 6쪽, 그리고 성욕과다증에 약 6쪽을 할애한 반면, 성감각 이상은 무려 295쪽을 서술했다. 성감각 이상에서 그는 사디즘, 마

〈표 1〉 크라프트에빙의 성신경증 분류

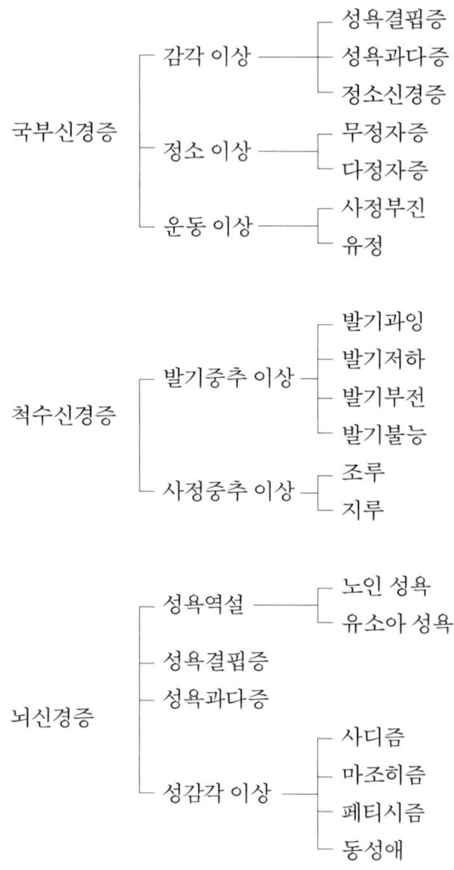

조히즘, 페티시즘, 동성애를 다루었다. 성감각 이상이야말로 크라프트 에빙의 주된 관심사인 것은 알겠는데, 도대체 그는 무슨 기준으로 저런 분류를 한 것일까? 뇌신경증 전체를 한번 나열해보자. 유소아 성욕, 노 인 성욕, 성욕결핍증, 성욕과다증, 사디즘, 마조히즘, 페티시즘, 동성애.

여기에서 어떤 기준이 식별되는가? 만일 각각의 신경증과 특정 부위의 뇌 피질의 관련성이 함께 제시되었다면 확고한 기준이 있었다고 말할 수 있고, 우리는 자신의 논의가 과학이라는 크라프트에빙의 주장에 동의할 수 있을 것이다. 사실 성 병리와 뇌 피질을 결합시킨 유명한 성의학자가 당대에 없었던 것도 아니다. 프랑스의 발랑틴 마냥Valentin Magnan이 그러한 주장을 펼쳤는데, 그러나 크라프트에빙은 마냥의 설명을 거부했다.

그렇다면 크라프트에빙의 기준은 무엇이란 말인가? 기준이 없다. 성욕을 느끼는 어린이와 성교 중에 채찍질을 하는 성인 남자 사이에 어떤 일관된 논리가 존재할 수 있겠는가. 그는 그저 자신이 성 병리라고 규정한 성 유형들을 나열해놓았을 뿐이다. 그러나 기준이 있다. 그것도 국부신경증과 척수신경증과 뇌신경증의 세부 항목 대부분에 일관되게 적용되는 명확한 기준이 있다. 바로 과잉과 과소이다. 국부신경증과 척수신경증 항에 있는 성욕결핍증, 성욕과다증, 무정자증, 다정자증, 사정부진, 유정, 발기과잉, 발기부전, 지루, 조루는 한결같이 너무 많거나 너무 적은 것이다. 뇌신경증 항도 마찬가지다. 유소아 성욕과 노인 성욕은 연령에 비해 과다하다는 것이다.

그렇다면 사디즘은? 마찬가지다. 크라프트에빙은 인간이 성교 중에 상대방을 꼬집거나 깨무는 것은 흔한 일이라고 지적한다. 그는 심리학적이기까지 하다. 쾌감과 폭력은 언제나 함께 가는 현상이란다. 그리고 덧붙인다. 사랑과 분노는 동전의 양면이라고. 사디즘은 그 일반적인 현상의 과잉이다. 마조히즘의 논리도 똑같다. 인간은 언제나 사랑하는 대상에 예속되려 한다. 인간이란 불쑥 연인에게 "노예처럼" 예속되고 싶어 하는 법이다. 그것은 평범한 것이다. 그러나 과잉이면 마조히즘이다. 페티시즘? 인간이란 타인의 어느 한 부분, 눈썹이나 목선 혹은 팔뚝의 푸른 정맥에 반하는 법이고 그것을 신성시하기 마련이다. 그러나 그것이 과잉이면 페티시즘이다.[7]

과잉과 과소는 양의 문제다. 여기서 우리는 크라프트에빙의 분류법이 19세기 서양 의학에서 발생한 거대한 패러다임의 변화와 연관된다는 점을 알 수 있다. 전근대 서양의 의학은 언제나 질적인 것이었다. 흑담즙질, 황담즙질, 점액질, 다혈질을 내용으로 하던 고대 그리스의 체질론humorism이 근본적으로 변하지 않은 채 전승되고 있었던 것이다. 변화는 19세기에 일어난다. 질이 양으로 변화한 것이다.[8] 기실 대상을 사물화하여 그 양을 재고 이어서 법칙을 설정하는 것은 다름 아닌 실증주의다. 그리고 그 실증주의는 19세기 서양에서 인간과 사회에 관한 지식을 관통하던 도도한 흐름이었다. 다시 말해서 실증주의 패러다임이 인간 사회의 모든 현상을 접수하던 그 시기에 의학도 그에 발을 맞추고 있었던 것인데, 크라프트에빙은 그것을 성 '정신'병리에 적용하고 있었던 것이다.

그러나 문제는 양은 재기만 할 뿐만 아니라 평가도 해야 한다는 데 있다. 과잉과 과소는 양이 아니다. 그것은 평가다. 따라서 여기에도 기준이 설정되어야 한다. 객관적인 기준 설정이 불가능한 영역의 경우에는 의사라는 권위자의 발언 혹은 사회적인 통념에 따라 과잉과 과소가 결정된다. 그리고 권위자의 발언과 통념은 모두 시대의 담론과 연관된다. 우리는 이를 지루의 경우에서 아주 쉽게 확인할 수 있다. 당대의 서양에서는 성교 시간이 길면 변태로 간주되었다. 그런 남녀는 모두 도착증 환자로, 특히 여자는 창녀로 간주되었다.[9]

이 자리에서 크라프트에빙이 제시한 병리 전부에 대한 당시의 사회적 통념을 열거하는 것은 불가능하다. 그래서 크라프트에빙의 평가 기준을 들여다보고 이를 그 시대의 담론과 연관시키기로 한다. 실망스럽게도 우리의 주인공은 그 기준을 제시하지 않았다. 그러나 묘하게도 기준과 관련된 발언은 무수히 했다. 그리고 그 많은 발언의 핵심은 의외로 간단하다. 사디즘은 상대방을 물고 뜯는 성교의 정상적인 부수 현상이 "병리적으로 강화된 것" 혹은 "비정상적으로 강화된 것"이다.[10] 마조히즘 역시 일반적인 예속 성향이 "병리적으로 과다해진 것"이다. "병리적으로 과다"한 것, 이게 기준 혹은 설명일까? 아니다. 그것은 동어반복이다. 병은 과잉이고, 과잉은 병이라는 것 아닌가.

크라프트에빙은 병리의 원인을 제시하면서 논의의 영역을 뜻밖의 장으로 전치시킨다. 바로 도덕과 윤리의 장이다. 사디즘 일반을 논하면서 그는 불쾌감이 쾌감으로 바뀌는 "도착倒錯"은 그 충동이 "윤리적 표상"에 의하여 억제되지 못했기 때문에 생겨나는 것이라고 선언한다. 기실 사디즘에 대한 앞서의 정의로는 설명할 수 없던 병리인 "쾌감살인Lustmord"도 그는 윤리를 동원해서 해결한다. 쾌감살인은 잔혹성에 대한 충동이 "병리적인 개인"에게서 무한대로 치솟아 오르는 가운데, 그것이 "도덕 감정의 고장"으로 인하여 전혀 억제되지 못하기 때문에 발생한다는 것이다. 마조히즘 역시 예속에 대한 평범한 열망이 "비정상"으로 변질되는 매듭은 윤리 규범의 미작동이다. 사실 크라프트에빙이 도덕과 결부시키지 않고 성 병리를 논의한 경우는 단 한 번도 없다. 14세 이하의 미성년을 탐하는 것도, 노출증도, 조각상과 유사 성교를 하는 것도, 시간屍姦도, "도덕 감정이 원체부터 부재하거나 잃어버렸거나 순간적으로 흐려진 탓"이다. 성도착자는 모두 "윤리적 백치"이고 "도덕적 지진아"이다.*

과잉 및 과소와 정상의 기준을 제시해야 할 대목에서는 병리를 논하고, 인과관계를 제시한다고 하면서 뜻밖에 도덕을 꺼내놓는 그의 모습이 우리에게는 기이해 보이지만, 당대의 성과학의 양상을 살펴보면 납득이 간다. 앞에서 우리는 당대의 성과학은 지식을 쌓기보다는 분류했다고 했는데, 그 분류 작업에서도 그들은 인과관계를 논하기보다 특정한 성 유형을 정의하고 있었다. 따라서 크라프트에빙의 갈지자걸음을 납득하려면 그의 성 개념을 이해해야 한다. 그의 성 개념에는 여러 개의 의미 층위가 존재했다. 그에게 성은 무엇보다도 "뇌 피질"의 문제였다. 즉 성은 우선적으로 생리신체적인 것이었다. 그러나 성은 생리를 넘어선다. 크라프트에빙은 그의 책 본문 첫번째 줄에 성을 "자연충동"으로 정의해놓았다. "충동Trieb"이라는 개념은 신체적인 것을 넘어서는 것이다. 19세기 말에 충동은 정신과 육체의 경계에 위치하는 것으로 이해되고 있었다. 또한 크라프트에빙은 충동으로서의 성이 삶의 모든 영역, 즉 타인과의 관계, 노동과 성취, 예술적 취향, 종교적 경건성의 형태 등에 스며든다고 파악했다.[11]

성이 개별적인 신체 내에 자리하되, 그 인간의 정신적 삶과 사회문화적 삶을 좌우한다는 발상은 무엇을 의미할까? 그것은 성이 '자율적인' 영역으로 자리 잡았다는 것을 뜻한다. 성이 그 자체로 고유한 재귀적인

---

* 필자는 윤리와 도덕이 다른 개념이라고 생각한다. 아주 단순하게 말해서, 윤리는 인류의 규범이고 도덕은 특정 공동체의 규범이다. 따라서 윤리는 보편적인 것이고, 도덕은 상대적인 것이다. 그러나 이 책에서는 양자를 날카롭게 구분하지 않았다. 무엇보다도 당대의 성과학자들이 별다른 기준 없이 두 개념을 섞어 썼기 때문에 여기서 사후적으로 구분하자니 인용할 때마다 설명을 덧붙여야 하는 어려움이 있었고, 또한 역사가란 당대인들의 사고 지평을 그대로 드러내야 한다는 신념도 한몫했다. 당대인의 주장을 그대로 옮기지 않을 경우에는 문맥에 따라 윤리와 도덕을 구분하지 않고 사용했다. 그럼에도 불구하고 당대인들의 사유 지평을 분명히 하자면, 그들은 자신들의 도덕이 인류의 윤리라고 믿었다.

것이 되는 때는 서양에서는 19세기 중반이다. 의아하게 들릴 수 있다. 성은 언제나 관리하기 힘든, 그래서 자율적인 것이 아니었을까? 물론 그렇다. 그러나 19세기 중반 이전의 성은 성의 외부와 결합된 것이었다. 아주 간단하게, 개인의 성은 공동체의 재생산이란 목표를 달성하기 위한 수단이었고, 그로부터 벗어나는 성은 성의 외부, 극단적으로는 악마나 마녀의 꼬임 혹은 주술 때문인 것으로 풀이되었다. 초자연적인 논거에 만족하지 않는 사람들은 수도원, 수녀원, 잘못된 친구, 불량배 집단, 햇볕 혹은 물이 너무 많은 환경 등에서 일탈의 원인을 찾았다. 예컨대 환경론이 고대의 체질론과 결합되어, 호색한이 서늘하고 건조한 환경에서 살면 체질이 변화하여 더 이상 성을 탐하지 않게 된다고 믿었다. '병인病因'은 언제나 유혹, 습관, 자연환경에 있었던 것이다. 그러던 성이 18세기 자위에 대한 논의, 19세기 여자의 성에 대한 논의를 통과하면서 '개별 신체'와 결합되어갔고, 생물학이 시대를 풍미하는 19세기 중반 이후에는 그 자체의 논리에 따라 자신의 삶을 사는, 프로이트Sigmund Freud의 말을 빌리자면 "이드Id"가 되었던 것이다.

자율적인 성은 공포의 대상이었다. 실제로 크라프트에빙의 책 곳곳에서 공포가 출몰한다. 성은 "모든 것을 압도하는 가장 강력한 힘으로," 충족을 요구한다. 그에 저항하는 것은 불가능하다. 성이라는 그토록 절대적인 "감각적 힘은 강렬한 열정으로 타락해버리고 최악의 죄악으로 발전할 수 있다." 성은 "순수하고 순결한 빛나는 언덕으로부터 순식간에 저열한 쾌락의 늪으로 추락할 위험성이 상존한다." 성은 "모든 것을 침몰시키고 갉아먹는 화산과 같으며, 명예와 재산과 건강 모두를 휘감는 심연이다." "감각의 과잉은 사회의 뿌리를 뽑아버리고" "국가의 파멸"을 불러올 수 있다. 성은 "일정치 않아서" 언제 어떻게 변화할지 예측할 수 없다. 좌식 생활로 인하여 도시인들의 아랫도리는 지속적으로 자극을 받는다. 더불어, 대도시의 "신경병리적 상황"은 성생활의 "가공할 혼란"을 야기한다.[12]

따라서 성은 관리되어야 했다. 그러나 19세기 후반이라는 '해방된' 개인의 세상에서 무엇이 성을 통제할 수 있겠는가? 이 문제에 부딪친 크라프트에빙이 꺼내든 낡은 칼이 바로 윤리와 도덕이다. 위에서 인용한 저 지옥도는 윤리라는 단 하나의 조건이 없을 때 나타나는 현상들이다. 사실 크라프트에빙은 성과 윤리를 거의 동의어로 사용했다. 그는 인간과 동물의 차이가, 인간은 동물과 마찬가지로 성이라는 자연충동에 의거하여 종의 번식을 도모하지만, 그와 동시에 그 자연충동을 "윤리적인 것"으로 고양시킨다는 데 있다고 보았다. 그리하여 그는 "모든 윤리는 궁극적으로 성 감각에 뿌리박고" 있으며, 성이 없으면 윤리도 없다고 선언한다.[13] 물론 거꾸로도 마찬가지다. 윤리가 없으면 성적 존재로서의 인간은 동물과 다름없다. 따라서 성은 곧 윤리이다.

서언에서 소개한 개념장 이론을 이용하면, 크라프트에빙의 성 개념이 어떻게 작동하였는지 간명하게 가시화된다. 성이라는 단어의 속성의 장에는 "충동" "폭력" "자연력" 등 다양한 단어들이 등장하고, 그를 대표하는 표현이 "모든 것을 압도하는 가장 강력한" "자연충동"이다. 그리고 성이라는 개념과 교환 가능한 의미의 장에는 "문화" "문명" "사회" "고상한 감정" "미적 취미" 등의 단어들이 등장하는데, 이 모든 표현의 공통분모는 바로 "윤리"이다. 크라프트에빙은 "타인에 대한 관계의 감정," 즉 윤리야말로 사회 그 자체이며, 문화예술 역시 윤리의 표현이자 윤리를 고양시키는 수단이라고 생각했다. 여기서 우리의 눈을 찌르는 것은 그 두 가지 의미 성분의 관계다. 자연적인 폭력과 윤리는 서로 길

항관계에 있는 양극단이다. 크라프트에빙의 성 개념이 당대를 나타내는 동시에 당대를 규정할 수 있었던 이유는, 서로 대치되는 그 두 가지 의미를 동시에 발동시켰기 때문이다. 성이 자연이자 윤리라면, 윤리는 곧 자연이기 때문이다. 크라프트에빙은 과학이란 이름으로 당대의 성 윤리, 더 나아가서 윤리 전체를 자연화한 인물인 것이다.

게다가 크라프트에빙이 지치지 않고 강조한 것처럼, 성이 노동과 경제적 성취, 예술적 취향, 종교성에 스며드는 것이라면, 그 윤리에는 당연히 노동, 재산, 미적 취미, 종교적 경건성이 포함된다. 이는 그러한 부르주아적 윤리와 문화 및 성취를 거부하거나 그에 미치지 못하는 사람들에게 성도착 혹은 잠재적인 성도착 혐의가 씌워진다는 것을 뜻한다. 게다가 자연과 윤리가 동시에 발동되면 성 병리의 의미도 영향을 받을 수밖에 없게 된다. 성 병리 역시 자연의 문제이자 윤리의 문제가 되는 것이다. 다시 말해서 유소아 성욕자, 노인 성욕자, 사디스트, 마조히스트, 페티시스트, 동성애자는 유전적으로 그렇게 타고난 사람, 혹은 삶의 행로 속에서 병리적인 제2의 자연을 보유하게 된 사람이자 부도덕한 사람이다.

그러한 성 담론이 갖는 역사적 의미는 성도착을 통시적으로 바라보면 선명하게 나타난다. 19세기 중반까지 도착은 자연 및 생리적 문제가 아니라, 종교적 타락 및 도덕적 난행으로 이해되었다. 성과학은 도착을 그렇게 문화적으로 바라보지 않고 자연과학적으로 접근하면서 탄생한 것이다. 그러나 우리의 분석은 크라프트에빙의 성 개념이 과학이라기보다 도덕이었다는 사실을 명료하게 보여준다. 역설적이게도 성과학은 성에 대한 과학적 사실을 추구한 학문이 아니라, 기존의 도덕론을 과학론으로 포장한 학문인 것이다. 우리는 여기서 19세기 말의 서양 세계가 그토록 크라프트에빙에게 환호한 이유를 알 수 있다. 과학만이 진리인 실증주의 시대에 크라프트에빙은 기존의 도덕을 과학으로 명명한 것이다.

크라프트에빙의 성 개념에는 또 한 가지 층위가 존재한다. 도덕은 무릇 공동체를 전제로 한다. 따라서 크라프트에빙이 성 개념을 논할 때 사회가 언급되는 것은 지당한 일이다. 특징적인 것은 그가 이 맥락에 인류학을 기입했다는 사실이다. 그는 『성 정신병리』 두번째 쪽부터 인류의 역사를 성의 역사로 단계화했다. 첫번째는 성생활이 동물과 다름없는 단계, 두번째는 성기를 가리는 단계, 세번째는 여자가 동산動産이기를 멈추고 구애의 대상이 되는 단계, 네번째는 일부일처제가 정착되는 단계이다. 의당 각 단계에는 윤리적 계기가 배치된다. 첫번째 단계에는 윤리가 부재하고, 두번째 단계에서 수치심이 탄생하며, 세번째 단계에는 순결과 정조가 발생하고, 네번째 단계에서는 "사랑동맹"의 종교적·윤리적 제도화가 이루어진다. 당대의 인류학이 그랬던 것처럼, 크라프트에빙은 각 단계를 역사화했다. 첫번째 단계는 당대의 폴리네시아, 호주, 필리핀, 두번째 단계는 선사 시대의 노르딕인, 세번째 단계는 당대의 이슬람과 고대의 이집트, 이스라엘, 그리스, 게르만족, 네번째 단계는 서양 기독교 문명이다. 이것이 무엇인가? 진화론적 인류학이다.[14]

크라프트에빙의 과학적 성에서 진화론은 서로 연관된 두 가지 영역에서 동시에 작동한다. 국가와 사랑이 그것이다. 앞서 말한 바처럼, "감각적인 성"의 창궐은 "국가의 파멸, 국가의 물질적·도덕적·정치적 파탄"을 낳는다. 따라서 성과 성 병리는 국가적인 문제다. 그렇다고 해서 크라프트에빙이 성에 대한 국가적 대책을 요구했던 것은 아니다. 국가에 개인의 성생활에 간섭하라고 요구하기에 그는 너무도 전형적인 19세기 부르주아였다. 19세기 부르주아에게 개인과 가정은 성역聖域이었다. 게다가 그들에게 성생활은 자신들을 귀족 및 노동 계급과 구분시켜주는 우월성의 지표였다. 그들은 그들 자신의 성이 귀족의 방종 및 하층민의 난교와 다르다고, 동시에 자신의 성이 건강하다고 주장했다. 다시 말해서 그들은 막무가내 금욕주의자가 아니었다.

크라프트에빙도 마찬가지였다. 그는 "플라톤적인 사랑"이 "괴물"이자 "자기기만"이라고 단언한다. 사랑의 뿌리는 "감각적인 것"이라는 것이다. 성 무능력자는 남성다운 특징을 상실해버리고 급기야 자신감마저 잃어버린다. 그런 남자는 "이기적이고, 속물적이고, 무기력하고, 자존감과 명예심을 잃고, 타인과 불화하고, 우울한 인간"이 된다.[15] 그렇다고 해서 그가 성적인 능력만으로 정상인을 규정했던 것은 아니다. 그가 보기에 성은 사랑과 굳건히 결합되어야 했다. 그는 사랑 없는 성은 죄악으로 타락할 가능성이 농후한, 혹은 당사자를 "돈키호테와 같이 우스꽝스러운 인물"로 만들어주기 십상이라고 단언한다. 앞서 그가 일부일처제를 문명화의 최종 단계로 논한 것에서 알 수 있듯이, 그의 사랑은 '낭만적 사랑'에 고착되어 있었던 것이다. 사랑이란 육체적 감각과 상대방의 윤리적 장점 모두에 기반하면서, 단 한 사람에게 몰입하여 그와 영육靈肉이 하나가 되는 것이다. 그는 딱 한 사람에게 끌리는 것을 "창조주의 놀라운 작품"이라고 선언하면서, 사랑이란 "단 한 사람에 대한 페티시즘"이라고 능숙하게 찬양한다. 이것이 자율화된 성을 사랑이란 이름으로 규율화하는 작업임은 말할 나위도 없다. 성은 도덕 이외에 사랑에 의해서도 통제되어야 했던 것이다.[16]

크라프트에빙에게 인간 진화의 역사란 동물과 다름없는 생식적인 성이 도덕과 낭만적 사랑에 의해 관리되는 단계로 진보하는 것으로, 그로부터 이탈하는 성은 의당 해당 공동체를 퇴보로 이끈다. 그에게 일탈적 성은 "탈종" 혹은 "퇴행"이었다. 독일어 "탈종Ausartung"은 프랑스어 "퇴행dégénération"의 번역어였는데, 논자에 따라 탈종은 성도착자 개인이 진화의 역사에서 분리되어나가는 것을, 퇴행은 그 개인의 탈종이 해당 공동체 내지 민족국가의 퇴보로 이어지는 것을 의미하기도 했다. 퇴행론은 『성 정신병리』의 모든 맥락에서 튀어나온다. 그는 심지어 열정적인, 즉 "감상적인sentimental" 사랑을 추구하는 사람조차 "유전적으로 취약한 인물"로 평가한다. 감정에 이성과 도덕까지 결합된 낭만적인 성·사랑을 추구하지 않는 모든 인간은 퇴행인 것이다. 사태가 그러하니 성도착자들은 말할 나위조차 없었다. 사실 성 병리의 원인을 논하는 대목에서 그는 윤리를 자주 언급했지만, 그에 못지않게 자주 원인으로 지목한 것은 퇴행이었다. 성도착의 '원인의 원인'은 퇴행이었던 것이다.

여기서 의미의 치환이 한 번 더 발생한다. 앞서 우리는 크라프트에빙의 성이 자연충동이자 윤리이며, 따라서 그에게 도착은 타고난 부도덕이었다는 결론을 얻었다. 여기에 진화론이 기입되면, 그 원인이자 결론은 퇴행이 된다. 그 결과가 막대하다. 윤리의 반의어가 단순한 부도덕이 아니라 퇴행이 되기 때문이다. 크라프트에빙의 성 개념장의 순환 고리는 그렇게 완성된다. 이를 도표화하면 〈표 2〉와 같다.

<표 2> 크라프트에빙의 성 개념장

의미의 장	속성의 장
윤리	자연충동

성

원인 및 결과	반의어
퇴행	도착

동성애와 성 인격

지금까지 우리는 크라프트에빙의 성 범주화가 과잉과 과소에 입각해 있었다는 점에서 시작하여 그 진화론적 함의까지 추적해왔다. 그러나 이 분석에서 우리는 가장 중요한 성 유형을 건너뛰었다. 바로 우리의 주제인 동성애다. 잠시 뒤에 설명하겠지만, 동성애 언설에서도 크라프트에빙은 양적인 범주를 도입하여 동성애를 단계화했다. 그러나 아무리 그래 봐야, 동성애가 양적인 범주만으로 설명될 수는 없는 노릇이었다. 사실 그의 성 병리에는 과잉과 과소 외에 또 다른 분류법이 개재되어 있었다. 바로 남성과 여성이라는 범주다. 크라프트에빙에게 동성애는 각별한 문제였다. 그의 책『성 정신병리: 역전된 성 감각을 중심으로—의료·법의학적 연구』에서 부제인 "역전된 성 감각die conträre Sexualempfindung"은 바로 동성애를 가리킨다. 이 제목에서 우리는 부가적으로, 헝가리계 독일인 의사 카를 마리아 벤케르트Karl Maria Benkert가 케르트베니Kertbeny라는 필명으로 1869년에 처음으로 고안해낸 "동성애Homosexualität"라는 단어가 크라프트에빙에게조차 아직 관철되지 않았음을 알 수 있거니와, 더더욱 중요한 것은 성과학의 체계화가 바로 동성애 문제에서 출발하였다는 점을 확인할 수 있다. 동성애에 대한 크라프트에빙의 설명은 아주 간명하다. 남성 동성애자는 신체는 남성인데 정신은 여성인 사람이다. 그가 독립적인 범주로 설정하여 해설하지는 않았지만, 여성 동성애자는 신체는 여성인데 정신은 남성인 사람이다.

사상사적으로 보아, 크라프트에빙에게 젠더라는 기준을 전해준 사람은 카를 하인리히 울릭스Karl Heinrich Ulrichs였다. 우리가 앞으로 몇 차례 더 마주치게 될 울릭스는 서양에서 최초로 성에 대한 과학적 이론화를 시도한 사람으로 평가되기도 한다. 그가 성은 자연적인 것이라고 주장함으로써 성을 자율적인 힘으로 제시하였다는 것이 그 근거다. 변호사였던 울릭스는 1864년부터 1879년에 이르는 시기에 동성애에 대한 총 열두 편의 에세이를 발표하였는데, 그 과정에서 그는 자신이 동성애자임을 커밍아웃하였고, 동성애 처벌법이 잘못된 것이라고 외쳤으며, 동성애자들 간의 결혼의 합법화까지 주장했다. 그는 독일어권에서 최초로 동성애 해방을 공공연하게 주장했던 사람이고, 독일 동성애 운동의 숭배 대상이 되는 인물이다.[17] 그의 이론은 간단했다. 남성 동성애자는 여성의 영혼을 가진 남성이고, 여성 동성애자는 남성의 영혼을 가진 여성이라는 것이다. 크라프트에빙의 성 이론과 관련하여 주목할 것은, 울릭스가 크라프트에빙에게 자신의 에세이를 보냈을 뿐만 아니라, 크라프트에빙 스스로가 자신의 연구가 울릭스에게서 영향을 받은 것이라고 시인했다는 점이다.*

그러나 시대적 지평에 유의해 보면, 크라프트에빙에게 울릭스와의 접촉은 자신의 생각을 가다듬게 만든 하나의 계기에 불과했음이 드러난

---

* 우리는 동성애자인 울릭스가 왜 남성 동성애자를 여성의 영혼을 가진 남성으로 규정했을까 물을 수 있다. 물론 울릭스 자신이 그렇게 느꼈기 때문이겠지만, 그가 왜 그렇게 느꼈는가는 따로 답해야 한다. 이는 우리가 곧 설명하게 될 남녀이분법의 정립과 관계되는 것 같다. 18~19세기는 남녀이분법과 남성성이 확고해지는 시기였는데, 남성성에서 가장 근본적인 것은 여성과 성교하는 남성이었다. 따라서 여성이 아닌 남성과 성교하는 남성은 여성적인 남성으로 의미화되었다. 울릭스는 그러한 시대적 담론 및 편견을 스스로 내면화한 것으로 보인다.
　한편 "역전된 성 감각"이라는 용어는 1860년대의 성 논의를 주도하던 의사 중의 한 명이었던 카를 폰 베스트팔Carl von Westphal의 용어다. 베스트팔은 크라프트에빙에 앞서 울릭스의 논의를 받아들인 정신병리학 개척자 중의 한 명이다. 그리고 "동성애"라는 용어를 고안해낸 벤케르트는 울릭스와 그의 이론을 잘 알고 있었다.

다. 젠더 문제, 특히 여성성 문제는 19세기 중반에 이미 인간과 세계를 관찰하는 지배적인 담론이었다. 물론 여성이 남성과 다르다는 발상이 19세기에 와서 비로소 부각되었던 것은 결코 아니다. 전근대의 서양에서도 여성은 언제나 남성과 다른 존재였다. 그러나 그 경계가 월경 불가능한 것은 아니었다. 여성은 경우에 따라 남성과 유사한 특징을 보유할 수도 있는 존재였다. 그리하여 중세에는 예컨대 출타 중이거나 사망한 남편을 대신하여 장원을 관리하거나 장원법정에 참석하는 귀족 여성이 얼마든지 존재했다. 간혹 여성 수공업자들만으로 이루어진 길드도 있었다.[18] 생물학적인 차원에서도 남성과 여성의 몸은 근본적으로 동일하다고 여겨졌다. 다만 발달이 상이하게 전개되어, 예컨대 여성의 자궁은 뒤집힌 페니스로 간주되었다.

또한 전근대 여성은 신의 뜻에 따라 출산을 담당하는 존재로 규정되었으나, 여성성은 결코 생식 기능에 한정되지 않았다. 여성은 씩씩하게 색정적일 수 있었고, 성을 탐닉하는 호색녀일 수도 있었다. 여성이 성으로부터 배제되어 모성으로 국한된 때는 1800년경이다. 그 즈음해서 "사랑충동Liebestrieb"이라는 괴상한 단어로 대표되는 담론이 대두하여 여자들에게 사랑만 남긴 채 성을 빼앗아갔고, 얼마 지나지 않아서 "모성충동Mütterlichkeitstrieb"이라는 단어로 대표되는 담론이 여성성을 온전하게 생식에 한정시켰다.[19] 이는 서양 근대의 본질적인 반反여성성을 유감없이 보여주는 것이지만, 유의할 점은 여성의 지위가 생식과 가정으로 협소화되는 과정이 몸과 성 담론의 변화와 발맞추고 있었다는 것이다. 앞서 말한 바처럼, 18세기 초반까지만 해도 몸은 기후, 지역, 도농都農 등 여러 사회적 환경에 열려 있었다. 그러나 18세기 중반부터 19세기 중반에 이르는 시기에 몸은 그 자체로 완결된 것으로 담론화되어, 몸이 사회의 영역으로부터 생리의 영역으로 이동 배치되었던 것이다.

흥미로운 점은 몸을 자연화한 그 과정을 이끈 것이 여성성 담론이었다는 사실이다. 19세기 전반기에 성에 대해 발언한 사람들 다수는 의사였다. 이는 성에 대한 발언의 권위가 종교에서 의학으로 넘어간 것을 입증해주는 것이기도 한데, 묘하게도 의사들은 여자를 사랑과 모성에 국한시키면서도 동시에 자연적인 성에 좌우되는 존재로, 그것도 성기에 의해 좌우되는 존재로 표상했다. 그들은 남자의 신경 이상에 대해서는 거의 논하지 않았다. 남자의 경우에는 기껏해야 뇌와 척수에 가벼운 교란이 일어날 수도 있다는 것이 논의의 전부였다. 그러나 그들은 여자의 경우, "하복부, 정확히 말해서 성기의 신경망이 몸 전체를 뒤덮는 질병의 중심"이라고 강조했다.[20]

19세기 중반에 젠더는 확고해졌다. 남자는 자연적으로 타고나기를 성적으로 적극적인 존재였고, 성기와 성충동을 지배하기에 정신적이고 합리적이고 윤리적인 존재였다. 여자는 정반대로 무성적이기에 소극적이고, 성기에 지배당하기에 육체적이고 비합리적이고 감정적이고 비윤리적인 존재였다. 한마디로 여자는 본질적으로 창녀였다. 결론적으로 여자는 그 자체로 병리적인 존재였다. 그리고 여성을 병리화하는 가운데 정신적 특징을 보다 '과학적으로' 설명하기 위한 시도 속에서 성기와 뇌신경 체계를 결합시키는 주장들이 끝도 없이 개진되었다. 여자의 뇌신경과 성기는 언제나 일치한다는 것이었다. 한마디로 말해서, 여자는 "성기가 머리에 위치한" 존재였다.[21] 그에 반해 남자의 성기와 뇌를 긴밀하게 결합시키는 언설은 19세기 후반에 와서 비로소 출현했다. 이는 여성 정신신경 병리학이 고스란히 남자로 옮아가면서 일어난 일인데, 그 결과물이 성 병리학, 즉 성과학 혹은 신경의학Psychiatry이었고, 그 중심에 동성애가 자리하였던 것이다.

크라프트에빙의 젠더는 19세기 후반의 성 담론 지형과 한 치도 어긋나지 않는다. 남자의 성욕은 "공격적이고 질풍노도"와 같으며 "적극적"이다. 그렇다고 해서 성이 남자의 전부인 것은 결코 아니다. 성은 남자의 "정신 전체를 채우지 못한다." 그에 반해 "여자의 성욕은 남자보다 약하다. 그렇지 않았더라면 온 세상이 창녀촌이었을 것이다." 여자의 성욕은 약하기에 여자는 성적으로 "수동적"이다. 그러나 그것은 그녀가 좋은 교육을 받아서만이 아니다. 여자의 "성 조직"이 그렇게 짜여 있다. 그러나 다른 한편으로 성은 남자보다 여자의 의식에서 "훨씬 더 강렬하게 관철된다." 그리하여 남자에게 사랑은 "삶의 기쁨"인 반면에, 여자에게 사랑은 "삶 그 자체"다. 여자가 "평생 동안 한 사람 이상 사랑할 수 있을까"는 의심스러운 반면에, 남자는 "한 번에 여러 명의 여자를 사랑하려 한다." "감각적인 것이 창궐하는 시기"는 곧 쇠락의 시기다. 그런 시기에는 "첩들이 국가를 통치하게 되는 바," "제諸 민족의 역사에서 윤리적 몰락"은 "여성화의 시기와 일치한다." 이 발언들은 해설이 불필요할 정도로 그 뜻이 명확하다. 모든 진술의 공통분모가 적극적인 남성과 수동적인 여성의 이분법이라는 점만은 유념하도록 하자.[22]

그는 그 이분법을 그가 공들여 논한 모든 성 병리에 적용했다. 사디즘은 성교 중에 상대방을 때리거나 깨무는 행위가 과잉이 되어 나타나는 현상인데, 때리거나 깨무는 것은 남자의 속성인 "공격성"의 표현이다. 바로 그 때문에 사디즘은 주로 남자에게서 나타나고 여자에게서는 드문 편이다. 마조히즘은 정확히 그 반대다. 그것은 여자의 속성인 "수동성"이 병적으로 타락한 현상이다. 그리고 속성상 여성들이 남성의 폭력에 기꺼이 노출되는 것은 너무도 "자연스러운" 일이므로 여자들의 경우정상과 병리를 구분하는 것은 대단히 힘들다. 페티시즘의 경우는 모호한 구석이 있다. 젠더에 중립적일 수밖에 없기 때문이다. 그러나 크라프트에빙은 페티시즘의 하위 범주에서 "여성 신체에 대한 페티시즘" "여성 복장에 대한 페티시즘" "기타 여성 물품에 대한 페티시즘"만을 논했다. 이는 상대방을 소유하려는 적극성이 남성의 속성이니만큼, 페티시즘 역시 주로 남성에게서 나타나는 현상으로 파악했기 때문이었을 것이다.[23]

남녀이분법의 역전이 가장 잘 적용될 수 있는 성 유형은 동성애다. 우선 지적할 점은, 그가 여자 동성애자를 별도로 논하지 않고 그저 남자 동성애자의 작은 일부로 다루었다는 사실이다. 이는 그가 당대의 전반적인 경향을 염두에 두었기 때문이다. 당시 여성 동성애는 소녀적인 우정의 한 형태로 평가되거나, 대용 성기가 사용되는 경우에는 유사 삽입 성교, 즉 이성애의 변종으로 간주되었다. 그 때문에 그는 여자들 중에도 동성애자가 있다는 것을 경험적으로나 이론적으로 확신했지만, 그 문제를 새삼 따로 논의할 필요성을 느끼지 않았다. 또 한 가지 지적할 사항은, 그가 동성애를 분류할 때 우리가 이제까지 언급하지 않았던 기준을 사용했다는 점이다. "선천"과 "후천"이 그것이다. 생득과 획득은 사실 동성애를 논하는 데만 사용되었던 기준이 아니다. 크라프트에빙은 그가 다룬 모든 성 병리에서 그것이 타고난 것인지 아니면 삶의 행로에서 얻어진 것인지를 논했다. 이 과정에서 그는 거의 편집증적인 집요함을 보였다.

몇 가지 이유가 있었다. 우선 학문 내적 차원의 이유를 들 수 있다. 당시 정신의학은 생물학에 크게 빚지고 있었다. 다윈Charles Darwin의 진화론과 돌연변이설이 발표된 지 이미 30여 년이 흘렀지만 19세기 초에 제시된 라마르크Jean-Baptiste Lamarck의 획득형질 유전론은 19세기 후반에도 프랑스에서 여전히 확고했고 독일에서도 그 위세가 상당했다. 환경이 개별 인간의 형질을 규정할 수 있다는 그 논지를 크라프트에빙도 차용하였던 것이다. 유의할 것은 전근대의 서양에서 성적 일탈을 환경 탓으로 돌렸던 것과 19세기의 획득형질 이론은 완전히 다른 것이라는 점이다. 전자는 신체가 환경에 의하여 특정한 성격, 즉 질質을 갖게 된다는 것이고, 후자는 신체 기관이 변화하고 유전된다는 것이다.

인간의 외부가 인간 자체를 근본적으로 바꾸어놓을 수 있다고 생각한 또 다른 학문은 심리학이다. 크라프트에빙이 성 병리학에 뛰어든 1870~80년대는 성의 생리화가 진행된 끝에 성의 심리화가 막 개시된 시점이었다. 예컨대 프로이트가 프랑스의 히스테리 연구를 둘러본 때가 1880년대 중반이다. 물론 심리학과 전근대의 환경론은 전혀 다른 것이다. 전근대의 환경론은 외부 환경에 의해 인간의 체질이 변화하여 행동으로 표출된다는 것이고, 근대 심리학은 개별 인간의 욕망이 성장 환경에 따라 특정하게 배치된 끝에 고유한 내면, 즉 고유한 인격이 형성된다는 것이다. 이를 뒤집으면 근대 심리학에서는 욕망이 개별 인격의 표현인 반면에, 전근대 환경론에서는 인간이 개별 욕망의 표현이다. 그렇듯 인간의 내면이 '과학화'되던 시기였기에 크라프트에빙 역시 성 병리가 획득될 수 있는 가능성을 배제할 수 없었을 것이다.

정치적이고 법률적인 이유도 있었다. 만일 동성애를 선천적인 것이라고만 규정하면 이에 대한 처벌은 이율배반적인 것이 되고 만다. 의지가 작동하지 않는 행위를 처벌하는 것은 근대 서양의 형사법적 원칙과 어긋나기 때문이다. 앞서 우리는 여성의 영혼을 지닌 남성이라는 동성애 규정을 크라프트에빙에게 전달해준 인물이 카를 하인리히 울릭스이며,

독일에서 동성애 해방운동을 개시한 사람이 바로 그였다고 말한 바 있다. 그런 그가 동성애 행위의 비범죄화를 주장하면서 제시한 논거가 바로 동성애는 자연적으로 타고난다는 것이었다. 동성애 처벌 문제에서 크라프트에빙은 어정쩡했다. 뒤에서 그 이유를 설명하겠지만, 그는 『성 정신병리』 초판에서는 비범죄화에 찬성하지 않다가 재판부터는 비범죄화를 주장했다. 동성애에 대하여 당시 부르주아 여론은 후천설을 편들고 있었고, 대부분의 성과학자들은 절충적인 입장을 택하였다. 크라프트에빙도 그중 하나였던 것이다.

마지막으로 의료의 차원이 있다. 선천설을 택하면 의사에 의한 치유는 사실상 배제되고, 후천설을 택하면 의사에게 활동 공간이 열린다. 동성애의 의료적·법적 차원은 『성 정신병리』의 두번째 부제가 "의료·법의학적 연구"인 것에서도 드러난다.

동성애에 대해서도 크라프트에빙은 분류하고 또 분류한다. 그는 남성 동성애를 성차의 역전, 즉 성의 여성화로 정의한 뒤, 이를 후천과 선천으로 나누고, 여성화의 정도에 따라 다시 네 가지로 단계화했다. 획득 동성애의 첫번째 단계는 신체와 정신 모두가 남성인데 성적으로 동성에게 끌리고 가끔씩 벌어지는 동성 성교에서 "적극적 역할"을 맡는 단계이고, 두번째는 신체는 여전히 남성적이지만 "정신심리적인 인격"이 여성으로 변화하여 성교는 오직 남성과 하고 그때마다 "수동적인 역할"을 맡는 단계이며, 세번째는 신체마저 여성의 모습을 갖추기 시작하는 동시에 자기 몸을 여성의 몸으로 느끼는 단계이고, 마지막은 성기를 제외한 신체를 여성으로 느끼고 성전환을 열망하는 단계다.[24]

선천적 동성애자들도 시기적으로 약간 빠르고 강도 높게 진행되기는 하지만 결국 후천적 동성애자와 사실상 똑같은 단계를 거친다. 첫번째 단계에는 이성애의 잔재가 남아 있어 이성과 성교를 하기는 하지만 동성과의 성교를 훨씬 더 선호하고, 두번째 단계에서는 성교를 오로지 동성과 하며, 세번째 단계에서는 스스로를 여자로 느끼고, 네번째 단계에서는 신체가 여성화된다. 후천적 동성애자와 차이점이 사실상 없다. 굳이 찾자면, 크라프트에빙이 선천적 동성애자의 경우 친인척들 역시 신경 정신병리를 앓는다고 주장했다는 데 있다. 단순한 유전론이다. 결국 양자는 같다. 그럼에도 불구하고 그가 굳이 양자를 구분한 이유는 앞서 설명한 대로 후천적 획득을 인정해야 하는 학문적 필요성 때문이었을 것이다.

그러니 선천적이든 후천적이든 동성애자가 여성화된 남성이라는 점에서는 차이가 없었다. 그렇게 "역전된 성 감각"을 크라프트에빙은 성도착으로 간주했다. 그리고 그는 도착의 두 가지 명사형 Perversität와 Perversion을 구분하면서, 성의학은 후자에 집중해야 한다고 거듭 강조했다. 전자는 도착적 행위를 뜻하고, 후자는 도착적 인간을 뜻한다. 사실 우리는 지금 서언에서 언급했던 미셸 푸코를 만나고 있는 중이다. 행위가 아니라 "인간 종." 크라프트에빙이 동성애를 "인간 종"으로 간주했다는 것은 동성애자란 동성애가 "정신심리적인 인격"으로 진행된 사람이라는 그의 규정에서 선명하게 드러난다. 더욱이 그는 성을 언제나 "전체 인격Gesamtpersönlichkeit의 표현"으로 간주했고, "성 인격die geschlechtliche Persönlichkeit"이라는 표현도 가끔 사용했다.[25] 기실 푸코의 『성의 역사』 1권과 크라프트에빙의 『성 정신병리』을 함께 놓고 보면, 푸코가 『성의 역사』를 구상한 것이 크라프트에빙을 읽은 뒤가 아닐까 하는 의심이 들 정도다. 인격에 대한 논의가 그만큼 두드러진다.

크라프트에빙이 성을 인격으로 간주했다는 것은 '환자'들을 바라보는 그의 시선에서 재확인된다. 무릇 모든 텍스트에는 지은이의 시선이 담긴다. 그러나 『성 정신병리』에 담긴 크라프트에빙의 시선은 그 일반 명제가 함축하는 것과 종류가 다르다. 크라프트에빙은 그 책에서 객관적인 진술 뒤의 구조로서만이 아니라, 환자들과 함께 직접 등장한다. 그는 그 책에 다른 연구자들이 공개한 환자에 대한 기록, 자신의 임상기록, 그를 찾아온 환자와의 대화 내용, 그에게 발송된 환자의 편지 등을 통째로 제시해놓았다. 사실 크라프트에빙의 책이 그토록 인기를 끌고 영향력을 발휘한 것도, 성 병리에 대한 체계화 작업 외에 그러한 기록들, 즉 개별 사례들이 외치던 목소리 덕분이었다. 『성 정신병리』1886년 초판에는 45개의 개별 사례가 수록되었고, 그 후 판이 거듭될수록 사례가 늘어나서 그가 직접 손을 본 마지막 판인 1903년 판본에는 238개가 실렸다. 이 책이 이용한 1893년 판본에는 197개의 사례가 실려 있다. 그가 다른 지면에 발표한 사례와 그가 발표하지 않고 파일함에 넣어둔 사례까지 합하면 약 1500개나 된다.[26] 개별 사례에서 압도적인 것은 동성애였다. 1893년 판 『성 정신병리』의 경우 197개의 개별 사례 중에서 104개가 동성애였다.

당사자의 목소리가 책에 등장한 것에도 역사가 있다. 동성애로 국한시킬 경우 독일에서 그 시작은 크라프트에빙의 선배 법의학자인 카스퍼 Johann Ludwig Casper가 했다. 1858년 그는 자신의 법의학 개론서에 제국백작 말찬Alfred von Maltzan-Wedell이 27년간 쓴 일기의 일부를 공개했다.[27] 말찬은 1850년에 동성애 혐의로 체포되어 재판을 받고 결국 옥사한 인물인데, 경찰의 압수 수색에서 발견된 일기가 카스퍼의 손에 들어갔던 것이다. 말찬의 일기에는 그의 동성애 행적이 생생하게 기록되어 있었고, 이에 의거하여 카스퍼는 동성애자가 타고난 생물학적인 존재라고 주장했다. 우리가 앞서 언급한 울릭스 역시 자신이 발표한 글에 스스로의 생애사와 구체적인 성생활을 공개했다. 법의학자로 활동하고 있던 크라프트에빙은 카스퍼의 인용이 발휘하는 힘을 인지했을 것이다. 또한 그는 울릭스의 진솔한 고백에서 실제로 강한 인상을 받았다. 게다가 19세기에 들어오면서 정신과 의사들은 진단서에 정신병자의 가족 상황, 신체, 성장 과정, 직업, 취미, 성격 등을 관행적으로 기록하기 시작했다. 정신병은 삶에서 구체적인 양상으로 나타난다고 믿었기 때문이었다. 그 외에도 형법학의 신조류, 즉 범법자는 타고난 것이어서 그것이 일상생활로 표출된다는 이론도 크라프트에빙에게 영향을 미쳤다.[*]

동성애를 하나의 인격으로 구성하려는 크라프트에빙의 시선은 광범하고 집요했다. 그는 부모의 신체, 직업, 병력, 특히 신경병의 유무, 사망 원인, 특히 자살 여부를 물었고, 가능하면 조부모와 사촌들도 살펴보았다. 당사자 유년기에 대해서는, 언제 처음 글을 배웠는지, 인형놀이를 했는지 병정놀이를 했는지, 누구와 놀았는지, 놀이 장소는 집안이었는지 바깥이었는지, 어떤 꿈을 꾸었는지, 자주 아팠는지, 학교 성적은 어떠했는지, 어떤 과목에 관심이 갔는지, 성에 대해서는 언제 처음 알게 되었는지, 몽정 혹은 자위는 언제 어떤 계기로 처음 경험했는지, 성교는 언제가 처음이었는지, 그 대상이 이성이었는지 동성이었는지, 그때 느낌은 어떠했는지 등등을 물었다. 성장 이후에 대해서도 유사한 질문이 쏟

---

[*] 범법자가 타고난다는 주장을 개진한 대표적인 인물은 이탈리아의 법의학자인 롬브로소 Cesare Lombroso였다. 롬브로소는 골상을 보면 범죄자로 타고난 사람을 식별할 수 있다고 주장했다. 크라프트에빙 역시 범법자는 타고난다는 견해를 표명했을 뿐만 아니라,『성 정신병리』곳곳에서 롬브로소를 인용했다. 롬브로소는 현재 연구자들 사이에서 "범죄자를 고안해낸" 대표적인 인물로 꼽힌다. 롬브로소에 대해서는 Peter Strasser, *Verbrechermenschen. Zur kriminalwissenschaftlichen Erzeugung des Bösen*(Frankfurt/M., 2005) 참조.

아졌다. 대학은 갔는지, 전공은 무엇이었는지, 대학 친구들과 언제 처음으로 창녀촌에 갔는지, 발기는 되었는지, 그 후 누구와 사귀었고 성교할 때의 느낌은 어떠했는지, 상대는 이성이었는지 동성이었는지, 성교 상대는 얼마나 자주 바뀌었는지, 현재에도 자위를 하는지, 결혼은 했는지, 부부관계는 어떠한지, 어디가 아픈지, 신경과민은 아닌지, 성격은 적극적인지 예민한지, 취미는 무엇인지, 연극과 음악을 좋아하는지, 연극 관람에서 눈길이 미치는 배우는 남자인지 여자인지, 어떤 종류의 책을 읽는지, 시를 좋아하는지, 직업적 성취는 어떠한지 등을 물었다. 크라프트에빙은 자신이 받은 인상도 기록했다. "신경질적"이고 "비정상적"이고 "부도덕"해 보였다 등등.

크라프트에빙은 신체, 취미, 직업, 성 항목 전체에서 남성적인 것과 여성적인 것을 구분하고 이를 종합하여 조사 대상이 "선천적 동성애자 2단계"인지 혹은 "후천적 동성애자 3단계"인지 등을 판독해냈다. 인간이란 그런 특징들로 이루어진 존재이니만큼, 저 모든 특징들이 성으로 종합된다면 성이 곧 그 사람의 인격이요, 그가 "인간 종"인 것은 지당한 노릇이다. 우리는 이 지점에서 성과학이 한 인간의 몸과 마음을 왜 그토록 집요하게 성별화했는지 물을 수 있다. 문제에 대한 답은 때로 질문에 이미 내포되어 있기도 한 법이다. 성과학은 자율화된 성 때문에 탄생했고, 성별화는 자율화된 성을 규율하기 위해서 추진되었다. 그리하여 몸과 마음이 남녀이분법에서 멀어지는 사람은 누구나 동성애 인종이라는 혐의를 받게 되고, 만인은 남자다운 남자 혹은 여자다운 여자가 되기 위해 노력해야 했다. 인간의 성이 공동체적인 도덕과 사적인 사랑 외에 팔뚝과 인상과 취향에 의해 규율되기에 이르렀던 것이다.

물론 성 인격은 학자가 규정한다고 해서 성립되는 것은 결코 아니다.

성 인격은 과학자의 말을 당사자가 수용할 때 비로소 성립한다. 실제로 크라프트에빙의 책은 당사자들에게 열렬한 반향을 일으켰다. 그들은 크라프트에빙의 진료실을 찾아오고, 그에게 편지나 자신의 삶을 기록한 짧은 자서전을 보냈으며, 그에게 치료받기를 원했다. 『성 정신병리』에 실린 개별 사례들의 수가 초판 45개에서 1903년 238개로 늘어날 수 있었던 것은 크라프트에빙이 그 사례들을 인위적으로 수집했기 때문이 아니었다. 당사자들이 그에게 반응했기 때문이었다.

그들은 크라프트에빙에게 대단히 호의적이었다. 크라프트에빙이 선천적 동성애자 2단계로 분류한 어느 남자는 『성 정신병리』를 읽은 뒤 저자가 "편견을 갖지 않고 과학과 인류애를 위하여 연구하고 있다"는 점을 깨달았으며, 이에 저자에 대한 "전폭적인 신뢰" 속에서 "자신의 이야기가 저서의 한 벽돌이 되어" "과학, 진리, 정의에 합당한 역할"을 수행하게 해달라면서 자신의 생애사를 보내왔다. 자신의 상황이 너무나 고통스럽다면서 "만일 당신이 내게 충고를 해준다면 나는 무한히 행복할 것"이라고 크라프트에빙에게 읍소하는 사람도 있었고, "예전부터 스스로를 병리적이라고 생각"했으나 그게 구체적으로 무엇인지 모르다가 크라프트에빙의 진단을 받은 뒤에 "드디어 (자신의) 성에 대한 권위 있는 정보"를 얻었다며 "기뻐한" 선천적 동성애자 3단계 남자도 있었다. 그들 대부분은 자신들이 겪고 있는 "이름 없는 고통"이 학문적으로 해명되는 것에 크게 기뻐했던 것이다.[28]

게다가 그들은 자서전을 크라프트에빙의 틀에 고스란히 맞추어, 부모, 어린 시절, 성장기, 성년기의 신체, 취미, 교육, 직업 경력, 병력 등을 차례로 작성했다. 삶의 내용마저 크라프트에빙의 이론에 따라 해석한 사람도 많았다. 예를 들어서 어느 서른다섯 살의 상인은 자신을 다음과 같이 소개했다. "키는 중간, 말랐고, 근육이 약하며, 평범한 얼굴에 수염은 무성. 첫눈에 보아도 진정한 남자와 거리가 멂. 걸음걸이가 여자 같음. 춤추듯 빨리 걸음. 움직임은 각지고 비호감이며, 남성적인 느낌이 전혀 없음. …… 술을 마시지 않고 담배도 피우지 않음. 휘파람을 불지도 못하고, 말을 탈 줄도 모르며, 체조도 펜싱도 사격도 못함. 말과 개에 취미가 없고, 총이나 대검에 손을 대는 일은 결코 없음. 내적인 감성과 사회적인 요구에서 나는 완벽하게 여자임."[29] 크라프트에빙은 그를 선천적 동성애자 3단계로 판정했다. 위에 열거한 사항 중에서 도대체 무엇이 여자로 태어난 증거가 되겠는가. 근육이 약하지만 수염은 무성한 그 사람이 "첫눈에 보아도" 여자인 이유는 그가 다른 남자들과 취미를 공유하지 않는다는 것뿐이다. 따라서 문제는 지표가 아니다. 문제는 당사자의 자가진단이다.

크라프트에빙의 독자들은 실제로 자가진단을 했다. 그들은 "자신의 삶을 되돌아볼 용기"를 냈던 것이다. 그들 중에는 자신의 동성애를 "타고난angeboren"이란 형용사를 사용하여 평가한 사람도 많았고, 자신은 "당신이 『성 정신병리』에서 여성화 단계(선천적 동성애자 3단계)에 속하는 것으로 지칭한 모든 특징을 갖고 있다"고 진단한 사람도 있었다. 그리고 성에서 도덕을 읽어내던 크라프트에빙에게, 자신의 "행동거지가 피상적이고 경박하며" "하등의 진지한 도덕적 감정이 없는" 사람이라고 자책하는 동성애자도 있었고, 심지어 여덟 살인 막내딸이 "벌써 자위를 시작한 것"은 자신의 성이 유전되었기 때문이며, 그 역시 "아버지가 엄마에게 자기를 임신시켰을 때 딸이기를 바랐기 때문에" 동성애자가 되었다면서 모든 책임을 유전 및 퇴행으로 돌린 사람도 있었다.[30]

자가진단이란 물론 푸코의 표현대로 "고백 서사"이고, 성은 그 고백을 통하여 인격이 된다. 고백 서사란 몰랐거나 혼란스러웠던, 혹은 그때까지 문제 삼지 않았던 과거와 현재의 경험을 특정한 틀, 우리의 경우에는 과학 담론의 틀에 따라 재조직하는 것이다. 조직화된 과거와 현재의 경험이란 '그 사람' 자체다. 인간이란 조직화된 경험에 따라 미래를 바라보고, 그에 따라 행동한다. 그 행동은 과학 담론에 의해 주어진 당위적인 격률을 따른다. 그러므로 고백 서사에 입각하여 갖게 된 정체성은 곧 담론에 의한 식민화다. 이는 자기규율이라는 권력이 내면에 자리 잡는 과정에 다름 아니다.

푸코 식으로 말하자면, 크라프트에빙은 통상적인 의미의 권력자가 아니었다. 오히려 그는 당대 담론이 생산하는 권력 메커니즘에서 특정한 지위, 즉 발언권을 보유한 '권위'의 지점에 자리 잡은 사람이다. 이는 크라프트에빙의 발언과 그 수용이 그와 독자들만의 문제가 아니었음을 말해준다. '시대'가 그들을 통해 작동하고 있었던 것이다. 그 시대란 여자와 대도시와 민족 퇴행의 공포를 앓던 시대였다. 여자는 여성 해방운동이었고, 대도시는 대중이었으며, 퇴행은 민족 경쟁에서의 패배였다. 다시 말하자면 자기 자리를 벗어난 여자, 뭐라고 규정할 수 없는 익명의 무리, 내부를 갉아먹는 모럴해저드였다. 크라프트에빙은 그 모든 위기를 성이라는 병든 씨앗 때문인 것으로 의미화하고, 그에 대한 해법을 도덕에 입각한 자기통제에서 찾았던, 다시 말해서 부르주아 세계가 19세기 말에 직면하게 된 위기를 성으로 코드화했던 인물이다.

크라프트에빙이 여성운동이 초래한 혼돈과 민족의 운명에 대한 불안감을 얼마나 가감 없이 표현했는지는 앞서 서술한 바 있다. 대중에 대한 공포는 『성 정신병리』에는 간접적으로만 표출되어 있다. 예컨대 그가 거론한 사디즘의 사례는 절반 이상이 사회 하층에 속한다. 그러나 다른 지면에서 그는 혁명적 대중운동을 가혹하게 힐난했다. "파리코뮌이 보여주듯, 혁명 지도자들은 빈번히 병든 사람들이다. 이는 유전적 결함을 앓고 있는 괴팍하고 문제투성이의 인물들이 그 운동을 이끌고 있다는 사실에 의하여 설명된다." 현실 정치에 대한 발언을 자제했던 그가 1897년에 간행된 정신의학 교재(『의사들과 대학생들을 위한 정신의학 교본』)에 그렇게 적었다는 사실은, 그가 성과학이 어떤 역할을 해야 하는지 똑똑히 의식하고 있었음을 말해준다. 『성 정신병리』에서도 그는 성과학이야말로 "도덕의 법정에서 인류의 명예를 변호하기 위해 필수불가결한 것"이며, 과거에 종교와 국가가 담당했던 역할을 이제는 의사가 담당해야 한다고 주장했다.[31]

과학과 삶의 간극

우리는 지금까지 고백 서사를 권력의 차원에서 바라보았다. 그러나 동성애자들의 고백 서사에는 다른 층위가 있다. 바로 균열의 층위다. 『성 정신병리』에는 크라프트에빙의 정식화 혹은 분류법에 전혀 들어맞지 않는 고백들이 등장한다. 게다가 그것이 몇 개의 사례로 그치는 것도 아니다. 전체적으로 보아 분류에 맞지 않는 고백이 맞아떨어지는 고백보다 약간 더 많다. 신체 항목을 들여다보면, 신체가 실제로 여성화된 경우는 단 한 건도 없다. 그저 후천적 동성애자 3, 4단계 항목에 자신의 몸이 여자의 몸이라고 주장한, 즉 그렇게 지각한 사람이 두 명 있을 뿐이다. 그중 한 명은 자신의 남성 유두를 유방으로 페니스를 클리토리스로 느끼는 동시에, 자신의 배와 팔과 손이 여자의 배와 팔과 손이라고 주장했다. 유의할 것은 그가 양성구유자가 아님에도 불구하고 그렇게 주장했다는 사실이다. 그는 몸이 실제로 여성화된 사람이 아니라 자신의 몸을 여성으로 지각하는 사람일 뿐이었다.[32]

크라프트에빙의 동성애자 독자들 중에는 그를 전적으로 신뢰한다고 말하면서도 그의 분류법을 맹종하지 않는 사람들도 꽤 많았다. 크라프트에빙이 선천적 동성애자 1단계로 구분한 한 남자는 자신이 남자와 성교를 하긴 하지만 선천인지 후천인지 모르겠다고 밝혔고, 그와 똑같은 범주로 분류된 또 다른 남자는 자신의 성이 무엇인지 "불분명"하다고 말했다. 더욱이 이성애자는 아니지만, 그렇다고 해서 크라프트에빙의 분류법에 들어맞는 것도 아닌 사람도 의외로 많았다. 앞서 크라프트에빙이 선천적 동성애자 1단계로 분류했지만 자신의 성이 "불분명"하다고 밝힌 남자는, 남자와의 성교는 물론 남자 성기를 생각만 해도 욕지기가 나고 자기 집 하녀의 "장화"를 떠올려야 발기가 되는 사람이었다. 크라프트에빙이 선천적 동성애자 3단계로 분류한 또 다른 남자는 그의 신체와 취향이 여성적으로 보였기에 동성애자로 분류된 것일 뿐, 실제로는 남녀 모두와 성교를 하는 양성애자였다.[33]

극단적인 동시에 극적인 사람도 있었다. 후천적 동성애자 3단계로 분류된 한 남자는 스스로를 여자로 느끼지만 남자와는 성교를 하지 않고 그저 여자가 되기를 소원할 뿐이었다. 크라프트에빙 스스로가 얼마나 당혹스러웠는지 그를 "독특한 존재Unicum"라고 평했다. 오늘날의 젠더 개념을 대입하면 그는 신체는 남자이지만 젠더는 여자인 사람, 혹은 신체적으로도 여자가 되려는 트랜스섹슈얼이다. 똑같지는 않지만 유사한 경우가 또 있다. 선천적 동성애자 3단계로 분류된 한 남자는 여자 옷을 입어야 발기가 되었는데, 남자와의 성교 경험은 한 차례밖에 없었고, 그

가 바라는 것은 그저 남자와의 플라톤적인 사랑일 뿐인, 소녀 같은 소녀가 되고픈 남자였다.[34]

그렇듯 범주와 현실이 불일치하자 크라프트에빙을 교정해주려는 사람도 나타났다. 선천적 동성애자 3단계로 분류된 한 남자는 동성애자가 모두 "똑같은 것은 아니며," 선천적 동성애자와 후천적 동성애자 사이에 "차이가 전혀 없고," 오히려 동성애자들 안에는 "수많은 하위 범주들이 존재한다"면서 크라프트에빙을 점잖게 훈계했다.[35]

크라프트에빙의 근본 발상에 도전한 사람들도 있었다. 신체와 영혼에 깃든 신경증이 동성애를 유발한다는 크라프트에빙의 근본 전제를 뒤집어서, 신경증이 동성애를 유발하는 것이 아니라 동성애를 용납하지 않는 사회가 신경증을 유발한다면서 맞선 사람, 동성애는 질병도 아니고 부도덕도 아니라고 항의한 사람이 여럿 있었다.[36] 그리고 동성애 신경증의 심리생리적인 원인이 자위행위에 있다는 크라프트에빙의 설명이 틀렸다고 지적한 사람도 무척 많았다.[37] 사실 크라프트에빙에게 자위는 모든 성도착의 매트릭스 같은 것이었다. 그는 자위가 모든 성도착의 원인인 성 과잉의 증상이자 촉매이며, 성 과잉이 사디즘, 마조히즘, 페티시즘으로 고착되는 것도 유년기의 자위행위와 그 행위 중의 판타지 때문이라고 설명했다. 크라프트에빙에게 자위는 또한 이성애자로 태어난 사람이 동성애자로 바뀌는 질적 변화의 결정적 계기이자 타고난 동성애 형질을 현실화시키는 매개였다.

이는 크라프트에빙의 과학적 시선이 역사적 편견에 불과하다는 점을 똑똑히 보여준다. 자위는 100여 년 전에 이미 질병의 원인으로 지목되었다. 이 문제에서 가장 영향력이 컸던 스위스의 의사 티소Samuel Auguste Tissot는 1760년에 발간한 책에서 자위가 가슴 통증, 시력 감퇴,

두통, 현기증, 경련, 간질, 전신 마비, 신경병, 치매 등을 일으킨다고 주장한 바 있다. 때로는 위장이 나빠지고 안색이 파리해지며, 활동이 둔하고 게을러지고, 젊은이는 겉늙고 병약해지며, 눈이 푹 들어가고 허리가 굽고 다리는 좀처럼 말을 듣지 않게 된다는 것이다.[38] 이 발상이 크라프트에빙에게 고스란히 이어지고 있었던 것인데, 그러나 아뿔싸 그가 선천적 동성애자 1단계로 제시한 개별 사례 6명 중에서 3명은 자위를 단 한 번도 하지 않았다.*

게다가 『성 정신병리』에는 자신의 성을 적극적으로 긍정하는 동성애자들도 여럿 등장한다. 선천적 동성애자 2단계로 분류된 한 남자는 동성애자들 대부분이 자신의 성을 "불행으로 여기지 않는다"고 강조했다. 앞서 언급한 소녀 같은 남자는 자신의 삶을 기록한 자서전의 마지막 단락에서 "자신의 성 감각을 바꾸고 싶지 않다"고 역설했다. 선천적 동성애자 4단계로 분류된 또 다른 남자도 자신은 그저 "아름다운 영혼"일 뿐이라고 스스로를 긍정했다. 그들의 자기긍정은 크라프트에빙의 책 자체를 통해서 촉발되기도 했다. 자신과 같은 사람이 자기 외에 또 있다는 사실을 발견했던 것이다. 그렇게 외로움으로부터 벗어난 사람들 중 일부는 더욱 대담해져서 자기와 같은 사람들을 찾아 나서겠다고 선언하기도 했다.[39] 그리고 그들은 행복한 자신의 성을 범죄화한 사회, 즉 국가가 변화하기를 원했다. 사실 크라프트에빙과 접촉한 동성애자들 상당

---

* 크라프트에빙의 성 이론과 현실 간의 간극이 가장 컸던 것은 아마 문예 부분일 것이다. 그는 서정시와 소설과 예술에 대한 취미, 특히 음악에 대한 사랑이 동성애의 표증이라고 거듭해서 주장했다. 그는 남자란 마땅히 자연과학과 기술에 관심을 가져야 한다고 생각했고, 여기에는 의학을 전공한 그의 가치판단, 그리고 정신과학에 맹렬히 도전하고 있었던 당대 '경험과학'의 입장이 개재되었을 것이다. 그의 입장이야 그렇다 치고, 그것을 읽는 사람들은 어떤 표정을 지었겠는가.

수가 동성애 행위의 처벌을 규정한 형법의 개정을 열망했다. "타인을 해치는 행동만이 나쁘고 비윤리적"이라는 것이었다.[40]

위에서 분명히 드러나는 것은 고백 서사의 기능이 이중적이었다는 점이다. 한편으로는 크라프트에빙의 책을 읽고 "스스로의 삶을 되돌아보았더니" 불분명했던 자신의 성이 해명되어 확실한 성 정체성을 확보하게 된 사람들이 있었다. 이는 정체성이 과학에서 인간으로 내려와 확인되어 수용되는 권력의 과정이다. 그러나 다른 한편으로 성찰은 과학 담론과 권력에 저항하는 매개가 되기도 했다. 일부는 자신의 성이 과학의 범주와 일치하지 않는다는 점을 발견하기도 했고, 과학에 오류가 있다는 판단을 내리기도 했다. 또한 잘못된 것은 자신이 아니라 사회와 국가라는 결론을 얻고, 자신과 같은 부류의 사람들을 찾아 나서기도 했던 것이다.* 성찰과 고백이 권력과 더불어 해방을 낳았던 것이다.

그런데 과연 크라프트에빙은 이를 의도했던 것일까? 그는 성 인격을 확신했고, 그 확신을 이론화하고 경험적으로 확인하는 가운데 성 인격을 주조했다. 그렇지만 해방은? 다시 말해서 그는 왜 자신의 범주화와 어긋나는 발언들을 공개했을까? 그가 모순을 인지하지 못했다고 가정하는 것은 불가능하다. 투고자들 스스로가 모순을 지적했기 때문이다. 어쩌면 그는 권력과 해방의 이중 메시지를 전달하려고 했을지도 모른다. 『성 정신병리』 초판에서 동성애자의 처벌을 주장했던 그는 재판에서는 입장을 정반대로 바꿨을 뿐만 아니라, 동성애 비범죄화 운동이 일

---

* 이 과정이 반드시 해방인 것은 아니다. 성찰이 과학 담론과 권력의 강화를 재차 촉발하기도 하기 때문이다. 그저 여자이기를 원하던, 그래서 크라프트에빙이 "독특한 존재"라고 논평했던 사람은 자신의 성을 『성 정신병리』에서 발견할 수 없기에 자신의 자서전을 보낸다고 말했다. 그는 새로운 범주화를 요청했던 것이다.

어나자 청원서 서명자 명단에 기꺼이 자신의 이름을 올렸다. 그의 학자적인 양심을 굳이 의심할 필요는 없다. 그러나 '저자'는 무릇 책을 남김없이 해명하지 못하는 법이다. 책에는 언제나 저자를 넘어서는 그 무엇이 발생한다. 『성 정신병리』의 경우 책의 성공이 역동성을 발휘했다. 책에 제시된 개별 사례가 45개에서 238개로 증가한 사실이 증언하듯 책은 읽혔고, 공감을 일으켰으며, 급기야 '포럼'이 되었다.[41] 그 포럼에는 저자의 의도를 넘어서는 목소리들이 쇄도했고, 저자는 그것을 완벽히 통제할 수 없었다. 그리고 그 최종적 결과는 성의 제어만이 아니라 해방이기도 했던 것이다.

우리는 이 문제에 계급적 차원에서 접근할 수도 있다. 『성 정신병리』에 실린 개별 사례에는 직업이 명시된 것과 그렇지 않은 것이 섞여 있는데, 직업이 명시된 동성애 사례의 경우 놀랍게도 하층 출신의 사례는 단한 건밖에 없다. 나머지는 모조리 부르주아 혹은 귀족의 사례다. 여기에는 여러 가지 요인이 작용했을 터인데, 가장 단순하게 그것은 독자층의 문제였다. 임상치료와 법의학 책, 게다가 점잖게 보이기 위하여 성행위 장면이 모조리 라틴어로 쓰여진 책은 부르주아와 귀족만이 읽었을 것이다. 그러나 이는 책 소비의 문제만이 아니었다. 그것은 책 생산의 문제이기도 했다. 크라프트에빙은 정신병자감호소에서 의사 경력을 시작했지만 후에 대학에 자리 잡고 클리닉을 개설한 사람이다. 정신병자감호소에는 가족도 직장도 때로는 고정된 주소지도 없는 여러 부류의 사람들이 수용되어 감시를 받았고, 치유의 전망도 사실상 배제되어 있었다. 그에 반하여 클리닉은 개별 환자들이 많은 돈을 지불하고, 깨끗한 시설에서 의사와 대화를 나누면서 햇빛 치료, 물 치료, 전기 치료, 최면 치료를 받는 곳이었다. 그렇듯 정신의학이 감호에서 치료로 전환된 시기가 바로 1880년대였고, 크라프트에빙은 그 전환을 선도한 사람 중의 하나였다.[42] 『성 정신병리』라는 책은 정신의학의 위상을 높이려는 시도의 일환이었던 것이다.

크라프트에빙이 얼마나 중상층 고객을 배려했는지는 그가 "신경쇠약neurasthenia"을 동성애의 원인으로 제시한 사실에서도 드러난다. 신경쇠약은 1870년대에 정립된 가벼운 신경증으로 중추신경의 에너지가 소진된 상태를 지칭했다. 크라프트에빙은 신경쇠약을 이용함으로써 동성애가 정신병리라는 기본 입장을 고수하면서도 부르주아 동성애자 고객을 위로할 수 있었던 것이다. 그가 동성애 행위의 비범죄화를 주장한 것도 학자적 양심 외에 부르주아 고객에 대한 배려 때문이었을 것이다. 그리고 그렇게 위로받은 부르주아 동성애자들은 이제 자신들은 환자도 무뢰배도 범죄자도 아니라고 외치게 되었을 것이다. 그리고 그 외침은 의당 부르주아라는 계급의 한계를 넘어섰다. 그 외침이 포럼에서 울려 퍼졌을 뿐 아니라, 그 포럼이 과학으로 포장되었기 때문이다.

정리해보자. 크라프트에빙은 무엇보다도 자기 시대의 표현이었다. 그는 성이 자율적인 영역으로 구획된 19세기 중반의 성 담론을 고스란히 이어받았고, 질로부터 양으로 이행한 실증주의 의학을 이어갔으며, 만사를 남녀이분법으로 코드화하던 젠더 담론을 수용했고, 자위가 신경증의 원인이라는 오래된 편견을 공유했다. 그리고 그는 그 연속성들을 성도착의 체계화 작업 속에서 종합했다. 그의 새로움은 그 종합의 결과로서 성과학이 창안되었다는 데 있다. 그로써 성은 이제 더 이상 도덕과 종교가 아니라 과학에 의해 호명되고 설명될 수 있게 되었다. 그러나 그 과학은 기표에 불과했다. 기의는 여전히 도덕이었다. 성과학의 힘은 기표와 기의의 불일치에 근거했다. 과학의 이름으로 도덕을 정당화할 수 있었기 때문이다. 성과학이 시대의 수호자 역할을 자임할 수 있었던 것은 그 덕분이었다. 대도시와 대중과 민족 경쟁이라는 시대의 문제를 생식과 퇴행으로 코드화하여 이에 대한 과학적 해법을 제시할 수 있었던 것이다. 그러나 다른 한편으로 기표와 기의의 불일치는 성 담론에 의도치 않은 역동성을 불어넣었다. 성이 과학에 의해 호명되는 이상, '부도덕한' 성도 정상성을 주장할 수 있게 되었기 때문이다. 크라프트에빙의 부르주아 자유주의적 동성애 이론 안에서 민주적 동성애 이론이 배태되었던 것이다. 이는 우리를 마그누스 히르슈펠트로 이끈다.

2장

민주적 성과학: 마그누스 히르슈펠트

남녀이분법과 동성애 통계

크라프트에빙은 독일인이었고 부르주아였고 의사였으며 교수였고 학자였다. 그보다 20년 늦게 태어난 마그누스 히르슈펠트(1868~1935)는 동화된 유대인이었고 부르주아였고 의사였지만 교수는 아니었다. 크라프트에빙은 동료 의사와 의대 학생과 법률가를 상대로 하여 글을 썼지만, 학자이되 교수가 아니었던 히르슈펠트는 학자와 법률가를 넘어 일반인을 상대로 글을 썼고 대중과 국가를 상대로 "성개혁" 운동을 전개했다. 무엇보다도 그는 동성애 행위를 처벌하던 독일 형법 175조를 개정하기 위한 집단운동을 주도했다. 그는 국가를 상대로 동성애의 비범죄화를 조직적이고 공개적으로 요구한 역사상 최초의 인물이다. 게다가 그 스스로가 동성애자였다. 커밍아웃을 하지는 않았지만 늦어도 1919년부터 20년 연하의 엔지니어 남성과 드러내놓고 동거했고, 1931년에 세계여행의 일환으로 중국에 갔을 때 중국인 남성을 사귀어 함께 귀국했다. 또한 1919년 베를린에 세계 최초로 성과학연구소를 설립하고, 그 연구소를 매개로 하여 1923년부터 1932년까지 남성 6명과 여성 2명이 역사상 최초로 성전환수술을 받도록 주선했다. 그리고 그는 "트랜스섹슈얼transsexuell"이란 단어를 최초로 사용했다.[1]

활동의 장과 대상과 내용에서 크라프트에빙과 그토록 달랐던 히르슈펠트는 성과학에서도 그만큼 달랐을까? 아니다. 그는 크라프트에빙의 성과학을 고스란히 물려받았다. 이는 무엇보다도 그의 성 병리 분류법에서 잘 드러난다. 성 병리에 대한 그의 생각은 그가 1930년 62세의 나이에 자신의 성과학 이론을 집대성하여 출간한 『성과학 개론』 3권에 요약된 형태로 제시되어 있다. "충동 방향의 일탈"이란 제목의 제27장에서 그는 성 병리를 "성 발달장애" "중간적인 성" "성 신진대사장애"로 나누고, 이어서 그것들을 다시 16개의 성 유형으로 세분했다. 이는 물론 크라프트에빙과는 사뭇 다른 분류법이다. 그러나 조금만 자세히 살펴보면 크라프트에빙의 판박이라는 사실이 드러난다.[2]

첫번째 항목인 "성 발달장애"에는 너무 일찍 성에 눈을 뜨거나 자위에 지나치게 몰두하는 경우, 혹은 생리 중에 이상행동을 하는 소녀처럼 사춘기에 나타나는 성적 일탈, 유소아성욕자와 나르시시즘과 같이 사춘기를 넘어서도 유아기적인 성으로부터 벗어나지 못하는 사람들이 포함된다. 이는 모두 유아적인 성의 과잉 혹은 과소이다. "성 신진대사장애"라는 세번째 항목에는 성욕과잉, 발기불능, 성신경증, 페티시즘, 노출증이 포함된다. 성욕과잉과 발기불능 역시 과잉과 과소의 문제다. 성신경증은 남자 사디즘과 여자 마조히즘을 지칭하는데, 사디즘과 마조히즘은 히르슈펠트에게서도 과잉이다. 페티시즘도 마찬가지다. 따라서

"성 신진대사장애"는 모두 사춘기 이후의 성 과잉 및 과소를 가리킨다.

기이한 것은 히르슈펠트가 "성 신진대사장애"에 남성 사디스트와 여성 마조히스트만을 포함시켰을 뿐, 여성 사디스트와 남성 마조히스트는 두번째 항목인 "중간적인 성"에 포함시켰다는 사실이다. 왜일까? 그 항목은 구태의연하게도 남녀이분법을 토대로 했다. 여자 사디스트와 남자 마조히스트는 단순한 과잉이 아니라 남성적 속성과 여성적 속성이 역전된 성 유형이기 때문에 두번째 항목인 "중간적인 성"에 속한다는 것이다. 또한 그 때문에 히르슈펠트는 여자 사디스트와 남자 마조히스트를 "메타트로피즘Metatropismus"이라는 스스로 고안한 용어로 포괄했다. 여기서 메타meta는 '전환'을, 트로페trope는 '성향'을 뜻한다. 메타트로피즘 외에도 양성구유, 비非성기 신체 양성구유Androgynie, 복장전환Transvestitismus(크로스드레싱), 양성애, 동성애가 "중간적인 성"에 속한다. 양성구유는 남녀 성기의 병존이고, 비성기 신체 양성구유는 성기를 제외한 남녀 신체의 병존, 크로스드레싱은 남녀 복장의 뒤바뀜, 동성애는 남성 신체에 여성의 정신이 깃들거나 여성 신체에 남성의 정신이 깃든 것이며, 양성애는 동성애와 이성애가 병존하는 것이다. 따라서 "중간적인 성"은 말 그대로 남성과 여성이 혼합되어 있는 성 유형이다. 총괄하자면, 히르슈펠트는 크라프트에빙이 성기 이상, 척수 이상, 뇌 이상에 배치시켰던 모든 유형들을 고스란히 가져와서, 성기와 척수와 뇌라는 병소病所 구분을 없애고 남녀이분법에 따라 재배치한 뒤, 몇 개를 "발달장애"와 "신진대사장애"로 분류한 것이다.

크라프트에빙에 비해 두드러지는 것은 성 유형을 더욱 정교하게 분류하고자 하는 집착과 남녀구분법에 대한 강박이다. 예컨대 1914년에 발간된 동성애 연구서에서 히르슈펠트는 비성기 신체 양성구유자를 유선

乳腺이 있는 남성과 유선이 없는 여성, 남성의 털이 있는 여성과 남성의 치골이 있는 여성, 여성의 털 혹은 여성의 치골이 있거나 털이 아예 없는 남성 및 대머리 여성, 여성 성대聲帶가 있는 남성과 여성 골반이 있는 남성, 남성 골반이 있는 여성 등으로 나누었다.[3] 그는 또한 자신이 처음으로 고안해낸 성 유형인 크로스드레싱 역시 자신의 성마저 반대 성으로 전환하고자 하는 극단적 크로스드레싱, 옷은 물론 화장과 장신구 등에서도 반대 성을 따르고자 하는 완전한 크로스드레싱, 반대 성의 옷만 취하는 부분적 크로스드레싱, 반대 성의 이름을 취하고자 하는 이름 크로스드레싱, 사디스트 혹은 마조히스트면서 옷을 바꾸고자 하는 메타트로피 크로스드레싱, 그리고 그 외에도 양성애 크로스드레싱, 동성애 크로스드레싱, 비성기 양성구유 크로스드레싱, 지속적 크로스드레싱, 주기적 크로스드레싱으로 분류했다.[4]

저 분류를 과연 분류법으로 지칭해야 될지조차 난감하지만, 이로써 히르슈펠트가 오로지 남녀이분법에 입각하여 인간의 성을 바라보았다는 사실만큼은 극명해졌다고 할 것이다. 실제로 그는 인간의 성이 성기, 성기 이외의 신체, 성충동, 여타의 정신적 특징의 네 가지 차원 모두에서 여성성과 남성성이 나타난다고 파악했다. 따라서 히르슈펠트와 고객은 참 바빴다. 그렇게 세분하기 위하여 그는 자신의 클리닉을 찾아온 고객에게 처방전을 써줄 때, 그리고 피의자에 대한 전문가 소견서를 법정에 제출할 때 그 사람의 모든 면을, 그야말로 머리털부터 발끝까지, 웃을 때의 입꼬리로부터 눈빛에 이르기까지, 어린 시절 놀이부터 좋아하는 냄새에 이르기까지 세밀하게 관찰해야 했다. 그리고 관찰할 수 없는 것은 들어야 했다. 이를 위해 그는 질문 내지 설문 양식을 만들었는데 그 문항이 무려 127개에 달했다. 문항 중에는 부모 중 누구를 닮았

마그누스 히르슈펠트

히르슈펠트는 크라프트에빙과 달리 성에 통계적으로 접근했다. 그는
베를린 샤를로테 공과대학 남학생들과 베를린 금속노조 조합원들을
상대로 역사상 최초로 성생활에 대한 설문조사를 실시했다.

베를린 성과학연구소

히르슈펠트는 1919년 자비를 들여 베를린 성과학연구소를 설립했다.
이 성과학연구소를 매개로 하여 1923년부터 1932년까지 남성 6명과
여성 2명이 역사상 최초로 성전환수술을 받는다.

고 누구를 더 좋아했는지, 걸음마를 언제 배웠는지, 귀가 큰지, 악수를 어떻게 하는지, 왼손잡이인지, 뒤끝이 있는 성격인지, 짐승을 보면서 섹시하다고 느낀 적이 있는지에 대한 물음도 들어 있다. 그의 질문지를 진지하게 대한 어느 방문객은 "정확하게 모든 물음"에 답하느라 1911년 12월 6일부터 1912년 5월 30일까지 질문지와 씨름했노라고 말했다.[5]

그렇다면 어떤 답변이 여성의 표징이고 남성의 표징일까? 자살할 때 남성은 총을 잡고 여성은 독을 먹는다. 여성은 신체 근육은 약하지만 혀 근육은 "활발하다." 남성은 머리를 똑바로 들지만 여성은 비스듬히 기울인다. 여성의 얼굴 표정은 모호하고 자주 바뀌지만 남성의 표정은 "확고하다." 남성은 걸을 때 팔을 수직으로 움직이지만 여성은 둥글게 비튼다. 그때 남성의 발걸음은 곧고 보폭이 크지만 여성은 작고 "귀엽다." 제스처를 쓸 때 남성은 손을 곧고 빠르게 움직이지만 여성은 "교태롭게" 구부린다. 앉을 때 남성은 다리를 꼬거나 정강이에 걸쳐놓지만 여성은 가지런히 놓는다. 남성의 글씨는 곧고 분명하지만 여성은 가끔 새끼손가락을 뻗으면서 가늘고 비스듬하게 쓴다.

남녀의 눈빛 차이는 그대로 인용할 만하다. 여성의 눈빛은 "꿈꾸는 듯 열광하는 듯 숨긴 듯 피곤한 듯 묻는 듯 탐색하는 듯하다가, 곧장 달콤하고 아기 같고 충성스럽고 부드럽게 변한다." 남자의 눈빛은 "견고하고 고요하고 분명하고 열려 있고 진지하고 확실하다가, 곧장 파고드는 듯 찌르는 듯 연구하는 듯 고정시키는 듯 감찰하는 듯 관찰하는 듯 주인인 듯 엄격하고 날카롭고 뒤집어버리는 듯하다가, 다시금 어둡고 칙칙하고 아이러니컬해진다." 신체적 특징들은 곧 정신적 특징의 지표들이다. 남성은 활동적이고 모험적이고 행동적이고 공격적이고 영웅적이고 의지와 지구력과 자신감으로 충만한 반면에, 여성은 유보적이고 유화적이고 새침하고 예종적이고 겸손하고 수줍음이 많고 겁이 많고 감성적이고 감상적이고 어린아이 같고 명랑하고 신경질적이고 유연하고 선량하고 공감적이고 섬세하고 음모를 잘 꾸미고 자기중심적이다. 자유의 충동에 사로잡힌 남성은 삶을 긍정하거나 부정하는 반면, 여성은 삶에 질문을 던진다. 그때 여성은 눈을 크게 뜨고 입을 꼬아 말아 올리며, 때로는 콧등을 파르르 떨면서 턱을 위로 당긴다.[6]

히르슈펠트가 작성한 전문가 소견서 역시 남녀이분법에 따른 그의 탐색이 얼마나 집요했는지를 보여준다. 예컨대 한 양성구유자에 대하여 그는 다음과 같이 기록했다. 여성으로 자랐고 남녀 모두와 성교를 해보았는데, 남자와의 섹스는 역겨웠고 여자와의 관계에서는 쾌감을 느꼈다. 키 172센티미터, 몸무게 76.7킬로그램, 뼈는 단단하고, 몸매는 각지고, 팔뚝과 허벅지는 둥글며, 지방은 아주 적고, 근육은 아주 강해서 팔로 75킬로그램을 들어올릴 수 있고, 등으로 100킬로그램을 질 수 있다. 몸무게가 75킬로그램인 히르슈펠트를 어렵지 않게 들어올렸다. 손과 발이 크고, 체조를 잘하며, 발걸음은 곧고, 휘파람은 어렸을 때부터 잘 불었다. 목젖이 있고, 목소리는 깊고 굵다. 목둘레 37센티미터, 목길이 10센티미터, 가슴둘레는 숨을 들이쉴 때 98센티미터 숨을 내쉴 때 91센티미터, 호흡은 복식호흡, 유두 주변 붉은 환環의 반지름이 1.5센티미터, 어깨둘레 106센티미터, 어깨넓이 50센티미터, 엉덩이둘레 98센티미터, 엉덩이넓이 44센티미터. 음모는 언뜻 여성적이지만 잘 보면 남성적이고, 피부는 예민하며, 대음순이 크고 그 안에 달걀만 한 음낭이 있는데 거기에 끈처럼 생긴 게 뻗어 있고, 성교할 때 분비물이 나왔는데 조사를 해보았더니 정자는 정상이었다. 클리토리스도 있고 그것은 평소에는 4센티미터이지만 발기하면 7센티미터가 된다. 그 아래 있는 소음

순을 벌리니 3센티미터의 질이 있다. 그러나 자궁은 없다.[7]

한 사람을 쏘아보는 이 성과학자의 시선은 성 인격을 구성하고 규율하는 시선이다. 이 점에서 히르슈펠트는 크라프트에빙보다 한 걸음 더 나아갔다. 크라프트에빙은 "성 인격"이라는 표현을 가끔씩만 사용했다. 그에 반하여 히르슈펠트는 "성 인격" "성 개인" "신체·정신적인 성," 성에 의하여 결정되는 "인격 전체die gesamte Individualität" 등의 표현을 무수히 사용했다.[8] 게다가 크라프트에빙은 인격이 성으로 표현된다고 주장했지만, 히르슈펠트는 성이 인격으로 표출된다고 전제했다. 크라프트에빙이 인격에서 성의 추동력을 발견한 데 반하여, 히르슈펠트는 성을 인격의 원인으로 간주했다.

또한 히르슈펠트는 후천적인 성의 가능성을 아예 배제했다. 성은 어떤 유형이든 타고난다고 주장한 것이다. 그는 동성애를 "절대적으로 내적이고 배타적으로 타고난 형질에서 비롯된, 한 인간의 개성과 분리 불가능하게 결합되어 있는 특징"이라고 간명하게 정의했다. 따라서 히르슈펠트에게 성의 자율성은 더욱 절대적이다. 그는 "성애는 인간의 그것Es에서 나와 주체를 사로잡는다"고 썼다. 여기서 "그것"은 프로이트의 "이드"이되 생물학적인 것이다. 그러므로 "주인공은 성애이고, 인간은 성애의 객체"이며, 인간이란 성의 "내적 법칙이 외부로 발현된 존재"이다.[9] 그가 크라프트에빙과 달리 동성애를 양성구유나 비성기 양성구유와 동일한 반열에 올려놓은 것도 신체적인 것이든 정신적인 것이든 성은 모두 타고난다는 면에서 차이가 없다고 믿었기 때문이다.

크라프트에빙과 히르슈펠트 사이에는 공통점이 한 가지 더 있었다. 히르슈펠트 역시 성을 과학으로 간주했다. 그러나 크라프트에빙과 달리 히르슈펠트는 성에 통계적으로 접근했다. 그는 1903~1904년에 베를린 샤를로테 공과대학 남학생들과 베를린 금속노조 조합원들을 상대로 역사상 최초로 성생활에 관한 설문조사를 실시했다. 그는 또한 1919년 자비를 들여 베를린에 설립한 성과학연구소에서도 정기적으로 "질문의 밤"을 개최하여 참석자들에게 성생활을 물었다. 그래서 확보한 설문이 1만 4300건이었다. 그는 또한 연구소에 독일 최초의 성상담소를 설치했고, 그곳을 찾는 방문객들에게서도 그들의 성에 대해 듣고 기록했다. 그리하여 1930년대 초에 연구소에 보관되어 있던 설문과 전기 편지는 약 4만 건에 달했다. 히르슈펠트는 킨제이Alfred Kinsey에 40년 앞선 킨제이였던 것이다. 나치가 집권 직후 연구소를 파괴하고 책과 자료를 공개적으로 불태워 그 자료들은 대부분 소실되었다. 그러나 히르슈펠트는 자신의 저서, 특히 1914년에 발간한 『남자와 여자의 동성애』 곳곳에 자신이 작성한 통계를 제시해놓았다.[10]

　우선 궁금한 것은 동성애자의 규모다. 히르슈펠트는 샤를로테 공과대학 학생 3000명에게 설문을 보냈는데, 제대로 설문에 답한 응답자 1696명 중에서 이성애자가 1593명(94%), 양성애자가 77명(4.5%), 동성애자가 16명(1.5%)이었다. 남성적인 전공인 공과대학에 다니는 평균 연령 23세의 대학생들 중에서 동성만을 사랑하거나 동성도 사랑하는 청년이 6퍼센트에 달한다는 사실은 충격이었다. 히르슈펠트는 그때까지 동성애자는 인구의 0.02퍼센트에 불과하다는 울릭스의 추정치만을 갖고 있었다. 놀란 히르슈펠트는 이듬해인 1904년에 베를린 금속노조 소속 선반공 5721명에게 설문을 보냈다. 응답자 1912명 중에서 이성애자는 1802명(94.25%), 동성애자는 22명(1.15%), 양성애자는 66명(3.45%)이었다.[11] 금속노조는 남성적인 단체로 간주되고 있었고 응답자의 평균 연령도 결혼 적령기인 28.5세였기 때문에, 동성애 해방운동을 이끌고 있던 히르슈펠트는 이 결과를 보고 크게 기뻐했다. 동성애자는 소수이되 아주 적다고는 할 수 없는 소수임이 입증되었기 때문이다.[12]

히르슈펠트는 동성애와 관련된 여타의 통계 작업에 끈질기게 매달렸다. 그러나 동성애자의 규모를 제외하고는 '사실'을 나타내주는 통계가 거의 없었다. 자료의 대부분은 동성애 자체가 아니라 히르슈펠트 자신의 사유 방식과 혼란을 보여준다. 그는 성이 타고난 것이라고 주장했다. 그는 25세가 넘은 동성애자 500명에게 동성에 대한 충동이 언제 처음 나타났는지 물었다. 14세에서 20세 사이가 183명(36.6%), 9세에서 13세 사이가 201명(40.2%), 8세 이하가 71명(14.2%), 아주 어렸을 때가 16명(3.2%), 극히 어렸을 때가 5명(1%), 기억하지 못함이 24명(4.8%)이었다.[13] 이 통계는 아무것도 말해주지 않는다. '어린 시절'의 성충동이 구체적으로 무엇을 말하는지 정의되어 있지 않기 때문이다. 게다가 인간이란 현재의 상황에 비추어 과거를 기억해내는 법이다. 히르슈펠트는 동성애자 1000명에게 자신의 성이 타고났다고 여기느냐고 물었더니 950명이 그렇다고 답했다고 덧붙여놓았다. 이 통계는 성과 삶이 하나라는 당대의 과학 담론이 동성애자들을 장악했다는 것 이외에 아무것도 말해주지 않는다.*

기억만으로는 선천설을 뒷받침하기 힘들다고 생각했는지 히르슈펠트는 동성애자들의 가족 관계에도 관심을 가졌다. 그는 한 동료 의사의 책을 인용하여 동성애자의 23.2퍼센트가 가족 중에 동성애자가 있다고 보고했으며, 그들 중 절반은 그것이 형제자매라고 소개했다. 히르슈펠

---

* 남성 동성애자의 규모 외에 유의미한 통계 중의 하나는 당시 독일 청소년의 96퍼센트가 자위행위를 하고 있다는 통계다. 자위는 동성애를 비롯한 성 병리의 원인이 아니었던 것이다. M. Hirschfeld, *Geschlechtsanomalien und Perversionen* (London, 1938), p. 119.

트는 또한 동성애자의 22.6퍼센트가 가족 구성원이 자살했다는 통계를 제시하면서, 그들 중에서 다시 16.7퍼센트는 동성애자라는 사실 자체가 괴로워서, 13.9퍼센트는 동성 사랑이 이루어질 수 없었기 때문에, 11퍼센트는 우울증으로, 8.3퍼센트는 정신착란으로, 16.7퍼센트는 금전적인 이유 때문에, 33.3퍼센트는 원인 미상으로 자살했다고 덧붙였다. 히르슈펠트는 동성애자는 동성애 집안에서 태어난다는 것을 입증하려 한 것이었지만, 그 통계들은 동성애자들의 유전형질이 아니라 그 가족들의 고통스런 일상을 말해줄 뿐이다.

그러나 유전에 집착하는 히르슈펠트는 동성애자 집안의 특이성을 보여주는 또 다른 통계를 제시한다. 동성애자 중 6퍼센트는 부모와 조부모가 근친혼 부부였다. '6퍼센트'는 물론 대표성이 한참 떨어지는 통계다. 동성애자 부모의 연령 차이를 보면 연령이 비슷한 경우가 10퍼센트, 어머니가 연상인 경우가 9퍼센트, 아버지가 1년에서 10년 연상인 경우가 62.3퍼센트, 10년 이상 연상인 경우가 18.7퍼센트, 24년 이상인 경우가 2퍼센트였다. 이 통계는 동성애자의 가족력이 아니라 남녀의 결혼 연령 차이가 컸던 당대의 혼인문화 말고는 말해주는 것이 없다. 히르슈펠트는 동성애자들에게 부모의 음주 습관도 물었다. 아버지가 알코올 중독인 경우가 19퍼센트, 어머니가 중독인 경우가 2.4퍼센트, 아버지가 술을 입에도 대지 않는 경우가 16.4퍼센트, 어머니가 술을 전혀 마시지 않은 경우가 48.2퍼센트, 나머지는 적당히 마셨다. 이 통계 역시 음주를 병리시하던 부르주아 히르슈펠트를 말해줄 뿐이다.[14]

통계란 진실의 절반은 드러내고 나머지 절반은 숨기는 법이다. 그래서 조심스럽게 다루어야 한다. 그러나 히르슈펠트의 통계는 조심할 필요조차 없다. 이하는 히르슈펠트가 남성 동성애자들의 신체적 여성성을 보여주기 위하여 수집한 것들이다. 463명 중에서 목젖이 돌출한 사람이 116명, 살짝 돌출한 사람이 219명, 돌출하지 않은 사람이 128명. 20세 이하의 남성 동성애자 500명 중에서 수염이 전혀 없는 사람이 14명, 솜털만 있는 사람이 15명, 가슬가슬한 사람이 132명, 덥수룩한 사람이 339명. 500명 중에서 체모가 전혀 없는 사람이 98명, 솜털만 있는 사람이 78명, 수북한 사람이 324명. 440명 중에서 가슴이 여성의 유방처럼 봉긋한 사람이 5명, 유두가 큰 사람이 78명, 유두는 크지 않지만 그 둘레 살이 부풀어 오른 사람이 143명, 평면인 사람이 214명. 1000명 중에서 가슴둘레보다 엉덩이둘레가 큰 사람이 334명, 그 반대가 352명, 이도 저도 아닌 사람이 314명. 500명 중에서 몸매가 펑퍼짐한 사람이 57.6퍼센트, 각진 사람이 31.4퍼센트, 중간이 11퍼센트. 500명 중에서 어깨가 딱 벌어진 사람이 39퍼센트, 둥근 사람이 61퍼센트. 500명 중에서 손이 작은 사람이 224명, 중간이 151명, 큰 사람이 125명. 500명 중에서 발이 작은 사람이 204명, 중간이 167명, 큰 사람이 129명. 500명 중에서 근육이 약한 사람이 280명, 중간이 74명, 일부 근육은 강하고 일부는 약한 사람이 17명, 강한 사람이 129명. 살에 지방이 많아서 말랑말랑한 사람이 347명, 단단한 사람이 152명.[15]

히르슈펠트는 남성 동성애자들의 정신적 여성성의 통계적 증거들도 제시하고자 했다. 500명 중에서 보폭이 큰 사람이 279명, 좁은 사람이 221명. 500명 중에서 운동을 아예 하지 않는 사람이 90명, 춤을 좋아하는 사람이 153명, 걷기나 등산을 좋아하는 사람이 113명, 체조를 좋아하는 사람이 22명, 수영을 좋아하는 사람이 16명, 승마를 좋아하는 사람이 6명, 강한 근력이 필요한 운동을 좋아하는 사람이 77명, "열정적인 스포츠맨"이 23명. 그는 취미도 조사했다. 500명 중에서 가사가 93

명, "넓은 의미에서 여성적인 일"이 89명, 스포츠와 사냥 및 승마가 77명, 정치와 과학이 68명, 학문과 정치가 46명, 문예가 130명. 노동을 정신적인 것과 육체적인 것으로 나눌 때 정신적인 노동을 선호하는 사람이 59퍼센트, 육체적인 노동이 10퍼센트, 가리지 않는 사람이 나머지 31퍼센트. 100명 중에서 선호하는 책은 과학이 45명, 문학이 32명, 시가 30명, 여행기가 5명, 추리소설이 15명, 유머집이 10명, 신문이 8명, 스포츠가 2명, 성적인 것이 2명. 청소년 남성 동성애자 100명 중에서 90명은 수학에 약했고, 나머지 10명 중에서도 4명만이 평균 이상이었다. 선호하는 색깔을 보면 100명 중에서 파랑이 21명, 보라가 21명, 백합(흰색)이 21명, 청록이 21명, 빨강이 4명, 녹색이 3명, 검정이 2명, 노랑이 1명, 장미(분홍)가 1명. 500명 중에서 215명은 장신구를 좋아했고, 285명은 싫어했다. 100명 중에서 98명이 음악을 삶의 필수 항목으로 여겼고, 1명은 무관심했으며, 1명은 적대적이었다. 남성 동성애자의 44퍼센트가 편지쓰기를 좋아했고, 51퍼센트는 싫어했다. 또 전체의 40퍼센트는 스스로를 의지박약으로 표시했고, 35퍼센트는 의지가 강하다고 자평했다. 100명 중에서 99명이 신경이 예민하다고 보고했는데, 그중 20퍼센트는 "너무도 예민하다"고 답했고, 26퍼센트는 "잘 운다"고 자평했다. 동성애자의 87퍼센트는 왼손잡이, 7퍼센트는 오른손잡이, 6퍼센트는 양손잡이였다. 500명 중에서 휘파람을 불 줄 아는 사람이 385명, 나머지 115명은 불지 못했다. 멋쩍었는지 히르슈펠트는 덧붙인다. "그 385명은 휘파람을 불기는 하지만 잘 불지는 못한다."[16]

통계를 지루하다 싶을 정도로 나열한 데는 이유가 있다. 통계 스스로가 말하기 때문이다. 첫째, 히르슈펠트가 위와 같이 통계를 작성하였다는 사실 자체가 19세기 중반에 견고해진 남녀이분법 담론이 20세기 초에 와서 극단화되었다는 사실을 알려준다. 유두 주변의 살까지 통계화한 점, 이 책에 옮겨놓지는 않았지만 그가 남성 동성애자들의 눈동자와 모발의 색깔까지 조사했다는 사실은 남녀이분법과 그에 따른 성의 통제가 문자 그대로 신체와 정신 구석구석까지 침투했음을 보여준다. 둘째, 놀랍게도 위 통계들은 히르슈펠트를 배신한다. 턱수염도, 체모도, 가슴도, 어깨도, 손과 발도 남성 동성애자의 여성성을 증언해주지 않는다. 게다가 통계는 신체는 아니더라도 정신만큼은 젠더화되어 있었으리라는 추측마저도 부정해버린다. 좋아하는 운동도, 좋아하는 색깔도, 휘파람도 남성 동성애자들의 여성성을 입증해주지 않는다.

n개의 성, 그리고 민주주의

통계가 히르슈펠트의 성 인식에 영향을 주었을까? 이는 미묘한 문제이다. 영향이 없기도 하고 크기도 했기 때문이다. 다만 이 문제에 대하여 그가 발언한 적이 없기 때문에 우리는 그저 추측할 수 있을 따름이다. 우선 확인할 수 있는 사실은, 그가 남성 동성애자가 여성의 영혼을 가진 남성이라는 주장을 확고하게 유지했다는 것이다. 그러나 위 통계들은 그 주장을 부인하고 있지 않은가? 히르슈펠트는 변명한다. "중요한 것은 평균치다. 무릇 규범이란 다수가 그렇다는 것일 뿐이다."[17]

그가 통계와 동성애 문제를 얼버무린 데는 이유가 있었다. 바로 동성애 해방운동 때문이었다. 동성애 해방운동을 조직하면서 그가 내세운 논거는 두 가지였다. 첫째, 남성 동성애자는 여성의 영혼을 가진 남성이다. 둘째, 그 특이한 남성들의 성은 타고난 것이다. 타고났기에 자연이며 자연이기에 정당하다. 앞 장에서 설명했듯이 이 주장을 처음으로 제시한 사람은 카를 하인리히 울릭스였다. 사실 히르슈펠트의 성 이론은 언뜻 울릭스의 반복에 불과한 것으로 보이기도 한다. 당대인들도 그렇게 인식하여 그의 성 이론을 흔히 "울릭스-히르슈펠트 테제"라고 칭했다. 히르슈펠트가 애용하고 대중화한 "제3의 성" "중간 단계의 성" "중간적인 성"이란 개념을 고안해낸 사람도 울릭스였다. 히르슈펠트는 동성애자를 가리켜 가끔 "우르닝Urning"이라고 칭하기도 했는데, 그 단어를 고안해낸 사람도 울릭스였다.* 거꾸로 울릭스의 글을 모아 저널에 다시 실음으로써 일부 전문가들 사이에서만 알려져 있던 울릭스를 대중적으로 알린 사람은 히르슈펠트였다. 히르슈펠트는 개인적으로도 울릭스를 무척 흠모했다. 사실 울릭스는 당시 동성애 해방운동에 참여하던 동성애자들 사이에서 추앙의 대상이었다. 히르슈펠트는 동성애 해방 논거의 간명성 때문이든 개인적인 흠모의 감정 때문이든, 아니면 동성애자들 내부의 통합력을 유지하기 위해서든 여자의 영혼을 가진 남자라는 울릭스 테제를 버리지 못한 것으로 보인다.

그러나 히르슈펠트의 통계 작업 내지 경험적인 관찰은 그의 성 인식에 미묘하지만 결정적인 변화를 주었던 것 같다. 울릭스가 말한 것 외에 그가 추가한 것, 혹은 크라프트에빙이 말한 것 외에 그가 추가한 것, 그리고 현재까지도 성과학에 대한 그의 고유한 공헌으로 평가되는 것은 바로 그가 독자적인 성 유형으로 정립한 "복장전환"이다. 히르슈펠트는

---

* 울릭스는 우르닝이라는 명칭을 플라톤의 『향연』에서 가져왔다. 울릭스는 사랑의 신인 아프로디테가 하늘의 신으로 현상할 때는 우라니아Urania로, 지상의 신으로 현상할 때는 디오네Dione로 칭해진 것에 착안하여 동성애자는 우르닝Urning으로 이성애자는 디오닝Dioning으로 불렀다.

1910년에 『복장전환자들: 성애적인 복장충동에 관한 연구』를 발표했다. 이 책에는 그가 면담한 내용이나 우편으로 받은 자서전 혹은 다른 책에서 발견한 생애사 17건과 그에 대한 자신의 분석, 그리고 복장전환이 여타의 성 유형과 어떻게 다른가에 대한 해설이 담겨 있다.

히르슈펠트의 발상법에 따르자면 옷은 영혼의 표현이다. 그렇다면 여성복을 '성애적'으로 고집하는 남자는 남성 동성애자일 것이다. 그러나 그렇지 않았다. 히르슈펠트의 보고에 따르면 17명 중 유일한 여성 크로스드레서(복장전환자)에게는 놀랍게도 출산의 경험이 있었고, 남자 16명 중에서 양성애자가 1명, 우연찮게 동성애 경험이 있는 사람이 1명, 나머지 15명은 모두가 순수한 이성애자였다. 게다가 그들 중에서 기혼자가 9명, 아버지는 7명이나 되었다. 일부는 동성과의 성교는 생각만 해도 "역겹다"고 대답했고, 부부가 함께 히르슈펠트를 찾아왔다가 남편이 동성애자가 아닐 뿐만 아니라 정상이라는 말을 듣고는 띌 듯이 기뻐하며 돌아간 경우도 있었다. 다만 16명의 남자들은 한결같이 여성복을 입었을 때에는 "평화롭고" "행복하고" "자유롭고" "날아오를 듯하고" "성역에 있는 듯하고" "천당에 있는 듯하고" "열심히 일할 맛"이 나지만, 남자 옷을 입었을 때는 "무언가를 위반한 것 같고" "예속된 것 같고" "갑갑하고" "부자유하다"고 느꼈다. 그들은 또한 여자 옷을 입었을 때만 발기를 하거나 자위를 하거나 성행위 충동을 느꼈다. 한 사람은 꿈속에서 여성복을 입은 자신의 모습을 보자마자 오르가슴에 도달했다.[18]

오해하지 말 것은 크로스드레서가 모두 이성애자는 아니었다는 점이다. 히르슈펠트는 또 다른 책에서 500명의 남성 '동성애자' 중에서 301명(60%)은 여성복에 전혀 무관심하지만, 151명(30%)은 스타킹 등 여성복 일부를 착용하며, 나머지 48명(10%)은 겉옷은 물론 속옷까지 여성

복을 고집한다는 통계를 제시했다. 즉, 크로스드레서 중에는 이성애자
와 동성애자가 모두 포함되어 있었는데, 히르슈펠트는 그들 중에서 이
성애자만 떼어내어 크로스드레싱이라는 성 유형을 정립한 것이다. 그
가 언제부터 크로스드레싱을 떠올렸는지는 밝힌 적이 없다. 그는 다만
『남자와 여자의 동성애』를 집필하기 14년 전부터 앞서 언급한 설문지
를 수집했다고 밝혀놓았다. 그 책을 집필한 해가 1913년이었으므로, 그
는 1900년부터 체계적인 설문조사를 벌였던 셈이다. 따라서 우리는 그
10여 년의 작업이 1910년의 크로스드레서에 관한 저작으로 귀결되었으
리라고 추정할 수 있다.[19]

　문제는 크로스드레싱의 논리적 귀결이다. 영혼의 표현인 여성복을 입
는 남자, 즉 영혼이 여성인 남자가 동성애자이기도 하고 이성애자이기
도 하다면 남녀이분법은 파괴된다. 따라서 그 논리를 끝까지 밀고 나간
다면 히르슈펠트는 마땅히 남녀이분법 자체를 폐기해야 했다. 그러나
그는 그것을 고수했다. 남녀이분법은 그토록 견고했던 것이다. 그러나
그렇다고 해서 기존의 성 유형론을 고스란히 유지할 수도 없을 터. 그래
서 걸어간 길이 남녀이분법을 고수하되 기존의 성 유형을 뒤집는 일이었
을 것이다. 그 뒤집기가 바로 『복장전환자들』에 제시되어 있다. 그 책에
서 히르슈펠트는 크라프트에빙의 분류법을 재구성하고 세분화했는데,
그 과정에서 기이한 결론을 도출해낸다.

　그의 성 분류법부터 다시 보자. 그는 인간의 성이 네 가지 변수, 즉 성
기, 신체, 정신, 성충동에 의해 결정된다고 파악했다. 물론 그 네 가지
항은 각각 남녀이분법으로 나뉜다. 예컨대 어느 동성애자는 성기는 남
성, 신체는 여성, 정신은 남성, 성적 대상은 남성인 사람이다. 그가 성적
매력을 느끼는 대상 역시 네 가지 변수의 조합이다. 가상적으로 말하자

면, 성기는 남성이고 가슴둘레와 엉덩이둘레가 같고 취미는 사냥이고 남자에게서만 성적 매력을 느끼는 한 남성이 성기는 남성이고 근육질인 몸을 지니고 있지만 의외로 음악을 좋아하는 이성애자 남자에게서 성적 매력을 느낄 수 있는 것이다. 히르슈펠트는 인간의 성 유형이 그 네 가지 변수의 특정한 조합이라고 해설하면서 여기에 또 다른 변수를 추가했다. 성기, 신체, 정신, 대상이 각각 순전히 남녀의 특징만을 지닌다는 보장은 없다는 것이다. 오히려 각 항, 예컨대 신체의 경우 어떤 남자는 남성의 특징만을 갖고, 두번째 남자는 여성의 특징만을 가지며, 세번째 남자는 남녀가 혼합된 특징을 가지고 있을 수 있다는 것이다.

이 논리를 히르슈펠트는 산수로도 나타냈다. 변수가 네 개이고 각 변수는 남성적, 여성적, 혼성적 세 가지로 다시 나뉘는 만큼 성 유형은 $3 \times 3 \times 3 \times 3 = 81$개이다. 히르슈펠트는 저 유치한 산수를 한 걸음 더 밀고 나갔다. 위 네 가지 변수는 각각 다시 "최소" 네 개로 나눌 수 있다. 예컨대 성충동은 충동의 대상, 접근 방식, 충동의 종류, 행위의 종류로 나눌 수 있다. 다시 말해서 어떤 남자를 원하는지, 상대에게 구애를 하는지 받는지, 상대와 성교를 원하는지, 어떤 체위를 원하는지로 나뉠 수 있다는 것이다. 이를 수식으로 쓰면 3^{16}이고, 그 값은 43,046,721이다. 당시의 지구에는 43,046,721개의 성 유형이 있다는 것이다.[20] 우리는 나누고 또 나누는 저 분류법의 억지스러움에 실소할 수 있다. 혹은 정색을 하고 반박할 수도 있다. 도대체 구애를 하느냐 받느냐를 성 유형의 변수로 삼는다면 성과 성이 아닌 것의 차이가 어디에 있냐고 말이다.

히르슈펠트는 그러나 진지하게 말한다. 지구상의 인구 18억 명 중에 4300만 개가 넘는 성 유형이 있다. 그리고 그 많은 성 유형은 "그 자체로 완결적이다." 각 성 유형에 "모자람이란 없다." 그 결과가 비상하다. "완전남성Vollmann과 완전여성Vollweib"이란 없다. "만인은 중간 단계다.""존재하는 모든 것은 다른 것과 똑같은 것이 아니라 비슷한 것이다.""모든 개인은 그 자체로 특별한 존재다." 4300만이 넘는 각 성 유형과 모든 면에서 동일한 성 유형이 나타나려면 "4억 년이 지나야 한다." 그는 이를 "무한한 다양성의 법칙" 혹은 "무한한 개별성의 법칙"이라고 불렀다. 그 다양성은 "만인의 손금이 각각 다른 것과도 같다." 히르슈펠트는 킨제이에 40년 앞선 킨제이였던 동시에, n개의 성을 주장한 들뢰즈Gilles Deleuze에 60년 앞선 들뢰즈였는지도 모르겠다.[21]

참으로 놀라운 일이다. 그는 진부하게 남녀이분법을 반복했다. 그러나 그 반복은 그가 존중해마지 않던 크라프트에빙의 성 이론은 물론, 그가 흠모한 나머지 버릴 수 없었던 울릭스의 성 이론으로부터도 벗어나도록 만들었다.[22] 게다가 그토록 많은 성 유형이 존재한다면 성 유형들 사이에 높낮이를 설정하는 것도 불가능하게 된다. 정상적인 성과 병리적인 성이 모두 소멸되는 것이다. 사실 히르슈펠트는 성 병리 문제에 대하여 일부 모호하게 발언했다. 그는 자위가 긴장 완화의 방식이며 추후의 성교에 대비한 연습이라고 강조하면서도, 그것이 극단으로 흐르면 "자기성애Autoerotik"라는 "병적으로 강화된 자기애"가 되어버린다고 발언하기도 했고, 노출증을 병으로 규정하기도 했다. 그러나 동시에 그는 예컨대 사디즘이 "병리"가 되는 순간은 타인에게 "신체적인 잔혹 행위"를 가하는 순간이라고 설명했다. 다시 말해서 "쾌감살인"처럼 범죄적 폭력이 동반되는 경우를 제외하고 모든 성은 정당하다는 것이 그의 근본 입장이었다. 따라서 통상적으로 병리라고 칭해지는 것은 "비정상"이 아니라 "다양성"이라는 것이고, 사람들은 "전형적이 아닌 성을 질병이라고 우기는 것일 뿐"이라는 것이었다. 그들은 실제로는 "환자가 아니라 소수일 뿐이다."[23]

히르슈펠트는 또한 그렇듯 무한히 다양한 성을 자연성 담론으로 뒷받침했다. 성이 자연적인 것이라고 말할 때, 그는 거의 생물학적 결정론자처럼 보이기도 한다. 그는 인간이란 "성의 내적 법칙이 외부로 발현된 존재"라고 쓰기도 했고, 자신의 성 이론을 총괄한 『성과학 개론』의 첫 번째 문장은 "성과학은 자연과학의 일부, 특히 생과학인 생물학의 일부이다"였다. 게다가 그는 의사였고, 당시 의사들은 모두 넓은 의미에서 생물학자였다. 더욱이 히르슈펠트는 1906년에 에른스트 헤켈Ernst Haeckel이 설립한 "모니스트 동맹"의 회원이었다. 19세기 말 이후 독일 지식인 사회를 매혹시켰던 "모니즘Monismus"은 당대 최고의 생물학자였던 헤켈의 진화론에 입각하여 자연과 문화, 생물과 사회의 일치를 주장하고 있었다. 그들 중 다수는 사회와 문화를 실증주의적인 자연으로 접수하고자 하여, 예컨대 인간 생물학에서 사회학을 직접 도출할 수 있다고 믿었다. 그런 생물학적 결정론자들과 히르슈펠트는 달랐다. 히르슈펠트의 자연은 인간이 접수할 실증주의적인 자연이 아니었다. 자연은 독자적인 목적을 지닌, 그 자체로 의미 있는 것이었고, 따라서 자연이 만들어내는 것은 무엇이든 인간이 그 의미를 남김 없이 읽어내지 못하더라도 그 자체로 존재 의의가 있는 것이었다.[24]

따라서 자연은 모든 정당성의 근거였다. 히르슈펠트는 다양성이야말로 자연의 원리라고 주장하기도 했고, 스피노자Benedictus de Spinoza를 인용하면서 "모든 것은 자연적 필연성에서 나온다"고 강조하기도 했다. "자연에서 성을 지배하는 것은 무한한 다양성이다." 게다가 그는 다양성을 진화의 열쇠로 생각했다. 그는 개체발생은 계통발생을 반복하며 분화야말로 진화의 원리라는 에른스트 헤켈의 이론을 받아들이되 그 설명을 중간 단계의 성과 결합시켰다. 원래 양성적이었던 생물의 성이 남성과 여성으로 분화된 것이 진화였던 것처럼 남성과 여성을 넘어 동성애를 비롯한 중간 단계의 성들로 분화되는 것이야말로 진화의 기제라는 것이었다. 그러므로 성적 소수의 존재는 "퇴행Degeneration이 아니라 재활성화Regeneration"고, 다양한 성은 자연적 필연이요 진화의 증거이며, 따라서 정당하다는 것이다.[25]

성의 다양성이, 따라서 성적 소수의 존재가 자연 진화의 증거이자 매개라면 자연적인 성에 인간 사회의 현실적인 도덕이 틈입할 공간은 소멸된다. 히르슈펠트는 실제로 성으로부터 도덕을 추방했다. 무엇보다도 그는 19세기 서양 부르주아 문화의 핵심어인 "품위Anstand"를 비웃었다. 그는 이슬람 풍습을 예로 들면서 어떻게 사람이 "다리를 내놓는 것은 추잡한 일이고, 얼굴을 내놓은 것은 괜찮은가?"라고 물었고, "신발 페티시스트들에게 최악의 부도덕"은 "쇼윈도에 신발을 진열하는 것"이라고 꼬집었다. 또한 품위와 긴밀히 결합되어 있는 "수치심"을 설명하면서 수치심은 애초에 "추후에 얻게 될 더 큰 쾌감을 위한 절제"였던 것이 "왜곡"되어 나타난 것이라고 일침을 가했다. 또한 그는 품위와 수치심으로 무장한 금욕주의를 정면으로 겨냥하여 "원래 건강을 위한 일시적 수행이었던 금욕이 변질되어 종교적 도그마로 된 것"일 뿐이라고 공박했다. 현실 도덕은 "자연 인식과 무관한 자의적인 강제 규제"이니만큼, 그 규제를 없애버리면 "무분별과 과잉"이 아니라 "자연적 토대"를 갖춘 진정한 도덕이 창출되리라는 것이었다.[26]

부도덕한 성이 없다면 부도덕한 성행위 역시 있을 수 없음은 물론이다. 당시 동성애자들은 항문성교를 수치스러워했다. 그래서 항문성교를 했다고 자인하는 동성애자는 극히 드물었다. 그러나 히르슈펠트는 동성애자들의 성교를 상호자위, 오럴섹스, 허벅지섹스, 항문섹스로 분류하면서, "그중 어떤 행위가 윤리적인가 묻는 것은 부적절"하며 그것은 각자의 "성감의 문제일 뿐"이라고 지적했다. 당시 독일 국가가 동성애를 처벌할 때의 근거는 동성애자들의 성교, 특히 항문성교가 "자연에 반하는" 성행위라는 데 있었다. 히르슈펠트는 그 논리를 뒤집었다. 성감은 자연에서 비롯된 것이므로 특정한 성행위를 금지하는 것이야말로 자연에 반한다는 것이었다. 그는 동성애자들은 이성애자들의 애무와 성교를 자연에 반하는 것으로 느낀다고 덧붙였다.[27]

성감과 쾌감에 대한 금지를 자연에 반하는 것으로 비판함으로써 히르슈펠트의 성 개념은 더욱 강렬한 색채를 얻었다. 성이란 무엇인가? "자석처럼 끌려가는 것" "해바라기처럼 바라보는 것" "감전되는 것" "고열에 시달리듯 흥분되는 것" "몸 전체가 떨리는 것" "몸 전체를 관통하는 것"이다. 동시에 성은 "신체와 영혼을 조화롭게 하는 것" "정신적·육체적으로 고양시키는 것" "역능을 강화하는 것"이다. 그리하여 성은 무엇보다도 "삶의 기쁨"이요 "환희"다. 성은 인간이 보유한 "그 무엇도 능가할 수 없는 지고의 자산"이다. 성을 환희로 의미화할 때 히르슈펠트는 거의 종교적이다. 성애의 기쁨은 "신성한 행복"이다. 그리하여 그는 외친다. "초자연적인 존재를 믿는 사람이라면, 인간에게 신체적·정신적 성이라는 기적 같은 선물을 내려주어 인간으로 하여금 삶의 욕망, 삶의 기쁨, 삶의 조화를 누리도록 한 데 대하여 찬양해야 할 것이다."[28]

성에 대한 그의 수식들은 그의 성 개념에 열정적 사랑과 낭만적 사랑이 얽혀 있음을 보여준다. 성을 "고열"과 "감전"으로 의미화할 때는 열정적 사랑을, 성을 "육체와 정신의 조화"로 의미화할 때는 낭만적 사랑을 말했던 것이다. 그 역시 낭만적 사랑으로부터 벗어나지 못했던 것이다. 실제로 그는 "성충동은 특정한 성 유형을 지향하는 것이고, 사랑은 특정한 한 사람을 지향하는 것"이라고, 다시 말해서 "성은 일부다처제이고, 사랑은 일부일처제"라고 규정하기도 했다. 그런 한에서 그가 19세기의 부르주아적인 성과 그 논리로부터 완전히 벗어나지 못했다는 것이 분명해진다. 그러나 우리가 주의해야 할 것은 그 두 가지 사랑이 교차하면서 성립된 성의 의미화다. 그에게 성과 사랑, 그의 표현을 빌리자면 "성사랑Geschlechtsliebe" 혹은 "쾌락이 강조된 사랑"은 무엇보다도 환희였다. 그리고 성애가 "삶의 자산"인 이상 그것은 인간의 권리였다. 그는 인간이 "먹을 권리와 노동할 권리, 쉴 권리를 갖는 것처럼 사랑할 권리를 갖는다"고 썼다. 그리하여 성은 권리요 인권이다. 따라서 "자기 자신에 대한 인간의 처분권"인 성을 억압하는 것은 "반동"이고, 그 기반은 금욕주의와 도그마, 한마디로 지배이다.[29]

히르슈펠트의 성 개념장은 〈표 3〉과 같이 도형화할 수 있다.

기억을 되살리자면, 크라프트에빙의 성은 의미의 장에 인권이 아닌 윤리가, 속성의 장에 환희가 아닌 자연충동이, 원인 및 결과에는 지배가 아닌 퇴행이, 반의어에는 도그마가 아닌 도착이 위치했었다.

참으로 기묘한 일이 아닌가. 히르슈펠트의 출발점은 크라프트에빙과

〈표 3〉 히르슈펠트의 성 개념장

의미의 장	속성의 장
인권	환희

성

원인 및 결과	반의어
지배 체제	도그마

같았다. 그 역시 성을 과잉 및 과소와 남녀이분법의 전망에서 바라보았
다. 그는 그러한 시각을 크라프트에빙보다도 강화했다. 그러나 엉뚱하게
도 그것이 성 개념의 역전이라는 결말을 가져왔다. 분류에 분류를 거듭
하여 무한히 다양한 성에 도착하는 동시에 그 성을 자연으로 정당화하
는 순간, 성은 더 이상 공포가 아니었고, 도덕이 아니었으며, 자기검열
과 자기규율이 아니었다. 성은 거꾸로 환희였고 인권이었다. 그리고 그
순간 성에 대한 모든 금지는 힘을 잃어버렸다. 오럴섹스와 항문성교는
더 이상 더러운 것이 아니게 되었다. 성의 반대 개념이 도그마인 것은 이
를 너무도 분명하게 드러낸다. 히르슈펠트의 개념장은 또한 성 인권의
반대 개념이 도그마이되 그것을 지탱하는 힘이 현실의 지배 질서라는
점을 드러낸다. 그렇다면 성 인권을 실현시킬 수 있는 길은 지배 체제에
대한 도전이 된다. 성 개념이 정치화되는 것이다. 이는 히르슈펠트가 제
국의회에 대한 청원 작업에 뛰어든 것, 그리고 1918년 11월에 독일에서
혁명이 발생하자 새로운 공화국을 지지하고 나선 것을 설명해준다.

　게다가 위 개념장은 성적 소수자들의 "성 인격"도 격상시킨다. 성이
무한히 다양한 개인이 향유해야 할 권리라면, 성에 의해 규정되는 인격
에 우열이 있을 수 없기 때문이다. 이는 동성애자들의 인격적 특성에 대
한 히르슈펠트의 평가에서 실제로 분명하게 드러난다. 히르슈펠트는 인
정했다. 남성 동성애자는 자신감이 없고 단호하지 못하고 나르시시스
트이고 변덕이 심하고 겁이 많고 소심하며 유치하고 수줍음을 잘 탄다.
그러나 그들은 감성적이고 섬세하고 부드럽고 소박하고 선량하고 겸손
하고 미적 감성이 뛰어나고 자연에 대한 감수성 역시 탁월하며 타인에
게 공감적이다. 그래서 그들은 교사와 예술가에 적합한 존재이고, 어떤
단체에서든 갈등을 조정하는 역할을 수행한다. 역사 속의 영웅들 중에

서 남성 이성애자는 용기와 행동 및 폭력의 영웅인 반면에, 동성애자 영웅은 사상과 정신과 글과 사랑의 영웅이다. 한마디로 말해서 남성 동성애자들은 타자에 대하여 공감적이고 사회적이며 이타적이고 민주적인 존재들이다. 동성애자들이 이성애자들보다 오히려 도덕적인 인간이라는 것이다.[30]

여기서 기억할 것은 히르슈펠트가 남성 동성애자들을 여성의 영혼을 보유한 남성으로 간주했다는 사실이다. 그런 한에서 남성 동성애자들의 인격적 특징은 곧 여성의 인격적 특징이고, 남성 동성애자에 대한 예찬은 여성에 대한 예찬이 된다. 여성이 남성보다 공감적이고 사회적이고 이타적이고 민주적인 존재가 되는 것이다. 실제로 그에게서 여자는 성기가 머리에 위치한 존재라는 등의 인식은 찾아볼 수조차 없다. 그리하여 그는 남성을 "강한 성"으로 여성을 "약한 성"으로 단언하는 당대의 논의에서 약한 것이 "열등한 것"과 등치되고 있음을 한탄하면서, 그런 논리는 "극히 뻔뻔한" "극도의 혼란에 빠져 있는 것"이라고 성토했다. 여성이 약한 성으로 간주되는 것은 오로지 "남성들이 권력을 장악하고 있는" "남성 지배 국가"의 현실에서나 가능한 일이라는 것이다. 따라서 "우리는 양성 평등의 이상을 실현하기 위하여, 그리고 단성 지배를 끝장내기 위하여 모든 수단과 방법을 동원해야 한다"는 것이었다. 히르슈펠트는 실제로 여자의 동성애에 대하여 책을 집필한 최초의 성과학자이기도 했고, 여성의 낙태를 합법화하기 위하여 투쟁하던 여성 해방운동 조직인 모성보호협회Mutterschutzbund와 긴밀하게 협조했다.[31]

히르슈펠트는 1900년을 전후로 하여 청소년 보호 문제가 뜨겁게 논의되면서 나타난 '연령주의ageism,' 즉 특정한 나이의 남녀에게는 그 나이에 적합한 성적 실천과 대상이 있다는 논리도 거부했다. 동성애 해방운동을 이끌던 처지에서 법적 미성년의 나이가 점점 높아지던 현실을 비판할 수는 없었지만, 그는 앳된 소년만을 사랑하는 성인 남자와 노숙한 부인만을 사랑하는 소년을 분류하기만 했을 뿐 토 달지 않았다. 서양 바깥의 세상을 바라보는 데서도 그는 크라프트에빙과 달랐다. 두 사람 모두 진화론자였고, 히르슈펠트는 성과학을 "응용생물학"으로 정의할 만큼 열렬한 우생학 신봉자였다. 그러나 서양문명을 중심으로 당대의 세계문명을 단계화한 크라프트에빙과 달리, 히르슈펠트는 비非서양의 성을 단 한 번도 폄하하지 않았다. 그는 1930년 12월부터 1932년 3월 말까지 세계여행을 다니면서 미국, 일본, 중국, 필리핀, 스리랑카, 인도, 이집트, 팔레스타인 등을 돌아보았고 그에 대한 두툼한 여행기도 썼는데, 그 책에는 그가 방문한 나라와 민족 혹은 인종을 폄하하는 문장이 단 한 개도 없다. 모든 여행지에서 그는 성적 소수자들의 전지구적 보편성을 기쁜 마음으로 확인했을 뿐이다. 그가 중국인 남성과 사귄 것도 이 여행에서였다. 또한 그때 한 조선인 의사가 그를 경성으로 초대했고 그도 기꺼이 방문하고자 했지만 일정이 맞지 않아서 포기했다.[32]

어느덧 히르슈펠트는 크라프트에빙과 그토록 달라져 있었다. 그는 도대체 어느 지점에서 크라프트에빙으로부터 멀어지기 시작했던 것일까? 통계도 통계지만 그 자신의 실존적 삶, 즉 스스로가 동성애자이면서 동성애 해방운동을 주도하고 있는 현실이 결정적이지 않았겠는가. 동성애 해방운동을 주도하던 그가 동성애자의 본질적 열등성을 인정할 수는 없었을 것이고, 남성 동성애자가 여성의 영혼을 가진 존재라고 믿는 한 여성 인격의 열등성 역시 받아들일 수 없었을 것이다. 그리고 동성애자와 여성의 소수자적 현실을 개선하기 위하여 운동하던 그였기에 여타의 소수자들에 대해서도 열린 태도를 가지게 되었을 것이고, 이는 끝내 서양 중심주의로부터의 이탈로 이어졌을 것이다. 동성애의 정상성 하나만이 크라프트에빙과 달랐을 뿐인데, 그 하나가 성 개념의 여타 의미 성분들과 결합되면서 개념장 전체를 전복시켰던 것이다.

과학을 넘어서는 삶

조심할 점은 크라프트에빙으로부터 그처럼 멀어진 히르슈펠트였지만 그 역시 성과학자이기는 마찬가지였다는 사실이다. 미셀 푸코로 돌아가서 말하자면, 소수자의 해방을 논변하는 히르슈펠트는 소수자의 성을 구획하고 확정하고 만들어내는 히르슈펠트이다. 우리는 앞서 크라프트에빙이 제시한 진료기록과 독자들의 자서전에서 그의 성 이론을 초과하는, 따라서 권력에 접수되지 않는 목소리들을 들을 수 있었다. 히르슈펠트는 어떠했을까? 그가 환자 혹은 독자들의 자서전을 통째로 제시하려고 노력한 적은 없다. 그러나 그의 책 『복장전환자들』에는 크로스드레서들의 삶이 비교적 온전하게 제시되어 있다. 흥미로운 점은 크라프트에빙의 경우와 마찬가지로 히르슈펠트의 이론 및 범주화가 사례 속의 목소리와 불일치한다는 사실이다.

크로스드레싱에 대해 히르슈펠트는 세 가지를 주장했다. 첫째, 크로스드레싱은 동성애와 무관하다. 그들 중에는 동성애자와 이성애자가 모두 있기 때문이다. 둘째, 크로스드레싱은 페티시즘과 다르다. 크로스드레서는 이성의 복장 그 자체를 좋아하는 것이지 그 옷이 이성을 대신하기 때문에 좋아하는 것은 아니다. 셋째, 크로스드레싱은 마조히즘과도 다르다. 크로스드레서 중에서 고통과 수동성에서 쾌감을 느끼는 사람도 있지만 그렇지 않은 사람이 다수이다. 문제는 그 17명에 대한 유형화가 그 책에 담겨 있는 당사자들의 성적 실천과 부분적으로만 일치한다는 데 있다. 기억해보자면 히르슈펠트는 크로스드레서 17명 중에서 양성애자 1명을 제외한 나머지 16명을 이성애자로 파악했다. 다시 말해서 그는 이성애 크로스드레서 16명과 양성애 크로스드레서 1명을 확인했던 것이다. 그러나 17개의 자서전은 히르슈펠트의 분류와 일치하는 사람이 단 5명에 불과했다는 사실을 보여준다.

히르슈펠트가 첫번째 사례로 제시한 남자 A씨를 보자. 상인인 그는 어린 시절부터 서른 살인 현재까지 외모도 놀이도 취미도 여자인 남자다. 밤이면 여성복을 입고 멋진 여성의 뒤를 밟거나 드레스를 입고 가면무도회에 참석하기도 하는 그는 한때 파마머리를 하기도 했다. 직장을 다니고 있기에 현재는 파마를 할 수는 없지만, 돈을 저축했다가 적당한 시점에 낯선 도시로 떠나 호텔에 머물면서 마음껏 여자 옷을 입고는 한다. 현재의 삶에서 가장 큰 행복은 퇴근 후에 여자들과 수다를 떠는 일이다. 중등학교를 졸업한 뒤 그는 첫번째 사랑에 빠졌고, 그녀로부터 여자 옷을 여러 번 빌려 입었다. 성교는 스물넷에 처음 경험했는데 임질에 걸리는 바람에 4년간 금욕했고, 지금도 성교를 하기는 하지만 별다른 감흥은 없다. 그렇다고 해서 그가 남자와의 성교를 바라는 것은 결코 아니다. 그의 꿈은 가슴 큰 여자와 동거하는 것이고, 참고로 그는 남성 하위 체위를 선호한다. 그의 열망은 여자가 되는 것이다.

그렇다면 성전환수술을 받아서 성기도 옷도 머리 스타일도 여자가 된 뒤에 여자와 살기를 원하는 그가 히르슈펠트의 주장처럼 이성애자인가? 만일 우리가 여자가 되고 싶어 하는 그를 '젠더'가 여자인 사람으로 분류한다면, 그는 남성 이성애자도 남성 동성애자도 아니다. 여자가

되어 여자와 성교하고자 하는 그는 '여자를 욕망하는 레즈비언 남자'인
것이다. 게다가 그는 여자가 신체적 고통을 당하는 내용이 담긴 책을 즐
겨 읽고, 학창 시절에는 예수 수난극을 보면서 체벌 장면에서 발기를 경
험하기도 했었다. 그는 여자와 사랑하기를 원하는 레즈비언 남자인 동
시에 마조히스트인 것이다. 그는 예외가 아니었다. 히르슈펠트의 남자
사례 16명 중에서 레즈비언 남자가 5명이다.[33]

네번째 사례인 D씨를 보자. 상인인 그는 키도 크고 얼굴도 아주 남성
적이지만, 스포츠와 흡연을 싫어하고 근육도 약한 30대 남자다. 기혼자
이고 "아주 만족스러운 결혼 생활"을 하고 있다. 그러나 되돌아보면 청
소년 시절 엄마 옷을 입었을 때 처음으로 발기를 했다. 여장을 하다가
야단을 맞은 뒤에 여장은 그만두었지만 여성용 장신구와 패션 잡지를
모으는 취미 생활은 계속했다. 스물한 살에 현재의 아내와 사랑에 빠졌
지만 그 후에도 6년 동안 순결을 지켰고, 성교에 대한 욕망이 아예 없어
서 성직자와 의사를 찾아가기도 했었다. 아내와 성교를 시도하기는 했
지만 발기가 되지 않았는데, 어느 날 아내와 여자 옷에 대해 수다를 떨
다가 발기를 했고, 그 후에도 아내가 몸을 밀착시켜 강하게 압박하면서
손톱으로 귓불을 꼬집어서 귀고리를 하고 있는 듯한 느낌을 주자 발
기를 했다.

그의 소망도 여자가 되는 것이었다. 언젠가 전차에서 신사 한 사람이
자신을 정면으로 응시하는데 너무도 짜릿했다. 한 친구로부터 남자들끼
리도 오럴섹스를 한다는 말을 들었는데 그도 기꺼이 자신의 입을 빌려
주고 싶었다. 그 말을 해준 친구가 이어서 자신의 성기를 보여주었는데
그 순간 D씨는 진정 그의 아내가 되고 싶었다. 그리고 실제로 그와 성교
를 했다. 그 경험이 생애 최고의 행복이었다는 고백을 히르슈펠트는 판

타지 속의 허언으로 치부하고 그를 이성애자로 분류했다. 그러나 현실의 그는 동성애자 크로스드레서이고 마조히스트다. 게다가 여자가 되고 싶어 하는 그의 '젠더'를 여자로 분류한다면, 그는 '남자를 욕망하는 이성애 남자'다. 그 역시 예외가 아니었다. 그를 포함하여 4명이 그랬다.[34]

내친 김에 B씨를 보자. 서른다섯 살의 이 남자는 몸은 말랐고 손발도 작고 피부가 희고 깨끗하지만, 춤과 승마를 모두 좋아하고, 또 골초이자 주당이며, 예술과 과학을 모두 좋아한다. 학창 시절 귀를 뚫고 귀고리를 했는데 귀 뚫을 때 강렬한 쾌감을 느껴서 뚫은 구멍을 자꾸만 더 넓혔으며, 귀고리를 할 때의 느낌이 좋아서 귀고리를 넣었다 뺀 적이 셀 수조차 없이 많았다. 여자와 여러 번 사귀었지만 그것은 사랑이라기보다 여성적인 치장에 대한 열광 때문이었고, 그 속에는 자신을 여자 옷과 여자 헤어스타일과 장신구로 치장하는 상상이 섞여 있었다. 스무 살에 처음으로 성교를 했는데, 술에 취해야만 겨우 가능했다. 지금의 아내를 만나서는 훨씬 순조로워졌지만 여전히 여자 옷을 입고 귀고리를 해야 성욕을 느낀다. 사실 아내와도 여자 옷을 입고 함께 산책하는 것이 최고의 낙이다. 남자에게 성욕을 느낀 적은 단 한 번도 없다.

B씨는 히르슈펠트의 분류에 딱 맞는다. 그는 크로스드레서이고 이성애자다. 그러나 동시에 마조히스트이고 페티시스트이다. 그와 같지는 않지만 유사한 인물이 몇 명 더 있다. H씨는 여자 옷을 미학적으로만 좋아할 뿐 성애와는 무관하고, 이성애자이지만 채찍이 있어야 아내와 성교가 가능한 사디스트다. 유일한 여성 사례인 N씨는 남성이 되고 싶은 여자이면서 양성애자이고, 성애에 대한 관심이 사실상 없는 무성적인 인물이다. 이렇게 여러 가지 성 유형이 뒤섞여 있는 인물이 이들 외에 한 명 더 있다.[35]

히르슈펠트는 크로스드레서이면서 마조히스트이고 여자가 되어 여자와 사랑하고자 하는 남자, 크로스드레서이면서 마조히스트이자 페티시스트이고 여자가 되어 남자와 사랑하고자 하는 남자, 크로스드레서이면서 사디스트인 이성애자 남자 등등을 일괄적으로 크로스드레서 이성애자로 획일화했다. 물론 우리가 앞서 보았듯이 히르슈펠트는 크로스드레서를 "극단적 크로스드레서"와 "메타트로피 크로스드레서" 등등으로 세분하기는 했다. 그러나 문제는 그런 분류조차 자서전 속의 인물들을 온전히 포착해내지 못한다는 것이다. 그들에게는 그 외에도 더 많은 성들이 섞여 있기 때문이다. 분류에 분류를 거듭해도 그들의 성을 남김없이 포착할 수는 없다. 이유는 단순하다. 인간의 성이 그토록 다양하기 때문이다. 그런데 인간의 성이 무한히 다양하다고 선언한 사람은 정작 히르슈펠트 자신이 아니던가. 히르슈펠트의 성 이론은 히르슈펠트의 분류법이 아니라 그가 못들은 척해버린 방문객들의 진술에 의해 증명되는 것이다. 그들의 성은 그들 각자의 성일 뿐이다. 그들의 성은 히르슈펠트의 분류하는 손가락을 빠져나가는 성, 과학자의 권력의 시선에 접수되지 않는 성이다.

히르슈펠트가 주도한 성전환수술에서도 과학자의 의도와 어긋난 결과가 나왔다. 1923년부터 1932년까지 히르슈펠트의 성과학연구소에서, 혹은 히르슈펠트가 소개해준 외과에서 성전환수술을 받은 사람은 남자 6명과 여자 2명이었다. 도르헨이란 남자는 실을 이용하여 자신의 고환을 잘라내려다가 출혈 때문에 중단하고 히르슈펠트를 찾아왔다. 1923년에 그는 고환을 제거하고 페니스를 하복부 안으로 집어넣는 수술을 받았고, 그로부터 7년이 지난 1930년에 장腸에서 떼어낸 피부조직으로 질을 만들어 삽입하는 수술을 받았다. 에벨이라는 남자도 1929년부터 1931년 사이에 같은 수술을 받았다. 그 후 두 사람은 성과학연구소에서 도우미로 일했다. 릴리 엘베라는 덴마크인은 1931년과 1932년에 남근을 제거하고 난소와 자궁을 삽입하는 수술을 받았다가 수술 직후에 사망했다. 그 외에 유방, 질, 난소를 제거하는 수술을 받은 여성이 2명 있었다. 히르슈펠트는 "트랜스섹슈얼"이라는 형용사만을 사용했지만, 그는 실상 트랜스섹슈얼리티라는 성 유형을 창안한 사람이다.[*]

흥미로운 것은 그가 성전환수술을 주도한 애초의 동기다. 그는 성의 자연성을 입증하기 위하여 수술을 추진했다. 이는 약간의 설명을 필요로 한다. 히르슈펠트는 동성애가 선천적이라고 주장했지만 그에 대한 자연과학적인 증거를 제시한 적은 없다. 그는 오히려 인류학적인 증거, 즉 모든 문명의 모든 시대에 동성애가 존재한다는 논거를 펼쳤다. 히르슈펠트는 그러나 자신의 주장에 설득력을 더하기 위해서는 자연과학적인 증거가 필요하다고 느꼈던 것 같다.

그런 그에게 빛이 된 것이 오이겐 슈타이나흐Eugen Steinach의 동물 실험이었다. 그 오스트리아의 의사는 1912년부터 개구리, 생쥐, 기니피그 등으로 실험을 했는데, 예컨대 암컷 개구리의 성기를 제거하고 그 자리에 수컷 성기를 이식하고 살펴보니 그 개구리가 수컷 노릇을 했다. 거꾸로도 마찬가지였다. 생식기를 개구리 등에 이식해도 마찬가지였다. 생식기를 제거하자 성장이 중단되고, 다시 이식하니 성장이 재개되는 것도 관찰할 수 있었다. 슈타이나흐는 또한 이식한 고환 내부의 정관이 고

---

[*] 참고로, 1926년에 동성애자 여성에게 이성애자 여성의 난소를 이식하는 수술이 행해졌다. 그리고 여성에게 페니스와 고환을 삽입하는 수술은 1970년대에 처음으로 이루어진다. Rainer Herrn, *Schnittmuster des Geschlechts. Transvestitismus und Transsexualität in der frühen Sexualwissenschaft*(Gießen, 2005), pp. 176, 202~210.

사된 경우 정자가 생산되지는 않지만 그 밖의 성징은 완벽하게 발현된
다는 것도 관찰했다. 간단하게 말해서 1903년에 내분비 의사들이 "호
르몬"이라고 이름 붙인 내분비 물질이 실체를 얻게 되었던 것이다.[36]

히르슈펠트는 슈타이나흐의 실험에 열광했다. 그는 성이 신체물리적
인 과정에 의하여 규정된다는 점이 증명되었다고 믿었고, 이를 받아들
여 여성 호르몬에 "기내친Gynäcin"이라는 이름을, 남성 호르몬에 "안드
린Andrin"이라는 이름을 붙였다. 그리고 그때까지 막연하게 멘델의 법
칙만을 운위했던 그가 "성선性腺의 기적"을 외치기 시작했다. 게다가 슈
타이나흐는 1916년에 동성애자의 고환을 제거하고 그 자리에 이성애자
의 고환을 이식했다. 동성애자 치료술이었다. 히르슈펠트는 한 번 더 열
광했고, 다수의 남성 동성애자들을 슈타이나흐를 비롯한 여러 외과 의
사들에게 보내서 고환을 교체하도록 했다. 히르슈펠트는 동성애는 호
르몬 탓이며, 그러므로 성은 자연적인 것임이 입증되었다고 믿었던 것이
다. 그러나 그는 쓰디쓴 실망을 맛보아야 했다. 이성애자의 고환을 갖게
되었지만 동성애자는 여전히 동성애자였던 것이다.[*]

그럼에도 불구하고 수술은 계속되었다. 지극히 실용적인 성격에 겸손
한 과시욕까지 갖고 있던 히르슈펠트는 여자가 되고 싶다며 매달리던
남자들을 외면하지 못했다. 트랜스섹슈얼리티는 그렇게 탄생했다.[**] 히

---

[*] 고환 교체수술은 동물 실험 외에 제1차 세계대전과도 연관된다. 당시 외과 의사들은 폭탄으
로 성기가 날아간 병사들에게 성기 이식수술을 해주고 있었다. 그 시대에 성기를 이성애자의
성기로 교차하는 수술을 받은 동성애자의 수가 몇 명인지는 밝혀지지 않고 있다. 1916년에서
1921년까지 최소 11명의 동성애자가 성기 교환수술을 받았다는 통계는 있다. 참고로, 성기를
제거하면 노화가 급격히 진행되고 성기를 이식하면 성장이 재개되는 현상에서 힌트를 얻어
발전한 것이 호르몬 주사에 의한 회춘 처방이다.

[**] 1950년대 이후 트랜스섹슈얼리즘을 본격적으로 공론화한 미국의 해리 벤저민Harry Ben-
jamin은 제1차 세계대전의 혼돈 속에서 미국으로 건너간 독일인 의사로, 청소년 시절에 히르

르슈펠트는 복장전환자에 대한 연구에서 성전환자들을 옷과 장신구와 이름은 물론 성기까지 반대 성으로 바꾸기를 원하는 "극단적 크로스드 레서"로 규정하고 어물쩍 넘어갔다. 그러나 트랜스섹슈얼리티는 그저 또 하나의 성 유형으로 그치지 않는다. 수술한 그(녀)는 남자인가 여자 인가? 그(녀)의 몸은 현실인가 허구인가? 그 몸은 그토록 유동적인 몸 이다. 그 몸은 과학자의 정의定義 권력을 꺾어버리는 몸이다. 그 성은 당 사자가 선택한 성이다. 이를 개시한 사람은 히르슈펠트였지만 그 과정 을 추동한 사람은 당사자들이었다. 크로스드레싱과 동일하지 않은가. 그들 역시 존재 자체로 분류 과학에 구멍을 내는 성이었고, 존재 자체로 전복적이었다. 동성애자라는 일부 소수자들을 해방하고자 했던 히르슈 펠트의 성 이론은 그들의 존재 덕분에 의도와 무관하게 민주적인 성, 아 나키즘적인 성으로 귀결되었던 것이다.[37]

3장

파쇼적 성 이론:
베네딕트 프리들랜더와 한스 블뤼어

반反의학

우리는 방금 히르슈펠트의 성이 민주적이고 아나키즘적인 성이라고 평했다. 이는 물론 만인의 성이 독자적인 성 유형이라는 그의 명제에 근거한 것이다. 그러나 그것만이 전부는 아니다. 히르슈펠트는 실제로 대안적 생활문화를 토론하고 실험하던 아나키즘적 지식인 운동인 "새로운 공동체Neue Gemeinschaft"에 참여했다. 그 조직에도 짧으나마 역사가 있었다. 1889년에 게르하르트 하우프트만Gerhart Hauptmann, 카를 하우프트만Carl Hauptmann, 하인리히 하르트Heinrich Hart, 율리우스 하르트Julius Hart, 에리히 뮈잠Erich Mühsam, 프랑크 베데킨트Frank Wedekind 등의 자연주의 작가들이 베를린 인근의 프리드릭스하겐에서 정기적으로 모였다. 곧 "프리드릭스하겐 그룹Friedrichshagener Kreis"으로 불리게 되는 그들은 자연주의 문인답게 문명과 기계에 반하는 대안적인 삶을 모색했다. 모임이 물질문명과 대도시에 대한 거부감에서 시작되었으니만큼 점차 문인만이 아니라 각종 아나키스트들도 합류하였고, 그렇게 신규 회원의 가입과 탈퇴가 교차하던 1900년에 하르트 형제를 필두로 한 일부 회원들이 "새로운 공동체"를 결성했다. 그들은 베를린 인근 지역의 땅을 구입하여 정원도시를 건설하고자 했는데, 이에 히르슈펠트와 문인이었던 그의 여동생 프란치스카 만Franziska Mann도 동참한 것이다.[1]

한때 문인을 꿈꾸었던 히르슈펠트는 새로운 공동체에 참여하는 것만으로도 흡족한 일이었을 것이다. 게다가 '고유한 존재의 자유'라는 아나키즘의 중핵과 '고유한 성의 해방'이라는 동성애 운동의 대의는 지근거리의 문제였다. 실제로 프리드릭스하겐 그룹과 새로운 공동체의 단골 토론 주제는 모든 종류의 억압으로부터 자유로운 사랑이었고, 히르슈펠트 역시 토론에 참여하기도 하고 강연을 하기도 했다. 아마도 그가 구체적인 사례로서 전달해주던 동성애자, 양성애자, 양성구유자의 존재 방식은 문인들에게 영감의 원천이었을 것이다. 게다가 대안적인 삶을 추구한다는 면에서도 히르슈펠트는 그들과 한편이었다. 그는 의과대학에서 "인플루엔자가 유발하는 신경계 질환"에 대한 논문으로 박사학위를 받았지만, 그가 베를린에 의사로서 개업했을 때 그의 전문 영역은 물치료였다.

새로운 공동체와 동성애 해방운동은 시간적으로도 맞물렸다. 새로운 공동체가 조직되기 4년 전인 1896년에 히르슈펠트는 동성애에 대하여 처음으로 글을 썼고, 이듬해에 그는 형법 175조를 폐지하기 위하여 "과학·인도주의 위원회"를 조직했다. 아나키즘적인 생활문화운동과 동성애 해방운동 모두와 직간접으로 관련되어 있던 인물은 히르슈펠트 외에 몇 명 더 있었다. 그중 한 명이 과학·인도주의 위원회의 주요 멤버였던 베네딕트 프리들랜더(1866~1908)였다. 여자와 결혼한 남성 동성애자인 프리들랜더가 프리드릭스하겐 그룹 및 새로운 공동체에 출입했는지는 알려진 바 없다. 그러나 양자의 관계를 지지해주는 사실이 한 가지 있다. 프리들랜더가 1908년에 불치병에 절망하여 자살하고 12년이 지난 뒤 프리들랜더의 아내와 재혼한 남자가 바로 프리드릭스하겐 그룹의 창립 회원이자 그 그룹에게 집회 장소를 제공하던 브루노 빌레Bruno Wille였다. 브루노 빌레가 1928년에 사망한 뒤 프리들랜더의 가족묘지에 안치된 것으로 보아 두 사람은 연인 관계였던 것 같다.[2]

인맥과 사상과 조직의 얼개는 이어진다. 프리들랜더가 언제 히르슈펠트의 과학·인도주의 위원회에 가입했는지는 알려지지 않고 있다. 그러나 늦어도 1902년에 그는 히르슈펠트의 측근으로 활동하고 있었다. 그때 그는 히르슈펠트의 성 설문 문항을 보강하는 작업을 했는데 두 사람은 격렬하게 갈등했다. 프리들랜더가 남성 동성애자가 정신적으로 여성적이라는 히르슈펠트의 명제를 받아들이지 않았기 때문이다. 그 갈등은 끝내 해소되지 않았다. 두 사람의 이론적 입장이 너무도 달랐을 뿐만 아니라, 프리들랜더가 동성애 해방을 위한 또 다른 길을 걸었기 때문이다. 히르슈펠트가 과학·인도주의 위원회를 조직하기 1년 전인 1896년에 동성애자 문필가인 아돌프 브란트Adolf Brand는 세계 최초의 '공식적인' 동성애 저널인 『고유한 남자』를 창간했다. 프리들랜더는 그 저널의 기고자 중 한 명이었다. 과학·인도주의 위원회에 참여하고 있던 브란트는 프리들랜더가 히르슈펠트와 갈등을 벌이고 1년이 지난 1903년에 저널 기고자들을 중심으로 "고유한 남자들의 공동체Gemeinschaft der Eigenen"를 조직했다. 그때 후하게 돈을 출연한 사람이 프리들랜더였다.

물론 돈이 문제가 아니었다. 아돌프 브란트 역시 동성애 해방과 아나키즘을 결합시키고 있었다. 그는 자신이 아나키즘 철학자 막스 슈티르너Max Stirner의 사상적 제자임을 공공연하게 밝혔고, 저널의 이름을 "고유한 남자Der Eigene"로 한 것도 슈티르너의 사상을 계승하기 위해서였다.[3]

1906년에 브란트 그룹은 히르슈펠트를 격렬하게 비난하면서 그로부터 등을 돌린다. 동성애 해방운동은 출발한 지 얼마 되지도 않아서 내적으로 분열되고 약화되었던 것인데, 이때 공식적인 탈퇴선언문인 「'독립 과학·인도주의 위원회'의 이름으로 과학·인도주의 위원회의 동료들과 후원자들에게 드리는 글」을 작성한 사람이 다름 아닌 프리들랜더였다.[4] 프리들랜더가 히르슈펠트를 비난한 것은 그때가 처음이 아니었다. 이미 1904년에 그는 『우라니오스 에로스의 르네상스: 인간의 정상적인 근본충동인 생리적 우정과 남성결합의 자유』라는 단행본을 출간했다.[*] 1906년의 탈퇴선언문은 이 책의 요약판이라 할 수 있다. 우리가 프리들랜더의 성 이론에 주의를 기울이는 이유는 그가 히르슈펠트와는 다른 길을 걸었던 동성애 해방운동 그룹의 입장을 집약적으로 보여주기 때문이다.

프리들랜더는 1906년의 선언문과 1904년의 저서 곳곳에서 성과학자들을 공격했고, 크라프트에빙을 비판했으며, 히르슈펠트를 야유했다. 그는 성과학자들이 모두 "의사"라는 사실을 지적하면서, 의사들이란 본

---

* 프리들랜더의 책 이름에 등장하는 우라니오스uranios는 하늘의 신 우라노스uranos 혹은 우라누스uranus를 비튼 것으로 보인다. 그리스 신화에서 우라노스는 대지의 신 가이아가 낳은 최초의 신으로서 세계에 남성성을 가져다준 하늘의 신이다. 그는 악행으로 인하여 자신과 가이아 사이에서 태어난 타이탄에게 음경을 절단당한다.

성상 대상을 "질병의 문제"로 관찰한다고 지적했다. 이 비판은 물론 기존의 성과학에서 동성애자가 "불완전한 인간" 혹은 "정신적 기형인간"으로 취급받는 데 대한 불만에서 비롯된 것이었지만, 병리적 성에 집중하던 당대 성과학의 본 모습을 정확하게 짚어낸 것이기도 하다. 게다가 그는 의사들의 "근본 오류"가 만사를 질병으로 "분류하는 것"이라고 적시함으로써 성과학이 자의적인 분류법에 불과하다는 점을 분명히 했다. 그리고 그는 그 분류법이 "하나의 덫"이라고 정확하게 평가했다. 특정한 인간에게 병리적인 성이라는 "이름"을 붙이는 순간, 그 사람은 "환자"가 되어버리거나 아니면 "자기 자신을 정당화해야 할 필요성"에 직면한다는 것이다. 그리고 그것은 "증명의 의무를 타인에게 전가하는" 교활한 수법이라는 것이다. 프리들랜더는 또한 의사들의 이론이 "이른바 사례들로 치장된 야바위 및 돌팔이 처방"이라고 단언함으로써, 성적 소수자들의 자서전은 의사들의 병리학을 증명해주는 착시 장치에 불과하며, 최면 요법과 연상 기법 등은 의사들의 사욕을 채우는 수단일 뿐이라고 통렬하게 비판했다. 그는 조롱한다. 소크라테스의 아내 크산티페가 자기 남편이 사랑한 알키비아데스보다 "훨씬 더 아름답고 사랑스럽다"고 최면을 걸어보시라. 로마 황제 하드리아누스의 안티누스에 대한 "사랑의 질병학" 혹은 "환자 카이사르의 병리사"는 또한 어떠한가.[5]

프리들랜더는 또한 성과학에서 말하는 "정상"과 "비정상," "건강"과 "질병"이 도덕적 판단을 의학적 언어로 "번역"한 것에 불과하다고 강조했다. 만인은 서로 다른 법이므로 정상이라는 말이 "명확한 의미"를 지니기 위해서는 우선 "통계적 평균"이 무엇이고, 그 평균을 "어떤 집단에서 취할 것인지" 명료해야 한다. 예컨대 평균 키가 있다고 치자. 그렇다면 그보다 "훨씬 큰 사람"은 비정상이다. "두드러지게 힘이 센 사람도 힘

베네딕트 프리들랜더

동성애자였던 프리들랜더는 가족을 넘어서는 모든 것이 남성 동성
애의 소산이라고 믿었다. 그는 러일전쟁에서 일본이 승리한 이유도
일본은 남성 동성애가 활성화되었기 때문이라고 주장하면서, 만일
서양이 남성 동성애를 계속 억압한다면 "4000만 명의 일본인에 이
어 4억 명의 중국인이 몰려올 것"이라고 경고했다.

이 약한 사람"도 비정상이다. 체중도 피부 색깔도 머리칼의 색깔도 마찬가지다. 평균치에서 벗어나기만 하면 "바람직한 것"도 비정상이다. "바보"도 "천재"도 비정상이다. "귀의 크기"도 마찬가지다. 따라서 모든 인간은 비정상이다. 인간이란 자신이 속한 민족, 인종, 계급의 평균치로부터 어느 정도건 벗어나기 마련이기 때문이다. 그런 평균치가 의사들의 기준일까? 물론 아니다. 프리들랜더가 그것을 몰랐을 리 없다. 그럼에도 불구하고 평균치를 언급한 것은 정상성을 논하는 김에 통계를 좋아하던 히르슈펠트를 야유하려는 의도에서였을 것이다. 그는 성에 관하여 "정확한 통계를 내는 것은 불가능하다"고 단언하기도 했다.[6]

히르슈펠트를 야유한 프리들랜더는 본래의 목표물인 크라프트에빙으로 돌아온다. 의사들은 평균치로부터 "바람직하지 않은 방향"으로 "크게 벗어나는 경우"를 비정상으로 간주한다. "크게 벗어난다"는 것이 무엇일까? 그것은 "정도"의 문제다. 과잉과 과소의 문제인 것이다. 그렇다면 "바람직하지 않은 방향"이란 무엇일까? 그것은 절대적인 판단이 아니라 특정한 시공간에 묶여 있는 사람들의 판단, 즉 "선입견"이다. 그러므로 "비정상은 의학에서 기원하지 않은 판단을 의학의 언어로 표현한 것"에 지나지 않는다. 다시 말해서 중세의 금욕주의적 도덕이 현대의학으로 둔갑했다는 것이다. 정상과 비정상이 그렇다면, 건강과 질병은 어떠한가? 프리들랜더는 "자신과 타인에게 고통을 주는 것"만을 질병으로 간주해야 한다고 주장한다. 예컨대 사디즘만이 질병이라고 할 수 있다. 그래서 동성애를 병리로 간주하는 것은 남태평양의 한 추장이 특정 음식을 금지한 것과 같은 것이다. 그런 한에서 동성애를 질병으로 보는 것은 "사회적 광기"의 소산이다. 결국 "병적인 것"은 "나쁜 것," 즉 "죄스러운 것"의 번역어라는 것이다.[7] 크라프트에빙의 성과학을 이보다 더 통렬하게 비판할 수는 없을 것이다.

우리는 어느덧 동성애 문제로 접어들었거니와, 프리들랜더를 가장 격동시킨 것은 그가 "울릭스 이론"이라고 통칭한 크라프트에빙과 히르슈펠트의 동성애 이론이었다. 프리들랜더는 동성애자를 "중간적인 성," 즉 남성과 여성의 혼합으로 파악하는 것, 보다 특수하게 남성 동성애자를 여성의 영혼을 지닌 남성으로 간주하는 것에 분노했다. 그 설명은 이성애의 정상성을 이미 전제하고 있다는 것이다. 다시 말해서 동성애 해방운동의 주창자들이 황당하게도 이성애자들의 전범典範을 당위로서 수용했다는 것이다. 그들은 그것을 과학이라고 주장하지만 사실 사이비과학이다. 아니 사이비과학조차도 못 된다. 그들의 논리 구조는 다음과 같다. '남성을 사랑하는 것은 여성의 특징이다. 남성 동성애자는 남성을 사랑한다. 그러므로 남성 동성애자는 여성적 특징을 보유한 남자다.' 이는 설명이 아니다. 동어반복일 뿐이다. 그 이론적 궁색함으로부터 벗어나기 위하여 "그들," 즉 히르슈펠트는 남성 동성애자의 여성성을 입증해줄 갖가지 신체적·정신적 특징들을 제시한다. 그러나 여성과 같다거나 비슷하다는 것은 정확히 측정하거나 입증할 수 있는 성격의 것이 아니다. 따라서 횡행하는 것은 객관적 지표가 아니라 자의적인 선언들뿐이다. 근본적으로 도대체 무엇이 여성적인지가 명료히 확정되어 있지 못하다. 물론 남성 동성애자들 일부에게서 여성적인 면모를 확인할 수는 있다. 그러나 그것은 여성을 사랑하는 남자 이성애자들도 마찬가지다.[8]

프리들랜더는 히르슈펠트 성 이론의 가장 독창적인 부분도 지나치지 않았다. 히르슈펠트는 자연에는 "도약이 없다"고, "중간적인 것"만이 존재할 뿐이라고, "완전남성"과 "완전여성"이란 없다고 주장한다. 그러나 히르슈펠트는 청맹과니란 말인가? 암수가 분리된 동식물에서 중간적인 성, 즉 "튀기Zwitter"는 예외다. 인간에게서도 그것은 "드문 기형"이다. 히르슈펠트가 자주 주장하는 것, 즉 배아에는 성이 없으며 성숙한 뒤의 모든 성에서 반대 성의 흔적이 식별된다는 것은 인정할 수 있다. 그러나 그것이 성숙한 존재의 양성성, 혹은 중간적인 성격을 증명하는 것은 아니다. 물론 "제3의 성"이라고 이름 붙여야 할 경우가 없는 것은 아니다. 개미와 벌에게는 무성이면서 일만 하는 성이 있다. 그러나 그 성은 "제3의 성"일지언정 "중간 단계의 성"은 아니다. 따라서 "제3의 성"이라는 명칭은 인간의 성에 적용할 수 있는 것이 아니다.[9]

동성애와 국가

히르슈펠트의 성 이론을 그토록 통렬하게 비판한 프리들랜더였지만, 그가 인정한 업적도 있었다. 그는 히르슈펠트가 성을 질병으로 간주하지 않았다는 점, 그리고 히르슈펠트가 개시한 동성애 비범죄화 청원운동이 동성애의 존재를 공적으로 가시화시켰다는 점은 칭찬했다. 이는 물론 해방운동 차원의 칭찬이다. 이론 차원에서는 어떠했을까? 전혀 달랐을까? 대단히 달랐다. 그러나 출발점은 같았다. 의사들의 성과학을 그토록 비난했지만, 프리들랜더 역시 범성凡性주의적이었다. 그는 성은 "인간적 자연에 뿌리박은 영원불변의 것"이고, "우리의 존재 전체에 완벽하게 스며들어 있기에 어느 지각知覺 하나 성으로부터 영향 받지 않는 것이 없다"고 단언했다. 그래서 삶에서 성적인 것과 성적이지 않은 것을 구분하려는 시도는 모두 "금욕주의"라는 것이다. 그 역시 인간과 삶을

성애화한 것이다.[10]

　프리들랜더는 또한 아나키스트 성향을 가진 사람답게 성을 기쁨과 환희로 의미화했다. 성은 우선 "쾌감"이다. "사랑의 쾌감은 감각적 쾌감의 최고봉이다." 성과 사랑의 쾌감은 그러나 단순한 쾌락이 아니라 삶의 자세와 연결된 쾌감이다. 성은 "기쁨의 원천이고 기쁨은 치유적이다. 그리고 기쁨은 생명충동의 목표일 뿐 아니라 생명력과 창조력을 만들어낸다. 사랑이야말로 최고의 기쁨을 제공해준다." 이런 표현은 그의 저술 곳곳에서 그리고 모든 맥락에서 튀어나온다. "사랑은 영혼 안에서 감성이 함께 울리고 요동치게 하며, 분위기를 끌어올리고, 삶의 감정을 고양시킨다." 사랑은 "일종의 마약이고, 힘의 증폭이며, 날선 신경이고, 팽팽한 긴장"이다. 그리하여 성은 "지상의 존재가 누리는 최고의 행복이다." 성을 통하여 인간은 "새롭게 되고" "자유롭게 된다." 한마디로 성은 "삶의 기쁨이자 삶의 힘"이다. 따라서 금욕주의는 "삶의 욕구"에 독을 타는 것이고, "인간적인 것을 왜곡시키는 것"이며, 인간의 "창조력을 훼손"시키고 "성취 능력"를 마비시키는 것이다.[11]

　성을 환희로 의미화하는 것까지는 히르슈펠트와 똑같다. 성을 성취 능력, 즉 업무 능력과 결합시키는 것도 크라프트에빙에게서 이미 확인한 것이고, 서술하지 않았지만 히르슈펠트도 마찬가지다. 그러나 "창조력"은 미묘한 문제다. 성이 인간에게 환희를 안겨주고 환희는 창조로 이어진다는 주장이야 새삼스러울 것이 없다. 그러나 성이 그 자체로 창조력이라니 이것이 무슨 뜻일까? 물론 당대의 성 전문가들이 인간의 모든 측면, 즉 육체는 물론 정신까지도 성애화했던 사정을 염두에 두면 성취 능력의 전제가 되는 창조력을 성의 속성으로 주장한 것은 충분히 납득할 수 있다. 그러나 바로 이 지점에서 프리들랜더는 성의 속성에 새

로운 측면을 부여했다. 그는 "생식충동Geschlechtstrieb"과 "사랑충동
Liebestrieb"을 구분하면서, 전자에게 재생산과 가족 기능을 부여하고 후
자에게는 사회적 구성 능력을 부여했다.

프리들랜더는 쇼펜하우어Arthur Schopenhauer와 니체Friedrich Wilhelm
Nietzsche에 대하여 글을 쓴 아마추어 철학자이기도 했지만 본업은 동
물학자였다. 그의 박사학위 논문은 지렁이의 중추신경계에 관한 연구
였다. 그래서였을까, 그는 가끔 동물을 예로 해서 성과 사랑을 설명했
다. 동물 중에는 비사회적 동물도 있지만 사회적 동물도 있다. 개별적인
동물의 경우에도 완전히 홀로 지내는 동물도 있지만 가족을 구성하는
동물도 있다. 그리고 군집, 심지어 "국가"를 구성하는 사회적인 동물도
있으니, 대표적으로 개미와 벌이 그렇다. 사람들은 흔히 동물의 사회성
을 본능으로 이해한다. 그러나 그것은 오류다. 그것은 "매력과 거부감"
으로 설명해야 한다. 이때 매력과 거부감의 다른 이름이 사랑과 증오이
다. 다시 말해서 사회성은 애증의 표현인 것이다. 오해하지 말 것은 "가
족 감각Familiensinn"이 사회성은 아니라는 점이다. 그것은 모든 동물에
게 공통적인 "가장 원시적인 충동"일 뿐이다. 다시 말해서 그것은 생식
충동이지 사랑충동은 아니다. 생식도 굳이 사랑으로 이해하고자 한다
면 사랑을 여러 가지로 나누어야 한다. 생식을 위한 사랑이 "제1의 사
랑"이라면, 가족을 구성하는 사랑은 "제2의 사랑," 사회를 구성하는 사
랑이 "제3의 사랑"이다.

인간의 가장 중요한 특징은 생식과 가족이 아니다. 사회성이다. 인간
이 결속하지 않으면 자연에 대한 지배도, 생산력의 발전도, 정신적인 힘
의 고양도 이루어지지 않는다. 창조력은 온전히 사회성의 소산인 것이
다. 인간을 인간답게 만들어주는 것은 "제3의 사랑"인 것이다. 이를 뒤

집으면 인간의 사회성은 본능이나 생존의 필요성 혹은 이해관계와 관련된 것이 아니라는 것이다. 그리하여 프리들랜더의 동시대인인 퇴니스Ferdinand Tönnis가 오류를 범한 것이다. "게젤샤프트Gesellschaft," 즉 사회는 인간이 각각의 목적을 추구하기 위한 합리적인 수단으로도 이해관계의 산물로도 이해되어서는 안 된다. 게젤샤프트는 "사회적gesellig"인 사랑의 속성에서 직접 발생한 것이기 때문이다. 프리들랜더는 그렇듯 인간과 인간을 결합시켜주는 사랑을 "에로스"라고 불렀다. 우리는 앞서 프리들랜더가 사랑을 환희로 의미화하는 것을 보았는데, 인용문을 잘 보면 성과 사랑이 뒤섞여 있는 것을 알 수 있다. 이는 그때의 성과 사랑이 모두 에로스를 지칭하기 때문이다. 다시 말해서 생식과 가족을 낳는 성애는 환희 및 힘과 무관한 것이다.[12]

오해를 피하기 위하여 덧붙이자면, 프리들랜더에게서 사랑은 재생산, 가족 구성, 사회적 결속을 순차적으로 낳는 것이 아니다. 가족을 낳는 사랑과 사회를 낳는 에로스 간에는 날카로운 단절이 있다. 이는 동물의 경우에서도 확인된다. 벌과 개미의 예에서 볼 수 있듯이 사회적인 동물일수록 생식 및 가족과 무관하다. 사회성으로서의 사랑은 성별과 무관한 것이다. 따라서 그 사랑은 이성애일 필요가 없다. 프리들랜더는 한 걸음 더 나아간다. 이성애야말로 생식과 가족에 특화된 성이다. 가족은 사회성과 무관하기에 "국가를 깨트리고 민족적 통합을 갉아먹는다." 사회성에 특화된 성애는 동성 간의 사랑이다. 유일한 에로스는 동성애뿐인 것이다. 프리들랜더는 이 에로스를 "호모섹슈얼리티Homosexualität"라고 부르고 싶어 하지 않았다. 의사들이 애용하던 그 단어는 에로스의 사회성과 문화적 측면은 은폐시키고 동성 간의 성행위만을 지시하는 듯한 인상을 주기 때문이었다. 그래서 그는 동성애를 "우정Freundschaft"

이라고 칭했다. 그리하여 에로스의 또 다른 이름은 우정, 혹은 문자 그대로 "우애友愛, Freundesliebe"이다.[13]

그의 글은 우정에 대한 찬사로 가득하다. 영국인의 우정이 점잖은 척하는 "친교Bekanntschaft"에 불과한 반면, 독일인의 우정은 "왜곡되지 않은 천진한 본성에서 우러나는, 영혼을 가득 채우는 불알친구의 우정Busenfreundschaft"이고, "가장 진실되고 가장 진정성 있는 사랑"이며, "조야한 육체적 행위의 가장 고귀한 승화"이고, "고급스러운 미학이자 선한 습속"이다. 프리들랜더는 시적이기까지 했다. 시가 가끔 인용되는데, 그중 압권은 단연 실러Friedrich Schiller의 시다. "신의 불꽃, 극락에서 온 딸, 환희, 우리는 불에 취해 하늘에, 너의 신성한 천국에 발을 들여놓는다. 유행이 갈라놓았던 것이 너의 마법에 의해 다시 묶이니, 너의 부드러운 날개가 머무는 곳에서 만인은 형제다. 한 친구의 친구가 되는 위대한 주사위 던지기에 성공할 자는 누구이고, 그저 앙증맞은 여자를 취할 자는 누구인가."[14]

실러가 인용되는 것은 우연이 아니다. 우정에도 역사가 있는 바, 우정은 바로 "질풍노도 운동Sturm und Drang"과 낭만주의에서 드높여졌다. 프리들랜더의 사상적 계보를 명료히 하기 위해서는 잠깐이나마 사랑의 역사라는 맥락에서 18세기의 우정 담론을 검토할 필요가 있겠다. 고대 그리스에서 사랑은 남자와 여자가 하는 것이 아니었다. 사랑은 남자가 남자, 특히 청소년과 맺는 관계였다. 여자가 노예와 동일한 범주로 묶이던 사회에서 여자는 사랑의 대상이 아니었던 것이다. 그리고 사랑과 섹슈얼리티는 분리되지 않았다. 나쁜 것은 성애가 아니라 성애에서의 수동적인 자세였다. 중세 기사문학에 와서야 비로소 여자는 사랑의 대상으로 올라선다. 그러나 중세에 여자에게는 경쟁자가 있었다. 사랑의 대상은 신일 수도 있었고, 동료일 수도 인류일 수도 있었다. 그리고 중세에서 사랑은 숭고한 것이어서 섹슈얼리티가 틈입될 수 없었다. 섹슈얼리티는 사랑과 무관한 생식으로 제한되었던 것이다.

사랑의 대상이 이성으로 한정되는 동시에 사랑과 섹슈얼리티가 결합되기 시작한 때는 17세기에서 19세기 초에 이르는 시기였다. 인간의 개별화와 익명화가 동시에 진행되던 그 근대 초의 시기에 자아의 확실성을 담보해줄 매개 중의 하나가 사랑이었다. 다시 말해서 가시적인 신분과 위계가 개개 인간의 정체성을 보장해주는 시대가 끝나자 인간은 '나는 누구인가'라는 질문을 끊임없이 제기하게 되었는데, 그에 대한 가장 즉각적인 답이 사랑에 의하여 주어졌던 것이다. 즉 근대적 개인은 사랑에 의하여 비로소 자신을 긍정하게 되었던 것이다. 그리고 그렇듯 개개인에게 실존적 존재감을 보장해주어야 했으니만큼 사랑은 인류라든가 신과 같은 추상적인 존재에 대한 헌신과 구분되어야 했고, 육체에 기반을 둠으로써, 즉 섹슈얼리티와 결합됨으로써 그 존재감이 직접적이어야 했다. 그러나 섹슈얼리티와 사랑이 결합되는 과정이 순탄치만은 않았다. 섹슈얼리티는 쾌감이요, 쾌감은 무질서였기 때문이다. 따라서 도덕이 틈입되어야 했다. 개별화의 시대에 섹슈얼리티를 통제하도록 사랑에 내장된 장치가 바로 정조였다. 그렇듯 열정적 사랑과 섹슈얼리티와 정조가 결합됨으로써 드디어 "낭만적 사랑"이 탄생했고, 그렇게 섹슈얼리티에 대한 통제 장치가 마련되었다. 나를 긍정하는 동시에 억압하는 장치가 완성된 것이다.[15]

여기서 주의할 점은 그 이전에는, 즉 고대에서 17세기에 이르는 시기에 사랑은 이성애일 경우에도 언제나 결혼 및 가정과 전혀 무관한, 유부남의 혼외 관계였다는 점이다. 19세기 초가 되면 결혼과 가정이 사랑,

섹슈얼리티, 정조를 하나로 묶는 장치로서 확고한 지위를 점하게 되고 그렇게 낭만적 사랑이 완결되지만, 그 전에는 그렇지 않았다. 바로 그 이행기에 이성애에게 경쟁자가 나타났으니 그것이 우정이었다. 게다가 그 시기 후반의 독일에는 고전주의 열풍이 시작되었다. 그에 따라 플라톤의 아카데미와 함께 소크라테스와 알키비아데스의 사랑도 논의되었다. 따라서 우정은 역사적이고 철학적인 기초까지 겸비하는 듯이 보였다. 그러나 우정은 이성애와의 경쟁에서 끝내 패배하였고, 그에 따라 섹슈얼리티와의 관계를 박탈당했다. 패배의 결과는 치명적이었다. 사랑과 성이 오로지 이성 사이에서만 성립되는 것으로 규범화됨에 따라 남자를 사랑하는 남자는 여자로 의미화되었던 것이다. 그로써 남녀이분법이 본격화될 수 있었다.

프리들랜더가 인용한 실러의 시는 바로 그 우정을 표현한 시다. 다시 말해서 프리들랜더는 18세기의 우정을 20세기 초라는 완전히 상이한 역사적 맥락에 되살려서 의학적인 동성애의 대안으로 삼고자 했던 인물인 것이다. 그에게는 우정만이 "인간의 가장 아름다운 기적의 꽃"인 "진정한 사랑"이었다. 유의할 것은 프리들랜더가 우정은 여성들 간에는 불가능하다고 파악했다는 점이다. 여자는 "수단적인 존재"인 반면, 남자는 "존재 그 자체가 목적인 인간," 다시 말해 "본래적인 성"이기 때문이다. 여성은 성이 아닌 것이다. 더욱이 남자들 간의 사랑은 순수할 수밖에 없다. 가족 구성과 무관하기에 남성 동성애는 출생 신분과도 사회적 지위와도 물질적 고려와도 무관하다. 남자들은 오로지 상대의 "인격," 즉 한 남자가 갖고 있는 "진보, 정의, 자유, 우주와의 합일에 대한 열광과 위대한 열정"에 끌릴 뿐이다. 그리하여 남성 동성애는 "희생"과 "감사"만이 자리 잡는 "고귀한 관계"다. 우리는 프리들랜더가 18세기에 정립된 낭만적 사랑의 내용을 가져다가 여성을 배제한 채 남성 동성애에 대입하고 있음을 알 수 있다. 크라프트에빙과 마찬가지로 프리들랜더의 남성 동성애 역시 낭만적 사랑에 고착되어 있었던 것이다. 다만 남자다운 남자, 진정한 남자는 이성애자 남자가 아니라 오직 동성애자 남자라는 것이다.[16]

프리들랜더는 또한 남성 동성애를 위계화했다. 남자란 남자에게 끌릴 수밖에 없는 법이지만, 대부분의 남자는 동시에 여자와도 관계를 맺는다. 그러나 남자들 중에는 오로지 "남성사회"에서만 살아가는 남자들이 있다. 남성사회의 구성원은 여타의 모든 남자들이 "불나방"처럼 달려드는 "불꽃" 같은 존재인 동시에 "가장 뛰어난 존재들"이다. 이유는 단순하다. 그들의 남성성이 워낙 강한 탓에 성이라고 할 수 없는 여자들에게서는 일말의 흥미도 느끼지 못하고, 그래서 남자들과만 어울리며, 또한 그렇기 때문에 그들은 정신과 사회성이 가장 발달하고, 거꾸로 다른 남자들은 그의 우월함과 남성성에 저항하지 못한다. 그들 "초남Supervirile, 超男"이야말로 남자들의 우상인 "남성영웅"이고, 그들이 다른 남자들과 맺는 관계가 "우정동맹"이다.[17]

그런 초남은 어떤 남자와 우정을 맺어야 하는 것일까? 프리들랜더는 청소년을 천거했다. 이는 사랑에서 언제나 한 사람은 적극적인 역할을, 다른 한 사람은 수동적인 역할을 해야 하기 때문이다. 게다가 나이 차이가 없으면 사랑은 부서지기 십상이다. 동년배 남자들 사이에는 경쟁심이 싹트기 마련이고, 이는 상대방에 대한 정중한 예의로 나타나기도 하지만 정중함 속에서는 "친밀성"이 싹트기 힘들고, 설령 친밀성이 자라난다고 하더라도 그런 사랑은 경쟁심 때문에 항구적으로 유지될 수 없다. 그리고 성숙한 남자와 청소년은 서로에게 줄 것이 많다. 성인 남자는 청소년의 "아름다움"과 "신선함"에서 생기를 얻고, 청소년은 성인의 "지성"과 "성숙함"을 스펀지처럼 흡수해서 자신을 성장시킨다. 청소년은 성인 남성의 지적·사회적·감성적 팽창 욕망을 충족시켜주고, 성인 남성은 청소년에게 기댈 언덕이 되어준다. 양자는 에로틱한 교육적 관계이고, 그들 사이의 우정이야말로 "최고의 사랑Liebe par excellence"이다.[18] 우리는 프리들랜더가 18세기 낭만주의자들의 우정을 따르면서, 그들이 부활시킨 고대 그리스의 많은 것들 중에서 사랑을 꺼내들고 있음을 알 수 있다. 물론 그 세 가지는 전혀 다른 것이다. 18세기의 우정은 여성을 그 정도로 배척하지 않았고, 1904년의 독일에서 여성은 노예가 아님은 물론 가정으로부터 빠져나오기 시작했으며, 청소년 역시 성인 남자가 아니라 국가로부터 교육과 보호를 받는 존재였다.

그렇다면 프리들랜더의 남성 동성애는 중년 남성 동성애자의 '소아성욕'이었을까? 그는 그런 혐의를 의식하고 있었음이 틀림없다. 그는 강변한다. "청소년의 남성 애인"의 성욕은 "아주 적어서" 대부분이 "순결"을 지키며 살아간다. 의사들의 진료기록에 그들이 거의 등장하지 않는 이유는, 순결한 그들이 상담차 의사를 찾아가는 일이 드물기 때문이다. 그들이 "윤리" 및 "법"과 충돌하는 일도 거의 없다. 기실 남성 동성애는 이성애보다 순결하다. 이성애가 육욕의 실현인 반면 남성 동성애는 "이타적"이기 때문이다. 프리들랜더는 성교를 행하였기에 의사들의 진료기록 속에 등장하는 남성 동성애자들을 "색광Erotomanen"이라고 칭하면서 우정으로부터 분리시켰다. 그에게 성교는 "인간의 동물적 차원"의 발현이었던 것이다. 그는 "가장 진정한 사랑"도 "거친 행태"로 넘어가는 순간 소멸된다고 주장했다. 여기서 "거친 행태의 사랑"이란 구체적으로 1900년경 남자들 간의 성교 방식 중 하나였던 상호수음을 뜻했다. 이를 거부한 그였으니만큼 "가장 거친 행태" 혹은 "가장 육욕적인 행태"인 항문성교는 그에게 공포 그 자체였다. 그는 항문성교를 매춘과 동일한 반열에 올려놓았다.[19]

프리들랜더는 그와 같이 청소년의 중년 남성 애인만이 아니라 남성 동성애 자체를 성교로부터 분리시켰다. 그에게 남자들 간의 성교는 "난행"이자 "에로스의 탈종"이며 "퇴행"이었다. 그와 달리 진정한 남성 동성애는 성교가 배제된 남성들 간의 사랑이었다. 이것이 무엇일까? 남성 동성애의 탈성화脫性化이다. 그렇다면 남성 동성애는 순수하게 정신적인 것이란 말인가? 성적 욕망이 동반되지 않는 일반적인 우정과 프리들랜더의 우정은 도대체 어떻게 구분된다는 말인가? 그는 맹렬하게 답한다. 남성 동성애는 "정신적"인 동시에 "감각적"인 것이다. 감각적인 차원이 배제된 에로스란 결코 없다. 그렇다면 감각적인 것과 성교는 무관하다는 말인가? 그는 서툴게 변명한다. "손잡고 포옹하고 키스하는 것"은 성교와 다르다. 남녀의 입맞춤에도 성적 욕망이 개재되기도 하지만 반드시 성교로 이어지는 것은 아니다. 남자들 사이의 키스가 성행위로 이어지는 일은 더욱 드물다. 물론 남자들 간의 우정이 성교로 귀결되는 수도 있다. 그러나 그것은 "어쩌다 벌어지는 끔찍한 일"에 불과하고, 진정한 남자란 이를 후회하고 반복하지 않는다.[20]

프리들랜더의 설명은 자가당착이다. 성은 성인 동시에 성이 아니라고 주장하고 있기 때문이다. 이 문제점을 프리들랜더 스스로가, 그리고 아마도 그의 동료들이 명료하게 인지했던 것 같다. 위 주장을 처음으로 펼친 1904년 이후 쓰여진 거의 모든 글에서 프리들랜더는 남자들의 동성애가 성교로 이어지는 경우가 "드물지 않지만," 그것은 우정의 부산물에 불과하다고 반복하여 썼기 때문이다.[21] 드물지 않게 발생하는 일을 부산물이라고 강변하는 것은 성교에 대한 그의 입장에 논리적이지 않은 차원이 개재되어 있음을 암시한다. 그가 성교를 의미화하면서 동원한 "난행" "탈종" "퇴행" "어쩌다 벌어지는 끔찍한 일" 등의 단어는 프리들랜더에게 호모섹슈얼리티는 문자 그대로 공포였음을 보여준다. 다시 말해서 그가 우정 혹은 우애라고 부른 것과 호모섹슈얼리티의 경계가 모호했기 때문에 후자는 더더욱 배척되어야 했던 것이다. 우정과 호모포비아는 이율배반적인 모순 관계를 맺고 있었던 것이다. 미국의 영문학자 세즈윅Eve Kosovsky Sedgwick의 용어로 표현하자면, 프리들랜더의 우정이 바로 "남성 호모소셜male homosocial"이다. 세즈윅은 19세기 영국의 소설을 남성 동성애의 시각에서 읽으면서, 부르주아 사회에서 남자는 여자를 사랑하는 경우조차 여자를 매개로 하여 남자들만의 에로틱한 유대 관계를 구축하는 한편, 이를 은폐하기 위하여 호모포비아를 생산해낸다고 주장했다. 프리들랜더 역시 인간을 "개별화된 상태"로부터 건져내어 '사회the social'를 구성하도록 해주는 것은 오직 남자들 간의 에로틱한 우정뿐이라고 강조했다.*

실상 프리들랜더의 남성 동성애론은 사회성을 넘어선다. 그는 예술 또한 남성 동성애의 산물이라고 주장했다. 프리들랜더가 보기에는 사랑이 예술을 낳는다는 것은 새삼 논증할 필요조차 없는 것이었다. 그는 "남성영웅"과 "초남"이란 표현을 처음으로 사용한 동물학자 구스타프 예거Gustav Jäger가 미학을 배제하는 크나큰 실수를 저질렀다고 투덜

---

* 이 글을 쓰기 시작한 것은 세즈윅을 읽기 전이었다. 그때까지는 세즈윅의 용어 "호모소셜"만을 알고 있었다. 글을 완성해가며 세즈윅에 대해 좀더 알게 되자 세즈윅이 프리들랜더를 읽은 것은 아닐까 궁금해졌다. 양자가 너무도 유사했기 때문이다. Eve Kosovsky Sedgwick, *Between Men: English Literature and Male Homosocial Desire*(New York, 1985).

거리기도 했고, 자신이 항문성교를 싫어하는 데는 "미학적으로 추하다"는 것이 결정적이라고 덧붙이기도 했다. 이는 주장으로 멈추지 않았다. 프리들랜더와 공감하면서 활동하던 아돌프 브란트가 창간한 저널 『고유한 남자』는 정치가 아니라 문예비평에 집중했다. 그리하여 1896년 창간호부터 나치에 의해 정간된 1933년 마지막 호까지 저널의 지면은 압도적으로 문예로 채워져 있었다. 그리고 저널의 표지에는 때때로 "남성문화Männliche Kultur"라는 부제가 붙어 있었다.[22]

가족을 넘어서는 모든 것이 남성 동성애의 소산이라는 프리들랜더의 주장은 국가가 남성 동성애의 산물이라는 데 이르러 절정에 달한다. 이는 1904년의 저술에서 이미 개진된 주장이지만, 그 후 더욱 강화된다. 불치의 지병으로 자살을 선택하기 한 달 전인 1908년 6월에 쓴 글「일곱 개의 명제」에서 프리들랜더는 "국가의 기초는 우정"이라고 선언했다. "조국Vaterland에 대한 사랑"은 "아버지Vater의 나라Land에 대한 사랑이 아니라 남자 동료에 대한 사랑"이다. "최종적으로 분석해보면" "인민의 힘과 민족"의 운명은 "우정의 계발"에 달려 있으며, 이를 방기할 경우 "국가 간의 경쟁에서 최악의 결과를 맞이할 것"이다. 프리들랜더는 그 글을 러일전쟁의 영향 속에서 썼다. 그리하여 그는 일본이 러시아에 승리한 이유가 일본은 남성 동성애가 활성화되었기 때문이라고 주장하면서, 만일 서양이 남성 동성애를 계속 억압한다면 "4000만 명의 일본인에 이어 4억 명의 중국인이 몰려올 것"이라고 경고했다. 황화黃禍를 막는 수단은 남성 동성애뿐이라는 것이다. 그는 외쳤다. "그런 남성을 억압하는 민족에게 화 있을진저." 그리고 그는 끝내 유대인을 언급했다. "백인 인종은 사악한 유대인의 영향 속"에서 "갈수록 병들고 있다."[23]

프리들랜더의 호모소셜은 여성혐오와 어떤 관계를 맺는 것일까? 역사는 논리가 아니다. 때문에 역사는 호모소셜이 호모포비아 및 여성혐오와 결합되는 것이 필연적인지 답해주지 않는다. 그러나 확실한 사실은 프리들랜더에게서 호모소셜은 여성혐오와 굳건하게 결합되어 있었다는 점이다. 프리들랜더의 여성관은 19세기 부르주아의 그것, 단적으로 크라프트에빙의 생각과 크게 다르지 않았다. 그도 여자는 어른으로 성장하지 못한 어린아이나 다름없다고 여겼다. 그에게도 여자는 감정적이고 미신적이고 비합리적이고 지적으로 열등하고 예술을 모르는 존재였다. 한마디로 여자는 "금치산자"였다. 그러나 결정적인 차이점이 한 가지 있었다. 그에게 여성은 그저 수동적인 존재가 아니었다. 여성은 오히려 사회적으로 보아 능동적인 존재였다. 문제는 여기에 있었다. 여자는 에로스가 부재한 존재인데, 에로스가 없는 주제에 적극적이기까지 하다면 음모를 통해 남자와 사회를 지배할 수밖에 없다. 우리는 프리들랜더의 여성론이 동성애자에 대한 역사적 편견, 즉 동성애자는 자기들만의 그룹을 만들고, 왕의 측근이나 귀족 세계에 스며들어 음모를 꾸미며, 그들의 성을 전염병처럼 사회에 퍼트린다는 대중적 이미지를 고스란히 여성에 투사하여 성립된 것임을 알 수 있다.

프리들랜더는 서양의 역사를 동성애에 대한 여자와 그 공모자의 억압으로 읽어낸다. 서양 중세는 기독교라는 "식사가 주는 쾌감마저 꺼림칙하게 여기던 아우구스티누스"의 금욕주의 종교가 여자와 공모하여 남성 동성애를 억압하던 시대였다. 게다가 고약하게도 중세의 기사도에서 여자는 "숙녀"로서 존중받지 않았던가. 그 시대에 남자들 간의 에로스적인 사랑은 여자의 "사랑 독점"과 성직자의 특권을 침해하는 "범죄"이자 "죄악"이었다. 그래서 그들은 "자연에 반하는 죄악"이라는 터무니없는 용어를 만들어내어 동성애를 억압했다. 근대 서양의 물질주의와 재

아돌프 브란트

동성애자 문필가였던 아돌프 브란트는 세계 최초의 '공식적인' 동성
애 저널인 『고유한 남자』를 창간했다. 그는 남성 동성애 문화를 독일
엘리트 사회에 확산시키고자 노력했다.

『고유한 남자』 표지

산 숭배 역시 사랑의 독점을 통하여 가족을 세계의 중심으로 선전하는 "여성화"된 사회의 표현이다. 허영과 위선과 문명화, 그리고 헛된 작위爵位와 인정을 추구하는 부르주아의 속물근성 역시 내면의 깊이가 결여되어 있기에 겉치레에 몰두하는 여자의 속성이 일반화된 것이다. 게다가 여자는 전염병과도 같다. 여자와 관계하는 남자는 에로스와 사회, 문화적 힘이 늪처럼 가라앉게 된다. 남자 이성애자는 여성화되기에 "탈자연화된, 삶의 욕망과 환희가 소멸된, 비탄에 빠진, 낙담한, 쪼그라든 새장에 갇힌 새"가 되고야 만다. 성교에 몰두하는 남자 동성애자와 마찬가지로 남자 이성애자는 탈종된 남자다.

프랑스혁명은 자연법을 인정한 유의미한 사건이었다. 그러나 프랑스혁명은 평등이라는 자연에 반하는 가치를 전면화했다. 평등주의는 남녀의 자연적인 차이를 무화시키는 여자의 전략이 일반화된 것이다. 권리의 평등을 중심에 놓은 민주주의도 동일한 논리에서 나온 것이다. 게다가 순수한 민주주의와 극단적 폭정은 같은 것이다. "대중"에 대한 기대는 접는 것이 좋다. 그들은 성직자의 혹세무민하는 요설과 여자의 전염력에 병든 존재이다. 그들은 "폭민"에 불과하다. 더욱이 인류의 위대한 성취는 언제나 소수의 업적이었다. 사회주의와 마르크스주의와 사민당이 반사회적인 이유는 그들이 평등과 민주주의를 주장하는 데다가 여자의 권리를 내세우기 때문이다. 문제는 여자의 해방이 아니다. 관건은 "여자로부터의 해방" "여자 지배로부터의 해방" "여자 없는 세상"의 건설이다. 게다가 사회주의는 종말론이다. 이는 끊임없이 저승을 이야기하는 기독교의 판박이다. 사회주의자는 사회 문제가 성의 문제라는 진리를 백안시하는 "붉은 성직자"이자 여성화된 정치 집단이다. 그리하여 계몽주의, 자유주의, 민주주의, 사회주의, 대중정치는 모두 여자 지배와 쌍둥이처럼 결합된 이념들이다.

프리들랜더는 여성화에 통탄하는 자신의 모습에서 여성혐오를 발견하였던 것 같다. 그가 "여자혐오Verachtung der Weiber"라는 단어를 사용하면서까지 자신을 방어하였기 때문이다. 자신이 여자에 대해 말한 것은 그저 "젖먹이가 말을 할 수 없다고, 열두 살짜리 소년의 신체와 정신은 성숙하지 않다고, 혹은 뭐랄까 떡갈나무가 장미보다 크다고 말하는 것"과 같다는 것이다. "여자의 폭정"은 "대륙의 지질학적 이동이나 해저 침식처럼 장기간에 걸쳐서 부지불식간에 진행된," 너무도 익숙한 것이어서 받아들이기 힘들지 모른다. 그러나 진리는 진리다. 여자는 가정으로 돌아가 자신의 유일한 덕인 "정조"를 지켜야 하고, 남성들 사이의 사랑, 특히 청소년에 대한 성인 남성의 사랑을 훼방하지 말아야 한다. 남성들이 여자와 결혼해서는 안 된다는 것이 아니다. 그렇게 되면 인간의 재생산이 중단되느니만큼 여자와 관계하여 아이를 생산하도록 해야 한다. 그러나 그때 남성은 여자를 사랑해서는 안 된다. 또한 사랑은 남성과 하되 그 사랑이 성교로 이어져서는 곤란하기에 사랑이 개입되지 않는다는 전제하에 여자, 혹은 여러 여자들과 성교를 할 수도 있다. 일부일처제는 중세 기독교가 여자와 공모한 결과이므로, 여자에게 흥미가 없는 자신이야 일부일처제도 괜찮지만 일부다처제가 옳다. 법 제도 차원에서는 첩을 가정 안으로 들여놓는 것만을 불법화한 나폴레옹 법전이 최선이다.[24]

그리하여 프리들랜더 성 개념장은 〈표 4〉와 같이 도형화할 수 있다.

성의 속성은 "사회성"이고, 성은 문화예술 및 사회로 나타나지만 궁극적으로 "국가"로 수렴되며, 에로스로서의 성에 반대하는 최대의 적은 "여자"이고, 그 원인이자 결과는 "지배 체제"이다.

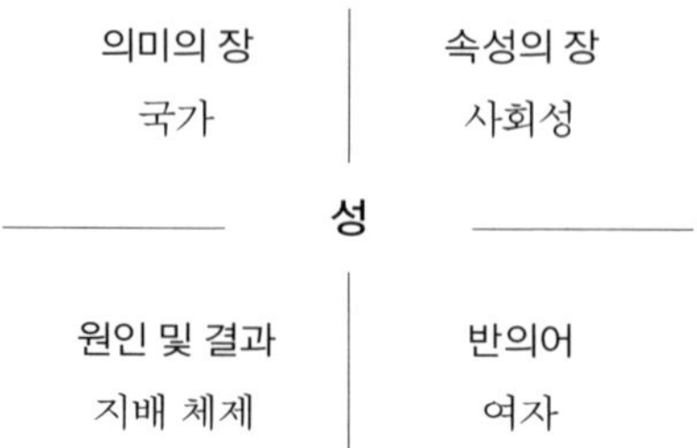

〈표 4〉 프리들랜더의 성 개념장

의미의 장		속성의 장
국가		사회성
	성	
원인 및 결과		반의어
지배 체제		여자

철갑의 몸과 파시즘

기억을 되살리자면, 프리들랜더와 마찬가지로 동성애 해방운동에 뛰어들었던 히르슈펠트의 개념장에서 성의 속성은 환희, 의미는 인권, 반의어는 도그마였다. 두 사람의 공통점은 원인과 결과를 지배 체제에서 찾은 것인데, 이는 그들의 성이 '정치화'되었음을 보여준다. 그리고 우리는 히르슈펠트의 성 이론을 민주주의적이고 아나키즘적이었다고 정식화한 바 있다. 프리들랜더의 성 이론은 어떻게 평가할 수 있을까? 1980년대라는 비교적 이른 시기에 성 담론에서 서양 역사의 궤도 이탈을 탐지해냈던 역사가 조지 모스George L. Mosse는 탈성화된 남성동맹론에서 파시즘의 전조를 보았다.[25] 동의할 수 있다. 호모포비아와 여성혐오가 결합된 호모소셜은 파쇼적 경향을 내장한 담론이다. 그리고 프리들랜더가 여성 지배 내지 여성화의 결과로 적시한 사항들, 즉 문명화, 부르주아의 속물근성, 대중, 민주주의, 사회주의는 파시즘이 적대시했던 것들과 일치한다. 게다가 여자의 악을 묘사한 부분에서 "여자"라는 단어의 자리에 "유대인"을 놓으면 극우의 논변과 정확히 일치한다. '인민'으로부터 등을 돌리는 순간, 그리고 사회적 소수자를 절대적 타자로 설정하는 순간 아나키즘으로부터 파시즘으로 가는 길이 열리는 것이다.

프리들랜더의 성 이론을 분석하면서 우리가 빼놓은 것이 있다. 프리들랜더는 성의 사회성을 그토록 주장하면서도 성이 자연적이라고 덧붙였다. 그는 때때로 크라프트에빙과 마찬가지로 성을 "자연충동"이라고 규정하기도 했다. 그런 면에서 보면 그에게도 성은 과학이었다. 그러나 그는 크라프트에빙처럼 유형화를 시도하지 않았고, 히르슈펠트처럼 사회과학으로 나아가지도 않았다. 동물학자답게 그는 후각에 성의 비밀이 있다고 파악했다. 사실 후각에서 성을 읽어내는 것은 19세기 중반부터 20세기 초반까지 유럽에서 꾸준히 개진되던 입장이었다.[26] 발정기에 돌입한 동물들이 이성을 자극하는 물질을 분비한다는 것은 경험적 사실이었기 때문이다. 그러나 그것이 인간에게서는 확인되지 않았고, 게다가 이성을 끌어들이는 동물의 전략을 남성 동성애에 적용하려 하였으니 그 얼마나 겸연쩍은 일이었겠는가. 『우라니오스 에로스의 르네상스』 이후에 쓰여진 프리들랜더의 글에는 더 이상 후각이 언급되지 않는다. 프리들랜더는 성에서 자연과학을 지웠던 것이다. 그러나 남성 동성애의 출현을 논리적으로 밝혀야 하는 문제는 여전히 남아 있었다. 프리들랜더는 아마 심리학에서 해법을 보았던 것 같다. 죽기 직전에 그와 접촉하여 그의 성 이론을 계승한 인물이 정신분석학을 이용하였기 때문이다. 그가 바로 한스 블뤼어Hans Blüher(1888~1955)이다.

한스 블뤼어와 프리들랜더 사이에는 두 가지 연결 고리가 있었다. 블뤼어는 1896년에 시작되어 1901년에 전국 협회의 형태를 갖추게 된 "반더포겔Wandervogel"에 1902년에 가입했다. 블뤼어가 활동하던 북부 독일의 반더포겔은 프리들랜더가 찬양한 남성동맹의 구현으로 간주될 수 있었고, 게다가 고등학교 학생들의 자발적인 야영활동 조직으로 출발한 반더포겔은 프리들랜더가 그토록 애착을 보이던 청소년들의 단체였다. 그리고 블뤼어는 반더포겔 내에서 동성애적인 언행으로 유명했다. 그는 반더포겔의 실질적인 의장이었던 카를 피셔Karl Fischer의 열혈 지지자였고, 1905년에 반더포겔에 합류하여 "학부형위원회" 의장을 맡은 빌헬름 얀센Wilhelm Jansen과 무척 가까웠다. 블뤼어는 얀센에게 연애시를 바치기도 했는데, 얀센은 청소년들과 동성애적인 접촉을 했다는 이유로 1908년에 의장직에서 물러났다.[27]

대영지 소유자였던 얀센은 생개혁Lebensreform 운동의 일부였던 나체주의에 공감하여 자신의 영지에 노천 태양욕장을 설치하기도 했고, 동성애 해방운동에 동참하기도 했다. 두 가지 모두 히르슈펠트 및 아돌프 브란트와 상통하는 면모임은 물론이다. 사실 그는 히르슈펠트와 가까웠고, 과학·인도주의 위원회의 회원이었으며, 아돌프 브란트와는 더욱 가까웠다. 그는 "고유한 남자들의 공동체"에 창립 회원으로 참여했고, 그 단체의 활동비를 통 크게 지원하기도 했다. 이런 인연으로 얀센은 1906년에 프리들랜더와 블뤼어의 만남을 주선했고, 블뤼어는 프리들랜더가 1908년 사망하기까지 그에게 충실히 사사했다. 대학에 진학하여 철학과 고전문헌학을 전공한 블뤼어는 1912년에 『에로스적 현상으로서의 반더포겔 운동』이라는 역사책을 저술했고, 1917년과 1919년에는 성사회학 이론서인 『남성사회에서의 에로스의 역할』 두 권을 출간했다. 그 책들은 당대 지식인 사회에서 비상한 관심을 끌었다. 소설가 토마스만Thomas Mann이 자신이 받은 감동을 일기에 적었고, 시인 릴케Rainer Maria Rilke가 블뤼어에게 사적인 편지를 보냈다.[*] 블뤼어가 부르주아 사회 전체가 예의 주시하던 반더포겔을 동성애 운동이라고 선언하였던 것이니, 블뤼어가 받은 분노와 열광은 지당했다.

블뤼어의 주장은 프리들랜더와 똑같다. 다만 정신분석학을 이용했고, 공격적이기보다 유려하고 문학적이었다. 블뤼어와 프리들랜더가 프로이트주의에 주목한 것은 지당하기도 하고 모순되기도 했다. 이를 명료히 하기 위해 간단하게나마 프로이트의 입장을 당대 성과학의 지평에서 정리할 필요가 있겠다. 우리는 프로이트를 크라프트에빙 이후 여기저기서 목소리를 내던 성과학자 중의 한 명으로 간주할 수 있다. 우선 전기적인 측면이 그렇다. 성과학이 출현한 19세기 후반의 성과학자들, 특히 성정신과 의사들은 대부분 유대인이었다. '점잖은' 독일인 부르주아 의사들이 아랫도리에 관한 분과 학문에 끼어들기를 꺼려했기 때문에, 성 문제는 유대인 같은 주변인 집단이 쉽게 진입하고 또 경력을 쌓을 수 있는 분야였다. 유대인 의사 프로이트 역시 그 흐름에 함께하고 있었다. 단적으로, 프로이트가 자신의 성 이론을 처음으로 체계화한 1905년의 『성 이론에 관한 세 편의 에세이』 첫번째 논문의 각주 1번, 2번, 7번, 8번, 10번은 히르슈펠트, 혹은 그가 간행하던 성과학 저널을 언급하고 있다.[28]

사상적으로도 마찬가지였다. 개개 인간의 인격은 물론, 문화 전체를 성에 입각하여 해설한 프로이트의 범성주의는 크라프트에빙, 히르슈펠트, 프리들랜더와 다를 바 없다. 충동, 에로스, 성취 능력, 문화, 법, 국

---

* 1919년 2월 11일에 블뤼어의 대중강연을 들은 토마스 만은 일기에 적었다. "한스 블뤼어의 강연은 최고였다. 말 한마디 한마디가 내 영혼에 들어와 박혔다. 강연이 끝난 뒤에 그 젊은 독일인 대중교사Volkslehrer에게 감사를 표하면서 나는 정말 기뻤다." 릴케는 블뤼어에게 보낸 1919년 2월 24일의 편지에 반더포겔의 역사에 대한 블뤼어의 저서가 자신에게 "열광과 기쁨의 놀라움"을 안겨주었으며, 그 책을 "이제야 알게 된 것이 부끄럽다"고 썼다. Hans Blüher, *Werke und Tage*(München, 1953), pp. 347~348. 이 책은 블뤼어의 회고록이다.

가는 그들 모두의 주제였다. 게다가 『토템과 터부』에서 프로이트는 "친부 살해" 이후 아들들이 결성한 "남성동맹"이 국가의 기원이라고 주장했다.[29] 사실 미셸 푸코가 19세기의 성과학을 비판하면서 이에 정신분석학을 포함시킨 것은 담론 차원에서만이 아니라 사상사적으로도 유효한 것이다. 이 책에서 분석한 성 이론가 세 명 중에서 프로이트와 사상적으로 가장 가까운 인물을 굳이 꼽자면 부르주아 자유주의자인 크라프트에빙이다. 프로이트도 이성애주의자였고, 여성을 결핍된 존재로 파악하였으며, 동성애자들을 치료하려 했고, 성과 문화를 결합시켰다. 그러나 그는 자연적인 성이 곧바로 문화로 이어진다고 파악했던 크라프트에빙의 설명을 거부하고 양자 사이에, 그것도 각 인간의 개인사에 오이디푸스 단계를 삽입했다. 오이디푸스 단계라는 가족 드라마 덕분에 프로이트의 성은 문화적인 것이 되었다. 그리고 여기에 "승화" 개념이 더해짐으로써 성과 사회문화적 성취의 관계가 명료하게 이론화되었다.

프리들랜더와 블뤼어가 크라프트에빙과 히르슈펠트의 성과학을 거부하면서도 '과학'을 고수하는 한, 프로이트주의에 주목한 것은 논리적인 일이다. 당대의 성과학에서 의학을 거부했을 때 선택할 것은 그것밖에 없었기 때문이다. 그러나 문제가 있었다. 프로이트는 동성애를 "전도 Inversion, 顚倒" 항목에 두었다. 프로이트는 한편으로 히르슈펠트와 이반 블로흐 같은 동성애자들과 접촉하면서 "매우 뛰어나고" "매우 건전한" 동성애자들을 다수 확인하였고, 그래서 동성애를 "퇴행"으로 간주하지 않았다. 그러나 그에게도 동성애는 궤도 이탈이었다. 오이디푸스 단계를 정상적으로 통과한 인간은 마땅히 이성애자가 되어야 했기 때문이다. 프로이트는 동성애를 오이디푸스 콤플렉스를 극복하지 못하여 그 단계 이후에도 성적 욕망이 어머니에 고착된 남자가 이를 억압하기 위해 성애의 대상으로 동성을 선택하는 것이라고 설명했다. 추가적인 요인으로 프로이트는 거세공포, 아버지에 대한 증오심, 자기성애적인 유아기로의 퇴행을 거론하기도 했는데, 어쨌거나 동성애가 일탈이라는 점은 불변이었다. 프로이트의 제자들은 특히 히르슈펠트처럼 동성애의 정상성을 주장하는 이론가들을 대놓고 조롱했다.[30]

그처럼 프로이트주의자들이 동성애를 병리시함에 따라 프리들랜더가 직접 프로이트주의를 원용할 수는 없었을 것이고, 그래서 그 작업을 블뤼어에게 맡겼을 것이다. 그러나 블뤼어는 정통 프로이트주의자가 아니었다. 그는 분석을 받지도 않았고, 정신분석협회 회원도 아니었다. 게다가 프리들랜더가 가족에게 생식 기능만을 부여하였기에 블뤼어는 프로이트 성과학의 가장 핵심적인 측면인 가족 드라마를 슬쩍 건너뛰었다. 그러나 그에게도 성은 우선 충동이었다. 충동은 다른 것으로 환원될 수 없는, 인간의 문화적인 상부구조를 모두 제거한 뒤에 남는 어떤 것이다. 그러나 성은 충동만이 아니다. 성은 동시에 에로스다. 혹은, 성적 충동은 결코 홀로 있지 않다. 성은 반드시 에로스와 함께 있다. 에로스는 충동에 형태를 부여하는 것, 충동을 이끌고 가는 것, 충동이 가시화되기 위해서는 그에 비추어보아야 하는 것, 충동에 의미를 부여하는 것이다. 그런 에로스와 불화를 일으키기도 하고 화해하기도 하는 것이 로고스, 즉 정신이다. 로고스는 에로스와 만나서 충동을 "승화"시킨다.

여기까지는 프로이트와 똑같다. 참고로, 프로이트에게 충동은 유전적이고 항구적인 본능과 달리 항상적이지만 동시에 가변적이고 우발적인, 신체와 심리의 경계에 위치한 어떤 것이었다. 그리고 프로이트의 충동은 대상과 관련되는 것이었다.[31] 그 대상이 자기 자신의 몸으로부터 남녀 구분 없이 타인으로 옮아가다가 드디어 이성으로 고착되니, 그때

통과하는 것이 오이디푸스 단계다. 프로이트의 대상 선택의 논리를 받아들이지 않은 블뤼어는 성충동을 '과정'으로 펑퍼짐하게 해설함으로써 동성애를 설명하고자 했다. 성은 충동이지만 식욕과 같은 여타의 충동과는 다르다. 식욕은 식사로 해소되지만 성충동은 오르가슴 이후에도 지속된다. 그리하여 성은 "충동 과정"이다. 성은 수직으로 상승할 수도 있지만(오르가슴) 밋밋하게 흐를 수도 있다. 그렇게 급격하게 솟구치는 성과 평평하게 약화된 성은 성의 두 얼굴이다. 성교가 개입되지 않은 우정이 바로 밋밋한 성이다.

그렇다면 어떻게 해서 어떤 남자는 이성을, 또 다른 남자는 동성을 선택하는가? 성애에는 언제나 "수치심"의 문턱이 있는 바, "터부"에 부딪친 남자는 그에 좌절하는 "위선자"가 되거나 그 수치심을 견디면서 성을 지배하는 "음란자"가 된다. 음란자는 모든 사회적 구속을 분쇄하고 그러면서 언제나 세계의 "심연" 앞에 서는 "디오니소스적"인 인물이다. 남자에게 끌리고 남자만을 사랑하는 음란자, 즉 동성애자가 "성전도자Der Typus inversus"이다. 본질은 그들과 같지만 그들의 대극에 서는 남자는 "신경증적 성전도자Der Typus inversus neuroticus"다. 그들은 남자에게 끌리지만 수치심의 문턱에서 좌절하여 오히려 자신과 타인의 남성 동성애를 억압하는 "박해자"가 된다. 그들은 성과의 전쟁을 내면으로부터 외부로 옮긴 자들로, 동성애에 대한 전쟁을 수행하고 있는 윤리 광신자나 성직자 혹은 교사들이 바로 그들이다. 근본적으로 그들은 "신경증" 환자다.

이어서 블뤼어는 사회 구성으로 옮아간다. 성전도자들이 모여서 구성하는 것이 "남성사회"다. 남성사회는 내적으로 세 부류로 나뉜다. 첫째는 남자들이 흠모하는 남자, 즉 남성영웅이다. 그에게는 종종 성교까지 진행하고 거의 "부인"처럼 함께하는 남자가 한 명 있기 마련이다. 부인은 남성사회의 두번째 부류다. 세번째 부류는 과거 그 남성영웅의 부인이었지만 이제는 아닌 자, 혹은 남성영웅과 섹스는 하지 않고, 또한 영웅에게 부인이 있다는 것은 알지만 침묵하면서 그를 선망하는 남자들이다. 그들은 남성영웅을 흠모하지만 그렇다고 해서 남성영웅에게 완전히 "흡수"되지도 않는다. 그들이 남성영웅의 남성성에 자신의 남성성을 맞세우기 때문이다. 그들 모두는 음란자이고 음란자란 디오니소스적인 인간이므로, 그들은 기존의 도덕과 관습을 넘어서는 창조적인 힘을 발휘한다. 그리고 양자 사이에는 역동성이 발휘되어 "세포분열"이 발생한다. 부인은 통상적으로 영웅보다 나이가 훨씬 아래인 청소년 내지 청년인데, 이들은 어느 시점에 스스로 남성영웅으로 올라서고, 그에게 이끌리는 나이 어린 남성들이 나타난다. 그렇게 남성사회는 확대 재생산된다.

그러나 남성사회는 그 자체만으로 존립할 수 없다. 남성사회의 내적 역동성이 너무도 크기에 그 세 부류만 있으면 영구적인 세포분열이 일어나고, 모든 남성사회가 일반인들로부터 분리된 섬처럼 존재할 것이다. 따라서 그 역동성에 일정한 한계를 부여하는 힘이 필요하다. 그리고 그러한 억제력이 남성사회에 가해지면, 남성사회는 자신들의 순수성을 지키기 위한 투쟁, 즉 "일상적인 것"에 대한 투쟁에 돌입하게 된다. 따라서 남성사회 곁에는 일반인, 즉 '전도되지 않은 자들'인 "거류 외인들"이 존재한다. 양자가 함께 구성하는 것이 남성동맹이다. 블뤼어는 남성동맹의 구체적인 사례를 열거했다. 십자군 전쟁 시절의 성당기사단, 18세기의 프리메이슨, 사관학교, 군대, 반더포겔 등이 그것이다.

블뤼어는 그저 프리들랜더를 반복한 것이지만, 그만의 장점도 식별된다. 블뤼어는 우선 충동, 에로스, 억압 등 프로이트주의의 기본 개념 몇 개를 이용하여 수미일관한 논리에 따라 남자들을 남성영웅, 성전도자, 일반 남성, 동성애 억압자로 분류할 수 있었다. 그렇게 그는 남성 동성애를 푯대로 하여 사회의 구성과 작동 전체를 이론화했다. 둘째, 그는 성전도자들에게 디오니소스적인 창조성을 부여함으로써 남성 동성애자를 새로운 시대를 여는 전위로 내세울 수 있었다. 셋째, 그는 남성동맹의 성격을 보다 명료히 했다. 그는 남성영웅이 "심리적인 동기"로는 설명할 수 없는 행위를 하는 사람이라고 해설했다. 남성영웅은 심리적인 "쾌감 프리미엄"도 붙지 않는 행위를 하는, 자기를 위해서는 아무것도 고려하지 않는 사람이다. 남성사회는 그런 그에 끌리는 남자들의 모임으로, 그 '계산 없는' 성격은 남성동맹에서도 관철된다. 이 점에서 남성동맹은 여타의 목적합리적인 단체들과 근본적으로 성격을 달리한다. 남성사회에는 그 어떤 목적도 없다. '이유 없는 끌림'에 의해서만 구성되기 때문이다. 따라서 "가장 본질적이고 가장 열광적이며 가장 순수하고 가장 자아가 없는 행위들"이 이루어지는 곳이 남성동맹이다. 국가란 바로 그런 것이어야 한다. "유용성"에 입각한 인간들의 군집은 "무리"에 불과하다. 블뤼어는 심지어 "공동 복지"도 거부했다. 복지라는 단어 속에 이미 유용성이 개재되어 있기 때문이다. 국가를 구성하는 윤리는 이해관계의 조정이 아니다. "자기희생"이다. 국가는 그래서 "남성국가"여야 한다.[32]

블뤼어의 개념장은 프리들랜더의 개념장과 동일하다. 따라서 우리가 블뤼어를 추가적으로 서술할 필요가 없었는지도 모른다. 그러나 프리들랜더보다 더 유명했던 블뤼어를 통하여 프리들랜더의 개념장이 어떻게 변주되어 확산되었는지 살펴볼 필요가 있었다. 게다가 블뤼어는 프리들랜더의 개념장이 과연 파쇼적인지 시험해볼 수 있는 인물이기도 하다.

앞서 말한 바처럼 블뤼어는 성사회학만 개진한 것이 아니라 반더포겔의 역사를 집필하기도 했다. 그 책은 블뤼어의 시각에 입각하여 집필되었기에 그의 내면을 드러내주고, 그 서술에 담긴 남성동맹 열혈 지지자의 모습은 그들의 내면을 짐작하게 해준다. 우리는 그것이 과연 파쇼적인지 검토하려는 것인 바, 다행스럽게도 이와 관련하여 우리가 도움을 받을 만한 대단히 뛰어난 연구가 있다. 정신분석학자이자 역사학자인 클라우스 테벨라이트Klaus Theweleit의 『남성 판타지: 백색테러에 대한 정신분석학적 연구』가 그것이다.[33]

테벨라이트는 1978~79년에 출간된 그 책에서 "자유군단Freikorps," 즉 제1차 세계대전 직후에 활동하던 극우 행동대 대원들의 회고록을 분석하였고, 그렇게 추후 나치로 흘러들어가게 되는 "군인적 남성들"의 내면을 추론했다. 자유군단 대원들은 독일 우익이 1919년 1월 베를린의 스파르타쿠스단의 봉기를 진압했을 때, 5월 뮌헨 소비에트공화국을 진압했을 때, 이듬해에 카프가 쿠데타를 일으켰을 때, 같은 시기에 발트해 지역에서 소련군과 소소한 전투가 벌어졌을 때, 그리고 1923년 루르가 점령되었을 때 총을 들고 전투하고 진압하고 사보타지하고 암살하던 자들이었다. 테벨라이트가 그런 사람들의 회고록으로부터 도출해낸 면모들을 반더포겔에 대한 블뤼어의 회고에서 발견해내려는 우리의 시도는 분명 무모한 일이다. 시기적으로도 블뤼어의 『에로스적 현상으로서의 반더포겔 운동』은 자유군단이 활동하기 이전인 1912년에 출간되었다. 더욱이 그 책에는 전쟁이나 전투를 예감케 하는 구석이 전혀 없다. 그 책은 전투에 참여한 사람들의 이야기가 아니라 평화 시에 산과 강으로 도보 여행을 떠나 야영을 하던 중등학교 학생들의 이야기이다.

그러나 자유군단과 반더포겔은 모두 남성동맹이다. 그리고 자유군단 단원들이 서술한 것도 회고록이고, 블뤼어가 서술한 『에로스적 현상으로서의 반더포겔 운동』 역시 그가 역사책이라고 주장하기는 하지만 각주 하나 없이 써내려간, 사실상 블뤼어 자신의 회고록이다. 그러므로 테벨라이트의 연구를 블뤼어의 저서에 투영하여 블뤼어 부류들의 내면을 추론하려는 시도가 출발부터 잘못된 것은 아니다. 다만 피가 낭자한 전장에 서 있는 자의 내면과 숲에서 별을 보며 잠을 청하는 자의 내면이 똑같을 수는 없고, 밀도와 색깔 역시 현저한 차이를 보이리라.

테벨라이트는 『남성 판타지』에서 자유군단 대원들이 여성에 대하여 무슨 말을 했고, 살인하는 순간 어떤 상태에 있었는지 살펴보았다. 대원들의 여자 이야기에서 테벨라이트는 그들이 여성에게 끌리지만 혐오하고, 여성과 조국을 반명제로 생각하여 여자를 사랑하느니 조국과 총을 "사랑"한 사람들이라는 것을 발견한다. 그들은 자신의 성을 여성과의 관계에서 정립시키지 못하고 조국을 위한 싸움을 "성애화"한 사람들인 것이다. 그 싸움에서 그들은 성적인 것은 모조리 근절시키려 하고, 그래서 그들의 투쟁은 "탈성화"되고, 그런 한에서 "탈생脫生화된" 공간, "비어진 공간"을 창출한다. 그 한가운데서 그들은 자신의 내면에 있는 여성성의 흔적을 남김없이 지우려 하는 동시에 여성적인 것이라고 간주되는 모든 것(프롤레타리아트, 대도시, 유대인 등등)을 파괴한다.

자유군단 대원들이 가장 못 견뎌 하는 것은 "죽처럼 뒤섞인 것" "무더기로 있는 것Masse"이다. 그들의 적은 개인으로 등장하지 않고 언제나 무리로 등장한다. 자신의 존재를 위협하는 그것은 언제나 "홍수처럼 닥쳐오고" "솥처럼 부글부글 끓는다." 적은 언제나 자신을 향해 덮쳐오거나 자신을 향해 폭발한다. 그러나 외부의 적은 언제나 내부의 적이다. 뒤섞여 있는 것은 자신의 내면이고, 부글부글 끓어오르고 폭발하는 것은 자기 내면의 "짐승"이다. 뒤섞인 것을 공격함으로써 내부의 충동을 근절시키려 드는 그들은 본질적으로 타인과 구분되는 자아가 없는 인간이고, 따라서 타인도 없는 인간이다. 그들은 타인을 "대상"으로 관계하지 못하는 인간인 것이다. 그래서 못 견뎌 하고 그래서 파괴하지만, 그들은 한 치도 전진하지 못한다. 파괴의 순간은 주체도 객체도 없는 "환각"의 순간이요 "무아지경"의 순간이다. 그것은 "주체가 소화하지 못하는 혼합과 폭발의 상태"다. 테벨라이트는 총괄한다. 그들은 "끝까지 태어나지 못한 인간," 즉 독립적인 자아가 없는 인간이다.

해법은 무엇일까? "쏟아지는 것"에 "기둥," 즉 팔루스(남근)를 세우는 것이다. 그것은 댐이요 깃발의 숲, 즉 대오隊伍다. 그리하여 "무리"에 규율이 부과된 것이 군대이고, "대중"을 뚫고 나오는 팔루스가 국가다. 경계가 없던 그 남자들은 대오와 군대와 국가에서 비로소 경계를 얻는다. 그리고 그 외부는 그들의 자아다. 거꾸로 자아는 그 외부의 일부이다. 그리고 제대로 된 일부가 되기 위해서 자아는 "철갑의 신체"가 되어야 한다. "고통이 쾌감이 되는 순간까지" 훈련된 신체, 체벌의 역사가 알알이 들어박힌 신체가 되어야 하는 것이다. 그 신체는 부드러운 것을 보면 짜증을 내는 신체다. 그러나 신체는 철갑이 아니다. 신체에는 언제나 부드러운 구석이 있고, 경미한 자극에도 내면은 불안정해진다. 그들의 신체는 그리하여 실제로는 파편화된 육체이고, 그들의 내면은 적의 전시장이 된다. 그럴수록 내외를 향한 전투는 강경해야 한다. 물론 그 전투의 순간은 다시금 "무아의 황홀경"이다. 그러나 한 번의 전투는 언제나 미봉책일 뿐 싸움은 영원히 계속되어야 한다. 자유군단 대원들은 개인이 되지 못한 인간, 성적 주체로 거듭나지 못한 인간, 대오가 자아인 인간, 철갑의 신체가 내면인 인간, 영원히 파괴해야 하는 인간이다.[34]

블뤼어의 글에는 "붉은 홍수" "피의 죽" "끓는 솥" "비워낸 광장" 같은 표현과 은유가 등장하지 않는다. 그러나 테벨라이트가 말하고자 하던 "군인적 남성"의 특징 몇 가지는 블뤼어에게서도 두드러지게 나타난다. 중등학생들의 공식적인 자치 활동이 전무하던 당시, 김나지움 학생들이 어른들 없이 숲과 강은 물론, 며칠에 걸쳐서 멀리 떨어진 도시까지 도보로 왕복한 것은 그야말로 '사건'이었다. 그 반더포겔 중앙 조직을 1901년 11월 4일에 창립하고 약 5년간 이끈 인물이 카를 피셔였다. 블뤼어는 피셔를 "이상주의자"라고 칭했다. 그는 누구보다 "더 많은 것을 원했고," "그 누구보다 유능한" 인물이었으며, "의지"의 "에너지에 집중하는" 인물이었다. 그러나 "이론의 여지가 없는" 그 이상주의자의 이상은 "접근할 수 없는" "안개에 덮인 듯한" 것이었다. 심지어 피셔는 "스스로도 자신의 이상이 무엇인지 모르는 사람"이었다.

피셔는 아주 진지해서 그가 나타나면 음담패설이 저절로 멈췄다. 그는 도보 행진 중에 단 한 번도 농담을 하지 않을 정도로 진지했다. 그는 "언어의 경계에 있는 사람"으로 "말이 참 어눌했다." 그는 말을 하면서 타인이 자신을 이해한다고 여겼지만, 그것은 언제나 "망상"이었다. "남들은 그를 이해하지 못했다." 그는 "사교에 서툴렀고" "원래 우울한 인물"이었다. 그는 "씁쓸한 성적 순결성"을 유지하고 있었고, 누가 보기에도 "사랑에 빠질 수 없는 사람"이었다. 그의 남성성은 너무도 강렬하고 거칠어서 그것을 견딜 수 있는 사람은 몇 명밖에 없었다. 그는 자기가 해야 할 바를 하지 못하면 자기 몸을 채찍으로 내려치는 인물이었다. 한 번은 반더포겔 문제로 토론을 하던 중 집중력이 저하되자 "담뱃불로 자기 팔뚝을 지졌다." 그는 늘 신체적 고통과 추위와 피로에 대항하여 싸웠고, 겨울에도 외투를 입지 않았으며, "새벽마다 창문을 열어놓고 냉

수마찰을 했다."

피셔의 최측근인 볼프 마이엔Wolf Meyen도 마찬가지다. 그도 "힘든 도보 여행"을 즐겼고, "말도 별로 없었다." 아버지의 사망이라는 불행한 일도 겪었지만, 어쨌거나 "공부도 싫어했고,""늘 우울과 분노와 싸웠다." 그는 "모든 이상을 상실한""난파선" 같은 인물이었고, "차가운 표정으로 세계와 세계의 고통을 응시하고 있었다." 세상에는 그가 높이 평가하는 것이 하나도 없었다. 그가 늘 가슴에 품고 다니던 시는 "그대 느끼지 마오. 쉽게 움직이는 가슴은 허물어지는 대지의 비참한 존재일 뿐"이었다. 그는 "모든 것을 포기한, 좌절한, 무감동한,""우울해지면 일주일 내내 말이 없는 인간"이요, "늘 후회하고 그러면서 고통스러워하는 인간"이었다.

이상의 서술에서 우리는 그 두 사람이 타인과 소통할 수 없는 인간이요, 신체만은 철갑인 인간이라는 점을 알 수 있다. 그들의 그러한 특징은 블뤼어가 고의적으로 기이하게 묘사한 것이 아니다. 블뤼어는 오히려 그 두 사람을 대단히 호의적으로 보았다. 피셔는 블뤼어가 심지어 경애하던 인물이었다. 그 두 사람이 정말 블뤼어의 서술과 일치하는 인물이었는지 판정할 수는 없지만, 최소한 블뤼어가 그런 사람이야말로 남성 동맹 대원다운 인물이라고 생각했던 것만은 확실하다. 이는 블뤼어가『에로스적 현상으로서의 반더포겔 운동』에서 격렬하게 비난한 사람들에 대한 묘사에서 역으로 확인된다. 그들은 "몸이 유하고 근육이 없는" 인간, "평등을 객관으로 착각하는" 인간, 반더포겔에 문예 활동을 도입한 사람, 음주를 금지한 사람, 여학생을 입단시킨 사람, 건강이 중요하다고 강조한 사람, 비가 오거나 밤이 내리면 도보 행진을 멈춰야 한다고 주장한 사람들이었다.

피셔와 마이엔이 반더포겔에서 유별난 별종이었던 것도 아니다. 블뤼어는 지도부가 아닌 일반 학생들도 그 두 사람과 비슷하게 묘사했다. 그들은 "뒤틀린 내면"을 가지고 있었고, 학교와 가정에 대한 "격렬한 증오심과 어마어마한 경멸감"을 가진, "대단히 냉소적이고 허무주의적인 피"의 인물이었으며, 반더포겔은 그 질병에 대한 "치유제"였다는 것이다. 물론 우리는 그런 면모를 가부장적인 학교와 가정에 대한 낭만적 저항으로 간주할 수 있다. 실상 부분적으로는 진정 그러하였을 것이다. 그러나 블뤼어의 『남성사회에서의 에로스의 역할』에서도 그들은 대단히 일그러진 모습으로 나타난다. 블뤼어 스스로가 반더포겔 멤버 중 상당수는 "어머니와 분리되지 못하여 남성적인 문화에 도달하지 못한 인간"으로 "현실과 충돌하는 인간혐오자"라고 설명했다. 그들은 "세상의 모든 것, 세상의 성공을 증오한다." 또한 1909년 반더포겔을 떠난 블뤼어가 나중에 보니 그들은 한결같이 불면증, 우울증, 말더듬, 방랑벽, 불안감, 의지 결핍에 시달리고 있었다. 블뤼어는 그들 중 일부는 가정을 일구었지만 대부분은 여자에게 가는 것이 불가능했다고 덧붙였다.

블뤼어는 그들이 신경증적 성전도자, 다시 말해 자신의 남성 동성애에 당황해서 이를 무의식에서 억누르는 사람이라고 평가했다. 그러나 그것은 블뤼어 개인의 분류법일 뿐, 그들은 그저 반더포겔 회원들이다. 그리고 그들은 반더포겔에 찾아올 때부터 내면이 그러했거나 아니면 반더포겔에서 그런 내면을 장착하게 되었을 것이다. 그리하여 우리는 블뤼어의 남성동맹 회원들을 테벨라이트의 군인적인 남성들처럼 여성과는 '건강한' 성을 공유하지 못하는 인간, 철갑의 신체를 탑재한 인간, 타인과 소통하지 못하는 인간으로 평가할 수 있을 것이다. 그들은 타인과 소통만 하지 못했던 것이 아니다. 그들은 실상 타인이 부재한 인간들이다. 블뤼어가 "어머니와 분리되지 못"한 인간으로 분류한 반더포겔 회원은 물론, 동성애자가 아니면서도 여자에게 가지 못한 인간은 모두 "유아기의 성"으로부터 벗어나지 못한 인간이요, 그렇게 타인을 에로스의 대상으로 삼지 못하는 인간이다.

블뤼어 자신에게서도 그런 징후가 식별된다. 그는 『에로스적 현상으로서의 반더포겔 운동』이 출간되기 직전에 부모에게 보낸 여덟 쪽짜리 편지에서, 자신이 "매우 병리적"이며 "정신적인 질환이 반복해서 나타난다"고 고백했다. 그리고 자신은 연애에 늘 실패했지만 이제 새로 만난 여자와 "그럭저럭" 지낸다는 것이다. 블뤼어는 자기 책으로 인하여 부모가 자신을 동성애자로 여기지 않을까 염려해서 편지를 썼던 것 같은데, 문제는 그가 자인한 "병리"만이 아니다. 『남성사회에서의 에로스의 역할』에서 사랑과 섹스에 대하여 말할 때 블뤼어는 그것을 예외 없이 "정복"과 "소유"로 간주했다. 게다가 그의 에로스는 언제나 "오르가슴처럼 압박해서 들어가고" "빛살처럼 쏘아간다." 블뤼어에게 애정은 타인과의 관계가 아니었던 것이다. 타인과 관계하지 못하는 인간에게 타인은 부재한다. 그리고 타인이 없는 인간에게는 자아도 부재한다. 사회화는 곧 개인화이기 때문이다. 그렇다면 블뤼어가 『남성사회에서의 에로스의 역할』에서 셀 수 없을 정도로 자주 강조했던 남성영웅의 특징, 즉 "자기 없음selbstlos"은 진정 자아의 부재였을 것이다.

테벨라이트를 참조하면, 자아가 없는 인간은 대오를 자아로 삼는다. 유감스럽게도 『에로스적 현상으로서의 반더포겔 운동』에는 청소년들의 도보 행진 모습이 구체적으로 묘사되어 있지 않다. 그러나 예컨대 엘리아스 카네티Elias Canetti는 독일 문화에서 숲이 갖는 의미에 대하여 다음과 같이 평한 바 있다. "꿈을 꾸기 위하여, 그리고 혼자 있기 위하여 집을 나와 숲으로 간 소년은 그곳에서 군대와 만난다. 숲속에는 충성을 이상으로 삼는 자들이 있어서 소년이 남들처럼 되도록 만들어준다." 실제로 카를 피셔가 반더포겔의 가장 중요한 가치로 계속해서 강조한 것이 우정 이외에 "충성"과 "복종"이었다. 피셔의 지도력이 도마 위에 올라 위기에 부딪쳤을 때 그를 지지하는 소년들의 행동 방식이 참으로 시사적이다. 40여 명의 학생들이 비밀리에 숲에 모이고 어느 정도 침묵의 시간이 흐른 후 피셔의 새로운 측근으로 부상한 인물이 외친다. "숲에서 우리는 우월하다. 투쟁을 위해 일어나자! 하일 카를 피셔!" 이어서 청소년들이 우뚝 서 있는 피셔에게 차례로 다가가고, 피셔는 다가오는 청소년 하나하나의 눈을 들여다보면서 그들과 일일이 악수를 한다. 블뤼어는 이 장면 뒤에 덧붙였다. "존경하는 남자에 대한 개인적인 충성심. 내적인 힘. 내적인 하나됨. 그들은 그것으로 적에 승리했다."

적에 대한 파괴적인 적대감과 투쟁 의지는 블뤼어의 책에서 그리 두드러지지 않는다. 폭력 장면은 『남성사회에서의 에로스의 역할』에, 그것도 다른 사람에게서 받은 편지에 단 한 번 등장할 뿐이다. 그러나 불길한 구석이 있다. 그가 남성영웅을 묘사할 때 "자기 없는"이란 형용 이외에 자주 등장하는 단어가 두 개 있다. 하나는 "심연"이고, 다른 하나는 "범죄적"이다. 반더포겔의 지도자나 일반 학생 모두 삶의 심연이 아가리를 벌릴 때 결연히 학교와 가정을 박차고 나온 사람들이고, 숲에서 삶을 체험하는 순간 그들은 다시 한 번 "세계의 심연" 앞에 선다. 그때 그들은 "자신과 주변을 잊은 채 맹목적인 열정으로 범죄적인 곳까지 들어간다." 블뤼어는 단언한다. "비범한 인간만이 자기 내면의 범죄적인 것을 통찰한다." 우리는 이것이 기존 질서를 파괴하려는 지극히 모더니스트적인, 혹은 니체적인 창조성임을 안다. 그러나 그 순간의 그 인간이 인간을 순정하게 긍정하지 못하고, 성교하지 못하며, 타인도 자아도 없고, 철갑의 신체로 내면의 충동을 제압하는 인간이라면? 게다가 그 제압 작전이 늘 실패한다면? 테벨라이트의 자유군단 단원들처럼 그는 창조가 아니라 무감동한 파괴일 것이다. 그것도 한 번으로 끝나지 않고 영원히 지속되어야 하는 무감동한 파괴일 것이다.[35]

파시스트는 자유군단 단원이 아니고, 자유군단 단원은 반더포겔 회원이 아니며, 반더포겔의 회원 모두가 블뤼어가 묘사한 북부 지도부가 아니고, 북부 지도부가 프리들랜더와 블뤼어의 성 개념을 수용했는지도 알 수 없다. 따라서 우리는 프리들랜더의 성 개념이 파시즘으로 직결되었다고 말할 수 없다. 그러나 양자의 접점은 분명하게 확인할 수 있다. 우리는 이미 프리들랜더의 성 담론이 19세기 후반 극우 민족주의자들의 정치사회적 담론과 상통하는 면모를 보았다. 그 주장이 반유대주의 및 인종주의와 팽창주의로 모아지고, 이에 행동주의가 기입되면 그것이야말로 나치즘이다. 게다가 우리는 방금 테벨라이트의 연구를 블뤼어에 투영해본 결과, 반더포겔 회원들에게 행동주의적 잠재력이 무척 컸다는 점을 확인했다. 호모포비아와 여성혐오가 체화된 호모소셜한 인간이 탈성화된 철갑의 신체를 두르고 대오를 이루어 '순수한' 이상을 향하여 심연에 뛰어드는 순간, 그는 파괴를 위한 파괴, 소수자에 대한 끝없는 파괴 속에서만 존재감을 얻는다. 파시스트는 바로 그런 인간이다.

우리에게는 아직도 답해야 할 한 가지 질문이 남아 있다. 파쇼적인 프리들랜더의 성 개념은 부르주아 자유주의자인 크라프트에빙과 얼마나 달랐을까? 두 사람은 성에 대한 정의, 동성애에 대한 진단, 정치사회적인 지향 등에서 차이를 보였다. 단적으로, 크라프트에빙은 동성애를 병리로 간주했고 프리들랜더는 이성애를 병리로 간주했다. 그러나 공통점은 없을까? 프리들랜더는 크라프트에빙과 마찬가지로 자위행위를 비판했다. 그는 자위를 하는 자는 "환관"이 되며, 가슴과 영혼과 정신이 차가워지고, 이웃과 인류에 대한 관심이 소멸된다고 주장했다. 성을 사회성으로 의미화하는 그였기에, 자위를 이기적이고 반사회적인 것으로 간주한 것이다. 이는 사소해 보일지 모른다. 그러나 자위에 대한 비판에는 더 깊은 차원이 개재되어 있었다. 자위가 정작 나쁜 이유는 그것이 성 과잉의 표현이기 때문이었다. 보통 사람들은 파트너가 있어야 성교를 하지만, 자위는 파트너 없이도 무제한 가능하기 때문에 문제라는 것이었다.

그리고 프리들랜더에게 성 과잉은 최악이었다. 과잉은 에너지를 낭비해버리는 데다가 과잉으로 빚어지는 잦은 파트너 교체는 성 과잉을 전염시킨다는 것이다. 그가 항문성교를 불사하는 동성애자를 비난한 이유 중의 하나도 그것이 성 과잉의 표출이라는 데 있었다. 놀랍게도 프리들랜더는 과소도 비판했다. 그는 성이 너무 적으면 충족되지 못한 욕구가 정신과 신체를 교란시킨다고 주장했다. 그러나 그는 성애적인 동성애를 비판하지 않았던가. 하지만 탈성화에 대한 요구와 과소에 대한 비판은 그에게만은 모순되지 않는다. 그에게서 성애는 성교 직전까지의 애착을 가리켰고 과소는 정신적인 성애에 도달하지 못한, 그래서 육체에 매인 존재였기 때문이다. 따라서 과잉과 과소는 모두 감각적 충동의 노예상태를 뜻했다. 그리고 그는 감각적 충동에의 집착은 유소아에 대한 성적 학대와 사디즘 및 마조히즘은 물론 대중적 히스테리와 그에 따른 대량학살을 일으킨다고 주장했다. 근대 초의 종교전쟁이 역사적인 예라는 것이다.

프리들랜더는 도대체 무엇을 주장하려 한 것일까? 그는 동성애가 동성 성교로 귀결되는 이유가 동성애자의 "인간적 취약성" 때문이라고 진단했다. 동성애자가 "강한 인격"이라면 성교로 진행되지 않은 채 성을 순결하게 향유했을 것이라는 이야기다. 여기서 강한 인격이란 "동물적 충동을 억압하지 않고 지배하는" 사람, 다시 말해서 성을 "정의롭고 아름답고 조화롭게 지배"하는 사람이다. 보다 구체적으로는 성을 "예의 바른 방식"으로 "규율"하는 사람이다. "예의 바른 방식"이라니, 그렇다면 그는 도덕을 말하는 것일까? 그렇다. 그는 성충동을 도덕을 통하여 규제해야 된다고 믿었다. 그는 『우라니오스 에로스의 르네상스』의 서론에서 책의 목적이 "덕 일반, 특히 성적인 덕"을 논하는 데 있다고 단언했다. 그에게도 성은 도덕이었던 것이다. 프리들랜더와 크라프트에빙의 공통점은 그것만이 아니다. 성적 일탈에 대한 경멸, 사디스트와 마조히스트 등 성적 소수자의 병리화에서도 두 사람은 똑같았다. 그리고 앞서 언급한 바처럼 프리들랜더도 낭만적 사랑을 예찬했다. 크라프트에빙과 마찬가지로 프리들랜더 역시 도덕과 낭만적 사랑과 성적 소수자의 병리화를 통하여 자율화된 성을 규율하려 했던 것이다.[36]

성이 사회에 미치는 영향에 대해서도 두 사람은 똑같이 판단했다. 크라프트에빙은 도착이 국가와 사회의 퇴행을 일으킨다고 진단했고, 프리들랜더는 여자가 국가와 사회의 퇴행을 부른다고 진단했다. 진정한 유일한 차이점은 프리들랜더가 진정한 남자는 이성애자 남자가 아니라 동성애자 남자라고 주장한 데 있었다. 따라서 만일 우리가 동성애 문제를 도외시한 채 프리들랜더의 언설을 분석하고 그에 입각하여 성 개념장을 구성하려 했다면, 우리는 크라프트에빙과 동일한 결과를 얻었을 것이다. 그에게도 성은 충동이자 윤리였으며, 반의어는 도착이었고, 원인과 결과는 퇴행이었다. 그리하여 프리들랜더의 성 개념장은 두 개다. 하나는 파쇼적 개념장이고, 다른 하나는 부르주아 자유주의적 개념장이다.

두 개념장을 결합시킬 수도 있다. 이것은 무엇을 의미할까? 파시즘과 부르주아 자유주의는 아주 가까이에 위치해 있었다는 것이다. 물론 프리들랜더는 크라프트에빙을 격렬하게 비판했다. 그러나 파시즘도 자유주의를 격렬하게 비판했다. 프리들랜더의 성 개념을 통해 우리는 파시즘이 부르주아 자유주의의 대극이 아니었다는 것을 알 수 있다. 오히려 부르주아 자유주의에 '특정한 잉여'가 부착된 주의主義가 바로 파시즘인 것이다. 프리들랜더의 경우 그 잉여란 개별화되지 못한, 자아가 부재한 인간들이 결합된 행동주의적 남성 대오다.

제2부

동성애 해방운동, 정치, 일상

4장

동성애 해방운동과 정치

동성애 억압의 역사

1999년 독일의 영화감독이자 남성 동성애 운동가인 로자 폰 프라운하임Rosa von Praunheim은 「성性의 아인슈타인Der Einstein des Sex」이라는 제목의 영화를 제작했다. 이 전기 영화의 주인공은 마그누스 히르슈펠트였는데, 흥미롭게도 히르슈펠트는 그로부터 80년 전인 1919년 5월 베를린 아폴로극장에서 개봉한 「타인과는 다른 이들Anders als die Andern」이라는 무성영화에 출연했다. 1918년 11월에 시작된 독일혁명의 한가운데 혁명의 거리에 내걸린 그 영화 역시 혁명적이었다. 그 영화는 세계 최초로 남성 동성애자를 그린 영화다. 당대 유명 감독인 리하르트 오스발트Richard Oswald가 연출을 맡았는데, 히르슈펠트는 각본 작업에 참여했을 뿐만 아니라, 이루어질 수 없는 동성 사랑을 앓고 있는 주인공에게 상담을 해주고 그를 짝사랑하는 여성이 포함된 대중에게 강연을 하는 비중 있는 역할을 맡았다. 영화의 마지막 장면 자막에서 히르슈펠트는 자살한 동성 애인의 뒤를 따르려는 주인공에게 말한다. "사랑하는 사람의 명예를 기리기 위해서는 목숨을 끊을 게 아니라, 그를 포함하여 수많은 희생자들을 낳은 편견을 바꿔야 합니다. 이것이야말로 내가 당신께 드리고 싶은 필생의 과제입니다. 무고하게 감방에서 여위어가던 한 사람을 위해 싸운 에밀 졸라처럼, 우리는 우리 앞과 옆과 뒤에 있는 수천 명의 사람들에게 권리와 명예를 되돌려줘야 합니다. 과학을 통하여 정의를!"*

영화는 히르슈펠트의 관심과 전략을 여과 없이 보여준다. 그는 "과학을 통하여 정의"를 수립할 수 있다고, 즉 계몽을 통하여 성 억압을 철폐할 수 있다고 믿었다. 리하르트 오스발트 역시 같은 부류의 사람이었다. 제1차 세계대전 발발 직후 「철십자훈장Das Eiserne Kreuz」이라는 반전 영화를 제작했다가 상영을 금지당했던 그는 1916년 매독 환자를 다룬 영화 「빛이 임하리라Es Werde Licht」를 제작했다. 그 영화는 검열을 통과

---

* "성의 아인슈타인"이라는 명칭은 히르슈펠트가 1930년 초에 강연차 미국에 갔을 때 한 미국 저널리스트가 독자들의 관심을 끌기 위해 그 직전에 미국에 왔던 아인슈타인Albert Einstein 에 빗대어 그를 소개한 것에서 유래했다. 히르슈펠트는 그 여행에서 실제로 아인슈타인을 방문하기도 했다.

한편 영화 「타인과는 다른 이들」에는 그 나름의 역사가 있다. 1919년 5월 31일 영화가 개봉되자 엄청난 관객이 몰려드는 동시에, 보수적인 평론가들로부터 격렬한 비난을 받았다. 그러자 1년 후 바이마르공화국 정부는 이 영화의 상영을 금지했으며, 폐지되었던 영화 검열 제도를 부활시키기까지 했다. 1927년 히르슈펠트는 「타인과는 다른 이들」의 축약 판본인 「사랑의 법칙Gesetze der Liebe」이라는 영화를 만들었지만, 그 역시 검열을 통과하지 못했고, 그가 만든 연구소에서만 상영되었다. 그 두 가지 판본 모두 독일에서 소실되었는데, 당시 소련에 수출되어 약간 수정된 1927년 판본이 1974년에 동독으로 유입되었고, 1998년에 뮌헨 영화박물관에 의해 복원되었다. 1919년 판본은 2004년에 복원되었으며, 현재 DVD로 판매되고 있다. 히르슈펠트가 출연하거나 기획에 참여한 영화는 총 6편이다. J. Steakley, *"Anders als die Andern." Ein Film und seine Geschichte*(Hamburg, 2007)

하고 평단의 박수를 받았는데, 이에 자극받은 오스발트는 1918년 겨울 히르슈펠트와 만나 동성애 계몽영화 제작에 합의했다. 그러나 동성애에 대한 계몽과 억압으로부터의 해방운동은 그때 처음 시작되었던 것이 아니다. 히르슈펠트 개인에 국한시키자면, 운동의 기원은 1890년대 중반이다. 히르슈펠트는 그가 그토록 존경했던 울릭스와 달리 죽을 때까지 커밍아웃을 하지 않았기에 우리는 그가 언제부터 자신의 성을 의식했는지 모른다. 그러나 런던에서 오스카 와일드Oscar Wilde가 재판을 받던 1895년에 그는 혈기왕성한 27세 청년이었고, 오스카 와일드 재판 결과에 분개한 것을 보면, 그때 이미 자신의 동성애를 의식 혹은 실행하고 있었을 것이다. 그러던 터에 독일군 장교이자 동성애자였던 환자 한 명이 결혼식 전날 자살하면서 자신에게 동성애 해방운동을 부탁하는 유서를 남기자 그는 행동에 돌입했다. 1896년 7월에 "라미엔 박사Dr. md. Th. Ramein"라는 필명으로 발간한 『사포와 소크라테스』라는 소책자에서 그는 울릭스의 테제를 따라 동성애가 "양성의 혼합"이고, "자연적"이며, 따라서 "정상"이라고 주장했다.[1]

히르슈펠트가 여기서 멈추었더라면 그 책은 그저 울릭스 테제가 확산되어간 증거로서만 역사에 남았을 것이다. 그러나 그 책을 출간한 출판업자 막스 슈포어Max Spohr가 히르슈펠트에게 동성애 때문에 고통을 겪고 있던 고위 공직자 에두아르트 오베르크Eduard Oberg를 소개해주었고, 그 세 사람은 활발한 편지 교환과 상호 방문을 통하여 동성애 해방운동을 출범시키기로 결정했다. 해방운동의 내용은 간단했다. 목표는 남성 동성애 행위에 대한 처벌을 규정한 독일 형법 175조를 폐지하는 것이었고, 이를 위하여 제국의회에 청원을 하는 한편, 여론 활동을 담당할 조직을 결성하는 것이었다. 그리하여 1897년 5월 15일에 "과학·인도주의 위원회"가 조직되었다. 독일 역사상 최초, 그리고 '공식적인' 조직으로서는 아마도 세계 역사상 최초의 동성애 해방운동 단체가 출범한 것이다. 위원회는 175조를 폐지하라는 청원서를 작성했고, 1897년 연말까지 200명의 명사들로부터 서명을 받아 1898년 1월 제국의회에 제출했다. 같은 해 제국의회가 재구성되자 위원회는 한 번 더 청원을 했고, 그때 서명자는 1000명에 육박했다. 1900년과 1904년에는 2000명이 넘는 서명자 명단이 담긴 세번째와 네번째 청원을 했고, 1907년에 제출한 청원서에는 3000여 명이 서명했다.[2]

청원서에 이름을 빌려준 사람들 중에는 우리에게 익숙한 인물들이 꽤 많다. 성과학자인 크라프트에빙, 오이겐 슈타이나흐, 이반 블로흐, 법학자인 게르하르트 안쉬츠Gerhard Anschütz, 후고 신츠하이머Hugo Sinzheimer, 작가인 게르하르트 하우프트만, 알프레트 되블린Alfred Döblin, 헤르만 헤세Hermann Hesse, 토마스 만, 하인리히 만Heinrich Mann, 라이너 마리아 릴케, 루 살로메Lou Andreas-Salomé, 슈테판 츠바이크Stefan Zweig, 화가인 케테 콜비츠Käthe Kollwitz, 막스 리베르만Max Liebermann, 하인리히 칠레Heinrich Zille, 인문학자인 막스 셸러Max Scheler, 프란츠 오펜하이머Franz Oppenheimer, 에른스트 로볼트Ernst Rowohlt, 알프레드 케어Alfred Kerr, 알렉산더 폰 글라이헨루스부름Alexander von Gleichen-Rußwurm, 독일사민당 거물 정치가인 아우구스트 베벨August Bebel, 카를 카우츠키Karl Kautsky, 루돌프 힐퍼딩Rudolf Hilferding, 파울 뢰베Paul Löbe, 헤르만 뮐러Hermann Müller, 그리고 알버트 아인슈타인까지. 그들 중에서 가장 적극적인 인물은 사민당 총재 아우구스트 베벨이었다. 당시 독일 노동운동에서 "반反황제Anti-Kaiser"로 추앙받던 베벨, 노동자 출신으로 심오하고 독자적인 사회주의 이론을 내놓지는 않았지만 당대의 지도급 남성 사회주의자들 중에서 '사회주의와 여성' 문제를 독립적인 저서에서 논한 유일한 인물인 베벨은 1897년 여름 히르슈펠트를 자택으로 초대했다.

점심 무렵부터 저녁까지 진행된 만남에서 베벨은 히르슈펠트에게 친절하게 전술까지 알려주었다. 청원의 시점은 음란물의 유통 및 공연을 억압하기 위한 소위 "하인체법Lex Heinze"을 논의하게 될 1898년 1월이어야 한다는 점, 제국의회 청원위원회는 관례상 청원서를 청원자의 이름순으로 다루므로 청원자 명단의 첫번째 자리에 성姓이 A로 시작되는 인물을 배치해야 된다는 점, 청원위원회 위원장 크루제가 점잖은 인물이니 사전에 한 번 만나는 것이 좋을 것이라는 점 등이 충고의 내용이었다. 그리고 베벨은 무엇보다도 제국의회 본회의 연설에서 동성애 문제를 언급하겠다고 약속했다. 그 이유 또한 친절했다. 청원위원회에는 숱한 종류의 어마어마하게 많은 청원서가 접수되므로, 청원위원회 위원들이 과학·인도주의 위원회의 청원을 "기이한 것, 웃기는 휴머니즘 바보짓"으로 치부하거나 혹은 후 순위로 미룬 끝에 "시간 부족"을 내세우면서 건너뛰어버릴 가능성이 농후하다는 것이었다. 베벨은 약속을 지켰다. 1898년 1월 19일 제국의회 본회의 연설에서 베벨은 과학·인도주의 위원회의 청원서를 언급하면서 형법 175조를 폐지해야 한다고 호령했다. 그로써 동성애 문제가 정치화되었다. 논의의 장이 교회로부터 의학으로 바뀌더니 급기야 의회와 정당으로 번져간 것인데, 바로 히르슈펠트와 베벨의 합작으로 비로소 개시되었던 것이다.[3]

청원서와 베벨의 연설 내용을 분석하기에 앞서 동성애 억압의 역사를 돌아볼 필요가 있겠다. 짧더라도 아득한 과거로부터 시작하자. 고대 그리스에서는 동성애를 처벌하지 않았다. 그 당시 좋은 성과 나쁜 성은 이성애와 동성애로 나뉘지 않았다. 상대가 남자이든 여자이든, 남자가 적극적인 역할을 하면 좋은 성이고 수동적인 역할을 하면 나쁜 성이었다. 동성애에 대한 처벌은 기독교를 공인한 로마 콘스탄티누스 황제의 아들 치세에서 처음으로 입법화되었다(기원후 342년). 그러나 기독교가 문제가 아니었다. 법은 '항문을 제공하여 남성성을 부인하는 자'를 처벌했기 때문이다. 항문에 삽입한 자가 아니라 삽입당한 자가 처벌되었으니, 이는 수동적 성교를 비하하던 그리스적 사고의 형법화로 이해해야 한다.

고대와 결별하는 형법 조항이 538년 유스티니아누스 황제 치세에서 입법되었다. "자연에 반하는 행위를 하거나, 자신의 머리칼에 선서를 하거나, 여타의 방식으로 신을 모독하는 자"는 고문을 가한 뒤에 화형에 처하도록 규정한 것이다. 그로써 드디어 "소도미Sodomie" 개념이 탄생했다. 그러나 아직도 문제는 기독교 교리가 아니었다. 그 법은 당시 빈발하던 자연재해와 정치사회적 혼란에 대한 속죄양을 찾던 차에 당대 사회에서 부정적인 이미지를 갖고 있던 대상에게 종교성을 부여한 것이었기 때문이다. 그러나 남성 동성애가 "자연에 반하는," 신을 모독하는 행위로 의미화된 것은 결정적인 일이었으니, 20세기 중반까지 남성 동성애를 각인하게 되는 개념이 그때 탄생한 것이라 하겠다.

종교는 물론 사상과 과학과 법에서도 고전고대로부터 이어져 내려오는 실낱같은 끈에 매달려 근근이 질서를 잡아가던 서양 중세에서 유스티니아누스 법은 방향타 역할을 했다. 그러나 중세 초기에는 처벌 기록이 없고, 13세기가 되면 세속 정부가 남성 동성애 행위자를 화형에 처하는 일이 아주 가끔씩 벌어졌다. 교회 또한 이단에 대한 이론적, 법적 관점을 정립하는 가운데 "자연에 반하는 행위"인 동성애를 이단에 포함시켰다. 그리고 중세 교회는 참회, 금식, 순례, 성사 배제 등의 처벌을 내렸지만, 점차 화형도 불사하던 세속법에 적응해갔다. 이는 세속 정부에게 피드백 효과를 가져다주었다. 14세기에 일부 도시가 마녀, 흑마술사, 유대인과 함께 동성애자를 체포하여 벌금, 거세, 교수형, 화형 등으로 처벌했던 것이다. 여기서 주의할 것은 역사가들이 중세에 처벌당한 동성애자의 규모를 전혀 모른다는 점이다. 우리는 그저 산발적으로 가끔씩 발생한 처벌 사례만을 알 수 있을 뿐인데, 중세는 뜻밖에도 동성애에 대해 무관심했던 것 같다. 이론적으로야 동성애가 신의 뜻에 반하는 것으로 규정되었지만, 신의神意에 어긋나는 것은 동성애만이 아니었다. 생식을 위한 성 이외의 모든 성이 마찬가지였다. 그리고 현실에는 그 '일탈적인' 성들이 널려 있었다. 그중에 동성애가 포함되어 있었을 뿐이니 동성애에 대한 체계적인 억압이 있을 리 없었다.

동성애를 대규모로 가혹하게 엄벌하기 시작한 때는 중세에서 근대로 넘어가는 이행기였다. 피렌체는 1432년에서 1503년에 이르는 시기에 동성애 행위 혐의로 약 1만 5000명의 남성을 입건하여 3000여 명에게 유죄 판결을 내렸다. 베네치아에서도 15세기에 약 70명을 사형에 처하고 그 시체를 불살랐으며, 수백 명에게 추방형 등의 조치를 취했다. 15세기만 해도 그런 현상은 알프스 이남의 북부 이탈리아에 국한되어 있었다. 알프스 너머의 북유럽에서 본격적인 억압은 16세기에 들어와서 시작되었다. 1532년 신성로마제국 황제 카를 5세는 30여 년의 준비 끝에 "카롤리나 형법전"을 공포했는데, 형법 116조에서 남자와 남자, 여자와 여자, 인간과 동물 간의 성교를 "자연에 반하는 행위"로 규정하고 산채로 화형시키도록 했다. 신성로마제국은 실체적 권력이 없는 종이호랑이 신세로 전락하는 중이었지만, 제국의 조치는 제국 내부의 영방국가들이나 외부의 군주정들에게는 그에 준하여 행동할 수 있는 편리한 도구이기도 했다. 복잡한 법리적, 사회문화적 논의 없이 신속하게 모방할 수 있었기 때문이다. 그리하여 스페인, 오스트리아, 바이에른, 프로이센 등등에서 유사한 입법이 이루어졌다. 그중에서 동성애 행위에 대한 처벌이 가장 극성스러웠던 나라는 스페인이었다. 1540년부터 1700년까지 2000여 명이 동성애 혐의로 처벌되었다.[4]

북부 이탈리아와 알프스 이북의 동성애 억압은 시기적으로 달랐던 만큼 원인도 달랐던 것 같다. 이탈리아, 특히 피렌체의 경우 역병에 따른 인구의 급격한 감소와 동성애 처벌이 시기적으로 일치한다. 따라서 동성애 처벌은 인구 감소에 의해 촉발된 정치사회적인 불안감을 해소하는 방안이었을 것이다. 알프스 이북의 경우 동성애 입법이 이루어진 16세기 전반기는 마녀사냥의 시기와도 종교개혁의 시기와도 대략 일치한다. 종교개혁은 역사 현실에서 개신교든 가톨릭이든 모두 도덕 운동이다. 따라서 우리는 중세에서 근대로 이행하는 와중에 사회의 해체 현상이 두드러지고 그에 따라 사회를 도덕화하고 규율화할 필요성이 대두되었을 때, 그 수단으로 주로 마녀사냥이, 부분적으로는 동성애가 이용되었다고 판단할 수 있을 것이다. 종교개혁과 동성애 억압의 연관성은 가톨릭 종교개혁 혹은 반종교개혁Counter-Reformation을 선도하던 스페인에서 억압이 가장 극성스러웠다는 점에서도 확인된다. 더불어, 동성애에 대한 억압이 근대로 이행하는 서양의 부수적 현상이었다는 설명은 14~15세기의 피렌체와 베네치아에도 적용할 수 있을 것 같다. 두 도시는 야코프 부르크하르트Jacob Burckhardt의 말마따나 당시 '때 이른 근대'를 경험했기 때문이다.[5]

동성애가 종교 및 도덕 차원에서 수단화되는 현상은 18세기에 네덜란드와 영국에서 다시 한 번 나타났다. 1730년에서 1732년까지 네덜란드의 20여 개 도시에서 당국이 동성애자, 양성애자, 크로스드레서 등이 출입하던 카페인 "몰리하우스molly house"를 습격했고 체포한 사람들을 졸속 재판 끝에 공개적으로 교수하거나 화형에 처했다. 그런 사태가 총 50여 건이나 되었다. 런던 경찰은 1726년에 한 몰리하우스를 습격하여 40여 명을 체포하고 3명을 처형했다. 1776년과 1798년에도 "몰리(비역 남창)"에 대한 공격이 가해졌다.[6] 그 일이 발생한 18세기는 서양에서 '제2차 종교개혁'이 진행된 시기다. 영국에서는 감리교가, 네덜란드에서는 "새로운 종교개혁Nadere Reformatie"이, 독일에서는 경건주의가 나타났다. 네덜란드와 런던에서 벌어진 폭력 사태는 산업화로 넘어가던 근대 서양의 폭력적 자아 성찰이었을 것이다. 그 폭력적 도덕 운동에는 또 다른 차원이 개재되어 있었다. 우리는 앞서 18세기가 우정의 세기였고, 우정은 낭만적인 사랑을 내세운 이성애에게 끝내 패배했다고 언급한 바 있다. 몰리는 그 우정에 몰두하는 사람들이고 몰리하우스는 그들이 교류하던 장소였을 것이다. 몰리에 대한 공격은 따라서 우정에 대한 공격의 폭력적 표현이었을 것이다. 다시 말해서 움터오는 서양 부르주아 사회는 몰리를 공격함으로써 이성애적인 낭만적 사랑과 남성성을 정립하고자 했을 것이다.*

그러나 거기까지였다. 갑작스러운 폭력 사태는 더 이상 발생하지 않았다. 다시 말해서 폭력적인 억압은 중세는 물론 근대 초에도 예외였던 것이다. 그렇다면 사법에 의한 일상적인 억압은 어떠하였던가? 이에 대

---

* 몰리에 대한 설명은 영국 역사가들의 연구를 '우정론'에 입각하여 재해석한 것이다. 몰리에 대한 연구는 Randolph Trumbach, *Sex and Gender Revolution*. Vol. 1, *Heterosexuality and the Third Gender in Enlightment London*(Chicago, 1998).

한 체계적이고 종합적인 연구는 없다. 어쩌면 18세기 파리의 법 현실이 근대로 접어든 서양의 모습을 가장 선진적이고 가장 과격한 형태로 보여줄지 모르겠다. 18세기 전체 기간 동안 파리에서 벌어진 동성애 혐의에 대한 재판은 겨우 아홉 건에 불과했다. 그리고 그중 다섯 건에서 사형이 선고되었는데, 네 건은 동성애 성행위가 어린이 인신매매, 살인, 협박과 결합된 경우였다. 단 한 건만이 순수하게 동성애 행위에 대한 것이었고, 법원의 판결에 따라 사건 연루자 두 명이 화형에 처해졌다. 법원은 동성애 재판에 흥미가 없었던 것이다. 법원이든 일반인이든, 중세와 근대 초의 서양인들은 생식이 아닌 다른 성들과 마찬가지로 동성애를 별생각 없이 바라보고 행하였던 것이다. 물론 죄라는 것은 알았다. 그러나 인간은 어차피 죄된 존재가 아니던가.

그러나 18세기에 두 가지 비상한 변화가 식별된다. 파리의 경우 1700년에서 1780년에 이르는 80년 동안 재판을 거치지 않고 경찰에 의해 바스티유로 넘겨진 동성애 혐의자는 45명이었다. 그런데 같은 기간 동안 경찰이 심문한 동성애 혐의자는 무려 4만 명이었다. 다시 말해서 법원이 무신경한 가운데 경찰이 동성애자를 전담하기 시작했는데, 그들의 업무는 처벌보다는 동성애자를 식별하고 그에 대한 지식을 쌓는 일이었던 것이다. 미셸 푸코가 『감시와 처벌』에서 논증한, 국가 처벌 기관에 의한 "인간과학"의 구축 작업이 동성애에 대해서도 벌어지고 있었던 셈이다. 흥미로운 것은 그 과정의 이면인 계몽주의적인 '인간화'도 동시에 진행되고 있었다는 점이다. 계몽주의자들은 국가는 개인의 사생활에 간섭하지 말아야 한다는 전제하에, 동성애를 비롯한 소도미는 인간의 사생활에 속하는 것이기에 처벌하지 말아야 한다고 주장했다. 그 주장은 프랑스혁명의 와중인 1791년에 현실화되었고 1810년의 나폴레옹법

전에서도 유지되었다.[7]

독일에서도 계몽주의의 위력은 거셌다. 오스트리아는 1787년에, 프로이센은 1794년에 소도미에 대한 사형제를 폐지했다. 물론 우리의 관심사는 추후 독일 형법 전체를 좌우하게 되는 프로이센의 법이다. 1794년에 공포된 프로이센 일반국법 1069조는 "소도미 행위와 여타의 유사한 반자연적인 죄악Sünde"을 행한 자는 고문을 가한 뒤 1년에서 다년까지의 징역형에 처하며, 그 "죄Laster"가 벌어진 지역에서 영구히 추방하고, 수간일 경우에는 그에 "남용된 동물"을 죽이거나 그 지역 밖으로 내쫓는다고 규정했다.

프랑스혁명은 더 큰 영향을 미쳤다. 혁명전쟁에서 프랑스에게 정복되었거나 프랑스와 동맹했던 지역에서 동성애가 비범죄화되었던 것이다. 놀랍게도 추후 보수주의의 아성이 되는 바이에른이 가장 깔끔했다. 바이에른은 1813년에 소도미에 대한 처벌을 전면 폐지했다. 이성애와 동성애가 동등하게 대우받게 된 것이다. 아주 간단하게 말하자면, 미성년자와 성관계를 맺으면 그 대상이 소년이든 소녀든 모두 동일한 처벌을 받았다. 덧붙이자면 당시 미성년은 14세 미만이었다. 뷔르템베르크는 1839년에 당사자의 고발이 있을 경우에만 소도미를 처벌하도록 했고, 이듬해에 브라운슈바이크도 동일한 조치를 도입했다. 그리고 하노버는 1840년에, 바덴은 1845년에 소도미가 "공적인 물의öffentliches Ärgernis"를 유발했을 경우에만, 즉 남들이 보는 앞에서 유사 성행위를 행한 경우에만 처벌하도록 했다.

그러나 관건이 되는 프로이센은 요지부동이었다. 1794년의 일반국법을 대체한 프로이센의 1851년 형법전 제143조는 "두 명의 남성이, 혹은 인간이 동물과 행한 반자연적인 성행위는 6개월에서 4년에 이르는 금고형에 처하고 적시에 공민권을 박탈한다"고 규정했다. 이로써 여성 동성애는 처벌에서 제외되었다. 그러나 처벌 대상을 "남성"으로 한정한 것 외에는 1794년 일반국법의 반복이었다. 문제는 프로이센이 독일의 운명이었다는 데 있었다. 프로이센이 1867년의 프로이센-오스트리아전쟁에서 오스트리아를 격파하고 이듬해에 북독일연방을 수립하자, 프로이센 법무부는 북독일연방 전체에 적용할 형법전을 마련했다. 그 법전은 사실 1851년의 프로이센 형법전을 보완하는 수준에 그쳤다. 그것은 하노버 등 그동안 동성애가 비범죄화된 지역에도 적용되었다. "동성애"라는 단어를 만든 카를 마리아 벤케르트가 1869년에 동성애 처벌을 비판하는 소책자를 발표한 이유는 바로 그 때문이었다.

이미 1864년부터 동성애 처벌을 실명으로 비판하던 울릭스도 그때 프로이센 경찰을 피해서 거주지인 하노버를 떠나 뮌헨으로 이주했다. 형법전이 1871년 1월 1일에 발효되었기 때문이다. 그러나 울릭스는 얼마 지나지 않아서 한 번 더 이사해야 했다. 1870년의 프로이센-프랑스전쟁에서 승리한 프로이센이 1871년 독일제국을 조직함에 따라 북독일연방의 형법전이 거의 그대로 1871년 5월 15일 독일제국 형법전으로 공포되었고, 그것이 바이에른, 뷔르템베르크, 바덴 등의 지역에도 적용되었던 것이다. 그 175조가 바로 히르슈펠트가 폐지하고자 했던 조항이다. "두 명의 남성이, 혹은 인간이 동물과 행한 반자연적인 성행위는 금고형에 처하며, 공민권을 박탈할 수 있다." "반자연적"이라는 형이상학적, 종교적 개념이 독일이라는, 영국을 뒤쫓기 시작한 거대 공업국가의 형법 조항이 된 것이다. 개선된 점도 있었다. 최소 형량이 단 하루로 감소되었다.[8]

그러나 "반자연적인 성행위die widernatürliche Unzucht"가 구체적으로 도대체 무엇을 뜻하는가? "Unzucht"는 고약한 개념이다. "Zucht"는 '생식'을 뜻한다. 독일어 접두어 "un"은 때로는 '아니다'를, 때로는 '끔찍하다'를 뜻한다. 후자의 경우 예컨대 독일어 단어 "Unwesen"은 '괴물'을 뜻한다. 따라서 "Unzucht"는 '생식을 목적으로 하지 않기에 끔찍한 성교'를 뜻한다. 그러나 얼마나 많은 비생식 성교가 행해지고 있었던가. "반자연적"이란 단어는 더욱 고약했다. 175조 법문만으로 판단하면 우리는 그 속에 수간이 포함되며, 그때까지의 처벌의 역사를 보면 동성 성교 역시 포함된다는 것을 알 수 있다. 그러나 도대체 '성교'란 무엇인가? 항문삽입은 그렇다 쳐도, 손을 사용하는 수음이 성교인가? 입을 사용하는 구음은 애무인가 성교인가? 허벅지 사이에 틈을 만들어 사용한 행위는? 그 개념은 실체화되어야 했다. 프로이센 대법원은 그것을 "성교와 유사한beischlafähnlich" 행위로 정의했다. 그러나 그것은 동어반복이다. 도대체 무엇이 유사 성교란 말인가?

따라서 법원의 판결이 관건이 되었다. 1851년 형법전이 공포된 이후 프로이센 법원은 "반자연적인 성행위"를 항문삽입으로만 해석했다. 1871년 독일제국 형법전이 공포된 이후에는 주州에 따라 판결이 상이했다. 바이에른과 작센은 엄격했고, 뷔르템베르크와 바덴은 온건했다. 방향타를 쥔 것은 역시 프로이센이었다. 프로이센 법원은 1867년에 구음도 처벌하도록 했고, 1876년에는 "(다른 남자의) 몸에서 성행위와 유사하게 만족을 구한 경우"도 처벌한다는 원칙을 공포했다. 그 원칙은 1879년에 설치된 통일독일의 제국대법원의 판결로 이어졌다. 법원은 "피의자가 사정을 할 때까지 성기를 다른 피의자의 왼쪽 허벅지에 비볐기 때문"에 유죄라고 선언했던 것이다. 그리하여 이제는 항문삽입, 구음, 허벅지 틈을 이용하여 사정에 이르는 것 등이 처벌의 대상이 되었다. 기이하게도 제국대법원은 상호수음은 무죄로 선언했다. 이는 아마도 여성 동성애자의 성행위를 처벌하지 않았던 논리 때문이었던 것 같다. 법학자들은 여성 동성애자를 처벌하지 않는 법리적인 이유를 궁색하게도 여성들 간의 성교는 수음, 즉 자위행위에 불과하고, 대용 성기를 사용하는 경우에는 이성애의 변종에 지나지 않는다고 주장했던 것이다.

상호수음이 비범죄화되었지만 성교 개념이 그토록 넓게 해석됨에 따라 유죄 판결을 받은 사람의 수는 통일 이후에 오히려 증가했다. 히르슈펠트는 1914년의 저서에서, 1872년부터 집필 당시까지 유죄 판결을 받은 사람의 수가 다섯 배 증가했다고 주장했다. 1870년대에 대한 통계가 없어서 이를 확인할 도리는 없지만, 1882년 이후의 통계는 존재한다. 유죄 판결을 받은 수는 1882년에 329명, 1891년 446명, 1905년 605명, 1912년 761명이다. 30년 동안 두 배 이상 증가한 것이다. 원인이 무엇이었을까? 우선 동성애자에 대한 경찰의 통제가 체계화되고 정교화된 점이 중요했을 것이다. 1880년대에 베를린 경찰청 형사경찰국에는 동성애과가 별도로 조직되었고, 그곳에서 사진이 첨부된 유죄 판결자 목록은 물론 "장미 리스트Rosa List"라고 불리던 동성애자 목록이 관리되었다. 유죄 여부와 무관하게 동성애자의 인적 사항과 행위를 꼼꼼히 기록한 그 목록에는 베를린 동성애자 5000여 명이 올라 있었다. 당시 베를린의 동성애자 수가 약 2만 명으로 추정되므로, 전체의 4분의 1이 체계적으로 관리되고 있었던 셈이다.[9]

두번째 원인은 앞서 진행된 우리의 논의와 직결된다. 법원의 유죄 판결이 늘어난 것은 아주 간단하게 '반자연적인 유사 성교'라는 개념의 내포가 확대되었기 때문이다. 항문삽입에서 출발한 성교가 성기를 몸에 비비는 행위로 넓어진 것이다. 그렇게 된 정확한 이유는 알 수 없다. 아마 19세기 중반부터 1900년 사이에 독일에서 벌어진 이례적인 산업화와 그에 따른 사회적 혼란 때문에 형사처벌이 부분적으로 강화된 것이 일정한 역할을 했을 것이다. 다른 한편으로 우리는 동성애 담론의 변화에서도 그 이유를 짐작해볼 수 있다. 19세기 중반에서 20세기 초반에 성은 과학화되고 의학화되었으며, 그 결과 동성애가 행위에서 인격으로 변화했다. 그에 따라 성기가 결부된 특정한 몸짓은 삽입이 이루어지지 않아도 성교에 포괄되기에 이르렀다. 물론 대부분의 성과학자들은 타고난 환자를 처벌할 수 없다면서 동성애의 비범죄화를 주장했다. 그러나 법원이 성과학의 질병론과 자연론을 수용하지 않을 경우 남는 것은 성과학에 의하여 확대된 성 개념뿐이다. 게다가 성과학자들은 대부분 법원에서 피의자를 감식하는 법의학자였다. 크라프트에빙이 그랬고 히르슈펠트도 그랬다. 동성애자를 치료하려던 크라프트에빙이나 동성애자를 해방시키려던 히르슈펠트 모두 자신의 의도와는 달리 동성애에 대한 체계적이고 인격적인 억압에 동참하였던 것이다.

과학·인도주의 위원회

이상의 논의에서 해방과 억압이 샴쌍둥이처럼 얽혀 있었다는 점이 분명해지는데, 이는 물론 역사가가 특정한 이론적 입장에 설 때 비로소 가시화되는 논리일 뿐 당사자들에게 인지되는 과정은 아니다. 동성애를 해방하려던 히르슈펠트와 과학·인도주의 위원회에게는 제국대법원이 문제였고, 법을 만드는 의회와 정부가 문제였다. 앞서 서술하였듯이 히르슈펠트는 1898년 1월에 제국의회를 설득하고자 했고 놀랍게도 아우구스트 베벨이 이에 호응했다. 그렇다면 과학·인도주의 위원회가 제국의회에 제출한 청원서에는 무슨 내용이 담겨 있었을까? 청원서는 우선 다음과 같이 법의 현실적 효과를 논했다. 175조는 동성애자를 교정하기는커녕 "고도의 재능을 가진 인물들을 치욕과 절망과 광기와 죽음"으로 몰아넣고 있다. 타인의 불행을 이용하여 물욕을 채우려는 자들이 175조를 무기로 하여 동성애자들에게 협박을 일삼고 있다. 일부 몰지각한 인사들은 175조가 폐지되면 동성애가 폭증할 것이라고 주장하지만, 프랑스, 이탈리아, 네덜란드 등에서 그런 일은 결코 나타나지 않았다.

청원서는 일반인들의 무지에 대해서도 통탄했다. 그들은 동성애자들이 항문성교와 구강성교에 고착되어 있다고 생각하지만 그것은 편견이다. 그런 성교는 동성애자들에게서 "비교적 드물며 정상적인 성교에서보다도 오히려 적다." 국민들은 "어쩔 수 없이," 즉 타고난 형질 때문에 "동성에게만 끌리는 사람들이 존재한다는 사실을 모른다." 그리고 동성애자가 "미성년자를 유혹한다는 것"도 사실이 아니다. 마지막으로 청원서는 동성애는 "제3자의 권리를 해치지 아니하며," 가끔 "공적인 물의가 일어나는 것은" 동성애 때문이 아니라 동성애자에 대한 경찰의 "수사" 때문이라고 주장했다.[10]

베벨은 제국의회 본회의 연설에서 처벌의 실태를 겨냥한 논변을 전개했다. "정통한 소식통에 따르자면," 경찰은 175조 위반 행위가 발생했다는 사실을 인지한 뒤에 해당 혐의자의 이름을 알게 되는 것이 아니라, "그들이 가지고 있는 명단에서 누가 그 행위를 하였는가를 확인합니다." 그 명단에 올라 있는 사람은 "너무나 많고, 최하층부터 최상층까지 모든 사회 계층에 뻗어 있어서," 만일 경찰이 행위자 모두를 검거한다면 "교도소를 두 개는 더 지어야 할 것입니다." 베벨은 국가가 175조 위반자 중에서 극소수만을 처벌하고 있으니만큼 그 법은 효용성과 타당성이 없다고 주장했던 것이다. 그리고 그는 덧붙였다. 경찰이 "의무를 다한다면," 파나마 스캔들과 드레퓌스 스캔들은 "어린애 장난에 불과할 정도의 스캔들"이 터질 것이다. 베벨은 남녀 동성애자 중에서 남성 동성애자만 처벌하는 것 역시 법의 형평성에 어긋나는 일이라고 주장하면서 위원회에서 이 문제를 논의하도록 하자고 제안하는 한편, 경찰에게 의회에 동성애자에 대한 자료를 제출하라고 촉구했다. 베벨은 과학·인도주의 위원회의 청원서에 이목을 집중시키려는 듯, 자신이 청원서 서명자 중의 한 명이라고 분명하게 밝혔다.

베벨의 발언에는 법리적인 차원 이외에 정치사회적인 차원이 개재되어 있었다. 그리고 이는 동성애에 대한 사민당의 입장 전체와 관련해서만 제대로 해석할 수 있다. 이에 대한 설명은 잠시 뒤로 미루고, 우선은 의회의 논의를 따라가보자. 베벨의 발언 직후 독일보수당 소속의 개신교 목사 마르틴 샬Martin Schall은, 일부 인사들이 동성애 행위의 비범죄화를 주장하는 청원서를 제국의회에 제출하고 사회 지도층이 그에 서명까지 한다는 것이 "어떻게 가능한지" 도저히 납득할 수 없으며, 베벨이 그 청원서에 서명했다는 사실에 "경악"을 금치 못한다고 발언했다. 그는 동성애는 사도 바울이 「로마서」 1장에서 "최악의 범죄들 중의 하나"로 규정한 것이며, 과거 이교도 집단들도 그 죄악 때문에 멸망했다고 열을 올렸다. 그는 그런 추악한 안건은 본회의에 어울리지 않으므로 위원회의 밀실에서 다루어야 한다고 주장하면서, 의회는 추후 "그 반자연적인 죄악과 범죄와 범법"을 그에 합당한 처벌로써 다스려야 한다고 강조했다. 베벨이 연설할 때 사민당 의원들이 "옳소, 옳소" 하며 화답했지만, 사민당을 제외한 모든 정당의 의원들은 마르틴 샬 편이었다.[11]

제국의회 청원위원회는 그 청원서를 제9위원회(소위 "하인츠법위원회")로 넘겼고, 위원회는 청원서를 검토했으나 개정 요구를 거부했다. 1898년 6월의 제국의회 선거 이후 새로운 의회가 구성되었고, 과학·인도주의 위원회는 다시 청원하였으나 제9위원회는 이듬해 2월에 다시 한 번 거부했고, 제국의회 본회의 역시 위원회의 결정을 수용했다. 똑같은 과정이 1900년 11월, 1904년 4월, 1907년 4월에 연이어 반복되었다. 더욱이 그동안 형법 문제와 관련하여 새로운 상황이 조성되었다. 독일법률가총회가 나라 안팎의 상황 변화를 고려하여, 프로이센의 1851년 형법전에 기초하고 있던 당시의 형법전 전체를 개정하라고 촉구했고, 법무부가 이를 받아들여 1902년 11월에 형법전 개정을 위한 전문가위원회를 설치한 것이다. 이때부터 바이마르공화국이 끝나는 1933년 1월까지 175조는 형법전 개혁 작업과 운명을 함께하게 된다. 전문가위원회는 1909년 4월에 보고서를 마무리했다. 법무부는 그 보고서를 검토할 위원회를 구성했는데, 검토 작업이 완료되면 법무부가 개정안을 최종적으로 확정하여 주정부들의 회의체인 제국상원으로 보내고, 그곳에서 논의가 끝나면 개정안이 제국의회 형법위원회를 거쳐 본회의에 상정되는 것이 순서였다.

그러나 전문가위원회가 활동하는 기간 동안 독일 정치 일반과 동성애 해방운동 모두에게 악재로 작용한 사건이 터졌다. 1902년 11월 독일사민당 기관지 『전진』이 이탈리아 신문에 게재된 사진을 근거로 독일제국 최대 기업가이자 황제 빌헬름 2세의 친구인 프리드리히 알프레드 크루프Friedrich Alfred Krupp가 지중해의 카프리 섬에서 이탈리아 청소년들과 동성 성교를 즐기고 있다고 주장했다. 베벨이 4년 전에 제국의회 본회의에서 제기했던, "175조 위반자의 일부만이 처벌되고 있다"는 주장의 실체가 드러나는 순간이었다. 『전진』은 검찰에게 "법적 조치를 취하라"고 촉구하면서 노동자만 처벌하고 상층은 건드리지 않는 175조는 폐지되어 마땅하다고 덧붙였지만, 사민당 기관지가 동성애를 애꿎게 계급투쟁에 이용하고 있었음은 분명했다. 크루프는 『전진』의 기대와는 달리 신문을 명예훼손으로 고소하지 않고 자살해버렸으며, 장례식에 나타난 빌헬름 황제는 크루프의 순결함을 믿는다면서 관 바로 뒤에서 장례 행렬을 이끌었다.

사태는 가라앉는 듯이 보였다. 그러나 1906년 11월, 연극배우이자 비평가 및 언론인으로 활동하던 하르덴Maximilian Harden이 자신의 정치 저널 『미래』에, 베를린 북쪽에 위치한 오일렌부르크Phillipp Fürst zu Eulenburg의 리벤베르크 성에 출입하는 빌헬름 2세의 측근들이 동성애로 얼룩져 있다고 주장했다. 그 기사는 1905~1906년의 제1차 모로코 위기에서 독일 외교가 프랑스에게 패배하였음에도 불구하고 독일 정부가 때로 프랑스에 대하여 유화적인 태도를 보이는 이유가, 빌헬름 황제가 동성애자라는 '연약하기 짝이 없는 음모꾼'들에 의해 휘둘리고 있기 때문이라는 주장을 함축했다. 오일렌부르크는 비스마르크Otto von Bismark의 실각에 막대한 역할을 했고 그 후에도 빌헬름 황제의 외교 정책에 상당한 영향력을 행사하던 인물이었는데, 하르덴은 그와 베를린 군사령관 폰 몰트케Kuno Graf von Moltke 중장이 "비밀스러운 부도덕성"으로 "반자연적인 범죄"를 저질렀다고 실명으로 비난했다.

리벤베르크 성에서 열리던 모임에 자주 참석하던 빌헬름 2세는 1907년 5월에 뒤늦게 사태를 인지했다. 황제는 자신의 무관함을 증명하기라도 하려는 듯, 몰트케를 해임하는 동시에 하르덴을 명예훼손으로 고소하라고 몰트케를 압박했다. 하르덴에게 결투를 신청하기도 했던 몰트케는 황제의 압력에 굴복하여 1907년 6월에 하르덴을 고소했다. 그러나 이는 하르덴이 기다리던 바였다. 스캔들에 히르슈펠트도 개입했다. 그는 1907년 10월에 열린 법정심리에 전문가 증인으로 출두하여 몰트케가 "심리적"으로 동성애자라는 진단을 내렸다. 그 덕분에 하르덴은 무죄 판결을 받았다. 그러나 2심은 다르게 전개되었다. 오일렌부르크가 증인으로 출두하여 그와 몰트케가 동성애 행위를 한 적이 없다고 증언한 것이다. 또 한 번 전문가 증인으로 출두한 히르슈펠트는 몰트케가 "잠재적인 동성애자"라고 발언했다. "심리적인 동성애자"와 "잠재적인 동성애자"가 동일한 뜻으로 비춰질지는 모르지만, 법원은 히르슈펠트가 말을 바꿨다고 판단했다. 그에 따라 하르덴은 유죄 판결을 받았다.

사태는 하르덴의 패배로 정리되지 않았다. 몰트케 재판에서 증인으로 나섰던 슈태델레Anton Staedele라는 인물이 하르덴이 오일렌부르크로부터 100만 마르크의 뇌물을 받고 침묵을 지켰다고 주장한 것이다. 하르덴은 즉각 그를 명예훼손으로 고소했다. 1908년 4월에 열린 재판에서 하르덴은 충격적이게도 목동과 도살업자를 증인으로 내세워서 20년 전에 그들이 오일렌부르크와 상호수음을 했노라고 증언하도록 했다. 그러자 이번에는 오일렌부르크가 위증죄로 기소되었다. 재판은 오일렌부르크의 건강상의 이유로 계속해서 연기되었고, 오일렌부르크는 끝내 법정에 서지 않았다.

그러나 그것이 전부가 아니었다. 하르덴과 몰트케의 1심 재판이 벌어지고 있던 1907년 가을, 아돌프 브란트가 움직인 것이다. 우리는 그를 기억한다. 브란트는 히르슈펠트가 과학·인도주의 위원회를 조직하기 1년 전인 1896년 세계 최초의 '공식' 동성애 저널인 『고유한 남자』를 창간한 사람이요, 1903년에 "고유한 남자들의 공동체"라는 동성애 운동 단체를 조직한 사람이고, 1906년에는 고유한 남자들의 공동체 회원들과 함께 과학·인도주의 위원회를 탈퇴한 사람이다. 브란트의 목표는 히르슈펠트와 다소 달랐다. 히르슈펠트는 175조 폐지를 목표로 삼았지만, 브란트는 그것을 넘어서 남성 동성애 문화를 독일 엘리트 사회에 확산시키고자 했다.

브란트는 히르슈펠트와 전술도 달랐다. 히르슈펠트가 과학적인 지식의 확산, 즉 계몽과 설득에 의존한 반면, 브란트는 '아웃팅' 전략, 즉 숨어 있는 엘리트 동성애자들을 강제로 커밍아웃시키려 했다. 당시 "시체 넘기"라고 불리던 그 전략은 과학·인도주의 위원회에서도 논의되었으나 거부된 바 있었다. 그리하여 브란트는 히르슈펠트와 무관하게 움직였다. 1899년 12월, 그는 제국의회 청원위원회에서 175조 폐지를 집요하게 반대하던 중앙당 소속 의원 리버Philipp Lieber를 개 채찍으로 두들겨 팼다. 브란트는 일거에 유명세를 얻었지만 그 퍼포먼스의 대가는 컸다. 그는 1년형을 선고받고 복역해야 했다. 브란트는 또한 1905년 초에 가톨릭중앙당 정치가로서 남창 청소년들을 돌보던 다스다흐Kaplan Dasdach가 동성애자라고 폭로했다가 두 달간 복역했는데, 그해 3월 말 감옥에서 나오자마자 출소 기념 집회를 열어 동성애 고위 공직자들의 이름을 줄줄이 거론했다. 그러자 경찰이 출동하여 집회를 해산시켰다.

거칠 것 없는 성격의 브란트는 하르덴과 몰트케가 1심 재판을 받고 있던 1907년 10월, 제국총리 뷜로프Bernhard von Bülow를 정조준했다. 여론은 하르덴의 뒤에서 오일렌부르크 스캔들을 조종한 인물이 뷜로프라고 의심하고 있었는데, 브란트는 뷜로프 자신이 남자 비서와 성관계를 맺었다고 폭로했다. 브란트가 명예훼손으로 기소되었을 때 법정에 증인으로 출두한 사람은 오일렌부르크와 히르슈펠트였다. 두 사람 모두 뷜로프의 동성애를 부인했다. 특히 히르슈펠트는 뷜로프가 동성애자라는 자료를 단 한 번도 본 일이 없다고 증언했다. 결국 브란트는 1년 6개월 징역형을 선고받았고, 도주 위험이 있다는 이유로 법정에서 구속 수감되었다. 감옥에서 브란트는 뷜로프에게 두 차례나 사과 편지를 썼고, 자신은 히르슈펠트로부터 자료를 받았을 뿐이라고 주장했다. 브란트는 1908년 11월, 징역살이 1년 만에 건강상의 이유로 석방되었다.

오일렌부르크와 몰트케가 동성애자였던 것은 분명한 사실이다. 오일렌부르크는 말할 나위도 없고, 몰트케의 아내는 1899년에 그와 이혼하고 다른 남자와 재혼했는데, 전남편이 오일렌부르크와 성관계를 가졌다고 말했다. 뷜로프가 동성애자였는지는 모호하다. 다만 분명한 사실은 하르덴을 직접 사주했는가와 무관하게 그가 오일렌부르크 스캔들로부터 정치적 이득을 꾀했다는 점이다. 오일렌부르크와 몰트케가 언론으로부터 집중 포화를 맞고 있는데도 뷜로프는 빌헬름 황제의 눈과 귀를 가렸고, 그렇게 두 사람의 정치적 생명을 끊어놓았다. 뷜로프는 그 이전부터 빌헬름 2세가 언제라도 자신을 해임하고 오일렌부르크를 총리에 임명할지 모른다고 전전긍긍하고 있었다. 그러나 뷜로프는 1909년에 베트만홀베크Theobald von Bethmann-Hollweg로 교체되고 만다.

스캔들의 여파는 컸다. 여론은 황제정이 동성애로 얼룩져 있다고 전보다 강하게 의심했고, 빌헬름 2세는 온건한 대외 정책에서 더욱 멀어졌다. 오락가락 말을 바꿨던 히르슈펠트의 명성은 땅에 떨어졌다. 언론으로부터 그는 "사이비 과학을 내세우는 사기꾼" "그의 과학적 방법은 방법이라기보다 광기" "인민에게 독을 푸는 인간" "우리의 진정한 오물 유대인" 등의 비난을 들어야 했다. 인간적으로도 그가 정치적으로 이미 실각한 몰트케에 대해서는 불리하게, 현직 총리인 뷜로프에 대해서는 유리하게 발언한 것도 주변인들을 분노케 했다.

그러나 더욱 심각한 문제는 히르슈펠트가 자신이 확보한 정보를 은밀하게 하르덴에게 넘겼을 뿐만 아니라, 법정에서 그 정보를 염두에 두고 증언을 했다는 사실이었다. 오일렌부르크는 과학·인도주의 위원회 회원이었고, 하르덴은 우리가 3장 첫머리에서 부딪친 바 있는 "프리드릭스하겐 그룹"의 일원이었다. 베벨이 제국의회 본회의 연설에서 언급한 "정통한 소식통"도 히르슈펠트였다. 사실 히르슈펠트는 베를린 경찰과 적극적인 협력 관계에 있었고, 경찰과 상당히 많은 정보를 공유했다. 따라서 과학·인도주의 위원회 회원들은 불안했다. 자신의 정보가 언제 어떻게 누설될지 어찌 알겠는가. 회원들이 썰물처럼 빠져나가 회원 수가 반토막이 났다. 1907년에 1만 7115마르크였던 후원금도 1909년에는 6038마르크로 감소했다. 그리고 브란트가 히르슈펠트의 법정 증언을 배신으로 받아들임에 따라 양자 간의 골이 더욱 깊어졌다.

동성애 해방운동의 내부만이 문제가 아니었다. 더욱 심각한 일은 동성애에 대한 여론이 크게 악화된 것이었다. 게다가 크루프 스캔들이 터진 1902년은 바로 법무부의 전문가위원회가 형법전 개정 작업에 착수한 해였고, 오일렌부르크 스캔들이 마무리된 1908년은 전문가위원회의 보고서가 완성되기 1년 전이었다. 따라서 전문가위원회의 보고서에 여론이 반영되지 않을 리 없었다. 1909년 4월 말에 법무부장관에게 제출된 보고서, 즉 새로운 형법전 초안 250조는 남성과 남성의 성교는 물론 여성과 여성의 성교 역시 처벌하도록 했고(1항), 직무상의 위계를 이용하여 동성애 행위를 강요한 자는 가중처벌하여 최대 5년 금고형을 선고할 수 있도록 했으며(2항), 남남매춘을 한 자에게도 동일 형량을 부과하도록 규정했다. 동성애 해방운동이 출범한 지 어언 12년, 법적 상황이 오히려 악화된 것이다. 이는 히르슈펠트와 과학·인도주의 위원회에게 쓰라린 패배였다. 게다가 전문가위원회는 초안에 대한 근거 설명에서 히르슈펠트의 주장을 정면으로 반박했다. 동성애가 타고난 형질이라는 이론은 사실이 아니라 가설일 뿐이다. 175조 때문에 협박 범죄가 횡행한다는 것은 거짓이다. 협박의 원인은 동성애에 대한 공적 논의의 과열과 동성애를 적대시하는 국민정서에서 찾아야 한다. 동성애의 비범죄화는 청(소)년들을 정상적인 성관계에서 떼어놓음으로써 생식을 위태롭게 하고, 그렇게 "민족의 신체Volkskörper"를 위협할 것이다.[12]

과학·인도주의 위원회는 화들짝 놀라서 초안에 대한 비판 작업에 돌입했다. 팸플릿을 발행하고, 모성보호협회와 같은 여성운동 단체와 연대했으며, 진보적인 법률가들과 협력했고, 대안 법률을 마련했다. 가중처벌은 형량을 낮춘 상태로 새로이 도입하되, 여자와 여자는 물론 남자와 남자의 "단순 동성 성교"는 비범죄화하라는 것이었다. 1911년 법무부는 형법전 초안을 검토할 위원회를 구성했고, 1913년 9월 말에 검토위원회의 최종안을 접수했다. 여성 동성애자 처벌 조항은 삭제되었다. 그러나 단순 남성 동성애에 대한 처벌 조항과 가중처벌 조항은 유지되었다. 그리고 가중처벌을 받게 되는 파트너 청소년의 연령이 기존의 14세로부터 18세로 상향 조정되었다. 이제 제국상원이 검토할 차례였다. 그러나 그 순간 독일은 제1차 세계대전으로 미끄러져 들어갔다. 법안에 대한 논의는 포기되었고, 과학·인도주의 위원회 역시 애국주의로 전환했다.

공화국과 동성애 해방

전쟁이 시작되었지만 독일 정부는 전쟁에 모든 것을 걸지는 않았던 것 같다. 그 당시 대부분의 유럽인들처럼 그들 역시 단기전을 예상하여 법안 검토 작업을 다만 미루어두었을 것이다. 그러나 전쟁이 장기화되어서인지 1918년 봄 법무부는 1913년 개정안을 다듬을 "소위원회"를 구성했다. 그러나 위원회의 활동이 한창이던 1918년 11월 초, 독일에서 혁명이 발생했다. 폭풍 같은 나날이었다. 11월 3일 킬 해군 병사들의 출정 거부로 시작된 혁명은 순식간에 독일 전역으로 번졌고, 11월 9일 사민당 총재 에버트Friedrich Ebert와 샤이데만Philipp Scheidemann이 공화국을 선포했다. 황제정이 몰락한 것이다. 다음 날 에버트는 전쟁채권에 대한 입장 차이로 전쟁 중에 사민당에서 분리되어 나간 독립사민당과 함께 "인민대표자평의회," 즉 임시정부를 구성하고, 그다음 날 휴전조약에 서명했다. 12월 하순 베를린에서 열린 "노동자병사평의회" 총회는 새 정부와 그 조치들을 승인했고, 1919년 1월 1일 베를린에서 독일공산당이 창당되었으며, 그들 중 일부가 1월 5일부터 1월 12일까지 베를린에서 소위 "스파르타쿠스단의 봉기"를 일으켰다가 무참하게 진압당했다. 1919년 1월 19일에는 새 헌법을 마련할 국민의회 선거가 실시되었고, 2월 11일에 튀링겐의 바이마르에서 개회한 국민의회는 에버트를 바이마르공화국 초대 대통령으로 선출했으며, 이틀 뒤에 사민당과 가톨릭중앙당과 민주당이 연립하여 초대 내각을 구성했다.

히르슈펠트는 혁명을 열렬히 환영했다. 그는 "독일 공화국의 태양이 떠올랐으며, 사회주의의 여명이 비추고 있다"며 시적인 언어로 바이마르공화국을 찬양했다. 전쟁 중에 "새로운 조국을 위한 동맹Bund Neues

Vaterland"이라는 온건한 평화주의 단체에 가담했던 히르슈펠트는 공화국이 선포되고 하루 지난 1918년 11월 10일 제국의회 건물 앞 광장에서 연설을 했다. 인근에서 전투가 벌어진 탓에 총알이 머리 위로 날아가는 가운데 그는 외쳤다. "진정한 민주적 구조를 갖춘 진정한 인민의 국가 외에도 우리는 사회적인 공화국을 요구합니다. 사회주의는 연대, 공동체, 상호주의, 인민의 통일된 신체로의 사회의 발전을 의미합니다. 한 사람은 만인을 위해, 만인은 한 사람을 위해!" 그는 인민 내부의 경제적, 사적 교류를 막는 장애물을 제거하라고 요구하면서, 국가에 대한 관계에서도 인민은 자결권을 행사할 수 있어야 한다고 주장했다. 그리고 그는 인종주의와 민족주의적 쇼비니즘을 성토하면서 인민법원과 세계의회를 설립하라고 목소리를 높였다. "앞으로의 구호는 '세계의 프롤레타리아트여 단결하라'가 아니라 '세계의 인민이여 단결하라!'입니다. 이미 세상을 떠나 오늘을 경험할 수 없게 된 사회민주주의의 위대한 선구자들을 눈앞에 그려봅시다. 페르디난트 라살레Ferdinand Lassalle, 카를 마르크스Karl Marx와 프리드리히 엥겔스Friedrich Engels, 아우구스트 베벨, 빌헬름 리프크네히트Wilhelm Liebknecht. …… 우리의 프랑스인 친구 조레스Jean Léon Jaurès. …… 여러분! 새로운 공화국 정부를 믿읍시다. 침착하고 질서를 유지합시다. 그러면 우리는 곧 인간이 존엄해지는 삶을 다시 한 번 영위할 수 있을 겁니다."

1919년 1월, 국민의회 선거가 닥쳐오자 히르슈펠트는 수차례에 걸쳐서 사민당 후보들을 위한 선거 유세에 나섰다. 그는 또한 1919년에 간행한 팸플릿 『보건 국유화』에서도 국가가 의료와 예방, 건강을 위한 휴가 일체를 국민에게 무료로 제공해야 한다고 주장하면서, 내친김에 법무서비스도 국유화하라고 요구했다. 그 말이 진심이었는지, 그리고 그가 진정 사회주의자였는지는 논하지 않기로 한다. 우리가 갈 길은 멀고 사회주의 문제는 이론만이 아니라 행동으로서 판정해야 할 터인데, 그가 정치적으로 움직인 때는 혁명 발발부터 1919년 1월 국민의회 선거일까지 뿐이다. 물론 그는 사민당 당원이었다. 그는 대학 시절 베벨의 『사회주의와 여성』을 읽고 감동하여 사민당에 입당했다. 그리고 1920년대 중반까지 그가 주로 접한 사민당 인사들은 언제나 사민당 지도부였다. 굳이 분류하자면, 그는 사민당 우파에 속했다고 할 것이다.[13]

혁명의 순간에도 히르슈펠트의 진정한 관심은 동성애 해방이었다. 그는 에버트가 대통령에 당선되자마자 축전을 보내면서 175조 폐지를 요청했다. 에버트는 답했다. "당선을 축하해주셔서 진심으로 감사합니다. …… 새로운 독일이 더욱 건전하고 항구적인 기반 위에 바로 서기 위해서는 형법의 근대적 개혁이 반드시 필요합니다. 정부는 정치 상황이 안정되는 대로 곧장 개혁 작업에 착수할 겁니다." 에버트의 입장은 형법전 개혁의 일환으로 175조를 폐지하려 하며 곧 그렇게 되리라는 것이었는데, 이는 히르슈펠트의 요청을 받은 모든 혁명 권력의 입장이었다. 히르슈펠트는 1919년 초에 제국 정부, 프로이센 정부, 베를린 노동자병사평의회에게 청원서를 보내, 우선 175조로 유죄 판결을 받은 사람들을 일괄 사면하고 이어서 성 관련 비상법을 제정하라고 요청했다. 법무장관 란츠부르크Otto Landsburg는 히르슈펠트를 다독이면서 총괄적인 형법전 개혁이 곧 있을 것이라고 답했다.

그러나 어떤 형법전 개혁이었던가? 정부는 1918년 봄에 구성된 소위원회가 1919년 11월 말에 제출한 개정안을 개혁안으로 제시했다. 놀랍게도 그 개혁안은 1913년의 개정안과 대단히 유사했다. 175조와 관련해서는 심지어 똑같았다. 단순 남성 동성애는 처벌하고, 직무상 지위를 이용한 자와 미성년자와 성교를 시도하거나 실행한 자는 가중처벌하며, 남남매춘 역시 가중처벌한다는 것이었다. 다시 말해서 제2제정의 개정안이 고스란히 수용되었던 것이다. 개정안에 첨부된 근거 설명도 과거의 반복이었다. 동성애 처벌은 "국민정서"가 요구하는 것이고, 동성애자 중에는 선천적 동성애자도 존재하지만 그것은 예외이며, 즉 유혹과 타락이 동성애의 원인이며, 청소년의 성은 국가가 각별히 보호해야 하고, 남남매춘은 "공공 안전"에 대한 중대한 위험 요소라는 것이다.

도대체 혁명은 무엇을 위한 것이고, 바이마르공화국은 또한 무엇이란 말인가? 우리는 여기서 바이마르공화국의 근본적인 성격에 대하여 질문할 수 있다. 공화국은 혁명의 자식이었지만, 그 혁명은 사회혁명이 아니었다. 공화국은 권위주의적 법치국가였던 제2제정을 형식 민주주의로 견인하고, 사회적 성격을 보강한 체제였다. 그리고 그 내용은 타협이었다. 나라의 3분의 2를 차지하던 프로이센은 해체되지 않았고, 제2제정의 군부는 숙청되지 않았으며, 프로이센을 제외하면 고위 공무원들역시 자리를 보존했고, 대기업의 소유 구조는 온존되었다. 그 대신 군부는 공화국에 대한 봉기를 진압했고, 관료들은 의회주의 정부의 입법을 뒷받침했으며, 대기업은 노동조합을 인정했다. 뒤집어 말하자면, 사민당은 프로이센 정부를 공화국 내내 장악하고 중앙정부 구성에 여섯번 참여했으며, 사민당 당원들은 선출직 공직에 진출했고, 기업 내에 설치된 노동자위원회는 기업의 회계장부를 열람할 수 있었다. 그러나 그 타협 체제는 거대 사회 세력 간의 담합 체제corporatism가 아니었을까? 소수자들은 무엇을 얻었던 말인가? 추후 다시 논의하겠지만, 바이마르공화국은 담합 체제로만 끝나지는 않았다. 바이마르 민주주의는 형식적인 권리를 넘어서는 체제요 운동이요 분위기였다. 그러나 형식적 권리가 중요하다는 것은 말할 필요조차 없다.

1919년 11월의 개정안에 대하여 알게 된 동성애 해방운동은 패닉에 빠졌다. 오죽했던지 히르슈펠트와 브란트가 화해했고, 과학·인도주의 위원회와 고유한 남자들의 공동체는 1920년 8월 말 공동으로 "행동위원회"를 구성했다. 그들은 항의 집회를 열고 성 관련 국제회의에서 독일 형법전 개정안을 비판했다. 그리고 1922년 3월 15일에는 무려 6000명의 서명이 담긴 청원서를 또 한 번 제국의회 청원위원회에 제출했다. 그러나 바이마르공화국이 얼마나 불안정한 체제였던지 1920년 6월의 제국의회 선거로 구성되어 1919년의 개정안을 밀어붙이던 페렌바흐Constantin Fehrenbach 내각이 1921년 5월 붕괴되었다. 새로 구성된 비르트Joseph Wirth 정부에는 사민당이 참여했고, 법무장관 자리는 사민당 소속의 라트브루흐Gustav Radbruch에게 돌아갔다. 해방운동은 환호했다. 라트브루흐가 175조 폐지 청원서 서명자였기 때문이다. 행동위원회는 곧장 그를 찾아갔고, 장관은 1922년 가을에 이루어질 형법 개혁에 대한 정부의 논의에 히르슈펠트를 전문가 위원으로 참여시키겠노라고 약속했다.

라트브루흐는 히르슈펠트를 참여시키지 않았다. 그러나 그가 주도하여 1922년 가을에 완성된 개정안은 단순 남성 동성애에 대한 처벌 조항을 삭제했다. 동성애가 비범죄화된 것이다. 다만 직무상의 지위를 이용하거나, 청소년을 추행하거나, 남남매춘을 한 자는 강경하게 처벌한다는 조항은 유지되었다. 그 밖에도 라트브루흐는 사형제를 폐지하는 등 형법을 한결 자유화했다. 그러나 바이마르공화국은 역시 바이마르공화국이었다. 1922년 11월 사민당이 배제된 보수적인 쿠노Wilhelm Cuno 정부가 들어서면서 라트브루흐의 개정안은 유보되었다. 시계추는 1923년

8월 슈트레제만Gustav Stresemann 총리 휘하에 라트브루흐가 참여하면서 다시 한 번 해방운동에 유리하게 기울었다가, 1924년 5월에 보수적인 방향으로 되돌아갔다. 사실 쿠노 정부와 스트레제만 정부는 1달러에 4.2마르크이던 화폐가치가 1달러에 4조 2000만 마르크로 추락한 전대미문의 초인플레이션 및 배상금 문제와 싸우느라 형법전과 씨름할 여유가 없었다. 인플레이션이 극복되고 등장한 내각들에게는 여유가 있었으나, 그때부터 1928년 6월까지 중앙정부는 언제나 사민당이 배제된 채 구성되었고, 법무장관 자리는 동성애 해방에 지극히 적대적이던 가톨릭중앙당 혹은 민족인민당에게 돌아갔다.

중앙정부는 1924년 11월에 형법전 개정안을 확정지어 제국상원에 송부했다. 정부가 발의한 법안은 여전히 주정부들의 회의체인 제국상원을 경유해야 했기 때문이었다. 그러나 정부의 개정안은 1919년의 개정안으로 되돌아가 있었다. 심지어 가중처벌을 강화하여 최대 5년 금고형이 아니라 5년 징역형으로 처벌하도록 했다. 제국상원 통합위원회는 1926년 1월부터 1927년 5월까지 정부의 개정안에 대하여 두 번의 독회를 가졌다. 제1독회에서 단순 남성 동성애의 비범죄화를 주장한 주는 함부르크와 작센-안할트뿐이었다. 반대파를 이끈 주는 바이에른이었다. 바이에른은 여성 동성애도 처벌하자고 주장하였는데, 그들이 사용한 용어도 남달랐다. 소도미라는 단어를 법문에 삽입하자고 주장한 것이다. 그럴 경우 처벌의 대상이 크게 확대되리라는 것은 불문가지였다. 제1독회 결의안은 그 개념을 사용하지는 않았지만, 가중처벌의 형량을 두 배로 늘려 징역 10년으로 정했다. 1927년 3월에 열린 제2독회에서도 함부르크, 작센-안할트, 뤼베크만이 비범죄화를 주장했고, 바이에른이 그 대극에 섰으며, 사민당이 이끌고 있던 프로이센은 제국의회에서 결정하도록 하

자면서 발언을 삼갔다. 개정안의 내용은 제1독회와 동일했다. 제국상원
은 1927년 5월 중순에 통합위원회의 개정안을 수용했고, 역사상 가장
강력한 처벌 조항을 담은 그 법안을 제국의회로 송부했다.

제국의회는 1927년 6월 21일과 22일 이틀 동안 제국상원의 형법개
정안을 논의했다. 동성애 처벌 조항에 대하여 공산당은 "가장 반동적
인 처벌 규정의 귀환"이라고 성토했고, 나치당 의원 프리크Wilhelm Frick
는 "독일 민족의 몰락"을 야기할 그 "죄악"을 "가장 강력하게" 처벌하
자고 주장했다. 그 회의에서 제국의회는 독일인민당 소속의 빌헬름 칼
Wilhlem Kahl을 위원장으로 하는 형법위원회를 구성했고, 위원회는
1927년 7월 6일부터 이듬해 3월 2일까지 무려 62차례나 회의를 열어
형법개정안을 검토했다. 그러나 동성애 조항이 검토되지 않은 상태였던
1928년 3월 31일에 제국의회가 해산되고 새로운 선거가 예고되었다. 형
법 개혁 논의가 다음 회기로 또다시 이월된 것이다.

해방운동이 의회의 결정을 손 놓고 기다리지 않았음은 물론이다. 중
앙정부의 개정안이 제국상원으로 송부된 직후인 1925년 초, 과학·인
도주의 위원회는 여섯 개의 다른 단체들과 함께 "성 관련 형법 개혁을
위한 카르텔"을 결성했다. 1923년 4월 말에 이미 행동위원회를 탈퇴한
브란트의 고유한 남자들의 공동체는 불참했지만, 모성보호협회, 혼인
법개혁연맹, 성개혁협회, 성병퇴치협회 등이 참여했다. 이는 카르텔의
활동을 동성애 문제로 국한시키지 않고 낙태 합법화, 매춘 합법화, 이
혼 자유화 등 성과 관련된 모든 문제를 통합적으로 다루려 했기 때문이
었다.

활동의 목표는 구체적이었다. 제국상원이 제국의회에 보낸 개정안에
대한 대안 법안, 즉 구체적인 대안 조항을 작성하는 것이었다. 작성위원

회는 히르슈펠트와 모성보호협회 의장 헬레네 슈퇴커Helene Stöcker 등 9명으로 구성되었지만, 실질적인 작성자는 쿠르트 힐러Kurt Hiller, 펠릭스 할레Felix Halle, 리하르트 린제르트Richard Linsert였다. 힐러는 법학박사이자 초현실주의 문필가들 사이에서 명성이 높은 정치평론가였는데, 1908년에 과학·인도주의 위원회에 합류한 이후 성 문제에 대하여 가장 예리한 논평을 내놓았던 사람이다. 1923년에 과학·인도주의 위원회에 합류한 할레는 독일공산당 중앙위원회 산하 법률위원회 위원장이었고, 린제르트 역시 공산당 중앙위원회 위원이었다. 공산당 지도부가 동성애 해방에 깊이 연루되었던 것이다.

"성 관련 형법 개혁을 위한 카르텔"은 1927년 5월 말에 총 81쪽에 달하는『공식 독일 형법전 개정안 속에 있는 성행위 및 성생활과 관련된 행위에 대한 처벌 규정(17조, 18조, 21조, 22조, 23조)에 대한 대안』을 발간했다. 예컨대 낙태를 행하였거나 시도한 여성과 의사를 처벌하도록 한 조항에 대하여『대안』은 임산부의 동의 없이 낙태를 한 의사만 처벌하도록 했다. 미성년 연령에서도 법안이 소녀의 경우 기존의 14세를 유지하면서 남성 동성애의 대상이 되는 소년의 보호연령을 14세로부터 18세로 조정한 것도 원상태로 되돌리도록 했다. 법안이 동성애 행위에 대한 최저 형량을 기존의 하루에서 일주일로 늘린 것도 비판했다. 그 외에『대안』은 간통죄를 없애고 매춘에 대한 처벌도 없애는 대신 매춘업자만 처벌하자고 주장했다. 수간 처벌 조항도 없앴고, 남성 동성애 처벌 조항도 삭제했다. 다만 폭력을 사용하거나 미성년자와 동성 성교를 행한 자, 그리고 공적인 물의를 일으킨 자는 처벌한다는 조항은 유지했다.

카르텔의『대안』은 여론과 정당 모두에서 전혀 논의되지 않았다. 해방운동은 좌절했고, 과학·인도주의 위원회의 일부 핵심 인사들은 공산당으로 기울었다. 그러나 정치의 장이 다시 한 번 변했다. 1928년 5월 20일 제국의회 선거에서 좌파 정당이 약진한 것이다. 사민당은 1924년 12월 선거에 비하여 3.8퍼센트 포인트 증가한 29.8퍼센트를 득표함으로써 1919년 1월 국민의회 선거 이래 최대의 성과를 거두었다. 공산당의 득표율 역시 1.7퍼센트 포인트 증가한 10.6퍼센트를 기록했다. 그와 달리 우파 정당들인 민족인민당과 인민당의 득표율은 다소 하락했고, 가톨릭중앙당과 민주당 역시 마찬가지였다. 득표율이 그렇게 변화하자 공산당과 민족인민당을 배제하는 한, 대연립내각만이 가능했다. 그리하여 사민당, 민주당, 가톨릭중앙당, 인민당, 바이에른인민당으로 구성된 뮐러 내각이 1928년 6월 말에 출범했다. 제국의회는 형법위원회를 구성하고 그 이전 회기에 이루어진 법안 검토 작업을 계속하도록 했다.

형법위원회는 공산당, 사민당, 민주당, 인민당, 경제당, 가톨릭중앙당, 민족인민당 소속 의원 28명으로 구성되었다. 위원장은 부르주아 정당인 인민당 소속이면서도 성 관련 형법에 대해서만큼은 개방적인 태도를 견지해온 빌헬름 칼이었다. 위원회는 1929년 10월 8일부터 성 관련 형법을 논의했고, 회의에서 사민당 의원 로젠펠트Kurt Rosenfeld와 모제스Julius Moses, 공산당 소속의 에베르트Arthur Ewert가 빌헬름 칼의 지원 속에서 단순 남성 동성애의 비범죄화를 주장했다. 10월 16일 형법위원회는 15 대 13으로 21세를 넘긴 남성들 간의 동성 성교는 비범죄화시키되, 직무상의 위계를 이용하거나 남남매춘을 한 자를 최대 5년간의 금고형으로 처벌할 수 있도록 했다. 형법전이 제국의회 본회의를 통과하면 프랑스보다 약 40년 늦게나마 동성애는 형법상의 추적을 걱정하지 않아도 될 것이었다.

그러나 그 순간 정치경제적 지각변동이 독일을 강타했다. 1929년 가을에 대공황이 내습했고, 1930년 3월 말 뮐러 내각이 붕괴하고 대통령의 권위와 권력에 의존하는 브뤼닝Heinrich Brüning 내각이 등장했다. 가톨릭중앙당 소속이었던 브뤼닝은 1930년 7월 중순 제국의회를 해산했고, 9월 14일 치러진 선거에서 나치당이 원내 제2정당으로 급부상했다. 그동안 그 어느 유력 정치가도 형법 개혁에 대해 말하지 않았다. 그러기에는 논의해야 할 재정, 경제, 사회복지 등의 현안이 너무나 많았다. 결국 형법 개혁은 실종되고 말았다. 동성애 해방은 끝내 불발했다. 히르슈펠트는 1929년 11월 24일 과학·인도주의 위원회 의장직에서 물러났고, 1년 뒤 세계 여행길에 올라 다시는 독일로 돌아오지 않았다. 히르슈펠트와 결별한 과학·인도주의 위원회는 거처인 성과학연구소 건물에서 나가야 했고, 활동을 재개하려 했으나 탈진한 상태였다. 해방운동은 이미 죽어버렸고, 1933년 봄 나치로부터 사망증서를 받아들게 된다.[14]

　해방운동은 왜 실패했던 것일까? 물론 정치 때문이다. 175조 폐지를 시종일관 주장한 정당은 사민당과 공산당뿐이었다. 그리고 두 당의 득표율을 합해도 언제나 과반수에 못 미치는 데다가, 두 당은 공화국 내내 견원지간이었다. 그러나 그뿐이었을까? 사민당에게는 우익 정당들을 설득하거나 압박할 능력이 있었다. 단적으로, 그렇지 않았더라면 제국의회는 1927년 7월에 실업보험법을 통과시킬 수 없었을 것이다. 사민당은 언제나 동성애 해방을 일괄적인 형법 개혁의 일부로 다루겠노라고 다독였지만, 여타의 주요 사안은 얼마든지 개별 입법으로 처리했다. 따라서 사민당의 입장은 동성애 해방에 대하여 관심이 적었던 탓으로 해석할 수 있다. 그러나 다른 한편으로 성은 바이마르공화국에서 격렬한 논쟁과 관심의 대상이었다. 1920년의 영화법도 성을 규제하는 내용을 담았고, 1926년 12월의 "청소년을 보호하기 위한 음란물 유통에 관한 법"은 더욱 그러했으며, 매춘을 합법화한 1927년의 법도 마찬가지였다. 따라서 동성애 해방에 대한 관심 부족은 부분적인 원인일 뿐 전체를 설명해주지 못한다. 그렇다면 답을 어디서 찾아야 할까? 우리는 담론에서 찾기로 한다. 정부와 정당들, 특히 관건을 쥐고 있던 사민당, 그리고 동성애 해방에 가장 적극적이었던 공산당은 어떤 성 담론에 의존하고 있었을까?

우선 점검해야 할 사항은 해방운동이 의지하던 담론이다. 해방운동의 가장 중요한 문건은 과학·인도주의 위원회가 제국의회에 1898년 1월에 제출한 청원서다. 해방운동은 그 후에도 반복해서 청원서를 제출했는데 그 내용은 최초의 청원서와 동일했다. 앞서 우리는 청원서의 내용을 일별했지만, 그들이 제시한 근거만을 열거했을 뿐 담론 차원의 분석은 의도적으로 삼갔었다. 청원서는 175조 옹호론자들이 내세우던 "법"과 "윤리"와 "국민정서"에 대하여 "자연"과 "과학적 인식"을 맞세웠다. 그리고 "지난 20여 년간의 과학 연구"는 동성애가 인간의 "내부에 깊게 뿌리박은 형질"의 결과이며, 따라서 "윤리적 책임"을 물을 수 없다는 "사실"을 증명했다고 강조했다. 청원서는 또한 옹호론자들은 국민들이 처벌을 원한다고 하지만, 국민들은 "타고난 형질 때문"에 동성애 행위를 할 수밖에 없는 사람들이 존재한다는 "사실"을 모른다고 반박했다. 동성애자들이 삽입성교와 구강성교를 즐기며 청소년을 유혹한다는 세간의 평가에 대해서도 청원서는 그렇지 않다는 '사실'을 내세웠다.[15]

우리는 즉각 청원서가 히르슈펠트의 성 이론에 입각하였다는 점을 알 수 있다. 그러나 조금만 주의해 보면, 히르슈펠트 이론의 핵심 요소 두 가지가 배제되었음을 알 수 있다. 우선은 남자 동성애자가 남녀 혼합이라는 주장이 청원서에 없고, 동성애자는 무수히 다양한 성 유형 중의 하나에 불과하다는 주장 또한 부재한다. 청원서는 거두절미하고 동성애는 타고난 형질이라는 주장만을 슬로건으로 내세운 것이다. 또한 흥미로운 사실은 청원서에 "환희"와 "인권," 즉 히르슈펠트 성 개념장의 핵심 요소가 탈각되어 있다는 점이다. 청원서가 인권 문제를 전적으로 도외시했던 것은 아니다. 청원서에는 서명자들이 "진리, 정의, 휴머니즘"에 "헌신하고 있다"고 적시되어 있었다. 그러나 청원서에서 인권 문제는 명백히 후 순위였다.

여기서 우리는 정치와 사회에 대하여 공적으로 발언할 때 발화되는 언설은 사상 및 이론을 전개할 때와는 전혀 다른 개념장에 입각할 수도 있다는 점을 알 수 있다. 청원서가 입법자, 판사, 국민에게 175조를 폐지해야 하는 최종 근거로 제시한 것은 과학과 사실, 한마디로 말해서 "자연"이었다. 그러나 자연은 누구의 개념장에 나타났던가? 바로 크라프트에빙의 성 개념장의 속성의 장에서 "자연충동"이란 명칭으로 자리 잡고 있었다. 히르슈펠트의 성 이론도 생물학에서 출발했다. 그는 시종일관 동성애가 타고나는 것이라고 주장했다. 그러나 그에게 생물학은 인권과 환희라는 인간학적, 문화적 가치와 분리 불가능하게 결합되어 있었다. 그러한 성 개념에서 인권과 환희가 삭제되면, 남는 것은 자연, 즉 크라프트에빙의 성 개념뿐이다. 다시 말해서 히르슈펠트와 해방운동은 정치의 장에 진입하는 순간 아나키즘적인 자신의 개념장을 버렸던 것인데, 그러자 남은 것은 부르주아적인 크라프트에빙의 개념장이었던 것이다. 물론 그 배신은 변절이 아닐 것이다. 그것은 부르주아적인 담론이 그만큼 강했다는 증거일 것이다. 우리는 앞서 계몽주의와 프랑스혁명에서 동성애의 비범죄화가 주창되고 현실화될 때 그 근거로 제시된 것이 개인의 사생활과 도덕에 국가가 개입하면 안 된다는 것이었음을 지적한 바 있다. 그 명제는 국가에 앞서 사적인 인간이 있으며, 국가의 존립 이유는 그 사적인 인간을 보호하는 데 있다는 것으로 풀이할 수 있다. 히르슈펠트를 비롯한 동성애 해방운동은 이를 잘 알고 있었다. 히르슈펠트의 개념장에 인권이 등장하는 것은 바로 그 때문이었을 것이다. 그럼에도 불구하고 청원서에서 인권은 후 순위로 밀려나고 자연이 제창되었다.

권리의 문제는 카르텔의 1927년 『대안』, 즉 바이마르공화국에 들어와서 동성애 해방운동이 내놓은 가장 중요한 문건에서 본격적으로 등장한다. 이는 그 문건 작성자가 쿠르트 힐러, 펠릭스 할레, 리하르트 린제르트였기에, 즉 히르슈펠트와는 다른 생각을 갖고 있던 사람들이 참여했기에 나타난 현상으로 보이는데, 『대안』은 서언에서 그 목적이 "개인과 동시에 사회를 보호"하는 법조문을 제안하는 데 있다고 선언했다. 총론에서도 법이 보호해야 할 것은 "인간의 자결권과 건강"이라고 분명하게 적시했다. 『대안』은 무엇을 상대로 싸워야 하는지도 명료하게 의식하고 있었다. 인간의 자결권을 주창한 바로 그 대목에서 "국민의 윤리의식" "국민정서" "국민의 법 의식" 등은 "진정한 논거가 부재하기에 제시된 허언"이라고 지적한 것이다.

그렇다면 『대안』은 어떤 논거를 제시했을까? 뜻밖에도 과학, 즉 자연이었다. 대안은 정부의 개정안이 내세우던 "정신 활동의 병리적 교란"은 잘못된 조어라고 비판하면서 "정신 활동"이 애초에 있고 그것이 교란되어 성도착이 발생하는 것이 아니라, "생물학적으로 훼손된 정신 활동이 교란으로 표출되는 것"이라고 주장했다. 다시 말해서 도착은 충동이 그 자체로 병리적일 때 나타난다고 주장한 것이다. 그처럼 『대안』에는 권리와 자연이 병존하고 있었다. 그러나 그 두 가지 중에 전면에 위치한 것은 권리가 아니라 자연과 과학이었다. 이는 동성애에 대한 논변에서 특히 그랬다. 『대안』은 법무부 관리들이 동성애가 "인격, 즉 형질적으로 영혼에 깊이 뿌리박은 특징"이라는 사실을 아직도 모르냐고 혀를 찼고, "동성애가 죄악이고 나쁜 버릇이기 때문에 선한 의지만 있으면 극복할 수 있다는 낡은 이론을 믿느냐"고 꾸짖었다. "동성애는 자연의 활동"이라는 선언, "형질을 일탈로 칭하는 것"은 언어도단이라는 비판, "동성애에 대하여 어떻게 전통적인 독일식 관점이 자연보다 잘 알 수 있겠냐"는 꾸짖음에 앞서 인권이 발화되지 않았기에 그들의 주장 역시 크라프트에빙의 개념장 속으로 미끄러져 들어가버렸다.[16]

그렇다면 175조의 유지를 주장하던 보수적인 언설의 개념장은 무엇이었을까? 해방운동이 언제나 비슷한 주장을 내놓았던 것처럼, 보수 진영 역시 판에 박힌 주장을 계속해서 반복했다. 그래서 우리는 그들이 개진한 논거의 추이를 추적하지 말고, 1929년 10월 제국의회 형법개혁 위원회에서 벌어진 논의만을 살펴보기로 한다. 처벌론자의 대표자는 언제나 민족인민당의 슈트라트만Hermann Strathmann이었다. 개신교 신학 교수 출신의 정치가인 그는 뜻밖에도 히르슈펠트의 주장에 대하여 의견을 표명했다. 1929년 10월 16일의 형법위원회 회의에서 그는 동성애는 "나쁜 형질의 누적과 특발성 탈종"에서 비롯된 것, 즉 형질이 선행한 상태에서 외적인 환경이 개입되어 나타나는 것이라고 주장했다. 생득설과 획득설을 교묘하게 섞은 것인데, 그는 이어서 청소년이 동성애자에게 유혹당하는 것이 심각한 문제라고 주장했다. 결국 그는 생득 동성애자와 획득 동성애자가 모두 존재한다는 입장을 피력한 것이다.

슈트라트만이 의회 토론에서 성과학의 논의를 끌어들인 것은 이례적인 일이 아니었다. 의회를 포함하여 동성애에 대한 공적 논의는 성과학의 주장과 진지하게 대면하고 있었다. 모든 논의에서 동성애가 생득인지 획득인지, 형질인지 유혹인지, 정상인지 질병인지에 대한 의견이 제시되었다. 물론 처벌론자들은 획득설로 기울었다. 1929년 10월 16일의 회의에서 슈트라트만에 이어 발제자로 나선 가톨릭중앙당의 셰터Rudolf Schetter가 대표적이었다. 그는 동성애가 타고나는 것이 아니라 유혹과 이성애의 과잉에서 비롯된다고 주장했다. 그 회의에 참석한 법무장관 게라르트Theodor von Guérard는 대부분의 성과학자들은 동성애가 치유될 수 있다고 주장한다고 발언함으로써 셰터의 입장을 뒷받침했다. 그리고 형법위원회 논의의 출발점이 되었던 1924년의 정부 형법개정안 역시 동성애는 대부분 "유혹"과 "과잉"과 동성애 해방운동의 "선동" 때문에 발생한다고 주장했다.

원인론이 개진되었던 이유는 원인론과 처벌 문제가 긴밀히 연관되기 때문이었다. 그러나 의원들의 논의에서 더욱 중요했던 것은 법리적인 물음, 즉 과연 동성애가 타인의 "법적 재산Rechtsgüter"을 침해하느냐는 것이었다. 폐지론자들의 입장이야 분명했다. 동성애는 제3자 그 누구도 해치지 않는다는 것이었다. 이 지당한 주장에 대하여 처벌론자들은 "국민" "사회" "국가"를 내세웠다. 슈트라트만은 동성애자는 청소년을 유혹하게 마련이며, 따라서 "사회에 위협"이 된다고 주장했다. 셰터는 동성애를 "국민의 복리에 암적인 해악"으로 간주했다. 슈트라트만은 문제의 본질을 정확하게 적시했다. "성은 사적인 문제가 아니다. 공동체의 지속이 바로 성에 달려 있기 때문이다." 1924년 정부 형법개정안도 동일한 논점을 제시했었다. 동성애의 비범죄화는 "국민생활"의 "건강과 순수성"을 위협한다는 것이었다. 동성애는 "일탈"이기에, "성격을 파탄"시키고 "윤리적 감성을 파괴"한다. 그 최종적 결과는 "민족의 탈종"이며,

"민족의 힘의 부패"다. 설혹 형법이 과학적 사실과 어긋난다고 하더라도 국민정서는 처벌을 찬성한다. 나치당도 동일한 의견이었다. 1927년 6월 21일의 제국의회 본회의에서 빌헬름 프리크는 동성애 처벌의 폐지는 "민족의 몰락"을 유발할 것이라고 주장하면서, 그러한 "도덕의 황폐화"가 "마그누스 히르슈펠트 같은 유대인"에 의하여 벌어지고 있다고 소리쳤다.[17]

우리는 처벌론자들의 언설이 정확하게 크라프트에빙의 개념장에 의존하고 있다는 것을 알 수 있다. 그런 한에서 의원들은 '동성애자'를 정치적 사실로 생산해내고 있었다고 할 것이다. 다만 크라프트에빙의 경우 동성애자 개인의 탈종이 먼저 강조되었음에 반해, 1920년대의 논의에서는 동성애가 민족 및 국민의 타락과 동일시되었다. 이는 그 시기에 들어와서 민족과 국민이 법적 재산의 주체로 규정되었기 때문이다. 이에 대한 해방운동의 논박은 무력했고 유치했다. 카르텔은 『대안』에서 국민정서는 "확인 가능한 것"이 아니며, 국민 여론은 엘리트가 "과학적 사실"을 제시하면서 이끌면 된다고 주장했다. 다시 말해서 그들은 민족과 국민과 국가에 대하여 자연과 과학을 맞세웠던 것이다. 그런데 양자는 모두 크라프트에빙의 개념장과 맞닿아 있는 언설이다. 더더욱 결정적이었던 것은 해방운동이 국가와 민족 담론으로부터 완전히 벗어나지도 못했다는 점이다. 과학·인도주의 위원회는 1898년 청원서에서 동성성교는 자식을 낳지 않기 때문에 "국가에 무해하다"고 주장하면서, "진정 해로운 것은 매독에 감염된 이성애자의 성교"가 아니냐고 되물었다. 175조야말로 동성애자들에게서 "조국을 빼앗고 있으며," 역으로 "조국으로부터 수많은 정신적, 물질적 재산(동성애자)을 빼앗는다"고 주장한 것이다. 해방운동은 국민과 민족을 내세우는 것이 "논거"가 아닌 "허언"임은 알았지만, 논거의 영역이 아닌 담론의 세계에서 해방운동은 '조국' 담론으로부터 등을 돌리지 못했고, 그렇게 그들은 처벌론자들에게 제압당하고 있었던 것이다.

사회주의 정당과 동성애

사민당과 공산당은 어떠했을까? 그들이 동성애 비범죄화의 열쇠를 쥐고 있었으니 그들의 주장과 논거를 보다 자세히 살펴볼 필요가 있겠다. 에피소드의 성격이 짙긴 하지만 독일 사민당은 설립 시점에 이미 동성애와 관련되었다. 1863년에 페르디난트 라살레가 사민당의 전신 조직인 "전독일노동자협회"를 구성했을 때, 지역 지도부 구성을 두고 논란이 벌어졌다. 헤센 지부에 입당하려던 요한 폰 슈바이처Johann Baptist von Schweitzer가 그로부터 1년 전 동성애 혐의로 재판을 받아 2주일간 복역했기 때문이었다. 슈바이처는 유능한 변호사이자 재기발랄한 극작가로서 독일 사회주의 운동의 인재로 꼽혔고, 라살레가 사망한 이후인 1867년부터 1871년까지 전독일노동자협회의 총재로 활동하게 되는 대단히 중요한 인물이다. 만하임의 한 공원에서 청소년과 수상쩍은 행동을 하다가 신고를 받고 출동한 경찰에 검거된 슈바이처는 변호사 자격을 박탈당했고, 1863년 전독일노동자협회가 구성될 때 일부 사회주의자들이 동성애 전력을 들어 그의 입당을 거부했다. 그때 라살레가 나서서 사태를 무마했다.

법률가였던 라살레는 슈바이처에게 보낸 사적인 편지에서 자신의 입장을 명료히 밝혔다. "그 당시 당신의 유죄 판결의 이유에 대하여 신문이 보도한 내용이 사실이라고 하더라도, 나는 한 가지는 압니다. 당신에게 깃들어 있는, 나로서는 납득할 수 없는 그 유감스러운 취향은 한 인간의 정치적 인격과 절대적으로 무관하다는 점이 그것입니다. 당신만한 인격과 지성을 가진 사람에 대한 다른 사람들의 반응은 우리 국민의 정치적 개념이 아직도 얼마나 혼란스럽고 속물스러운지 입증해줄 뿐입니다." 라살레는 성적 취향과 정치 및 국가는 명료히 분리되어야 한다는 입장을 천명한 것인데, 그것이 사민당의 공식 입장이 되었던 것은 아니다. 사민당은 당시 동성애에 대한 아무런 공식 입장도 내놓지 않았다. 그러나 라살레의 입장이 기억되기는 했다. 1910년에 발표한 회고록에서 베벨이 그 사건을 언급했기 때문이다. 다만 베벨은 슈바이처가 "벌건 대낮 공원에서 학동과 만족을 추구했다"고 부정적으로 표현했다.[18]

뜻밖에도 엥겔스도 동성애에 대하여 발언했다. 1860년대에 독일에서 동성애 해방을 외치던 울릭스는 1868년에 간행된 그의 가장 중요한 저작 『멤논』을 마르크스에게 보냈다. 울릭스에게는 마르크스가 독일의 지적 분위기에 영향력을 행사할 수 있는 인물로 보였던 것이다. 마르크스는 별다른 논평 없이 그 책을 엥겔스에게 보냈는데, 엥겔스는 1869년 6월 22일에 마르크스에게 답장을 썼다. "당신이 내게 보내준 그 웃기는 동성애 책 말인데요, 이건 뭐 너무도 반자연적인 내용이군요. 그 책을 보니 이제 남색자들이 자신감을 갖기 시작한 것 같아요. 그들은 곧 국가 안에서 하나의 권력을 형성하게 될 겁니다. 그들에게 없는 것은 조직 하나인데, 그것도 이미 비밀리에 존재하고 있을 거예요. 그 사람들은 또한 이미 모든 낡은 정당과 새로운 정당 안에 들어가 있고, 뢰징에서 슈바이처에 이르기까지 대단히 중요한 인물들도 많고, 그러니 승리를 쟁취하게 될 겁니다. '전쟁은 바보들에게, 평화는 똥구멍에게'가 이제

공식이 될 겁니다. 그나마 다행스러운 것은 그들이 승리하여 우리의 몸을 조공으로 바치게 될 날을 두려워하기에는 우리가 너무 늙었다는 거예요. 그러나 젊은 세대는 어쩌지요! 말이 나온 김에 한마디 더 하자면, 그 젊은 친구가 공공연하게 돼지같이 추악한 짓거리를 이론으로 변형시키고 '들어오라'고 초대하는 일은 독일에서만 가능할 겁니다."[19]

우리는 라살레, 베벨, 엥겔스 모두가 동성애를 부정적으로 바라보았다는 점을 알 수 있다. 그럼에도 불구하고 그 세 사람이 동성애라는 사적인 성적 취향이 용인되어야 한다고 판단했다는 점도 분명히 알 수 있다. 엥겔스는 지나치게 냉소적인 욕설을 쏟아냈지만, 그 역시 동성애자들이 자유롭게 행동하는 날은 필연적으로 오게 될 것이라고 말했다. 다만 엥겔스의 발언에는 시대의 편견이 고스란히 담겨 있다. 그는 "반자연적"이라는 개념을 사용했고, 항문성교를 비하했으며, 무엇보다도 동성애자의 활동 및 존재 방식을 음모로 의미화했다. 그러나 그뿐이었다. 동성애에 대한 독일 사회주의의 입장은 그로부터 약 30년이 지난 1890년내 후반에 개진되었다. 독일 사회주의에서 동성애에 내하여 체계적인 입장을 본격적으로 개진한 최초의 인물은 수정주의 이론 논쟁으로 유명한 베른슈타인Eduard Bernstein이었다. 그는 비스마르크 경찰의 감시와 억압을 피해 1888년부터 런던에 거주하던 중 1895년의 오스카 와일드 재판을 지켜보았다.

베른슈타인은 19세기 말 독일 사회주의의 가장 중요한 이론지였던 『새로운 시대』의 1895년 두번째 호에서 동성애를 논했다. 그는 독일 사회주의자들이 성 문제에 대해 "철학적 급진주의에서 빌려온 극단적인 자유 개념과 바리새인과도 같은 극단적인 청교도주의의 도덕 개념 사이에서 파동하고 있다"고 운을 떼었다. 베른슈타인은 그것이 "도덕적 위선에서 영국에 뒤지지 않는 독일의 사정에 부합하는 현상"이라고 촌평을 가한 뒤, 도덕을 "과학"으로 대체해야 한다고 주장했다. 주의할 것은 여기서 베른슈타인이 과학이라고 칭한 것이 성과학을 의미하지 않았다는 점이다. 그는 그 개념을 오히려 역사적이고 인류학적인 의미로 사용했다. 이를 통하여 그는 동성애에 도덕적 "비난Verurteilung"을 퍼부을 것이 아니라 학문적인 "평가Beurteilung"를 해야 한다고 주장했다.

베른슈타인은 동성애에 대해 역사적이고 인류학적으로 접근하면 동성애는 어느 시대 어느 문화에서나 발견되는 현상임을 알 수 있다고 주장했다. 한 발 더 나아가서 그는 그렇듯 역사적인 현상이기에 동성애에 대한 입장 역시 역사와 문화에 따라 달라진다고 평가했다. 그리하여 그는 동성애에 대한 논의에서 사용되는 "반자연적"이란 개념이 그저 "관습적인 용어"일 뿐이고, 따라서 그 개념을 폐기해야 한다고까지 주장했다. 인간의 문화에서 자연에 반하지 않는 것은 아무것도 없지 아니한가. 따라서 그는 동성애가 대부분의 성과 다르다는 의미에서 "반정상적widernormal"이라고 칭하자고 제안했다. 그 개념 역시 이성애의 정상성을 이미 전제하는 것이니만큼 동성애를 타자화하는 것에서 벗어나지 못하고 있기는 하다. 그러나 베른슈타인이 그 단어를 통해서 동성애 담론의 역사성과 문화성을 적시하고자 한 것만은 분명하다.

베른슈타인은 자신의 과학이 성과학이 아니라는 점을 분명히 했지만, 크라프트에빙을 읽었고 또한 그로부터 동성애에 대한 특정한 판단을 빌려왔다. 그는 동성애가 이성애의 기회가 부족한 상황에서 파생한 것, 즉 "황폐한 일탈"인 경우와 "동성에 대한 저항할 수 없는 사랑"에서 비롯된 경우로 나누어야 한다고 썼다. 획득과 생득의 이분법이 베른슈타인에게서도 반복되었던 것이다. 그가 전자를 "죄악"으로, 후자를 "병리”라고 진단한 것도 크라프트에빙의 반복이다. 베른슈타인은 그중 어느 것이 압도적인지는 말하지 않은 채 문제를 사회로 전치시킨다. 그는 한 사회의 “삶의 방식이 신체 위생과 정신을 지속적으로 해치는 한, 반정상적인 성교는 멈추지 않고” 증가하여 동성애가 “정상이 되는 지경이 올 것”이라고 주장했다. 다시 말해서 사회의 ‘타락’이 동성애를 낳는다는 것이었다. 이는 개인의 타락이 동성애를 낳는다는, 부르주아 진영이 내세우던 타락론의 사회주의적 판본이 아닌가. 당대 부르주아들이 동성애가 사회를 타락시킨다고 신경질적으로 외치고 있을 때, 베른슈타인은 그 주장을 역전시켜서 ‘부르주아 사회’가 성을 타락시킨다고 주장한 것이다.

베른슈타인의 역사적, 인류학적 독법은 사민당의 전통으로 자리 잡지 못했다. 사민당은 의학에 의존했다. 그러나 타락론만은 확고하게 유지했다. 다만 베른슈타인처럼 사회의 타락을 주장하는 논자도 있었고, 사회의 일부, 즉 지배계급이 타락한 것이라고 설명하는 논자도 있었다. 빈도로 치자면 후자가 훨씬 많았다. 여기서 우리는 베벨이 1898년 1월 제국의회 본회의 연설에서 일부 동성애자만 체포되고 있다고 주장한 것을 떠올릴 수 있겠다. 지배층에 속하는 동성애자는 체포되지 않고 있다는 뜻이었다. 사민당이 1902년에 크루프 스캔들을 일으킨 이유도 마찬가지였다. 사민당은 그 사건을 통해서 지배층의 타락을 고발하고자 하였다. 당시 사민당 기관지 『전진』은 크루프를 “자본주의 문화”의 “가장 거친 형태”인 “도착 형질의 남자”라고 규탄했다. 앞서 상술한 1907년의 오일렌부르크 스캔들이 발생했을 때에도 『전진』은 재판 과정에서 “융커들”의 “한심한 타락”과 “감성 및 성생활의 탈종”이 적나라하게 드러났으며, 이는 “지배계급의 몰락”이 임박했음을 보여주는 것이라고 썼다.

　담론 차원에서 보면, 타락이라는 개념을 사용하는 순간 개인의 권리는 뒷전으로 물러난다. 부르주아 정치 세력이 동성애자의 타락을 개탄할 때와 사회주의자들이 사회 혹은 지배계급의 타락을 성토할 때 그 대상과 의미는 전혀 다르지만, 그 순간 타락은 개인의 권리를 가려버린다. 모든 타락은 개인이 아니라 집단을 전제하기 때문이다. 따라서 사회주의자들은 의회에서 동성애의 비범죄화를 주장했지만, 담론 차원에서 그들의 발언은 동성애 처벌을 주장하는 자들의 지위를 강화하였다고 할 것이다. 따라서 과격하게 평가하자면, 해방운동이 적대 세력을 이길 수 없었던 것은 사회주의라는 동성애 해방운동의 동맹 세력이 담론 차원에서는 적대 세력의 타락론을 지원했기 때문이었다고 말할 수 있다.

　베른슈타인은 그래도 "국가와 형법은 도덕의 수호자가 되어서는 안 된다"고 강조함으로써 개인의 권리 담론과의 연계를 놓치지 않았다. 그러나 바이마르공화국에 들어서면서 국가가 개인의 성생활을 존중해야 한다는 주장은 사민당의 동성애 언설에서 자취를 감춘다. 1927년에 킬에서 열린 사민당 전당대회는 175조 문제에 대한 결의안을 채택했는데, 개인 의견으로 표시된 제8항에서 동성애 처벌의 폐지를 요구했다. 그 근거 설명에서 제국의회 의원 로젠펠트는 "병적인 성관계를 …… 형법으로 다루지 말아야 한다. 물론 청소년은 보호해야 하고, 사회적인 위계를 남용하는 것도 막아야 한다"고 주장했다. 그에게도 동성애는 병리였고, 동성애자는 청소년을 위협하는 존재였던 것이다. 로젠펠트는 제국의회 형법위원회 위원으로서 단순 동성애의 비범죄화를 강력하게 추진한 인물이다. 그런 그가 동성애를 비범죄화하더라도 청소년 보호만큼은 지켜내려 한 것은 동성애가 청소년, 즉 미래 사회를 위협한다고 생각했다는 것을 뜻하고, 이는 비범죄화의 여부와 무관하게 담론 차원에서 보수주의자들과 함께하고 있었다는 것을 드러낸다.

사민당 이론가인 후고 마르크스Hugo Marx도 사민당 이론지『사회』에 실린 한 논설에서 1927년의『대안』을 논평했다. 그는 주장했다. "성인의 성적 자유는 건강한 청소년의 교육과 공적 품위의 보존과 합치되는 한 인정해야 한다." 자기 몸의 처분권에 대한 "처벌은 오류이지만, 그러나 그러한 과도한 개인주의에 대해 사회주의자들은 동의할 수 없다." 과도한 개인주의라니, 후고는 그에 맞서는 어떤 긍정적 가치를 상정하고 있었던 것일까? 그는 낙태의 합법화에 반대하면서, "스스로에게 사형선고를 내리지 않으려는 민족은 낙태를 예외 없이 처벌해야 한다"고 주장했다. '민족'을 구하기 위하여 '성 개인주의'를 억제할 필요가 있다는 것이다.

민족을 위하여 개인의 성적 남용을 억제해야 한다는 것은 후고 마르크스만의 입장이 아니었다. 뒤에서 다시 논하겠지만, 사민당은 1931~32년에 나치당 돌격대 지도부가 동성애에 물들어 있다고 공격함으로써 나치당을 약화시키려 하였는데, 그때 사민당이 시종일관 주장한 섯이 동성애 소굴인 나치가 독일 "민족," 특히 "청소년"을 "타락"시킨다는 것이었다. 바이마르 국가를 책임지는 정당이어서 그랬던가. 사민당은 담론에서 보수주의자들과 어느덧 가까워져 있었던 것이다. 게다가 바이마르공화국에 들어와서 사민당은 동성애 문제에서 계급론을 지워버렸다. 지배계급의 타락은 더 이상 강조되지 않았고, 로젠펠트의 발언에서 드러나는 바처럼 동성애 문제가 "경제 문제, 사회 정책, 토지 정책, 가정과 학교에서의 교육, 정치와 노동조합에서의 교육에 달려 있다"고 말하는 정도였다.

계급론을 유지한 정당은 바이마르공화국 선포 직후에 창당된 독일공

산당이었다. 앞서 설명한 바처럼 공산당은 동성애 해방운동에 조직적
으로 참여한 유일한 정당이었다. 공산당 중앙위원회 위원 두 명이 히르
슈펠트의 과학·인도주의 위원회의 지도부에 속했던 것이다. 그래서였
는지 동성애에 대한 이론적 입장에서 공산당은 한결같이 히르슈펠트
의 테제를 내세웠다. 예컨대 공산당 기관지『적기』는 1927년 11월의 한
논설에서 "성적 중간 단계"라는 히르슈펠트의 용어를 그대로 차용하면
서 동성애가 "타고난 형질"이라고 주장했다. 논설은 히르슈펠트의 통계
를 고스란히 수용하여 동성애자가 3퍼센트에 달한다고 주장하기도 했
다. 의회에서도 사민당 의원들이 동성애 문제의 해결을 미루고 있을 때,
공산당 의원들은 1924년 6월 제국의회에서 175조의 효력을 정지시키고
처벌자들을 사면하자는 '정식 서면신청'을 제출했다. 독일 의회법에서
서면신청은 본회의 의결을 거쳐서 수용될 경우 정부가 이를 실천할 의
무를 갖게 된다. 제국의회가 곧바로 해산되어 그 신청은 표결에 이르지
못했지만, 공산당은 동성애 해방에 그토록 적극적이었다.

　1924년의 정부 형법개정안이 제국상원을 거쳐 제국의회 본회의에서
논의된 1927년 6월에도 공산당 의원단은 정부안을 "극히 반동적인 규
정들의 귀환"으로 성토했다. 공산당 의원단은 동성애를 비범죄화하는
것은 물론 과학·인도주의 위원회조차 수용했던 "공적인 물의" 조항도
거부했고, 청소년 보호 문제에서도 16세 이하의 청소년이 기꺼이 응한
경우에는 처벌하지 말아야 한다고 주장했다. 의원단은 오직 업무상의
지위를 이용한 경우에만 처벌하자는 결의안을 채택했다. 매춘 문제에서
도 매춘업은 처벌하되 매춘 행위자는 처벌하지 말자는 것이 독일공산
당의 입장이었다. 한 뿌리에서 나왔고 갈라선 지도 몇 년 안 된 사민당
과 공산당이 그처럼 달랐던 이유는 무엇일까? 소수자 문제와 전복적인

흐름에 공산당이 사민당보다 열려 있었다는 대답도 가능할 것이고, 사민당은 국가와 정부를 책임지고 있었고, 그래서 여타의 정치 세력과 늘 타협해야 했는데 반해, 공산당은 원칙을 견지하는 데 아무런 정치적 부담을 느끼지 않았다는 대답이 더욱 설득력 있는 설명일 것이다. 그러나 더욱 중요한 것은 독일 공산주의자들의 진정한 조국이었던 소련이 1923년에 당시 세계에서 가장 진보적인 성 관련법을 제정했다는 점일 것이다. 소련은 동성애, 간통, 근친상간, 수간, 낙태, 이혼을 전면적으로 자유화했다. 의사가 아니면서 돈을 받고 한 낙태수술, 강간, 미성년자에 대한 유혹 성교, 매춘업만이 처벌의 대상이었다. 독일공산당은 안팎으로 드넓은 행동 공간을 가졌던 것이다.

베른슈타인과 베벨을 계승한 것도 독일공산당이었다. 그들은 동성애와 '타락한' 부르주아 사회를 인과적으로 결합시켰다. 공산당은 부르주아 국가가 동성애를 처벌하는 근본적 이유는 값싼 노동력 생산과 제국주의 병사에 대한 불가피한 관심 때문이며, 그다음으로는 부르주아적인 가족 가치가 위협을 받는 사회적 상황 때문이라고 논파했다. 그러나 그 논법의 어두운 면은 "하르만 사건"에서 폭발적으로 드러났다. 1924년 6월 말에 마흔다섯 살의 하노버 날품팔이 노동자 프리츠 하르만Fritz Haarmann이 살인 혐의로 체포되었다. 동네 아이들이 라이네 강가에서 해골 다섯 개를 발견한 것이 발단이었는데, 한 달이 넘는 심문 끝에 경찰과 법원은 하르만이 서른 명 이상의 남자들을 살해했으며, 그것도 대부분 실업 상태의 청소년들을 집으로 초대해 동성 성교를 하다가 목을 물어뜯어 죽인 뒤 사체를 동강 내어 라이네 강에 던졌다는 사실을 밝혀냈다.

그 사건을 더욱 외설적으로 만든 것은 독일공산당의 활동이 금지되었던

1923년 11월 이후 몇 주일 동안, 하노버 경찰이 하르만을 공산당 하노버 지부에 프락치로 심었다는 사실이었다. 게다가 그가 세 번이나 살인 혐의로 고발되었지만 별다른 조사를 받지 않고 방면되었다는 사실도 밝혀졌다. 더욱이 하노버 경찰의 명령권자는 하노버 도감독 노스케Gustav Noske였는데, 그는 바이마르공화국 건설기에 국방장관으로서 공산주의자들을 도맡아서 무력 진압했던 자였다. 공산당은 대노했고, 『적기』는 연일 비판 기사를 쏟아냈다. 문제는 그 정당한 비판의 행간에 깔려 있는 뉘앙스와 담론 구조이다. 공산당이 경찰을 "하르만 경찰"로, 경찰이 연루된 모든 불분명한 사건과 정치성이 짐작되는 모든 수사 행위를 "하르만 방식"으로 칭한 것까지는 평범하다고 할 것이다. 그러나 그들은 경찰이 "끔찍한 범죄자요 악명 높은 호모 사디스트"를 공산당에 투입했다고 비난했다. 그리고 그들은 "하르만 경찰 체제"가 "그 추잡한 국가 행위에 비정상적이고, 도착적이며, 병들고, 약자를 괴롭히는 잔인한 무법자"를 투입했다고 규탄하면서, "사디스트, 동성애자, 범죄자, 군주제적-파쇼적 부류를 경찰에서 숙청하라"고 요구했다. 경찰 행위에 대한 정당한 비판 내용의 피안에서, 즉 담론 차원에서 동성애가 비정상, 도착, 병든 인간, 살인자, 사디스트와 동급이 되었던 것이다. 그리고 공산당은 이를 자본주의 비판 및 계급론과 인과적으로 결합시켰다. "인간 하르만이 행한 것은 자본주의 지배계급의 도덕과 질서에 속하는 일이다. 하르만은 자본주의 거악의 초라한 쌍둥이 동생이다."

당대인의 시각에서 볼 때 공산당은 동성애 해방운동의 가장 고마운 동지였다. 따라서 과학·인도주의 위원회가 1920년대 후반에 공산당으로 기울었던 것도 지당한 일이다. 1929년 10월 단순 동성애 행위를 비범죄화한 형법개혁안이 제국의회 형법위원회를 통과했을 때에도, 즉 동성애 해방운동이 환호성을 지른 그 순간에도, 공산당 소속의 형법위원회 위원 에두아르트 알렉산더Eduard Alexander는 새로운 법안이 "비생식 성교"라는 개념을 고수한 것을 적시하면서, "사회질서가 부패할수록 그리고 그 도덕이 불안정하고 위선적일수록 소위 인민의 윤리적 순수성을 보호하기 위한 처벌은 야만적이 된다"고 힐난했다. 공산당은 히르슈펠트의 의학 이론을 수용했지만, 베른슈타인이 논파했던 동성애의 사회적 측면을 놓치지 않는 이론적 날카로움을 보유하고 있었던 것이다. 그럼에도 불구하고 하르만 사건은 공산당도 동성애를 역겨워하고 있으며, 구체적인 요구 내용을 떠나 담론 차원에서는 타락론을 고수했다는 점을 드러낸다.[20]

여기서 우리는 개념장 문제를 재차 제기할 수 있을 것이다. 타락은 누구의 개념장에 나타났던가? 바로 크라프트에빙의 성 개념장에서 원인 및 결과의 장에 위치한 개념이었다. 그렇다면 우리는 진정 기이하게도 사민당과 공산당 모두 부지불식간에 크라프트에빙의 개념장에 의존했다는 평기에 도달하게 된다. 히르슈펠트 및 해방운동과 마찬가지로 사민당과 공산당 역시 크라프트에빙의 부르주아적 개념장에 의존하면서 그것을 사회주의적으로 번역하였던 것이다. 의회와 팸플릿에서 그들이 논파하던 것은 그 번역본이었다. 그러나 그 밑에 깔려 있는 원본은 부르주아적 개념장이었다. 이럴 경우 번역본이 반복되면 반복될수록 그 동기와 무관하게 강화되는 것은 원본이다.

바이마르공화국에서 동성애 해방운동이 실패한 원인은 담론의 질서에 있었다. 동성애에 관한 한 누구나 구체적인 내용을 떠나 타락론을 공유하고 있었고, 그래서 모두가 동성애를 꺼림칙해했다. 해방운동에 힘이 붙을 수 없었던 것은 그 때문이었다. 동성애가 해방된 나라의 경우에

서 추론해보면, 타락에 맞설 담론은 개인의 성적 자유와 권리밖에 없
다. 동성애 해방을 주창한 모든 집단은 이를 알고 있었고, 또한 권리 문
제를 발화했다. 그러나 그들은 인권을 전면에 내세우지는 않았다. 인권
은 언제나 후 순위였다. 전략적 실수였을까? 그렇지 않을 것이다. 오히
려 타락과 연계되어 있던 국가, 민족, 인민, 계급 등의 '전체'가 당대 독
일의 담론 질서에서 요지부동의 지위를 점하고 있었기 때문이었을 것
이다.

　해방운동 스스로가 자신들도 국가에 필요한 존재라고 역설한 것은
당시 독일에서 국가 담론의 힘이 얼마나 컸는지를 웅변해준다. 그런 한
에서 우리는 바이마르공화국에 민주적 정치성이 부족했다고 말할 수도
있을 것이다. 또한 그런 한에서 독일 근대사는 "특수한 길"을 걸었던 것
인지도 모르겠다.* 오죽했으면 개념장에서는 성을 인권으로 의미화했던
히르슈펠트가 해방투쟁에서는 인권을 전면에 내세우지 못하였겠는가.
그가 인권이 아니라 자연을 내세운 것은 인권을 내세워봐야 효과가 없
다고 판단하고, 국가와 민족에 맞설 수 있는 원칙을 공동체 이전에 있다
고 믿어지는 자연과 과학에서 찾았기 때문이었을 것이다. 그러나 정치

---

* 한때 한스울리히 벨러Hans-Ulrich Wehler와 유르겐 코카Jürgen Kocka와 같은 독일 사회
사가들은 독일의 부르주아가 1848년 3월혁명에서 귀족에게 무릎을 꿇은 데다가 비스마르
크가 독일을 통일하는 과정에서 봉건화되었고, 그에 따라 독일사가 영국처럼 정상적인, 자
유주의적이고 민주적인 길을 걷지 못했다고 주장했다. 이에 대하여 데이비드 블랙번David
Blackbourn 같은 영국의 역사가들은 비스마르크 체제가 사회와 경제에서 철저히 자유주의
적이었던 만큼, 19세기 후반 이후의 독일 사회 역시 정상적인 부르주아 사회로 간주해야 하
며, 독일사의 왜곡은 오히려 당대 사회가 파편화되어 있었던 사정에서 찾아야 한다고 주장
했다. 그러나 부르주아가 봉건화되었다기보다 독일의 자유주의가 독일의 국가주의 전통을
넘어서지 못한 데서 독일사의 비정상성을 찾아야 하고, 국가주의를 벗어나는 것은 당대 독
일 사회의 파편화 때문에 더더욱 지난한 일이 아니었을까.

에서 자연이 무슨 힘을 발휘할 수 있겠는가. 정치는 자연과 과학을 논하는 장이 아니라 국가와 민족과 국민과 권리를 논하는 장이다.

5장

대중적 동성애 운동과 저널

인권동맹과 그 회원들

우리는 앞서 형법 175조로 유죄 판결을 받은 사람의 수가 1882년에 329명, 1891년 446명, 1905년 605명, 1912년 761명이었다고 밝힌 바 있다. 바이마르공화국의 민주주의는 보다 온건했을까? 유죄 판결을 받은 사람 수는 1919년에 89명, 1922년 499명, 1924년 696명, 1926년 1040명, 1928년 804명, 1930년 804명, 1932년 801명이었다.[1] 즉 혁명의 해였던 1919년에만 이례적으로 낮았을 뿐, 1924년에는 빌헬름 시대의 평균치를 넘어섰고, 1926년이 되면 나치 집권 이전 최대로 증가하였다. 공화국은 동성애에 대해 빌헬름 시대보다 더 가혹했던 것이다. 이는 공화국에 접어들어 사법부의 태도가 누그러져서 허벅지성교는 용인하고 구강성교와 항문성교만을 처벌했기 때문에 더욱 놀라운 일이다. 게다가 공화국은 175조를 폐지하는 데 끝내 실패했다. 이는 독일혁명을 "새로운 태양"

이라고 열광적으로 환영했던 해방운동과 동성애자들이 독일 최초의 공화국과 민주주의로부터 따귀를 얻어맞은 꼴이라고 하겠다.

그러나 바이마르공화국에는 다른 얼굴이 있었다. 공화국 헌법은 검열의 폐지를 선언했고, 출판과 결사의 자유를 보장했다. 그 결과 동성애 저널이 폭발적으로 증가했다. 빌헬름 시대에는 동성애 저널이 히르슈펠트가 발간하던 『중간 단계의 성』과 아돌프 브란트가 발간하던 『고유한 남자』 두 개에 불과했다. 게다가 그 저널의 편집진은 스스로를 동성애자로 밝히지도 않았고 기고자들 중에 이성애자도 적지 않았다. 그것들은 근본적으로 동성애자들의 저널이 아니라 동성애에 관한 저널이었던 것이다. 그런데 공화국이 수립되면서 사정이 달라졌다. 스스로를 동성애자라고 밝힌 편집진이 동성애를 내용으로 하고 동성애자들을 겨냥하여 발간한 저널이 무려 20여 개나 출현한 것이다. 게다가 그 저널들은 회원들에게 발송하던 회보가 아니라 길거리 가판대에서 팔렸다. 물론 90퍼센트가 발간된 지 2년 내지 3년 만에 종간되었지만, 5년 이상 발간된 저널도 다섯 개였고, 그중 세 개는 10여 년산 발산되었다.

저널들의 이름을 열거해보자. "독일 우정연맹Deutscher Freund-schaftsverband"이 발행하던 『우정』(1919~33), 『태양』(1920), 『우라노스』(1921~23), 『헬라스의 전령』(1923~24), 『팡파르』(1924~25), 『새로운 우정』(1928), 『여자사랑, 여자-사랑, 여자-삶, 갸르손느』(1926~32)가 있었고, 그 외에 "인권동맹Bund für Menschenrecht"이 발행하던 『인권』(1923~33), 『우정보報』(1923~33), 『섬』(1926~33), 『제3의 성』(1928~29), 『제3의 성: 복장전환자들』(1930~33), 『여자친구』(1924~33)가 있었다. 마지막으로 개별적으로 발간되던 『좋은 친구』(1932~33), 『비혼자와 기혼자』(1926~28), 『이상적인 여성우정』

(1924~27)이 있었다.[2]

저널의 제목만 보더라도 동성애 해방운동과의 연속성이 식별된다. "우정" "우라노스" "태양" "헬라스"는 프리들랜더-브란트 그룹의 용어이자 지향점이고, "인권"과 "제3의 성"은 히르슈펠트의 개념이다. 또한 비이성애자 모두를 포괄하는 동시에 그들과 동성애자 간에 거리를 확보하려는 경향도 감지된다. 『제3의 성』은 동성애자도 아니고 이성애자도 아닌 나머지 비이성애자들을 염두에 둔 저널이고, 『제3의 성: 복장전환자들』은 아예 복장전환자만을 겨냥한 저널이다. 이는 동성애자 내부의 분화를 보여주는 것으로 해석할 수도 있는데, 그 경향이 가장 두드러진 것은 여성 동성애자만을 겨냥한 저널인 『여자사랑』과 『여자친구』의 발간일 것이다. 이것이 특별한 이유는 『우정』과 『인권』이 남녀 동성애자 모두에게 호소하고 있었음에도 불구하고, 여성 동성애자만을 위한 저널이 새로 창간되었기 때문이다. 여성 동성애자 독자들의 요구 때문이었는지 아니면 저널의 편집진이 생각해낸 것인지는 불분명하지만, 그로써 여성 동성애자들은 그들만의 독자적인 소통 매체 내지 광장을 갖게 되었다. 놀라운 것은 『여자사랑』과 『여자친구』가 각각 6년과 9년 동안 존속되었다는 사실이다. 이는 바이마르공화국 시기에 이르러 여성 동성애자들이 뚜렷한 자기 정체성을 보유하고 또 표출하게 되었다는 증거다.

동성애 저널이 우후죽순처럼 나타나게 된 기폭제는 히르슈펠트의 동성애 영화 「타인과는 다른 이들」이었던 것 같다. 1919년 5월 영화가 극장에 내걸려 긍정적이든 부정적이든 폭발적인 반응을 일으키고 세 달이 지난 1919년 8월 14일, 독일 최초의 동성애 대중저널 『우정』이 창간되었다. 주체는 저널 창간 직전에 결성된 동성애자들의 조직인 "베를린 우정협회"였다. 주간지였던 그 저널은 놀랍게도 최대 2만 부가 판매되었다.『우정』은 동성애 문제에 대한 계몽적 소식지 역할을 함과 동시에 가벼운 문예지였고, 독자편지란이 별도로 마련되어 있던 토론 광장이기도 했다. 판매 부수가 그렇게 높았던 것은 그동안 동성애자들의 비공식적인 연결망이 존재하고 있었던 데다가, 저널의 발간을 기점으로 하여 동성애 조직들이 공식화되거나 새로운 단체들이 결성되었기 때문이다.『우정』의 발간과 판매에 자극을 받아서 심지어 독일어권 스위스에서도 우정협회가 등장했다.[3]

우정협회는 지역별로 조직되었는데, 초기에는 서로를 묶어주는 공식적인 연결망이 부재했다. 그러나 히르슈펠트는 자발적으로 출현한 남녀 동성애자들의 모임이 갖는 정치적 의미를 간파했던 것 같다. 우정협회 회원들 역시 공화국이라는 조건하에서는 외연이 커질수록 정치문화적 역량이 커진다고 믿었던 것으로 보인다. 히르슈펠트가 전국적 조직의 필요성을 역설하자 베를린 우정협회가 그 제안을 수용하여 1920년 8월에 전국 조직인 "독일 우정연맹"을 결성했다. 창립총회에서 베를린 우정협회 의장이었던 카네르트야누스Hans Kahnert-Janus가 의장으로 선출되었고, 이어서『우정』이 우정연맹의 기관지로 선언되었다. 우정연맹은『우정』외에도 앞서 열거한 여러 잡지를 발간했는데, 이는 독자들이 동성애에 대한 정치적, 학술적 정보 외에 동성애와 관련된 문예와 오락도 원하기 때문이었다.

사실 과학·인도주의 위원회의 회원 수가 기껏 700여 명에 불과했고, 고유한 남자들의 공동체 회원은 수십 명뿐이었던 주된 이유는 그 두 단체가 모두 엘리트주의에 입각하였던 데다가, 하나는 의학 및 과학을 다른 하나는 고급 문예를 활동 영역으로 삼았기 때문이었다. 그러다 보니 남성으로 한정한다고 해도 약 100만 명으로 추산되던 동성애 대중은 배제되었고, 이는 그들에게 직접 호소하고 그들의 취향에 눈높이를 맞춘 저널과 조직에게 활동 공간을 열어주는 결과를 가져왔다. 우정연맹이 발행하던 『우라노스』, 『헬라스의 전령』, 『태양』은 아돌프 브란트의 『고유한 남자』의 문예 영역을 대중화한 저널이고, 『우정』은 과학·인도주의 위원회가 발간하던 『중간 단계의 성』의 학술 및 정치 영역을 대중화하되 이에 사회적 기능을 덧붙인 저널이었다. 『우정』은 동성애에 대한 학술 및 정치 정보 외에 지역 우정협회에서 열리던 강연의 밤, 만남의 밤, 무도회, 정기 음주 모임에 관한 정보를 제공했다. 이는 협회와 저널이 동성애자들을 자폐적 생활 방식으로부터 벗어나게 해주었음을 말해준다. 게다가 『우정』에 마련된 광고란에 구인광고를 내서 파트너를 찾고 만나는 동성애자들도 적지 않았다.

그러나 우정연맹의 주된 활동은 정치적이었다. 우정연맹의 결성에 히르슈펠트가 깊숙이 연루된 것도 이를 보여준다. 우정연맹은 실제로 전국 조직이 결성된 직후인 1920년 8월에 과학·인도주의 위원회 및 고유한 남자들의 공동체와 더불어 "행동위원회"를 구성했다. 우리는 앞서 형법전 개정 작업이 지지부진했으며, 1924년에는 오히려 반동적인 형법전이 입안되었던 것을 확인한 바 있다. 우정연맹 지도부가 교체된 이유는 아마도 그 맥락에서였던 것 같다. 1923년 4월, 불과 2년 전에 베를린 우정협회에 가입한 프리드리히 라추바이트Friedrich Radszuweit가 전국 의장에 당선되었다. 그는 당선되자마자 우정연맹의 이름을 "인권동맹"으로 개명했다. "우정"이란 명칭이 동성애를 지나치게 드러내는 만큼 중립적인 "인권"이 더 낫다는 것이었다. 그리고 그는 과학·인도주의 위원회 및 고유한 남자들의 공동체로부터 선을 그었다. 그는 인권동맹이 독

일의 "유일한 동성애자들의 단체"로서 독자적인 활동을 전개할 역량을 지녔다고 선언했다.[4]

농민의 자식으로 태어나 여성복 사업으로 부를 쌓은 라추바이트는 인권동맹의 주요 활동 영역인 출판업에서 사업적인 가능성을 보았다. 그는 기관지 명칭을 『우정』에서 『인권』으로 바꾸었음에도 불구하고 『우정보』를 발간하여 동성애자 대중에게 가벼운 문학적 읽을거리를 제공했고, 비이성애자의 다양성을 간파하여 복장전환자들과 여성 동성애자들에게 특화된 저널을 공급했다. 그 덕분에 인권동맹은 팽창했다. 동맹의 정확한 회원 수를 알아낼 길은 없다. 라추바이트는 1929년에 인권동맹의 역사 10년을 회고하면서 가판대에서 『인권』을 구입한 사람까지 포함하여 회원이 10만 명이고, 지회에 가입한 사람은 5만 명이라고 밝혔다. 우리가 그의 진술을 믿어줄 수 있는 이유는 1926년에 회원들의 성분 조사를 위해 발송한 설문의 수신인이 총 5만 명이었기 때문이다.[5]

1922년에 인권동맹의 회원 수가 약 3000명에 불과했던 점을 감안하면 동성애자들의 조직화가 라추바이드 휘하에서 10배 이상 강화되었던 것인데, 회원이 5만 명에 달하는 조직은 1920년대 상황에서 말 그대로 대중 조직에 속했다. 정당과 연계된 사회단체들이야 100만 명이 넘는 인원을 규합하기도 했지만, 그런 연계가 없으면서도 회원이 5만 명이나 되는 단체는 드물었다. 따라서 우리는 인권동맹을 대중적 동성애 조직으로, 동맹이 발간하던 저널을 대중적 동성애 저널로 간주할 수 있을 것이다. 조직과 저널은 불가분의 관계였다. 바이마르공화국에서 정당과 연계되거나 국가의 지원을 받지 않는 사회문화운동은 출판과 연계될 때에만 힘을 발휘할 수 있었다. 여론 형성에 참여해야만 사람을 동원할 수 있었고, 그래야만 국가와 정치로부터 주목을 받을 수 있었기 때문이다.

라추바이트는 "프리드리히-라추바이트-출판사"를 설립하여 각종 저널을 발간하여 이윤을 창출하는 한편, 인권동맹의 토대를 공고히 했다.

우리가 인권동맹과 그 출판물에 주목하는 이유는, 그것이 동성애 과학 이론과 평범한 동성애자들 사이에서 연결 고리 역할을 수행했기 때문이다. 평범한 동성애자들이 기록을 남긴 경우는 극히 드물다. 사회적인 멸시의 대상인 그들이 스스로를 가시화하려 하지 않았기 때문이다. 이런 상황에서 인권동맹의 활동과 저널은 동성애 담론이 대중적 차원에서 어떻게 전개되었는지 알려주는 좋은 자료다. 담론은 과학 내지 지식의 차원만이 아니라 대중과 직접 맞닿아 있는 언어와 개념을 통하여 비로소 인간을 장악하기 때문이다. 그 면모를 드러내기 위하여 우리는 1923년 중반부터 1933년 초까지 발간된 『인권』 전체를 분석하기로 한다. 『인권』을 분석의 주 대상으로 삼은 이유는 단순하다. 그것이 인권동맹의 기관지였기 때문이다. 그러나 공식 기관지라는 사실이 우리가 행하는 분석의 한계이기도 하다는 점을 미리 밝혀둔다. 그 저널에 실린 기사와 논설이 '아래에서' 생산되고 유통되던 담론 전체를 보여주지는 못하기 때문이다.[*]

우선 인권동맹의 면모를 살펴보자. 인권동맹은 『인권』의 거의 모든 호 첫머리에 자신을 규정하는 구호를 굵직하게 인쇄해놓았다. "동맹은 동성을 사랑하는 사람들의 이익을 대변하고 인민 대중에게 합목적적인 계몽을 실시하는 유일한 조직"으로서 "175조의 폐지를 위한 투쟁" "동성애자에 대한 사회적 차별에 대한 투쟁" "협박범과 착취자에 대한 투

---

[*] 이 글의 참고 자료로 활용하기 위해 독일 쾰른의 남성 동성애 그룹 "쾰른 동성애 역사 모임 Centrum schwule Geschichte in Köln"을 방문하여 그곳에 비치되어 있는 『인권』을 전량 복사했다. 실비만 받고 저널을 복사하도록 허용해준 그들에게 이 자리를 빌려 감사를 표한다.

쟁"을 전개하고, 동성애 문제로 법정에 선 회원에게 "법률 상담"을 제공하는 것을 목적으로 한다. 베를린 우정협회는 1919년 9월에 베를린 법원에 사회단체 등록을 하고, "3001번"이란 등록 번호까지 받았으며, 회칙에 "이상적인 우정"을 고무하고 "내적인 삶과 외적인 삶의 완성"을 지향한다고 명시했다. 인권동맹은 베를린 본부에 "중앙위원회"를 구성했다. 중앙위원회에는 의장, 부의장, 총무위원 2인, 재무위원 1인, 보좌위원 2인이 속했다. 겨우 7명이 중앙 조직을 구성한 것이니, 그것은 실상 의장인 라추바이트의 사조직이었다고 해도 과언이 아니다.

지휘 구조는 권위적이었지만 운영은 비교적 민주적으로 이루어졌다. 중앙 조직은 매년 열리는 총회에서 신임을 물어야 했고, 총회의 노선은 지회가 파견하는 대의원들의 단순 과반수에 의해 결정되었다. 또한 지회는 중앙으로부터 독립된 단체였다. 회칙에 지회의 절대적 독립성이 명시되었고, 지회의 의장단 선거에 중앙이 개입할 여지는 없었다. 이는 회칙의 문제만이 아니었던 것이, 인권동맹이 원체 독일 곳곳에서 자생적으로 출현한 단체들의 연합으로 출발하였기 때문이다. 다만 특정 지회가 중앙의 지도부가 묵과할 수 없는 행위를 했을 경우 총회의 결정을 통하여 퇴출시킬 수는 있었다. 라추바이트가 1929년에 내놓은 회고와 전망에 따르면, 지회의 수는 1920년에 11개로부터 1925년까지 44개로 증가하였고, 그 후 주춤하였지만 1929년에도 40개가 유지되었다. 그중에는 회원이 50명이 채 되지 않는 곳도 꽤 많았던 것으로 보인다. 그러나 주요 도시는 빠짐없이 포함되었다. 주요 도시는 『인권』에 지회의 주소지가 명기되어 있었는데, 베를린 외에 함부르크, 쾰른, 프랑크푸르트, 브레슬라우, 켐니츠, 드레스덴, 뒤셀도르프, 도르트문트, 에센, 하노버, 라이프치히, 뉘른베르크, 슈테틴, 슈투트가르트, 바이마르, 츠비카우

〈표 5〉 인권동맹 회원들의 직업 분포(1926년)

공무원	3,218명 (8.5%)
교사	862명 (2.3%)
예술가	2,986명 (7.9%)
대학생	2,610명 (6.9%)
상인	12,482명 (33.0%)
요식업자	2,404명 (6.3%)
수공업자	7,677명 (20.3%)
노동자	5,623명 (14.8%)
합계	37,862명

가 그랬다. 인권동맹은 미국은 물론 일본, 모로코, 인도에도 회원이 있다고 자랑스럽게 적어놓았는데, 그들은 아마 『인권』의 정기구독자였을 것이다.[6]

인권동맹의 일반 회원들은 어떤 사람들이었을까? 물론 남녀 동성애자들이었다. 그러나 그들의 사회적 성분, 연령, 정치적 지향 등은 어떠하였을까? 이를 궁금해하던 사람이 바로 라추바이트 자신이었던 것 같다. 혹은 그는 회원들의 사회문화적 성격을 알아야 인권동맹과 『인권』을 이끌어갈 방향을 정립할 수 있다고 생각했던 것 같다. 라추바이트는 인권동맹의 확대 속도가 확연히 느려진 1926년, 5만 명의 회원에게 총 10개의 문항을 담은 설문지를 발송했다. 1926년 11월 15일까지 무려 3만 8642명이 그 설문에 응했다. 회원의 2퍼센트를 차지하던 여성 동성애자들 중에서 응답자는 780명에 불과했다. 응답한 남성 동성애자들의 직업 분포는 〈표 5〉와 같았다.

우리는 인권동맹의 회원들이 여러 직업에 분포되어 있었음을 알 수 있다. 그러나 그보다 확연한 것은 직업적 편중이다. 당대 독일 인구에서 약 45퍼센트를 차지하고 있던 노동자가 단 14.8퍼센트밖에 되지 않는다. "중간신분Mittelstand," 즉 하위 중간계급이 인권동맹 회원들의 사회적인 하한선이었던 것이다. 이는 매월 납부해야 하는 회비 1~3마르크가 버거웠기 때문이었을 수도 있고, 당대 노동계급의 남성주의적인 문화 때문일 수도 있다. 따라서 인권동맹의 회원들은 압도적으로 중간계급 및 하위 중간계급, 통칭하자면 중간층Mittelschicht이었다.[7] 중간층을 세분하기란 쉽지 않은 일이다. 예컨대 상인의 경우 부르주아 대상인과 편물점 직원까지 모두 포괄하고 있기 때문이다. 게다가 화이트컬러가 독립적으로 범주화되어 있지도 않다. 그럼에도 불구하고 상인이 40퍼센트에 육박한 것은 당대 동성애자들의 사회문화적 특징인 이동성과 유연성이 반영된 것으로 해석할 수 있다. 그리고 공무원, 예술가, 대학생, 교사의 통계는 각 직업 집단이 당대 인구에서 차지하는 비율을 훌쩍 넘어섰다. 인구에서 차지하는 해당 직업 집단의 비율은 공무원이 3.3퍼센트, 교사가 1퍼센트였다. 공무원, 예술가, 대학생, 교사는 모두 고등교육을 이수한 사람들이므로, 우리는 독일의 그 유구한 '지식 부르주아'가 인권동맹 회원의 25퍼센트 이상을 점하였음을 알 수 있다. 이로부터 또한 인권동맹 회원들이 그 수가 많아서 대중이지, 몰沒개인적이고 집단적이라는 의미에서의 대중은 아니었다는 점을 깨달을 수 있다. 그들 중 상당수는 꽤나 높은 지적 능력을 보유한, 자기 자신을 의식하는 독자적인 개인이었던 것이다. 이는 그들이 왜 『인권』을 중심으로 하는 동성애 문필문화에 참여했는지도 드러내준다.

〈표 6〉은 회원들 중 청년이 압도적으로 많았음을 보여준다. 20대가 47.6퍼센트이고, 30대가 38.7퍼센트였다. 그 두 집단이 86.3퍼센트를 차

〈표 6〉 인권동맹 회원들의 연령 분포(1926년)

18~20세	1,181명 (3.1%)
21~25세	7,610명 (20.1%)
26~30세	10,402명 (27.5%)
31~35세	8,137명 (21.5%)
36~40세	6,501명 (17.2%)
41~45세	2,804명 (7.4%)
46~50세	1,003명 (2.6%)
51~55세	216명 (0.6%)
56~60세	18명 (0.04%)
합계	37,862명

지한 반면, 40대는 10퍼센트, 50대는 0.64퍼센트에 불과하다. 이는 성애의 생물학적 연령에 관한 당대인들의 시각을 반영하는 것일 수도 있고, 동성 애인과의 안정적인 동거 관계로 접어들기에 경제적으로 불안정한 20~30대의 사정이 반영된 것일 수도 있으리라. 그들은 인권동맹이라는 조직을 통하여 보호받고 싶어 했을 것이기 때문이다. 그리고 기혼자는 671명, 이혼자는 298명에 불과했다. 이혼자를 미혼자에 포함시키면, 기혼자는 전체의 1.8퍼센트에 불과하다. 이는 1000명의 남자 동성애자 중에서 기혼자가 16퍼센트(146명)에 달한다고 보고한 히르슈펠트의 증언과 현저히 어긋난다.[8] 기혼자의 일부만이 인권동맹에 참여한 것인데, 이는 물론 기혼자가 동성애 단체에서 드러내놓고 활동하기가 난감하기 때문이었을 것이다. 이를 뒤집으면, 인권동맹 회원들은 가장 적극적인 부류의 동성애자들이었다는 점을 알 수 있다.

인권동맹을 영향력 있는 정치사회적 단체로 자리매김하려 했던 라추바이트에게 가장 중요한 회원 정보는 아마 어떤 정당을 지지하느냐는 것이었을 것이다. 좌익 정당부터 우익 정당의 순으로 열거해보자면, 공산당이 7002명(18.5%), 사민당이 9916명(26.2%), 가톨릭중앙당이 2903명(7.7%), 인민당이 1917명(5.1%), 민족인민당이 8112명(21.4%), 극우 정당이 1292명(3.4%)이었고, 그 외에 하노버당이 16명(0.004%), 무당파가 6704명(17.7%)이었다. 공산당과 사민당을 합해서 44.7퍼센트인데, 양당이 1928년 5월 제국의회 선거에서 일반 국민에게서 얻은 득표율을 합하면 40.4퍼센트였다. 겨우 5퍼센트 포인트 차이다. 이는 동성애자들이 선거에서 이성애자들과 별반 다를 것 없는 선택을 하였음을 보여준다. 다시 말해서 인권동맹 회원들은 정당을 선택할 때 동성애 해방에 대한 각 정당의 입장을 일차적인 고려 사항으로 간주하지 않았던 것이다.*

우파 정당들에 대한 지지도를 살펴보아도 유사한 결론을 얻을 수 있다. 민족인민당과 인민당 지지자를 합하면 26.5퍼센트인데, 양당이 1928년 5월 선거에서 기록한 득표율을 합하면 22.9퍼센트였다. 여기서도 그 차이가 그리 크지 않다. 게다가 위 통세는 동성애 해방을 초지일관 반대하던 민족인민당이 사민당 다음으로 선호되던 정당이었음을 보여준다. 인권동맹 회원들은 동성애자로서가 아니라 정치적 시민으로서 투표를 하였던 것이다. 만일 시민의 투표 행태가 직접적인 사회경제적 이해관계의 차원에서만이 아니라 정치적 가치, 즉 담론 차원에서도 결정되는 것이라면, 동성애자들의 시시 정당 지형은 회원늘을 장악하고

---

* 1928년 5월 선거와 비교한 이유는 라추바이트가 설문조사를 수행한 시기가 1926년 가을이었기 때문이다. 제국의회 선거는 1924년 12월과 1928년 5월에 실시되었는데, 1924년은 초인플레이션이 정점에 달한 시기이고, 1926년은 소위 "안정기"에 속했다. 안정기에 실시된 유일한 선거가 1928년 5월 선거이다.

있던 담론에서 동성애는 기껏해야 2순위였다는 점을 보여준다고 할 것이다. 즉 그들에게는 민족 혹은 계급이라는 가치가 성보다 더 중요했던 것이다. 동성애 해방운동을 장악하고 있던 '민족'과 '국민'은 동성애자 대중도 장악하고 있었던 것이다.

인권동맹의 성 개념과 정치

인권동맹 회원들의 정치 지향이 그렇듯 고르게 분포되어 있었던 사정은 부분적으로 라추바이트의 움직임을 규정했던 것 같다. 라추바이트는 인권동맹의 비정치성을 끊임없이 강조했다. 이는 히르슈펠트와 크게 대비되는 사항이다. 히르슈펠트는 사민당 당원이었을 뿐만 아니라, 그의 측근들이 사민당 소속 제국의회 의원이 되라고 되풀이하여 권유할 정도로 사민당 지도부와 가까웠다.* 그러나 라추바이트는 어느 정당에도 소속되지 않았고, 정당에 압박을 가하는 방식도 공개서한을 통하여 175조에 대한 각 당의 입장을 묻고 그 답신을 공표하는 선에서 그쳤다. 물론 라추바이트와 인권동맹은 형법개정안이 공포되거나 주요 선거가 가까워오면 제국의회와 프로이센의회 혹은 법무부와 같은 주요 기

---

* 히르슈펠트은 그 제안을 거부했다. 그는 동성애 운동을 이끄는 자신이 제국의회 의원이 된다면 사민당 지도부에게 부담이 될 것으로 생각했다. 또한 그는 "동성애 자유당Homoerotische Freiheitspartei"이라는 동성애 정당을 설립하자는 내부의 의견도 거부했다. 인권동맹의 설문을 보면 동성애 정당에 정치적 가능성이 전혀 없었다는 점이 드러난다. 회원들이 동성애자라는 정체성보다 일반적인 정치적 신념에 따라 투표하였기 때문이다. 동성애 정당을 주장한 문건은 Kurt Hiller, "Homoerotische Freiheitspartei," *Das Freundschaftsblatt*, Jg. 5, No. 2(Jan. 14 1927), p. 1.

관에게 총회 결의안을 통보하고 청원서를 제출했다. 그러나 이런 활동에서는 히르슈펠트와 과학·인도주의 위원회가 훨씬 더 기민했다. 히르슈펠트는 사민당을 비롯한 주요 정당 지도부와 수시로 접촉했고, 베를린 성과학연구소에 사민당 의원단을 비롯한 주요 정당 지도부를 초대하여 강연을 들려주고 동성애 영화를 보여주기도 했다.

라추바이트에게 그런 히르슈펠트는 거인이었고, 그래서 애증의 대상이었다. 한편으로 라추바이트는 히르슈펠트 주변의 지식인들이 자신을 "독일어도 제대로 할 줄 모른다"고 비아냥거림에도 불구하고 그들에게 인정받기 위하여 노력했고, 다른 한편으로는 『인권』을 통해 히르슈펠트를 끊임없이 공격했다. 1923년에 인권동맹 의장직을 차지한 라추바이트가 독립적인 노선을 표방하자, 히르슈펠트는 그에게 보복을 가했다. 우리는 1925년 초에 과학·인도주의 위원회가 그 직전에 발표된 법무부의 형법전개정안에 대한 대안을 작성하기 위하여 "성 관련 형법 개혁을 위한 카르텔"을 결성했다는 사실을 안다. 그때 히르슈펠트는 혼인법개혁연맹과 성병되치협회는 포함시키면서노 인권동맹에는 참여 여부를 묻지도 않았다. 그것이 분수령이었다. 종전까지만 해도 독립성을 주장할 뿐 비난은 삼갔던 라추바이트와 『인권』은 때로는 과학·인도주의 위원회를, 때로는 히르슈펠트 개인을, 때로는 이론적으로 때로는 감정적으로 공격했다.

라추바이트는 우선 법의학사로서의 히르슈펠트를 공격했다. "'의사' 히르슈펠트"가 법원에 전문가 소견서를 제출하여 무죄 판결을 얻어내는 비밀은 동성애자를 "환자"로 만드는 술수에 있다. "국가 보건위원 히르슈펠트 박사Dr. Sanitätsrat Hirschfeld"는 피소된 동성애자가 "금치산자"라고 주장함으로써 그를 감옥이 아니라 병원으로 보낸다. 그렇게 그는 동성애자 전체를 환자로 만들고 있다. 라추바이트는 히르슈펠트의 동성애 해방운동 방식도 비판했다. 카르텔에 성병퇴치협회가 포함된 것은 우스꽝스러운 일이다. 그 단체의 프로그램에는 "우리에게 주어진 모든 수단을 동원하여 동성애를 박멸한다"고 적혀 있다. 히르슈펠트처럼 동성애자 몇 명을 만나서 동성애에 대한 이론을 도출해내는 것은 "운동"이 못 된다. 게다가 히르슈펠트는 여러 당국에 수많은 청원서를 보내면서 단 한 번도 "동성애자들의 조직," 즉 인권동맹을 언급하지 않았다. 또한 수차례의 요청에도 불구하고 인권동맹에 우호적인 논설이나 글을 써준 적이 없다. 그를 비롯한 의사들이 175조를 폐지하라고 요구하는 것은 동성애자들의 권리에 대한 관심 때문이 아니라 그들의 "과학성"을 과시하기 위해서다.[9]

라추바이트는 히르슈펠트의 저작도 비판했다. 그는 예컨대 『인권』의 1927년 12월호 사설에서 무려 23년 전에 출간된 『베를린의 제3의 성』을 새삼 비판했다. 우리가 곧 만나게 될 그 책은 동성애 하위문화를 생생하게 묘사한 최초의 책인데, 『인권』의 사설은 그 책이 "동성애자들이 밤낮을 가리지 않고 하는 일이라고는 그저 술집에 퍼져 있는 것" 같은 인상을 주어 "동성애자들을 모든 면에서 열등한 존재"로 만들어버렸다고 비난했다. 1927년 중반에 출간된 히르슈펠트의 『죄악의 풍속사』역시 "우리들 대부분과 무관한 그림을 그렸다"며 "우리는 결코 여자 같은 남자가 아니"라고 항변했다.

히르슈펠트가 1927년에 영화 「타인과는 다른 이들」의 축약본을 「사랑의 법칙」이라는 이름으로 제작하자, 『인권』은 더할 바 없이 혹평했다. 사람들은 말한다. "히르슈펠트가 어떻게 저런 영화를 만들 수 있단 말인가?" 그 영화는 인민 대중을 계몽시키지 못하고 오히려 "공포감을 줄 것”이다. 탈의를 한 주인공의 상체를 보라. 여자 몸이 아닌가. “여자 같은 청소년”이 때로는 소년의 옷을, 때로는 소녀의 옷을 입고 등장한다. 여성복을 입고 의자에 앉아 있는 남자는 또 무엇인가. 게다가 남성복을 입고 자전거를 타고 가는 여자가 등장하는데, 그녀는 길고 무성한 턱수염이 있다. 그는 히르슈펠트가 동성애자를 “비정상적인 인간 존재로 묘사”하여 “시사회에서 이성애자들은 놀라워하면서도 영화를 보는 내내 비웃음을 참지 못했다”고 비판했다. 우리는 “영화의 극장 상연을 금지한 검열 기관에게 감사할 따름이다.”[10]

라추바이트는 히르슈펠트와 과학·인도주의 위원회의 구체적인 정책 노선도 비판했다. 히르슈펠트는 측근 인사, 특히 공산당 중앙위원회 소속의 린제르트와 쿠르트 힐러의 영향 속에서, 그러나 더 중요하게는 그가 성적 욕망에 대한 ‘아나키즘적’ 입장을 버리지 않았기에 매춘에 대한 처벌을 마뜩지 않게 생각했다. 카르텔이 매춘 행위자는 처벌하지 말고 매춘업자만 처벌하라고 요구한 것은 바로 그 때문이었다. 라추바이트와 『인권』은 이 부분을 시종일관 비판했다. 성교 가능한 연령을 기존의 14세에서 18세로 상향 조정하는 문제에서도 마찬가지였다. 히르슈펠트는 동성 성교가 가능한 청소년의 연령을 16세로 하자고 제안했다. 이 역시 성애에 우호적인 그의 근본 입장 때문이었다. 그러나 라추바이트는 정부안대로 18세로 상향 조정해야 한다고 고집했다. 1929년 가을에 제국의회 형법위원회가 단순 동성애 행위를 비범죄화하기로 결성하자, 라추바이트는 그것을 자신과 인권동맹의 승리라고 주장했다. 히르슈펠트와 과학·인도주의 위원회는 매춘과 보호연령에 대한 “과도한 요구”를 제기함으로써 의회의 논의를 방해했을 뿐이고, 가장 합리적인 제안은 바로 인권동맹의 청원서에 들어 있었다는 것이다.[11]

그렇다고 해서 라추바이트와 인권동맹이 동성애 해방을 위한 독자적인 이론을 발전시켰던 것은 아니다. 그들은 기성의 과학 이론들을 선별적으로 이용했다. 놀랍게도 그들이 가장 많이 의존한 학설은 히르슈펠트의 성 이론이었다. 무엇보다도 동맹의 명칭이 '인권'동맹이었다. 앞서 우리는 히르슈펠트의 성 개념장을 분석하면서 의미의 장에 "인권"이 위치하고 있음을 밝힌 바 있다. 게다가 인권동맹이 1923년 이후 공공 기관에 발송한 모든 청원서에서 동성애를 비범죄화해야 하는 근거로 제시한 것은 오롯이 히르슈펠트의 생득설이었다. 인권동맹이 1929년 4월에 제국의회에 보낸 청원서는 종전의 모든 청원서의 내용을 압축적으로 요약하고 있는데, 라추바이트는 첫 단락에서 청원서가 답해야 할 문제들을 제시한 뒤 다음 문장을 아래와 같이 시작했다. "동성애가 타고난 것이냐 혹은 획득될 수도 있느냐에 대하여 과학자들은 일치된 견해를 보이지 않고 있다. 그러나 압도적인 다수의 성과학자들은 동성애가 인간 내부에 깊이 뿌리박은 체질적인 형질임을, 즉 타고난 것임을 발견해냈다. 내가 동성애자 대중 조직의 의장으로서 9년 가까이 경험한 바에 비추어 보아도, 나는 동성애의 생득설을 주장하는 성과학자들의 의견을 확인해줄 수밖에 없다." 성과 도덕을 논한 또 다른 논설은, 동성애자들의 특이한 태도가 이성애자들에게 전염되어 사회의 탈종으로 이어질 수 있다는 주장에 대하여, 동성애는 타고나는 것이니 이성애자에게 옮겨 간다는 것은 어불성설이라고 강조했다.[12]

『인권』은 일반 논설에서도 히르슈펠트의 이론에 넓은 지면을 할애했다. 특히 전문 성과학 저널에서만 논의되던 히르슈펠트 성 이론의 최종 결론, 다시 말해 지구상에 4300만 개가 넘는 성 유형이 존재한다는 주장이 그 산수와 함께 자세히 소개되었다. 그리고 이를 뒷받침하는 호르몬 이론 역시 "성선 이론"이라는 히르슈펠트의 명칭으로 소개되었다. 히르슈펠트가 자신의 성 연구를 총괄한『성과학 개론』1권을 출간하기 직전 시기에도『인권』은 무려 3회에 걸쳐서 총 35쪽의 지면을 히르슈펠트에게 제공했다. 이는 라추바이트가 썼거나 라추바이트의 활동에 대한 보도 다음으로 많은 분량이다.[13]

오해하지 말 것은 인권동맹이 그처럼 히르슈펠트에게 기대기도 하고 아첨하기도 했지만, 오직 히르슈펠트에게만 매달렸던 것은 아니라는 점이다. 앞서 지적한 대로 인권동맹은 남성 동성애자가 여성적이라는, 히르슈펠트가 울릭스로부터 이어받은 핵심적인 주장에 결코 동의하지 않았다. 인권동맹과『인권』은 자신들이 남자라는 점을 끊임없이 상기시켰다. 그리고 그들은 "제3의 성" 혹은 "혼합적인 성"이라는 설명 모델도 받아들이지 않았다. 또한 그들은 여성복을 입은 남성 동성애자들에게서 역겨움을 느꼈다. 이는 라추바이트가 복장전환자들을 위한 저널을 따로 창간했던 것과 무관했다. 그에게 사업은 사업이고 정체성은 정체성이었다. 인권동맹과『인권』은 히르슈펠트에게서 '타고난 동성애자'라는 테제만을 수용했던 것이다.

인권동맹은 프리들랜더 진영에게도 개방적이었다. 인권동맹이 자신을 표현할 때 "인권" 개념과 동일한 비중으로 내세운 개념은 "우정"이었다. 그리고 라추바이트는『인권』만큼이나『우정보』를 중요시했다. 두 저널은 인권동맹의 양 날개였다. 인권동맹은『인권』을 통하여 175조 분제에 대한 자신들의 입장을 표현하고,『우정보』를 통해서는 독자들에게 가벼운 문예와 오락을 제공했다. 그리고 인권동맹과『인권』은 회원들을 울릭스와 히르슈펠트의 용어인 "우르닝"으로 칭하지 않았다. 인권동맹은 공식 문건에서는 "동성애자"로 칭했고, 자기들끼리는 "동성사랑인"이라고 불렀는데, 후자는 프리들랜더-브란트 그룹의 용어였다. 『인권』은 브란트 진영의 이론가들에게도 지면을 제공했다. 1923년 봄부터 1929년 가을까지 히르슈펠트 진영과 브란트 진영의 글은 『인권』에서 약 3 대 1의 비율로 게재되거나 소개되었다.

프리들랜더 진영의 입장은 예컨대 『인권』의 1925년 9월호에서 다음과 같이 나타난다. 우리가 낯선 인간의 호의로부터 얻는 것은 특정한 현실적 목적뿐이다. 오로지 친구 사이에서만 인간은 목적으로부터 자유로워진다. 그 사랑 속에서만 인간은 자신의 열정을 모든 제약으로부터 해방시키며, 그렇게 우리는 가장 사랑하는 사람에게 상처를 입힌다. 여자들은 그런 사랑을 모른다. 여자란 아무리 솔직하더라도 외모의 희미한 빛깔만은 유지하려 하는 법이다. 1926년의 또 다른 논설에 따르면, "진솔한 우정의 대적大敵은 오늘날 문화인의 삶을 좀먹고 있는 합목적성"이다. 그 합목적성이야말로 오늘날 대도시에 자리 잡고 있는 무수한 협회와 연맹을 지배하는 것으로, 이는 "인간을 너무도 파편화시킨 나머지 그들에게서는 깊고 진정한 감성을 찾아볼 수 없다." 1927년의 논설은 직접 "남성동맹"을 언급한다. 동물들과 달리 인간 사회에서는 가족 이외에 "장년과 청년들의 단체가 사회적 삶의 주축으로 떠오르는데," 이를 통하여 그들은 "세계와 삶을 구축한다." 그 단체가 바로 남성동맹으로 우리는 그것을 친족과 부족만이 아니라 민족에서도 발견한다. 남성동맹은 언제나 억압을 받아왔지만 "진정 이례적인 문화적 의미"를 보유하고 있고, 그것이야말로 "인류를 지탱해준다."14

라추바이트와 『인권』이 프리들랜더나 브란트를 노골적으로 비난한 적은 한 번도 없다. 이는 브란트 그룹이 바이마르공화국에 들어와서 독자적으로 정치에 뛰어들거나 공적인 이슈를 생산해내는 데 실패하고 수

십 명에 불과한 자기 집단 내부에 자폐적으로 머물렀기 때문이다. 인권동맹이 브란트 그룹을 비판하고 말고 할 이유가 없었던 것이다. 브란트 그룹이 자폐적으로 된 이유는 "시체로 길을 내는" 전략이 제2제정 같은 권위적인 정치사회에서나 효력을 발휘할 수 있을 뿐, 공적인 토론과 접촉이 관건이 된 의회 민주주의 체제에서는 무기력할 수밖에 없었기 때문이다. 그렇듯 비판할 필요가 없어서였는지, 『인권』은 전체적으로 히르슈펠트 그룹보다는 브란트 그룹에게 호의적인 듯한 인상마저 준다.

그러나 여기에서도 유의할 것은 인권동맹과 『인권』이 남성 동성애자의 여성성을 부인하는 데서는 프리들랜더-브란트 그룹의 논지를 서슴지 않고 이용하였지만, 중년 남성과 청소년 남성 간의 교육학적 에로스라는 그 그룹의 이론적 중핵은 결코 수용하지 않았다는 사실이다. 라추바이트와 인권동맹은 오히려 정반대 방향으로 나아갔다. 청소년 교육에서 목소리를 내고자 했던 라추바이트가 보기에 동성애 해방운동이 가장 경계해야 할 것은 동성애자가 청소년을 유혹하는 자라는 인상이었다. 게다가 바이마르공회국은 청소년 보호 문제를 진지하게 간주하여, 1926년 11월 "청소년 보호를 위한 음란물법"을 공포했다. 그러한 시대적 맥락을 배경으로 하여 라추바이트와 『인권』이 처음부터 마지막까지 포기하지 않은 것은 청소년의 성적 순수성이었다. 라추바이트는 청소년을 유혹하는 자를 "가장 가혹하게 처벌하라"고 요구하기도 했다.[15]

라추바이트와 『인권』은 프리들랜더-브란트 그룹으로부터 우정 개념을 수용하였지만 그 이론적 핵심인 중년 남성과 청소년 사이의 에로스는 탈각시켜버렸던 것인데, 이는 히르슈펠트로부터 동성애의 생득설은 취하되 그 이론적 핵심인 혼합적 성 개념은 탈각시켜버린 것과 동일한 방식이다. 사실 우리는 지금 지식인의 세계와 대중적 저널의 세계, 성과학의 동성애 이론과 대중적 동성애 운동의 노선 사이의 관계가 어떠하였는지를 목격하고 있는 중이다. 인권동맹과 그 기관지, 즉 대중운동과 저널은 히르슈펠트나 프리들랜더와 같은 지식인의 이론에 의지하되 그 속에서 필요한 것만을 취하여 혼합해버리며, 그 과정에서 발생하는 이론적 정합성 문제는 무시해버리는 것이다.

이런 태도는 1925년 히르슈펠트와 브란트 진영이 서로를 격렬하게 비난하고 나섰을 때에도 반복되었다. 브란트의 『고유한 남자』는 1925년 10월호를 "아줌마: 조롱과 투쟁의 대상Tante. Spott und Kampfnummer"이라는 제목으로 발행했다. 당시 "아줌마Tante"는 여성적인 남성 동성애자를 비웃는 은어였고, 그 호는 실제로 히르슈펠트를 공개적으로 비꼬고 비난하는 내용으로 채워졌다. 그 호에 실린 글들 중에서 히르슈펠트에 대한 공격이 가장 신랄하면서도 브란트 진영의 방향을 압축적으로 보여주는 논설이 하임소트Karl Günther Heimsoth의 「친구의 사랑과 동성애」였다. 하임소트는 1924년에 로스토크 의과대학에 박사논문으로 제출한 「이성사랑과 동성사랑」에서 한스 블뤼어의 발상에 입각하여 히르슈펠트의 "제3의 성"을 비판했던 인물이다. 그는 『고유한 남자』에 실린 새로운 논설에서 히르슈펠트를 "유대주의적이고 물질주의적인 환자"요, "여성화라는 탈종의 원흉"이라고 원색적으로 비난했다.

하임소트가 어떤 정치성을 추구했는지는 그가 그 글에서 사용한 이분법에서 적나라하게 나타난다. 그는 인간과 운동을 남성적↔여성적, 투사다운↔비굴한, 건강한↔병든, 이상주의적↔물질주의적, 인종적↔타락한, 독일적↔비독일적, 아리아 민족적↔유대적으로 구분했다. 구조주의 언어학 이론에 따르면, 위 이분법 좌측의 단어들과 우측의 단어들은 각각 계열의 관계를 갖는다. 좌측에 위치한 개념 내지 형용들 모두가 서로 교환 가능한 동의어들이라는 것이다. 이는 물론 우측도 마찬가지다. 좌측의 단어들은 남성주의 동성애자들이 아리아 민족주의와 반유대주의로 귀결되었음을 보여준다.[16]

브란트 진영이 그처럼 노골적으로 극우 정치 세력 혹은 파시즘으로 방향을 잡은 것은 175조 문제 때문이었던 것 같다. 브란트는 11월혁명과 바이마르공화국을 환영했지만, 1924~25년에 동성애 행위에 대한 처벌을 강화한 정부의 형법전개정안이 발표되자 공화국에 대한 기대를 접었다. 따라서 바로 그 시점에 히르슈펠트를 공격한 것은 동성애 운동 내부를 겨냥한 것이자 바이마르공화국에 대한 환멸을 표현한 것으로 해석할 수 있다. 브란트 진영과 히르슈펠트 진영이 벌이던 공방의 불똥은 인권동맹과 『인권』으로 튀었다. 하임소트의 글이 발표된 전후로 양 진영의 이론가들이 『인권』에 다투어 글을 게재하였던 것이다.

라추바이트는 1925년 11월호에서 양 진영 간의 논쟁에 대한 입장을 밝혔다. 그 복잡한 논쟁 내용, 특히 하임소트가 사용한 언어에 비추어보면 라추바이트의 글은 소박하기 짝이 없다. 우정론을 비판하면서 그는 묻는다. 현재 독일 인구에서 여성 인구는 남성보다 수백만 명이나 더 많다. 상황이 그러한데도 여성을 배제해버리면 우리가 어떻게 해방을 성취할 수 있겠는가. 청소년에 대한 교육학적 사랑의 가치를 아무리 강조한들 학부모들이 그것을 어떻게 받아들이겠는가. 따라서 우성론은 "잘못된 길"이다. 다른 한편, 라추바이트가 우정론자들의 논거에 부분적으로 동의할 때는 참으로 엉뚱하게 히르슈펠트의 생득설을 이용한다. 육욕을 억제할 수 있는 고결한 동성애자가 청소년을 문화적으로 고귀한 존재로 이끌 수 있다는 주장은 옳다. 그 청소년이 추후 뜻밖에 동성애자가 된다고 해도, 그것은 청소년이 동성애자로 타고난 경우로 한정된다.

그렇다고 해서 라추바이트가 히르슈펠트 진영을 편들었던 것도 아니다. 그는 그 논설에서 "해방운동의 의학 진영"이 동성애를 병으로 간주한다고 싸잡아 비판했다. 그러면서도 그는 그 입장을 손바닥 뒤집듯 바꾸면서 히르슈펠트의 의견을 수용한다. 만인은 남녀 혼합으로 태어나고, 따라서 동성애자는 비정상적이지 않다. 그렇다면 동성애자는 여성적이란 뜻인가? 그것은 절대로 아니다. 그렇듯 이론적 정합성과 일관성이란 찾아볼 수조차 없었지만, 라추바이트는 개의치 않았다. 그에게는 특정한 주장의 이론적 타당성이 아니라 동성애 운동에 대한 유용성만이 중요했다. 두 가지 이론을 혼합해버리는 면모는, 지회에 프리메이슨과 같은 "비밀조직Logen"을 따로 만들어서 문화운동을 펼치라고 독려한 데서도 나타난다. 인권동맹은 프리들랜더-브란트 그룹의 남성영웅론은 받아들이지 않았지만, 그들의 문화론만큼은 천연덕스럽게 수용했던 것이다. 때로는 여기에 히르슈펠트의 남녀 혼합론을 덧붙이기도 했다. 동성애자가 완전 남자와 완전 여자 사이의 존재여서 문화적 역량을 발휘하기에 더없이 적합한 존재라는 것이다.[17]

그처럼 유용성에 따라 지식인들의 이론을 가져다 쓰는 와중에 인권동맹은 돌연 전혀 새로운 것을 만들어냈다. 예컨대 1928년 5월 선거 전야인 4월 중순 함부르크에서 열린 인권동맹 총회의 결의안을 보면, 그 결의안을 채택했다는 사실을 적시한 다음 문장에서 "남자 동성애자에 대한 처벌 규정은 개인의 자유에 대한 침해"라고 선언한다. "동성애는 자연이 원한 것이기 때문에 이성 간의 사랑과 동일한 권리"를 갖는다. 결의안은 언뜻 과학·인도주의 위원회의 청원서와 똑같은 주장을 펼친 것처럼 보인다. 그러나 히르슈펠트와 과학·인도주의 위원회는 정치가와 법률가와 국민이 과학적 사실에 무지하다고 통탄하는 데 주안점을 두고 동성애자의 권리는 주변에 배치했다. 인권동맹의 청원서는 달랐다. 그들은 거의 모든 강연, 토론회, 청원서에서 동성애자의 자유와 인권을 빠뜨리지 않고 강조했다. 그들은 개인의 자유와 인권을 전면에 내세우면서 그 근거를 자연에서 찾았던 것이다.

게다가 그들이 내세운 자연은 히르슈펠트와 달리 '자연과학적 사실'로서의 자연이 아니었다. 예컨대 라추바이트는 1925년 2월의 한 강연에서 "국가의 어떤 법도 자연에 앞설 수 없다"고 주장했다. 이때의 자연은 근대 초의 자연권을 연상시키는 형이상학적인 자연이다. 인권동맹의 자연은 권리 차원의 자연이었던 것이다. 라추바이트와 『인권』의 편집진이 이를 명료히 인지하고 있었는지 판단할 도리는 없다. 앞서 언급하였듯이 인권동맹의 청원서에는 히르슈펠트의 유전적 형질론도 반복적으로 등장하기 때문이다. 논리적 일관성과 정합성 문제를 차치하면, 우리는 최소한 인권동맹과 『인권』이 동성애자들의 성애를 인권으로 설정하고, 이 주장에 유용하다면 그 어떤 이론적 내용도 가리지 않고 '전유'하였다고 판단할 수 있을 것이다. 인권동맹의 동성애 해방론이 당대의 지식인, 정치가, 정당의 해방론과 달랐던 점은 바로 그 인권론에 있었다. 인권은 지식인과 정당이 아니라, 오히려 대중적인 운동 조직이요 지식인들의 이론을 가져다 쓰는 신세였던 인권동맹의 논거에서 중심을 차지했던 것이다. 우리는 앞서 '국민과 민족과 국가와 계급 앞에 개인 및 소수자의 권리를 세우는 것'을 민주적 정치성으로 규정한 바 있다. 인권동맹의 입장은 그와 정확히 일치한다. 그렇다면 우리는 바이마르공화국에서 민주적인 정치성은 지식인과 정치인의 세계가 아니라 '대중적인' 운동에서 발현되고 있었다고 평가할 수 있으리라.

그렇다면 인권동맹은 민족과 국가를 부인했을까? 결코 그렇지 않았다. 그들은 동성애자들도 "정상적인 국민"이라고 주장했다. 동성애자들도 이성애자만큼이나 바람직한 국민이라는 것이었다. 예컨대 함부르크 총회에서 채택된 결의안은, "남자 동성애자들은 1914~18년에 전장에서 조국에 대한 의무를 완전하고 충실하게 수행하였고," "오늘날에도 여전히 납세자와 국민으로서의 의무를 충실하게 수행하고 있다"고 강조했다. 라추바이트는 1925년 11월에 히르슈펠트 진영과 브란트 진영의 "아줌마 논쟁"을 정리하면서, 인권동맹은 언제나 동성애자들이 "건강하고 완전한 가치를 지닌 국민"이라는 점을 강조해왔으며, "이것이야말로 동성애자들의 해방을 이끌어낼 수 있는 유일한 길"이라는 결론을 내렸다. 인권동맹에게도 국가와 민족과 국민은 이미 존재하는 실체였던 것이다. 다시 말해서 그들 역시 국가 담론으로부터 벗어나지 못하고 있었던 것이다. 그리고 당시의 역사적 맥락에서 국가 담론은 인권 담론의 전복성을 약화시킬 수밖에 없었다. 국가 담론을 받아들이는 순간, 국가에 유용한 존재냐 아니냐는 물음이 제기되었기 때문이다. 이 질문은 가장 단순한 차원에서 동성애자를 곤혹스럽게 만들었다. 자신의 성에 충실하는 한 그들은 국민을 재생산할 수 없는 사람들이었기 때문이다.[18]

그럼에도 불구하고 인권동맹은 동성애자들이 독일 국가에 유용한 존재라고 주장했다. 동성애자들이 "건강하고 완전한 가치를 지닌" 존재이기 때문이라는 것이었다. 문제는 "건강하고 완전한 가치를 지닌"이라는 발언의 의미다. 다시 말해서 동성애자는 어떤 존재이기에, 그리고 그들의 성은 어떤 성이기에, 건강하고 그래서 정상적인 국민이라는 것이었을까? 인권동맹은 초지일관하게 답했다. 동성애자는 "품위" 있는 존재이다. 동성애자는 성적인 "난행" 혹은 "음란"과는 거리가 먼 존재라는 것이다. 여기서 우리는 성과학자들의 개념장을 떠올릴 수 있다. "품위 있는 성"은 성적 충동을 도덕에 의하여 통제하는 성을 가리킨다. 인권동맹은 궁극적으로 크라프트에빙의 성 개념을 반복하였던 것이다.

인권동맹이 인권을 내세우다가 돌연 도덕으로 전향한 것은 지식인들의 이론을 뒤섞어 자신의 것으로 만드는 면모가 반복된 것이기도 하지만, 더욱 중요한 것은 그 뒤에 깔려 있는 전략적 발상이다. 크라프트에빙의 성이 부르주아적 성 관념의 과학적, 의학적 판본이므로, 우리는 인권동맹의 전략이 부르주아 이성애자들의 성에 자신들의 성을 편입시킴으로써 정상성을 인정받으려 했다고 해석할 수 있다. 그러나 그러한 시도는 인권 개념으로 표출된 그들의 민주적 정치성을 약화시킬 수밖에 없는 노릇이었다. 의식하든 의식하지 못하든, 그 전략에는 부르주아적인 이성애적 가치가 이미 전제되어 있기 때문이다.

품위와 성애

품위는 그러나 정치 전략의 문제만이 아니었다. 품위는 인권동맹과 『인권』이 주조하려던 동성애자의 정체성, 혹은 동성애자 인격의 핵심이기도 했다. 다시 말해서 동성애 생득설과 남자다운 남자로서의 동성애자를 주장함으로써, 성과학 및 정치가들과 마찬가지로 인격으로서의 동성애자를 생산해온 『인권』은 동성애자 인격의 내용까지도 주조하려 했던 것이다.

앞서 우리는 인권동맹 지도부가 지식인들의 동성애 해방운동과는 다른 독립적인 조직과 운동을 구축하려 했다는 점을 여러 차례 강조했다. 그 목표를 달성하기 위해서는 대외적으로 적절한 전략과 논거를 내세우는 것 외에, 내부적으로 회원들을 하나로 묶어내는 것이 필수적이었다. 『인권』은 논설에서 "한 사람은 모두를 위해, 모두는 한 사람을 위해!"라는 고전적인 구호를 되풀이했다. 그러나 슬로건보다 더 중요했던 전략은 인권동맹과 『인권』이 회원들, 즉 동성애자들을 호명하는 방식이었다. 그들은 동성애자들을 항상 "우리"라고 불렀다. "우리 인권동맹은"으로 시작되는 사설과 보도와 논설은 굳이 찾아보려 하지 않아도 쉽게 발견될 정도로 흔했다. 그들은 인권동맹을 "우리 진영" 혹은 "우리 편"으로 호명했고, 인권동맹의 목표를 "우리의 목표"라고 불렀고, 인권동맹의 활동을 "우리의 운동"으로 선포했으며, 인권동맹의 이해관심을 "우리의 이해관심"으로 칭했다. 동일한 논리에 따라 "우리의 특징" "우리의 고유한 종류" "우리의 고유한 인간 집단" 등의 단어가 빈번하게 사용되었다.[19]

'우리'는 물론 '다름'을 전제로 한다. 묘하게도 동성애자들은 자신들의 정체성의 내용을 '다름'에서 찾았다. 이는 히르슈펠트가 참여한 영화 「타인과는 다른 이들」에서 가장 잘 나타난다. 그리고 그 영화에 자극을 받아 쓰여진, 1920년대 동성애자들 사이에서 인기가 높던 노래 역시 다름을 강조했다. 1920년에 당대의 유명 작사가 슈바바흐Kurt Schwabach가 가사를 쓰고 카바레 작곡으로 명성이 높던 슈폴리안스키Mischa Spoliansky가 작곡하여 "지칠 줄 모르는 연구자이자 친구인 국가 보건위원 히르슈펠트 박사"에게 헌정한 「연보랏빛 노래Das lila Lied」가 그것이다. 그 노래가 포함된 악보집은 『우정』을 발행하던 출판사에서 발간되었는데, 발매된 지 단 세 달 만에 다섯번째 쇄를 찍을 정도로 사랑받았다. 가사는 다음과 같다. "그들이 원하는 게 뭐지? 문화일까? 지적이고 선량하지만 고유한 피가 흐르는 그 모든 사람들이 조롱을 받는 그것. 기쁨과 놀이와 본질에서는 비슷하지만 법으로부터 추방된 그들. 그럼에도 그들 대부분은 자신들이 다른 이들과는 다른 살을 갖고 있다는 것을 자랑스러워 하네. 도덕 속에서만 살면서 기적에 의해서만 호기심을 느껴 방랑하지만 진부한 것만 아는 그런 사람들과 우리는 달라. 우리는 다른 세상의 자식이기에 그 느낌이 어떤지 알아. 우리는 뜨거운 연보랏빛 밤을 사랑할 뿐. 우리는 다른 이들과 다르기 때문이지."

자신들은 "고유한 피"가 흐르고, "다른 이들과는 다른 살"을 갖고 있으며, "다른 세상의 자식"임을 천명한 그 노래는 "독일 동성애자들의 애국가"로 불렸다. 비록 이성애자들이 작곡 작사한 것이었지만 동성애자들의 술집에서 연주되었고, 노래가 시작되면 손님들이 따라 부르곤 했다. 급기야 "라일락" 혹은 "연보랏빛"이라는 단어가 붙은 시가 만들어지고 "연보랏빛 주점"까지 생겨났다. 그렇게 하여 연보랏빛은 독일 동성애자들의 상징이 되었다. 그 노래가 그토록 사랑 받은 이유는, 히르슈펠트와 인권동맹이 열렬히 강조하던 동성애의 자연성이 강조되면서도 고통과 연민이 아니라 자기긍정 및 자부심을 드러냈기 때문으로 보인다.[20]

그런데 이성애자와 다르지만 자랑스럽도록 해주는 그것이 도대체 무엇이었을까? 결론부터 말하자면, 독일의 동성애 운동은 답을 찾지 못했다. 그러나 그들은 해결을 위해 부심했다. 그 노력은 동성애자들이 자기 이름을 찾으려고 고투하는 과정에서도 드러난다. 당대에 동성애자에 대한 이름은 많았다. 부르주아 세계의 "남색자," 울릭스가 만들어낸 "우르닝," 벤케르트가 만들어낸 "동성애자," 프리들랜더 계열에서 사용하던 "친구"와 "동성사랑인," 프로이트주의자들이 애용하고 블뤼어가 수용한 "전도된 자Invertierte," 라추바이트가 만들어낸 "종種의 동지Artgenosse," 동성애자들끼리 즐겨 사용하던 "뜨거운 형제warmer Bruder," 부정적인 함의를 가진 형용사로만 사용되다가 나치 탄압을 거치면서 독일 남성 동성애자의 자기표현이 된 "뜨겁고 끈적끈적한 schwul" 등이 그것이다.

그러나 그 모든 이름에 문제가 있었다. 남색자를 거부한 이유는 새삼 설명할 필요가 없으리라. 우르닝은 여성성이 함의되어 있었기에 거부되었다. 동성애자Homosexuelle는 "성sexuell"이란 음절 때문에 품위와 거리가 있어 보여 꺼림칙했다. 그럼에도 불구하고 그 단어가 무수히 사용된 것은 그 개념이 이미 널리 확산되었기 때문이다. 친구는 막연해서 문제였다. 종의 동지는 막연할 뿐만 아니라 동물을 지칭하는 듯한 찜찜함이 있었다. 전도된 자 역시 이미 '정상'의 반대임을 함축하기 때문에 환영받지 못했다. 뜨거운 형제와 "뜨겁고 끈적끈적한"은 형용사여서 곤란했다. 그 모든 명칭들 중에서 그나마 나은 것이 "성" 대신 "에로스eros"를 음절로 삽입한 "동성사랑인Homoerot"이었다. 그러나 성과학자들은 이미 19세기 말에 에로스라는 단어에 고대적인 사랑 외에 성애라는 함의를 틈입시켜놓았다. 게다가 동성애자라는 단어가 이미 확산되어 있었기에 동성사랑인은 경쟁에서 이길 수가 없었다.

동성애자들은 합의하지 못했고, 결국 각자가 자기 느낌에 맞는 단어를 사용했다. 『인권』에서 가장 많이 사용된 칭호는 라추바이트가 끝까지 밀어붙인 종의 동지와 동성사랑인과 친구였다. 자기 이름을 찾으려는 저 힘겨운 싸움은 타자화된 인간이 자신을 긍정적으로 표현해내는 것이 얼마나 힘든 과제인지 새삼 보여준다. 동성애자의 경우 문제의 핵심은, 그들이 난행과 거리가 먼 '품위'를 핵심 가치로 삼으려 하였지만,

품위는 이미 이성애자의 가치였다는 데 있었다. 품위라는 단어로는 자신들의 다름을 표현할 수가 없었던 것이다. 그들이 품위와 동급이면서도 고유하기도 한 가치를 표상해내는 데 성공했더라면, 품위가 포함된다고 하더라도 다름은 표현해낼 수 있었을 것이다. 오늘에 와서 사후적으로 말해도 된다면, 히르슈펠트의 'n개의 성'에 '환희'를 결합시키는 것이 가장 바람직한 길이었으리라. 그러나 그렇게 되면 난행과 난교의 의심을 살 수 있었고, 그것은 품위와 어긋나는 일이었다.

그러한 고투의 와중에 혹은 바로 그 어려움 때문에, 그들은 이성애자와의 다름을 동성을 사랑한다는 단순한 사실에서 찾는 것으로 끝내고, 비이성애자들 중에서 자신들만은 우월하다고 주장하는 길을 갔다. 품위를 드높이기 위하여 이성애자들과 '다른' 그들과 한 번 더 '다른' 사람들을 백안시한 것이다.『인권』이 "우리"에 포함시키길 거부한 집단은 여럿 있었다. 첫째, 그들은 여성화된 동성애자를 배제했다. 자신들은 어디까지나 남자였기 때문이다. 둘째, 양성애자 역시 배제되었다. 이것이 성과학이 출현하기 이전과 비교하여 확연하게 달라진 바였다. 19세기 초반까지만 해도 동성애자와 양성애자는 섞여 있었다. 혹은, 두 집단을 분리시키는 정체성이 그리 뚜렷하지 않았다. 셋째, 복장전환자 역시 거부되었다. 복장전환자들을 남녀의 경계를 흐리는 존재로 간주했기 때문이다. 넷째, 그들은 남남매춘에 종사하는 동성애자 혹은 그들을 찾는 사람들을 배제했다. 매춘은 난행이었기 때문이다.

『인권』은 긍정적인 길도 모색했다. 그들은 자신들의 조상, 즉 자랑스러운 동성애자의 족보를 고안하여 동성애자의 가치를 표상하고 확산시키려 했다. 역사 속의 유명 인물이 동성애자였음을 밝히고 그 연속성 속에 자신들을 배치하려는 시도는『인권』이 처음으로 시작한 작업이 아니다. 그 작업은 19세기 말에 의사들이 병리의 역사로서 시작하였으나, 히르슈펠트의 저널인 『중간 단계의 성』이 그 방향을 역전시켜 동성애자의 정상성과 우월성을 드러내는 방법으로 사용했다. 『인권』에게는 『중간 단계의 성』의 지식인들이 체계적으로 추진하던 족보 만들기의 수준을 따라잡을 역량이 없었다. 그러나 평범한 동성애 독자들이 자랑스러워 할 조상을 염원한다는 점을 간파한 라추바이트는 『인권』에 부정기적이지만 꾸준하게 역사 속의 동성애자들을 소개했다.

　『인권』에 소개된 인물을 일별하자면, 카이사르, 아우구스투스, 콘스탄티노플을 점령한 오스만 제국의 모하메드 2세, 마케도니아의 왕 필리포스와 알렉산더, 프로이센의 프리드리히 대왕, 나폴레옹의 최측근이었던 법률가 캉바세레스Jean-Jacques Cambacérés, 르네상스 예술가인 미켈란젤로와 첼리니, 고고학자로서 미술사를 정립한 빙켈만Johann Joachim Winckelmann, 18세기 말의 극작가이자 배우 아우구스트 이플란트August Wilhelm Iffland, 18세기 말과 19세기 초에 활동했던 작가이자 정치가인 요하네스 폰 뮐러Johannes von Müller, 19세기 전반기 함부르크의 유명 연극배우였던 빌헬름 쿤스트Wilhelm Kunst, 19세기 중반 스위스의 국민시인 야코프 슈투츠Jakob Stutz, 19세기 전반기에 활동했던 독일 시인 폰 플라텐August Graf von Platen-Hallermünde, 19세기 말에 활동한 프랑스의 신비주의 작가 펠라당Joséphin Péladan, 마지막으로 오스카 와일드였다. 위 인물들의 면면은 『인권』이 지향하는 바를 선명하게 보여준다. 『인권』의 영웅은 국가를 창건하거나 웅비토록 한 사람, 혹은 위대한 예술가였다. 또한 흥미로운 사실은 그들의 전기에 주인공의 성애가 언급되지 않는다는 점이다. 다시 말해서 인권동맹이 그려내어 주입하려는 동성애 영웅들은 자신들의 성을 승화시킨 인물이었던 것이다.

족보 만들기는 물론 역사 만들기의 일부이다. 그러므로 족보를 만들던 동성애 운동이 역사 만들기를 간과할 리 없었다. 대표적으로 히르슈펠트는 『남자와 여자의 동성애』의 제33장에서 "동성애의 역사: 고전고대에서의 동성애"를, 제38장에서 "동성애 남성과 여성의 복권: 해방투쟁의 선구자들 ― 괴테에서 크라프트에빙까지"를, 제39장에서 "동성애 억압에 저항하는 조직화된 운동: 해방투쟁의 정신적인 활동가들"을 거의 100쪽에 걸쳐서 서술했다. 그는 또한 1922~23년 『우정』에 총 53회에 걸쳐서 「그때부터 지금까지」라는 제목 아래, 1897년 출발 시점부터 1922년까지 독일 동성애 해방운동의 역사를 회고록 형태로 연재했다.

그보다는 비체계적이고 분량도 적고 내용도 소략했지만, 『인권』 역시 다른 책에 언급되어 있지 않은 동성애의 역사를 발굴하여 재구성했다. 예컨대 1926년 4월호는 「대도시의 모습」이란 제목 아래 빈의 동성애 역사를 삽화적으로 보여준다. 제1부는 1870년대 후반에 동성애와 관련되어 가톨릭교회를 떠나 유니테리언교회로 옮겨간 가톨릭 성직자 포르스터Karl Forster의 일기를 분석했다. 포르스터는 남성 동성애자가 진정성과 지조를 기대할 수 있는 파트너는 오직 남성 이성애자뿐이라고 주장한 반면, 그 편지에 답하는 포르스터의 친구는 그에 반대하는 내용을 주장했다. 그 일기에는 동성애 이론도 없고, 동성애와 양성애가 구분되지 않은 상태에서 동성애가 사회 고위층에 한정되어 있는 듯한 인상을 준다.

그러나 그로부터 25년이 흐른 1900년대, 한 신문의 보도를 통해 드러나는 빈은 완전히 달라져 있었다. 유명 거리에 자리 잡은 동성애자 전용 술집에서 슈트를 입은 신사와 젊은 남자가 주소를 주고받고, 그 와중에 협박범의 마수에 걸려들어 고초를 당하는 장면이 반복된다. 신문은 동

성애가 사회의 고위층만이 아니라 동일한 비율로 노동자들 사이에도 일
반화되어 있다고 주장하면서, 타고난 형질 때문에 어쩔 수 없이 범죄자
가 되는 사람들과 부도덕성 때문에 죄를 저지른 자를 어떻게 구분하여
처벌할 것인가를 논한다.

　달라진 빈의 모습만큼이나 놀라운 것은 그 신문의 독자편지란에 실
린 일반 동성애자들의 반응이다. "동성애자의 불행"이라는 어구를 입에
담은 기자가 "그릇된" 것이다. "자신의 사랑과 취향에 충실한" 우리는
"완전히 행복한" 사람이다. "우리는 병든 것도 미친 것도 아니다. 우리는
다른 모든 사람들처럼 완전히 정상이다." 또 다른 동성애자는 정곡을
찔렀다. "우리는 이른바 '정상인들'의 연민을 원하지 않는다." "물론 우
리들 사이에도 퇴행적이고 데카당한 부류는 있다. 그러나 그 비율은 이
성애자들과 같다." "우리는 제3의 성이다." 우리는 "처벌의 대상이 아니
라 협박범과 사기꾼들로부터 보호받을 대상이다." 25년 전과 달리 그들
에게는 동성애 이론도 있었고, 확고하고 긍정적인 정체성도 있었다.

　1926년 5월의 『인권』은 「대도시의 모습」이란 똑같은 제목으로 18세
기 말과 19세기 전반기 베를린 동성애의 역사도 만들어냈다. 사료는 19
세기 전반기에 스캔들로 비화되었던 유명한 동성애 재판기록이고, 이
를 통해 그려지는 베를린의 동성애 모습은 빈보다 훨씬 분방하다. 혹은,
역사 만드는 방법이 보다 솔직하다. 『인권』의 저자는 몇몇 고위 귀족이
어떻게 몇 명의 젊은 남자들을 만나서 어떻게 사랑하고 협박당했는지
파트너의 이름까지 적시하며 그려낸다. 그 글은 동성애자가 얼마나 많
은 지식을 보유한 천재인지도 드러내지만, 그가 자신의 성적 열망에 충
실한 끝에 어떻게 파멸하는지도 가시화한다. 품위와 성애가 교차되어
있지만, 결론은 국가와 민족이었다. "프로이센의 수도에서 확인된 동성

애 충동의 폭넓은 확산과 무제한적인 충족은 프로이센 국가가 강력하게 웅비하는 것을 전혀 방해하지 않았다." 오히려 "사랑 대상에서의 다양성과 차이는 독일 민족이 질투를 받을 정도로 강력하게 팽창하게 되는 필수불가결한 전제조건이었다."[21]

그렇듯 동성애의 족보와 역사는 똑같은 정신에 입각해 있었다. 품위와 자부심과 국가가 그것이다. 『인권』이 회원들에게 품위 있는 인간으로서의 자부심을 주입시키기 위하여 채택한 전략은 그 외에 또 있었다. 강연과 논설도 있었지만, 콩트도 한몫했다. 『인권』에는 1926년부터 1928년까지 부정기적으로 1~2쪽 분량의 콩트 총 9편이 실렸다. 그중에서 7편은 1928년에 「이상적인 우정」이란 이름 아래 정기적으로 게재되었다. 인권동맹 지도부는 아마 같은 내용과 구호만을 반복하는 강연과 논설보다는 콩트를 이용하는 것이 보다 효과적이라고 판단했던 것 같고, 『우정보』를 구독하지 않는 독자들에게 가벼운 문예오락을 제공해야 할 필요성도 느꼈던 것 같다. 콩트는 대부분 멜로물이었다. 예컨대 「사랑은 승리한다」라는 콩트는 돈으로 애인을 뺏으려 하는 늙은 부자의 압력에도 불구하고 사랑을 지켜내는 주인공을 그렸다. 좀더 진지한 메시지가 담긴 콩트도 있었다. 「안부엽서」라는 콩트는 한 청소년에게 "마법적으로 끌린" 중년 남성이 소년의 아버지의 방해에 막혀 접근하지 못하다가 겨울 호수에 빠진 소년을 구해준다는 내용을 담았다. 콩트에서 주인공 남자는 소년의 아버지와 세상이 "우정의 신성함"을 이해하지 못한다고 한탄한다.

그 신성한 우정의 내용은 물론 품위였다. 콩트 10편 중 단 한 편에도 성교 장면이 묘사되어 있지 않다. 키스 장면조차 3편에만 등장한다. 성교는 몇 년 또는 10여 년간 동거를 했다는 사실, 혹은 하룻밤을 함께 보낸 동성 연인이 아침을 맞는 장면에서 간접적으로만 암시될 뿐이다. 애인의 육체에 대한 욕망이 표현된 것도 단 2편에 불과하다. 오히려 콩트는 주인공의 도덕적 무결함을 강조한다. 대표적으로 「친구: 타인들로부터 버림받은 남자의 고백」이란 콩트에서 나이 든 주인공은 청년 시절 함께 동거하다가 세상을 떠난 연상의 애인을 회고하며 말한다. "내가 사회와 도덕의 범죄자라고요? 나는 그게 무슨 소리인지 모르겠소. 나는 단 한 번도 친구의 육체를 요구하지 않았어요. 나는 그의 영혼을, 그의 가슴을 원했고, 그는 그 두 가지를 내게 주었지요."[22]

품위는 『인권』의 표지에 실린 삽화에서도 강조되었다. 표지는 세 종류였다. 한 가지는 제명과 제호와 목차만 담긴 표지, 다른 한 가지는 족보 만들기 난에 실리는 동성애 선조의 초상화가 실린 표지, 나머지는 삽화가 실린 표지였다. 그중 가장 많은 것이 삽화가 실린 표지였다. 삽화 속의 동성애자의 모습에는 공통점이 많았다. 남자만 실렸는데 대부분 누드였다. 문제는 벌거벗은 주인공의 몸이다. 성기가 노출된 누드는 단 두 개에 불과했다. 그것도 마치 고대 남성 조각처럼 성적 흥분이 삭제된 탈성화된 누드다. 정면을 바라보는 누드는 단 한 개에 불과한데, 끈 팬티를 입고 있다. 그리고 대부분의 삽화에는 한 사람의 누드만이 등장한다. 벌거벗은 남자 두 명이 그려진 삽화는 단 2편뿐이다. 그리고 누드는 대부분 숲, 바위, 강 등 자연에 배치되었다. 누드는 또한 활을 쏜다거나 창을 던지는 등 고대적인 포즈를 취하고 있다. 그리고 전부는 아니지만 대부분의 벌거벗은 몸은 청소년의 몸이고, 중년조차 댄디한 몸이다. 자연 속에 누드를 배치한 것은 동성애 해방운동의 기원의 하나가 생개혁 운동, 특히 누드주의였다는 점을 기억하게 해준다. 고대적 포즈와 청소년이 등장한 것은 프리들랜더-브란트 진영의 미학적인 남성영웅 동성애

『인권』에 실린 동성애자의 모습에는 공통점이 많았다. 남자만
실렸는데 대부분 누드였다. 문제는 벌거벗은 주인공의 몸이다.
성기가 노출된 누드는 단 두 개에 불과했다. 그것도 마치 고대 남
성 조각처럼 성적 흥분이 삭제된 탈성화된 누드였다.

론의 반향일 것이다.

　인권동맹은 회원들에게 품위를 문화적으로, 즉 간접적으로만 주입하려 하지 않았다. 인권동맹은 강연과 논설을 통하여 끊임없이 훈계했다. 예컨대 1926년 베를린 경찰이 동성애자 술집에서의 난행을 문제 삼으면서 출입 시간을 자정 이내로 제한하자, 인권동맹과 경찰 간에 항의 서한과 답신이 오고 갔다. 인권동맹 지도부는 독자들에게 그 경과를 보고하면서 다음과 같이 훈계했다. "솔직하게 말하자면, 우리는 경찰이 많은 측면에서 옳다는 것을 인정해야 한다. 일부 동성애자들이 다른 사람들이 지켜보는 데서 지저분하게 구는 것은 명백한 잘못이다. 품위 있는 동성애자는, 특히 인권동맹 회원은 그런 불건전한 무리로부터 뚜렷한 선을 그어야 한다. 이는 품위 있는 이성애자들이 인간쓰레기들과 동급이 되지 않으려고 노력하는 것과 똑같다."

　인권동맹 지도부가 분명하게 선을 긋는 일이 실제로 일어났다. 1928년 켐니츠 지회 의장과 부의장이 한 집에 동거하면서 일상과 복식을 이성애 부부처럼 나누어 생활하다가 이웃의 밀고로 경찰에 체포되었다. 그들은 1927년 2월에 절친한 친구들만 초대해서 약혼식을 올리고, 두 사람의 이름이 새겨진 약혼반지를 주고받았으며, 한 침대에서 생활했다. 인권동맹 지도부는 "그런 사람들이 동맹의 수뇌에 있다는 것은 스캔들"이라면서 두 사람을 강제로 탈퇴시켰다. 인권동맹 지도부는 두 사람이 켐니츠 지회의 지도부가 되었을 때만 해도 그런 "흠결 있는 사람"인지 몰랐다고 변명하면서, 그들의 "모난" 생활 방식은 동맹의 목표와 합치되지 않으므로 변호 비용도 떠맡지 않기로 결정했다고 선언했다.

　인권동맹이 보기에 품위를 잃지 않는 방법은 "규율"이었다. 『인권』의 한 논설에 따르면 "이성애자 남자가 여자와 사귈 때 '교양인'으로 보이게 해주는 것은 그 남자의 규율이다. 우리 동성애자들이 그들과 동급의 인간으로 평가받게 해주는 것도 규율이다." 논설은 계속해서 주장한다. "우리가 우습게 보이는 일을" 결단코 피해야 한다. 그러기 위해서는 "우리 자신에게 가혹하고 불편한 강제를 부과해야 한다." 이를 위해 필요한 것은 "의지력이라는 윤리적 원칙"이다. 우리의 인격이 강건해야만 "적들에게 우리가 순수하고 고귀한 인간"이라는 것을 설득할 수 있다. "반드시 필요한 것은 매 순간 정확하고 지혜롭고 눈에 띄지 않게 행동하는 것이다." 왜냐하면 "기존의 사회질서를 위반하는 것은 반드시 보복을 받기 때문이다."

라추바이트는 노동 규율도 강조했다. 대공황이 한창이던 1931년 4월 그는 인권동맹에 직업소개소를 설치하려다가 실패한 일을 언급하면서, 실업 상태의 동성애자들에게 동성애자 고용주 회사의 일자리를 알선해주면 "형질이 같다"는 이유로 사장의 권위를 인정해주지 않는다고 분개했다. 그래서 그런 고용주들이 이제는 동성애자의 채용을 아예 거부한다는 것이었다. 라추바이트는 또한 공황기에 베를린의 몇몇 대기업 인사 담당자들에게 특별히 부탁을 해서 38명을 취업시켜주었지만, 얼마 지나지 않아서 몇 명을 제외하고는 불량한 근무 태도 때문에 해고되었다고 덧붙였다. 라추바이트는 그것이 동성애자들에게 "규율과 자기지배"가 결여되어 있기 때문이라고 비판했다. 게으르기 때문임에도 불구하고 그들은 형질 핑계를 대면서 하늘과 세상을 원망한다는 것이다.

규율은 행동강령으로 구체화되었다. 인권동맹의 슈투트가르트 지회에서 작성되어 『인권』과 『우정보』를 통하여 모든 회원들에게 회람된 "우리의 십계명"은 다음과 같았다. "제1조. 너의 형질을 절대로 드러내지 마라. 제2조. 열성적으로 직업에 헌신하며 좋은 책을 읽고 스포츠와 예술에 힘써라. 제3조. 너와 내적으로 가깝고 너를 사랑하는 친구를 구하되 외적인 아름다움을 지나치게 중요시하지 마라. 제4조. 좋은 친구를 발견하면 그에게 지조를 지키고, 그에게도 지조를 요구하라. 제5조. 친구에게서 육체적인 것을 우선적으로 추구하지 마라. 제6조. 동거를 결정하기 전에 신중히 생각하라." 7조에서 9조까지는 동성 애인과의 일상적 삶에 대한 충고이고, 제10조는 다음과 같았다. "너의 형질을 절대로 그릇된 것 혹은 병적인 것으로 간주하지 마라. 너는 너의 자연을 행하고 있을 뿐이다."[23]

품위, 규율, 자기지배, 노동윤리, 모범 등등을 통하여 동성애자는 독일 국가의 정상적인 국민이 되어야 했다. 한편으로 『인권』은 독일이 "가장 타락한 나라"라는, 한때 프랑스가 갖고 있던 악명 높은 지위를 차지하였으며, 이는 "전과자동맹"이란 단체 외에 "우정동맹"이라는 동성애자 단체가 존재한다는 사실에서 드러난다는 한 프랑스 신문의 보도에 치를 떨었다. 다른 한편으로 『인권』은 "우리게 조국이 있는가? 아니다. 한 번 더 말하노니, 아니다!"라고 외치며 역설적으로 조국을 갈구했다. 그들은 인권이라는, 국가에 앞설 수도 있는 가치를 천명하였음에도 불구하고, 국가라는 실체를 이미 전제하고 있었던 것이다. 그리고 1929년 가을 바이마르 국가가 그들을 끝내 거부하자 인권동맹 지도부는 돌연 변신한다. 대중적 동성애 운동의 파쇼화 조짐이 나타난 것이다.

그 전조는 1930년 가을부터 『인권』에 프리들랜더 진영의 우정론을 설파하는 논설이 연속해서 실린 것으로 나타났다. 그러더니 1930년 9월 선거에서 나치가 대승을 거두어 원내 제2당으로 부상한 시점에, 라추바이트는 히르슈펠트 진영의 생득설을 완전히 폐기했다. 프로이트주의를 끌어들여 유아기에 양성적이었던 인간이 성장 과정에서 이성애와 동성애로 분화된다고 주장한 것이다. 더욱이 이듬해인 1931년 7월 라추바이트는 『인권』에 「지도자」라는 사설을 게제했다. 당대 독일에서 "지도자Führer"란 히틀러에 대한 나치의 호칭이었다. 물론 지도자를 자임한다고 해서 라추바이트가 곧바로 나치 혹은 준準 나치가 되는 것은 아니다. 히틀러와 나치당의 부상 이후 우익 정당들은 다투어 지도자라는 명칭을 사용함으로써 대중적 흡입력을 행사하려 하였고, 그렇게 '히틀러 운동'과 경쟁하려 했다. 그러나 정당은 물론 정치 단체도 아닌 동성애자들의 조직에서 뜬금없이 지도자라니, 이는 나치에 대한 추파가 아니겠는가. 게다가 이미 파쇼적 함의를 지닌 우정론이 설파되고 있지 아니한가. 그리고 라추바이트는 지도자를 정의하면서 정확하게 히틀러 운동의 개념을 차용했다. "오늘 우리는 좋은 의장을 선출하려는 것이 아니다. 우리는 지도자, 즉 자신이 원하는 것을 정확히 알고 또 진정으로 지도할 능력을 갖춘 지도자를 갖고자 하는 것이다."

그다음 달인 1931년 8월호의 『인권』에는 「국가와 에로스」라는 사설이 게재되었다. 사설은 국가와 국가에 대한 국민의 의무에 대하여 논하면서, 국가가 "우리를 적대시한 데는 우리가 불건전한 길을 걸었던 것"도 하나의 원인이 아니었는지 질문해야 한다고 썼다. "우리는 유감스럽게도 국가에게 국가가 받아야 하는 충분한 존경을 표하지 않았다." 이어서 사설은 무솔리니Benito Mussolini가 거론한 "죽음으로 갚아야 할" "국가에 대한 죄목" 두 가지를 제시했다. 하나는 "국가에 대한 음해"인데, 이는 "우리가 지금까지 행했던 것"이다. 다른 하나는 "국가에 대한 착취"로, 우리가 "지금까지 의회에서 목격한 것"이다. 필요한 것은 "국가에 대한 사랑"이다. 그리고 같은 달에 라추바이트는 히틀러에게 보낸 공개서한에서 고대와 독일의 역사 속에서 동성애자들이 얼마나 위대한 성취를 이룩했는지 직시하고 동성애에 대하여 긍정적으로 생각하라고 촉구했다.

1931년 9/10월호 『인권』에는 「나치 남성동맹」이란 논설도 게재되었다. 논설은 나치 이데올로그 알프레드 로젠베르크Alfred Rosenberg의 주저인 『20세기의 신화』를 남성동맹의 역사로 읽을 것을 제안한다. 논설은 남성동맹의 예를 고대 이집트, 인도, 그리스, 로마, 게르만 귀족, 기사단, 독일 대학생 부르셴샤프트Burschenschaft, 반더포겔에서 찾은 뒤, 로젠베르크의 책이 여성화된 독일 사회를 원래의 남성동맹으로 되돌리려는 시도라고 칭찬한다. 인권동맹은 결코 나치당에 대한 지지를 선언한 적이 없다. 히틀러가 총리에 임명되고 한 달이 지난 1933년 2월에 발간된 마지막 호에서도 『인권』은 정당정치적인 중립을 천명했다. 그러나 그때는 인권동맹이 인권이 아니라 국가에 대한 동성애자의 충성을 강조하기 시작한 지 2년이 넘은 시점이었다. 당시 독일의 수많은 우익 단체가 나치는 아니었지만 나치 집권 전에 이미, 그리고 나치가 요구하지 않았음에도 불구하고 나치 인근에 가 있었던 것처럼, 인권동맹 지도부 역시 나치로 전향한 것은 아니지만 나치 근처에 가 있었던 것이다. 그렇게 그들은 자신의 일부를 겁박하고 가두고 거세하고 학살하게 될 적에게 스스로 다가갔던 것이다.[24]

우리에겐 당장 대답할 수 없지만 반드시 던져야 하는 질문이 남아 있다. 지금까지 우리는 지식 및 정치 엘리트와 대중 사이에 위치한 인권동맹과 『인권』의 담론 지형을 추적해왔다. 그러나 대중운동의 활동과 대중 저널의 언어를 분석하는 것만으로는 담론이 일상의 인간을 얼마나 장악했는지 드러낼 수 없다. 그 문제는 대중 저널의 언어를 대중이 어떻게 받아들이고, 역으로 저널에 어떤 영향을 미쳤는지 살펴보아야만 풀어낼 수 있다. 따라서 우리는『인권』의 규율화 작업에 동성애 독자가 어떻게 반응했는지 물어야 하고 또 알아야 한다. 그러나 그럴 방법이 없다.『인권』에는 적지 않은 독자편지가 게재되었지만, 편집진의 검열을 거쳤기 때문이었는지 인권동맹 지부의 활동과『인권』의 내용에 찬성하고 감사하는 것뿐이다.

따라서 규율화하는 담론의 힘에 대한 일반 동성애자의 반응은 동성애자들의 실제 삶에 견주어 추측하는 수밖에 없다. 다만『인권』에 개제된 글 일부에 인권동맹 지도부의 노선과 충돌하는, 혹은『인권』의 공식 노선을 폭파시키는 듯한 면모가 흐릿하나마 발견된다. 그 글이 바로 콩트다. 우리는 앞서 1928년에「이상적인 우정」이라는 큰 제목 아래 총 7편의 콩트가 게재되었음을 밝힌 바 있다. 그중 3편에 키스 장면이 묘사되어 있다. 그 키스들이 모두 품위와 민족 안에 갇혀 있기는 하다.「불덩이 같은 고독」에서는 결혼을 위해 떠나는 동거 연인과 고통스럽게 이별한 주인공이 한나절 동안 저잣거리를 거닐고, 이어서 그는 삶의 한 장이 마감되었다는 것을 깨달으면서 묘한 안도감을 갖는다.「새벽의 출발」에서는 여인숙에서 하룻밤을 지낸 한 쌍이 과감하게 바깥세상으로 나가면서 "오 독일이여, 너는 위대하고 아름답다"고 외친다.「이별」에서는 육체적 욕망이 충족된 뒤에 남은 공허를 견디지 못한 주인공이 스스로 목숨을 끊는다.

품위만큼이나 중요한 것은 그러나 키스의 묘사와 뉘앙스가 품위를 폭파시키고 있다는 점이다.「불같은 고독」이라는 콩트에서 주인공은 결혼할 여성을 향해 떠나는 동성 애인을 "가슴에 힘껏 끌어안으며 키스하고, 키스하고, 끝날 줄 모르게 키스했다. 그는 스스로에게 말했다, 이게 마지막일지 몰라."「새벽의 출발」이라는 콩트에서 주인공은 애인과

하룻밤을 지낸 뒤 "오늘 나는 자유다!"라고 외친다. 그리고 중얼거린다. "어젯밤은 내가 그토록 오랫동안 선망하던 것을 가져다주었다. 바로 에리히를! 이 새벽 나는 그의 당당한 육신을 나의 가슴에 끌어안는다. 뜨거운 키스를 받는 그의 입술이 오물거린다. 너를 사랑해! 나의 손이 농익은 낱알처럼 나를 향해 반짝이는 그의 헝클어진 금발 머리를 미끄러지듯 쓰다듬는다. 양귀비, 해처럼 붉은 양귀비를 그의 머리칼에 꽂아주리." 「이별」이라는 콩트에서도 주인공은 "우리는 깊고 깊은 평화 속에 나란히 누웠고, 나는 너의 입술에서 지고의 환희를 맛보았으며, 너의 입맞춤 속에서 나의 숨결이 타버린 것"을 기억한다고 말한다.[25]

안도감과 위대한 조국과 성교 후의 공허감도 진실이겠지만, 입맞춤이 주는 환희와 그것이 암시하는 성애도 진실일 것이다. 사랑의 기쁨이 정신과 육체, 품위와 난행, 제도와 일탈의 구분의 피안에 있다는 것을 누가 모를까. 어쩌면 독자들의 눈이 멈춘 곳은 품위가 아니라 바로 그 환희의 장면이었을 것이다. 흥미로운 것은 『인권』이 1928년 1월에 시작된 「이상적인 우정」의 연재를 그해 3월 말에 갑작스럽게 중단해버렸다는 사실이다. 그때는 앞서 지적한 바대로, 인권동맹의 켐니츠 지회 의장과 부의장이 동거하다가 경찰에게 체포된 바로 그 시점이다. 콩트가 중단된 것이 그 사건 때문이었는지는 불확실하다. 확실한 것은 켐니츠 지회 의장과 부의장의 일상이 「이상적인 우정」에서 묘사된 키스 장면 및 배경 그리고 그 뉘앙스와 일치한다는 점이다.

그러나 그것이 어찌 그 두 사람만의 일상이겠는가. 두 사람은 대다수 동성애자들의 현실 혹은 소망을 대표적으로 보여주었던 것이 아닐까. 인권동맹은 그 두 사람이, 그리고 「이상적인 우정」에 실린 키스 장면이 진실을 정확히 보여주었기 때문에 강제로 탈퇴시키고 또 연재를 중단해버린 것이 아니겠는가. "우리의 십계명"도 진실이겠지만 키스도 진실일 것이다. 그리고 그 둘 사이의 회색 지대에 나머지 진실이 자리하고 있었을 것이다. 담론은 인간을 지배하지만, 삶은 언제나 담론을 거스른다. 이제 동성애 하위문화의 비공식적인 부문, 즉 그들의 놀이문화와 사랑을 검토해보자. 그곳은 담론과 삶 사이의 틈새가 한층 더 넓을지도 모른다.

6장

동성애 하위문화

역전된 세계

크라프트에빙은 그의 주저 『성 정신병리』에서 1884년 2월 베를린의
한 신문에 실린 르포기사 「여성혐오자들의 무도회」를 통째로 인용했
다. 입장권은 엄격하게 판매되기에 경험자들만 온다. 장소는 일반인들
도 즐겨 찾는 유명한 거대 댄스홀이다. 사람들은 훌륭한 오케스트라의
음률에 맞춰 경쾌하게 춤을 춘다. 지독한 담배 연기가 샹들리에를 덮고
있어서 잘 보이지 않다가 춤판이 끝난 후에야 비로소 사람들의 면면이
보인다. 검은 연미복과 야회복은 드물고 가장假裝을 한 사람이 절대 다
수이다. 방금 전 우리를 스치듯 지나간 붉은 모슬린을 입은 여성이 빨갛
게 타는 담배를 입에 물고 귀족 부인 포즈로 연기를 내뿜고 있다. 그녀
의 화장한 턱에는 금발 턱수염이 살짝 도드라져 있다. 치렁치렁 치장을
한 민소매 무도회복을 입은 상대방 역시 담배를 피우고 있다. 그런데 두

꺼운 남자 목소리다. 여성복을 입은 남자인 것이다.

크라프트에빙은 놀라기도 한 듯 계속 인용한다. 남자 광대 옷을 입은 사람이 발레리나의 허리에 팔을 감고 속삭이고 있다. 그녀는 날카로운 인상에 금발의 올림머리를 하고 있고 살집이 후덕한 편이다. 번쩍이는 귀고리, 펜던트 달린 목걸이, 둥근 어깨와 팔은 그녀가 진짜 여자란 "사실"을 증명해준다. 그러나 허리에서 팔을 풀고 돌아서서 하품을 하며 "에밀, 넌 오늘 너무 지루해"라고 내뱉는데, 믿을 수 없게도 목소리는 남자가 아닌가. "역전된 세계die verkehrte Welt"가 "연출되고" 있다. 한 남자가 총총걸음으로 지나가는데, 결단코 남자가 아니다. 정성스럽게 다듬은 콧수염이 보이지만 남자가 아니다. 잘 다듬은 파마머리, 짙은 화장에 파우더까지 끼얹은 얼굴, 짙은 아이섀도, 금목걸이, 왼쪽 가슴에 안고 있는 꽃다발, 우아한 검은색 연미복, 손목의 금팔찌, 앙증맞은 부채, 이 모든 것이 그가 여자임을 말해준다. 부채를 부치면서 총총걸음으로 달려가고 돌아서고 속삭이는 그녀는 남자일 수가 없다. 그러나 남자가 맞다. 그는 유명 베이커리의 직원이고, 발레리나는 그의 동료이다.

구석 탁자에는 와인 잔을 들고 있는 화장이 짙은 여자 세 명을 나이가 지긋한 신사들이 둘러싸고 있다. 연신 웃음소리가 터져 나온다. 점잖지 못한 음담패설이다. 여자들 중에서 가장 유명한 사람이 "로테"이다. 그는 남자일 수가 없다. "그 허리, 그 가슴, 그 고전적인 팔, 그 분위기." 그는 과거에는 회계원으로 일했지만 지금은 단지 로테일 뿐이고 상송을 부르는 가수다. 노래 실력이 그다지 뛰어난 것은 아니지만, 오랜 동안 연습을 한 끝에 다른 가수들이 부러워할 수밖에 없을 알토 소리를 낸다. 그는 무대에 올라 코미디를 하기도 한다. 뜻밖에도 기자가 아는 사람들도 여럿 있다. 기자의 단골 제화공이 칼을 차고 깃털 모자를 쓴 중세 음유시인으로 변해 있지 않은가. 그의 신부인 "레오노레"는 내게 "복"표 담배와 "우프만"표 담배를 파는 담배 가게 총각이다. 기자는 춤판이 끝나고 장갑을 벗었을 때 드러난 손을 보고 그를 알아보았다. 정기적으로 넥타이를 가져다주는 매점 직원은 바쿠스 복장을 하고 있다. 그와 함께 있는 사람은 디아나 여신이다. '진짜' 여자들도 몇 명 있지만 남자들 근처에는 오지도 않는다.[1]

크라프트에빙의 인용문을 거의 그대로 재인용한 데는 이유가 있다. 신문 기사가 히르슈펠트가 서술한 1900년경 동성애자들의 무도회와 정확히 일치하는 데다가, 기자의 르포가 그 모습을 압축적으로 요약하고 있기 때문이다. 히르슈펠트가 1904년에 출간한 『베를린의 제3의 성』은 동성애자들의 하위문화를 체계적으로 서술한 최초의 책이다. 종전에는 동성애자의 일상이 그려지더라도, 대도시의 뒷모습을 묘사하는 가운데 그 일부로서만 등장했었다. 히르슈펠트의 책은 프리들랜더로부터 동성애자를 음란한 삶을 사는 기형적인 인간으로 묘사했다는 비판을 받았고, 라추바이트로부터도 "동성애자들이 밤낮을 가리지 않고 하는 일이라고는 그저 술집에 퍼져 있는 것" 같은 인상을 주었다는 비난을 들어야 했다. 그러나 그것은 품위에만 매달리는 진영의 입장일 뿐, 히르슈펠트가 묘사한 내용은 역사가들에 의하여 거듭 역사적 사실로 확인되었다. 이제 히르슈펠트의 서술, 그리고 베를린의 밤 문화에 대하여 쓴 책으로서 당대에 익명 및 필명으로 출간된 서적 몇 권과 기성 연구서에 인용된 문장들을 자료로 하여 당대 동성애자들의 하위문화를 스케치해보자.

앞서 제시한 동성애자 무도회에 대한 크라프트에빙의 인용을 보면 두 가지 특징이 두드러진다. 첫째, 무도회는 폐쇄적이었다. 입장권을 깐깐하게 배포했다는 것은 티켓을 아는 사람들에게만, 그것도 비싼 가격으로 팔았다는 것을 뜻한다. 따라서 출입자들 대부분은 상류층이었을 것이다. 르포기사의 마지막 장면에 묘사된 담배 가게 총각 등은 별도의 수입원을 가지고 있던, 크라프트에빙의 판단으로는 남창이다. 둘째, 참석자들 대부분은 가장을 했는데, 그들 대부분은 여장을 했지만 간혹 음유시인이나 바쿠스 혹은 디아나와 같은 고전적인, 혹은 그로테스크한 분장을 한 사람들도 있었다.

그 두 가지는 베를린 무도회에 대한 히르슈펠트의 묘사에서도 확인된다. 베를린은 제1차 세계대전 이전이나 바이마르공화국에서나 동성애 하위문화가 가장 활발하던 도시였고, 베를린의 동성애 무도회는 외국인 관광객들도 한 번쯤 들르던 명소였다. 베를린 이외에는 함부르크와 쾰른 정도가 유명했다. 히르슈펠트에 따르면 무도회 시즌은 10월부터 부활절까지였고, 그 기간 동안 일주일에 몇 차례, 어떤 밤에는 서로 다른 댄스홀에서 몇 개의 동성애 무도회가 동시에 열렸다. 가장 큰 무도회는 매년 1월 첫째 주 토요일에 "드레스데너 카지노"라는 무도회장에서 열렸는데, 히르슈펠트는 1903년의 그 신년 무도회에 베를린 형사경찰 반장과 함께 찾아갔다. 무도회에는 사복 차림의 경찰관이 반드시 입석했지만 그들이 개입하는 일은 없었다. 무도회가 사전에 승인을 받았기 때문이다.[2]

드레스데너 카지노의 무도회장은 크기가 390평방미터에 수용 인원이 500명이나 되었다. 무도회장은 밤 10시에 문을 열지만, 손님들은 11시에 나타나기 시작하여 12시에서 새벽 1시에 가장 붐볐다. 무대 건너편에 자리 잡은 오케스트라가 최고급 수준의 왈츠를 연주하면, 사람들은 쌍을 이루어 새벽 2시까지 원을 그리며 춤을 추었고, 이어지는 휴식 시간에는 한쪽에 뷔페 형식으로 마련되어 있던 술과 음식을 즐겼다. 그때 무대에서는 유명 가수가 노래를 부르기도 하고 춤 시범을 보이기도 했다. 1903년의 신년 무도회에는 800명이 입장했다. 입장 요금은 1.5마르크나 되었다. 신년 무도회는 동성애자들이 새로운 패션을 자랑하는 자리이기도 해서, 어떤 남미 출신 동성애자는 파리에서 주문한 2000프랑이 넘는 옷을 입고 나타났다. 마스크를 쓴 사람도 가끔 있었다.

유감스럽게도 히르슈펠트는 그들이 어떤 옷에 어떤 마스크를 썼는지 적시해놓지 않았다. 아마도 그 역시 빈번하게 출입하던 터여서 복장을 상세하게 서술할 필요를 느끼지 못했을 것이다. 그는 오히려 여자 동성애자 무도회에서 목격한 복장들을 묘사해놓았다. 수도사, 집시, 피에로, 마도로스, 어릿광대, 빵집 아저씨, 16세기 용병, 육군 장교, 기마대 장교, 보어인, 일본인, 게이샤, 카르멘, 눈사람 등이었다. 우리는 남성 동성애자들의 복장도 비슷했으리라고 추측할 수 있다. 복장들은 한결같이 먼 나라 것이거나 먼 나라로 가는 사람의 것 혹은 과거의 것인데, 과거의 것들 역시 여러 나라를 떠도는 사람들의 것이다.

그러나 무도회장의 복장들은 다른 측면도 드러낸다. 집시, 피에로, 어릿광대, 일본인, 게이샤, 카르멘 등은 그로테스크한 복장들이다. 게다가 수도사, 어릿광대, 눈사람은 전근대 민중문화의 상수였고, 19세기 후반과 20세기 초에도 카니발에 어김없이 등장하던 복장이었다. 이것이 무엇일까? 그것은 크라프트에빙이 인용한 르포 신문기자가 정확하게 포착한 대로 현실과 반대되는 세계, 즉 "역전된 세계의 연출"이다. 그렇다면 우리는 동성애자들이 애용하던 여성복 역시 '여성적인 남자'라는 정체성을 표출하는 기능 이외에 역전된 세계를 연출하던 수단이었다고 해석할 수 있을 것이다. 이에 대한 간접적인 증거가 있다. 라추바이트와 인권동맹은 남성 동성애자들이 여성성을 표출하는 것에 심한 거부감을 갖고 있었지만, 회원들이 무도회에서 여장을 하는 것에 대해서만큼은 묵인했다. 이는 여장이 너무도 관례화되어 있어서 막아보아야 소용없기 때문이기도 했겠지만, 다른 한편으로 그들 역시 여장의 정치적 의미를 의식하고 있었을 것이다. 이성애자 르포 신문기자가 포착해낸 역전된 세계의 연출을 그들이 몰랐을 리가 없다.

여기서 우리는 전근대 민중문화에 대한 미하일 바흐친Mikhail Bakhtin의 해석을 떠올릴 수 있으리라. 바흐친은 카니발에서 연출되던 역전된 세계야말로 농민들이 마주치던 현실 밖의 '진정한' 현실을 드러내는 것이었다고 주장하면서, 이를 서술한 프랑수아 라블레François Rabelais의 문학을 "그로테스크 리얼리즘"으로 정식화한 바 있다. 바흐친은 토끼가 인간을 구워 먹고, 기사가 밭을 갈고, 농민이 재판을 하고, 속인이 미사를 집전하는 카니발의 모습이 정신을 육체, 그중에서도 아랫도리로 돌려놓고 신성한 것을 세속적인 것으로 환원시킴으로써 유토피아적인 동시에 구체적인 새로운 시공간을 창출하는 작업으로 해석했다.[3]

우리가 동성애자들의 무도회를 그 정도로 격상시킬 수 있을지는 모르지만, 무도회가 그저 동성애자들이 만나서 사랑하는 자리로 그치지 않았다는 것만큼은 분명하다. 동성애자들 스스로가 자신들의 복장이 바깥의 현실을 비틀어 패러디하고 있다는 점을 분명하게 의식하고 있었다. 당장 히르슈펠트가 그 파티의 성격이 현실에 대한 "패러디"에 있다고 적시했다. 역전된 세계의 연출과 세상에 대한 패러디는 예나 지금이나 현실에 대한 전복적 저항을 함축한다. 게다가 무도회는 유쾌함과 경쾌함과 환희가 낭자한 자리였다. "쌍쌍이 가뿐한 스텝으로 밤새도록 원을 돌았다." "어디서나 해맑은 웃음소리, 잔이 부딪치는 소리, 씩씩한 노랫소리가 들렸다." 이는 무도회장 밖 음울한 현실의 정확한 음화인 동시에, 카니발에서 질펀하게 벌어지던, 먹고 마시고 성교하던 환희와 너무도 닮은 모습이다.

현실에 대한 비틀기와 패러디는 동성애 하위문화를 관통하고 있었던 것으로 보인다. 히르슈펠트에 따르면 상류층 동성애자들은 무도회 출입과는 별도로 호텔을 빌려서 정기적으로 자신들만의 파티를 열었다. 수년간 동거를 해온 쌍들만 초대하여 벌어지는 그 파티에서는 술과 음식이 제공되기 전에 공연이 펼쳐지는 것이 일반적이었다. 무대에 유명 배우나 가수가 오르기도 했지만, 더욱 흔하게는 주인장이 직접 나섰다. 예컨대 어떤 부유한 부르주아 주인장은 무대에 올라 몇 마디 농담으로 손님들의 흥을 돋은 뒤에, 셰익스피어William Shakespeare의 희곡『윈저의 명랑한 아낙네들』의 바보스런 귀족 폴스탭을 연기했다. 물론 여성을 유혹하려는 폴스탭을 끈질기게 놀려대는 아낙네는 여장 남성 동성애자들이 연기했다. 그것으로도 충분치 않았는지, 주인장은 요한 네스트로이Johann Nestroy의 1860년 소극『여자 경비원 집에서의 강의』를 연기했다. 여성 역할을 맡은 남성 동성애자들은 여기서도 가부장적인 남자들과 그들의 세계를 웃음거리로 만들었던 것이다. 이를 감상하던 손님들은 "폭풍 같은 웃음"으로 화답했다. 패러디에 환희가 빠질 리 없었던 것이다.[4]

그런 행사는 부유층에 한정되지 않았다. 히르슈펠트가 목격한 하층 동성애자의 생일 파티를 보자. 베를린 교외의 선술집을 빌려 친구들을 부른다. 이성애 형제들이 동참하기도 하는 그 파티에서 그들은 우선 소시지, 감자 샐러드, 스위스 치즈로 배를 채우는데, 이때 술집 주인의 아들이 유행가를 피아노로 연주한다. 이 날을 위해 돈을 모았던 듯, 식사

가 끝날 즈음에 베를린의 유명한 동성애자 배우인 슈반힐데Schwanhilde
가 등장하여 "극장에 가고 싶었던 식모"를 연기하고, 끝날 무렵에는 뜬
금없이 이사도라 던컨Isadora Duncan을 "패러디했다." 손님들은 배를 잡
고 웃었고, 이어서 우연히 술집에 들렀던 복장전환자가 앞으로 끌려나
와 자신의 장기를 선보였다. 그 직후에 팔뚝에 문신을 하고 허벅지가 굵
직하고 우락부락한 중년 남자가 앞으로 나와서 "점잖지 못한 노래들을
베를린 민중 톤으로" 불렀다. 그는 가사에 맞춰 몸을 움직였고, 그 "그
로테스크한" 몸짓이 손님들을 무아지경으로 몰아넣었다. 이어서 벌어
진 춤판에서 의도치 않게 "시추에이션 코미디"가 벌어졌다. 경찰관 한
명이 우연히 술집에 들어오자 춤추던 사람들이 그를 제압하여 문신을
한 그 우락부락한 중년 남자에게 던졌으니, 그는 어쩔 수 없이 파티가
끝날 때까지 그의 춤 상대가 되었던 것이다.[5]

히르슈펠트에 따르면 무도회만큼이나 자주 열리던 모임은 "연극의
밤"이었다. 그 행사는 보통 상류층 동성애자가 호텔이나 극장을 빌려서
개최했다. 참석자들은 몇몇 친구들로 한정되었다. 무대에 오르는 배우
들도 대부분 동성애자들이었고, 가장 선호되던 연극은 유명한 작품을
동성애적으로 "패러디한 것"이었다. 그리하여 엥겔른Engeln이란 동성애
자 배우가 파우스트의 여주인공 그레첸의 이웃인 마르테 슈베르트라인
을 연기하고, 하르펜줄레Harfenjule라는 배우가 살로메를 연기하며, 심
지어 배우인 슈반힐데 혼자서 메리 스튜어트와 엘리자베스 여왕 및 시
종을 동시에 연기하기도 했다. 원수지간인 메리와 엘리자베스가 한 몸
으로 등장하다니, 이 얼마나 현실을 비트는 것인가.[6]

히르슈펠트가 무려 여섯 쪽에 걸쳐 소개한 갖가지 동성애자들의 이
름도 사실 패러디였다. 그들은 단순히 여자 이름을 가져다 쓴 것이 아

니라 남자 이름을 비틀어서 사용했다. 그리하여 프리츠Fritz가 프리다 Frieda로, 게오르크Georg가 게오그레테Geogrette로, 오토Otto가 오틸 리에Ottilie로 바뀌었다. 두 번 비트는 경우는 더욱 빈번했다. 남성적인 사물이나 동물 혹은 사태에 여성적인 이름을 추가하는 것이었다. 개 Hund에 로테Lotte를 붙여서 훈테로테로 하고, 뾰족한 것Spitzen에 카롤 리나Karolina를 붙여서 슈피첸카롤리나로 하고, 전복顚覆, Umsturz에 카 롤리나를 붙여서 움슈투르츠카롤리나로 하고, 해골Totenkopf에 마리 Marie를 붙여서 토텐코프마리로 하고, 백작Markgraf과 선제후Kurfürst 에 여성형 in을 붙여서 마르크그래핀 및 쿠어퓌르스틴으로 하고, 대 기업 이사Direktor와 추밀원의원Geheimrat에도 역시 in을 붙여서 디 렉토린 및 게하임래틴으로 하고, 성기를 상징하려는 듯 브릴렌슐랑게 Brillenschlange(브릴렌 뱀) 혹은 크로이츠슈피네Kreuzspinne(십자 지네) 를 자기 이름으로 삼고, 군대를 함축하기 위하여 드라고너브라우트 Dragonerbraut(기마병의 신부), 카노니어셰Kanoniersche(포병), 시스슐셰 Schießschulsche(소총수) 등을 사용했다. 왜 그들은 여자 이름이 아니라 남자 이름의 여성형을 사용했을까? 추측만이 가능하다. 논리적으로 판 단하자면, 그것은 남녀이분법을 허무는 것이다. 슈피첸카롤리나(뾰족 한 카롤리나)는 도대체 여자인가 남자인가? 이는 앞서 논의했던, 히르 슈펠트의 소개로 성전환수술을 받고 여자가 된 그(녀)들과 똑같지 아 니한가. 히르슈펠트는 저 많은 이름들을 "베를린 술집에서 단기간에 수 집했다"고 밝혔다. 이분법 허물기와 이름을 통한 현실 비틀기는 지극히 일반화되어 있었던 것이다.

음주문화

무도회와 연극의 밤 외에도 소수만을 초대하여 음주가무를 즐기는 사적인 파티는 더욱 빈번했고, 식자들이 사적으로 정기적으로 모여서 동성애 문제에 대하여 토론하는 모임도 있었으며, 정기적인 커피 모임도 많았다. 그러나 사적인 무도회보다도 흔했던 것은 술집 출입이었다. 동성애자들은 이성애자 술집에 가기도 하고 동성애자 전용 술집에 가기도 했는데, 히르슈펠트는 1904년의 베를린에 동성애자 전용 술집이 20여 개나 된다고 기록했다. 그중에서 가장 유명한 술집은 "미카도Mikado"였다. 1907년에 개업을 한 미카도는 1933년에 나치에 의해 문을 닫을 때까지 영업을 한 술집이었다. 1908년에 익명으로 발표된 책 『변태적인 베를린』에 따르면, 술집을 운영하는 인력이 참으로 다채로웠다. "주인은 바이에른 사람. 주방장도 마찬가지. 웨이터는 슬라브인. 피아노 연주자는 슐레지엔 출신의 유대인." 문은 저녁 늦게 혹은 야밤에만 열고, 혹시라도 곤란한 사태가 벌어져 경찰이 간섭하는 일이 없도록 화장실로 통하는 문을 없애버렸다. 익명의 저자는 그곳에서 놀랍게도 아돌프 브란트를 만났다. 그리고 피아노 연주자인 "바로닌Baronin(남작 부인)"은 과학·인도주의 위원회 회원이었다.[7]

1930년에 출간된 『죄악의 베를린 안내』에 실린 미카도의 내부 사진을 보면, 벽을 치장하고 있는 그림들이 모조리 동양화와 청나라인 초상화들이다. 이성애자인 익명의 저자 말마따나 미카도는 "오리엔탈"했던 것이다. 실내조명은 붉었고, 피아노와 바이올린 연주가 분위기를 고조시키고 있었다. '여자' 서너 명이 탁자 사이를 누비며 사람들을 맺어주고 있었는데, 한 손에 맥주 잔과 코냑 잔을 들고 갑자기 탁자로 다가 간다. "음악이 열정적으로 고조된다. 그러자 날씬하고 우아한 여자가 일어나 춤추기 시작한다. 그것은 패러디다. 치마를 살짝 걷어 올려 미끈한 다리를 허벅지까지 보여준다. 죽어가는 백조를 연기하는 그녀는 염치를 모르는 듯, 대담한 듯 도발적이다." 저자의 탁자에 앉아서 "세계의 모든 언어로 대화를 이어가던 붉은 머리 아가씨에게 성별을 물었더니, '나는 남자도 아니고 여자도 아니에요. 여남女男, Herrchen이에요'라고 답한다."[8]

독일제국의 수도이기도 하지만 프로이센의 수도이기도 했던 베를린에서, 프로이센이 주도한 통일에 대해 이를 갈던 바이에른 출신 주인장과 그의 애인인 주방장이 영업을 이끌고, 독일 부르주아들이 하급 인간이라 멸시하던 슬라브인과 유대인이 웨이터와 피아노 연주자로 일하고 있는 술집, 청나라 그림이 벽을 가득 채우고 있는 공간에서 여장남자가 춤을 추면서 죽어가는 백조를 패러디하는 술집 미카도는 그 자체로 외부 현실의 음화요, 비틀기의 장소였다. 게다가 백조를 연기하던 동성애자가 말하였듯이, 그들은 여자도 남자도 아니었다. 그곳은 남녀로 젠더화되어 있는 바깥의 현실이 아무런 의미도 생산해내지 못하는 공간이었다.

미카도에 대한 위 기록은 이성애자의 것이었으므로, 그 평가를 동성애자 저널인 『우정보』에 실린 묘사를 통하여 확인해보도록 하자. "이국적인 것, 장식, 색깔, 꽃을 사랑하는 사람이라면 그 모든 것이 하나로 모아져 있는 프리드릭스슈타트의 미카도에 가보시라. …… 그곳에 한번 들르기만 하면 계속해서 가게 되는 마력의 비밀은 무엇일까? 그 독특한 분위기인가, 기이하고 이국적인 장식일까, 흥미로운 손님들일까? …… 분명하게 말할 수 있는 것은 딱 한 가지다. 사람들은 그곳에서 편안함을 느끼며, 그곳은 분위기가 달아오르고 기쁨이 지배한다는 것, 간단하게

미카도

히르슈펠트는 1904년의 베를린에 동성애자 전용 술집이 20여 개나 된다고 기록했다. 그중에서 가장 유명한 술집은 미카도였다. 『죄악의 베를린 안내』를 쓴 익명의 저자가 미카도에서 붉은 머리 아가씨에게 성별을 물었더니 그(녀)가 답했다. "나는 남자도 아니고 여자도 아니에요. 여남女男, Herrchen이에요."

말해서 세상에는 단 하나의 미카도만 존재한다는 것이다." 이국적이고 그로테스크한 모습들이 넘쳐나는, 환희에 몰두하는 모임은 무도회, 연극의 밤, 동성애자 전용 술집 모두의 특징이었던 것이다. 미카도는 또한 각종 이벤트를 실시했다. 손님 모두에게 부채를 선물하고, 스물다섯번째 손님과 쉰번째 손님에게는 대형 부채를 선물하는 "부채의 밤"을 열었고, 수영모자를 선물하는 "수영모의 밤", 추첨을 하여 거위를 선물하던 "거위의 밤"도 열었으며, "가장 무도회의 밤"도 열었다.[9]

미카도만 그랬던 것이 아니다. 베를린에서 가장 오래된 동성애자 술집은 "옹켈 하이네만Onkel Heinemann(하이네만 삼촌)"이었다. 그곳에서 피아노를 치던 사람은 이름이 막스 엥겔Max Engel이고 별명은 작은 장미란 뜻의 "뢰스헨Röschen"이었는데, 그는 황제 빌헬름 1세와 서로 "너dutzen"라고 부르던 황제의 시종 막스 엥겔의 아들이었다. 그의 연주와 노래에 대하여 히르슈펠트는 다음과 같이 적었다. "나는 엥겔 주니어를 알렉산드리넨슈트라세에 있는 하이네만에서 알게 되었다. 그는 하이네만에서 매일 밤 피아노를 쳤다. 그가 너무도 웃기는 노래를 너무도 그로테스크한 우아함으로 불렀기에, 아무리 우울한 동성애자라고 할지라도 곧 밝아지고 이내 웃음보를 터뜨리고야 말았다." 이쯤 되면 우리는 동성애자들이 출입하던 술집이 단순히 술을 마시고 사람을 만나는 곳이 아니라, 음악과 춤이 함께 어우러지는 장소였다는 점을 알 수 있는데, 옹켈 하이네만만큼 유명했던 "쇠네 뮐러린Schöne Müllerin(아름다운 물레방앗간 아가씨)"도 마찬가지였다. "뮐러린의 주인"은 아예 피아니스트 출신이었다. 그의 연주를 지켜본 사람들은, 그가 동성애자가 아니었다면 유명 피아니스트가 되었을 것이라고 확신했다.[10]

그런데 저 술집들은 동성애자라면 누구나 출입했을까? 다시 말해서,

가난한 동성애자도 거리낌 없이 출입할 수 있었을까? 그렇지 않았을 것이다. 히르슈펠트는 당시 동성애자 술집의 술값과 음식 가격을 기록해 놓았다. 맥주 한 잔이 20페니히, 대용량 커피 한 잔이 20페니히, 당시 인기가 매우 높던 거위 다리나 거위 가슴살 1인분이 1마르크였다.[11] 앞서 서술한 동성애자들의 신년 무도회에는 비교적 부유한 사람만 출입했는데, 무도회가 열리던 드레스데너 카지노 댄스홀의 입장료 역시 1마르크 50페니히였다. 추측컨대, 무도회 막간의 쉬는 시간에 음식과 술을 따로 주문하는 것도 자못 부담스러웠을 것이다. 맥주 값과 음식 값이 무도회 입장료와 엇비슷했던 미카도, 하이네만, 쇠네 뮐러린에 출입하는 것도 부담스럽기는 마찬가지였을 것이다. 게다가 미카도는 당대 일급 지식인이었던 아돌프 브란트와 히르슈펠트가 출입하는 술집이었다. 따라서 우리는 제1차 세계대전 이전 시기에는 동성애 술집 역시 무도회만큼이나 계급적이었다고 말할 수 있을 것이다.

동성애자들이 단골로 출입하는 술집은 계급만이 아니라 연령으로도 분화되어 있었다. 미카도와 하이네만은 중년 이상의 동성애자들이 주로 출입했다. "프로진Frohsinn(기쁨)"이라는 또 다른 술집도 마찬가지였다. 쇠네 뮐러린은 중년 이상의 동성애자가 부유층 출신의 이성애자 청년들을 만나는 장소였다. 이 측면에서 가장 흥미로운 술집은 "추어 카첸무터Zur Katzenmutter(고양이 엄마에게로)"였다. 추어 카첸무터는 베를린 주둔군 막사 근처에 자리하고 있었고, 의당 하루 일과를 마친 군인들이 고객의 절반을 차지했다. 나머지 절반은 청년 병사들을 만나기 위하여 그곳을 찾은 동성애자들이었다. 추어 카첸무터의 공간은 두 개였고, 밤 시간이면 대략 50여 명의 병사들이 민간인 동성애자들 사이에 섞여서 방을 가득 메웠다. 히르슈펠트가 걷는 모습이 고양이를 닮았다고 평한 여주인은 매상에 연연하지 않았고, 따라서 병사들을 만나고자 하는 동성애자라면 누구나 왔다. 노동자들도 왔던 것이다. 물론 신체적인 아름다움이 절정에 달한 나이의 청년들에게서 매력을 느끼기는 부유한 동성애자들도 마찬가지였고, 실상 노동자보다는 슈트를 차려입은 신사들이 더 많았다.

카첸무터를 찾은 이성애자 병사들은 그곳이 어떤 곳인지 잘 알았다. 그곳은 자신의 몸을 팔 수 있는 곳이요, 신사와 사귀게 되면 좋은 음식과 술과 담배는 물론, 연극과 미술관이라는 예술의 세계와 책이라는 지식의 세계로 통하는 문이 열려 있는 곳이었다. 특히 시골 출신 병사들에게 그곳은 꿈으로만 그려왔던 좋은 삶을 맛볼 수 있는 마술적인 공간이었다. 히르슈펠트는 그곳에서의 만남이 일회적이지 않은 경우까지 서술해놓았다. 그들은 제대할 때까지 부부라도 되는 양 주말을 언제나 함께 보내고, 부대 퍼레이드라도 열리는 날이면 신사는 일찌감치 관람석의 맨 앞줄을 차지하고 행진하는 애인을 바라보았다. 신사가 병사를 얼마나 극진하게 보살펴주었는지, 어떤 병사는 제대하여 시골로 돌아가게 되자 때마침 입대하여 그곳에 배치된 동생을 애인에게 소개해주었다. 물론 그것은 매춘이었고, 사귀다가 문제가 생긴 병사나 신사가 투서를 넣는 일이 발생하면, 군 사령부는 병사들의 술집 출입을 금지하거나 술집을 폐쇄하도록 압력을 넣고, 밤에는 기마 헌병으로 하여금 순찰을 돌도록 했다. 따라서 "군인술집"은 자주 없어지고, 또 그만큼 자주 새로 생겼다. 추어 카첸무터는 그중 가장 오랫동안 자리를 지킨 군인 술집이었다.[12]

군인이 아닌 젊은 청년을 만나고자 하는 가난한 동성애자는 어떤 술집을 찾았을까? 이에 대한 당대의 기록은 없다. 다만 1920년대에 가난한 동성애자들이 단골로 찾게 되지만 개업 시점은 제1차 세계대전 이전인 선술집들이 있었다. "레스토랑 추어 휘테Restaurant zur Hütte(오두막으로 가는 식당)"가 그 예인데, 그 술집은 "장식이라고는 벽에 붙은 권투와 자전거 경주 사진이 전부이고, 낡은 난로가 실내를 달구고 있는데, 그 때문인지 아니면 자신의 매력을 발산하기 위해서인지, 청소년들이 스웨터나 가죽 재킷을 벗고는 셔츠 단추를 배꼽까지 풀어놓거나 소매를 팔뚝까지 걷어 올린 채 주위를 살펴보고 있었다." 그 청소년들은 십중팔구 남창들이었을 터, 그곳에는 물론 가난한 동성애자들만 오지는 않았을 것이다. 그 젊은 몸은 부유한 동성애자들에게도 매력적이었을 것이기 때문이다.[13]

바이마르공화국이 수립된 후에도 동성애 하위문화는 그 이전과 다를 바 없었다. 다만 동성애 저널이 공화국에 들어와서 우후죽순처럼 솟아오른 것과 마찬가지로, 동성애 하위문화 역시 넓어지고 깊어졌다. 동성애자들이 출입하던 베를린의 술집만 하더라도, 1904년에 20여 개였던 것이 1920년대에는 100여 개로 증가했다. 함부르크에도 30여 개가 있었고, 쾰른에도 20여 개가 있었다.[14] 술집은 술만 마시는 곳이 아니었다. 대부분의 술집은 곧 춤판이었다. 바이마르공화국에 들어서 독일인들이 어찌나 춤을 추었는지, "춤 광증Tanzwut" "춤 중독Tanzsucht"이라는 말이 인구에 회자되었다. 이는 음주로든 춤으로든 전쟁 중의 절제와 결핍을 만회하고자 했기 때문이기도 했고, 패전과 인플레이션에서 비롯된 암울한 현실을 마음에서 지우고자 했기 때문이기도 했으며, 공화국이라는 자유로운 정치사회적 분위기 때문이기도 했다.

바이마르 동성애자 술집은 제2제정에 비해서 그 수만 폭증했던 것이 아니다. 계급 분화 역시 더욱 뚜렷해졌다. 물론 전쟁 이전에도 술집은 계급적으로 나뉘어져 있었지만, 그때에는 가난한 동성애자가 찾는 술집의 존재가 흐릿했었다. 이제는 뚜렷했다. 베를린의 밤 문화를 아는 사람이라면 누구나 동성애자 술집이 줄지어 서 있는 구역이 어디인지 알았다. 관광객들도 수시로 둘러보는 곳인데 누가 몰랐겠는가. 노동자 구역에 둘러싸인 "구도심"이 그곳으로서, 예컨대 프리드릭스하인 지구에서 저녁 시간을 보낸다는 것은 자신이 누구인지 정체성을 드러내는, 구체적으로 말해서 자신이 노동계급 출신으로서 동성애자이거나 동성애자와 격의 없이 어울리는 사람이라는 점을 나타내는 행위였다.

저렴한 선술집이 많았기에, 그 구역은 "진짜배기 베를린 청년들" "눈에서 건강이 활짝 웃고 있는" 젊은이들로 넘쳐났다. 어느새 남창 청년들도 끼어든 그곳에서 사람들은 여장을 하거나, "마도로스 차림 혹은 스포츠 복장을 하고 기쁘게 노래하고 춤추었다." "젊은 열쇠공이 노신사와, 대학생이 남자 애인과, 은행 신입 사원이 부장님과 라일락 노래Lila Lied에 맞추어 폭스트롯을 추었다." 그 후 그들은 인근에 있는 술집으로 자리를 옮겨 음주가무를 즐긴 뒤에 같은 건물에 있는 작은 호텔로 갈 수도 있었다.[15] 그런 술집들 중에서 가장 유명한 곳은 "아도니스"였다. 그 술집은 동성애자라면 누구나 알면서도 그에 대해 말은 하지 않는 곳이었다. "내부를 둘러보니 프리츠와 쿠르트가 뭔가를 이야기하고 웃고 마시고 노래하고 있다. …… 피아노 선율의 박자가 빨라지자 쌍쌍이 일어나 춤을 추기 시작하는데, 쿠르트가 한 청년의 허리를 잡고 돌기 시작하자 프리츠가 질투의 시선을 떼지 못한다." "오, 사랑스런 청년들이여, 너희 모두를 품에 안고 싶고 너희와 춤추며 기뻐하고 싶구나. 너의 이마를 속물 부르주아의 주름에 대지 마라. 차라리 나와 함께 가자. 너의 우울함이 가을 나무의 나뭇잎처럼 떨어져 내리리." 이는 1921년 아도니스를

찾은 어느 동성애자 기자의 보도 내용이다.[16]

아도니스에 대한 또 다른 기록을 보자. "아노니스에는 계산대가 묘하게도 한가운데 있었다. 사람들은 왼쪽과 오른쪽 복도를 걸어서 탁자가 놓여 있는 공간으로 들어가게 되는데, 더더욱 묘하게도 그곳의 탁자에는 식탁보가 바닥까지 닿아 있었다. 식탁보 안을 들여다보는 것은 물론 '윤리'가 아니었다. 보통 방으로 들어온 사람은 내부를 한 바퀴 둘러본 뒤에 마음에 드는 상대를 골라서 탁자 밑으로 기어 들어갔다. 그런 성인成人을 그곳에서는 '윤리'라고 불렀다. '윤리가 온다! 만사 탁자 아래서, 알았지?'" 아도니스에서는 "온갖 만남이 가능했고, 백색 마약에서 온갖 종류의 사랑에 이르기까지 모든 것이 거래되었다." 아도니스의 단골손님 중에는 영국의 소설가 크리스토퍼 이셔우드도 포함되어 있었다. 히르슈펠트의 성과학연구소 옆 건물에 살면서 연구소에 수시로 드나들던 그는 1939년에 『베를린이여 안녕』이라는 소설로 그 시절 베를린 동성애 문화에 대한 기념비적 저서를 남기게 된다.[17]

아도니스는 도심 동부의 동성애자 술집을 대표한다기보다 가장 극단적인 경우였다. 그러나 극단적인 것이 때로는 본질을 드러내는 법이다. 제1차 세계대전 이전과 비교해보면, 춤은 4분의 3박자의 왈츠로부터 분방하고 빠른 4분의 4박자의 폭스트롯으로 바뀌었고, 이는 곧 스윙재즈로 대체될 것이었는데, 그만큼이나 두드러지는 점은 제1차 세계대전 이전과 달리 성이 적나라하게 향유되고 있었다는 것이다. 마찬가지로 두드러지는 점은 그 성애에 남창 청년들이 대거 섞여 있었다는 사실이다. 히르슈펠트에 따르면 남창들 대부분은 이성애자였다. 그래서인지 실업자 청년들이 가장 많이 출몰하던 프리드릭스하인의 동성애자 술집에는 남성복을 입은 사람이 3분의 1이나 되었다.

쿠어퓌르스텐담 서쪽의 신 도심에 위치한 동성애자 술집은 확연히 달랐다. 그 지역 술집의 동성애자들은 여성성을 뽐내고 있었다. 그들은 당대의 유명한 이탈리아 영화배우 루돌프 발렌티노Rudolph Valentino를 이상으로 삼아 분을 바르고 화장을 하고 포마드로 맵시를 냈으며, 때로는 솜털을 뽑고 루주를 칠하고 파마를 하고 향수를 뿌리고, "벨라도나 꽃의 눈으로 목마른 듯, 꿈꾸는 듯 바라보고 있었다." 그런 술집은 입구부터 달랐다. 문을 열면 술 마시는 공간이 바로 나오는 동쪽 지역과 달리 그곳에서는 "점잖고 비밀스런 빛으로 가득한 대기실"을 통과해야 했다. 손님들 대부분은 "여자이기라도 한 듯" 흡연을 꺼렸고, 술에 만취하기보다는 레모네이드와 아이스크림을 즐겼다. 그래서 실내 공기가 맑았고 비교적 조용했다. 그리고 이곳의 동성애자들은 동쪽 술집의 단골들과 달리 대부분 나이가 지긋한 중장년층이었다. 물론 이 지역에도 남창들이 출몰했다. 다만 그들은 동쪽에 비해 더 비쌌고 보다 전문적이었다. 이 점잖은 곳에서도 성은 과거보다 가시적으로 향유되고 있었던 것이다. 물론 우아한 분위기와 '전문적'인 청년들에게서 싫증을 느낀 부유한 중년 동성애자라면, 발걸음을 재촉하여 동쪽으로 넘어가면 될 일이었다.[18]

동쪽과 서쪽을 불문하고, 그리고 제1차 세계대전 이전과도 다르지 않았던 것은 음주와 가무의 결합이었다. 대형 댄스홀에서 무도회를 여는 일은 바이마르공화국에 들어와서도 여전했다. 다만 이제는 술집치고 춤과 결합된 파티 내지 이벤트를 열지 않는 술집이 예외적일 지경이었다. 그 상황을 묘사하는 것은 앞선 서술의 반복에 지나지 않으므로, 여기서는 각종의 파티 이름만을 나열하기로 한다. 무도회는 일 년 열두 달 내내 술집에 따라 매일, 혹은 일주일에 서너 번씩 열렸다. 그중에서 특별한 무도회들은 다음과 같은 이름으로 열렸다. 아파치 무도회, 일본식 봄맞이 무도회, 일본 꽃 축제, 일본 벚꽃 축제, 싱가포르의 밤, 이국적인 밤, 이탈리아의 밤, 니스 꽃마차 축제, 연분홍 과꽃 축제, 룸펜 축제, 악惡 축제, 나쁜 사내아이 축제, 사육제, 오월제, 하녀 무도회, 농민 무도회, 바이에른 맥주 축제, 포도 따기 축제, 성인聖人 축제, 가을 무도회, 장미 축제, 키르메스, 바이에른 축제, 미인 경연대회, 룸바 경연대회, 대학생 축제, 성탄절 무도회, 신년 무도회, 역전逆轉 무도회.

술집 무도회 이름만 보아도 바이마르 동성애자들의 음주문화가 전근대로부터 전해 내려오던 민중문화를 고스란히 가져다놓은 것이요, 이국적인 것과 그로테스크한 것으로 수놓아져 있었음을 알 수 있다. 그리고 그러한 성격은 무대에 서는 엔터테이너들의 공연에 의하여 더욱 강조되었다. 실상 제1차 세계대전 이전과의 작은 차이점 하나가 바로 이점에 있었다. 동성애자 술집에 출연하는 동성애자 스타 가수와 배우가 훨씬 많아졌고, 그들 중 일부는 해외에서도 스타였다. 주로 도심 동쪽에 위치한 동성애 술집 무대에 서던 미케Mieke라는 엔터테이너가 그랬다. 미케가 어떠냐는 질문에 한 사람은 다음과 같이 대답했다. "질문을 받았을 때 나는 무슨 말을 해야 할지 몰랐다. 그녀를 찬양한다? 그녀의 공연은 결코 아름답지 않고, 그녀의 농담 역시 고기수프 식당에나 어울릴 법하다. 그러나 그녀의 춤과 말은 너무나도 웃긴다. …… 최근 공연에서는 이집트 무녀로 분장을 했는데, 파라오의 살찐 암소처럼 보였다. 맨발에, 머리에 꽃을 꽂고, 어깨를 드러낸 망사 옷을 입은 채 올가 데스몬드Olga Desmond의 아름다운 춤을 추니, 도대체 웃어야 할지 울어야 할지 알 수 없었다. 게다가 루스 세인트 데니스Ruth St. Denis 스타일로 인디언 희생제 춤을 추고, 사도 요한의 머리를 받쳐 든 살로메 춤을 추는 모습은 너무도 우스꽝스러워서 아무도 그녀를 욕할 수 없었다."[19] 미케가 러시아 우표에까지 등장하던 당대 최고의 무희 올가 데스몬드의 춤을 파라오의 살찐 암소 차림으로 흉내 내고, 그런 상태에서 또 모던댄스의 창시자인 루스 세인트 데니스 스타일로 인디언 희생제를 보여주는 모습은 이국적인 것과 그로테스크한 것의 절정이 아니겠는가.

1년 내내 유럽의 전역에서 공연을 펼치던 "부두Voo-Doo"도 마찬가지였다. 어린 시절 부모가 여자 옷을 입지 못하게 하자 자살을 시도했었고, 히르슈펠트가 부모를 설득한 끝에 여성복을 착용하게 된 빌리 파페Willi Pape는 부두라는 예명으로 인도 무희의 춤을 춘 끝에 예술가 노동조합에 정식으로 등록되어 아티스트의 반열에 올랐다. 그는 "백인 인도 무희" 혹은 "아시아 사찰 댄스"라는 무대로 시작하여 "부두: 새로운 프로그램"이라는, 그저 자신의 이름이 곧 작품임을 알릴 정도로 성장했으며, "비교할 수 없는 아름다움" "감각을 마비시키는 아시아적 아름다움" "국제적인 센세이션" "당신은 이런 무대를 본 적이 없을 것" 등의 찬사를 받았다. 사진 속의 그는 인도 무희의 복장으로 뱀 춤을 추고 있다. 그는 가끔씩 거대한 보아 뱀을 목에 감고 등장하여 효과를 극대화시키기도 했다. 그런 그가 1928년에는 남자 애인과 함께 도심 동쪽 지역에 "작은 사자에게로"라는 술집을 열고, "아파치 무도회" "싱가포르의 밤 무도회" "이국적인 밤 무도회"를 개최했다. 그때 그곳에서 어떤 장면이 연출되었는지 기록은 없다. 그러나 그 술집을 자주 찾던 작가 클라우스 만Klaus Mann과 크리스토퍼 이셔우드는 틀림없이 더할 나위 없이 이국적이고 그로테스크한, 현실을 비트는 무대와 관객과 춤을 목격했을 것이다.[20]

흥미로운 사실은 동성애 해방운동도 동성애 하위문화를 적극 수용

부두

부두는 어린 시절 부모가 여자 옷을 입지 못하게 하자 자살을 시도
하기도 했다. 그러나 히르슈펠트가 끈질기게 그(녀)의 부모를 설득
한 끝에 여자 옷을 입고 무대에서 춤을 출 수 있게 되었다.

미케

미케가 어떠냐는 질문에 한 사람은 다음과 같이 대답했다. "질문을
받았을 때 나는 무슨 말을 해야 할지 몰랐다. 그녀를 찬양한다? 그
녀의 공연은 결코 아름답지 않고, 그녀의 농담 역시 고기수프 식당에
나 어울릴 법하다."

했다는 점이다. 인권동맹은 매주 최소 일주일에 한 번은 무도회를, 그것도 520명을 수용할 수 있는 266평방미터 크기의 대형 무도회장을 빌려서 열었다. 여타의 무도회와 달리 그들의 복장은 온건했고, "질서에 늘 유념하는 모습"이었으며, 술을 마시기보다 "빨대로 레모네이드를 빠는" 것이 일반적이었다. 춤을 출 때도 광란하듯 빠져들기보다 "음악에 빠진 채 조용히" 원을 돌았다. 그럼에도 불구하고 그들의 무도회 또한 가을 무도회, 장미 축제, 이탈리아의 밤, 아파치 무도회 등등의 이름으로 열렸다. 무도회장 내부 역시 "「마술피리」분위기"에 "야자수"로 장식하거나 혹은 "연등"으로 "오리엔탈"한 분위기를 자아냈다. 인권동맹은 동성애 하위문화를 그들의 가치인 '품위' 안으로 끌어들이려던 것이었겠지만, 그들 역시 이국적이고 그로테스크한 멋을 내지 않고는 경쟁할 수 없었던 것이다.[21]

인권동맹의 무도회가 동성애자들로부터 "사랑스럽고 놀라운 세계요, 놀라운 사람들"이었다는 평가를 받은 것은, 그들이 그렇게 동성애 하위문화에 적응한 덕분이었을 것이다. 그리고 그러한 적응이 어렵지도 않았을 것이다. 외부의 현실에 대한 패러디에 공감한 인물이 히르슈펠트 하나였을 리 만무하기 때문이다. 그렇지 않았더라면 일주일에 한 번씩이나 무도회를 개최하지는 않았을 것이다. 우리는 여기서 한 번 더 동성애 문화에서 '위'와 '아래'가 일방통행의 관계가 아니었다는 점을 알 수 있다. 대중적 동성애 운동의 지도부가 내세운 품위 개념으로는 포착할 수 없는, 혹은 그 개념과는 의미의 층위가 전혀 상이한 문화가 동성애자들의 여가생활을 관통하고 있었고, 운동 지도부는 그것을 받아들일 수밖에 없었던 것이다. 이는 그 진보적인 히르슈펠트의 성과학이 동성애자들 개인의 성생활과 꽤나 어긋났을 뿐더러, 히르슈펠트 성과학의 핵심 테제를 입증한 것은 정작 그들의 구체적인 성이었던 것과 너무나 닮은 모습이다. 더 나아가서 우리는 이 지점에서 히르슈펠트적인 성의 속성인 '환희'가 히르슈펠트 개인의 삶 이외에 동성애자들의 하위문화에서 길어 올린 것임을 알 수 있다. 그들의 춤과 음주와 공연에서 흘러넘치던 것은 올곧게 기쁨이었기 때문이다.

만남과 사랑

우리가 유념할 사항이 한 가지 있다. 동성애 술집, 그것도 알려진 술집에 가는 것은 쉬운 일이 아니었다. 그런 술집 출입 하나만으로도 자신의 성적 정체성을 알리는 셈이었기 때문이다. 따라서 위에서 서술한 동성애 하위문화에는 자신만만하고 적극적인 사람들만이 함께할 수 있었다. 그렇지 않은 사람, 자신의 성애가 밝혀질까 전전긍긍하던 사람들은 어디에서 어떻게 어떤 상대를 만나고 사랑할 수 있었을까? 이제 우리는 비공식적인 만남, 파트너 선택, 사랑의 방식, 성애의 방식, 그들의 판타지 등을 검토해야 한다. 그래야 그들의 삶이 보다 분명하게 드러날 수 있기 때문이다.

문제는 사료다. 동성애자들의 사생활을 가감 없이 드러내주는 사료는 없다. 간단하게 말해서, 동성애자의 일기는 현재까지 독일에서 출간되지도 발견되지도 않고 있다. 회고록과 전후戰後 구술 자료는 더러 있지만 몇 개에 불과하고, 그것조차 나치 시대의 억압 및 생존과 그 이후의 삶을 파편적으로 드러내줄 뿐이다. 이는 전후 서독 국가 역시 동성애자들을 처벌했기 때문인데, 쉽게 이용할 수 있는 사료는 당대 성과학 책에 수록되어 있는 동성애자의 편지 및 자전 보고서이다. 물론 아주 좋은 사료가 있기는 하다. 175조 위반 혐의로 체포되어 재판에 넘겨진 동성애자들에 대한 경찰 및 사법 자료가 그것이다. 그러나 독일 기록보관소에 소장되어 있는 동성애자들에 대한 수사 및 재판 자료는 나치 시대로 국한되어 있다. 희한하게도 바이마르공화국 시기의 자료는 소실되었다. 그리하여 여기서는 별 수 없이 크라프트에빙의 책에 수록된 동성애자들의 편지, 히르슈펠트의 저서 곳곳에 산재해 있는 통계와 진술과 인용문들, 그리고 『인권』과 『우정보』에 가끔씩 보도된 내용을 토대로 하여 불완전하나마 그들의 사생활을 재구성하기로 한다.

크라프트에빙의 『성 정신병리』 1893년 판본의 "동성애" 장에 수록된 동성애자들의 편지와 자전 보고서 중에서 성행위가 분명하게 묘사된 것은 23개이다. 이는 많은 것은 아니지만, 시대의 편린을 보여줄 정도는 된다. 그 자료의 한계는 분명하다. 크라프트에빙에게 직접 편지를 보낸 사람은 무척 적극적인 동성애자였을 것이다. 책에 실리는 것을 감수하고 편지를 쓰는 데는 상당한 용기가 필요했을 것이기 때문이다. 게다가 성교 장면이 라틴어로 쓰여진 책을 읽고 자신의 성애를 이야기할 정도의 사람이라면 당대 독일의 엘리트층, 특히 지식인 엘리트에 속하는 인물이었을 것이다. 이는 그 사료가 말해주는 양상이 계급적인 것임을 가리킨다. 따라서 우리는 그 자료에서 중간층 이하의 사람들, 상층에 속하더라도 소극적인 사람들, 즉 대부분의 동성애자들의 삶을 도출해낼 수 없다. 우리는 그저 위에서 언급한 다른 자료에서 가져온 예들로 그 단점을 보완하려고 노력할 수 있을 따름이다.

크라프트에빙의 책에 등장하는 23명 전원이 그런 것은 아니지만, 대부분은 애인을 주변에서 만났다. 특히 첫 경험을 고백한 12명 중에서 첫

사랑을 대학이나 그에 준하는 교육 기관에서 만난 사람이 5명이고, 중등학교(김나지움)에서 만난 사람이 7명이었다. 그 7명 중에서 자신의 만남과 행위가 동성애라는 것을 명확하게 인지한 사람은 4명이었고, 전혀 인지하지 못한 사람은 2명이었으며, 1명은 판독이 불가능할 정도로 모호하다. 인지하지 못한 경우부터 보자. 한 공장의 중간 간부인 30대 초반의 그 남자는 김나지움에 다니던 14세 때 처음으로 남자들에게 격렬하게 끌리는 것을 느꼈다. 특히 한 소년에게 깊이 빠졌는데, 그 감정은 그에게 말 한번 걸어보지 못할 정도로 플라토닉했다. 다만 그 애착이 성애적이었음은 그와 스치기만 해도 "성기가 격렬하게 발기했다"는 사실에서 드러난다. 그러나 그 자신은 그것이 성적인 것임을 몰랐고, 동성에 대하여 자신과 동일한 애착을 갖는 사람이 아주 드물다는 점 또한 꿈에서도 몰랐다. 대학에 진학한 뒤에 창녀촌을 전전하면서 어렵게 여성과의 성교에 겨우 성공한 그는, 첫사랑 이후 무려 16년이 지난 서른 살의 나이에서야 군인과 처음으로 동성 성교를 경험하게 된다.

30대 중반의 또 다른 남자 역시 14세 때 김나지움에서 성에 대하여 알게 되었고, 두세 명의 학급 친구들과 상호수음에 탐닉했다. 그러나 그는 상호수음을 청소년들이 의당 벌이는 "청춘범죄"로 간주했고, 한 동료를 열렬히 사랑했지만 그와는 다만 플라토닉한 관계만을 맺었다. 그는 대학에 진학한 스물한 살에서야 자신이 대부분의 남성들과 다르다는 사실을 인지하게 된다. 우리는 여기서 중등학교 시절 독일인들의 성이 무척 유동적이었음을 알 수 있다. 청춘범죄를 행하던 청소년들 중에서 위 사람과 달리 동성애자로 귀결되지 않은 사람이 훨씬 많았을 것이기 때문이다. 따라서 우리의 사례 중에서 한 남자의 성이 판독 불가능한 것도 납득 가능한 일이다. 그는 남자들에게만 끌렸지만 단 한 번도 상호수음을 하지 않았을 뿐더러 오로지 짝사랑만 했고, 추후에도 단 한 번도 성교를 경험하지 않았다. 자신의 성이 여자에게 끌리는 보통의 남자들과 다르다는 것을 인식한 청소년들 중에서도 일부는 역시 그 판단이 최종적이지는 않았던 것 같다. 귀족 출신의 어느 남자는 열네 살 때 자신과 마찬가지로 남자에게만 끌리는 동료와 1년간 사귀었고, 빈번하게 상호수음도 했으며, 일부러 수영장이나 사우나에 가서 남자 성기를 보며 황홀해하기도 했다. 그러나 동시에 그는 창녀촌을 찾아 여자와 사랑하기 위해 총력을 기울였고, 끝내 성공한 뒤에 "남자임에 자부심"을 가졌다. 그가 여자와의 관계를 끊고 남성만을 바라보게 된 것은 스무 살이 넘은 시점이었다.[22]

위 사람들과 달리, 10대 때 이미 성 정체성을 확보한 청소년들도 있었다. 흥미롭게도 학교를 넘어서는 넓은 세상과 연결될 경우에 특히 그러했다. 한 남자는 열일곱 살에 김나지움에서 학급 동료와 성애를 나누다가 한 화가를 만나게 되었는데, 그 예술가는 동성애 하위문화에 통합된 사람이었다. 그 소년은 동성애 하위문화에서 실천되고 있던 성 담론, 즉 성과학 담론에 의해 자신의 성을 의식하게 되었을 것이다. 김나지움에서 학급 동료와 처음으로 성애를 나눈 또 다른 남자는 친구의 아버지와 사귀면서 바깥세상을 새로이 바라보게 되었다. 친구의 아버지는 틀림없이 동성애자들의 '세계'에 대하여 설명해주었을 것이다. 우리의 샘플에서 대학에 와서 처음으로 동성과의 성애를 경험한 사람들도 한결같이 창녀촌에 드나들었다. 이는 그들이 대학생들의 통과의례였던 창녀촌 출입을 거부하지 못했기 때문에 생긴 일이었다. 그들은 동성애자로 의심받지 않기 위하여 그곳에 갔었을 뿐, 자신의 성을 명료하게 의식하고 있었다. 그리고 그들은 대부분 대학생들과 사귀었던 것 같다.[23]

23명 중에서 성애 상대자의 나이를 밝힌 경우는 4명밖에 되지 않는다. 한 명은 6년 연하의 남자, 다른 한 남자는 11년 연상, 또 다른 사람은 14년 연하, 또 다른 사람은 17세 청소년과 성애를 나누었다.[24] 여기서 알 수 있는 것은, 성애 상대의 나이를 밝힌 경우는 모두가 연상 연하였다는 사실이다. 이를 뒤집어서 우리가 얻을 수 있는 판단은, 나이를 밝히지 않은 사람들은 대부분 동일 연령대의 파트너를 만났으리라는 점이다. 역사 속의 증인들은 당연한 것은 굳이 밝히지 않기 때문이다.

동성애자들이 동일 연령대의 연인을 만난 것은 나이 차이가 큰 상대와의 연애에 대하여 부정적이었기 때문이 아니다. 히르슈펠트는 30년 연하와 동거를 했고, 라추바이트의 애인은 24년 연하였다. 아돌프 브란트와 프리들랜더야 청소년과의 교육학적 에로스를 주장했으니만큼 연령 차이는 그들에게 오히려 규범이었다. 그리고 『인권』에 실린 그 어떤 논설도 동성 연인이 동일 연령대여야 한다고 주장하지 않았다. 연령 차이가 나지 않은 이유는 오히려 동성 사랑의 계급성과 관련되는 것 같다. 다시 말해서 익숙한 환경에서 파트너를 만나다 보니 연령 차이도 별반 없었다는 것이다. 우리에게 샘플 역할을 해주고 있는 23명 중에서 성애 파트너의 직업을 분명하게 밝힌 경우는 6명이다. 상인, 수도사, 대학생, 화가, 선원, 병사가 그들이었는데, 그들 중에서 대학을 나온 당사자와 직업 수준이 어긋나는 경우는 병사와 선원뿐이다. 마도로스와 군인은 동성애 하위문화에서 언제나 등장하는 판타지 속의 인물이었다. 따라서 그들과의 만남은 탈계급적인 것이라기보다 판타지의 실현으로 간주해야 한다. 상대의 직업을 굳이 밝히지 않은 경우에는 두 사람의 직업이 유사했을 것이다. 우리는 이 대목에서 동성애 음주문화가 계급의 구분선에 따라 분리되어 있었던 점을 떠올릴 수 있다. 동성애자들의 사랑도 이성애자들만큼이나 계급적이었던 것이다.

동성 사랑의 계급성에는 여러 가지 이유가 있었다. 우선 성애적인 끌림이 본능적이라기보다는 문화에 의해서 매개되는 충동이라는 점에 유의해야 한다. 1900년 전후의 독일 사회는 계급적으로 나뉘어져 있었고, 이는 문화적으로도 마찬가지였다. 그것이 동성애자라고 해서 다를 바가 없었을 것이다. 게다가 형법 175조에 의하여 항상 위협받던 그들로서는 주로 익숙한 환경, 즉 동일 계급에서 연인을 찾았을 것이다. 물론 계급을 넘어서는 만남이 가능한 장소와 맥락이 있었다. 술집과 매춘이 그것이다. 그러나 술집은 이미 동성애 하위문화에 통합되어 있거나 기꺼이 통합될 용기를 내는 사람에게만 가능한 곳이었고, 매춘은 경찰에게 체포되거나 남창에게 협박을 받을 위험성이 있었다. 흥미로운 사실은, 동성애 저널도 동일 연령 및 동일 계급 출신과의 연인 관계를 권고했다는 점이다. 이는 그것이 대부분의 동성 연인의 현실이기 때문이기도 했고, 연애에 필요한 상대방에 대한 깊은 인간적인 이해가 비슷한 환경에서 나온다고 믿었기 때문이기도 했다.[25]

흥미로운 것은 판타지에서만큼은 그들이 계급을 뛰어넘고 있었다는 점이다. 여기서 판타지란 더불어 사랑하고픈 이상형이 아니라, 상상컨대 성애를 가장 자극하는 대상을 뜻한다. 23명 중에서 성애 판타지를 밝힌 사람은 6명이다. 그 자극적인 대상은 "맨체스터 바지를 입은 청년 노동자" "정신적으로나 사회적으로 하층에 속하는 더럽고 강한 남자" "하층 출신의 청년 기마병사" "사관생도" "유니폼을 입은 똑바로 앉아 있는 남자," 마지막으로 단순히 "강한 남자"였다. 그리고 판타지의 대상은 하나같이 이성애 남자들이었다. 자신의 성행위 모습을 밝히지 않았기에 우리의 샘플에 포함되지는 않았지만, 크라프트에빙의 책에 수록되어 있는 다른 동성애자들 역시 상상 속의 가장 강렬한 자극은 노동계급 출신의 근육이 우락부락한 이성애자 청년에게서 느꼈다. 그다음으로 선호되던 대상은 각종 유니폼을 입은 청년들이었다. 일회성 만남을 겨냥하는 판타지가 아니라 더불어 살고 사랑하고픈 이상형은 달랐다. 그들의 이상형은 15세에서 25세 사이의, 턱수염이 없는, 가급적 콧수염도 없는, 호리호리한, 예술가 타입의 남자, 요컨대 댄디하고 중성적인 청(소)년이었다. 『인권』의 표지에 등장하는 삽화 속의 인물들과 동일했던 것이다.[26]

판타지의 대상이 우락부락한 하층이었던 것은 우리의 샘플 23명의 계급성과 관련된 것으로 보인다. 그들은 지식 부르주아였기에 자신을 무엇보다도 정신성으로 의미화했을 것이고, 육체적이고 관능적인 물질성이 자신과 정반대, 즉 노동계급 혹은 군인으로 체현된다고 믿었을 것이다. 더불어 살고픈 이상형의 모습은 여러 통로로 유입되었다. 댄디즘은 오스카 와일드처럼 동성애 성향을 드러내던 일부 아방가르드 문인 및 예술가들의 전복적 사조였다. 프리들랜더-브란트 그룹은 성별화가 완성되지 않은 청소년의 몸을 고전고대와의 연속성 속에서 삽화의 형태로 제공했다. 히르슈펠트가 주장하던 제3의 성, 즉 남성도 아니고 여성도 아닌 성이 실로 엉뚱하게 청소년의 몸으로 의미화되기도 했다. 지식 부르주아에 속하던 우리의 23명은 이런저런 통로를 통하여 그 세 가지 흐름에 노출되었던 것으로 보인다.

현실에서 사랑의 대상은 판타지 속의 인물도 아니고 이상형도 아닌 그저 범상한 인물인 법이다. 당대의 동성애자들은 그런 범상한 상대와 어떤 관계를 맺었을까? 그들은 상대를 무엇보다도 '사랑'하고자 했다. 23명 중에서 성교에만 관심이 있을 뿐 "사랑 그런 것은 모른다"고 선언한 사람은 단 한 명뿐이다. 대부분은 "성교는 사랑의 왕관일 뿐"이라며 성교보다 감정적 애착을 앞세웠다. 사랑이 다칠까봐 성교까지 나아가지 못하고 키스와 포옹으로 그친 사람이 두 명이고, 이성애 남자와 동거하면서 혹시라도 그 사랑을 잃을까 우정의 가면으로 자신의 동성애를 숨긴 사람도 두 명이다. 단 한 사람만을, 그것도 성교보다 감정적 애착을 내세우고, 성교를 실행하는 경우조차 그것을 사랑의 꽃으로 간주하는 사랑, 그것은 말할 나위도 없이 낭만적 사랑이다. 한 사람의 외침을 들어보자. "관능적인 자극에는 언제나 정신적인 관심이 결부되어 있었습니다. 나는 상대방에게 언제나 희생심을 가지고 접근했지요. 그러면 상대도 나를 신뢰하게 되고, 그 상호성으로부터 진정한 우정이 자라나며, 이는 지극히 친밀한 합일로 이끌어줍니다. 나의 전 존재가 그것을 열망합니다. 나의 모든 세포는 그것을 향해 열려 있습니다. 나는 작렬하는 뜨거운 열정 속에서 나를 태워버립니다."[27]

그들의 엽서나 편지에서 넘쳐나던 것도 사랑이었다. 편지에서 그들은 자신을 "너를 사랑하는 너의 친구" "너의 충성스런 친구"로 칭하면서, "내가 이 세상의 누구를 너보다 사랑할 수 있을까"라고 외치고, 여행 중인 애인에게 "눈물의 샘이 마르지 않는다"고 호소하면서 "너를 향한 고통스러운 그리움"에 사로잡혀 있다고, 혹은 "네가 나의 삶을 완전히 바꿔놓았다"거나 "다른 남자와는 더 이상 성교를 할 수 없다"고, 혹은 "나는 네게 사슬을 채우지 않지만 내 자신에게는 족쇄를 채워놓았다"고, "이 세상에 네 편이 되어 너의 곤경과 행운 모두를 짊어질 수 있는, 가장 오랜 시간 동안 너의 친구로 남아 있을 사람은 나다. 무슨 일이건 올 테면 오라지, 나는 영원히 너를 지킬 것!"이라고 자신의 애착을 더할 나위 없이 직접적으로 표현했다. 크라프트에빙과 히르슈펠트와 인권동맹이

그토록 주장하던 낭만적 사랑은 일반 동성애자들의 언어도 점령하고 있었던 것이다.[28]

그토록 사랑하고자 하던 그들은 동거도 했을까? 제1차 세계대전 이전의 독일에서 동거는 미혼 노동자가 할 수 있는 일이 아니었다. 당시 독방을 갖는 것은 부르주아에게나 가능했다. 우리의 샘플에는 성교와 동거가 결합된 사람이 두 명이다. 한 사람은 연상의 상인과 "부부처럼 사귀었다"고 썼고, 다른 한 사람은 "거의 동거했다"고 진술했다. 가까운 거리에 살면서 사실상 동거나 마찬가지로 사귀던 사람도 한 명 있었다. 수도사와 5년 동안 사귄 사람이 그 사람이다. 또한 자신의 동성애를 숨긴 채 친구와 동거한 사람도 두 명이나 있었다. 나머지 사람들이 동거를 했는지는 알 수 없다. 그러나 분명한 것은 부르주아 동성애자들의 연애 기간이 다소 길었다는 점이다. 예컨대 히르슈펠트는 그가 주변 부르주아들에게서 수집한 것으로 추정되는 통계에서 100명의 남녀 동성애자 가운데 67명이 "장기적이고 결혼과 유사한" 관계를 맺고 있으며, 일시적인 관계를 맺은 사람은 33명이라고 밝혔다.[29] 결혼과 유사한 관계였다면, 동거를 했든 인근에 살았든 일상을 공유했을 것이다.

장기적인 관계는 1920년대 동성애 저널에서도 진지한 논의 주제였다. 일부 논자들은 동거를 사랑과 우정을 합치시킬 수 있는 이상적인 주거 형태로 간주했고, 다른 논자들은 동거는 사랑의 무덤이라고 경고했다. 흥미로운 것은 반대파가 이성애 결혼이 사랑의 종말 혹은 이혼으로 끝난다는 것을 그 근거로 내세웠다는 사실이다. 사실 찬성파도 결혼의 문제점을 부인하지 않았다. 그들은 다만 장기적인 관계가 감정적 의지처가 되어주고, 찰나적인 만남이나 매춘에서 성욕을 해소하는 일을 방지해준다고 그 장점을 설파했다. 그러나 그들도 성욕 때문에 동거를 하는 일이 있어서는 결코 안 되며, 성애에 앞서 감정적, 정신적 파트너십이 우선해야 한다고 주장했다. 그들은 동거 혹은 장기적인 교제가 사랑의 표현이되, 그것이 사랑을 보장해주기 때문이라기보다 정서적 불안정과 난행을 막아주기 때문에 권장했던 것이다.

여기서 낭만적 사랑이라는 이상과 현실의 애정 사이의 간극이 드러난다. 서로 다른 두 사람이 하나가 되어 영원히 함께하는 낭만적 사랑은 동성애자들에게도 불가능한 목표였던 것이다. 여기에 동성애자들의 사랑이 계급적이었다는 점까지 겹쳐놓고 우리가 내릴 수 있는 결론은 한 가지뿐이다. 동성애자들에게도 낭만적 사랑은 다가갈수록 멀어지는 지평선 같은 것이었다. 논자들 대부분 평생 지속되는 관계에 반대한 것 역시, 낭만적 사랑이 언어에 불과했다는 점을 증언한다. 더욱이 그들은 대부분 장기적 동거가 아니라 한시적 동거를 권고했다. 낭만적 사랑이 지속되는 기간 동안만 함께 살고, 헤어진 뒤 또 다른 한 사람과 사랑하고 함께 사는 것이 그들의 권장 모델이었던 것이다.[30]

한시적인 동거는 현실이기도 했을까? 우리는 히르슈펠트가 100명 중 67명이 "장기적" 교제를 한다고 발언했을 때, 그 장기간이 몇 년이었는지 모른다. 다만 우리의 샘플에서 5년간 부부처럼 살았다는 증언이 있고, 나치 시대 함부르크 사법 자료를 분석한 역사가는 1920~30년대 함부르크 경찰에 체포된 동성애자들 가운데 최장 동거 기간은 1922년에서 1937년까지 15년이었다고 보고했다. 1867년부터 1970년까지 스위스의 독일어 사용 지역인 샤프하우젠의 동성애 처벌 기록을 분석한 또 다른 역사가에 따르면, 그 전체 시기에서 가장 긴 교제 기간은 10년이었다.[31] 우리의 샘플에서 교제 기간이 5년이었다고 밝힌 것은 그것이 이례적이어서 그랬을 것이다. 따라서 대부분의 교제 기간은 5년 이하였을 것이다. 추후 우리는 에센 게슈타포에게 검거된 동성애자들의 경우에서 이를 다시 한 번 검토할 것이다. 그렇다면 "한시적인 동거" 역시 그 정도였을 것이다. 물론 이를 기계적으로 이해하면 곤란하다. 히르슈펠트만 하더라도 그의 애인 카를 기제Karl Giese와 1908년 쉰 살에 처음 만나 1935년 죽을 때까지 함께 살았다. 중요한 것은 오히려 한시적 동거 모델이 사회경제적으로 독립한 부르주아 동성애자들의 실제 삶에서 도출된 모델이었다는 점이다.

그들은 외도를 했을까? 했다. 우리의 샘플에서도 11년 연상의 상인과 "부부처럼 사귄" 남자는 관계의 마지막 국면에서 다른 남자와 성교를 하였고, 그 때문에 두 사람 사이에 "끔찍한 장면이 연출되고 화해하고 다시 갈등하기를 반복하다가 끝내 깨지고 말았다"고 썼다. 이 문제와 관련하여 의미심장한 것은 1920년대 동성애 저널에서 단일 파트너냐monogamy냐 복수 파트너polygamy냐를 놓고 논쟁이 벌어졌다는 사실이다. 그런 논쟁이 전개되었다는 사실 자체가 복수의 연인과 사귀는 것이 그리 드문 현상은 아니었음을 말해준다. 복수 파트너 옹호론자들 중에는 단 한 사람과의 성관계 모델이야말로 "수천 년 이래 사랑의 갈등을 일으킨 주범"이라고 성토하는 사람도 있었고, 문제를 역사화시켜 일부일처제 혼인은 "자본주의적-부르주아적인 이데올로기 및 경제질서의 표현"이라고 성토한 사람도 있었다. 그는 놀랍게도, 정작 필요한 것은 "충동과 사랑과 우정"의 경계를 허물어 "유동적으로 만드는 것"이라고 주장했다.

그 맥락에서 그들이 주장하려 한 것은 단일 파트너와 복수 파트너 중 어느 것이 옳으냐는 문제가 아니었다. 요체는 사람에 따라 다양한 관계 모델이 있을 수 있다는 것이었다. 한 사람과 고정된 관계를 맺는 상태에서 오직 그와만 성교를 할 수도 있고, 고정된 관계 속에서 때로 다른 남자와 성교를 할 수도 있으며, 여러 명과 동시에 고정된 관계를 맺을 수도 있다는 것이었다. 그리고 그 다양성이야말로 동성애자들의 실제 모습이었던 것 같다. 사귈 때 상대방만 바라보기로 합의했다가 외도 때문에 헤어지는 커플도 있었고, 사랑이 지속되고 있음이 확인되는 이상 외도를 용인하는 커플도 있었으며, 관계가 너무나 익숙해져서 서로에 대한 성적 욕망은 소실되었지만 우정만은 생생하게 살아 있었고 그래서 동거를 지속하지만 성교는 다른 남자와 하는 경우도 있었고, 그때 아예 사전에 허가를 받는 경우도 있었다. 모두가 낭만적 사랑과 어긋나는 모습들이다.[32]

우리의 샘플 23명의 보고서는 어떤 관계가 대세였는지 뚜렷하게 드러내주지 않는다. 외도했다고 노골적으로 밝힌 사람이 2명이고, 크라프트에빙에게 편지를 보낸 시점까지 600명과 성관계를 맺었다고 고백한 사람이 1명이다. 그러나 자신은 "단기적인 만남"을 선호한다고 밝힌 사람을 필두로 해서 매춘을 포함하여 우연찮게 만난 사람과 성교를 했다고 쓴 사람까지 모두 합하면 13명이나 된다. 여러 가지 편린들을 조합해놓고 보면, 다시 말해서 그들이 정신적인 합치를 중요시하고 한시적인 동거를 선호하며 우연한 만남이 성교로 이어지는 경우도 적지 않았다는 사실 등을 합해놓고 보면, 당대 동성애자들은 단수 파트너와의 고정된 관계를 이상으로 하되 그 관계에 상당한 융통성을 부여했음을 알 수 있다.

그들은 어떤 성교를 했을까? 놀랍게도 우리의 샘플 23명 중에서 항문성교를 "혐오한다"고 선언한 사람이 8명이나 된다. 그렇다면 나머지 15명은 항문성교를 용인했던 것일까? 정반대다. 항문성교를 옹호한 사람은 단 한 사람도 없다. 항문성교에 쾌감을 느꼈다고 단도직입적으로 말한 사람도 1명에 불과하다. 대부분은 상호수음을 했다고 썼고, 그 다음이 허벅지성교였다. 게다가 그저 포옹하고 키스하는 것으로 만족하거나, 그것으로 사정에 도달한다고 말한 사람이 2명이고, 하등의 육체적 관계도 맺지 않는다고 고백한 사람도 2명이나 된다. 우리의 샘플 주인공들은 적어도 고백에서만큼은 항문성교로부터 멀리 떨어져 있었던 것이다. 솔직한 동시에 통계를 좋아하던 히르슈펠트조차 상호수음이 40퍼센트, 구강성교가 40퍼센트, 허벅지성교가 12퍼센트, 항문성교가 8퍼센트라고 기록해놓았다.[33]

항문성교가 예외적이었다는 한결같은 발언은 역사적 사실과 부합하는 것이었을까? 정확히 판단할 수는 없다. 역사학자는 사료가 말해주지 않는 이상 말하지 못하는 법이다. 다만 그 발언을 의심할 필요는 있다. 우선 법리적인 문제가 있었다. 나치 집권 이전에 상호수음은 처벌되지 않았다. 처벌 대상은 허벅지성교부터였다. 게다가 이성애자들의 시선도 거슬렸다. 그들은 동성애자들이 항문성교를 한다고 굳게 믿고 있었고, 또한 그 때문에 동성애자들을 짐승 혹은 배설물과 동일시했다. 이 대목에서 우리는 엥겔스의 "항문" 발언을 떠올릴 수도 있을 것이다. 따라서 동성애자 개인이든 동성애 해방운동이든, 항문성교는 터부일 수밖에 없었다.

무릇 텍스트에는 스스로를 폭파시키는 맹점이 식별되기도 하는 법인데, 항문성교를 터부시하는 진술들이 바로 그렇다. 히르슈펠트는 동성애자의 성교 방식을 서술하는 자리에 동성애자들이 주로 상호수음을 한다고 쓴 뒤 얼마 지나지 않아서 "항문도 성감대"라고 적어놓았다. 이어서 그는 수음과 항문성교의 차이점은 매우 적으며 동성애 성향이 강할수록 가벼운 접촉만으로도 사정에 이른다고 썼다. 우리의 샘플에서 600명의 남자와 성교했다고 고백한 그 남자는 동성애자들 다수가 "적극적인 항문성교"를 원한다고 주장했다. 그의 말이 믿음직스러운 이유는 그가 처음으로 항문성교를 경험했을 때는 "고통만 느꼈을 뿐 쾌감이 없었다"고, 그래서 한동안 항문성교를 멀리하다가 훗날 다시 하게 되었다고 썼기 때문이다. 그가 말해주는 항문성교에 익숙해지는 과정은 성교에 익숙해지는 일반적인 과정과 일치한다. 게다가 항문성교에서 "무한한 쾌감"을 느꼈다고 고백한 또 다른 사람 역시 최초의 시도는 실패하여 구강으로 해결했으며, 여러 남자와 여러 번의 시도를 거친 끝에 드디어 성공했다고 그 과정을 서술했다. 우리가 단순한 선언보다는 과정을 서술한 사람의 진술을 믿어야 하는 것은 당연하다. 따라서 우리는 대부분의 동성애자들이 항문성교를 열망하였다고 판단해야 할 것이다.

그러나 또 다른 한편으로 항문성교를 저어하고 별반 행하지도 않았다는 진술이 왜곡이었던 것만 같지는 않다. 우리의 샘플에서 600명과 성교를 했다고 고백한 그 사람은 다수가 항문성교를 원하면서도 법리 문제와 "미학적 고려 때문"에 꺼린다고 썼다. 스스로 항문성교를 했다고 고백한 그의 진술은 믿을 수 있을 것이다. 그렇다면 동성애자들이 항문성교를 "본능적으로" 싫어한다고 강조한 히르슈펠트의 진술 역시 진실을 담고 있다고 평가해야 할 것이다. 다시 말해서 동성애자들은 항문성교를 열망하는 동시에 꺼림칙하게 느꼈던 것이다. 혹은 그들은 항문성교를 열망한 끝에 실제로 행하더라도 절정의 순간에서조차 쓰라리게 자신을 책망했을 것이다. 그 자책은 그들이 이성애자들의 규범으로부터 자유롭지 못했음을 보여준다. 게다가 현실적으로도, 우연찮고 갑작스럽게 만난 터여서 상대방을 믿을 수 없을 경우에 항문성교는 너무 위험한 일이었다. 동성 성교의 움직일 수 없는 증거가 되기 때문이었다. 게다가 성이 유동적인 10대 시절에 상호수음은 수음의 연장으로 비추어졌고, 그래서 빈번했고, 그 경우에도 항문성교는 회피되었다. 따라서 항문성교는 안정되고 고정된 관계에서 일반적이었을 것이다.[34]

동성애자 술집에 갈 용기도 없고 그렇다고 해서 안정된 파트너를 보유한 것도 아닌 사람은 남자들을 만날 수 있는 특정한 장소를 찾아가야 했다. 그들은 어디로 갔을까? 그들은 수영장을 찾았다. 그곳에서는 벗은 몸을 감상할 수도 있고, 탈의실에서 상대의 성기와 눈을 바라보면서 성애를 제안하는 신호를 보낼 수도 있었다. 수음하는 손짓을 흉내 내거나 구강성교를 암시하기 위해 혀를 몇 차례 내밀기도 했고, 허벅지 사이에 손을 넣고 부비기도 했다. 베를린의 한 수영장에서는 마흔 살의 남성이 스물두 살의 공과대학 학생에게 추파를 던지다 못해 급기야 상대방의 성기를 잡았다가 종업원들에게 제압당한 사례도 있었다. 그런 일이 얼마나 빈번했는지, 베를린의 한 야외 공공 수영장에는 "동성애자 신사들께서는 자신의 취향을 감추시기를 부탁드립니다"라는 안내문이 나붙기도 했다. 수영장 출입이 힘들면 사설 사우나를 찾으면 되었다. 심지어 사우나의 종업원과 마사지사가 동성애자인 경우도 있었는데, 그들은 동성애자 동료들에게 조용한 공간을 내주면서 몇 푼 받기도 했고, 적절한 상대가 누구인지 알려주기도 했다. 베를린의 한 사우나는 동성애자 고객들의 성애가 지나쳤는지 매춘업으로 고발당하기도 했다.[35]

첫 손가락에 꼽히던 일회성 만남의 장소는 그러나 공중화장실, 특히 사람들의 왕래가 많은 기차역 광장의 공중화장실이었다. 공중화장실은 장점이 많았다. 그곳에서는 새로운 사람을 만날 수 있었고, 남자의 성기를 직접 볼 수도 있었다. 그렇듯 시각적으로 욕망을 충족시킬 수도 있었고, 또한 자신의 성기를 보여줌으로써 상대방의 관심을 끌 수도 있었다. 만일 화장실에 구멍이라도 뚫려 있는 경우는 최적이었다. 그것은 자신을 숨긴 채 관음증에 빠져드는 길이기도 했고, 화장실에 들어가기 전에 적절한 상대를 선택하는 방법이기도 했다. 적절한 대상이 발견되면 화장실 소변기 앞에서 상대방 성기를 바라보는 동시에 자신의 성기를 보여주었고, 이어서 상대방의 눈을 바라보거나 갖가지 신호를 보낼 수도 있었다. 상대방이 응하면 인근의 공원이나 녹지로 이동하는 것이 일반적이었다. 그리하여 바로 뒤편에 녹지가 조성되어 있는 공중화장실이 최적의 장소였다.

화장실에 글을 써놓거나 쪽지를 붙여놓는 경우도 있었다. 만일 어느 남자가 그 글을 유심히 읽고 주변을 두리번거린다면 가능성이 있는 상대였다. 물론 관심이 가는 상대가 이성애자이고 또 남자와의 성애에서 역겨움만을 느끼는 경우도 허다했다. 따라서 동성애자는 흔히 몇 차례에 걸쳐서 화장실을 들락거려야 했고, 한 곳에서 실패하면 다른 공중화장실로 이동해야 했다. 그리하여 동성애자의 출입 가능성을 염두에 두고 눈여겨보는 사람이라면 동성애자를 식별할 수 있었다. 화장실 주변을 반복해서 어슬렁거리는 사람은 십중팔구 동성애자였던 것이다. 그러므로 화장실 앞의 동성애자들은 잠복 중인 경찰관의 좋은 먹잇감이기도 했고, 성을 팔려는 남창들의 첫번째 고객이기도 했다.[36]

공중화장실이 싫은 남창들은 남남매춘으로 유명한 길거리로 가면 되었다. 베를린에는 남창들을 만날 수 있는 장소로 알려진 거리가 꽤 많았다. 그중 가장 유명한 곳은 티어가르텐 공원 인근이었는데, 이는 거대한 공원 앞 도로에서 성애 파트너를 만나서 공원 녹지로 직행할 수 있기 때문이었다. 빠른 성교가 가능했던 것이다. 이에 대하여 히르슈펠트는 인상적인 진술을 남겼다. 공원 산책로 세 개가 만나는 곳의 "의자에는 자정 몇 시간 전부터 30명가량의 남창과 노숙자들이 함께 앉아 있다. 잠든 사람도 있고 뭐라 중얼거리다가 소리를 지르는 사람도 있다. 그들은 그곳을 '미술품 전시회장'이라고 부른다. 한 남자가 다가온다. 그가 성냥에 불을 붙여 사람들의 얼굴을 하나하나 들여다본다. 인근 녹지로부터 청년의 탄성 사이로 날카로운 비명 소리가 들리기도 한다."[37]

남창을 만나는 동성애자들은 자신을 내던지는 사람이기도 했다. 매춘이 협박으로 이어지는 경우가 있었기 때문이다. 히르슈펠트가 동성애 해방을 외칠 때 그 근거로 자주 제시한 것이 협박 범죄였다. 동성애가 범죄화되어 있어서 멀쩡한 사람이 협박에 시달리다 못해 자살을 하는 경우가 빈번하다는 것이었다. 히르슈펠트는 1900년경 베를린 동성애자 5만여 명에게 연간 2000건의 협박이 가해지고 있다고 주장했다. 경찰의 기록에 근거한 것이라는 그의 주장은 사실일 것이다.[38] 그러나 협박의 주범이 남창이라는 주장은 그릇된 것 같다. '전문적인' 남창들은 자신의 영업을 스스로 망가뜨리려 하지 않았기 때문이다. 그러나 가끔씩이라도 협박이 가해지는 것은 사실이었다. 따라서 성을 구입하려는 동성애자들은 협박범에 걸려들 수 있다는 점을 의식해야 했고, 따라서 신중해야 했다.

동성애자들은 동성애자라는 이유 때문에 매춘에서도 이성애자보다 훨씬 더 큰 위험을 감수하거나 혹은 공포에 시달렸던 것인데, 그들이 감수해야 했던 불이익은 물론 그것만이 아니었다. 그들 대부분은 자신의 성애를 가족에게 비밀로 했다. 따라서 경찰 수사에 걸려들면 가족 전체가 패닉에 빠져 자식을 집에서 내쫓거나 정신병원 혹은 요양원으로 보냈으며, 청소년일 경우 몽둥이 세례를 안기기도 했다. 가족들이 동성애자 애인을 집으로 불러들여 아예 함께 사는 경우도 있었으나, 그것은 예외였다. 더 큰 문제는 결혼 압박이었다. 혼인에서 가문이 여전히 큰 역할을 하던 당대에 결혼 적령기는 동성애자가 가족에게 발각날 수도 있는 위기를 뜻했다. 결혼을 유보시키는 데 성공하지 못하면, 집을 떠나거나 결혼 상대 여성에게 자신의 동성애를 고백한 뒤에 결혼하기도 했다. 급기야는 여자 동성애자를 찾아내어 가정을 이루는 경우도 가끔 있었다. 동성애 저널에는 그런 결혼 상대를 구하는 광고가 흔했다.[39]

가족 관계의 파탄 못지않게 심각한 문제는 동성애가 직업적 성공에 가하는 부정적 효과였다. 우리는 앞서 전문 피아니스트로 성장할 수도 있었던 사람이 동성애 술집에서 일하는 모습을 보았거니와, 그와 달리 자신의 재능을 펼칠 수 있었던 동성애자들도 자신의 성이 알려질까 전전긍긍했다. 이 문제에서 시사적인 것은 동성애자들의 직업이다. 그들은 가급적이면 혼자 일할 수 있는 상업과 서비스업, 의사와 같은 전문직, 여행사처럼 이동성이 높은 직업을 선택했고, 상대방의 기분에 적절히 응하면 도움이 되는 홍보직, 판매직, 섭외직으로 나아갔으며, 특히 동성애자들과 자유롭게 교류할 수 있는 동성애 술집과 식당 일자리를 선호했다. 이는 앞서 우리가 살펴본 대로 인권동맹의 직업 분포에서 상인이 절반에 육박하던 것에서도 확인된다. 히르슈펠트가 동성애자들의 직업별 분포를 보여주기 위하여 수집한 직업도 마찬가지다. 그 목록에는 교사, 목사, 빵 공장 직원과 같이 성적 취향에 중립적인 직업도 나타나지만, 장교, 보병, 해군 장교, 기숙 사범학교 학생, 사관생도처럼 남자들만 존재하는 직업군과 식당 및 술집의 주인과 종업원, 사우나 종업원, 체신 공무원, 옷 가게 직원, 백화점 직원, 은행원, 연극배우 등이 더 많다.[40]

　동성애자들이 '정상적인' 가정생활을 못하고 직업 선택에 제한을 받으며 안정된 일상을 구축했다고 하더라도, 이웃의 밀고 가능성에 전전긍긍하고 경찰의 습격을 받고 때로는 175조로 처벌받은 것은 물론 오로지 그들의 사랑 때문이었다. 그들은 사랑을 위하여 수많은 희생과 불이익을 감수한 사람들이다. 사랑에 대한 니클라스 루만Niklas Luhman의 연구가 함축하듯 낭만적 사랑은 근대의 운명이다.[41] 동성애자들도 그 운명을 비켜갈 수 없었다. 그러나 사랑이라고 해서 다 같은 것이 아니다. 자아를 긍정하게 해주는 장치는 사랑 외에도 많기 때문이다. 백인, 유럽인, 독일인, 재산, 지식, 남자, 집, 차, 옷, 심지어 자랑스러운 출신 지역까지. 사랑은 그중에서 가장 실존적인 장치이다. 영육이 함께하기 때문이다. 사랑이 그토록 결정적인 문제이기 때문에, 그리고 매혹은 문화에 의하여 매개되는 충동이기 때문에, 사랑에는 앞서 나열한 그 모든 요소들이 개입한다. 사랑이 생산되는 것이다. 그래서 사랑은 대부분 계급적이고, 민족적이며, 인종주의적이고, 제국주의적이며, 이성애주의적이다.

　동성애자는 사랑의 그 문제성에 관통당한 사람들이다. 그들은 존재 자체로 만인에게 이성애를 부과하고 이성애자들의 정상성을 보증해주지만, 자신의 존재를 규정짓는 그 사랑 때문에 열등한 인간으로 낙인찍히는 동시에 운명적인 그 사랑으로부터 벗어날 수 없다. 악순환이다. 인간임을 부인당할수록 자신을 긍정하도록 해주는 사랑이 절박해지기 때문이다. 그러나 앞서 드러났듯이, 그들에게서도 낭만적 사랑은 이상과 언어이기만 했을 뿐 현실이 아니었다. 그들의 사랑도 계급적이었고, 그들의 사랑도 연령주의에 입각해 있었으며, 그들의 사랑도 유통 기한이 5년 이하였다. 게다가 결혼이라는 제도화된 장치가 없기에 더욱 적나라하게 나타나는 그들의 사랑하는 모습은 벗어날 수 없는 허구로서의 사랑을 현시한다. 그런 한에서 그들은 이성애자들보다 더욱 진정한 근대인들이다.

그만큼이나 결정적인 것은 또한 그들이 이상과 현실의 간극을 첨예하게 인식하고 있었다는 점이다. 그들의 대표 논자들이 낭만적 사랑 모델과 어긋나는 한시적 동거를 모델화하지 않았던가. 그리고 한시적으로 동거하다가 파트너를 교체하는 양상, 한 사람과 고정된 관계를 맺지만 커플에 따라 외도의 가능성을 용인하기도 하는 다양한 관계 모델, 항문성교를 불사하는 성애 방식은 1968년 성혁명의 예고편이라고 할 만하다. 여기에 우리가 앞서 기술하였던 동성애자들의 하위문화, 즉 무도회, 각종 축제, 정기 음주 모임, 연극 모임, 생일 파티, 이름 짓기 등을 함께 바라보면, 도대체 어디에 "병든 존재" 혹은 "죄된 존재"로서의 동성애자가 있는가? 도대체 어디에 "품위"가 있는가?

그들이 품위와는 거리가 먼 사람들이었다는 뜻이 아니다. 품위라는 개념으로는 그들의 삶을 포착하지 못한다는 것이다. 그들을 관통하던 것은 "환희"였다. 환희, 즉 기쁨은 인간에게 현실을 견디게 해주는 힘을 준다. 사랑도 인간에게 긍정의 힘을 준다. 사랑은 기쁨이기 때문이다. 그래서 사랑과 환희는 하나다. 이는 논리만이 아니다. 동성애자들의 놀이문화는 그들의 무도회장과 술집에서 환희가 얼마나 낭자하게 흘러넘쳤는지 보여준다. 동성애자들은 그곳에서 사랑하고 기뻐하고 힘을 얻고 그렇게 자신을 긍정했을 것이다. 그렇다고 해서 그들이 이성애자들이 구축한 담론의 질서로부터 완전히 등을 돌릴 수 있었다는 것은 아니다. 예컨대 항문성교에 대한 편견은 그들의 몸과 마음을 장악하고 있었다. 그러나 이 문제에서도 그들은 규범으로부터 한 걸음 벗어나 있었다. 일부는 찜찜해하면서도 감히 항문성교를 했고, 그로부터 환희를 맛보았다. 그리고 일부는 그런 삶을 유지하기 위해 유동적인 직업을 선택했고, 그렇게 삶을 유동화시켰다. 동성애자들을 기성 질서를 뒤흔들던 전복적 집단 중의 하나라고 평가할 수 있는 것은 바로 그 때문이다. 삶의 유동화는 사랑과 민주주의의 새로운 방향을 낳을 수도 있는 것이기 때문이다.*

이상의 서술에서 1920년대 동성애자들의 개방적인 성문화가 '일반인들'의 고루한 성문화 속에서 고립된 섬처럼 존재했다고 생각하게 되었다면 그것은 전적으로 그릇된 인상이다. 바이마르공화국에 와서 성은 그 이전 시기와는 비교도 할 수 없을 정도로 자유로워졌다. 이는 구조적인 흐름과 바이마르 특유의 민주적 분위기가 결합된 결과였다. 1920년대에 이르면 부르주아적인 핵가족의 이상이 샐러리맨과 노동자들 내부에도 관철되어 두 자녀 가정이 일반화되었다. 부부들은 더 이상 자식을 낳지 않아도 성교는 했고, 그리하여 콘돔과 페서리가 약국과 미용실과 담배 가게에서 판매되었고, 피임 도구를 파는 행상이 대문을 두드렸다. 공화국의 경제적 어려움으로 인해 혼인 시기를 늦춰야 했던 총각 처녀들도 의당 콘돔과 페서리를 이용했다. 다만 고무 콘돔이 사용하기에 불편했고 페서리 역시 기능이 변변치 않아서, 당대의 보고에 따르면 연간 100만 혹은 200만 건의 낙태수술이 이루어졌다.

낙태는 바이마르공화국 시절에도 불법이었다. 혁명기를 제외하고는 늘 보수 세력의 눈치를 보아야 했던 공화국은 징역형을 금고형으로 낮추었을 뿐이다. 그러나 어찌 100만 명을 처벌할 수 있겠는가. 형벌의 변

---

* 동성애에서 이성애의 새로운 방향과 민주주의의 확장을 탐색한 책으로는 앤서니 기든스, 『현대 사회의 성, 사랑, 에로티시즘』, 배은경·황정미 옮김, 새물결, 1996.

화는 오히려 성을 향유하라는 정치적 신호로 받아들여졌다. 실제로 공화국은 1927년에 성매매 여성을 비범죄화했다. 제1차 세계대전 이전에 경찰은 집창촌을 조성하여 특별 관리를 했었다. 성매매 여성들은 경찰에 등록을 해야 했고, 정기적으로 검진을 받아야 했으며, 허가 없이 집창촌 외부로 나갈 수 없었다. 매춘 관리의 라이트모티브는 성병 퇴치였는데, 제1차 세계대전 이후 성은 자유로워지는 한편 성병은 줄어들지 않았다. 그러자 성병의 원인이 매춘에 있지 않다는 판단이 확산되었고, 공산당과 사민당은 창녀에 대한 경찰의 통제가 인권에 어긋난다고 주장했다. 결국 1927년에 성병방지법이 개정되어, 창녀들이 경찰의 관리를 받지 않게 되었다. 그들이 대로변에서 고객을 만날 수 있게 되었던 것이다. 매춘 합법화의 한 측면이 성의 자유화인 것은 말할 나위도 없다.[42]

바이마르공화국에서 성이 자유롭게 향유되는 데는 성과학자들도 한몫을 단단히 했다. 히르슈펠트를 필두로 한 성과학자들은 성개혁협회를 조직하고, 학술대회를 개최했으며, 계몽 서적과 팸플릿을 출간했다. 특히 히르슈펠트는 베를린 성과학연구소에 성상담소를 설치했다. 모성보호협회가 그 뒤를 따랐고, 도시 정부들 역시 성상담소를 설치했다. 성상담소 및 결혼상담소는 베를린에만 19개였고, 베를린 외에 23개 도시에 설치되었다. 상담 내용에서 절대 다수는 불임, 낙태, 피임, 성병 등 기술적인 문제였지만, 성은 자연적으로 주어지는 것이 아니라 적극적으로 노력하고 만들어가는 것이라는 점이 갈수록 뚜렷해지고 확산되었다. 정신분석학도 그 물결에 동참했다. 유아들조차 성적 쾌감을 느낀다는 그들의 발언은 여전히 몰이해와 분노에 부딪쳤지만, 억압이 성 장애를 낳으며 장애는 전문가와의 상담을 통하여 치료될 수 있다는 주장은 복음이었다. 산부인과 의사들도 동참했다. 그들은 여성도 성적인 존재

라는 점을 분명히 했고, 남녀의 성기, 성교, 성교의 기술, 남녀 오르가
슴에 대하여 자세히 보고했다. 우리는 그 양상을 덴마크 산부인과 의사
반 데 벨데의 성공에서 확인할 수 있다.

반 데 벨데가 1926년에 출간한 『완전한 결혼』은 출간 즉시 독일어로
번역되어, 가톨릭교회가 금서 목록에 올려놓았음에도 불구하고 1932년
까지 무려 42쇄를 찍었다. 같은 해에 런던에서 출간된 영어판이 수십 년
만에 40여 쇄를 찍었다는 사실에 유의한다면, 성에 대한 바이마르 독
일인들의 관심이 얼마나 극성맞았는지 분명해진다. 동시에 세번째 영어
판이 새삼 2000년에 출간되고, 한국어판이 1982년에 출간되었다는 사
실은 그 책의 내용이 또한 얼마나 '현대적'인지도 보여준다. 반 데 벨데
는 남녀 생식기의 구조와 차이, 오감五感과 성적 흥분의 관계, 정액과 애
액의 냄새, 성감대와 성기의 애무 기술, 전희와 애희와 후희後戱, 성교에
서 남녀의 신체적 움직임이 쾌감에 미치는 영향, 각종의 체위, 오르가슴
등 쾌감을 위한 성교의 전과 중과 후를 상세하게 묘사해놓았다. 그리고
1928년과 1929년에는 반 데 벨데가 각본을 쓴 영화 「결혼」과 「임신: 모
성의 문제」가 제작되고 상연되었다.[43]

기억할 것은 반 데 벨데의 책이 1926년에, 즉 알프레드 킨제이가 1948
년과 1953년에 남녀의 성경험 통계를 발표하기 20여 년 전, 그리고 매
스터스William H. Masters와 존슨Virginia E. Johnson이 1966년에 남녀 오
르가슴 연구서를 발간하기 40년 전, 그리고 1970년대의 미국에서 동일
한 제목의 책들이 다수 쏟아져 나오기 50년 전의 독일 바이마르공화국
에서 공전의 베스트셀러였다는 사실이다. 쾌감으로서의 성은 당시에도
이미 대중적이었던 것이다. 물론 바이마르의 분방한 성이 이성애적인 성
이요 남성 중심의 성이었던 것은 분명하다. 반 데 벨데의 책만 하더라도

요체는 '남편이 어떻게 해야 아내를 오르가슴에 도달하도록 할 수 있는 가'였다. 그렇듯 그 책은 이성애주의와 가부장주의를 강화하고 있었지만, 그 책의 또 다른 효과는 금욕적이고 생식적인 성으로부터의 일탈이기도 했다. 방점이 여성의 오르가슴에 찍혀 있었기 때문이다.

여성 오르가슴과 관련하여 주목해야 할 또 한 가지 사항은 여성 동성애자들의 활약이다. 인권동맹에 대한 서술에서 우리가 이미 보았듯이, 여성 동성애자들은 바이마르공화국 시기에 조직화되었고, 그들만의 저널도 발간했다. 더욱이 남성 동성애자와 달리 처벌받지 않던 법 상황도 일조하여, 여성 동성애자들은 자신들의 성애를 기록으로 남겼다. 그들은 자신의 생애사를 저널에 발표했고, 그 논설들을 책으로 묶어서 발간하기도 했다. 흥미로운 것은, 그들이 자신들의 성이 유전적 형질이 아니라 성적인 불만족에서 비롯되었다고 주장하는 중에 그들만의 성애를 적나라하게 묘사했다는 점이다. 그들은 여성 특유의 부드러운 손길, 손톱으로 긁고 할퀴고 꼬집기, 이빨로 물기, 머리칼 당기기 등 남성 산부인과 의사들이 놓치기 십상이었던 여자의 성적 신체를 황홀하게 묘사했다.[44]

우리는 어느덧 우리의 주제인 동성애로 돌아왔거니와, 이상의 서술에서 분명해지는 것은 바이마르 동성애자들의 성문화가 바이마르 성문화의 일부인 동시에, 양자가 서로에게 배경이 되면서 서로를 강화해주고 있었다는 사실이다. 다시 말해서 바이마르 동성애자들의 파격과 전복성은 바이마르공화국의 파격과 전복성 덕분인 동시에, 전자는 후자의 증거였다는 것이다. 우리는 앞서 공화국에 들어와서 175조로 처벌받은 사람의 수가 전쟁 이전에 비해 크게 증가했다는 사실을 언급했다. 이는 독일 형법의 연속성과 바이마르 사법부의 보수성을 증언해주는 것이기도 하지만, 바이마르공화국 시기에 동성애자들의 파격적 활동이 크게 가시화된 탓이기도 했다. 따라서 처벌 건수의 증가는 그 자체로 결정적인 것이 아니다. 동성애 대중 조직이 활약하고 동성애 저널이 가판에서 판매되는 등 동성애자들이 두드러지게 가시화된 점에 주목한다면 오히려 동성애자들의 존재를 바이마르 민주주의의 증거로 간주할 수 있다. 프랑스의 사회학자 피에르 부르디외Pierre Bourdieu가 주장했듯이 남근(페니스)과 남성권력(팔루스)이 견고히 결합되어 있는 부르주아 사회에서, 여자가 아니라 남자와 성교하는 남자의 가시화는 남성 지배 사회의 근간을 흔든다. 페니스와 팔루스가 분리되면 남성은 타고나는 것이 아니라 구성되는 것임이 드러나기 때문이다.[45]

바이마르공화국 시기의 동성애에 대하여 서술하면서 우리는 공화국의 정치성에 대하여 여러 가지 촌평을 했다. 사회혁명이 부재하였던 바이마르공화국을 정치사회적 담합 체제로 간주할 수 있다는 것이 첫번째 촌평이었다. 국가주의가 여전히 강력하다는 점에서 바이마르공화국에 민주적 정치성이 부족했다는 것이 두번째 촌평이었다. 바이마르의 성문화와 동성애 하위문화를 검토한 지금, 우리는 바이마르공화국에서 전복적이고 민주적인 성문화가 생생하게 펼쳐지고 있었다는 또 다른 평가를 내릴 수 있다. 바이마르공화국에서 가장 빛나는 부분은 사실 문화예술적인 성취였다. 이는 표현주의와 다다이즘과 바우하우스 같은 바이마르 모더니즘 예술이 당대 유럽 문화의 정점에 있었다는 사실에서 드러나거니와 그 예술적 성취를 가능하게 했던 것 중의 하나는 분방하고 전복적인 바이마르 성문화였다.

바이마르공화국의 비극적 운명은 그 세 가지 측면의 중첩에서 비롯되었다. 경제적 파이가 줄어든 상황에서 거대 사회 세력에 속해야만 지

분을 챙길 수 있었기에 소수자들이 제 목소리를 내고, 이에 더하여 전
통적 국가주의와 전복적 문화의 충돌이 지극한 혼돈과 혼란을 야기하
자 공화국은 무질서와 등치되었고, 이는 질서를 확보해줄 세력의 등장
과 그 세력에 가담하여 신 질서를 직접 만들어내고자 하는 행동주의적
열망을 강화했다. 데틀레프 포이케르트Detlev Peukert가 정식화한 대로,
바이마르공화국은 "모더니즘적인 위기 상황"이요, 공화국을 대체하고
들어선 나치즘은 그 위기에 대한 특정한 해법이었던 것이다.[46]

우리의 주제로 돌아와 평가하자면, 동성애자들의 존재와 그들의 문
화는 바이마르 민주주의의 표현이었지만 동시에 바이마르 민주주의의
몰락에 기여하기도 했다. 성 문제의 한 측면인 인구 문제에 국한하여 그
과정과 논리를 간단하게나마 짚어보자. 앞서 우리는 공화국에 들어와
서 두 자녀 가정이 일반화되었다고 지적한 바 있다. 이는 당대의 현실에
서 인구의 정체를 뜻했다. 19세기 후반에 인구 1000명당 37명에 달하던
독일의 출생률은 1910년에 29.8명으로 떨어지더니 1930년에는 급기야
17.5명으로 추락했다. 인구 1000명당 혼인 건수도 1900년에 8.5건이다
가 제1차 세계대전 중에 4건으로 감소하였고, 전쟁 직후인 1920년에 14
건으로 급증했지만 1920년대 중반에는 다시 7건으로 급감했다. 부부당
자녀의 수도 1900년경에 2.27명이던 것이 1920년대까지 1.98명으로 감
소했다. 당대인들은 그러한 인구 변동 추세를 인식했다. 그리하여 "가족
의 위기"와 "민족의 죽음"이 시대적 개념이 되었다.[47]

경악한 민족주의 우익의 일차적인 공격 대상은 여성이었다. 그들은
"여성들의 임신 파업," 혹은 "여성들의 무한 이기주의"를 성토했다. 또
다른 공격 대상은 남성 동성애자들이었다. 가장 단순하게, 그들은 자식
의 생산이라는 민족과 국가에 대한 의무를 저버린 사람들이었다. 더욱

이 우익의 눈에 바이마르공화국의 신여성과 동성애자는 공통적으로 성적 쾌락만을 좇는 병든 존재였다. 게다가 히르슈펠트라는 가장 유명한 동성애 해방운동 분파가 남성 동성애자를 여성화된 남자로 표상하고 있지 아니한가. 타락한 신여성과 남성과 성교하는 남자가 한 부류인 것은 또한, 동성애 해방운동을 이끌던 히르슈펠트와 낙태 합법화 운동을 이끌던 모성보호협회 의장 헬레네 슈퇴커가 서로를 지원하는 데서 입증되는 듯이 보였다. 우익의 여성혐오와 호모포비아는 생생한 현실을 반영하는 듯이 보였던 것이다.

따라서 민족 우익의 시대적 과제는 남성 헤게모니를 재건하는 일이었다. 여자는 집과 부엌과 생식으로 돌아가야 했고, 남성 동성애자는 사라져야 했다. 그러나 그것은 바이마르 민주주의가 해낼 수 있는 일이 아니었다. 우익이 보기에 바이마르공화국의 민주주의와 신여성과 남성 동성애자는 삼각형을 이루는 한 쌍이었고, 따라서 동성애자들의 존재 및 존재감은 그 자체로 공화국이 제거되어야 하는 이유였다. 아방가르드 문화예술이 바이마르공화국에 와서 화려하게 만개했지만 그 자체로 바이마르 민주주의를 허무는 역할을 했던 그 비극적 상황이 동성애자들의 경우에서 되풀이되었던 것이다. 그렇다면 바이마르공화국을 대체하고 들어선 나치 정권은 과연 동성애 문제를 깔끔하게 해결했을까?

제3부

나치즘과 동성애

7장

나치 돌격대 참모장 에른스트 룀의 동성애

나치에게 동성애는 집권 이전부터 아주 곤혹스러운 문제였다. 나치의 공식적인 입장이야 명확했다. 그들은 동성애의 비범죄화에 반대했다. 1927년 6월 말 바이마르 제국의회가 형법전개정안에 대한 첫번째 독회를 가졌을 때, 나치당 소속 의원 빌헬름 프리크는 첫번째 발언자로 나섰다. 그는 동성애를 "독일 민족의 몰락을 야기할 죄악"으로 규정하면서 동성애자들을 "가장 강력하게" 처벌해야 한다고 주장했다. 그는 덧붙였다. "이 문제를 주도하는 자들은 물론 유대인인 마그누스 히르슈펠트와 그의 인종 동지들입니다. 유대인의 도덕은 언제나 독일 민족을 파괴할 뿐입니다." 히틀러가 총리에 임명되었을 때 프리크는 제국 내무부장관으로 입각한다. 1929년 10월 제국의회 형법위원회가 동성애를 비범죄화한 개정안을 통과시켰을 때에도 나치당 기관지 『민족의 파수꾼』은 형법위원회 위원장 빌헬름 칼과 히르슈펠트에게 "성공을 축하한다"고 냉소하면서, "우리가 집권하게 되면 그런 법률은 단 하루도 유지되지 않

을 것"이라고 경고했다.[1]

나치당은 그러나 유명 동성애자가 당 최고위층에 속해 있던 유일한 정당이기도 했다. 나치당 돌격대 참모장 에른스트 룀이 동성애자였던 것이다. 룀은 나치당 지도부의 그만그만한 일원이 아니었다. 그가 이끌던 나치 돌격대는 정치가 길거리에서 선 결정되던 바이마르 정치문화에서 때때로 나치당 그 자체이기도 했다. 돌격대는 민족의 성지로 순례 행진을 떠나 그곳에 나치당 깃발을 봉헌함으로써 나치가 민족의 수호자임을 상징적으로 보여주었고, 길거리에서 공산당과 가투를 벌여 구역을 방어하거나 빼앗음으로써 나치의 물리적 힘과 정치적 방향을 분명히 했으며, 히틀러가 우익의 유명 정치가들과 협력 관계를 구축할 때 사열 광장에서 우익 정당원들을 수와 기세에서 압도함으로써 나치당이 독일 정치의 불가결한 정치 세력임을 과시했다.[2]

히틀러의 총리 임명에서 결정적인 역할을 수행한 독일군 수뇌에게도 40만 명에 달하던 돌격대는 언제라도 군인으로 변모할 수 있는 유용한 자산이었다. 그런 투쟁 집단의 수장인 룀이 동성애자였던 것이다. 룀은 히틀러와 아주 가까웠다. 제1차 세계대전이 끝난 직후인 1919년 봄 히틀러가 바이에른 군단의 정치정보과 병사로서 뮌헨 정치 집단들의 정보를 염탐하고 다녔을 때, 육군 대위 룀은 히틀러의 정보를 받아 보던 극우 장교클럽의 일원이었다. 룀은 히틀러가 1919년 9월에 나치당의 전신인 독일노동당에 입당하자(당원번호 55번) 뒤따라 입당했으며(당원번호 623번), 1920년에 당이 독일민족사회주의노동당으로 개명했을 때에도 그것을 주도한 히틀러를 지지했고, 그해 여름 히틀러가 호위부대에 불과하던 돌격대를 가투 행동대로 전환시켰을 때 조직원과 무기를 공급했으며, 1921년 7월 히틀러가 독재적인 당권을 장악하려 했을 때에도 그를 지지했고, 1923년 11월 9일 히틀러가 뮌헨에서 쿠데타를 일으켰을 때에는 히틀러 옆에서 행진하다 체포되었다.

1년 5개월 금고형을 선고받았지만 집행유예로 즉시 석방된 룀은 군대에서 전역을 하였고, 감방에 있던 히틀러로부터 돌격대를 재건하는 데 필요한 모든 일을 수행하라는 전권을 부여받았다. 그러나 룀이 생각하는 돌격대와 히틀러가 생각하는 돌격대는 달랐다. 쿠데타 실패의 쓴맛을 본 히틀러는 오직 합법적인 방식으로 집권하겠다는 신념을 내외에 천명하였고, 그에 따라 돌격대를 나치당의 명령권하에 두려 했다. 그에 반하여 룀은 돌격대를 당으로부터 독립된 혁명부대로 육성하려 했다. 결국 히틀러는 1925년에 재건된 돌격대를 룀이 아니라 귀족이자 법률가인 잘로몬Franz Pfeffer von Salomon에게 맡겼고, 당직에서 물러난 룀은 1928년 말에 볼리비아로 떠났다. 내전 중이던 볼리비아 군대가 때마침 군사고문직을 제의했기 때문이었다. 그 직후 나치당은 지방 선거에서 승리를 거듭하고 그렇게 히틀러 노선의 정당성을 입증해주었지만, 돌격대는 불만에 쌓였다. 결국 1930년 여름 발터 슈테네스Walter Stennes가 이끄는 베를린 돌격대가 나치 베를린 지구당을 습격하여 장악하는 사건이 벌어졌다(소위 슈테네스 봉기). 히틀러는 돌격대에 대한 지원을 약속하고 돌격대 대장직을 직접 맡음으로써 사태를 무마하였지만, 오직 룀만이 돌격대를 규율화할 수 있다고 믿었다. 그리하여 히틀러의 요청에 따라 귀국한 룀이 1931년 2월에 돌격대 참모장직을 맡았다.

룀은 볼리비아로 출국하기 얼마 전에 카를 하임소트로부터 편지를 한 통 받았다. 우리는 하임소트와 부딪친 적이 있다. 그는 아돌프 브란트가 간행하던 『고유한 남자』의 1925년 10월호에 히르슈펠트를 "아줌마"라고 조소하면서 극우적이고 반유대주의적인 초남 동성애론을 개진했었다(5장). 룀에게 보낸 편지에서 하임소트는 1928년에 출간된 룀의 자서전『어느 국가 전복 음모자의 역사』에서 175조를 폐지해야 한다는 주장을 "지나치게 간접적으로" 표현했다고 타박했다. 자서전에서 룀은 "소위 사회의 도덕이라는 것만큼 잘못된 것도 없다"고 강조하면서 전통적 도덕, 특히 "품위"를 공격하였을 뿐만 아니라, 낡은 "도덕 캠페인"에 참여하는 극우 혁명 집단의 "도덕적 위선은 혁명이 아니라 반동으로 보인다"고 비판했다. 룀은 하임소트에게 지극히 우호적인 답장을 보냈다. 편지는 "친애하는 하임소트 박사! 우선 악수부터 건네오!"로 시작된다. 이어지는 문장은 다음과 같았다. "내가 도덕을 비판함으로써 175조 폐지를 주장한 것은 맞아요. 내 표현이 충분치 못했던가요? 원래의 원고에서는 그 문제에 대하여 자세하게 서술했었는데, 주변의 글 쓰는 친구들이 간접적인 표현이 더 효과적이라고 충고하였기에 고쳤답니다."

룀은 하임소트를 베를린으로 초대했고, 둘은 베를린에서 몇 차례나 조우했다. 두 사람은 그때 인간적으로 무척 가까워졌던 것 같다. 볼리비아로 떠난 룀이 하임소트에게 몇 차례나 편지를 쓴 것이다. 1929년 2월 말에 보낸 편지에서 룀은 하임소트가 발간한 동성애 사진집을 "압도적인 아름다움"이라 칭찬하기도 했고, "베를린의 사우나"에 대한 진한 그리움을 표현하기도 했다. "(이곳의) 새파랗게 젊은 소위들은 틀림없이 당신에게도 매력적일 거요. …… 그러나 유감스럽게도 …… 물론 불가능하다오! 혹시 당신 내게 소개해줄 군복 입은 검둥이 하나 있소?" 룀은 "바짝 붙어서 걸어가기도 하고 서로 포옹"하는 볼리비아 청년들을 보면 그들이 "동성애자인 게 틀림없는데," 정작 그들은 남성 간의 사랑에 대하여 "절대적으로 이해하지 못한다"며 아쉬워했다.[3]

룀이 돌격대 참모장으로 나치당에 복귀한 1931년 2월, 나치당은 집권을 바라보는 원내 제2의 정당이었고, 룀이 동성애자라는 사실은 공공연한 비밀이었다. 1925년에 룀과 만남을 가졌던 한 남자가 절도죄로 검거되었는데 경찰 심문에서 그가 룀을 거명했던 것이다. 더 큰 소란은 1931년 늦봄에 터졌다. 1931년 4월 초에 뮌헨 경찰이 한 술집 웨이터의 동성애자 협박 사건을 수사하다가 피협박자 중의 한 명인 룀을 조사했다. 그로부터 열흘 남짓이 지난 4월 14일, 사민당 신문 『뮌헨일보』가 「175조 음주회」라는 제목 아래 전직 나치당 당원의 편지를 대문짝만 하게 보도했다. 추후 날조된 것으로 판명된 편지는 "하이네스, 룀, 첸트너 등의 소시지딸랑이 도당"이 "나치당을 내부에서 파괴하고 있으며" 히틀러는 "그 175조 인간들과 팔짱을 끼고 세기世紀를 파멸로 이끌고 있다"고 비난했다. 사민당의 의도는 뻔했다. 원내 두번째 정당으로 급부상한 나치당을 약화시키려 한 것이다.[4]

그로부터 두 달여가 흐른 6월 22일, 『뮌헨일보』는 「나치당 당사에서 벌어지는 뜨거운 형제애」라는 제목을 달아 에두아르트 마이어Eduard Meyer라는 인물의 편지를 인용 보도했다. 마이어가 룀으로부터 하임소트에게 보낸 편지를 없애달라고 부탁을 받았으나 실패했다는 내용이었는데, 신문은 그것이 "머리가 곤두서는 175조 사건"이며, 나치당은 독일의 도덕을 재건하겠다고 외치면서도 정작 "독일 청소년들의 도덕적, 신체적 건강을 위협하고 있다"고 맹렬히 성토했다. 그 직전에 검찰이 룀을 175조 위반 혐의로 수사하기 시작한 것을 보면, 우리는 사민당이 언론과 사법부를 이용하여 룀과 나치당을 질곡에 빠뜨리려 했다고 추론할 수 있다. 그러나 수사 결과 룀이 마이어에게 부탁을 한 것이 아니라 마이어가 룀을 협박했다는 사실이 밝혀졌다. 룀은 검찰에 출두하여 자신이 양성애자라고 인정하면서도 175조 위반 행위, 즉 구강성교나 항문성교를 한 일은 없다고 잡아뗐다. 검찰 역시 그 행위를 입증할 수 없었다. 법정 심리에서도 마찬가지였다. 그러나 검찰에게 소득은 있었다. 하임소트의 집을 수색하여 룀의 편지를 압수한 것이다.

룀이 『뮌헨일보』와 마이어를 명예훼손으로 고소했기 때문에 법리적 문제는 남았으나, 룀을 둘러싼 정치적 소동은 가라앉는 듯이 보였다. 그러나 1932년 봄 사민당이 무대 뒤켠에서 다시 움직였다. 이번에는 목표가 보다 구체적이었다. 그해 3월 13일에 대통령 선거가 예정되어 있었던 것이다. 선거 일주일 전, 그동안 검찰로부터 룀이 하임소트에게 보낸 편지를 넘겨받은 사민당 통신사가 룀의 편지를 공개했다. 사민당 신문들이 일제히 보도했고, 사민당 선거 본부는 룀의 동성애를 야유하는 유인물과 포스터를 배포했다. "코를 내밀어라! 코를 내밀어라! 룀이 오늘 베를린 노이쾰른에 온다" "룀과 남창 청소년들!" "역겹다. '독일의 혁신자'의 본모습이 백일하에 드러나다!" 얄궂게도 사민당은 나치당이 독일의 청소년들을 타락시키고 독일을 내부적으로 파멸시킨다고 집요하게 물고 늘어졌다.

그러나 사민당의 공세는 히틀러와 나치당에게 타격을 주지 못했다. 사민당과 중앙당 및 여타 부르주아 정당들의 공동 후보로 나선 제1차 세계대전의 영웅이자 현직 대통령이던 힌덴부르크Paul von Hindenburg가 1865만 표(49.6%)를 얻어서 1위를 했지만, 히틀러 역시 무려 1134만 표(30.2%)를 얻었다. 과반 확보에 실패했기 때문에 힌덴부르크는 4월 10일에 결선 투표를 치러야 했고, 53.1퍼센트를 얻어 힌덴부르크가 당선되었지만 히틀러의 득표율도 36.7퍼센트에 달했다. 1930년 9월 제국의회 선거에서 나치당이 18.3퍼센트를 얻었던 것을 생각해보면, 히틀러는 사민당의 마타도어에도 불구하고 대세를 장악하는 데 성공했던 것이다. 그러나 사민당은 공작을 멈추지 않았다. 당은 룀의 편지를 제국총리 브뤼닝에게 넘겼고, 힌덴부르크도 그 내용을 알았다. 그리하여 총리 임명을 원하던 히틀러가 1932년 8월 13일에 프리크와 룀을 대동하고 힌덴부르크 집무실을 찾았을 때, 여든네 살의 힌덴부르크가 말했다고 한다. "후장後裝식 총에게 악수를 건네자니 참 역겹소."

볼리비아에 있던 룀을 부를 때 히틀러는 이미 룀의 동성애를 알았다. 임시로 돌격대 참모장을 맡고 있던 오토 바게너Otto Wagener가 히틀러에게, 룀이 참모장이 되면 정적들이 당을 공격할 것이고, 그렇게 되면 "오일렌부르크 스캔들 당시의 황제처럼 될 것"이라고 경고했다. 바게너는 "그 병적이고 비자연적인 성적 취향"에 대한 분명한 입장을『민족의 파수꾼』등에 밝혀두는 것이 낫다고 충고했다. 그러나 히틀러는 그 충고를 따르지 않았다. 나치 중앙당 사무총장 그레고르 슈트라서Gregor Strasser가 룀의 동성애에 대하여 상세히 설명했을 때에도 히틀러는 "더 할 말 있소?"라며 퉁명스럽게 대화를 잘랐다. 사석에서 전담 사진사에게 밝힌 히틀러의 입장도 마찬가지였다. "룀처럼 몇 년 동안 열대에서 산 사람들의 동성애는 다르게 보아야 해요. 당을 위해서는 군부와 연줄이 닿아 있는 룀이 소중합니다. 비밀이 지켜지기만 한다면 나는 그의 사생활에 아무 관심도 없어요."

1931년 봄 바게너의 경고가 현실로 드러났을 때에도 히틀러는 요지부동이었다. 그는 돌격대 지휘부에게 "조사할 것은 오히려 돌격대 내에서 분위기를 흐리고 불만을 조성하는 자들에게 책임을 물어 그들을 돌격대에서 퇴단시킬 것인지의 여부"라고 선언했다. 히틀러는 동성애에 대한 나치의 내부 논의를 막아버렸던 것이다. 그러나 불만과 불안이 없을 리 없었다. 대통령 선거의 와중인 1932년 3월 말에 추후 제국노동봉사단 단장이 되는 콘스탄틴 히에를Konstantin Hierl이 히틀러에게 편지를 보냈다. 룀 때문에 "민족사회주의 운동의 순결함과 미래에 대한 믿음이 깨지고 있으며 …… 사태를 방치한다면 수많은 사람들이 운동과 지도 부를 의심하게 될 것입니다" "정작 괘씸한 것은 변태 성욕 그 자체보다 룀이 스스로 사퇴하지 않는 것입니다" "최고위층의 불결을 공식적으로 용인하게 되면 …… 운동이 도덕적으로 오염될 수밖에 없고," 이는 히틀러가 "독일 민족에 대한 높은 소명을 실행하는 것을 불가능하게 만들 것입니다."

바게너와 히에를만이 아니었다. 나치당 이론가인 알프레드 로젠베르크는 자신이 주필로 있던 『민족의 파수꾼』에 동성애 비판 논설을 싣도록 했고, 히틀러의 비서 루돌프 헤스Rudolf Heß와 친위대 대장 힘러Heinrich Himmler 역시 동성애를 역겨워했다. 당시 돌격대의 재정을 맡고 있었고, 추후 히틀러의 귀와 입이 되는 마르틴 보르만Martin Bormann도 나치당이 받을 타격을 염려했다. "나는 누가 인도의 숲이나 호주에서 코끼리나 캥거루와 성교를 하든 말든 아무런 관심이 없다. 그러나 운동을 손상시키는 인간은 페스트이고 나의 적이다." 나치당 법원 원장 발터 부흐Walter Buch는 심지어 룀을 암살하려 했다. 1932년 3월 부흐는 수하들에게 룀을 포함하여 돌격대 지도부 4명을 살해한 뒤 그것을 공산주의자들의 습격으로 위장하라고 지시했다. 그러나 그중 한 명이 뒷일을 두려워하여 룀에게 음모를 누설함으로써 공작은 실패로 돌아가고 말았다.[5]

당 안팎의 비판과 공격에도 불구하고 룀은 히틀러의 지지 덕분에 당직을 유지했고, 룀의 돌격대도 한몫 단단히 하여 히틀러는 1933년 1월 30일에 힌덴부르크로부터 총리에 임명되었다. 히틀러는 왜 그렇게 룀을 감싸주었던 것일까? 물론 그 스스로 밝혔듯이, 룀의 동성애보다 룀의 정치적 가치가 훨씬 더 중요했기 때문이었을 것이다. 그런 한에서 동성애는 히틀러에게 유대인 문제나 공산주의 같은 원칙의 문제가 아니었다. 또한 그런 한에서 히틀러는 동성애에 대하여 무관심했다고 볼 수도 있다. 이는 열대에서 몇 년 산 사람은 그럴 수 있다는 그의 발언에서 잘 드러난다. 그러나 그것이 전부였을까? 이 물음에 답하기 위하여 성성치 일반에 대한 룀의 입장을 살펴보고 이를 나치당의 성격과 관련지어 생각해보자.

룀에게 남성성은 '정치적' 가치였다. 그는 예컨대 1933년 12월에 돌격대 대원들에게 보낸 훈시에서 "남성적인 것만이 가치를 갖는다"고 선언했다. 그 남성성은 특별한 것이었다. 룀은 "정신적이고, 합리적이고, 활동적인 것," 즉 우리가 크라프트에빙에게서 보았던 부르주아적 남성성을 남자들에게 당연히 주어진 것으로 생각했다. 오히려 룀은 부르주아적 가치에 부정적이었다. 단적으로, 룀에게 품위는 위선과 동의어였다. 심리학자이기라도 한 듯 그는 금욕주의적 품위를 주장하는 사람은 "억압된 콤플렉스의 소유자"일 뿐이라고 폄하했다. 룀에게 정치적으로 유의미한 남성성은 군인적 남성성이었다. 그는 돌격대원이 갖춰야 할 덕목은 "규율과 충성"뿐이라고 강조하는 한편, 규율과 충성은 "혁명과 동지애"와 결합될 때에만 유의미하다고 단언했다. 룀은 '투사'의 남성성만을 정치적 가치로 간주했던 것이다.

따라서 룀의 규율과 충성은 '아버지' 지도자를 추종하는 '아들'의 덕성이 아니었다. 그것은 '형제들' 간의 덕목이었고, 형제와도 같은 동지들의 가치였다. 그것은 카리스마적 지도자를 따르는 평등한 투사들의 정치성이었던 것이다. 여기서 우리는 즉각 베네딕트 프리들랜더, 특히 한스 블뤼어의 초남 남성영웅을 떠올릴 수 있다. 룀이 블뤼어로부터 영향을 받았던 것일까? 그러나 룀은 블뤼어를 읽지도 않았다. 하임소트가 편지에서 남성영웅에 대하여 설명했을 때 룀은 블뤼어에 대해 알고 싶다고 답했던 것이다. 그럼에도 불구하고 룀의 발언은 프리들랜더-블뤼어 그룹의 개념장과 놀랄 만큼 일치한다. 룀에게 국가는 남성들의 결사였고, 1918년 11월혁명은 "열등자들의 혁명"이었으며, 그 혁명에서 태어난 바이마르공화국은 "곳곳에서 여자들이 발언하는" 체제였고, 민주주의와 사회주의와 아나키즘은 여성적인 것이었다.

룀과 블뤼어의 유일한 차이점은 룀의 남성성이 제1차 세계대전을 겪은 남성성이었다는 것뿐이다. 룀에게 남성성은 전쟁에서 구현되는 것이었고, 거꾸로 전쟁은 진정한 남성성을 육성하는 장이었다. 룀은 전쟁과 군대가 "국가 지도력을 양성하는 훈련소"라고 말했고, 전쟁 영웅만이 국가를 지휘할 수 있다고 주장했으며, 제1차 세계대전 말기의 휴전과 베르사유 조약을 가리켜 "전쟁이 끝난 방식이 남성적이고 군인적이지 못하고, 그래서 불명예스럽다"고 평했다. 동일한 논리에서 룀은 공동체와 동지애와 행동과 희생을 강조했고, 군대와 전투에서 체득한 규율이 진정한 혁명을 이끌어낼 수 있다고 믿었다.

또한 룀은 스스로를 혁명가로 자처했고, "어떤 종류의 혁명이 올바른 것인지" 자신이 평가할 수 있다고 주장했다. 기준은 의당 그 혁명이 참호 공동체에서 빚어진 남성영웅의 혁명이냐는 것이었다. 제1차 세계대전에서 세 번이나 부상을 당했고, 흉터가 선명한 얼굴에 각진 턱과 사각의 체구를 지닌 룀은 나치 지도자들 중에서 '사내 중의 사내'로 비춰졌다. 쥐처럼 생긴 괴벨스Joseph Goebbels와 힘러, 혀 짧은 소리를 내던 발두어 폰 쉬라흐Baldur von Schirach, 동공이 풀려 있던 헤스, 귀족연하던

나치 돌격대 참모장 에른스트 룀

제1차 세계대전에서 세 번이나 부상을 당했고, 흉터가 선명한 얼굴
에 각진 턱과 사각의 체구를 지닌 룀은 나치 지도자들 중에서 '사내
중의 사내'로 비춰졌다. 쥐처럼 생긴 괴벨스와 힘러, 혀 짧은 소리를
내던 발두어 폰 쉬라흐, 동공이 풀려 있던 헤스, 귀족연하던 괴링은
룀을 따라갈 수 없었다. 그나마 히틀러와 그레고르 슈트라서만이 룀
에 필적할 수 있었다. 룀의 남성성이 오죽 도드라졌던지, 그의 동성애
가 밝혀졌을 때 수많은 나치가 믿을 수 없어 했다.

괴링Hermann Göring은 룀을 따라갈 수 없었다. 그나마 히틀러와 그레고르 슈트라서만이 룀에 필적할 수 있었다. 룀의 남성성이 오죽 도드라졌던지, 그의 동성애가 밝혀졌을 때 수많은 나치가 믿을 수 없어 했다. 그들은 동성애자란 여자 같은 남자라고 믿고 있었던 것이다.

우리는 프리들랜더와 블뤼어를 논하던 중에 바이마르공화국 초기에 발트 해 지역, 폴란드 국경 지대, 뮌헨, 루르 지방 등에서 공산주의자와 사회주의자 및 무장한 광부들과 싸우던 자유군단 단원들의 남성성을 언급했었다. 룀의 이력과 발언은 그들과 정확하게 일치한다. 차이점은 룀은 동성애를 실천하는 인물이었다는 것 한 가지다. 유의할 점은 나치 운동 전체가 남성동맹이라는 자의식을 보유한 집단이었다는 것이다. 가장 단순하게, 나치 지도부의 상당수가 1919년 4월에 독일군과 함께 뮌헨 소비에트를 유혈 진압했던 "자유군단 에프Freikorps Epp" 출신이었다. 루돌프 헤스, 한스 프랑크Hans Frank, 그레고르 스트라서가 그랬다. 힘러는 1923년 8월에 나치당에 입당했지만, 1923년 11월의 히틀러 쿠데타에 "제국전쟁의 깃발"이라는 자유군단의 단원으로 참여했다. 그리고 프란츠 폰 에프Franz von Epp가 군대에 재입대하여 바이에른 제7군단 군단장이 되었을 때 그의 참모장이 바로 룀이었고, 히틀러는 룀을 통하여 에프를 알게 되었으며, 그 덕분에 에프는 나치 집권 직후 바이에른 총리가 된다.

나치 조직 중에서 가장 두드러진 남성동맹은 돌격대였다. 나치당은 '정치' 조직이었지만 돌격대는 '행동' 조직이었기 때문이다. 다시 말해서 룀은 남성동맹으로서의 나치 운동에서 남성동맹을 체현하고 구현하던 대표적인 인물이었던 것이다. 그렇다고 해서 당시의 남성동맹 조직들이 동성애에 물들어 있었던 것은 결코 아니다. 남성동맹의 일원이었던 헤스와 프랑크와 슈트라서와 힘러는 모두 동성애를 역겨워했다. 그러나 문제는 남성동맹과 동성애의 경계가 모호하다는 데 있었다. 나치즘에서 남성동맹과 동성애의 경계가 흐릿했다는 점을 보여주는 대표적인 예는, 뒷날의 사건이긴 하지만 나치당 슐레지엔 지구위원장 헬무트 브뤼크너Helmuth Brückner의 동성애 사건이다. 제1차 세계대전 직후 자유군단의 일원으로 폴란드와의 국경 전투에 참가하기도 했던 브뤼크너는 나치 집권과 함께 저지슐레지엔 도감독이 되었다. 슐레지엔 지역의 당권과 행정권을 한 손에 거머쥐었던 것인데, 그런 그가 1935년 가을에 동성애 혐의로 체포되었다. 1급 나치가 동성애 때문에 처벌될 순간이었다. 흥미로운 사실은 브뤼크너가 자신이 체포되어야 하는 이유를 전혀 납득하지 못했다는 점이다. 그는 격렬하게 반발했다. 청소년 시절 일상적이던 상호수음을 나이 들어서도 가끔 행한다고 해서 뭐가 반자연적이고 민족을 손상시키냐는 것이었다. "결코 병리적이지 않은 나와 같은 성향의 독일 남자가 최소 1200만 명은 될 것이란 말이오."[7]

우리는 얼마나 많은 나치가 브뤼크너 같았는지, 혹은 브뤼크너처럼 생각하고 있었는지 모른다. 역사가는 브뤼크너처럼 체포되어 자료를 남긴 경우만을 알 수 있을 뿐이다. 다만 체포된 자들에 대한 파편적인 자료를 보면, 동성애로 처벌된 나치 군인과 비非나치 군인의 비율이 거의 같았음이 드러난다.[8] 즉 나치든 나치가 아니든, 동성애자의 비율은 일정했던 것이다. 다른 한편으로 브뤼크너의 반발에 대한 다른 고위 나치의 반응은 브뤼크너처럼 '생각하던' 나치가 적지 않았음을 보여준다. 그가 체포되자 당시 프로이센 총리를 겸하고 있던, 즉 브뤼크너의 행정 수반이던 헤르만 괴링은 그 일이 나치당 내부에서 조용히 처리될 것이라고 브뤼크너를 다독였다. 당시 프로이센 경찰을 장악하고 있던 인물, 즉 브뤼크너를 체포한 권력 기관의 수장인 하인리히 힘러는 심지어 브뤼크너에게 미안하다고 말했다. 힘러는 당시까지만 해도 유부남은 동성애 행위를 해도 동성애자가 아니라고 판단하고 있었다.

유사한 예가 하나 더 있다. 브뤼크너가 체포된 시점인 1935년 가을, 바이에른 정치경찰의 뷔르츠부르크 지소장 요제프 게룸Josef Gerum이 나치당 마인프랑켄 지구당 지도부 주변의 동성애자들에 대하여 12쪽짜리 보고서를 작성했다. 게룸은 특히 지구당위원장 오토 헬무트Otto Helmuth의 비서 한 명과 어느 군郡의 나치당 위원장을 동성애자로 적시했다. 그 즉시 게룸과 헬무트 사이에 치열한 설전이 전개되었다. 게룸은 헬무트가 주변 인물들의 동성애를 묵인해주고 있다고 날을 세웠고, 헬무트는 게룸을 "체포 광증에 사로잡힌 사디스트"라고 힐난했다. 헬무트는 바이에른 정치경찰 본부에 게룸을 해직하라고 요구하면서, "본인은 게룸이 러시아의 체카(비밀경찰)에게나 어울릴 뿐 독일의 정치경찰에는 절대적으로 부적합한 인물이라고 확신한다"고 썼다. 게룸은 자리를 보전했고, 헬무트의 수하들은 체포되지 않았다. 특히 그 나치 군 지도자는 히틀러청소년단 소속의 열여섯 살 소년과 몇 차례나 한 침대에 자면서 청소년의 허벅지 사이에 무릎을 끼워 넣었다는 사실이 밝혀졌음에도 불구하고 체포되지 않았다. 그는 소년의 수음을 방지하려 했을 뿐이라고 우겼고, 그 변명이 받아들여졌다. 나치 스스로가 보기에도 '우정'과 동성애의 경계는 그토록 모호했던 것이다.[9]

나치즘에서 남성동맹과 동성애 사이의 경계가 그토록 모호했다면, 우리는 히틀러가 안팎의 공격에도 불구하고 룀을 일관되게 지지한 사정을 납득할 수 있다. 히틀러는 룀을 버렸을 때 나타날 나치 내부의 균열과 동요, 그리고 그런 파열음이 생기지 않는다고 할지라도 남성동맹으로서 나치 운동의 역동성이 약화되는 것을 우려했을 것이다. 다시 말해서 우리는 히틀러의 처신이 남성동맹으로서의 나치즘의 성격 자체에서 비롯된 것으로 파악할 수 있다는 것이다. 그러나 다른 한편으로, 동성애자가 아닌 남성동맹 단원들에게 동성애자의 존재는 오히려 악몽이었다. 이 역시 남성동맹의 근본 성격 때문이었다. 그들 대부분은 '동성애자는 여자 같은 남자'라는 개념을 수용하고 있었다. 따라서 그들은 남성성의 구현인 남성동맹 내부에 동성애자를 허용할 수 없었다. 룀과 같은 초남 동성애자의 존재는 더더욱 용납할 수 없었다. 그는 '남자다운 남자'와 동성애자 남자의 경계가 모호하다는 것을 확인시키는 존재였기 때문이다. 호모에로티시즘과의 경계가 흐리면 흐릴수록 호모소셜은 더욱 강력한 호모포비아로 표출된다. 그러므로 나치 내부의 동성애에 대한 용인은 일순간 나치 내외의 동성애에 대한 테러로 돌변할 수 있었다.

　히틀러는 어떠했을까? 그가 동성애를 인정한 적은 한 번도 없다. 룀의 동성애와 관련하여 앞서 제시한 인용문에서도 히틀러는 "비밀이 지켜지기만 한다면" 혹은 "청소년과 성교하지 않는다면"이라는 단서를 달았고, 돌격대 지휘부에게도 동성애에 대하여 논의하지 말라고 지시했을 뿐이다. 게다가 동성애에 대한 나치당의 공식 입장은 지극히 부정적이었다. 인권동맹이 1928년 5월 선거 직전에 각 정당에게 동성애의 비범죄화에 대한 입장을 물었을 때, 나치당은 5월 14일에 답했다. "너와 내가 사는 것은 필수적인 것이 아니다. 필수적인 것은 독일 민족이 사는 것이다. 독일 민족은 투쟁해야만 살 수 있다. 삶은 투쟁이기 때문이다. 투쟁할 수 있는 자는 남자다운 사람뿐이고, 남자답다는 것은 무엇보다도 사랑 속에서 생식을 행하는 것을 의미한다. 동성 성교는 자유사랑과 무절제다. 우리는 민족에게 해가 되는 모든 것을 거부한다. 남자와 남자, 여자와 여자 간의 사랑을 용인하는 자는 우리의 적이다. 우리는 우리 민족을 거세하는 모든 것, 우리 민족을 적의 노리개로 만드는 모든 것을 거부한다."[10]

따라서 논리적으로 보아서 룀의 동성애에 대한 히틀러의 용인은 한시적인 묵인일 가능성이 높았다. 게다가 나치 안팎의 노골적이고 지속적인 공격은 룀의 정치적 지위를 약화시켜갔다. 그러면 그럴수록 룀은 자신을 감싸고도는 히틀러에게 더더욱 의존적으로 되었다. 1932년 한 언론인에게 그는 히틀러로부터의 독립성을 상실했다고 토로했다. "너무도 위태로운 상황이오. 나는 나의 일에 매달리고 있고, 그를 맹목적으로, 극단에 이르기까지 추종하고 있어요. 나에게 남은 것은 아무것도 없다오."[11] 그런 상황에서 히틀러가 의리를 지키자, 히틀러와 룀은 살아도 같이 살고 죽어도 같이 죽는다는 인상이 당 내외에 퍼졌고, 이는 룀을 안심시켰다. 자신의 성애로 인하여 여타의 나치로부터 고립되어 가던 룀이 부주의하게 되었으니, 삶의 기쁨이었던 동성애는 룀의 운명이었던 것이다.

8장

나치 시대의 성과학

베를린 성과학연구소의 파괴

1933년 1월 30일 히틀러가 총리에 임명되었다. 그로부터 약 3개월 지난 1933년 5월 6일 새벽, 베를린의 한 일간신문은 당일 오전에 베를린 체육대학 학생들이 히르슈펠트의 성과학연구소를 공격할 것이라고 보도했다. 세계 여행을 마친 히르슈펠트가 불길한 예감으로 파리에 머물고 있는 상황에서, 연구소 직원 한 명이 중요한 책 몇 권과 원고를 연구소 외부에 숨기려 했다. 그러나 이를 예상했던 듯 전날 밤부터 연구소 앞에서 경비를 서던 대학생 몇 명이 그를 제지했다. 오전 9시 30분 독일대학생총연맹 제10지구 의장 헤르베르트 구트야르Herbert Gutjahr가 이끄는 대학생 100여 명이 트럭을 타고 나타나 연구소에 난입했다. 연구소 밖에서 악대가 나팔을 불고 있는 동안에, 그들은 1층 대회의실, 2층 접견실, 도서실, 문서고, 소장실, 비서실 등을 휩쓸고 다니면서 외설적으로 보이는 모든 것을 떼어내고 던지고 걷어찼다. 벽에 걸려 있던 『중간 단계의 성』 도형과 내분비를 도해한 인체 크기의 석고상과 히르슈펠트의 청동이 창밖으로 내던져졌고, 독특한 성 관련 사진들이 찢겨나갔다. 정오 즈음에 구트야르가 일장 연설을 한 뒤 학생들은 나치당가 「호르스트베셀」을 소리쳐 부르며 연구소를 떠났다.

연구소 직원들은 사태가 그 정도로 끝난 것에 안도하였지만, 같은 날 오후 3시 트럭 몇 대에 분승한 대학생들이 다시 나타났다. 이번에는 돌격대 대원들도 섞여 있었다. 그들은 연구소를 샅샅이 훑으면서 값나갈 만한 모든 것, 성과학 도서, 저널, 원고 등을 실어 날랐다. 그중에는 『중간 단계의 성』과 성과학연구소의 저널 『성』 전체, 세계성개혁연맹 자료, 크라프트에빙과 울릭스의 미간행 원고가 포함되어 있었다. 대학생들은 도서실에서 책을 들어내면서 "돼지유대인 프로이트" "돼지 해블록 엘리스"라고 욕했고, 오스카 와일드, 앙드레 지드André Gide, 피에르 로티Pierre Loti, 마거릿 생거Margart Sanger, 실베스터 비어레크Sylvester Viereck, 에드워드 카펜터Edward Carpenter, 노먼 헤어Norman Haire 등 당대의 유명 성개혁 운동가와 동성애 저자들의 이름을 입에 올렸다. 그들은 히르슈펠트가 언제 귀국하는지 집요하게 묻더니, 트럭 두 대에 자료를 가득 채운 채 사라졌다. 그렇게 세계 최초의 성과학연구소는 나치 대학생들에 의해 파괴되고 약탈당했다.

연구소의 파괴와 약탈은 고립된 사건이 아니었다. 그 일은 1933년 4월 초에 기획되어 4월 중순부터 5월 초까지 체계적으로 실천된 나치 대학생들의 "비독일적 정신에 대한 투쟁"의 일환이었다. 그 기간 동안 대학생들은 "비독일적 정신"으로 지목된 마르크스주의, 유대주의, 평화주의 저자들의 목록을 작성하고, 그들의 저작들을 우선은 자기 방 책꽂

이에서, 그다음에는 대학 도서관, 시립 도서관, 사설 도서실, 일반 서점에서 차례로 끌어냈다. 그 속에는 마르크스, 카우츠키, 프로이트, 하인리히 하이네Heinrich Heine, 하인리히 만, 에리히 캐스트너Erich Kastner, 테오도르 볼프Theodor Wolff, 에리히 마리아 레마르크Erich Maria Remarque, 알프레드 케어, 쿠르트 투홀스키Kurt Tucholsky, 카를 오지에츠키Carl von Ossietzky 등 총 94명이 포함되었다. 우리의 주인공인 히르슈펠트도 빠지지 않았던 것이다.

나치 대학생들이 나치 권력의 방향과 힘을 과시한 그 작전은 5월 10일에 절정에 달했다. 총 21개의 대학 도시에서 책이 불탔거니와, 압권은 베를린이었다. 밤 9시에 베를린 대학 후문 앞에 횃불을 들고 집결한 대학생들은 악대의 나팔 소리를 들으며 어느덧 쏟아지기 시작한 빗속을 뚫고 제국의회 의사당 앞까지 행진했고, 이어서 불타다 만 의사당 건물 2층 발코니에 머리만 남은 히르슈펠트 흉상을 올려놓고 환호했다. 돌격대, 친위대, 히틀러청소년단 대원들까지 합세하여 7만 5000여 명으로 불어난 청년들은 기마경찰의 호위를 받으며 베를린 오페라광장으로 몰려갔고, 그곳에 미리 준비되어 있던 장작더미에 불을 붙이고 2만 5000권의 책을 '화형'에 처했다. 그 순간 나치 선전부장관 괴벨스가 나타나 "독일혁명"을 외쳤다. 나치혁명은 "위가 아니라 아래로부터 폭발하는 것"이며, "혁명은 그 무엇도 옛날 그대로 놔둘 수 없으며" 이제 "낡은 것은 불길 속에 타버리고 새로운 것이 솟아오를 것"이라고 말했다. 유용한 것이라면 우군과 적을 가리지 않고 배우던 나치는 그렇게 이단의 책을 화형에 처하던 중세 기독교의 전통을 자신들의 상징 투쟁에 써먹었다. 대학생들이 히르슈펠트의 성과학연구소에서 가져온 책들도 그때 불탔고, 그중 값어치가 나가는 책 3000여 권과 의료 기기들은 경매 시장에

공격당한 성과학연구소

1933년 5월 6일, 100여 명의 대학생들이 트럭을 타고 나타나 히르슈펠트의 성과학 연구소에 난입했다. 밖에서 악대가 나팔을 불고 있는 동안, 그들은 연구소를 휩쓸고 다니면서 외설적으로 보이는 모든 것을 떼어내고 던지고 걷어찼다. 이것으로 끝이 아니었다. 5월 10일에는 21개의 대학 도시에서 "비독일적 정신"으로 지목된 저자들의 책이 불태워졌다. 히르슈펠트도 당연히 그 목록에 들어 있었다.

서 판매되었다.[1]

나치가 히르슈펠트를 공격했던 것은 그때가 처음이 아니다. 우리는 이미 히르슈펠트가 1920년 10월 초에 뮌헨에서 강연을 마치고 돌아가던 중 나치 청년들에게 공격을 받았던 일을 목격한 바 있다. 히틀러도 연설에서 그 일을 거론했거니와 1921년에 작성한 「어리석음과 범죄」라는 글에서도 히르슈펠트를 언급했다. "한때 우리 민족의 가장 큰 자랑거리였던 학문은 오늘날 헤브라이인들이 우리 민족을 의도적이고 계획적으로 오염시키고, 그렇게 우리 민족을 안에서부터 붕괴시키기 위해 가장 빈번하게 이용하는 수단이다. 모범적인 사례는 마그누스 히르슈펠트이다." 1933년 5월 이후에도 히르슈펠트는 비난과 조롱의 대상이었다. 1937년에 뉘른베르크에 세워진 나치 혁명박물관에 그의 모조 흉상도 전시되었는데, 설명 팻말에는 "아름다운 마그누스 히르슈펠트. 20세기 최악의 순무돼지"라고 적혀 있었다.[2]

성과학계에서도 히르슈펠트와 그의 용어와 이론은 비판과 무시와 회피의 대상이었다. 그러나 나치즘의 특징 중 하나는 말과 행동이 무척 다르다는 점이다. 히르슈펠트는 나치 시대의 성과학에서 생생하게 살아 있었다. 우리가 제1부 "성과학" 부분에서 집중적으로 분석한 1900년대와 1940년대 사이에 성과 관련하여 나타난 학문적 변화는 대략 두 가지였다. 첫째, 에른스트 크래펠린Ernst Kraepelin이 정립한 생리학적 정신의학의 학문적 권위가 확고해졌다. 정신질환의 원인을 도덕이나 심리 영역이 아니라 뇌의 물리적, 유전적 교란에서 찾은 크래펠린은 1903년에 뮌헨 대학교 신경정신과 교수로 부임하였고, 1917년에는 뮌헨에 독일정신의학연구소를 설립했다. 크래펠린의 학문적 지향성은 그의 제자 중의 한 명이 알츠하이머Alois Alzheimer였다는 사실에서 잘 드러난다. 크래펠린이 조발성 치매를, 알츠하이머가 퇴행성 치매를 정립한 것이다.

둘째, 내분비학과 유전학이 크게 발전했다. 우선 호르몬 이론이 생물학적 사실로 확립되었다. 내분비학자들은 1929년부터 1935년까지 남성호르몬과 여성호르몬을 분리해냈고, 남녀 모두가 두 호르몬을 분비한다는 사실도 밝혀냈다. 유전학 분야에서는 미국의 토머스 모건Thomas Hunt Morgan이 1910년에 초파리 실험을 통하여 염색체가 유전물질임을 밝혀냈고, 1920년대에는 인간 염색체가 46개이고 성염색체는 X와 Y 두 개라는 사실도 밝혀졌다. 1944년에는 DNA가 발견되었고, 그 나선형 구조는 1950년대에 밝혀진다. 우리에게 중요한 것은 신경정신의학과 유전학 및 내분비학의 발전이 성도착을 해명해주지는 못한다는 점이다. 크래펠린은 현대 정신의학의 창건자로 칭송을 받지만, 성도착에 대해서는 새로운 해석을 내놓지 못했다. 예컨대 동성애에 대한 설명 모델을 그는 크라프트에빙에게서 빌려왔다. 동성애의 원인은 환경과 유전 모두에 있되 극히 일부를 제외하고 대부분은 인격적 결함, 즉 환경 때문에 발생한다고 주장한 것이다. 그리고 호르몬과 염색체의 기능은 분명히 밝혀졌지만, 예컨대 동성애자 혹은 사디스트의 호르몬과 염색체가 '일반인'과 다를 리 없었다.

생물학적 설명을 고수하려던 대표적인 인물은 베를린의 "카이저빌헬름 생물학연구소" 소장 하르트만Marx Hartmann이었다. 그는 '모든 생명체'의 생식세포는 남녀 양성으로 발전할 수 있다는 전제하에서, 남성 생명체와 여성 생명체는 그 자체로 남녀의 혼합이되 그 정도만 다르다고 주장했다. 그는 자신의 설명 모델을 인간으로 전치시키지 않았지만, 누가 보아도 그로부터 도출할 수 있는 유일한 결론은 인간 역시 혼합적인 성이라는 것이었다. 실제로 인간의 성차에 대하여 하르트만과 유사한 논리를 펼치면서 "중간적인 성" 혹은 "성적인 중간 단계"라는 용어를 사용한 프랑크푸르트 대학 산부인과 교수 자이츠Ludwig Seitz는 동료들로부터 "그 용어는 (마그누스 히르슈펠트에 의해) 오염되었고, 그런 논의는 결국 '제3의 성'이라는 그릇된 결론으로 나아갈 수밖에 없다"는 비판을 받았다.

빈 대학의 슈투르츠안데를레Helene von Sturz-Anderle는 하르트만보다도 추상적이었다. 그녀는 인간의 신체와 정신은 유전형질에 의하여 형성되는 바, 그 형질은 다시금 남성적인 것과 여성적인 것으로 나뉘지만 모든 구체적인 인간은 양자의 "혼합Intersexuelle"이라고 주장했다. 그럼에도 불구하고 인간이 궁극적으로 남성과 여성으로 귀결되는 것은 그가 이성을 욕망한다는 데서 '사후적으로' 확인할 수 있으며, 동성애와 같은 "병적인 성Parasexuelle"은 "인격의 파탄" 때문에 발생한다고 주장했다. 그녀는 그렇게 히르슈펠트의 혼합적인 성 모델에 머물되 그 방향을 역전시킴으로써 동성애자를 인격 파탄자로 몰고 갔다. 그러나 그 과정은 공백으로 남았다.[4]

뇌하수체 이상이나 호르몬 교란에서 도착의 원인을 찾으려던 학자들도 있었다. 그러나 그들이 그것을 입증할 도리는 없었고, 결국은 형이상학적인 설명으로 나아가거나 아니면 인류학적 설명을 덧붙여야 했다. 그 대표적인 인물이 뮌헨 소재 "카이저빌헬름 정신의학연구소" 족보·인구학과장 테오 랑Theo Lang이다. 나치 시대에 가장 많이 논의된 학자 중의 한 명인 랑은 유전학을 받아들여, 모든 인간 남녀의 염색체는 XX와 XY지만 염색체 내부에는 어떤 "역능Valenz"이 있다고 가정했다. 예컨대 남자 동성애자의 경우 염색체는 XY지만 그 역능은 여성이어서, 염색체를 제외하고는 모든 것이 여성인 존재라고 주장했다. 랑이 자신의 테제를 경험적으로 입증할 방법이 없었음은 물론이다. 그러자 그는 인류학을 차용했다. 남녀의 일반적인 성비인 106 대 100을 넘어서는 '현실의' 성비는 남자들 속에 염색체만 남성인 남자가 포함되어 있기 때문이라고 주장한 것이다. 그는 뮌헨과 함부르크 경찰로부터 남성 동성애자 1750명의 신상 자료를 넘겨받아 분석한 끝에 동성애자 가계의 남녀 성비가 125.8 대 100이라고 주장했다. 그 우스꽝스러운 주장에서 흥미로운 점은 그가 "중간 단계의 성"이라는 용어를 사용했다는 사실, 그리고 역능을 전제하는 한 모든 인간은 남녀의 혼합일 수밖에 없다는 논리적 귀결이다. 그처럼 히르슈펠트는 나치 시대에도 생생하게 살아 있었다.[*]

히르슈펠트의 중간 단계론은 물론 생물학적 설명 자체를 거부한 학자들도 상당수 있었다. 그중에는 정신분석학을 이용한 사람도 있었고, 인류학을 통로로 삼은 사람도 있었다. 그들 중에서 친위대와 일정하게 조응하고 있던 정신의학자가 함부르크 대학 정신병원 원장이었던 뷔르거프린츠Hans Bürger-Prinz였다. 그에 따르면, 인간은 그가 속한 "제도적 기관의 훈육에 의하여 특정하게 구조화된 성격"을 갖게 된다. 인간은 "기관" 속에서 비로소 객관의 세계에 대한 해석의 틀을 얻고 자아에서

---

[*] 그 외에도 예나 대학교 신경정신과 과장 렘케Rudolf Remke는 뇌하수체 이상에 성도착의 원인이 있다고 주장했지만, 그가 제시한 증거는 더욱 엉뚱했다. 영국 여자 동성애자들 중에 신체에 털이 많은 경우가 흔하다는 기록을 제시하면서, 이는 뇌하수체 이상으로 호르몬 분비가 정상적으로 작동하지 않은 탓이라고 주장한 것이다. 라이프치히 대학의 마이어 Walter Meyer는 남녀 호르몬의 혼합 비율에서 동성애의 원인을 찾으려 했고, 치유 효과로 그 증거를 제시하려 했다. 남성 동성애자들에게 남성호르몬을 주사하였던 것이다. 만족스러운 성과가 부재하자, 그는 치유 의지를 갖고 있는 동성애자만이 호르몬 요법이 유효하다고 주장했다. M. Dupont, *Sexualwissenschaft im "Dritten Reich,"* pp. 78~80, 87~88; Claudia Schopmann, *Nationalsozialistische Sexualpolitik und weibliche Homosexualität*(Bamberg, 1991), pp. 128~133, 138.

벗어나 사회적인 인간이 되는데, 이 과정에서 "고유한 성격"을 구비한 "개인"으로 거듭난다. 성 역시 이 과정에서 획득되는 것으로 인간은 이성과의 성교에서 성을 확인할 수 있을 뿐이다. 브뤼거프린츠의 이론은 앞에서 소개한 슈투르츠안데를레의 공백을 메운 셈인데, 뷔르거프린츠는 그 논리에 입각하여 도착도 설명했다. 동성애를 포함한 모든 도착은 사회적 결속에 적응하지 못하여 고립되어 있되 '개인'으로 확립되지 못한 인간에게서 나타나는 것이다. 그들은 사회성을 확보하지 못함에 따라 성으로 정립되지 못하고, 따라서 처음에는 나르시시즘, 즉 자위에 몰두하고, 이어서 동성에게 다가가 "행위"를 개시하다가 끝내 "중독"으로 진행하여 결국에는 동성애 '인격'으로 굳어진다는 것이다.[5]

뷔르거프린츠의 설명은 신인간을 만들어낼 수 있다는 나치즘의 주장과 요구에 영합한 것임에 틀림없다. 뷔르거프린츠의 설명대로라면 타고난 동성애자는 극소수에 불과하고 나머지는 환경 부적응에서 비롯된 것이니 치료의 지평이 열리기 때문이다. 학문적인 동향 역시 뷔르거프린츠에게 힘이 되었다. 에른스트 크래펠린의 학문적 권위가 동성애 획득설을 보장해주고 있는 터에, 아르놀트 겔렌Arnold Gehlen과 같은 문화인류학자들이 인간은 사회문화적 기관에 의해 주조된다는 주장을 펼치고 있었다. 우리의 논의에서 중요한 것은, 그처럼 당대의 지적 흐름에 준거하여 나치 국가에 영합하던 와중에 성 담론 지형에 패러다임적인 변화가 싹텄다는 점이다. 뷔르거프린츠의 모델에서 '기관'의 자리에 '사회' 및 '문화'를 적어넣으면 성 구성론이 출현하게 된다.* 성에 대한 생물학

---

* 나치 패망 이후 서독에서 성과학이 "독일 성 연구회Deutsche Gesellschaft für Sexual-forschung"라는 이름으로 재건되었을 때, 뷔르거프린츠가 협회의 초대 회장직을 맡고, 그의 제자인 한스 기제Hans Giese가 동성애 해방운동을 재개했다.

적 패러다임이 문화적 패러다임으로 전환되는 것이다. 히르슈펠트는 나치 시대의 성과학에서 생생하게 살아 있던 동시에 테러주의와 결합된 새로운 문화론에 의해 밀려나고 있었던 것이다.

성과 인종

나치 시대의 동성애 연구자들 중에는 민속학으로 눈을 돌리되 처벌 문제에 집중한 연구자도 있었다. 그 대표적인 인물이 법률가인 루돌프 클라레Rudolf Klare(1913~?)이다. 클라레의 주장을 자세히 논하기에 앞서 우리의 접근 방법이 변했다는 점을 분명히 해야 할 것 같다. 애초에 우리는 시대의 담론이 성과학의 개념장으로 응축되어 나타나며, 그 개념장은 정치와 사회와 일상에서 변주되어 되풀이된다는 전제에서 출발했다. 우리가 분석하고 기술한 순서가 과학, 정치, 대중조직, 일상이었던 것은 바로 그 때문이다. 이는 나치 시대의 경우에 그리 적합해 보이지 않는다. 모든 것을 정치화하려는 전체주의 체제에서 과학의 발화 역시 정치로부터 독립적일 수 없기 때문이다. 그렇다고 해서 순서를 바꾸어 정치에서의 논의와 조치를 먼저 서술할 수는 없는 노릇이다. 그렇게 되면 독서에 혼란이 초래될 것이기 때문이다. 따라서 우리는 나치 권력기관과 긴밀한 관계를 맺고 있던 논자들을 택하여 그의 동성애 논의와 담론을 추출하여 서술하고, 추후 정치의 장에 대한 서술에서 그 논의를 되돌아보기로 한다.

뒤에 상론하겠지만 나치 시대의 동성애 정책의 방향은 빨라야 1935년이 되어서야 분명해지고, 동성애에 대한 학술적 논의도 그 이후에야 활발하게 진행된다. 이는 성도착에 대한 논의가 나치 집권 초기부터 전개되었던 것과 크게 대비되는 사항인데, 어쨌거나 1935년 이후의 성 관련 논의에서 결정적인 나치 권력 기관은 친위대였고, 동성애 정책 역시 그곳에서 입안되어 게슈타포 및 형사경찰을 통하여 실천되었다. 따라서 우리가 선택할 논자는 친위대 혹은 친위대의 내부 논의 및 정책 결정과 지근거리에 있는 사람이어야 한다. 루돌프 클라레는 그런 인물 중의 하나였다.

클라레는 정치적으로나 학문적으로 후대에 큰 영향을 끼친 사람이 아니다. 그의 인적 사항과 경력이 거의 알려져 있지 않은 이유는 그 때문일 것이다. 그러나 그가 진성 나치였던 것만은 분명하다. 그는 나치 집권 직전인 1929년에 히틀러청소년단에 입단했고, 1932년에는 나치당에 입당했다. 그가 언제부터 친위대에 입단했는지는 밝혀지지 않고 있지만, 늦어도 1935년부터 친위대와 매우 가까웠다는 점만은 분명하다. 그가 1937년에 발표하고 발간한 박사학위 논문『동성애와 형법』의 핵심 내용이 친위대 주간지『흑색군단』의 1935년 5월의 한 논설에 이미 제시된 바 있었기 때문이다. 법제사가 에크하르트Karl August Eckhardt가 작성한 그 논설은 「반자연적인 성교는 사형이 합당하다」라는 제목을 달고 있다. 게다가 그 논설과 클라레 논문의 핵심 논거는 1937년에 힘러가 행한 연설에서 반복되었다. 따라서 일부 연구자들이 클라레의 책이 힘러의 위탁으로 작성되었으리라고 추측하는 것도 무리가 아니다.[6]

클라레의『동성애와 형법』은 동성애자에 대한 처벌의 역사, 동성애 이론의 역사, 1930년대 세계 각국의 동성애 처벌 혹은 비범죄화 현황, 동성애 처벌에 대한 제안으로 구성되어 있다. 내용에 별반 새로운 것이 없고 수준도 낮다. 클라레 스스로가 서문에 밝힌 대로, 1935년에 자료

수집에 들어가 1937년에 박사학위 논문으로 제출하고 출간되었다는 사실은 그 연구가 졸속으로 이루어졌다는 것을 뜻한다. 게다가 뷔르츠부르크 대학의 법의학연구소와 제국대법원 도서관의 협력을 얻었다는 클라레의 설명이 거짓은 아니겠지만, 허풍으로 보인다. 그가 서술한 동성애 처벌의 역사와 동성애 이론의 역사, 심지어 20세기 각국의 동성애 형법의 내용조차 히르슈펠트의 1914년 저술(『남자와 여자의 동성애』)과 1920년대 후반의 저술(『성과학 개론』)에 고스란히 담겨 있다. 클라레의 책은 그가 말끝마다 "유대인 마그누스 히르슈펠트"라고 칭한 사람의 내용을 그대로 가져오되 각 내용에 간단한 형법학적 촌평을 가한 것이 전부다.

학술과 사상의 차원에서 보자면 클라레의 책은 그처럼 하잘 것이 없다. 그러나 역사학은 고급 작품만을 대상으로 하지 않는다. 때로는 저급한 서술이 시대를 보다 잘 드러내기 때문이다. 클라레의 책이 그렇다. 그가 책의 각 장에 붙인 제목만 보더라도 그 지향점이 확실하게 포착된다. 제1장은 "인민, 국가, 동성애"이고, 제2장은 "인종과 동성애"이며, 제3장은 "현행법의 미비점과 개혁"이다. 여기서 명료하게 드러나는 것은 클라레가 성과 동성애를 인종, 인민, 국가라는 나치 이데올로기의 핵심 가치와 결합시켰다는 점이다.

클라레의 서술은 동성애 행위에 대한 고대 게르만족의 처벌에서 시작된다. 그는 로마의 역사가 타키투스가 기원후 98년에 저술한 『게르마니아』를 인용한다. "형벌은 범죄의 종류에 따라 상이하게 가해졌다. 배신자는 나무에 걸어 교수하고, 겁쟁이와 전쟁 기피자와 불명예스러운 자corpore infames는 똥통이나 늪에 빠뜨려 익사시켰다." 이 문장에서 클라레는 "불명예스러운 자"가 동성애자를 뜻한다고 해설했다. 그는 타키투스가 여타의 연대기에서 동성애 행위를 한 로마인을 지칭할 때 그 단어를 사용했다는 점을 증거로 제시하고, 이어서 게르만족의 희생제에서도 희생물이 여자일 경우에만 늪에 수장시켰다고 강조한다.

법제사가 에크하르트가 1935년에, 그리고 힘러가 1937년의 연설에서 친위대가 동성애자를 가혹하게 다루어야 하는 근거로 밝힌 것이 바로 고대 게르만족의 처형 제도였는데, 타키투스의 "불명예스러운 자"에 대한 클라레의 독법은 역사가들에 의해 적절한 것으로 밝혀졌다. 다만 위에서 인용된 타키투스의 문장을 재차 읽어보면 게르만족이 동성애 행위자를 수장시킨 이유는 그가 동성애라는 특정한 성행위를 했기 때문이 아니라, "겁쟁이와 전쟁 기피자"와 마찬가지로 전투에 부적합하다고 판단했기 때문이었음이 드러난다. 동성애자에 대한 처벌은 전쟁과 정복에 고착되어 있는 고대 부족 특유의 습속이었던 것이다. 이는 한때 여신을 섬기기도 했던 게르만족이 점차 여신들로부터 등을 돌리고, 그 와중에 여신 숭배에서 유래한 여장남자 무당들을 사회문화적으로 멸시했다는 점에서도 확인된다.[7]

클라레의 문제점은 타키투스 인용문의 독법에 있지 않다. 문제점은 인용문에 대한 그의 해석에 있다. 그는 게르만족이 동성애자를 처벌한 이유가 "인종의 순수성"을 보존하기 위하여, 혹은 "인종의 퇴행"을 막기 위해서였다고 해석했다. 클라레의 텍스트에는 유사한 표현들이 숱하게 등장한다. 동성애자에 대한 처벌은 게르만족의 "인종 의식"의 증거이고, "인종적으로 탈종된 자"를 제거하기 위한 것이었으며, "인종의 순수성을 보존하려는 충동"에서 비롯되었고, "북방-게르만적 감성"에 부합하며, "자연에 따른 건강한 관점과 도덕"을 유지하려는 시도였다는 것이다. 클라레의 해석이 허황된 것임은 말할 나위도 없다. 부족이나 종족만이 있을 뿐 인종이 없던 시절에 인종 의식 운운한다는 것 자체가 어불성설이기 때문이다. 그러나 담론의 세계에서는 옳은 것과 그릇된 것이란 없다. 우리가 클라레의 텍스트에서 유의할 것은 오히려 성이 인종과 결합되고 동성애가 인종의 퇴행과 결합되어 나타난다는 사실이다. 그리고 "인종의 순수성"이 중핵을 점하기 때문에 인종의 '혼합' 역시 인종의 퇴화로 간주되고, 그에 따라 혼혈과 동성애가 동일한 범주 속에 포착된다.[8]

클라레는 중세 기독교의 동성애 처벌도 사시斜視로 바라보았다. 기독교가 동성애자를 화형에 처하기는 했지만 그것은 인종 정책이 아니라 종교 정책에서 비롯된 것이다. 다시 말해서 동성애자는 이단 및 마녀와 마찬가지로 신을 모독하였기에 처벌받은 것이고, 따라서 그 처벌은 인종 의식을 약화시킨 추동력이자 그 증거이다. 더 큰 변화는 계몽주의 및 프랑스혁명과 함께 찾아온다. 이제 동성애 행위는 여러 성행위들 중의 하나가 되었다. 시대를 대표하던 볼테르Voltaire는 동성애가 더러운 "죄악"일지는 몰라도 "타인으로부터 무엇인가를 빼앗는 범죄"는 아니요, "시민사회"를 "손상"시키지도 않는 "사적인 행위"라고 선언했다. 계몽주의 형법학자 베카리아Cesare Beccaria 역시 동성애 행위는 "자살과 마술"이 범죄가 아닌 것과 똑같은 이유에서 범죄가 아니라고 선언했다. 클라레는 그런 주장의 사상적 요체를 간파한다. 그것은 "개인주의와 자유주의 시대"의 표현이다. 그러나 그것은 오류다. "폴크Volk"는 결코 "개인의 총합이 아니다."[9]

클라레가 개인에 앞서 '사회'가 존재한다고 말하지 않고 폴크가 존재한다고 말한 것은 그것이 나치즘에서 "세계관Weltanschauung의 문제"였기 때문이다. "세계관"이란 개념은 영어의 유의어인 "viewpoint of the world(세계에 대한 관점)"와 사뭇 다르다. 세계관은 18~19세기 낭만주의 시대의 독일에서 태동하여 19세기 후반에 견고하게 자리 잡은 개념으로서 세계에 대한 주관적, 감정적 인지 체계를 뜻했다. 주관적이기에 객관적, 경험적으로 검증 불가능하고, 감정적이기에 한 인간 전체를 장악하며, 따라서 행동과 그 결과에 의해서만 입증 가능하다. 그리고 주관적이기에 세계관은 여러 개일 수 있고, 그것의 진위가 행동으로만 입증될 수 있기에 현실의 역사는 세계관 사이의 투쟁으로 의미화된다.

나치가 자신들의 이념을 이데올로기로 칭하는 경우는 대단히 드물었다. 그들은 거의 언제나 세계관을 말했다. 그리고 나치 세계관의 핵심 개념은 인종과 폴크였다. 나치의 폴크는 인민과 민족을 모두 포괄하되 지극히 형이상학적이어서, 역사에 앞서 존재하되 미래완료 시점에 완성되는 것으로, 모든 정치, 사회, 문화 행위의 기반이자 목표였다. 폴크는 인종 개념과 착종된다. 인종은 생물학적이면서도 형이상학적인 것으로, 폴크의 생물학적 토대인 동시에 폴크를 폴크답게 존재하도록 만들어주는 역사적, 문화적, 윤리적 힘이다. 그리고 국가는 조직화된 폴크공동체다. 클라레는 말한다. 국가의 가장 중요한 기능은 "폴크공동체를 자연 상태로 순수하게 유지하는 것"과 "고귀한 인종적 요소들을 계획적으로 발전시키는 것"이다.

클라레는 동성애를 인종과 폴크와 국가의 적으로 선언한다. 동성애는 "국가를 몰락"시키고, "도덕 개념의 해체"를 가져오며, 그렇게 "민족의 신체적, 도덕적 힘"을 갉아먹는다. 동성애는 "폴크의 피의 가치를 순수하게 유지하는 민족과 국가의 최고권을 손상시킨다." 동성애가 그처럼 인종, 인민, 민족, 국가의 대극으로 설정되기에 동성애자에 대한 처벌은 개인의 권리의 문제가 아니다. 무릇 법이 권리의 문제가 아니다. 클라레는 법이 무엇이냐는 물음을 제기하면서 나치당 법무국장 한스 프랑크를 인용한다. 집권 전에 나치에 대한 변호 활동으로 유명했던 인물로 나치 집권과 함께 바이에른 법무장관을 지내다가 제국정부 무임소장관을 거쳐 폴란드 총독으로 부임하게 되는 한스 프랑크에게 법은 권리를 보호하는 것이 아니라 "실체적 가치," 즉 "국가, 인종, 정신, 명예, 대지, 문화, 노동, 방위력"을 보호하는 것이었다.

클라레는 부연한다. 형법은 실체적 가치를 위협하는 자에 대한 "투쟁법"이다. 그리고 그는 한 걸음 더 나아간다. 형법은 "폴크의 지속적인 자기정화 수단"이다. 주체는 폴크와 인종이고, 형법은 그 주체의 표현에 불과하다는 것이다. 이는 주관적 인지 체계인 세계관을 객관적 진리로 전환시키는 나치 특유의 수사법에 따른 것인데, 그로써 클라레는 동성애에 대한 조치가 나라마다 상이한 이유도 인종주의적으로 설명할 수 있었다. 클라레는 동성애에 대한 태도가 "인종에 의하여 규정된다"고 못 박는다. 그래서 고대의 아시아적인 인종들은 동성애를 찬양하였고, 게르만을 포함한 북방인들은 거부했다는 것이다. 동성애가 그리스와 로마를 거쳐 유럽에 유입된 이후에는 서구의 로망스어 민족들은 동성애를 용인했고, 북방 게르만인들은 거부했다. 클라레는 그 논법을 전치시켜 엉뚱하게도 1937년 현재 동성애를 처벌하는 국가들을 게르만 영향권으로, 비범죄화 국가들을 서구 영향권으로 분류한다. 그러다 보니 발트 해 연안국들 중에서 에스토니아는 서구 영향권으로, 리투아니아와 라트비아와 러시아는 게르만 영향권으로, 심지어 브라질과 아르헨티나는 서구 영향권으로, 칠레와 우루과이는 게르만 영향권으로 분류한다. 소극이 아닐 수 없다.[10]

클라레가 사용하는 나치의 이데올로기적 용어들은 낯설고 모호하

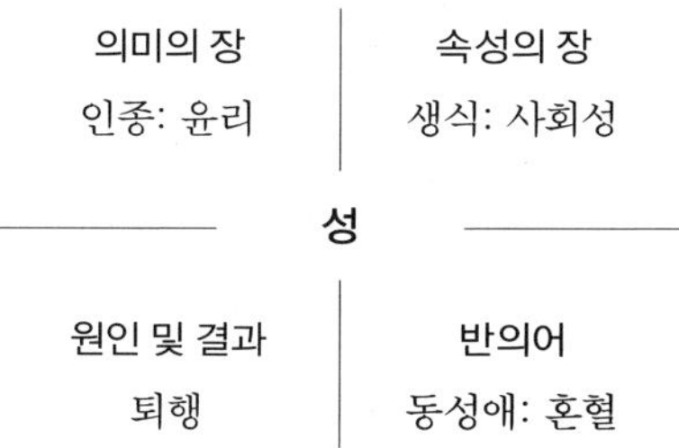

〈표 7〉 루돌프 클라레의 성 개념장

의미의 장 인종: 윤리		속성의 장 생식: 사회성
	성	
원인 및 결과 퇴행		반의어 동성애: 혼혈

고 혼란스럽다. 그러나 개념사의 눈으로 바라보면 쉽게 정리가 된다. 무엇보다도 인종, 인민Volk, 민족Nation, 제국, 국가의 의미가 나치 이론가들에 의해 일일이 규정되고 있기는 하지만, 그것들은 사실상 동의어들이다. 그 개념들은 서로가 서로를 지탱해주는 완결적인 자기순환 구조를 형성하고 있기 때문이다. 이에 유념하면 클라레의 성 개념장을 그려내는 작업이 순조로워진다. 그에게 성은 무엇보다도 인종의 문제, 그리고 인종과 동의어로 작동하고 있던 인민, 민족, 국가의 문제였다. 부연하자면, 그 인종은 개별 인간의 총합이 아니라 개별 인간들의 존재를 이미 보증하는 공동체다. 동성애가 나쁜 이유는 그것이 인종의 퇴행을 유발하기 때문이다. 그는 동성애자를 "생식세포Keimzelle"라고 표현하면서, 동성애자는 "존재 그 자체로 동성애를 공동체 전체에 확산시킨다"고 강조했다. 그리고 인종의 퇴행은 동성애 이외에도 인종의 순수성을 해치는 직접적인 성행위, 즉 혼혈에 의해서도 유발된다. 그리하여 클라레의 성 개념장은 〈표 7〉과 같이 도형화할 수 있다.

여기서 크라프트에빙과 프리들랜더의 성 개념장을 떠올려보자. 그 두 사람의 경우에는 속성의 장에 "자연충동"(크라프트에빙)과 "사회성"(프리들랜더)이, 의미의 장에는 "윤리"(크라프트에빙)와 "국가"(프리들랜더)가, 원인 및 결과에는 "퇴행"(크라프트에빙)과 "지배"(프리들랜더)가, 반의어에는 "도착"(크라프트에빙)과 "여자"(프리들랜더)가 위치했었다. 클라레의 성 개념장은 그 두 사람의 개념장과 대단히 흡사하다. 클라레의 개념장에는 크라프트에빙의 "자연충동" 자리에 "생식"이 들어섰으나 양자는 상통하고, 프리들랜더의 "국가"의 자리에 "인종"이 들어섰으나 나치즘에서 그 두 단어는 사실상 동의어이며, 반의어 항목의 "동성애"는 크라프트에빙의 "도착"에 포함된다. 두 사람에게는 있지만 클라레에게는 없는 것은 프리들랜더의 "지배"와 "여자"이고, 두 사람에게 없지만 클라레에게 있는 것은 "혼혈"이다. 따라서 우리가 사고실험을 해본다면, 클라레가 그 두 사람의 개념장에서 필요한 것(자연충동, 사회성, 국가, 윤리, 퇴행, 도착)은 받아들이고, 부적절한 것(지배, 여자)은 제거한 뒤에 새로운 것("혼혈")을 써넣었다고 추론할 수 있다. 유의할 점은 클라레가 그렇게 작업했다는 것이 아니라 우리의 사고실험 결과 그렇게 나타난다는 것이다.

여기서 우리가 앞서 크라프트에빙과 프리들랜더의 개념장을 비교했던 것을 떠올려보자. 그때 우리는 크라프트에빙의 부르주아적 개념장에 '자아가 부재한 남성 대오'라는 잉여가 부착되면 고스란히 프리들랜더의 파쇼적 개념장으로 변모할 수 있다는 것을 알았다. 우리의 사고실험은 부르주아적 개념장과 파쇼적 개념장이 얼마나 가까운지 재차 보여준다. 다른 한편으로 크라프트에빙 및 프리들랜더와 클라레의 성 개념에는 결정적 차이점이 있다. 바로 인종주의다. 앞선 두 사람에게, 심지어 프리들랜더에게서도 인종주의는 주변적이었다. 그러나 클라레의 성 개념에서 인종주의는 생식, 국가, 윤리, 도착 모두를 관통하는 중핵이

다. 여기서 우리는 나치즘이란 부르주아적 개념 체계와 파쇼적 혹은 전
前 파쇼적 개념 체계를 인종주의적으로 재해석한 것이라는 결론에 도달
할 수 있다. 그러나 프리들랜더 성 개념에서 가장 중요한 것이 클라레에
게 탈각되어 있다. 바로 남성동맹이다. 어찌 된 일일까? 성의 속성에 사
회성이 포함된다면 남성동맹이 논의되어야 했던 것이 아닐까?

클라레는 남성동맹도 논의했다. 정확하게 말하자면, 그는 프리들랜
더-브란트 그룹의 "남성문화" 이론과 청소년 운동에 대한 한스 블뤼어
의 해석을 '비판'했다. 클라레는 독일 내 동성애 해방운동의 역사를 개
관하는 가운데, 프리들랜더-브란트 그룹은 동성애의 "탈종"을 인정하
지 않고 자신들을 "이상주의적, 윤리적으로 고귀한 존재"로 치켜세우
면서 "성충동을 세련화하기 위한 성문화"를 창출하려 한 사람들이었다
고 정리했다. 클라레는 이어서 그들이 새로운 활동 영역을 발견하였으
니 그것이 청소년 운동이고, 심지어 한스 블뤼어는 "전도된 자들"만이
청소년을 이끌 수 있는데 이는 "자연스러운" 일이며, 그 운동을 박해하
는 자들을 "비겁자"로 분류했다고 요약했다. 클라레의 관점은 명확했
다. 프리들랜더와 블뤼어의 관점은 어불성설이라는 것이다. 그가 왜 그
런지를 논의하지 않았지만 동성애가 인종 퇴행의 원인이라는 입장에 서
면 그 주제는 새삼 논할 필요조차 없었을 것이다. 그는 오히려 블뤼어의
논점이 청소년들에게 "파멸적인" 영향을 끼칠 수 있다고 경고했다. 이
어서 클라레는 논의를 1937년으로 전치시켜 "모든 교육공동체," 즉 "군
대, 방위 단체, 청소년 단체, 학교 등등"에서 전도된 자들을 숙청해야 한
다고 강조했다. 그 단체들은 물론 모두 남성동맹들이다.[11]

묘한 것은 클라레가 프리들랜더와 브란트와 블뤼어를 논의하면서도
정작 그들의 핵심 개념인 남성영웅과 남성동맹은 입에 담지도 않았고,

"남성국가"는 엉뚱하게 여성 동성애자와 관련한 인용부호 속에서 딱 한 번 언급했다는 사실이다. 클라레가 그 개념들을 몰랐다고 상정하는 것은 불가능하다. 그의 침묵은 고의적 침묵이고, 그런 한에서 징후적 침묵일 것이다. 그리고 친위대의 지근거리에 있던 클라레가 친위대가 남성동맹의 하나로 분류되고 있음은 물론, 친위대 스스로가 남성동맹으로서의 자의식을 보유하고 있다는 사실을 몰랐을 리가 없다. 게다가 앞서 살펴본 대로 클라레는 개인이 공동체 속에서만 주체적으로 될 수 있다고 주장했다. 그렇다면 남성동맹에 대한 그의 침묵은 그의 텍스트를 폭파시키는 맹점으로 간주해야 할 것이다. 클라레는 남성동맹이 어떻게 순수하게 탈성화된 조직으로 남아 있을 수 있는지 해명할 수 없었기 때문에 침묵했을 것이다. 이는 프리들랜더의 경우에 이미 가시화된 바 있다. 기억을 되살리자면, 프리들랜더는 탈성화된 남성동맹을 주장했지만, 결국에는 그들이 여자는 물론 남자와도 성관계를 맺기도 한다고 인정했다.

클라레는 프리들랜더보다 훨씬 유리한 입장에 있었다. 프리들랜더는 진정한 남자는 여자를 사랑하지 못한다고 주장함으로써 남자는 남자만을 사랑할 수 있다고 전제했다. 그리고 그는 남자와 남자 사이에 성교가 개입되지 않는 것이 최선이라고 주장했다. 그러나 근대인의 사랑에서 어찌 성을 축출할 수 있겠는가. 프리들랜더는 이 지점에서 자가당착에 빠졌다. 그와 달리 클라레는 남자란 여자와 사랑하고 성교하여 인종을 재생산하는 존재라고 규정했다. 따라서 탈성화 문제에 접근하기가 훨씬 용이했을 것이다. 그럼에도 불구하고 그는 우물쭈물했다. 클라레의 그 모순된 태도는 동성애가 어떻게 출현하는가에 대한 그의 논의에서 풀린다.

클라레는 기존의 동성애 원인론을 정리했지만 자신의 입장을 분명하게 밝히지 않았다. 그는 오히려 인종의 퇴행이라는 동성애의 결과에 집중했다. 다만 청소년들의 경우에 한하여 그 '과정'을 논의했다. 그는 남자들만이 존재하는 곳의 청소년들이 사춘기에 관능에 눈을 뜨면서 수음에 몰두하다가 치기에 이끌려 상호수음으로 나아가기 일쑤이지만, 여자와 만날 기회가 잦은 상황이 오면 대부분 상호자위를 그만두고 이성애에 고정된다고 말했다. 바로 그 과정에서 상호수음의 경험이 "성격의 근본"과 "심리"에 고착되어 올곧게 이성애로 진행하지 못하고 동성에 고착되는 자들이 나타나니, 그들이 동성애자라는 것이다. 이는 단순하지만 중요한 발언이다. 우선 클라레에게서도 동성애는 인격이다. 성격의 근본에 고착된 것이 인격이 아니면 무엇이랴. 그에 못지않게 중요한 것은 동성애가 타고나는 형질이 아니라 획득되는 것으로 간주되었다는 점이다. 실제로 클라레는 동성애자의 최대 10퍼센트만이 타고난다고 주장했다. 이는 동성애자에 대한 '치유' 가능성을 함축한다.

성과학자가 아닌 클라레의 획득론은 뷔르거프린츠의 경우와 마찬가지로 친위대의 주장에 영합하기 위한 것이었음에 틀림없다. 그러나 논리적으로 보아, 남성만의 단체에서 "근본 성격"과 "심리"가 동성애화될 수 있다고 주장하는 한, 남성동맹이 어떻게 탈성화된 조직으로 남을 수 있는지 설명할 수는 없다. 그래서 클라레는 별 수 없이 "진정한 우정과 동료애에는 그 어떤 성적인 요소도 포함되지 않는다"거나, 블뤼어 같은 사람의 주장은 "공동체의 순수성에 관심이 있는 사람들에게 낯선 느낌을 줄 뿐"이라고 엉거주춤한 자세를 취하고, "우정"에 관하여 말하면서도 남성영웅, 남성동맹, 남성국가에 대해 침묵하였을 것이다. 클라레의 침묵은 그가 대면한 자기모순의 표현이요, 더 나아가서 룀에 대한 논의

에서 우리가 확인했던 바, 나치즘이 대면하고 있던 자기모순의 표현이었던 것이다.[12]

여기서 우리는 즉각 뷔르거프린츠를 떠올릴 수 있다. 앞서 보았듯이 뷔르거프린츠는 "기관"에 대한 훨씬 심도 깊은 논의를 전개했다. 그러나 뷔르거프린츠는 클라레의 책이 출간된 이후에야 비로소 동성애에 대한 논문을 발표하였을 뿐만 아니라, 그 출발점은 클라레의 책에 대한 서평이었다. 즉 학술사적으로 보자면 뷔르거프린츠는 클라레의 이론적 공백을 메운 사람이다. 그러나 뷔르거프린츠도 남성동맹과 동성애의 경계 문제를 해결할 수가 없었다. 사회적 결속에서 이탈하는 남자가 동성애자라면 해법은 기관의 강제를 배가하는 것뿐인데, 이는 문제를 출발점으로 되돌리는 것밖에 되지 못한다. 게다가 우리는 한스 블뤼어에 대한 논의에서, 기관에 의해서만 남성으로 정립되는 자는 개인으로 성립되지 못하고, 그런 인간에게 사회적 관계란 부재하며, 기관과 함께하는 테러에서만 자신을 확인할 수 있다는 점을 보았다. 다시 말해서 뷔르거프린츠의 '사회 부적응자'는 동성애자가 아니라 동성애자이든 이성애자이든 관계없이 모든 기관형 인간의 특징인 것이다.[13]

브뤼거프린츠와 마찬가지로 남성동맹 문제를 해결하지 못했던 클라레가 갈 길은 처벌의 강화밖에 없었다. 그는 나치의 1935년 6월의 동성애법 입법을 비판하면서 형량을 대폭 강화하라고 요구했다. 이는 형법학자로서의 그의 입장이 표명된 것이고, 나치로서의 클라레는 그에 비할 바 없이 과격한 주장을 펼쳤다. 원칙적으로 동성애자의 절멸만이 해법이라고 주장한 것이다. 이는 그가 1900년경 성과학이 주조해낸 인격으로서의 동성애를 수용했기 때문인데, 예컨대 그는 남성을 바라보는 눈빛 하나로도 처벌의 근거가 된다고 주장했다. 인격으로서의 동성애를 믿고 동성애자가 전염병 세균처럼 사회를 물들일 수 있다고 파악하는 한 절멸 외에 해법이 있을 수 없다. 클라레가 절멸을 주장한 것은 자기모순에 부딪치면 테러로 나아가버리는 나치즘의 본색이 되풀이된 것이기도 하다.

우리의 논의에서 그에 못지않게 중요한 것은 클라레가 여성 동성애자 역시 처벌하라고 주장했다는 사실이다. 앞서 우리는 여성 동성애자를 처벌하라는 요구를 만난 적이 있다. 그 주장은 1909년 제국법무부장관에게 제출된 형법전문가위원회의 보고서에 포함되어 있었고, 1925년 제국상원의 형법전 개정 논의에서도 바이에른 대표에 의해 개진되었다. 나치 정부에 들어와서도 1934년에 법무부에 설치된 형법전개정위원회에서 동일한 주장이 제기되었다. 그러므로 클라레의 주장은 별반 새로운 것이 아니다. 게다가 여성 동성애자는 나치가 패망하는 날까지 처벌받지 않았다. 클라레의 주장은 현실적 효과도 발휘하지 못했던 것이다. 그러나 여성 동성애자를 처벌하라는 주장은 클라레의 텍스트 내에서 예기치 못한 의미를 발동시킨다.

클라레는 무엇보다도 "원칙"에 유념한다. 여성들의 성적 상황이 아무리 열악하다고 하더라도 "결혼과 가족을 거부하는" 여성 동성애자가 "국가에 대한 위협"이라는 점만은 부동의 사실이다. 독일 여성은 "독일 유전형질의 보호자"여야 한다. 클라레는 여성에게 아리아인의 재생산이라는 "국가세포"의 전통적 기능을 부여한 것이다. 그러나 클라레는 한 걸음 더 나아갔다. 형법의 기능은 무엇보다도 "건강한 폴크의 투쟁의지를 뒷받침해주는 데" 있다. 독일의 운명은 "폴크의 피의 가치를 수호하는 투쟁"에 달려 있다. "동성애 행위는 독일 여성의 본질"과 "유가다르다." 폴크를 생산하는 여성이 동성애에 물드는 것을 좌시하는 것은 민족과 국가에 대한 위협에 눈을 감는 것이다. 여기서 뚜렷하게 나타나는 사실은, 클라레가 남성 동성애자의 형량을 강화해야 한다는 논거를 여성 동성애자에게도 고스란히 적용했다는 점이다.*

클라레의 논거가 파격인 것은 그동안 독일에서 심지어 나치 정권조차 여성 동성애자를 처벌하지 않은 이유가 여성을 무성적이거나 수동적인 성으로 간주한 데 있었기 때문이다. 그러므로 여성 동성애자를 처벌하라고 주장하는 순간 클라레는 여성을 성적인 존재로 주장한 것이다. 물론 여성 동성애자를 처벌하자고 말하는 순간의 클라레는 반여성적이다. 그러나 여성도 폴크공동체의 불가결한 구성원이라고 주장하는 순간의 클라레는 친여성적이다. 여성은 국가의 세포로서 혼인 및 가정을 담당하는 존재라고 말하는 순간의 클라레는 전통적이고 권위적이다. 그러나 독일 여성은 아리아인 공동체에 속한다고 말하는 순간의 클라레는 해방적이다. 오해를 피하기 위하여 강조하자면, 이는 클라레가 여성의 지위를 향상시키기 위하여 노력했다는 것이 아니다. 클라레의 텍스트에는 여성의 권리라는 단어가 아예 등장하지 않고, 남녀평등을 함축하는 어떤 문구도 없다. 그는 여권론자도 여성해방 옹호자도 아니다. 그러나 그가 제시하는 동성애론의 담론적 효과는 명백히 탈권위적이고 탈전통적이다.

클라레는 심지어 여성 폄하적인 논거를 비판하기까지 했다. "여성의 동성애는 '정치적인 문제'가 아니"라는 일각의 주장에 대하여 논평하는 맥락이었다. 나치 어법에서 "정치적인 문제"란 근대국가적인 법 규범

---

* 나치 논자들 중에는 자식을 생산하기만 한다면 여자가 동성애자이건 이성애자이건 상관없다고 주장하는 사람도 있었는데, 이 역시 여성은 수동적이어서 국가와 민족에 위협이 되지 못한다는 발상으로 개진된 주장이다.

과 무관하게 민족공동체를 위하여 탈법적이고 경찰적으로 처리해야 하는 문제, 예컨대 '유대인 문제의 해결'과 같은 것이었다. 따라서 여성 동성애자가 정치적인 문제라고 주장하는 순간의 클라레는 반여성적이고 테러주의적인 나치다. 그러나 그 맥락에서 클라레는 여성의 반정치성을 주장하는 사람은 "여성에게서 나쁜 것의 구현만을 보는 가톨릭교회와 남성 동성애자들(프리들랜더-브란트 그룹)과 동일한 주장을 펼친 것"이라고 비판했다. 그런 주장은 모두 "공동체를 형성하는 요인으로서의 여성"을 인정하지 않는 것이며, 이는 "인구 정책적인 관점에서나 세계관적인 관점에서 가당치 않은 입장"이라는 것이다.

텍스트의 내적 구성을 논외로 한다면, 클라레의 여성해방적인 진술은 어디서 온 것일까? 독일 여성이 독일 인종의 담지자라는 주장은 정확히 나치 여성 단체들이 바이마르공화국 시절부터 펼치던 주장이다. 그들은 "게르만적인 종種적 여성"이라는 인종주의적인 단어를 사용하면서, "성차가 아니라 하나의 인종에 속한다는 것"이 위계의 기준이어야 하며, 독일 여성에게도 "능력의 원칙"이 적용되어야 하고, 공적인 역할도 부여해야 한다고 주장했다. 클라레는 바로 그 나치 여성운동의 입장을 받아들인 것이다.[14] 그리고 나치 여성운동의 언설은 바이마르 좌파 여성 해방운동, 즉 바이마르 성문화와 상호작용 속에 있던 여성운동의 주장을 인종주의적으로 번역한 것이다. 클라레의 입장은 바이마르공화국의 성문화를 배경으로 해서만 성립 가능한 입장이었던 것이다.

그처럼 클라레의 성과학은 나치즘에서 바이마르공화국이 연속되고 있었음을 보여준다. 그러나 클라레는 바이마르와의 불연속도 명료하게 보여준다. 아리아 인종의 생산과 무관한 성과 집단에 대한 테러가 그것이다. 이 점에서 나치의 인종주의가 무엇인지 드러난다. 그것은 탈권위적이고 탈부르주아적인 동시에 테러주의적인 것이다. 나치즘은 테러와 해방이 씨줄과 날줄처럼 얽혀 있는 운동이었던 것이다.

환희와 공동체

우리의 두번째 검토 대상인 요하네스 슐츠Johannes Heinrich Schultz (1884~1970)는 정신과 의사였고 교수였으며 정신분석학자였다. 프로이트가 개시한 정신분석학은 1908년에 오스트리아 빈에 "빈 정신분석협회"가 조직되면서 제도화의 기틀을 다졌는 바, 그로부터 2년 뒤에 베를린에 "독일 정신분석협회"가 조직되었고, 1920년에는 연구와 교육과 치료 기능을 갖춘 "베를린 정신분석연구소"가 설립되었다. 정신분석학은 독일에서도 여러 개의 분파로 나뉘어 존속하였는데, 1927년에는 뜻을 같이하는 정신분석학 의사들과 신경정신과 의사들이 학파와 무관하게 "정신치료의료인총회"를 설립하여 제1차 세계대전의 트라우마를 앓고 있던 퇴역 군인들을 돌보았다. 요하네스 슐츠는 정신치료의료인총회의 회장단에 속하였을 뿐만 아니라 기관지의 주필로 활동했다.

정신분석학은 탄생 직후부터 반유대주의와 싸워야 했다. 오스트리아와 독일의 극우 민족주의자들이 정신분석학을 유대인의 학문으로 간주하고 거부했기 때문이다. 프로이트가 1910년에 조직된 "국제 정신분석협회"의 종신 의장으로 순수 독일인인 스위스 국적의 카를 구스타프 융 Carl Gustav Jung을 추천한 것은 바로 그 때문이었다. 나치가 집권하자 독일에서 정신분석학의 수명은 끝난 듯이 보였다. 특히 앞서 언급한 대로, 1933년 5월 10일 나치 분서의 밤에 프로이트의 저서들이 불탔다. 그러나 나치는 정신분석학의 실용적 효과에 공감하고 있었다. 그래서 그들은 정신분석학을 없애는 것이 아니라 재편성하고자 했다. 그 작업, 즉 정신분석학의 '나치화,' 당시 용어로 하자면 "일체화Gleichschaltung"는 서서히 진행되었다. 우선 1933년 9월에 정신치료의료인총회가 유대인과 사회주의자들을 탈퇴시킨 채 재조직되었다. 이때 회장으로 피선된 자가 1928년에 회원으로 가입한 마티아스 괴링Matthias Heinrich Göring으로 그는 법학 박사이면서도 정신의학 박사학위를 취득하였고, 에른스트 크래펠린 밑에서 일하기도 했으며, 카를 구스타프 융 계열의 정신분석학에 심취하기도 했던 인물이다. 그러나 마티아스 괴링은 무엇보다도 히틀러가 1934년에 자신의 후계자로 지정한 나치 정권의 2인자 헤르만 괴링의 사촌이었다.

1935년 12월에 독일 정신분석협회가 나치화되었고, 그로부터 반년이 지난 1936년 5월에 마티아스 괴링이 베를린 정신분석연구소를 접수하여 "독일 심리연구 및 정신치료 연구소"로 재조직했다. 이때 우리의 주인공인 요하네스 슐츠도 참여했다. 연구소는 헤르만 괴링의 다양한 권력 기관들은 물론 내무부, 교육부, 선전부, 히틀러청소년단, 독일노동전선, 나치인민복지회와 연결되었고, 힘러와도 가까웠다. 힘러가 강제수용소에 수감되어 있던 동성애자들을 연구소에 보냈던 것이다. 슐츠는 연구소에서 동성애 '치료' 전문가로 통했다. 그가 치료한 동성애자들 중 한 명은 실제로 친위대원이었다. 연구소에서 몇 명의 동성애자가 치료를 받았고 실제로 치유되었는지는 밝혀지지 않고 있다. 다만 1937년 10월부터 1년 동안 연구소에서 치료를 받은 259명 중에서 동성애자가 13명이었으며, 1941년에 연구소 형사심리과에 내원한 73명 중에서 동성애자가 16명이었다는 기록은 있다.[15]

이상의 서술은 요하네스 슐츠가 괴링과 힘러라는 나치 정권의 양대 권력자는 물론 우리의 주제와도 지근거리에 있었음을 보여준다. 그런 그가 1940년에 『성, 사랑, 결혼: 개인과 민족에게 갖는 의미에 비추어본 성과 사랑의 기본 사실들』이라는 책을 출간했다. 그 책의 주제는 동성애도 아니고 성도착도 아니다. 게다가 학술서도 아니다. 그 책은 성에 대하여 일반인들을 계몽하고자 집필된 대중적 교양서이다. 1940년에 처음으로 출간된 그 책은 우리가 분석하는 세번째 판본이 발간된 1942년에 이미 8만 5000부나 인쇄되었다. 그 시점이 각각 제2차 세계대전 2년차와 4년차에 접어든 때였다는 사실에 유의한다면, 그 책이 대중을 겨냥한다는 본래의 취지에 충분히 부응했다고 할 것이다.

그 책의 서술 몇 개만 보더라도 크라프트에빙이 활동했던 19세기 말과 1940년 사이에 독일의 성 지식 내지 성 담론 지형이 얼마나 변화했는지 알 수 있다. 크라프트에빙은 모든 성도착의 원인으로 자위를 지목했다. 그러나 슐츠는 자위가 "완전한 성애"로 나아가는 사춘기의 통로라고 설명한다. 그래서 그는 우리가 크라프트에빙에게까지 막대한 영향력을 행사했다고 언급한 바 있는, 자위를 만악의 근원으로 지목했던 18세기 의사 티소의 책을 "지극히 조야한 미신으로 가득한" "맑은 하늘에 귀신을 그려놓은" "끔찍한 책"으로 거부한다. 크라프트에빙은 노인의 성욕을 도착으로 규정했었다. 그러나 슐츠는 하루도 빠짐없이 성교를 하다가 걱정되어 자신의 진료실을 찾은 일흔두 살의 노인에게 그것은 "결코 비정상적이거나 병적인 것이 아니며," 오히려 "신이 선물한 강력하고 자연스러운 관능의 생생한 표현"이라고 안심시켰다. 크라프트에빙에게 여성의 혼전 순결은 당연지사였고, 1940년에 와서도 독일 남성들 일부는 여전히 신부에게서 처녀성을 기대했다. 이를 염두에 두기라도 한 듯 슐츠는 처녀막에 대하여 설명한다. 처녀막에는 원체 소량의 피만 담겨 있고 그 양도 사람에 따라 천차만별이므로, 첫날밤 침대에서 혈흔이 발견되지 않는다고 하더라도 신부가 유경험자라고 속단해서는 안 된다. 이보다 친절할 수는 없을 지경이다.[16]

슐츠에게 성은 무엇이었을까? 그에게 성은 한 인간의 삶 전체와 단단히 결합된 것이었다. 그 때문에 슐츠는 거의 언제나 "성"이라는 단어가 아니라 "성생활" 혹은 "사랑생활"이라는 단어를 사용하고, 같은 이유로 삶으로부터 성을 분리시켜 고찰하는 "성과학"을 거부한다고 말했다. 성은 성기만이 아니라 유기체적 존재로서의 인간 전체, 그리고 정신적 존재로서의 인간 전체와 긴밀하게 결합된 것이라는 이야기다. 이는 성이 정신과 육체 모두를 포괄한다는, 거의 모든 성과학자들에게서 발견되는 발언을 넘어선다. 슐츠는 프로이트주의자답게 한 인간의 생애를 출생으로부터 유아기와 사춘기를 거쳐 성년에 이르기까지 단계화하고, 각 단계마다 성이 어떻게 발현되는지 보여주었다. 다른 성과학자들과 마찬가지로 그에게도 삶과 인격은 성에 의하여 규정되는 것이고, 성은 곧 인격이자 삶이었던 것인데, 그만큼 중요한 것은 강조점이 '성교'에 놓였다는 점이다.

성이 성교라면 성의 목표는 생식을 배제할 경우 당연히 오르가슴이다. 슐츠는 실제로 오르가슴을 경험하기 위하여 갖추어야 할 지식과 벗어나야 할 속설들을 제시한다. 우선 그는 그가 "모래시계 편견"이라고 칭한 것, 즉 성교를 절제함으로써 힘을 강화할 수 있다는 관점이 오류라고 지적한다. 성교는 생식세포를 소비하는 동시에 생식세포의 생산을 자극한다. 성교에 필요한 신체와 정신의 요건들은 성교에 의하여 오히려 강화된다. 이는 스포츠에서 근육을 사용하면 근육이 약화되는 게 아니라 오히려 강화되는 것과 같은 이치다. 성교를 절제하면 오히려 불안감이 커져서 정작 성교에 돌입할 때 실패할 가능성이 높아지고, 이는 성으로부터 거리를 두게 하며, 이는 또다시 성교의 실패를 부르는 악순환에 빠지게 한다. 성교는 하면 할수록 좋은 것이다. 가히 신체심리적 성 용불용설이다.

성기의 크기와 모양에 대해서도 걱정할 필요가 없다. 성기는 사람마다 크기와 모양이 다를 뿐 아니라 오르가슴과도 무관하다. 특히 여성의 성기는 원체 신축성이 높고, 그 탄력성은 애무에 의해 배가된다. 포텐스도 사람마다 다르다. 어떤 남성은 성교를 길게 하되 한 번으로 그치고, 어떤 남성은 성교 시간이 짧지만 여러 번 되풀이할 수 있다. 그것은 음악에서 대작을 한 번 길게 연주해야 좋은 사람이 있고, 짧은 곡을 여러 번 연주해야 좋은 사람이 있는 것과 같다. 따라서 숫자로 표기할 수 있는 표준적인 성교 시간이란 없다. 여성은 한 번의 성교에서 여러 번 오르가슴을 경험할 수도 있고, 일정 시간 내에 여러 번 성교를 할 수도 있지만, 그 역시 사람마다 다르다.

주의할 것은 오히려 성교의 전과 중과 후에 취해야 할 태도이다. 우선 잠자리에 들기 전에 몸을 청결히 해야 한다. 어떤 남성은 남성 특유의 체향이 여성의 성욕을 자극한다고 믿지만, "매혹과 역겨움은 종이 한 장 차이"인 법이어서 몸을 깨끗이 씻는 것이 옳다. 남성은 여성을 세심하게 배려해야 한다. 특히 여성에게 첫 경험은 "인생의 가장 깊고 중요한 전환점 중의 하나"이다. 게다가 유경험 여성들의 수다와 허영은 그들에게 공포심을 주입하기 마련이다. 이것이 지나치면 성기가 아예 열리지 않을 수도 있다. 그럴 경우 남성이 인내심을 가지고 설득해야 한다. 남성은 무릇 성교에서 "차분한 안내자이자 지도자"가 되어야 한다. 거꾸로 성교가 실패했다고 해서 남성이 자기 탓을 해서도 안 된다. 그랬다가는 악순환에 빠지게 된다.

필요한 것은 애무다. 이때 주의할 것은 성감이 사람마다 다르다는 점이다. 한 번의 가벼운 접촉만으로도 "감전되는 듯한" 느낌을 갖는 사람이 있고 그렇지 않은 사람도 있으며, 성감대도 각각 다르다. 몇 시간 동안 키스만 해도 행복한 사람이 있고, 오로지 오르가슴의 순간에만 키스를 허락하는 사람도 있다. 남녀의 흥분 곡선도 다르다. 남성은 급격히 흥분하여 급격히 식는 반면, 여성은 서서히 흥분하여 서서히 가라앉는다. 따라서 남성은 스스로를 다스리고 인내할 줄 알아야 한다. 중요한 것은 상호 배려와 호응이다. 과거에는 격정적인 애무와 흥분을 "성도착"으로 간주하기도 했다. 그러나 성애에서 "진정한 헌신과 요구에는 제한이 있을 수 없다." 남성은 여성에게 가급적 길게 그리고 정성스럽게 "전희"를 함으로써 "삽입의 순간에 여성이 이미 녹아내리기 직전에 있어야" 하고, 삽입 이후에도 남성은 "여성의 쾌감이 갈수록 고조되어 절정이 가까웠음을 지극한 행복감 속에서 감지할 때까지 흥분을 참아야 한다." 그러면 곧이어 "사랑하는 두 사람의 절정이 함께 찾아오고, 행복한 나른함이 그 뒤를 잇게 된다." 슐츠는 성교를 축성한다. 성교는 두 사람이 서로에게 "흡수되어 해체되고," 그렇게 "하나가 되는" 현상이다. 그것은 "마치 음악가가 음악 속에서" "학자가 학문 속에서 완전히 혹은 때때로 자신을 잃어버리게 되는" 것과 같은 "몰아"의 순간이고, "종교 연구의 언어로는 신비한 합일"의 순간이다.[17]

위 서술에서 선명하게 드러나는 바, 슐츠의 나치즘에서 성교와 오르가슴은 사람들이 마땅히 향유해야 하는 가치이다. 더욱이 슐츠는 성이 한 사람의 육체적 욕망을 충족시키는 행위가 아니라고 설명한다. 오르가슴의 전제 조건은 남녀 두 사람의 상대방에 대한 이해와 배려라는 것이다. 슐츠는 또한 성교는 남녀 두 사람이 독립적 주체로서 조우할 때 성립한다는 점을 시종일관 강조한다. 슐츠는 정신분석학자답게 유아기에 부모가 성을 터부시하고 억압한 인간과 유년기에 부모의 사랑을 받지 못한 인간은 "자신을 역겨워하는 병든 인간"이 되며 결국 "사랑 불능자"라는 "지극히 비극적인 운명"을 맞는다고 강조한다. 자신을 긍정하는 인간, 자신을 신뢰하는 인간, 자신을 사랑하는 인간만이 타인을 긍정하고 신뢰하고 사랑할 수 있다. 그런 독립적 개인만이 타인의 독립성을 긍정하고 배려하며, 따라서 자신을 통제하고 지배할 수 있다. 그런 사람만이 공동의 열락 속에서 "좁고 이기적인 자아에서 벗어나" 둘이 하나가 되는 체험을 한다.

우리는 어느덧 성교가 아니라 사랑에 대해서 말하고 있거니와, 슐츠는 육체적인 결합만으로는 그 "신비한 황홀경"에 도달할 수 없다고 강조한다. 성교는 "영혼이 함께하는 것"이고, 사랑이 동반된 성교에서만 두 사람은 "내적으로 결합된 완전한 균형을 이루고, 서로에 의해 완전히 충족되어, 그 어떤 외부의 힘도 침입하지 못한다." 그들의 삶에는 "순수하게 충족된 사랑의 심화만이 있을 뿐으로," 성경에도 있는 바 "너의 신발을 벗으라. 여기는 신성한 땅이다." 그런 커플이 "사랑공동체, 즉 혼인과 가족 구성의 열망"에 사로잡히는 것은 당연한 일이며, 그들은 결혼 이후에도 그리고 "50~60대가 되어도 청춘의 신선함을 간직한" 도통 늙지 않는 커플이 된다. 그런 부부는 아이도 많이 낳게 되어 독생자라는 고약한 자식도 갖지 않게 되고, 자식에게 성을 터부시하는 우매한 짓도 저지르지 않는다.

슐츠는 그렇게 낭만적 사랑을 찬양한다. 낭만적 사랑은 우리가 크라프트에빙부터 시작하여 거의 모든 논자들에게서 만났던 19세기 부르주아의 사랑 및 가족 이상이다. 그러나 슐츠의 낭만적 사랑은 그들과는 색채와 빛깔이 다르다. 성애와 환희가 지배적이다. 성애가 얼마나 중요했던지, 슐츠는 나치 성 정책의 근본마저 가볍게 위반해버린다. 나치는 인구 문제에 직면하여 다산 정책을 강력히 추진했다. 그 방법 중의 하나가 콘돔의 생산과 판매를 금지한 것이었다. 그러나 슐츠는 콘돔의 사용법을 친절하게 해설한다. 고무 콘돔이 불편하기는 하지만, 사전에 "성기를 물로 씻고 콘돔에 기름을 살짝 바르면" 만족스럽게 이용할 수 있다는 것이다. 참고로, 나치는 묘하게도 콘돔의 생산과 판매는 금지했지만, 곳곳에 콘돔 자동판매기를 설치해놓았다.

크라프트에빙과 같으면서도 다른 또 한 가지 측면은 "자기지배" 혹은 "통제"의 문제였다. 크라프트에빙은 성이란 자연충동으로서의 성을 도덕에 의해 통제하는 것이라고 정의했다. 슐츠는 도덕 감정에 의해 성욕을 억제하는 것이 "윤리적으로는 고결할지 모르지만," 금욕은 정신과 신체에 부정적인 영향을 주며, 심한 경우에 "병적인 과대망상"을 초래한다고 단언한다. 물론 슐츠 역시 통제를 강조했다. 그러나 그에게서 통제의 의미는 완연히 다르다. 슐츠는 자기의 몸과 정신을 긍정하는 독립적 개인이 자신의 몸과 마음을 조절함으로써 "자기 자신에 깊이 머무는 동시에 타인을 포괄하고 체험하는 것"을 통제라고 칭했다. 슐츠에게서 통제는 자유였다. 자기를 지배할 줄 아는 인간만이 성의 열락과 황홀경을 경험할 수 있으며, 이를 통하여 "좁고 이기적인 자신"으로부터 벗어날 수 있다는 것이다. 자유의 가장 깊은 의미가 그것이 아니면 무엇이랴.[18]

남녀 간의 차이 문제에서도 슐츠는 크라프트에빙과 같은 듯하지만 사뭇 달랐다. 슐츠는 남성은 "가차 없이 목표를 추구하며" "공격적"인 반면에, 여성은 "조용하고 헌신적이며" "참을성이 크지만" "남성에 의해서만 추동된다"고 정식화한다. 이는 크라프트에빙의 판박이다. 성과 성교가 남성보다 여성에게 보다 본질적인 의미를 갖는다는 발언도, 사랑은 남성보다 여성에게 더욱 필요한 것이라는 발상도 마찬가지다. 여성의 혼외 정사가 남성의 경우보다 더욱 심각한 문제인 이유가 바로 그 때문이라는 발언도 마찬가지다. 더욱 결정적인 것은 성교에 대한 그의 서술 전체에서 '성교하는 인간은 곧 남성'이라는 사실이다. 애무 장면만 하더라도 그는 남성이 여성을 어떻게 애무해야 하는지 충고할 뿐, 여성이 남성을 만족시키기 위하여 어떤 태도를 취해야 하는지는 생략한다. 그에게도 남성만이 유일한 성이었고, 보편적인 인간은 곧 남성이다.

그러나 슐츠의 이분법은 색조가 상당히 다르다. 그는 "남녀의 성차는 무척 다양하고 크지만, 그것이 가치의 차이는 아니"라고 단언한다. 이어서 그는 역사상 어느 부족도 "여신이 없는 경우는 없었다"고 보충한다. 이 발언에 의미가 실리는 이유는 그 언명이 성교의 종교적 차원을 설명하는 대목에서 나왔기 때문이다. 그리고 슐츠는 성애가 상대방의 "전체 인격을 추구하고 필요로 하는 것"이라고 규정하면서 오르가슴 문제에서도 남녀가 동시에 오르가슴에 도달하는 것을 이상으로 제시했다. 클라레에게는 그저 함축되어 있었던 성적 주체로서의 여성이 슐츠에게서는 의식되고 전제되었던 것이다.

게다가 남녀가 성격 유형별로 어떻게 성교해야 하는지를 설명하는 대목에서 남녀이분법이 뒤집힌다. 슐츠는 '인간'의 유형을 현실적↔몽상적, 거칠고↔부드럽고, 차갑고↔따스하고, 객관적↔주관적, 능동적↔수동적, 낙관적↔비관적, 고집스러운↔유약한 등으로 나눈 뒤 각 유형의 남녀가 어떻게 상대방을 배려해야만 만족스러운 성행위를 할 수 있는지 설명했다. 흥미로운 것은 위의 각 유형에서 전통적으로 전자와 후자는 각각 남성과 여성의 본질로 설정되었다는 사실이다. 슐츠는 그 전통으로부터 이탈하여 남성이든 여성이든 전자와 후자에 고루 분포될 수 있다고 파악했다. 게다가 슐츠는 자신의 이탈을 명료하게 의식했다. 그는 "능동적↔수동적" 항목에서 전자와 후자가 각각 남녀의 대략적인 특징이긴 하지만, "현실에서 (정관사가 붙은) '남성der Mann'과 '여성die Frau'이란 존재하지 않으며, 살아 있는 인간은 무릇 남녀의 특징을 모두 갖는다"고 강조했다. 이 논리를 끝까지 밀고 나가면, 남녀이분법은 해체되고 히르슈펠트의 n개의 성이 출현하게 된다. 슐츠가 그 경지에 이르지는 못했지만, 남녀이분법은 그의 나치즘에서 분명 엷어지고 있었던 것이다.[19]

슐츠에게 성교는 다다익선의 가치였다. 슐츠는 또한 크라프트에빙의 시대를 염두에 두기라도 한 듯, "과거 한때는 활발하고 분방한 성생활이 정신질환을 야기한다"는 그릇된 주장이 횡행했으나, 실상 성교는 "천식, 편두통, 위장 장애, 심장질환 등등을 예방하거나 완화해준다"고 주장한다. 이는 성교에서의 신체적 긴장과 이완의 효과 때문이기도 하지만 성교 자체가 "감정생활의 균형을 잡아주기 때문"이기도 하다. 그렇듯 성교는 "치유적"이다. 정반대로 금욕은 "신경교란, 신경과민, 불면증, 요통, 생리불순, 대하냉증 등등"을 일으킨다. 금욕은 정신에도 부정적인 영향을 미친다. 인간이 금욕을 강제당하면 "위선, 사기꾼 기질, 삶에 대한 소극적이고 부정적인 태도, 열패감, 초조함, 뻔뻔스러움" 등이 나타난다. 금욕은 "탈종"을 일으킨다. 신은 성교하도록 인간을 창조하였으니만큼, 그리고 서양의 지적 전통에서 신은 곧 자연이기도 하였으므로 금욕이야말로 "자연의 타락"이다. '자연에 반'한다는 개념이 완전히 역전된 것이다. 성애를 터부시하는 "억압"도 탈종을 일으킨다. 억압이 구축되면 "불안과 공포에 사로잡힌, 자기에게만 매몰된 불행한 인간" "자존감이 병든" 인간이 된다. 그런 "사랑 불능자"가 막상 성교에 돌입하려면 공포가 작동하여 발기불능, 불감증, 조루 등이 나타난다.[20]

슐츠는 성도착에 대하여 세세하게 논하지 않았다. 그가 "인생의 비극적인 탈구"라고 명명한 도착은 편안하고 유려하며 알기 쉬운 문체와 내용으로 대중에게 다가가고 있던 책에 어울리지 않았던 것 같다. 그러나 그 문제를 피해갈 수는 없었던 듯 간단하게나마 의견을 내놓았다. 그의 설명은 언뜻 크라프트에빙과 비슷해 보인다. 예컨대 사디즘과 마조히즘은 그에게서도 "싸움으로서의 사랑"이 "궤를 이탈한 것"이다. 그러나 슐츠는 크라프트에빙보다 훨씬 명료하다. 도착은 특정한 성행위로의 "압박과 강제"에 저항하지 못하다가 끝내 그것에 "중독"되어버린 것이다. 다시 말해서 도착이란 "인간이 자신의 성애의 주인이 아닌 상태"이다. 이쯤 되면 크라프트에빙과 이미 다르다. 왜냐하면 "성애의 주인이 아닌 상태"는 슐츠에게서 오르가슴에 도달하지 못하는 것을 의미하기 때문이다. 따라서 도착의 범위가 굉장히 넓어져서 그가 "사랑 불능자"라고 칭한 각종의 성교 장애가 모조리 도착에 포함되고, 결과적으로 도착은 어느덧 평범해진다. 실제로 슐츠는 "성생활 장애"라는 대제목 아래 사랑받지 못한 아이, 버릇없이 큰 독생자, 불감증, 발기불능, 동성애를 "심리적 장애" 항목에 묶고, 성기 발육부진, 호르몬 이상, 양성구유를 "신체적 장애" 항목에 묶었다.

슐츠는 정신분석학자답게 도착의 원인을 심리적 억압에서 찾았다. 그가 구체적으로 논한 유일한 심리적 장애는 동성애였는데, 남성 동성애를 "차갑고, 심술궂은 어머니와 친절하고 부드럽지만 유약한 아버지"

아래서 자라다 보니, 여성이 "공포, 증오, 거부"로 의미화되어 나타나는 현상으로 규정했다. 그렇게 자라난 남성은 겉으로는, 즉 의식 차원에서는 여성에게 아주 친절하지만 "무의식에는 여성에 대한 증오심과 분노와 역겨움과 거부감이 가득해서," 막상 여자와 잠자리에 들면 성교가 불가능하다는 것이다. 억압에서 동성애의 원인을 발견하는 그가 동성애자를 치료할 수 있다고 믿은 것은 당연하다. 게다가 그는 타고난 동성애자는 극소수에 불과하다고 판단했다.[21]

도착을 사랑 능력이 없는 사람과 동일한 범주로 묶은 슐츠에게 성은 '궁극적으로' 무엇이었을까? 혹은 성은 궁극적으로 무엇으로 귀결되는 것이었을까? "공동체"로 귀결된다. 슐츠에게 성이 곧 공동체라는 명제는 논리적인 것이었다. 성애란 두 사람의 남녀를 하나로 만들어주는 것이므로, 성애는 "나"를 "우리"로 고양시켜준다. 연인이란 "사랑공동체"의 구성원으로서 "기쁨과 쾌감과 고통과 곤란을 운명적으로 공유하며," 그 공동체를 위해 "헌신하고 희생하는," 즉 공동체를 "책임지는" 사람들이다. "성공동체"에는 연인 외에 가족도 있고, 인민도 있고, 민족도 있다. "성은 공동체의 요구와 완전히 일치할 때 의미와 가치를 갖는다."[22]

이제 우리는 슐츠의 성 개념장을 도형화할 수 있다. 성은 "환희"의 속성을 가지며, "공동체" 구성에서 궁극적인 의미를 발견하고, 그러한 성의 반대 현상은 "장애"이며, 그 원인 및 결과는 "억압"이다.

슐츠의 개념장은 히르슈펠트의 개념장과 거의 동일하다. 이는 속성의 장에 "환희"가 위치하고 있어서만이 아니다. 히르슈펠트의 경우 원인 및 결과 항목에 "지배"가 있었는데, 정신분석학 이론에서 보면 개인 층위에서의 억압은 체제 층위에서 지배다. 히르슈펠트와 슐츠에게서 성의 반의어는 각각 "도그마"와 "장애"이다. 그 두 가지 역시 같은 것이다.

<표 8> 요하네스 슐츠의 성 개념장

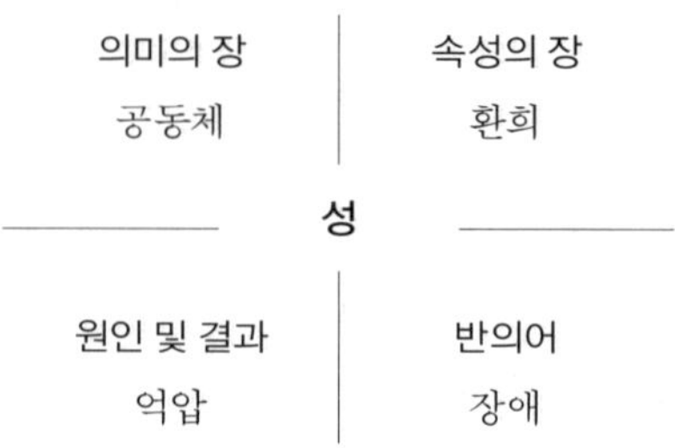

히르슈펠트는 일반인들이 특정한 성 유형을 도착으로 간주하는 이유는 정상적인 성에 대한 그들의 도그마 때문이라고 주장하였는데, 슐츠는 장애가 도그마 때문에 발생한다고 생각했기 때문이다. 이 지점에서 우리가 히르슈펠트의 성을 민주주의적, 아나키즘적인 성으로 규정했다는 것을 떠올려보자. 슐츠라는 괴링 및 힘러의 권력 기관에 가까웠던 지식인, 즉 그 나치 의사가 민주적이고 아나키즘적인 성 개념과 지근거리에 있다니 얼마나 놀라운 일인가.

두 개념장 사이의 유일한 차이점은 의미의 장에 있다. 여기에는 각각 "인권"과 "공동체"가 자리하고 있다. 슐츠의 "공동체"를 놓고, 우리는 프리들랜더의 "국가"와 클라레의 "인종"을 떠올릴 수도 있다. 그러나 슐츠의 공동체는 그것들과 사뭇 다르다. 프리들랜더의 국가는 지도자와 추종자가 유기적으로 결합되는 남성동맹을 뜻했고, 클라레의 인종은 "태곳적 순수성"이라는 형이상학적인 허구로 치달았다. 그와 달리 슐츠의 공동체에서 연인 각자는 자유로운 동시에 자신을 통제할 줄도 아는 독립적 개인이다. 슐츠 공동체의 구성원은 오히려 히르슈펠트와 가깝다.

히르슈펠트와 가까운 슐츠는 물론 바이마르공화국의 성문화를 이어받은 슐츠다. 우리가 이미 검토하였듯이 성적 환희에 대한 찬미, 여성 오르가슴에 대한 지식의 확산, 성애의 기교화는 올곧게 바이마르공화국에 와서 대중화된 현상이다. 보다 구체적으로, 성기와 애무와 오르가슴의 생리적 측면에 대한 슐츠의 서술은 바이마르 시절 반 데 벨데의 설명과 정확하게 일치한다. 차이점은 성애의 정신분석학적 측면에 대한 설명뿐이다. 그러나 그것조차 바이마르 정신분석학자들에 의해 이미 설명되고 유포되었던 것들이다. 바이마르 성문화가 없었더라면 슐츠의 서술은 불가능하였을 것이다. 우리가 슐츠의 성 개념을 도해하면서 시종일관 크라프트에빙과 견주었던 이유는 그렇게 함으로써 슐츠의 새로움이 전적으로 바이마르공화국의 성문화에 빚지고 있었음이 또렷이 드러나기 때문이다.

그러나 나치 시대에 성애의 중요성을 강화시킨, 나치즘에 고유한 측면이 한 가지 있었다. 나치 체제에 와서 여성 오르가슴의 중요성이 더욱 강조되었다. 이는 나치 시대 성과학의 흐름과 연관된다. 나치 성과학의 3대 주제는 도착, 동성애, 여성의 불임이었다. 불임이 집중적으로 조명된 것은 독일인을 최대한 많이 생산하고자 하던 나치의 이데올로기적, 정책적 의지 때문이었다. 그리하여 기기묘묘한 이론적, 실천적 연구가 나타났다. 혹자는 여성의 오르가슴이 남성보다 적은 것은 여성이 진화론적 차원에서 열등하기 때문이라고 주장했고, 혹자는 처형된 남녀의 생식기를 해부한 끝에 처형 직전에 사형수의 생식기가 위축된다는 사실을 알아내어, 오르가슴 및 임신에서 중요한 것은 호르몬이 아니라 중추신경이라는 주장을 제시하기도 했다. 어쨌거나 대부분의 논자들은 여성이 오르가슴에 도달할수록 임신 가능성이 높다는 점에 합의하고 있었다. 오르가슴에서 분비되는 애액이 정자의 운반을 도와준다는 주장도 제출되었고, 오르가슴에서 나타나는 질의 수축과 이완이 정자를 자궁 안으로 깊숙이 들여보낸다는 주장도 제출되었다. 나치는 여성을 그저 아리아인을 생산하는 도구로 간주했던 것인데, 그로부터 실로 엉뚱하게 오르가슴에 대한 관심이 솟아났고, 이것이 슐츠의 성과학에서 성적 주체로서의 여성으로 이어졌던 것이다. 동기와 결과가 어긋나는 나치즘 특유의 현상이 불임 문제에서 반복되었던 것이다.[23]

슐츠의 성 개념장이 히르슈펠트와 유사하고, 오르가슴에 대한 슐츠의 찬미가 바이마르공화국 성문화의 연속이라면 슐츠의 성은 민주적인 성이란 말인가? 그렇지 않다. 슐츠는 성과 사랑의 궁극적인 의미가 공동체의 구성에 있다고 보았는데, 여기에 불길한 구석이 있다. 우선 슐츠에게서 연인과 부부와 가족은 민족으로 귀결되는 한에서만 의미를 갖는다. 슐츠는 자유로운 성생활을 향유하는 인간은 "고향, 인종, 민족에 대한 의무감"을 가져야 한다고 강조했다. 물론 바이마르공화국에서도 성과 민족은 결합되었다. 불길한 것은 슐츠의 "민족"이 "인종"과 결합되었다는 데 있었다. 슐츠는 민족을 "유전적으로 규정되고 피로 묶인 인종적 공동체"로 정의하면서, 성을 통하여 민족공동체에 "유기적으로 속하는" 사람만이 "불멸의 영원한 독일"에 참여하게 된다고 주장했다. 그리고 그는 자신의 직업을 염두에 두고, "피의 신성성과 유전의 순수성을 보존하는 것"이 의사의 직분이라고 강조했다.[24]

요컨대 히르슈펠트와 바이마르 성문화의 민주주의가 슐츠에게 와서 인종주의에 의해 접수되었던 것인데, 성이 인종의 "순수성" 및 "신성성"과 연결되면 테러로 가는 길이 열린다. 이는 성범죄자 거세 문제에 대한 슐츠의 입장에서 확인된다. 나치 집권 후반기에 이른 1940년에도 독일 의사들 사이에서 거세의 효과에 대한 합의는 이루어지지 않고 있었다.

거세가 신체적인 변화는 일으킬지언정, 충동을 약화시키지는 않은 채 당사자 인간 자체를 파괴시킬 뿐이라는 주장도 의료계 일각에서 제기되었다. 그럼에도 불구하고 슐츠는 "교정 불가능한 성범죄자의 거세"가 "성충동을 약화시켜 질서정연한 삶"으로 이끈다고 주장했다. 슐츠는 또한 낙태에 대한 처벌을 강화한 나치의 조치는 물론 유전병 환자들에 대한 강제 불임 조치도 환영했다.[25]

어쩌면 작은 차이다. 슐츠가 그토록 유려한 문체와 실례와 설명으로 성애를 찬미하는 장면은 나치즘이 1900년경의 부르주아적인 성으로부터 얼마나 멀리 떨어져 있었는지를 보여준다. 히르슈펠트는 건조한 통계와 학구적인 문체로 성의 환희를 '논리적으로' 주장했지만, 슐츠의 책은 읽는 것만으로도 성애를 자극하는, 말 그대로 '한 손은 비워둔 채 나머지 한 손만으로 읽는 책'이다. 그는 교미를 하지 못한 말 수컷 여섯 마리가 기수를 찢어발겨놓았다는 서커스 단장의 발언 등을 인용하면서 독자들에게 성교를 하라고 부추긴다. 그 책이 터트리는 성 예찬과 그 책이 제안하는 성애의 기술은 1920년대의 동성애 하위문화만큼이나 1968년의 성혁명을 선취한다. 그토록 해방적이다.

그러나 그 해방의 동력은 그 책의 구석에 자그마하게 달려 있는 인종주의에 의해 테러로 변모한다. 슐츠가 강조한 "피의 신성성과 유전의 순수성"은 형이상학적 허구이고, 따라서 "순수성" 여부는 권력 기관의 자의적 해석에 치명적으로 좌우된다. 국가 권력에 의하여 비정상으로 간주된 사람들이 테러의 대상으로 전락하는 것이다. 그러나 '순수한' 아리아 인종에 속하는 절대 다수의 독일인들은 성애를 마음껏 즐기는 것이 민족과 인종에 대한 권리이자 의무이다. 그리하여 클라레의 경우와 마찬가지로 슐츠의 인종주의에도 다수의 해방과 소수에 대한 테러가 공존한다. 슐츠가 장기간 동안 별거하면서 아이를 낳지 않는 부부의 이혼을 가능하게 한 나치의 이혼법에 박수를 보낸 것도 정확하게 인종주의의 양 측면을 반영한다. 나치가 이혼을 완화한 것은 아리아인 아이를 많이 생산하기 위해서였지만, 가부장적인 사회에서 이혼은 여성에게 해방적으로 작용하기 마련이다.

이제까지의 논의는 나치즘에 다양한 성 개념이 공존하고 교차했다는 것을 보여준다. 크라프트에빙의 부르주아적 성 개념도 존재했고, 히르슈펠트의 민주적 성 개념도 존재했으며, 프리들랜더의 남성동맹 성 개념도 존재했는 바, 클라레와 슐츠에게서 그것들은 각각 독특한 방식으로 교차했다. 나치즘의 특징은 성 개념들의 그러한 교차 및 착종이 인종주의와 테러에 의하여 관통되었다는 것 하나뿐이다. 혹은, 그러한 교차와 착종이 인종주의와 테러에 의해 '누벼지고' 있었다는 것 하나다. 그러나 도대체 인종이란 무엇인가? 인종은 그 자체로 모호한 개념이다. 인종 개념은 18세기에 식물 분류법을 좇아 인류학에 의해 정립되었지만, 그때 이미 문화적인 것이었고, 나치즘에 와서는 신비하기까지 했다. 단적으로, 유대인과 아리아인의 DNA가 다를 수 없었다. 그러다 보니 아리아 인종 소속 여부는 나치 권력 기관에 의해 자의적으로 결정되었는데, 사태를 복잡하게 만든 것은 나치즘에서 권력 기관은 여러 개였을 뿐만 아니라 서로 경쟁하고 있었고, 그들 각자의 자의성 역시 이론화되어야 했다는 점이다. 그래야만 자의적 테러가 정당한 정치 행위로 인지되고 설파될 수 있었기 때문이다. 따라서 성 개념장만으로는 아무것도 '구체적으로' 결정될 수 없었다. 게다가 클라레와 슐츠 모두 나치 권력 기관의 정책 동향에 유의하면서 성에 대해 발언했다. 이것 역시 우리가 나치의 동성애 정책의 입안 및 실천 과정을 살펴보아야 하는 이유이다.

9장

나치의 동성애 정책

권위적 국가와 동성애

1933년 1월 30일 정오 무렵 히틀러가 대통령 힌덴부르크로부터 총리에 임명되었다. 괴벨스가 부랴부랴 나치 당원들을 모으고 돌격대에게 연락을 취했다. 저녁 7시 영국 대사관 추산으로, 최소 1만 5000명에서 최대 5만 명에 이르는 나치 행렬이 횃불을 들고 베를린 도심을 누볐다. 횃불 행렬은 대통령궁을 지나가면서 힌덴부르크에게 존경의 함성을 질렀고, 카이저호프 호텔에서 가끔씩 발코니에 몸을 드러내던 히틀러에게는 더 큰 함성으로 승리를 자축했다. 히틀러는 자신의 집권을 '겸손하게' "권력 인수"라고 불렀고, 나치 언론은 "민족궐기" "민족혁명" 혹은 "독일혁명"이라고 칭했다. 나치 당원들에게는 "궐기"와 "혁명"이 어울렸다. 그들이 혁명가로 자처했기 때문이다. 그러나 당 총재가 정부 수반에 임명된 정당이 대체 무슨 혁명을 하겠다는 것인가? 게다가 법리적으로 보면 히틀러는 바이마르공화국의 마지막 총리였고, 의회 내 다수 세력을 확보하지 못한 히틀러 정부는 대통령 힌덴부르크의 긴급명령권에 의존하던 "대통령 내각"이었다. 총리 임명 세 달 전에 치른 선거에서 나치당은 33.1퍼센트를, 연정 파트너였던 민족인민당과 철모단(재향군인회)은 8.3퍼센트를 득표했었다. 그리고 히틀러 내각에서 나치당은 명백히 소수 세력이었다. 총리 히틀러를 제외하고 프리크가 내무장관에 임명되고 프로이센 내무장관 괴링이 무임소장관직을 차지했을 뿐, 나머지 장관 자리는 모두 '혁명'에 반대하는 보수 정당들과 우익 전문가들에게 돌아갔다.

따라서 집권 직후 나치의 최대 과제는 혁명이 아니라 선거 승리였다. 그리고 나치당은 온갖 혁명 레토릭에도 불구하고 우익 정당이었고, 히틀러 내각은 우익 정부였다. 따라서 나치당과 돌격대는 유권자들에게 점잖게 보여야 했다. 그래서 3월 5일 선거일 이전의 정치적 소동은 나치 외부에서 비롯되었다. 2월 27일 밤 네덜란드 공산주의자 판데르루베 Marinus van der Lubbe가 제국의회 의사당에 불을 질렀다. 다음 날 새벽 히틀러 정부는 "국가와 민족을 보호하기 위한 대통령 긴급명령"을 공포했다. 판데르루베의 단독 범행이었으나, 편집증적 음모론 속에서 살던 나치 수뇌는 그의 방화를 공산주의자 봉기의 신호탄으로 간주했고, "국가와 민족에 위해가 되는 한," 국민의 기본권과 주의 자치권을 무효화할 수 있는 권력을 확보했다. 그 명령은 일차적으로 공산당에게 적용되었다. 공산당이 사실상 금지된 것이다.

3월 5일 치러진 마지막 '자유' 선거에서 히틀러 내각은 총 51.9퍼센트를 얻었는데 그중 나치당의 득표율은 43.9퍼센트를 기록했다. 그렇듯 선거는 히틀러 내각의 승리라기보다 나치당의 승리였다. '혁명'은 그 직후에 시작되었다. 그러나 10여 년 전에 작성된 이후 한 번도 변경되지 않은 당 강령에 유대인에 대한 비난만 가득할 뿐, 사회적인 내용이라고는 "이미 사회화된 트러스트를 사회화한다"는 조항과 실현 가능성이 전무한 "토지개혁"만 들어 있던 정당이 수행할 혁명은 없었다. 따라서 나치혁명은 권력 독점에 지나지 않았다. 그러나 그 과정만큼은 혁명적이었으니, 독일 전역에서 돌격대가 "보조경찰" 완장을 차고 주정부와 도시 정부에 떼거리로 몰려가 나치당 깃발을 게양했고, 이를 막는 지방 정부와 갈등이 발생하면 내무장관인 프리크가 그 갈등을 핑계로 하여 경찰 담당 혹은 내무 담당 나치 특임위원을 임명했다. 이어서 나치가 주州총리직과 시장직을 차지했다. 나치는 사회 권력까지 장악하였고, 과정은 동일했다. 경제 단체 연합회이든 수공업총회이든 의사협회이든 간에 지도부 구성을 나치 위주로 전환하지 않으면 어김없이 해당 직능 단체 나치 회원이 돌격대의 출동을 암시했다. 그리고 구조적으로 사회단체에 의존하던 터에 득표율마저 1퍼센트 내외에 머물자, 부르주아 정당의 당원들이 떼를 지어 나치당에 입당했다. 8퍼센트를 얻은 민족인민당과 철모단도 그 흐름에 저항하지 못했다. 그리하여 히틀러가 총리에 임명된 지 5개월밖에 지나지 않은 1933년 7월 초, 독일에는 나치당 이외에 아무런 정당도 남지 않게 되었다.

동성애 운동과 하위문화에서도 분수령은 1933년 2월 말 3월 초였다. 앞선 시기에 그들의 모습은 히틀러 집권 이전과 크게 다르지 않았다. 베를린 성과학연구소에 경찰관이 나타나긴 했으나 별다른 일이 발생하지 않았고, 아돌프 브란트 역시 무사했으며, 인권동맹은 『인권』의 1933년 2/3월호를 발간했고, 각 지역의 우정협회들은 수가 줄어들긴 했지만 여전히 모임을 가졌다. 그러나 1933년 3월 세상이 완전히 바뀌었다. 앞서 서술한 바와 같이 5월 6일에 성과학연구소가 파괴되었고, 그로부터 3일 전에는 형사 3명이 아돌프 브란트 출판사에 나타나 2000개에 이르는 원고를 압수하더니, 그 후에도 네 차례나 압수, 약탈, 체포를 자행했다. 브란트는 벌금만 해도 1만 마르크를 지불해야 했다. 정확한 시점은 불분명하지만 라추바이트 출판사도 그 시기에 약탈당했다. 과학·인도주의 위원회와 인권동맹 역시 형식적으로는 1934년에 가서야 말소되지만, 사실상 1933년 3월에 해체되었다.

프로이센 내무장관 괴링은 아마도 3월 5일 선거 결과에 무관하게 선거 직후에 '혁명'에 돌입하려고 계획했던 것 같다. 1933년 2월 23일 괴링은 프로이센 경찰에게 훈령을 발동해, "반자연적인 성교를 행하는 자들, 혹은 그들이 압도적으로 많이 출입하는 요식업소"를 철저히 감시하고, 그런 자들의 출입을 확인하는 "즉시 영업허가증 취소 절차에 돌입"하라고 지시했다. 지구 감독들은 경찰의 단속 실적을 5월 1일까지 괴링에게 보고해야 했다. 『베를린일보』는 3월 4일에 우리가 앞서 묘사했던 "미카도"를 포함하여 모두 12개의 베를린 동성애 술집이 폐쇄되었다고 보도했다.

동성애 술집에 대한 공격은 베를린에 국한되지 않았다. 예컨대 뒤셀도르프 지구의 경우 3월 2일에 괴링의 명령이 도착하고, 3월 14일 그에 따른 구체적인 지시가 각 도시에 내려지자 경찰이 곧장 술집 단속에 돌입했다. 동성애 술집을 단속하라고 명령한 그다음 날인 2월 24일에 괴링은 또 다른 경찰 훈령을 발동했다. 경찰은 음란물을 판매하거나 대여해주는 가판대, 도서대여점, 서점을 감시하고 음란물을 압수하는 한편 판매 및 대여를 금지시킬 것이며, 지구 감독들은 그에 대한 보고서를 5월 1일까지 제출해야 했다. 그에 따라 과학·인도주의 위원회의 『보고서』, 인권동맹의 『인권』과 『우정보』, 아돌프 브란트의 『고유한 남자』
등등 모든 동성애 학술 및 대중 저널이 1933년 봄과 여름 사이에 폐간되
었다.[1]

그렇다면 나치의 '혁명'에는 동성애자 억압이 포함되어 있었던 것일
까? 흥미로운 점은 175조로 유죄 판결을 받은 사람이 1933년에 853명,
이듬해에 948명이었다는 사실이다. 우리는 앞서 그 수가 나치 집권 전
년도인 1932년에 801명이었고, 1926년에는 심지어 1040명이었다고 밝
힌 바 있다. 동성애자에 대한 사법부의 억압은 나치 집권 직후에 유별나
게 증가하지 않았던 것이다. 물론 재판에 가지도 못한 채 유치장에 수감
되거나 수용소로 끌려간 동성애자도 있었다. 그러나 나치 집권 초기에
상당수의 동성애자들이 강제수용소에 수감되었다는 기록은 없다. 따
라서 우리는 유죄 판결 통계가 동성애자에 대한 나치 정권 초기의 억압
현실을 실제로 반영했다고 평가해야 한다. 그리고 경찰에 체포되어 고
초를 겪은 유명 동성애자들의 경우에도 흔히 정치적 동기가 개재되어
있었다. 예컨대 히르슈펠트의 이탈 이후 과학·인도주의 위원회를 이끌
던 쿠르트 힐러와 리하르트 린제르트는 1933년 2월과 3월에 체포되었
지만, 이는 그들이 독일공산당 중앙위원회 위원이기 때문이었다.[2]

나치가 집권 직후의 소위 혁명 국면에서 억압한 것은 동성애자가 아
니라 동성애 조직과 저널과 술집, 즉 동성애 하위문화였던 것이다. 동성
애 하위문화는 동성애자 개인에게는 사회문화적인 고립에서 벗어나 정
체성을 확보하며 성애의 기회를 포착하는 장으로 작동하지만, 사회문
화적 지배의 층위에서 보면 그것은 동성애를 사회적으로 가시화시키는
기능을 수행한다. 동성애의 가시화가 가부장적인 남성 지배를 손상시킨
다는 피에르 부르디외의 해석을 한 번 더 참조하면, 1933년 2월 말 3월

초에 나치가 벌인 활동은 가부장적인 남성 지배를 복원하려는 시도로 해석할 수 있을 것이다.

그러나 문제는 동성애 술집을 폐쇄하려는 나치의 시도가 일관되지 못했다는 데 있다. 괴링의 명령이 통하던 지역은 프로이센뿐이었기 때문이다. 프로이센이 독일의 3분의 2를 차지하고 있었으니만큼 괴링 명령의 현실적 여파는 컸다. 그러나 프로이센은 그저 프로이센이었을 뿐이므로, 괴링의 명령을 '나치 독일'의 조치와 등치시킬 수는 없다. 사실 역사가들은 각 주에서 벌어진 동성애에 대한 나치의 억압 활동 전체를 모른다. 다만 프로이센과 어긋나는 주가 있었던 것만은 분명하다. 함부르크 주의 동성애 술집은 1936년에야 폐쇄되기 시작했다. 그렇다고 해서 함부르크 시정을 나치가 장악하지 못했던 것도 아니다. 함부르크도 3월 선거 직후에 나치에게 장악되었다. 여기서 우리는 그 시점의 나치 정권이 하나의 의지에 의하여 수미일관하게 움직이는 체제가 아니었음을 알 수 있다.

동성애 하위문화에 대한 나치의 억압은 일관되지 못했을 뿐만 아니라 철저하지도 못했다. 가시적인 출판문화는 완전히 자취를 감추었지만 술집은 달랐다. 예컨대 프로이센에 속하는 쾰른의 동성애자 술집인 "석조주점"은 나치 시대 전체에 걸쳐서 살아남았다. 쾰른에는 또한 이성애자들만 출입하다가 동성애자들이 슬며시 끼어들어 어느덧 동성애자들의 만남의 장소가 된 술집도 여럿 있었다. 이는 쾰른 경찰이 보고한 대로 동성애자들이 이동하기 때문이었다. 경찰과 동성애자들은 숨바꼭질을 하고 있었던 것이다. 베를린의 경우에도 나치 시대 전체에 걸쳐서 경찰의 수사를 받은 동성애자들이 만남의 장소로 지목한 술집이 80개가 넘었다. 그것도 베를린 전체가 아니라 4개 구에만 그렇게 많았다. 물론 그 술집들은 동성애자 전용 술집이 아니었다. 그러나 그 술집들이 동성애자들이 '감히' 파트너를 만난 술집이었던 것만은 분명하다. 그 시점의 나치즘은 사회를 물샐 틈 없이 장악한 체제도 아니었던 것이다.[3]

더욱이 1933년 3월에 나치가 성과 관련하여 취한 다른 조치들을 살펴보면 나치가 동성애 하위문화만을 겨냥한 것이 아니었다는 점이 드러난다. 괴링은 동성애 술집을 단속하라는 명령을 내리기 하루 전인 1933년 2월 22일 프로이센 경찰에게 매춘 문제에 대한 새로운 조치를 준비하고 있으므로 본격적인 명령이 하달되기 이전이라도 창녀들의 길거리 호객 행위를 막으라고 지시했다. 2월 23일의 명령에서도 괴링은 압도적으로 동성애자들이 출입하는 술집 외에 "매춘굴 혹은 매춘과 같은 종류의 영업을 하는 술집"을 단속하라고 지시했다. 그다음 날 괴링이 하달한 명령에서도 동성애 출판물만이 아니라 "음란물" 전체를 단속하라는 내용이 적혀 있었다. 다시 말해서 괴링은 깨끗한 길거리 문화를 만들기 위하여, 혹은 '건전한 성'을 확립하기 위하여 필요한 조치들을 취하고자 하였고, 그에 따라 매춘과 음란물과 동성애 하위문화를 대로로부터 쫓아냈던 것이다.

집권 초의 나치는 사실 동성애자보다는 창녀를 단속하는 데 훨씬 더 열을 올렸다. 나치 정부는 1933년 5월 26일 매춘 관련법을 개정하여 "눈에 띄는 방식 혹은 개인들이나 공중에게 혐오감을 일으키는 방식"으로 호객하는 자를 처벌하도록 했다. 바이마르공화국의 1927년 자유화 조치가 무효화된 것이다. 그 직후 경찰은 창녀들에 대한 일제단속에 나섰다. 체포된 사람의 수는 알려져 있지 않지만, 1933년 늦봄과 여름에만 수천 명이 체포된 것은 확실하다. 수만 명이었을 수도 있다. 함부르크 경찰은 1933년 5월과 8월 사이에 3201명을 체포하여 그중 814명은 예방구금에 처하여 법원에 넘기지 않고 유치장에 수감했고, 274명은 성병 검사를 받도록 했다. 뒤셀도르프 경찰은 1933년 6월 단 한 번의 일제단속을 통하여 여자 156명과 남자 35명을 체포했다. 그 남자들은 물론 남창들이다. 여기서 한 번 더 분명해지는 것은 1933년 2월 말 이후 나치의 관심은 동성애 그 자체가 아니라 건전한 성이었다는 점이다.[4]

우리가 살펴본 대로 건전한 성이란 이성 간의 성, 생식을 위한 성, 난교가 아닌 점잖은 성 세 가지였다. 매춘의 범죄화는 길거리에서 창녀를 없애는 동시에 분방한 성을 봉쇄하기 위한 것이었던 바, 괴링은 건전한 성을 창출하기 위하여 또 다른 조치도 취했다. 1933년 5월 17일 그는 경찰에게 "피임과 성 위생과 관련된 모든 종류의 단체와 기구," 즉 성상담소를 폐쇄하고 그 재산을 압수하라고 지시했다. 돌격대를 동반한 경찰은 곧장 성상담소에 들이닥쳐 지도급 인물들을 체포하고 책상과 가구는 물론 콘돔까지 압수했다. 가구는 경찰이 가져가고 콘돔은 돌격대 대원들이 착복했다. 의미심장하게도 일부 성상담소는 결혼상담소로 변신했다. 성은 무엇보다도 인간의 재생산에 복무해야 했던 것이다. 실제로 나치 정부는 1933년 6월 1일 결혼융자금 제도를 도입하여 신혼부부에게 무이자로 1000마르크를 대출해주도록 했다. 그로부터 3년 뒤에는 아동수당 제도도 도입하게 된다.[5]

나치 정부가 무조건적인 재생산을 원했던 것은 아니다. 나치는 건강한 독일인의 재생산을 원했다. 그리하여 결혼융자금을 받으려는 신혼부부는 보건소에서 건강증명서를 발급받아야 했다. 동일한 발상에서 나치 정부는 1933년 7월 14일 "유전병자 출생 방지법"을 제정하여, 선천적 정신지체자, 정신이상자, 조울증 환자, 유전적 간질 환자, 유전적 헌팅턴 무도병 환자, 유전적 맹인, 유전적 귀머거리, 유전적 신체기형 환자에게 자식 생산을 금지했다. 불임수술을 부과한 것이다. 그에 따라 나치 시대 전체에 걸쳐서 약 20만 명의 남성과 20만 명의 여성이 불임수술을 받았고, 그들 중에서 약 600명의 남자와 5000~6000명의 여자가 수술 후유증으로 사망했다.[6]

동성애는 매춘, 낙태, 피임, 유전병과 '더불어' 억압되었던 것이니 동성애자를 비가시화한다는 고유한 의미가 탈각되는 것은 아니지만, 그 시기 나치의 동성애 억압은 분명히 건전한 성을 확립하려는 정책의 일부로 추진되었다고 할 것이다. 1933년에 동성애 행위로 유죄 판결을 받은 사람이 전년도보다 겨우 52명 증가한 이유가 바로 여기서 발견된다. 그리고 1933년 여름 이후에도 당분간 동성애에 대한 억압은 강화되지 않았다. 유전병 환자에게 불임수술을 강요했을 때, 동성애자도 그에 포함시키자는 주장이 개진되었으나 채택되지 않았다. 1933년 11월에 "위험한 습관적 범죄자"를 보호감호에 처하여 노역소에 수감하고 그들 중 성범죄자는 거세하도록 하는 법이 제정되었을 때에도 175조 위반자는 포함되지 않았다. 그 속에 16세 이하의 청소년을 "습관적으로" 유혹한 남자는 포함되었으나, 이는 소녀를 유혹한 이성애자 남자도 마찬가지였다.

집권 직후 나치의 동성애 정책이 상대적으로 온건했던 것은 돌격대 참모장 룀 때문이기도 했을까? 룀이 나치 정부의 동성애 정책에 직접적인 영향을 행사했다는 증거는 없다. 그러나 3월 5일 선거 직후 혁명적 권력 장악의 행동대가 돌격대였다는 점에 유의하면, 룀의 존재 자체가 온건한 정책의 한 요인으로 작동했으리라고 추측할 수는 있다. 게다가 룀은 집권 이후에도 성에 대한 자신의 입장을 누구나 알아볼 수 있는 방식으로 표현했다. 1933년 9월 8일 나치 통신사는 룀이 돌격대원에게 하달한 "불평불만에 대한 명령"을 모든 일간지에 게재하도록 했다. 룀은 "독일 민족을 '윤리적으로 혁신하겠다'는 무리들이 할 일이 없는지, 인민의 복리에 대한 신성한 책임감을 내세우면서" 인민에게 해롭기 짝이 없는 "그들만의 스포츠"에 몰두하고 "윤리 잔치를 벌이고 있다"고 비판했다. 수영장에서 복장을 규제하자는 주장, 독일 여성들에게 화장을 금지하자는 억지, 술집에서 여자들의 흡연을 금지하자는 소리 등은 "위선자, 투덜이, 억압된 콤플렉스 보유자들이 수백 년 전부터 행하던 자위행위에 불과하다." 룀은 "정상적인" 틀로부터 벗어나는 향락의 장소를 근절하자는 주장은 물론 매춘에 대한 투쟁까지도 "위선과 열등함이 흘러넘쳐 생겨난 가소로운 과장"이라고 비웃었다. 그 명령에서 룀은 돌격대와 친위대 대원들에게 "비비꼬인 도덕 탐미주의자들의 하수인"이 되는 것을 금지했다.[7]

룀이 하임소트에게 자신이 1928년의 자서전에서 도덕론자들에게 행한 비판이 실상은 175조를 폐지하자는 주장이었다고 설명했던 것을 떠올려보면 룀의 명령은 최소한 동성애에 대한 공격에 제동을 걸고자 했던 시도로 해석할 수 있을 것이다. 자서전에서 "혁명"을 외쳤던 룀은 위 명령에서도 "독일의 혁명은 위선자, 속물, 윤리의 사도가 아니라 혁명적 투사들에 의해 성취될 것"이라고 선언했다. 사실 룀의 문제는 동성애가 아니라 그의 혁명 레토릭과 그 현실적 함의에 있었다. 히틀러는 이미 1933년 7월 6일에 주州의 통령統領이라고 할 수 있는 제국 주총감들에게 행한 연설에서 "혁명의 종결"을 선언했다. 나치가 중앙정부는 물론 지방권력과 사회 권력까지 장악한 만큼 이제는 안정화가 나치 정부의 과제라고 선언한 것이다. "혁명은 영원한 상태가 아닙니다. …… 우리는 혁명이 분출시킨 격랑을 진화라는 안전한 물길로 이끌어야 합니다." "외적인 권력을 장악한" 이상 나치당과 돌격대가 "인민"에 대한 "내적인 교육"을 담당해야 한다는 것이었다.[8]

히틀러가 혁명의 종결을 선언한 상태에서 룀은 혁명의 지속을 외치고 있었던 것인데, 룀의 혁명은 모호하기 짝이 없었고 현실에서 그저 돌격대 권력 지분의 확대에 머물고 있었다. 룀은 "바이에른 국가 특무위원"이라는 직함을 스스로 만들어 차지하고는 바이에른 주정부, 시청, 지구청에 돌격대 감독위원을 파견하여 국가 안의 국가를 만들었다. 히틀러는 그런 룀과 돌격대를 무마하려 했다. 1933년 10월 말에 히틀러는 프로이센 도감독청, 지구청, 군청에 돌격대 특별위임관을 파견하도록 허용했고, 그해 12월에는 룀을 돌격대 참모장 자격으로 무임소장관에 임명했으며, 정부에 아예 돌격대부部를 설치할지 논의했다. 그해 연말 히틀러는 주요 인물들에게 연하장을 보냈는데, 룀은 그때 히틀러가 "너Du"라고 칭한 유일한 인물이었다. 그러나 거기까지였다. 1934년 초 히틀러는 마음을 바꾸었다.

바로 그 시점, 즉 1934년 봄 나치 정부는 위기에 직면한 상태였다. 집권 이전 600만에 달했던 실업자가 지난 1년 동안 400만으로 감소했지만 그 상태에서 요지부동이었고, 나치 조직인 "독일 농민신분회"가 농산물을 일괄 수매하고 소매상에 공급했지만 가격 구조가 왜곡되는 바람에 농민들의 어려움이 가중되었으며, 외환 위기가 지속되어 공업 원료 확보에 애로가 발생했다. 1934년 3월 히틀러가 측근들을 불러놓고 "재앙을 막아야 한다"고 외칠 정도였다. 히틀러와 동맹했던 우익도 손 놓고 있지 않았다. 부총리 파펜Franz von Papen이 은근히 "보수혁명"을 말하기 시작했고, 우익 일각에서 나치 정부에 대한 대안으로 군부독재를 논의했다. 이런 상황에서 룀은 혁명을 외치고 있었을 뿐만 아니라 정규군을 돌격대로 대체하려 했다. 군대는 훈련만 맡고 그동안 300만 명으로 불어난 돌격대가 "인민군대"가 된다는 것이었다. 그러나 히틀러는 정복 전쟁을 위하여 정규군이 필요했고, 군대는 돌격대를 제압할 힘을 히틀러에게서 보았다. 게다가 '국가 안의 국가'를 이루고 있던 돌격대는 나치당에게 경쟁자였고, 혁명을 외치면서 경제와 행정에 간섭하는 돌격대는 보수 세력 전체에게 위험천만한 불안 요소였다. 1934년 봄 룀과 돌격대는 그야말로 공공의 적이었던 것이다.[*]

1934년 초 히틀러가 프로이센 게슈타포를 맡고 있던 딜스Rudolf Diels에게 룀과 몇몇 돌격대 고위 인물들에 대한 뒷조사를 지시했다. 그 일은 그해 4월 20일에 프로이센 게슈타포를 장악한 친위대장 힘러에게 넘어갔다. 형식적 위계에서 돌격대에 예속되어 있던 친위대의 수장 힘러에게 룀은 제거해야 할 경쟁 상대였다. 나치 체제에서 권력은 히틀러의 머리에 스치는 생각을 정책으로 만들어내는 자에게 돌아갔는데, 1934년 봄 이후 그 일을 가장 잘하던 자들 중 하나가 힘러였다. 6월 초 룀은 부주의하게도 돌격대 전원에게 한 달간의 휴가를 주었다. 그 기간 동안 힘러의 수하인 친위대 보안국 국장 하이드리히Reinhard Heydrich가 살생부를 작성했다.

6월 25일 국방부장관 블롬베르크Werner von Blomberg가 히틀러를 찾아와 이름을 거명하면서 돌격대와 친위대 고위 인사들 일부가 동성

---

[*] 군부가 돌격대를 위험시한 데는 일상의 경험도 중요한 역할을 했다. 휴가 나온 육군 장교들이 돌격대 깃발을 무심히 지나쳤다가 얻어맞거나 농담조로 괴링에 대하여 험담을 했다가 돌격대 대원들에게 집단 구타당한 경우도 있었다. 마르틴 브로샤트, 『히틀러국가』(김학이 옮김, 문학과지성사, 2011), pp. 300~305; Nobert Frei, *Der Führerstaat. Nationalsozialistische Herrschaft 1933~1945*(München, 1987), pp. 9~37.

애자라고 힐난했다. 6월 28일 히틀러는 뮌헨 인근의 온천장 바트 비제에 머물고 있던 룀에게 전화를 걸어 6월 30일에 돌격대 수뇌들과 만나기로 약속했다. 6월 30일 동틀 무렵인 5시 반 친위대 경호부대 1300명이 독일군이 제공한 트럭 35대를 타고 바트 비제로 몰려갔다. 호텔방에서 끌려나온 룀과 수하들은 호텔 빨래방에 갇혔다가 뮌헨 감방으로 이송되어 다음 날 사살되었다. 7월 2일까지 확인된 사람만 해도 87명이 살해당했다. 돌격대 지도부만이 아니라 집권 이전 히틀러에게 도전했던 그레고르 슈트라서, 히틀러의 집권을 막으려 했던 슐라이허Kurt von Schleicher, 파펜에게 보수혁명의 이론적 근거를 공급했던 융Edgar Julius Jung도 그때 죽었다. '정치적인' 보수 세력도 그때 제거된 것이다.

룀이 살해된 것은 권력 논리 탓이었다. 그러나 히틀러는 그것을 인정하기 싫었던 듯하다. 오히려 룀의 동성애를 지적한 블롬베르크의 말이 그의 내면에 묘한 파장을 일으켰던 것 같다. 동성애에 대하여 그토록 무덤덤하던 그가 갑자기 동성애를 문제 삼기 시작한 것이다. 6월 30일 당일 히틀러는 나치당 홍보국과 정부 홍보실로 하여금 차례로 성명을 발표하도록 했다. 돌격대 내부에서 "일부 특정 세력"이 "일관되게 봉기를 준비해왔다는 것이 갈수록 분명하게 확인되었고," "지도자의 신뢰를 한 몸에 받던 참모장 룀이 그에 호응하였다." 이는 룀의 "잘 알려진 그 불행한 형질"에서 비롯된 것으로, "지도자가 직접 지휘한" 체포 과정에서 "도덕적으로 너무도 비극적인 장면이 목격되어 남아 있던 일말의 동정심마저 사라졌다." 어떤 자는 잠자리에 "쾌락용 청소년과 함께 있었고," 또 다른 자는 "역겹기 짝이 없는 상황에서 침대에서 놀라 일어났다." "지도자는 그 페스트 종양을 가차 없이 도려내라고 지시했다. 지도자는 미래에도 품위 있는 수백만 명이 몇몇 병적인 형질 보유자에게 괴롭힘을 당하는 일을 결코 묵과하지 않을 것이다."

히틀러는 같은 날 빅토르 루체Viktor Lutze를 돌격대 참모장에 임명하면서 12개 조항의 지시를 하달했다. 그중 한 조는 다음과 같았다. "나는 모든 돌격대 지휘관들이 돌격대를 순수하고 흠 없는 조직으로 유지하고 강화하기를 원한다. 나는 모든 어머니가 도덕적으로 타락하게 될지 모른다고 두려워하지 않고도 자녀들을 돌격대와 당과 히틀러청소년단에게 보낼 수 있기를 바란다. 이에 따라 나는 모든 돌격대 지휘관들이 175조 위반 행위를 엄격하게 다루어 위반자들을 돌격대와 당에서 즉각 출당시키기를 바란다." 7월 3일에 열린 내각회의에서도 히틀러는 "돌격대 참모장의 불행한 형질 때문에 열등한 자들이 돌격대 지휘부를 채우게 되었고, 의식적으로 독일군에 대한 투쟁도 전개했다"고 설명했다. 7월 13일에 제국의회에서 히틀러가 행한 연설에서도 마찬가지였다. "똑같은 취향에 따라 결합된 작은 도당"이 국가를 전복하려는 음모를 꾸몄으며, 룀은 "특별한 취향에 물든 집단에 속한다는 이유 하나만으로 그들을 돌격대 내부에서 승진시켰습니다."[9]

집권당 총재가 약 90명을, 그것도 나치당 입당 때부터 함께해온 "동지들"을, 그중에서도 가장 사내다운 수하이자 그 자신이 "너"라고 부르던 친구를 암살하도록 한 사건은 그렇듯 '국가전복 음모'와 '동성애'로, 즉 '동성애자들의 음모'로 설명되었다. 이 지점에서 루돌프 클라레의 주장을 기억해낼 수 있다. 그는 동성애자를 생식세포라고 표현하면서, 동성애자는 "존재 그 자체로 동성애를 공동체 전체에 확산시킨다"고 강조했다. 이로써 클라레가 히틀러의 설명을 가져다가 동성애 형법을 강화해야 하는 근거로 이용했던 것임이 드러나거니와, 그렇다고 해서 히틀러가 동성애 음모론을 발명했던 것은 아니다. 앞서 한 번 설명한 바처럼 동성애자는 근대 초부터 군주의 주변에서 음모를 꾸미는 존재로서 표상되어왔고, 동성애에 의한 국가와 사회의 해체는 크라프트에빙에게서조차 선명하게 나타났었다. 히틀러는 룀을 죽여야 하는 이유를 정당화하기로 한 내적 고투를 벌이던 와중에 국방장관 블롬베르크의 동성애 발언을 들었고, 이에 기존의 편견을 더하여 '동성애자 룀의 국가전복 음모'를 떠올렸을 것이다.

현직 총리가 살인을 지시한 것을 독일 국민은 긍정적으로 받아들였다. 나치가 지어낸 체포 장면을 언급하면서 킬킬거리기도 했지만, 대부분은 히틀러의 결단력과 용기를 칭송했다. 사민당 지하 조직의 보고에 따르면, "히틀러가 사내이기는 해. 해치웠잖아"라고 말하는 것이 일반적이었다. 룀 살해 사건 이후 동성애자들에 대한 본격적인 검거 작전이 개시되었다. 술집이나 공중화장실 혹은 수영장에 의도적으로 잠복하거나 특정 거리를 차단한 상태에서 벌이는 일제단속이 시작된 것이다. 그러나 그때에도 동성애자 단속이 전국적으로 벌어진 것 같지는 않다. 단속 작전이 뮌헨과 베를린에서는 실시되었으나, 함부르크와 뒤셀도르프에서는 1936년에 가서야 벌어지기 때문이다. 게다가 철저하지 못하기는 이번에도 마찬가지였다. 뮌헨 경찰은 자신들이 관리하던 동성애자 목록에서 "심각한 남색자" 48명을 골라내어 다카우 강제수용소로 보냈을 뿐, 바이에른 전체에서 새로이 체포한 사람은 78명에 불과했다. 게다가 대부분은 곧 석방되었다. 베를린 경찰도 1124명을 체포했지만 34명만 강제수용소로 보내고, 나머지는 온갖 욕설을 퍼붓고 폭력을 가한 뒤에 풀어주었다.

룀 학살 직후에도 동성애자는 체계적으로 검거되지 않았던 것인데, 그 이유는 힘러의 동향에서 찾아볼 수 있다. 힘러는 돌격대 숙청에서 죽이지 않고 체포한 사람 1100명을 수사하기 위하여 베를린의 게슈타포 본부, 즉 게슈타포청Gestapa에 특수과를 설치했다. 특수과는 소위 "룀 쿠데타" 사건을 담당하는 동시에 1934년 여름의 동성애자 검거 작전도 지휘했다. 그들은 게슈타포청장 명의로 지구 감독들에게 동성애자 색출을 지시하기도 했고, 베를린의 경우에는 검거 작전을 직접 실시했다. 게슈타포청은 1934년 10월 24일 게슈타포 지부에게, "어떤 식으로든 동성애 행위를 한 사람"의 명단을 작성하여 12월 1일까지 게슈타포청 동성애 담당자, 즉 특수과에 보내라고 지시했다. 그러나 그로부터 정확히 일주일이 지난 11월 1일에 게슈타포청은 체포된 인물이 나치당 당원 혹은 나치당 산하 단체의 소속원인지, 만일 그렇다면 언제부터 어떤 직급이었는지 보고할 것이며, "특히 정치적 인물의 동성애적 일탈"은 즉시 특수과에 알리라고 지시했다. 다시 말해서 힘러는 일반인 동성애자들보다는 동성애자인 나치 및 구 정치인을 색출하려 했던 것이다.[10]

힘러가 나치 내부의 동성애자를 겨냥한 이유는 히틀러가 룀 살해 직후에 한 말에서 찾아볼 수 있다. 앞서 제시한 인용문들을 보면, 히틀러는 동성애자를 단속해야 한다고 말하지 않고 나치당과 돌격대와 히틀러청소년단으로부터 동성애자를 축출해야 한다고 말했다. 힘러는 히틀러의 의중을 읽어내 잽싸게 움직였던 것인데, 히틀러가 거명한 위 조직들은 다름 아닌 나치의 대표적인 남성동맹 조직들이다. 그렇다면 우리는 룀 숙청에 권력정치의 차원 외에 또 다른 차원, 즉 남성동맹과 동성애 간의 모순이라는 나치즘의 질곡이 깃들어 있었다고 해석할 수 있을 것이다. 다시 말해서 히틀러와 힘러는 보수적, 부르주아적인 독일인들이 의구심을 갖고 있었고, 그들 스스로도 꺼림칙해하지만 어찌 해볼 수 없던 문제점을 차제에 해결하려 했던 것이다. 이는 1928년에 동성애에

대한 나치당의 단호하고 부정적인 입장 표명을 주도하였던 로젠베르크
가 돌격대 학살을 "남자들의 과업"이라고 칭한 것에서도 외설적으로 드
러난다.

그러나 힘러는 실패하고 말았다. 뮌헨과 베를린 경찰이 동성애자를
무더기로 체포했으나 대부분을 방면한 것은 추측컨대 그들 중에 나치
당원이나 나치 단체 구성원이 적었기 때문이었을 것이다. 게다가 뮌헨
경찰의 체포자 명단과 베스트팔렌 지구 체포자 명단을 살펴보면, 체포
된 사람들 대부분은 정치가이기는커녕 압도적으로 사회 하층이었다.
이는 친위대 및 게슈타포와 나치당의 관계로 설명될 수 있다. 동성애자
에 대한 게슈타포의 수사 행태를 보면, 게슈타포는 통상적으로 나치 기
구가 동성애자로 지목하여 이첩한 사람을 수사하였지 나치 기구를 직접
수사하지 않았다. 다시 말해서 게슈타포는 경쟁 권력 기관인 나치 기구
들을 직접 수사하기가 난감하자 길거리에서 무작위로 동성애자를 일괄
검거하여 그 속에서 나치 조직원을 걸러내려 했던 것이다. 따라서 우리
는 1934년 여름의 사태에도 불구하고 동성애자는 일관되고 철저한 수
사 대상이 되지 않았으며, 남성동맹으로서의 나치즘의 성격 역시 여전
히 문제로 남았다고 판단할 수 있을 것이다.*

룀 살해 직후 동성애자에 대한 체계적인 탄압은 친위대와 경찰이 아
니라 정부에서 추진하였다. 동성애자를 처벌하던 175조가 개정된 것이
다. 사실 제국 법무장관 귀르트너Franz Gürtner는 돌격대 숙청 훨씬 이
전인 1933년 10월에 이미 형법전개정위원회를 구성했다. 우리는 앞서

---

* 룀 숙청 직후 돌격대 신임 참모장 루체는 돌격대 내부에 특별 법원을 설치하여 돌격대 장교 전
  체의 3분의 1을 조사했다. 그러나 그 작업으로 상당한 수의 동성애자가 발견되었다는 기록은
  없다.

1851년의 프로이센 형법전이 1871년 독일제국 형법전으로 이월된 뒤, 1902년부터 1929년까지 무려 27년간 독일 정부와 의회가 형법전 개정 작업을 벌였지만 실패했음을 확인한 바 있다. 귀르트너가 구성한 위원회는 그 작업을 이어받은 것이다. 위원장은 귀르트너가 맡았고, 위원회에는 제국 법무부와 프로이센 법무부의 차관과 국장, 나치당 법무국 국장 한스 프랑크, 나치 법률가 티라크Otto Georg Thierack 등이 참여했고, 동성애 문제는 오스트리아 빈 대학교 총장 출신으로 나치 집권과 더불어 베를린 대학교 형법학 주임교수로 부임한 글라이스파흐Graf von Gleispach가 담당했다.

1933년 11월 3일의 형법전개정위원회 첫번째 회의에서 프로이센 법무장관 케를Hanns Kerrl이 논의안을 제출했다. 케를의 문건은 실상 1933년 여름 제국 법무부가 작성한 초안에 기초하였는데, 동성애에 국한시킬 경우 그 초안은 흥미롭게도 1927년 제국상원의 법률안, 즉 175조를 유지하되 형량을 강화하고 업무상의 위력을 이용하거나 미성년 청소년과 성교를 한 경우에 가중처벌한다는 내용과 거의 같았다. 처벌의 근거 역시 나치 레토릭으로 채색되었을 뿐 다를 게 없었다. 형법의 최고 가치는 "독일 민족공동체"이며, 형법의 과제는 "민족 신체의 세포로서의 가족," "방위력과 노동력, 모성의 힘, 청소년의 윤리적, 신체적 건강"을 보호하는 데 있다는 것이었다.

변화는 룀 살해와 함께 시작되었다. 1934년 8월 5일과 9월 18일에 열린 회의에서 글라이스파흐가 종전까지 처벌의 기준이었던 "유사 성교" 개념을 없애야 한다고 주장했다. 그는 구강성교와 항문성교 외에 동성애를 나타내는 모든 습관적 행위를 처벌해야 한다고, 즉 동성애 자체를 처벌해야 한다고 주장한 것이다. 그가 제시한 근거, 특히 여자 동성애자는 처벌하지 않고 남자 동성애자만 처벌하는 것에 대하여 제시한 근거가 흥미롭다. 남자 동성애를 용인하면 "우리의 사회생활 전체가 기반하고 있는 토대가 왜곡된다." 남자 동성애자는 "소위 남자의 모습을 한 여자"이다. 여기까지는 평범한 남녀이분법이다. 그러나 글라이스파흐는 바로 덧붙였다. "공적인 삶의 왜곡은 여기서 비롯된다." 동성애자가 '공직'에 있으면 안 된다는 것이다. 이는 미묘한 왜곡이다. 공직에 있지 않은 동성애자는 처벌하지 않겠다는 것인가? 그것은 결코 아니다. 따라서 글라이스파흐의 발언은 175조 개정에 동성애에 대한 일반적인 적대감 외에 다른 차원이 개재되어 있었다는 것을 암시한다. 그것이 무엇일까?

7개월 뒤인 1935년 4월에 글라이스파흐는 보다 자세히 발언했다. 법무장관 귀르트너가 발간한 『형법준비위원회 작업보고서』에서 그는, "공직과 경제에 종사하는 인물과 그의 업무에 대한 평가, 그 모든 직책과 직위의 임명, 그 모든 직무의 오용에 대한 예방조치는 남자는 남자답게 생각하고 느끼며 남자다운 동기에 의해 움직인다는 전제에 입각한다"고 강조했다. 이는 물론 룀 살해 직후 히틀러가 한 발언의 반복이다. 그때 히틀러는 동성애자는 공직의 충원과 승진에서 업무 능력이 아닌 성적 취향을 기준으로 삼는다고 수차례나 강변했었다. 우리는 글라이스파흐가 그저 히틀러의 발언을 앵무새처럼 되뇌었다고 평가할 수도 있다. 그러나 그렇게 생각하기에는 그의 발언이 너무 강한 것이 아닐까? "남자답게 생각하고 느끼며 남자다운 동기에 의해 움직인다"는 형용이 그렇다.

게다가 그 보고서에서 글라이스파흐는 갑자기 약해진다. 그는 뜻밖에도 "입법자는 포괄적인 수사가 심각한 해악을 일으킬 수 있는 영역," 즉 동성애 문제에서 "중용을 지켜야 한다"고 강조했다. "특히 정상적인 성교가 불가능하기 때문에 어쩌다가 가끔씩 일탈이 발생하기도 하는 청소년의 경우에는 비교적 무해한 행위는 처벌하지 말아야 한다"는 것이었다.[11] 국가를 파탄으로 몰고 간다고 동성애를 성토하던 그가 슬며시 일종의 예외 조항을 둔 것이다. 그런데 "가끔씩 발생"하는 그 "일탈," 즉 상호수음은 어떤 청소년들 사이에서 일어나고 있었는가? 1934~35년 현재 그것은 말할 나위도 없이 히틀러청소년단이다. 그리고 히틀러청소년단은 물론 대표적인 나치 남성동맹이다. 그러나 "정상적인 성교가 불가능"하기로는 여타의 나치 남성동맹도 마찬가지가 아닌가.

우리가 글라이스파흐의 그 발언을 한편으로는 룀과 돌격대의 숙청이라는 콘텍스트 속에 놓고, 다른 한편으로는 그 직후에 발화된 히틀러의 텍스트와 함께 놓으면, "남자답게 생각하고 느끼며 남자다운 동기에 의해 움직"이는 남자란 남성동맹의 일원을 가리키는 것임이 분명해진다. 결국 175조 강화를 추동한 동기 중의 하나는 남성동맹의 탈성화였던 것이다. 그러다 보니 175조의 개정으로 인하여 나치 남성동맹의 역동성이 약화되지 않을까 우려한 것이다. 참으로 묘한 상황이다. 히틀러는 남성동맹과 동성애 간의 연속과 불연속 문제 때문에 1933년 말까지 룀을 용인했었다. 1934년 6월에 그는 룀을 죽이고 동성애자 형법을 강화했다. 그러나 그 법의 입안자는 그것이 남성동맹을 손상시킬까 우려했다. 나치즘에게 남성동맹과 동성애 처벌은 진정 뫼비우스의 띠와 같은 문제였던 것이다.

그래서 그랬던가. 글라이스파흐가 말한 대로 "동성애자를 처벌하는 것은 토론할 거리가 되지도 못함"에도 불구하고, 그리고 1934년 9월의 발제로 입법의 내용이 모두 결정되었음에도 불구하고 나치 정부는 움직이지 않았다. 그로부터 무려 5달 이상이 경과한 1935년 3월 8일에 가서야 법무장관 귀르트너가 175조 관련 부처 장관회의를 소집했고, 이어서 나치당과 접촉했다. 그러나 3월 16일 나치당 총재대리 루돌프 헤스의 위임을 받은 빌러Josef Bühler가 귀르트너에게 법안을 "단호히" 거부한다고 통고했다. 자료가 남아 있지 않기 때문에 우리는 관계 부처 장관들이 동성애 처벌을 강화하기로 합의한 상황에서, 헤스가 왜 그렇게 "단호히" 반대했는지 모른다. 그러나 헤스의 직함이 나치당 총재대리였다는 사실은, 175조 문제가 남성동맹으로서의 나치당에게 난문難問이었기 때문이었음을 말해준다. 그러나 헤스 역시 룀 사건이 터진 마당에, 그리고 히틀러가 그것이 동성애 탓이라고 선언한 마당에 175조 문제를 마냥 미룰 수는 없었던 것 같다. 한 달 반이 지난 1935년 5월 1일 헤스는 결국 동의했고, 법무부는 그 즉시 법안을 최종 확정하여 5월 7일에 게슈타포청에 보냈다. 그리고 6월 14일까지 장관 전원의 동의가 확보되었다. 1935년 6월 26일에 175조 개정안이 만장일치로 내각을 통과했다. 드디어 175조가 개정된 것이다.*

　1935년 6월 28일에 공포된 175조의 법문은 다음과 같다. "다른 남자와 성교를 행한 남자, 혹은 다른 남자로부터 성교를 허락한 남자는 금고형에 처한다." 나치 정부는 175조에 한 항, 즉 175a를 더했다. 신체와 정신에 폭력을 행사하거나 위협함으로써 동성 성교를 행한 남자, 업무상의 위계를 이용하여 동성에게 성교를 강요한 남자, 21세 미만의 남자를

---

* 형법전 전체를 개정하기 위한 논의는 1936년에도 계속되어 1936년 말에 최종적인 개정안이 완성되었다. 통과 예정일도 나치 집권 4주년인 1937년 1월 30일로 잡혀 있었다. 그러나 히틀러가 꺼려 했고, 결국 형법전은 나치 집권 기간 내내 개정되지 않았다. 히틀러는 법이 한 번 정해지면 독재자조차도 법 규정에 의해 제약된다는 것을 잘 알고 있었고, 그래서 특정한 목적에 법으로 접근하는 것을 아주 싫어했다. 법에 대한 히틀러의 거리감은 마르틴 브로샤트의 『히틀러국가』 곳곳에 잘 서술되어 있다.

"유혹"하여 성교를 행한 21세 이상의 남자, 남자와 매매춘을 행한 남자와 남창은 10년 이하의 징역형에 처한다. 우리는 과거에 비하여 세 가지가 달라졌음을 알 수 있다. 첫째, 형량이 늘어났다. 법문에는 제시되어 있지 않지만, 바이마르공화국에서 최저 단 하루의 금고형에 처해졌던 동성애자는 원칙적으로 최저 3개월의 금고형에 처해졌다. 둘째, 무려 10년 징역형에 처할 수 있는 가중처벌 조항이 삽입되었고, 성인 남성이 상대하지 말아야 할 청소년의 나이가 기존의 14세 미만으로부터 21세 미만으로 상향 조정되었다. 셋째, 기존의 "반자연적인 성교"에서 "반자연적"이 없어지고 "성교"만 남았다.

나치의 동성애 처벌법은 얼마나 새로운 것이었을까? 가중처벌 조항은 1913년 법안에서 시작되어 개정안에서 빠진 적이 단 한 번도 없었다. 가중처벌의 형량 10년 역시 1927년 제국상원의 법안에 들어 있었다. 동성 성교에서의 청소년 보호연령은 1913년의 법안에서도 18세였다. 진정 새로운 것은 남성 간의 "반자연적인 성교"가 남성 간의 "성교"로 바뀐 것 딱 한 가지다. 물론 그 변화가 법 현실에서 갖는 의미는 막대했다. 글라이스파흐가 열을 올렸듯이, 이제는 항문성교와 구강성교는 물론 허벅지성교와 상호수음도 처벌되기에 이르렀던 것이다. 그러나 그것만이 아니었다. 1936년에 제국대법원은 남성 간의 성교 개념에 "일반적인 성적 수치심과 윤리감을 해치는 행위"를 포함시켰다. 법원 안팎의 법률가들은 대법원의 입장이 행위자의 "호색적인 의도"를 처벌하는 것이라고 해석했다. 그러나 도대체 "의도"를 어떻게 확인할 수 있다는 것일까? 그들은 다음과 같은 구체적인 상황을 의도의 증거로 간주했다. 포옹, 키스, 발기할 때까지 몸을 쓰다듬은 것, 성기 부분을 응시한 것. 응시도 처벌의 근거가 될 수 있었던 것이다.[12]

우리는 이제 175조에 따라 유죄 판결을 받은 사람이 1934년 948명에서 1935년의 2106명으로, 말 그대로 폭증한 이유를 알 수 있다. 새로운 법에 따라 이제는 동성애 하위문화만이 아니라 동성애자 자신이 경찰의 표적이 되었던 것이다. 우리는 또한 독일의 동성애 처벌의 역사에서 1935년이 전환점이라는 점도 알 수 있다. 그러나 1935년의 법 개정이 진정한 역사적 단절이었을까? 처벌자 수와 형량이 늘어난 것은 성적 취향 때문에 삶이 파괴되는 사람이 그만큼 늘어났다는 것을 의미한다. 그런 한에서 단절이다. 그러나 질적으로도 그러할까? 혹은, 1935년의 법문에서 나치다운 것이 무엇일까? 없다. 가중처벌 조항과 형량 강화는 나치만이 아니라 우익 일반이 요구하던 것이었다. 의도를 처벌하자는 법률가들의 입장이 나치다운 것이기는 하다. 그것은 사법 기관의 자의성, 즉 테러에 문을 열어놓은 것이기 때문이다. 그러나 그것은 대법원의 입장에 대한 나치 법률가들의 해석일 뿐이다. 판사의 처벌은 그 해석과 별개일 수 있다.

그러므로 1935년의 법 개정은 나치 고유의 동성애 정책으로 파악하기보다는 히틀러 내각에 참여하였던 나치와 보수 우익의 공통 관심사가 돌격대 숙청을 기회로 법제화되기에 이른 것으로 해석하는 것이 온당할 것이다. 이는 히틀러가 혁명을 외치던 룀과 돌격대를 숙청한 것이 돌격대에 대한 나치 내부의 경쟁심보다는 보수 세력의 반발 때문이었다는 점과도 일치한다. 다시 말해서 돌격대 숙청은 운동 국면의 나치즘이 권위적 국가 국면의 나치즘으로 전환했다는 신호였는데, 175조 개정 역시 그 표현이었다는 것이다. 그렇다고 해서 나치 내부의 반동성애 움직임이 중요치 않았다는 것은 아니다. 동성애는 나치가 방치할 수 있는 문제가 아니었다. 성은 나치즘에게 인종주의의 문제였기 때문이다.

<h1 style="text-align:center">친위경찰과 동성애</h1>

　나치 동성애 정책의 전환 시점은 1936년이다. 그해에 경찰은 전국 차원에서 동성애자 검거에 나섰다. 각 경찰 지구에 동성애자 검거 특별팀이 조직되어 함부르크에서는 1936년 7월 이후에, 쾰른과 뒤셀도르프 등 라인란트에서는 1936년 봄부터 이듬해 4월까지 동성애자 일제단속 작전을 벌였다. 베를린 검찰이 기소한 동성애자 수도 175조가 개정된 1935년의 1106명으로부터 1936년의 2309명으로 폭증했다. 그해 8월 1일부터 보름 동안 베를린에서 하계올림픽이 개최되었고 경찰이 그 기간에 길거리 단속을 자제했다는 사실을 감안하면, 저 숫자는 동성애자 검거 작업이 바로 1936년에 본격화되었음을 분명하게 알려준다. 참고로 1933년과 1934년에는 각각 333명과 500명이었다. 경찰의 동성애 검거 작업이 전국화되고 체계화된 것은 우선 동성애와 관련하여 경찰 조직이 개편되었기 때문이다. 1936년 10월에 형사경찰청에 "동성애 및 낙태 퇴치 본부"가 설치되었고, 본부장에 마이징거Josef Meisinger가 임명되었는데, 그는 다름 아닌 게슈타포청 동성애 특수과 책임자이기도 했다.[13]

　1936년은 가톨릭 성직자들에 대한 수사가 절정에 달한 시기이기도 했다. 1934년 11월에 쾰른의 가톨릭 사제 요제프 슈피커Josef Spieker가 가톨릭 성직자로서는 최초로 게슈타포에 의해 검거되었고, 1935년 4월에 베를린 게슈타포 특별수사대가 라인란트에 파견되어 다섯 개의 수도원을 급습했다. 가톨릭 성직자에 대한 억압이 바이에른까지 확대되어 전국화된 때는 그러나 1936년이었다. 슈피커 신부는 진정한 "지도자는 일자리와 일용할 양식을 무기로 하여 사람들을 길거리로 내몰아 행진시키지 않고" "모욕과 고통과 고문으로 괴롭히지도" 않으며, "독일에는 단 한 명의 지도자가 있으니, 그는 그리스도시다"라는 정치적 설교를 했지만, 나치 경찰은 가톨릭 사제들, 특히 수도원 사제들을 정치적 반역 혐의가 아니라 동성애 혐의로 수사하고 체포했다.

가톨릭교회를 동성애와 등치시킨 그 작전은 범정부 차원에서 추진되었다. 1936년 6월에 라인란트의 코블렌츠 법원에서 프란체스코 수도원 성직자 몇 명이 재판을 받았지만, 그 직후 제국 법무장관이 검찰에게 개별적인 재판을 연기하라는 지시를 하달했고, 그에 따라 기소 건이 상당히 축적된 1937년 4월부터 6월까지 8주일 동안 한꺼번에 기소와 재판이 이루어졌다. 괴벨스는 재판을 언론에 공개하여 1면 머리기사로 보도하도록 했다. 그리하여 독일의 모든 신문이 "윤리의 진창" "전염병의 진원지" "도덕적 타락" "영혼의 범죄" "승복을 입은 청소년 타락의 주범" 등의 문구로 도배되었다. 나치는 또한 가톨릭 지역에 반교회 팸플릿을 살포했다. 그중에서 "그들이 한 짓을 보면 정체를 알 수 있습니다"라는 선전지는 무려 10만 장이나 배포되었다. 망명 사민당은 히틀러청소년단 청소년들이 뮌헨의 "영국식공원"에서 가톨릭 세미나 학교 학생들과 우연히 조우하자, "수음클럽!" "175조 만세!"라고 조롱했다고 보고하기도 했다.

그러나 재판 결과는 민망할 정도였다. 1936~37년에 기소된 성직자는 2700여 명이었지만, 유죄 판결을 받은 사람은 재속 사제 57명, 수도원 사제 7명, 성직서품을 받지 않은 채 수도원 사제들과 공동생활을 하는 "세속인 형제" 170명에 불과했다. 게다가 선전은 역효과를 낳았다. 망명 사민당 보고서는 다음과 같이 전했다. "가톨릭교회의 도덕적 타락이 나치가 주장하는 정도로 증가했다고 믿는 사람은 아무도 없다. 사람들은 괴벨스의 연설을 체제를 유지하기 위해 필요한 선전의 일부라고 생각한다." 그리고 1937년 3월에 교황 피우스 9세는 "타는 듯한 염려와 불안감 속에서 독일 교회가 고통의 길을 겪고 있는 것"을 지켜보고 있다는 교서를 공표했다.[14]

역사가들은 그 일련의 사태를 한결같이 나치가 동성애를 가톨릭교회에 대한 공격 수단으로 사용한 것으로 해석한다. 나치는 동성애를 이용하여 1933년 7월에 교황청과 맺은 정교협약을 어기고 사회, 문화, 복지 부문에 대한 가톨릭교회의 자율성을 박탈하려 했다는 것이다. 그 해석은 온당하다. 그러나 그것이 전부는 아니었던 것 같다. 가톨릭교회에 대한 공격에서 나치가 겨냥한 가장 중요한 목표물은 가톨릭 학교와 가톨릭 청소년 단체의 자율성이었다. 한마디로 나치는 가톨릭 학교 교실에서 십자가를 떼어내고 종교 수업을 없애는 동시에, 가톨릭 단체 소속 청소년들을 히틀러청소년단에 가입시키려 했다. 나치가 원하던 것은 청소년에 대한 교육 독점이었던 것이다. 교육은 사회문화적인 권력의 문제이기도 하지만, 동시에 '신인간' 창출이라는 모든 혁명 정권에 전형적으로 나타나는 문제의식이기도 하다. 그리고 나치즘도 혁명이고자 했다. 이 맥락에서 우리는 동성애에 대한 나치의 발언에서 가장 빈번하게 발화되던 것이 청소년에 대한 동성애자의 유혹이었다는 사실을 기억해야 한다. 그렇다면 우리는 나치가 가톨릭교회로부터 청소년 교육을 빼앗아 오기로 작심하자마자 동성애 문제가 거의 자동적으로 떠올랐으리라고 추측할 수 있다. 가톨릭 사제는 독신 남자요, 수도원은 남자들만의 조직이 아니던가. 그들이 청소년 교육에 영향력을 행사하는 것은 안 될 말이었다.

나치가 가톨릭 사제들이 진정 동성애에 물들어 있을지도 모른다고 생각했다는 해석은 나치가 똑같은 시점에 또 다른 집단에게도 동성애 혐의를 뒤집어 씌웠다는 사실에서 간접적으로 지지된다. 나치 경찰은 소위 "동맹청소년Bündische Jugend"들도 공격했다. 동맹청소년 단체란 제1차 세계대전 이후 독일 각지에서 숱하게 나타난 반더포겔의 후계 조직들로서, 보수적이고 민족주의적이고 엘리트주의적이었으며 남성동맹 정신에 입각하여 독일을 혁신하려 했다. 그리고 소규모로 뭉쳐 있던 그들은 무엇보다도 자율성을 지키려 했다. 나치 집권 이후 그들은 히틀러청소년단에 합류했는데 청소년단 내부에서 자율성을 견지하던 조직도 적지 않았다. 그들의 존재는 청소년을 물샐 틈 없이 장악하고자 했던 히틀러청소년단에게 눈엣가시였다.

1936년은 히틀러청소년단 단장 발두어 폰 쉬라흐가 자신의 조직을 교육부에 맞먹는 교육 조직으로, 즉 권력 조직으로 격상시키기 위하여 교육부장관 루스트Bernhard Rust와 맹렬히 싸우던 시기였다. 쉬라흐는 히틀러의 지원을 받아 끝내 승리했고, 그 결과물이 히틀러청소년단의 교육의 권리를 명문화하고 청소년들의 가입을 의무화한 1936년 12월의 히틀러청소년단법이다. 그 과정에서 쉬라흐는 청소년단의 결속력을 공고히 하려 했는 바, 그 수단 중의 하나가 자립성을 견지하고 있던 동맹청소년들을 동성애자로 단죄하는 것이었다. 그러나 쉬라흐가 동맹청소년들이 진정 동성애로 물들어 있다고 믿었을 가능성도 높다. 동맹청소년 조직이나 히틀러청소년단이나 남성동맹인 점에서는 매한가지인 데다가, 나치 집권 초기에 히틀러청소년단은 내부의 동성애를 방치했다. 쉬라흐는 룀 숙청 직후에야 비로소 청소년단의 성적 순결성을 강조하는 동시에 내부의 동성애자들을 단속한다고 법석을 떨었다. 심지어 쉬라흐 자신이 동성애자라는 소문도 무성했다. 그 소문이 헤스 귀에까지 들어갈 정도였다. 인간은 언제나 타인에게 자신을 투사하는 법, 쉬라흐는 동맹청소년들의 동성애를 믿었을 것이다.

쉬라흐의 요청을 받은 경찰이 수사하고 처벌한 동맹청소년의 수가 얼마인지 보여주는 자료는 없다. 지역별 자료만 남아 있을 뿐이다. 라인란트는 동맹청소년 운동의 아성 중의 하나였는데, 그중 최대 조직은 나치 집권 이전에 회원 수가 1500명에서 3000명에 이르던 "네로트 반더포겔"이었다. 게슈타포는 뒤셀도르프에 "동맹청소년 단속 본부"를 설치하고 1935년 겨울부터 1936년 말까지 네로트 반더포겔 청소년 100여 명을 체포했다. 그때 9명이 기소되어 7명이 유죄 판결을 받았다. 단장 욀베르만Robert Oelbermann은 18개월 금고형을 선고받고 복역한 뒤에 작센하우젠 강제수용소로 끌려갔고, 1940년에 다카우 강제수용소로 이감되어 이듬해 사망했다. 네로트 반더포겔 외에도 라인란트에서 "환環스카우트"와 "제국 독일스카우트" 등 모두 여섯 개의 동맹청소년 단체 회원들이 동성애 혐의로 체포되었다.

베를린 게슈타포 역시 1936년부터 1938년까지 "베스트마르크" "청년 민족군단" "소년기수" 등 여섯 개의 동맹청소년 단체 회원 20여 명을 수사했는데, 그들이 재판을 받았을 때 히틀러청소년단과 게슈타포는 물론 히틀러 비서실 중의 하나였던 지도자참모실 간부도 참관했다. 바이마르 시절 소년기수를 이끌었다가 1937년에 독일노동전선 청년국 국장으로 출세한 한 청년은, 기혼자였음에도 불구하고 3년 금고형을 선고받고 엠스란트 늪지대에서 강제노역을 하다가 1943년에 작센하우젠 강제수용소로 끌려갔다.[15]

이상의 서술에서 우리는 1936년에 이르러 동성애가 종교 및 교육과 관련된 준 국가적 의제로 떠올랐음을 알 수 있다. 의아한 것은 게슈타포가 동성애 문제에 왜 그렇게 발 벗고 나섰는가 하는 점이다. 게슈타포는 정치경찰이다. 정치경찰은 이미 바이마르 시절에 각 주의 내무부 산하에 조직되어 있었다. 히틀러 총리 임명 직후 대부분의 고위 나치가 제국 정부 장관직이나 주총리 및 주총감, 그것도 안 되면 주장관 자리나 지구 감독직이라도 탐했는데, 친위대장 힘러는 정치경찰에 집중했다. 그는 바이에른에서 시작하여 모든 주의 정치경찰을 하나하나 장악하여 일반 경찰은 물론 주 내무부로부터 독립시켰고, 1934년 4월에는 드디어 괴링으로부터 프로이센 정치경찰까지 얻어냈다. 그리고 모든 정치경찰에 프로이센 정치경찰의 명칭이었던 "게슈타포(비밀경찰)"라는 명칭을 부여하고, 베를린에 각 주의 게슈타포를 총괄하는 게슈타포청을 비공식적으로 설치했다.

게슈타포, 즉 정치경찰은 국가전복 음모를 탐지해내고 그것을 격퇴하는 기관이다. 국가전복 음모는 간첩이 꾸밀 수도 있고 간첩과 '논리적으로' 연계되는 국내 세력도 꾸밀 수 있다. 게슈타포가 '유대인 문제'를 담당한 것은 나치가 유대인이 세계 음모를 꾸민다고 믿었기 때문이고, 그들이 가톨릭교회를 적대시한 것은 가톨릭이 로마 교황청에 종속된 국제주의 세력이라고 믿었기 때문이며, 동일한 논리가 프리메이슨과 여호와의 증인에게도 적용된다. 게슈타포가 가톨릭 사제 억압에 나선 것도 그렇게 설명된다. 문제는 그 논리가 동맹청소년들에게 적용되지 않는다는 데 있다. 이 물음은 힘러가 게슈타포 담당자인 동시에 친위대 대장이었고, 친위대에는 나치당 내외의 정보를 수집하는 보안국이 조직되어 있었다는 점에서 풀린다. 친위대가 룀 살해에서 적극적인 역할을 수행하였고, 게슈타포가 그 사건에서 체포된 돌격대 대원들에 대한 수사를 담당한 것은 친위대 보안국의 역할 때문이었다. 게슈타포가 동맹청소년

들을 수사한 것 역시, 그 청소년들이 히틀러청소년단을, 즉 친위대가 정
보 차원에서 관리해야 하는 나치당 기구를 "해체"시킨다고 간주했기 때
문이다.

그러나 다른 한편, 우리는 게슈타포가 가톨릭 사제들과 동맹청소년
들이 진정 동성애자라고 믿었기 때문에 그들을 수사했다고 해석했다.
그렇다면 게슈타포는 동성애를 정치경찰의 과제로 간주했다는 뜻이 된
다. 이는 기이한 일이다. 게슈타포는 동성애자가 국가전복 음모를 꾸미
는 집단이라고 믿기라도 했단 말인가? 도대체 친위대와 게슈타포는 왜
동성애를 자신들의 업무 영역으로 간주했던 것일까? 우리는 그 실마리
를 힘러 개인에게서 찾아볼 수 있다. 김나지움 교사인 아버지의 엄격한
훈육 아래서 자란 힘러는 열 살 때부터 일기를 썼고, 역사가들은 그 일
기에서 청소년기 힘러의 내면을 도출해낸다. 청소년 힘러의 가장 큰 관
심사는 종교와 성이었다. 그는 성애 문학을 읽을 때마다 매혹과 역겨움
을 동시에 느꼈고, 그 혼란으로부터 탈출하는 방법을 성적 순결에서 찾
았다. 형의 약혼녀가 바람을 피웠다고 생각한 날에는 미래의 형수에게
편지를 썼다. "두 분이 행복하려면, 그리고 건강하고 행복한 가족을 토
대로 민족이 번영하기 위해서는 당신이 가혹한 강인함으로 스스로에게
재갈을 물려야 합니다."

그 시절 힘러는 동성애에 대해서도 읽었다. 영국인 작가 블록샘John
Francis Bloxam의 단편소설 「사제와 복사」를 읽은 것이다. 성직자와 그
의 동성 애인 간의 관계를 묘사한 그 소설을 읽은 날 힘러는 일기장에
적었다. "동성애의 이상화. 역겨운 장면들. 밤 10시 반. 기분 더럽다." 힘
러는 심지어 우리가 앞서 자세히 분석했던 한스 블뤼어의 『남성사회에
서의 에로스의 역할』도 읽었다. 블록샘을 읽은 뒤 그는 청소년 단체 회

원인 친구와 동성애에 대하여 토론했는데, 그 친구가 블뤼어의 책을 추천한 것이다. 힘러의 반응은 묘했다. "저자는 대범하게 남성 에로틱 깊숙이까지 뚫고 들어갔고, 심리학적으로 철학적으로 그것을 포착했다(?). 그가 자신의 서술을 학문적인 언어로 포장해놓았지만, 나를 설득하기에는 그의 철학이 너무나 모호하다. 남성사회가 존재한다는 것은 명백하다. 그러나 그것을 에로틱한 것으로 간주할 수 있는지는 의심스럽다. 어쨌거나 순수한 육체적 동성애는 자연에 반하는 퇴행적인 개인주의에서 비롯된 탈종이다." 힘러 자신이 달아놓은 물음표(?)가 가리키듯 힘러는 역겹기보다는 당혹스러웠던 것이고, 그 당혹감을 남성동맹의 이념은 좋지만 섹슈얼리티가 결부되어서는 안 된다는 결론으로 떨쳐냈던 것이다.[16]

힘러는 김나지움을 다니던 중에 바이에른 왕립사관학교에 진학했고, 제1차 세계대전 후에 김나지움으로 돌아와 졸업한 뒤에는 뮌헨 기술대학에서 농업경제를 전공했는데, 대학 시절에도 그는 남자 대학생 단체인 부르셴샤프트에서 칼싸움을 했다. 힘러의 청소년기와 청년기의 상당부분이 남성동맹과 연결되었던 것이다. 그 독서와 토론과 경험 때문이었는지 훗날에도 힘러는 나치 최고의 동성애 전문가임을 자부했다. 그런 그가 전국의 게슈타포를 장악하자 갖가지 동성애 사건을 수사하도록 하였을 것이다. 그러나 국가적인 의제를 힘러의 사적인 관심 탓만으로 돌릴 수는 없다. 중요한 것은 힘러 판본의 나치즘, 혹은 힘러가 장악한 권력 기관의 나치즘, 혹은 힘러로 표현되는 종류의 나치즘이다.

힘러는 돌격대 숙청의 최대 수혜자였다. 룀 살해 직후 친위대는 돌격대로부터 독립했고, 돌격대가 관리해오던 강제수용소에 대한 관할권을 차지했으며, 추후 "무장친위대"로 발전하게 되는 무력 기관도 확보했고, 동시에 게슈타포청을 공식적으로 인정받았다. 그리고 1935년 10월 18일 히틀러는 비밀리에 힘러에게 독일 경찰 전체를 장악하라고 지시했고, 이는 1936년 6월 17일에 공식화되었다. 힘러가 "친위대 제국지도자 겸 독일경찰총장"에 임명되고 또 히틀러에 직속된 것이다. 경찰의 조직 개편, 혹은 힘러의 권력 영역의 증가는 막대한 의미를 가졌다. 힘러가 게슈타포 이외에 형사경찰과 치안경찰마저 장악한 것은 그가 독일 역사상 최초로 경찰을 중앙화했다는 것을 의미한다. 힘러와 경찰이 히틀러에게 직속되어 지도자 직속 최고위 제국 기관이 된 것은 경찰이 제국 내무부는 물론 중앙정부로부터도 독립했다는 것을 뜻한다. 힘러는 또한 게슈타포와 형사경찰을 보안경찰로 묶었는데, 이는 양 기구가 조직상의 독립성에도 불구하고 서로의 관할 영역에서도 활동할 수 있게 되었음을 뜻했다. 더 나아가서 친위대 대장 힘러가 경찰총장이 되고 친위대 보안국장 하이드리히가 보안경찰청장이 된 것은 경찰과 친위대가 각각 독립적이었음에도 불구하고 친위대의 특정한 성격이 경찰 내부로 유입되게 되었음을 뜻한다. 게다가 많은 친위대 장교가 경찰 고위직에 임명되고, 역으로 많은 경찰관이 친위대에 입단하였기 때문에 친위대의 그 성격은 더욱 결정적이었다.

그렇다면 친위대의 '그 성격'이란 무엇인가? 히틀러는 1935년 10월 18일에 힘러에게 경찰 전체를 총괄하라고 지시하면서 "세계관 문제에 대한 경찰적 대책"을 마련하라는 총괄적 책임을 부여했다. 우리는 앞서 나치즘에게 세계관이 무엇을 의미했는지 검토했다. 그것은 민족의 생사를 좌우하는 이데올로기적, 실천적 문제였다. 경찰이 이데올로기 문제를 담당한다는 것은 기이한 일이다. 경찰은 원칙적으로 관료제적인 행정 기구이기 때문이다. 그러나 경찰을 장악한 인물이 친위대장 힘러였다는 점에서 사정은 달라진다. 친위대는 세계관 운동을 자임하던 나치당의 정보 및 무력 기구였기 때문이다. 따라서 히틀러가 힘러에게 부여한 과제는 이데올로기와 경찰의 결합을 의미했다. 이 문제는 나치 국가를 근본적으로 어떻게 해석할 것이냐는 아주 큰 질문과 연관된다. 나치 국가는 행정 기구를 장악한 나치즘인 바, 히틀러의 위탁 덕분에 친위대-경찰은 나치 국가의 구현이 되었던 것이다.

나치 국가를 이데올로기와 일반적인 행정 기관의 결합으로 파악한 고전적인 설명은 바이마르공화국에서 노동법 전문가로서 활동하다가 유대인이었기에 1933년 말에 영국으로, 그리고 1938년에 다시 미국으로 망명한 에른스트 프랭켈Ernst Fraenkel에 의해 제시된 바 있다. 나치즘의 위세가 정점에 달했던 1941년에 뉴욕에서 발간된 『이중국가』에서 프랭켈은 나치 국가가 "규범적 국가the normative state"와 "자의적 국가the prerogative state"로 구성되며, 경제법 영역에서 대표적으로 나타나는 규범적 국가는 법치국가적 질서를 통해 민간 영역의 정상적인 작동을 보장해주는 국가이고, 유대인 억압에서 대표적으로 나타나는 자의적 국가는 '정치적' 과제를 폭력적으로 관철하는 국가라고 해석했다. 프랭켈의 탁월성은 나치 국가를 이중국가로 파악함으로써, 자유주의 국가와 파쇼 국가가 공히 자본주의일 뿐이라는 파시즘론과 나치 국가와 공산주의 국가가 공히 독재일 뿐이라는 전체주의론을 모두 거부하고, 파시즘은 규범적 국가와 자의적 국가가 긴장 속의 상보관계를 맺고 있는 체제라는 점을 드러냈다는 데 있다.

프랭켈의 입론을 이어받은 독일의 역사가 마르틴 브로샤트Martin Broszat는 이중국가로서의 나치 국가가 다름 아닌 "지도자 직속 최고위 제국 기관," 즉 최고위 행정 기관으로서 입법권을 행사하지만, 히틀러에 직속되었기에 내각의 결정에 종속되지 않는 나치 특유의 권력 기관에 의하여 촉발되었다고 주장했다. 최초의 지도자 직속 최고위 제국 기관은 1933년 11월에 설치된 프리츠 토트Fritz Todt의 "독일 도로총감"이었는데, 흥미로운 점은 쉬라흐의 히틀러청소년단과 힘러의 친위경찰과 괴링의 4개년계획시행청이 지도자 직속 최고위 제국 기관으로 격상 및 창설된 해가 다름 아닌 1936년이라는 사실이다. 이는 1933년 6월에 정당정치 세력을 압살하고, 1934년 6월 30일에 룀과 더불어 보수적인 정치 세력을 제거한 나치가 1936년에 이르러 대기업과 관료제라는 기성의 사회 세력을 무력화시켰다는 것을 뜻한다. 마지막 남은 세력인 군대는 1938년 1월에 제압된다.[*]

그처럼 나치즘의 역사에서 분수령이 되었던 1936년에 힘러의 친위경찰이 지도자 직속 최고위 제국 기관이 된 것은 나치 국가가 테러 국가로 작동하게 되었음을 의미하고, 그 직전 시기에 친위경찰이 세계관에 대한 위탁을 받았다는 것은 테러의 대상을 친위경찰이 규정하게 되었다는 것을 뜻한다. 이와 관련하여 유의할 점은 프랭켈의 자의적 국가 개념은 그 국가의 결정과 실천이 제멋대로 이루어진다는 것이 아니라 법치국가적 규범으로부터 벗어나 '정치적'으로 내려진다는 것을 뜻한다는 점이다. 이를 친위경찰에 대입하면, 그들은 나치 세계관에 입각하여 한편으로는 체제의 적을, 다른 한편으로는 나치 경찰의 성격을 이론화해

---

[*] 그때도 핑계는 성 문제였다. 국방부장관 블롬베르크는 누드 사진을 찍은 여자와 결혼했다는 이유로, 육군총사령관 프리슈Werner von Fritsch는 동성애자라는 조작된 증거 때문에 사직하게 되었고, 히틀러는 차제에 군부를 숙정하고 국방부장관직을 없앴다. Ernst Fraenkel, *The Dual State*(New York, 1941); 마르틴 브로샤트, 『히틀러국가』, pp. 367~392, 408~410. 참고로, 프랭켈은 제2차 세계대전 직후에 미군과 함께 한국에 왔다. 미군의 군정을 보좌하기 위해서였는데, 군정의 실상에 실망하여 얼마 지나지 않아서 미국으로 돌아가버렸다.

야 했다는 것을 의미한다. 친위경찰 내부에서 그 작업을 담당한 자가 게슈타포청 부청장 베르너 베스트Werner Best였다.

법률가인 베스트는 1936년 봄에서 1937년 초까지 발표한 일련의 내부 문건에서 "국가의 적"을 이론화했다. 그는 국가의 적을 "외부의 적"과 "내부의 적"으로 구분하고, 군대가 상대하는 외부의 적과 달리 경찰이 상대하는 내부의 적은 식별하기 힘들다고 전제한다. 이어서 그는 고전고대에서 내려온 유서 깊은 신체 모델을 동원하여, 내부의 적을 "민족 신체의 분리 불가능한 건강한 통일성을 위협하는 질병"으로 규정한다. 민족을 위협하는 "파괴세포"는 내부에서 "자체적으로 생성될 수도 있고 외부의 독약 투여에 의하여 생성될 수도 있는 바," "주관적 동기와 무관하게" "민족의 가치를 위협하는 모든 것"이 내부의 적이다. 그 적을 상대하는 경찰은 "내부의 군대"이며, 그 경찰은 민족 신체의 "정치적 건강을 면밀히 감시하고 파괴세포를 도려내야 한다."

신체의 비유에 근거하여 정치체를 "건강한 통일성"과 "질병"으로 범주화하는 순간 모든 것이 적이 될 수 있고, 그 적은 예측할 수 없는 순간에 예측할 수 없는 모습으로 나타날 수 있다. 따라서 베스트가 경찰의 행위 방식이 "법적으로 규범화"되어서는 안 된다고 강조한 것은 차라리 논리적이다. 그러나 경찰 행위에서 법적 규범을 배제해버리면 두 가지 문제가 발생한다. 근대 국가의 일부이고, 따라서 관료제적인 절차적 규범에 입각해야 하는 경찰이 어떤 새로운 모델에 입각하여 움직여야 하느냐는 것이 하나요, 법적 규범이 부재할 때 나타나는 경찰의 자의성을 어떻게 막을 수 있느냐는 것이 다른 하나다. 베스트는 그 두 가지 문제를 동시에 처리할 수 있는 해법을 경찰이 남성동맹화되는 것에서 보았다. 그는 경찰이 "행정적인 전문성"과 "공무원법적인 업무 규정"에 따라 움직여서는 안 된다고 강조하는 동시에, "그 자체로 무제한적인 권한이 오용되지 않도록 하기 위해서"는 경찰이 "새롭고 고유한 종류의 국가방어단Staatsschutzkorps"이 되어야 한다고 역설했다. 그 새로운 경찰은 "투쟁 목표에 대한 자발적인 헌신, 동지애적인 결속, 지도부에 대한 사적인 충성 관계"에 녹아들어야 한다. 그래야만 경찰이 "단일한 의지의 지휘를 받는 그 자체로 완결적이고 독자적 조직이 되어 첨단으로부터 말단까지 가장 짧은 명령 및 신고 체제"에 따라 움직일 수 있다는 것이었다.[17]

경찰이 관료제적 규범의 피안에 있는 남성동맹이 되어 국가 신체의 질병을 예방하고 또 제거하려 한다면, 경찰이 타격해야 할 대상은 히틀러 암살 음모로부터 사소한 일상적 일탈까지 무한대로 확대될 수 있다. 그 위험성을 직시했던 것인지 베스트는 국가의 적을 구체적으로 거명했다. 간첩, 테러리스트, 사보타주 분자, 반나치 선동자, 그리고 "윤리적 타락(예를 들어 형법 175조 위반)과 인종 오염으로 민족의 건강과 피의 순수성을 약화시키는 자"가 그들이다. 우리가 지금까지 친위경찰의 성격을 논한 이유는, 동성애자가 왜 나치 국가의 적이 되었는지 밝히기 위해서였다. 베스트가 밝힌 국가의 적 목록에는 간첩과 똑같은 반열에 "인종 오염," 즉 유대인과의 성교 외에 175조 위반이 올라 있다. 그러나 175조 위반이 "윤리적 타락"이며, 그것이 "민족의 건강과 피의 순수성"을 손상시킨다는 그 근거는 우리 물음에 대한 반쪽짜리 답변밖에 안 된다. 그것은 사디스트 등 여타의 도착과 달리 왜 동성애자만이 국가의 적인지는 답해주지 않기 때문이다. 게다가 베스트는 경찰이 남성동맹이 되어야 한다고 말했을 뿐 남성동맹과 동성애의 관계에 대해서는 침묵했다.

우리 질문에 대한 온전한 답은 힘러가 1937년 2월 18일에 친위대 장군들 앞에서 행한 연설에서 발견된다. 그날 힘러는 대장 이하 친위대의 두번째 서열인 친위대 "장군들Gruppenführer"을 소집해놓고 오직 동성애 문제에 대해서만 강연했다. 그 연설문은 동성애에 대한 친위대의 근본 입장을 보여주는 대단히 중요한 텍스트다. 힘러는 말한다. 동성애는 "개인 각자의 사적인 문제가 아니라 민족 생사의 문제"이다. 이는 독일이 세계 패권을 노리기 위해서는 인구가 많아야 되기 때문이기도 하지만, 동성애가 "국가를 파멸시키기" 때문이기도 하다. "우리는 남성국가"이고, 또한 "남성국가를 강철처럼 견지해야" 한다. "수백 수천 년 전부터 게르만족들, 특히 독일 민족은 남성국가"였다.

그 남성국가가 현재 동성애에 의해 파괴될 위험에 처해 있다. 동성애자는 공직과 기업에서의 충원과 승진에 "능력의 원칙"과 "세계관"이 아니라 "에로스의 원칙" 혹은 "성적인 원칙"을 적용하고, 이는 조직 내에서 눈덩이 효과를 일으킨다. 그런 남성동맹은 순수한 남성동맹이 아니라 타락한 "에로틱한 남성동맹"이다. 힘러는 남성동맹과 동성애의 경계가 모호한 상황에서 동성애의 틈입을 기준으로 하여 "강철처럼" 견지해야 할 남성동맹과 에로틱한 남성동맹을 준별하였던 것이다. 이어서 힘러는 엉뚱해진다. "에로틱한 남성동맹"의 대표적인 예가 기독교다. 농촌 성직자의 절반가량, 수도원 성직자의 90퍼센트 내지 100퍼센트가 동성애자다. 교회는 "2000년 된 볼셰비즘"이다. 로마 황제가 학살한 기독교도들은 "최악의 볼셰비키인 유대민족"이었고, 그 유대적인 볼셰비즘은 "죽어가는 로마의 시체 위에서" 번성했다. 힘러는 그렇게 동성애를 나치의 대적인 유대인 및 볼셰비즘과 등치시켰다.[18]

그러나 남성동맹으로부터 어떻게 동성애를 멀리할 수 있을 것인가? 남성동맹과 동성애 간의 흐릿한 경계 문제를 어떻게 해결할 수 있는 것일까? 힘러 스스로가 그 문제의 심각성을 인지했다. 힘러는 연설에서 친위대 내부에서조차 동성애 사건이 한 달에 한 번꼴로 발생한다고 말했다. 힘러는 해법을 제시한다. 제법 구체적이다. 크래플린의 주장을 읽었는지, 그는 동성애자는 선천적 동성애자와 후천적 동성애자로 구분되며 타고난 동성애자는 전체의 2퍼센트에 불과하다고 말한다. 근거는? 힘러는 게슈타포가 동성애 문제에 대한 "경험이 가장 많은" 기관이라고 자신한다. 그 "경험"은 돌격대 숙청 이후 친위경찰이 관리하게 된 강제수용소의 경험일 것이다. 참고로, 다카우와 작센하우젠 강제수용소를 거쳐 아우슈비츠 강제수용소 소장을 지낸 루돌프 회스Rudolf Höß는 동성애자들에게 엄격한 수용소 생활과 중노동을 부과하면 "즉시 교정되었다"고, 그리고 라벤스브뤼크 강제수용소에서는 힘러의 지시에 따라 "교정된" 동성애자들에게 여성 재소자를 붙여서 그 반응을 지켜보게 하였으며, 여성에게 관심을 보이면 비로소 "완치" 판정을 내렸다고 회고했다. 2월 18일의 연설에서도 힘러는 후천적인 동성애자는 "수감, 질서, 스포츠, 노동"으로 "치유"할 수 있다고 말했다. 나머지 2퍼센트는 도려내는 것이 해법이다.[19]

그러나 힘러 스스로가 안다. 그가 200만 명으로 어림잡은 독일의 동성애자 모두를 수감할 장소와 감시 인력은 없다. 따라서 필요한 것은 근본 대책이다. 힘러는 뜻밖의 선언을 한다. 남성동맹의 타락은 "과잉 남성화"에서 비롯된 것이다. "모든 것을 군사화하는 것"은 "민족의 재앙"이다. 그리고 통탄한다. "우리는 우리의 청소년들을 지나치게 남성화"했다. 사랑에 빠진 청소년을 남자답지 못하다고 여기는 풍토 때문에 청소년들은 "우정"만을 알게 되고, 그렇게 동성애로 기운다. 이 대목에서 힘러는 하필이면 한스 블뤼어를 언급했다. 블뤼어는 썼다. "고귀한 형태의 사랑은 남자와 여자 사이에 존재하지 않는다. 남녀의 사랑에서는 자식이 태어나고, 그것은 동물적인 것이다. 고귀한 사랑은 남성과 남성 사이에만 존재한다. 그 사랑에서 세계사의 위대한 업적이 비롯되었다." 힘러는 말한다. 블뤼어의 말은 "전대미문의 거짓말"이다. 그 발언 자체가 과잉 남성화에서 비롯된 것이다.

과잉 남성화를 어떻게 막을 것인가? 힘러는 말한다. 우리는 16, 17세의 청소년들에게 소녀들과 춤출 기회를 제공해야 한다. 그들이 춤추고 사랑하면 동성애에 물들지 않는다. 우리는 또한 친위대 대원들이 하지 축제에서 처녀들과 춤추도록 배려해야 한다. "나는 우리가 친위대 입단 신청자들에게 춤출 기회를 제공하고 그곳에 최고의 처녀들을 보내는 것이 절대적으로 옳다고 생각합니다." 힘러는 이 맥락에서 매춘 문제도 거론했다. 우리는 청소년들이 동성애에 물드는 것을 막고자 하는 동시에 "다른 모든 출구를 차단할 수는 없습니다." 힘러는 결국 이성애와 매춘을 동성애 문제의 해법으로 제시한 것이다. 이는 진부한 발상이지만 남성동맹이라는 맥락에서는 매우 특별하다. 대표적인 남성동맹론자들인 프리들랜더-브란트 그룹에게 이성애는 인간 재생산 기능에 국한되어야 했다. 힘러는 이성애는 친위대가 인위적으로라도 기회를 마련해주어야 할 권장 사항이었다. 게다가 힘러가 권장한 춤판은 서양의 역사에서 언제나 성교를 함축했다.

따라서 춤판과 매춘을 함께 언급하는 것은 힘러의 성 개념이 전통적이고 부르주아적인 성 개념과 완전히 달랐음을 말해준다. 우익 일반이 음란으로 의미화한 것을 힘러는 권장하고 있기 때문이다. 힘러 역시 자신의 발언이 음란으로 비추어질 수 있다는 것을 명료하게 의식했다. "우리가 청소년들을 너무 이른 시기에 만나게 해주고 성교로 이끄는 것은 아닌지 걱정할 필요는 없습니다." 왜? 독일의 청소년들은 그 만남을 더

할 바 없이 순수한 사랑으로 간주할 것이기 때문이다. 이는 물론 답이 아니다. 힘러는 "독일의 청소년"이라는 추상화된 허구로 도망침으로써 자신의 딜레마를 은폐한 것이다.

남성동맹 구성원들이 기꺼이 어울려야 할 여성은 힘러에게 어떤 존재 였을까? 프리들랜더-브란트 그룹에게 여성은 남성동맹의 철천지원수 였다. 블뤼어와 자유군단 단원들에게 내외의 여성성은 폭력으로 분쇄 할 대상이었다. 힘러는 여성의 가치를 부인하는 자야말로 과잉 남성화 된 자이며, 결국은 동성애에 물들게 된다고 비판했다. 에로틱한 남성동 맹인 기독교가 바로 그렇다. "가장 순수한 기독교"는 "여성의 절대적인 파괴"를 겨냥한다. "여성이 열등하다고 생각하는 것이야말로 전형적인 기독교적 태도"이다. 이어서 힘러는 나치 내부를 겨냥한다. "우리 동지 들 중에도" 똑같은 사람들이 있다. 그들은 여성을 "2급 인간"으로 간주 하여 "우리의 내적 삶"으로부터 분리시킨 채 여자는 진정한 나치가 될 수 없다고 외친다. 그러나 우리의 "세계관이 탄탄한 토대를 갖추기 위해 서는 여성에 의해 견지되어야" 한다. 여성은 감정적 존재이기에 기독교 이전의 것을 본능적으로 안다. 그것을 눈치 챈 "성직자 무리들이 마녀 사냥에서 독일 여성을 그렇게 많이 죽인 것입니다."

힘러의 성은 성적인 분방함도 불사하고 여성도 동지로 받아들이는 성 이다. 그러나 동시에 그는 난교를 걱정할 필요가 없다고 말했고, 남성동 맹을 "강철처럼" 견지해야 한다고 말하지 않았던가. 그것이 어떻게 가 능하단 말인가? 이 질곡으로부터 벗어나기 위해 힘러는 돌연 기사도를 꺼내 들었다. "친위대 대원들과 소년들"과 관련하여 "특히 긴급한 것"은 "우리가 그들을 절대적으로 다시 기사와 같은 남자, 청년 기사Kavalier 로 교육해야 한다는 것입니다." 기사를 운위할 때 힘러는 진지했다. 네

달 전에 행한 또 다른 연설에서 힘러는 독일은 고난의 역사 속에서 군인과 공무원이라는 국가의 두 기둥을 얻었지만, 유감스럽게도 "다른 게르만 국가들에게 갖춰져 있는 당당한 귀족 기사를 갖지 못했습니다"라고 강조했다.[20] 여기서 기사란 물론 여성을 존중하되 여성해방은 멀리하는, 힘러의 말로는 "여성 전제정"을 허용하지는 않는 엘리트 전사이다.

1930년대 중반이라는 시점에서 간첩 잡는 친위경찰을 중세적인 귀족 기사로 교육하자는 발언이 시대착오라는 점은 말할 필요조차 없다. 따라서 그 발언은 그저 '남성동맹과 동성애'라는 난문에 부딪친 힘러의 고민을 말해줄 뿐이다. 프리들랜더와 브란트, 클라레와 브뤼거프린츠, 글라이스파흐와 베스트, 그리고 히틀러와 마찬가지로 힘러는 그 문제를 해결할 수 없었던 것이다. 역설적으로 힘러는 그 문제를 해결할 수 없었기 때문에, 다시 말해서 남성동맹으로서의 나치 국가와 친위대가 베스트가 이론화한 대로 게슈타포가 마땅히 되어야 할 그 남성동맹이 언제라도 동성애로 미끄러져 들어갈 수 있었기 때문에 동성애를 국가의 적으로 분류했을 것이다. 딜레마에 봉착하면 테러로 응수하는 나치즘의 전형적인 태도가 힘러의 남성동맹론에서 되풀이된 것이다. 그러나 폭력을 동원한다고 해서 남성동맹과 동성애의 경계가 명료해질 수는 없는 노릇이다. 폭력으로 타고난 동성애자와 후천적 동성애자를 구분할 수도 없는 노릇이다. 그렇다고 해서 200만 명의 동성애자 남자들을 절멸시키는 것은 더더욱 불가능한 노릇이다. 타고난 동성애자가 2퍼센트에 불과하다는 선언은 그 때문이었을 것이다. 그러나 그 선언으로 힘러는 출발점으로 되돌아오고 말았다.

질문을 던져보자. 나치는 왜 그렇게 남성동맹에 집착했던 것일까? 그것은 물론 19세기부터 유장하게 내려오던 남녀이분법, 혹은 19세기 서양 근대문명의 반여성적 성격 때문이다. 그러나 그 답은 너무 일반적이다. 남녀이분법이 남성동맹론으로 귀착되라는 법은 없기 때문이다. 이브 세지윅이 설명한 서양 부르주아 문명의 호모소셜한 사회문화적 구조가 나치즘에서 구체화되었다는 것도 가능한 답변이다. 그러나 그것도 나치의 집착을 설명하기에는 너무 일반적이다. 호모소셜이라는 '성격'은 구체적인 남성동맹 '조직'과는 다른 것이기 때문이다. 프리들랜더-브란트 그룹의 이념이 끼친 영향력 때문이라는 답변도 적절치 못하다. 나치에게는 프리들랜더-브란트 그룹이 주창한 '동성애 남성문화'를 관철시킬 의사가 전혀 없었다. 간단하지만 적절한 답은 오히려 나치가 남성동맹이고 또 남성동맹이고자 했다는 점에서 찾아야 할 것 같다.

남성동맹으로서의 나치즘은 우선 나치당에서 구현되고 있었다. 나치당은 복수의 지도자들 사이의, 그리고 지도부와 당원들 사이의, 봉건적으로 보일 정도의 사적인 결속으로 짜인 조직이었고, 그 내적인 통합력은 정치적 의사 형성과 실천의 분업 및 조정에 입각한 관료제적 구조가 아니라, 모든 것을 초월하는 동시에 함께하는 '동지 히틀러'의 카리스마적인 지배력에 의해 보장되었다. 그렇기에 나치 당원 개개인은 고유한 이니셔티브를 발휘할 수 있었고, 따라서 상이한 지역과 계층의 상이한 이해관계에 호소력을 발휘하는 데 비상한 역동성을 발휘할 수 있었다. 집권 이후에도 히틀러는 나치즘의 그 비형식적이고 탈규범적인 역동성을, 특히 히틀러 개인이나 나치당이 고유한 과제로 설정한 영역에서 유지하려 했다. 그 대표적인 것이 아우토반을 건설한 "토트건설단"이다. 건설단은 입법권과 행정권을 보유한 정부 부처이면서도 정부로부터 독립되어 히틀러 개인에게 직속되었고, 건설 기업에게 하청을 주는 동시에 스스로 건설회사로 활동했다. 오해를 막기 위해 강조하자면, 토트건설단이 남성동맹이었다는 것이 아니라 남성동맹의 탈규범적인 역동성이 그 기관에서 구현되었다는 것이다.

아우토반의 건설은 토트건설단의 업무 효율성을 증명하지만, 그로써 정부와 히틀러 개인의 경계, 정부와 비정부 공공 기관의 경계, 공적 영역과 사적 영역의 경계가 소멸되었다. 문제는 나치가 그런 탈관료제적인 조직을 나치 체제의 근간으로 삼으려 했다는 데 있다. 앞서 언급한 베르너 베스트의 신경찰론도 그러한 예 중의 하나다. 베스트는 경찰이 "새롭고 고유한 종류의 국가방어단"이 되어 "투쟁 목표에 대한 자발적인 헌신, 동지애적인 결속, 지도부에 대한 사적인 충성 관계"에 녹아들어야 한다고 강조했다. 그래야만 경찰이 "첨단으로부터 말단까지 가장 짧은 명령 및 신고 체제"에 따라 움직일 수 있다는 것이다. 이쯤 되면 정규군을 돌격대로 대체하겠다던 에른스트 룀의 발상이 황당한 것만이 아니었다는 점이 드러난다. 히틀러는 룀과 달리 현실적인 감각을 놓치지 않았다. 그는 돌격대로 정규군을 대체할 수 없다는 것을 알았다. 그러나 결정적인 것은 히틀러가 토트건설단과 같은 지도자 직속 최고위 제국 기관을 설치함으로써 독재적인 권력을 강화할 수 있었고, 역으로 히틀러의 수하들은 히틀러 직속 제국 기관의 수장이 되어야만 권력을 제대로 행사할 수 있었다는 점이다.

따라서 지도자 직속 최고위 제국 기관은 늘어만 갔고, 마르틴 브로샤트가 명쾌하게 보여주었듯이, 그 경향은 업무의 중첩과 갈등을 심화시키고 행정 규범과 업무 체계를 파훼했으며, 체제를 "즉흥적인" 과제에 집중하도록 만들었고, 궁극적으로 체제의 효율성을 떨어뜨렸다. 해법이 무엇이었을까? 나치는 그 해법을 다시금 남성동맹에서 찾았던 것 같다. 보통의 행정국가로 돌아가는 것은 내무장관 프리크를 제외하고는 그 어느 유력한 나치도 옹호하지 않았다. 히틀러도, 나치 지구당 위원장들도, 건축기사 출신으로 군수장관이란 막강한 권력의 지위에 오른 알베르트 슈페어Albert Speer도 마찬가지였다. 논리적으로도, 퇴니스의 "게마인샤프트"도 "게젤샤프트"도 길이 아니라면 유일하게 남은 사회성은 남성동맹과 남성국가였다.

그러나 나치 국가도 엄연히 근대 국가였다. 그리고 근대 국가는 관료제 국가요, 관료제는 근대의 운명이다. 남성동맹으로는 관료제적 현실을 파괴할 수는 있을지언정 새로운 현실을 구성할 수 없는 것이다. 예컨대 베르너 베스트의 구상에도 불구하고 게슈타포가 관료제적 행정 조직임을 멈춘 때는 단 한 순간도 없었다. 게슈타포는 오히려 유대인 학살과 같은 세계관의 과제를 대단히 관료제적으로 수행했다. 따라서 집권 이후에 울려 퍼진 나치의 남성동맹론은 허구요 판타지로 평가해야 할 것이다. 현실이 복잡하고 어려울수록 판타지가 구원인 법이다. 남성동맹이 나치의 현실이자 나치 체제의 현실을 은폐하는 판타지였기에, 나치는 남성동맹에 그토록 집착했을 것이다. 그래서 남성 동성애가 그토록 문제였을 것이다.

친위경찰과 분방한 성

힘러의 발언으로 돌아가자. 동성애에 대한 힘러의 논변은 친위대가 발간하던 주간지 『흑색군단』에서 반복해서 설파되었다. 힘러의 연설 이전에 그 저널은 동성애에 대해서 비교적 말을 아꼈었다. 1935년 5월 22일, 즉 나치당과 내각이 175조 강화에 합의한 시점에 「반자연적인 성교는 사형이 합당하다」라는 외부 인사의 논설을 실은 것이 전부였다. 그러나 힘러의 연설 뒤에 저널은 동성애에 대한 일련의 공식 논설을 게재했다. 『흑색군단』은 1937년 3월 4일에 「그들은 국가의 적이다」를, 3월 11일에 「동성애와 예술」을, 4월 1일에 「탈종된 자의 배제」를, 4월 15일에 「자식들에게 뭐라 이야기해줘야 하나?」를 게재했다. 논설에는 힘러의 "국가의 적" 토포스가 반복된 것 외에 특별한 내용이 없다. 아방가르드 예술은 타고난 동성애자에게 깃들어 있는 아나키즘적인 반사회성이 표출된 것이고, 타고난 동성애자는 가혹하게 처벌해야 하며, 아이들에게는 자연적인 것이 도덕적인 것이라고 가르쳐야 한다는 것이었다. 내용보다 중요한 것은 힘러의 발상이 친위대 전체의 입장이 되었다는 것, 그리고 그 입장이 대중에게 공표되었다는 사실이다. 1935년 2월에 창간된 『흑색군단』은 냉소와 선정성을 섞은 글쓰기 덕분에 1937년에 50만 부를 발행했다. 주간지 전국 순위 2위였다.

힘러의 연설에서 성적 분방함이 강조된 것은 대체 어찌 된 일이었을까? 성과 관련하여 나치가 일관되게 강조한 것은 두 가지였다. 남녀 간의 성차를 유지해야 한다는 것과 성은 무엇보다도 독일인의 확대 재생산에 복무하여야 한다는 것이 그것이다. 그것이 나치만의 고유한 이념이 아니었음은 물론이다. 그것은 부르주아적이기도 하고 보수적이기도 하며 기독교적이기도 한 신념이었고, 따라서 공동으로 집권한 나치와 우익 세력의 합의 사항이기도 했다. 그러나 그 합의로부터 이탈하여 성적 분방함을 예찬하는 글들이 1936년부터 친위대 주변에서 빈번히 발표되었다.

예컨대 당대의 유명 의사인 발터 그멜린Walter Gmelin은 「인구 정책과 조혼」이라는 1936년의 논설에서, 자신이 검진한 신부들 중에서 성경험이 없는 처녀는 5퍼센트에 불과하고 그들 대부분은 결혼하기 약 7년 전인 10대 말이나 20대 초반에 첫 경험을 했다고 보고하면서, 그것이 결코 나쁜 것이 아니라고 강조했다. 혼전 성교는 "사회적 금기와 도덕 설교자에 대항하는 건강한 반응"이며, 혼전 성경험이 없는 5퍼센트야말로 "평균 이하의 유전형질을 보유하고 있다." 그 글의 일부는 1937년 1월 7일에 『흑색군단』에 게재되었다. 『흑색군단』의 같은 호는 법률가인 베헤르트Rudolf Bechert의 논문도 소개했다. "혼인과 무관한 성교는 여러 측면에서 결혼보다 우월하다. …… 혼외 관계는 최고의 도덕적, 미학적 가치를 표현하도록 이끌어준다. 성애가 없으면 시도, 그림도, 음악도 없다!" "혼외 성교는 절대로 금지되지 말아야 한다."

1937년에 또 다른 나치 의사인 크살너Carl Csallner는 "반자연적인 금기"와 "성직자의 교활함"이 "자연이 원하는, 스스로 행동하라고 압박하는 성충동"을 "죽음으로 이끄는 저열한 죄악"으로 바꿔놓았다고 주장했다. 똑같은 입장이 『흑색군단』에서도 발견된다. 저널은 1936년 3월과 4월에 기독교의 "원죄"를 "비독일적인 아시아적" 발상으로 거부하면서, "열성적인 성직 도덕주의자들"은 "병적인 콤플렉스"를 가진 자들뿐이라고 조롱했다. "기독교 도덕은 신체적인 것을 경멸하면서 자연적인 것을 죄스러운 충동으로 해석했다." 『흑색군단』은 1935년에 이미 "유대인 조작꾼들이 자연적인 질서를 허물기 위하여 작업해왔으나, 우리는 우리 민족 안에 깃든 신체의 고귀함과 아름다움에 대한 본능을 파괴하려는 그 모든 위선에 맞서 싸워왔다"고 강조했다. 1938년에 나치 교육학자인 체플린Alfred Zeplin은 "성행위는 죄악이 아니라 신성한 것"이라고 선언했다.[21]

흥미로운 점은 보수적인 인사들이 주장은 다르지만 출발점은 똑같은 진술을 했다는 사실이다. 1938년에 한 기독교 목사는 피임 수단의 확산으로 인하여 혼전 성교가 현재 "과거에 그것을 전혀 모르던 집단에게도 광범하게 확산되었다"면서 "이는 기독교 환경에서 살아가는 사람에게도 문제가 되고 있다"고 썼다. 호프만Ferdinand Hoffmann이라는 나치 의사는 같은 시점에 "독일에서 연간 약 7200만 개의 콘돔이 사용되고 있다"면서, 신부들 중에 약 5퍼센트만이 숫처녀이며, 결혼 후에도 배우자에게 지조를 지키지 않는 사람도 흔하다고 주장했다. 그들의 주장이 사실인지는 확인할 수 없다. 확인할 수 있는 분명한 사실은 성적 분방함이 나치 독일의 생생한 현실이었다는 점이다. 1930년대 후반에 독일을 방문한 프랑스인들은 독일의 공중화장실과 기차역 플랫폼에 콘돔 자동판매기가 곳곳에 서 있는 광경을 목격하고 그 "성적 과잉"에 깜짝 놀랐다. 1936년에 뉘른베르크에서 나치 전당대회가 열린 직후에는 전당대회에 참석한 독일소녀단 단원 900명이 임신을 했다는 보고가 나치 노동 단체인 독일노동전선 내부에서 작성되었다.

　나치 지도부는 그런 현상을 방조 내지 권장했다. 독일소녀단의 지회 지도부는 이미 1934년에 혼전 성행위를 권장한다는, "특급 비밀"이라는 붉은 인장이 찍힌 공문을 받았고, 1935년에는 "비밀"이란 인장이 아예 없는 똑같은 방침을 하달받았다. 망명 사민당은 1937년에 히틀러청소년단에서 "난교는 구체적으로 승인된 현상"이라고 보도했다. 흥미로운 사실은 그 시점에 나치의 새로운 매춘 정책이 정립되었다는 점이다. 우리는 앞서 나치가 1933년 5월 26일에 매춘 관련법을 개정하여 창녀들의 호객 행위를 금지했다고 언급했다. 그러나 같은 해 10월 에센 경찰은 창녀들을 특정 건물에 집중시키고 정기적인 성병 검진을 하는 등 매춘 관리 체제를 도입했다. 교회를 비롯한 보수 세력은 반발했지만, 함부르크, 브레멘, 뤼베크 경찰이 그 예를 따랐다.

경찰은 억압보다는 관리가 매춘 문제를 단순화시킨다고 생각했던 것인데, 이는 나치 경찰이 바이마르공화국에서의 자유화 이전, 즉 제2제정기의 매춘 정책으로 돌아간 것을 뜻한다. 그러나 똑같은 정책도 맥락이 달라지면 전혀 다른 의미를 생산하는 법이다. 성교의 기회를 제공하고자 하던 1930년대 중반의 창녀촌은 성병에 대한 통제가 아니라 성교 기회의 확대를 의미했다. 실제로 힘러는 앞서 논의한 1937년 2월 18일의 연설에서, 즉 청소년들과 친위대원들에게 성애의 기회를 제공해야 한다고 역설한 그 연설에서 매춘 문제를 언급했다. "우리는 그 자체로 완전히 무해한 창녀 문제"를 "문화민족에 어울리는 조직화와 조치들로서 해결할 수 있을 것입니다."[22]

성에 대한 나치의 그 긍정적 태도는 어디서 온 것일까? 텍스트를 벗어나서 역사로 가자면, 그것은 명백히 바이마르 성문화에서 온 것이다. 다시 말해서 나치는 바이마르공화국에서 폭발했던 성적 자유를 수용한 것이다. 대중에 영합하는 데서 타의 추종을 불허하던 나치가 집권 직후의 권위적 국면에서 벗어나자마자 바이마르의 성적 자유와 접속한 것이다. 그렇다고 해서 나치가 바이마르 성문화를 그저 수동적으로 수용했다는 것은 아니다. 나치 스스로가 성에 대하여 개방적이었다. 그들은 혁명가이고자 하지 않았던가. 혁명가로서 나치는 새로운 도덕을 구축하여 새로운 인간을 주조하려 했고, 새로운 도덕의 기반이자 출발점은 성이었다.[23] 그 문제의식은 나치가 기독교, 특히 가톨릭교회에 그토록 적대적이었던 이유이기도 했다. 앞서 인용한 논자들도 말끝마다 기독교 도덕에 대하여 날선 비판을 가했다. 힘러도 마찬가지였고, 비록 제거되기는 했지만 나치 집권 초기에 가장 거세게 혁명을 주장했던 룀 역시 지극히 아방가르드적인 성 의식을 내보였다. 괴벨스 역시 "진보적인 성 도덕의 마이스터"를 자임했다.

이 지점에서 우리는 앞서 논했던 루돌프 클라레와 요하네스 슐츠의 성 이론을 평가할 수 있으리라. 슐츠의 성 개념은 1936년 이후의 나치, 특히 힘러의 성 개념과 정확히 일치한다. 두 사람 모두 성애를 긍정했고 여성을 긍정했다. 클라레의 성 개념은 성애 문제에서 머뭇거리던, 혹은 권위적 국면에서 채 벗어나지 못했던 그 이전 시점의 나치와 힘러를 반영한다. 그때 나치의 성은 인구 문제에 머물러 있었다. 그렇다고 해서 1936년을 경과하면서 힘러와 나치가 인구 정책으로서의 성 개념을 버렸다는 것은 결코 아니다. 재생산의 중요성은 나치 성 정책의 변치 않는 상수였다. 앞서 언급한 논자들만 하더라도 그들이 혼외 성교를 찬양한 이유 중의 하나는 혼외 정사에서 태어난 아이들을 적법한 자식으로 인정하도록 하는 데 있었다. 이 역시 정확히 힘러를 반영한다. 힘러가 "생명의 샘"이라는 기관을 설립하여 독일인 고아들과 미혼모의 자식들을 돌보도록 한 때가 1935년 12월이었다.

다시 말해서 나치의 성 개념에는 1930년대 중반에 들어와서 인구라는 불변의 요소에 성적 환희가 추가되었던 것인데, 나치가 나치인 이유는 그 환희가 환희로 끝나지 않는다는 데 있다. 1937년 2월 18일의 연설에서 힘러는 여성을 나치 동지로 인정했지만, 그는 결코 남녀이분법을 버리지 않았다. 힘러는 독일이 지나치게 남성화되었다고 비판하는 가운데, 젊은 여성들이 배낭을 메고 다니는 꼴을 못 보겠다면서 그런 현상이야말로 동성애로 가는 지름길이라고 지적했다. 여자는 나치의 동지이되 여성적인 동지여야 했던 것이다. 그런 그가 성애를 찬양한 것은 성애를 남자가 남자다워지고 여자가 여자다워지는 장으로 파악했기 때문이다. 다시 말해서 남자의 성적 만족은 남성성을 확인하고 증폭시키는 매개였던 것이다. 그에 따라 성애는 남자의 일, 즉 노동력과 전투력을 극대화시키는 수단으로 의미화되었다.

성병 관리 차원에서 시작한 나치 경찰의 창녀촌 조성이 새로운 의미를 획득한 것은 바로 그 순간이었다. 힘러가 공공연하게 매춘을 긍정하기 1년 전인 1936년 2월, 독일군 총참모부는 군부대 인근에 창녀촌을 설치하는 것이 "긴급히 필요한 일"이라고 주장하면서, 보건 당국은 "그렇게 이용되는" 창녀들을 단속하지 말아야 한다고 요구했다. 그 요구는 수용되어 1939년에 군부대 인근에 창녀촌이 설치되었다. 그리고 힘러는 1942년에 노동수용소 인근에도 창녀촌을 설치했다. 그것도 수감된 강제 노동자의 국적에 따라 여러 국적의 여성들을 골고루 배치했다. 성은 노동력과 전투력이라는 독일 민족국가의 힘으로 전용되어야 했던 것이다.

우리가 유의할 것은 나치 지도부의 문제의식이 곧 평범한 독일 청년들의 문제의식이라는 법은 없다는 점이다. 나치당 전당대회에서 소녀를 만나 사랑을 나눈 청소년은 성교의 순간 자신의 남성성을 확인하기도 했겠지만 성애의 기쁨을 마냥 탐닉하기도 했을 것이다. 성교는 성교일 뿐이고 짜릿함은 짜릿함일 뿐이기도 한 것이다. 요하네스 슐츠가 묘사한 성은 바로 그러한 성이었다. 그러나 나치는 짜릿함이 짜릿함으로 끝나도록 방치하려 하지 않았다. 그들은 성애를 특권화하려 했다. 앞서 언급한 그멜린, 즉 혼전 성교를 하는 사람이야말로 우월한 유전형질을 가졌다고 주장한 그 의사는 결혼 적합성을 판정하는 의사였고, 그렇게 유전병 환자의 강제 불임 및 안락사 작전에 참여한 자였다. 앞서 인용한 교육학자 체플린 역시 성은 신성하다고 외치는 동시에 성교의 환희야말로 동성애를 막아준다고 주장했다. 그들은 모두 나치 독일에서 성애를 마음껏 즐겨도 되는 사람과 그렇지 않은 사람을 날카롭게 구분했던 것이다.

다시 말해서 1930년대 중반 나치의 성정치는 바이마르의 성적 자유를 고스란히 이어받되 그것을 노동력과 전투력으로 코드화하는 한편, 성적 환희를 '정상적인' 독일인의 특권으로 한정하고 특정 집단에게는 금지하였던 것이다. 흥미로운 점은 그 원칙이 비슷한 시기 나치의 유사 정책에서도 관철되었다는 사실이다. 히틀러는 1935년 9월 15일 뉘른베르크 나치당 전당대회 현장에서 소위 "뉘른베르크법(독일의 피와 명예를 보호하기 위한 법)"을 선언함으로써 독일인과 유대인 및 집시 혹은 흑인 혼혈과의 성교 및 결혼을 금지했다. 같은 해 10월 18일의 소위 "혼인건강법(독일 민족의 유전 건강을 보호하기 위한 법)"은 유전병 환자, 성병 환자, "정신교란자"의 혼인을 금지했다. 성애에 대한 나치의 예찬이 그 입법 직후에 만개한 것을 보면 금지의 대상이 정해진 만큼, '정상인'은 더더욱 성애에 탐닉해야 하는 것이었음을 알 수 있다. 힘러의 1937년 2월 18일의 연설은 그 흐름과 정확히 일치한다. 독일 청소년과 친위대 대원은 성애를 마음껏 향유해야 하지만, 동성애자는 절멸되거나 수감과 노동을 통해 '치유'되어야 했던 것이다.

물론 의도와 현실은 언제나 불일치한다. 뉘른베르크법에도 불구하고 유대인 애인과 헤어진 독일인은 적었다.* 혼인건강법에 따라 독일의 신

---

* 나치 당국이 골머리를 썩은 문제는 독일인과 유대인 사이의 성교만이 아니었다. 전쟁이 발발한 뒤에 전쟁포로와 외국인 노동자들이 독일에 들어오자, 나치는 혼혈의 공포에 사로잡히는 동시에 고향에 아내를 두고 전선으로 간 병사들의 사기를 걱정했다. 나치는 독일인과 외국인 노동자 및 전쟁포로의 접촉을 막기 위해 부심했다. 그러나 나치 특유의 인종주의는 문제를 지극히 복잡하게 만들었다. 우선 외국인 여성과 성교를 한 독일인 남자는 처벌을 받지 않거나 처벌을 받아도 금고형이 고작이었다. 남자의 성교는 정복을 의미했기 때문이다. 여성은

랑 신부는 보건소에서 혼인건강증명서를 발급받아야 했으나, 대중의
반발이 무서웠던 나치는 그 실행을 무기한 연기하고 시청 혼인과課 공무
원이 적시한 인물만 증명서를 제출하도록 했다. 혼인이 금지된 정신교란
자는 "도착적인 욕구를 만족시키기 위하여 결혼하려는 자"로 규정되었
지만, 1935년 말에 공포된 시행령은 "정신교란"을 선천과 후천으로 나
누고, 후천의 경우에는 증명서 제출 의무를 면제시켰다.[24] 따라서 당국
에게 의심받지 않는 한 독일인들은 나치 정권이 성애를 노동력 및 전투
력으로 코드화했든 말든 성적 자유를 특권화했든 어쨌든 그 피안에서
성교와 그 짜릿함을 마음껏 즐길 수 있었다. 결혼을 앞둔 신부의 5퍼센
트만이 처녀라는 나치 의사들의 발언은 그 현실을 증언해준다. 그렇다

가혹하게 처벌했다. 여성은 민족의 생산 및 명예와 관련되는 문제였기 때문이다. 그러나 여성
들에 대한 조치가 일관되었던 것은 아니다. 전선 병사의 아내가 아니라 과부가 북서유럽 출신
강제 노동자와 성교를 했을 경우 결혼이 허락되기도 했다. 반면에 '정상적인' 여성들, 특히 러
시아인 전쟁포로 및 폴란드 남성 노동자와 성교를 한 여성의 경우에는 삭발을 시킨 뒤에 "독
일 여성의 명예를 손상시켰다"는 팻말을 목에 걸어 광장에 전시하고 감방에 수감했다. 그런
일에 대한 여론이 좋지 않고 외국의 반응도 부정적이자, 히틀러는 1941년 10월 공적인 모욕
처벌을 금지했다. 그 후 독일인 여성들은 감옥 수감으로 그쳤다. 독일인 여성과 관계한 외국
인들에 대한 처벌은 인종에 따라 상이했다. 폴란드인 노동자와 러시아인 전쟁포로는 교수형
에 처하거나 강제수용소에 보냈지만, 북서유럽인은 감옥에 수감했다. 독일 여성이든 외국인
이든 감옥형을 선고하는 경우에는 인종 이외에 나치즘에 대한 정치적 충성도도 고려되었다.
따라서 형기가 4개월인 경우도 있었고 4년인 경우도 있었다. 처벌이 그렇듯 복잡해지자 친위
대는 1941년에 독일인과 외국인의 성교를 전면 금지하려 했다. 그러나 이번에도 외국의 반응
이 걱정되어 포기되었다. 게다가 1943년 이후 노동력 부족이 첨예화되자 외국인 강제 노동
자에 대한 조치가 완화되었다. 그렇듯 들쭉날쭉한 조치가 연이어 하달되자 성정치를 담당하
던 현장의 기관들이 현장의 사정에 따라 서로 다른 조치를 취했다. 사실 이것, 즉 일목요연한
듯 보이는 나치의 성정치가 이데올로기와 현실의 교차 및 간극 속에서, 그리고 기관과 조치들
의 정글 속에서 즉흥성과 비일관성 속으로 스러져버리고 남는 것은 회색의 공간과 그 속에서
지속되는 일상적 삶의 연속과 불연속인 것이 나치 지배 체제의 본색이다. Birthe Kundrus,
"Forbidden Company: Romantic Relationships between Germans and Foreigners, 1939
to 1945," Dagmar Herzog(ed.), *Sexuality and German Fascism*(New York, 2005), pp.
201~222.

면 동성애자들의 경우는 어떠하였을까? "국가의 적"으로 낙인찍힌 그
들은 어떻게 얼마나 달라진 억압을 대면하게 되었을까?

투옥, 거세, 강제수용소

1936년 6월 중순에 독일 경찰총감으로 공식 임명되자 힘러는 정치
경찰과 마찬가지로 형사경찰도 중앙화했다. 베를린에 형사경찰청을 설
치한 것이다. 이어서 그는 주요 범죄 항목별로 "본부"를 설치했다. "본
부"는 1939년까지 모두 17개가 설치되었다. 예컨대 "사형범죄" 항목에
는 "살인 및 강도 퇴치 본부"가, "사기범죄" 항목에는 "화폐, 증권, 우표
위조 퇴치 본부"가, 그리고 "풍속사범" 항목에는 "음란물 퇴치 본부"와
"마약 퇴치 본부"가 설치되었다. 1936년 10월 10일 힘러는 "풍속사범"
항목에 "동성애와 낙태 퇴치 본부"를 설치했다. 흥미롭게도 힘러는 그
본부만은 "비밀명령"을 통하여 설치하고, "모든 형태의 동성애, 복장전
환, 낙태, 낙태 의료인, 낙태 및 피임 도구의 제조와 판매, 인구 증가에
대한 반대"를 업무 영역에 포괄시켰다. 힘러는 1934년 6월의 돌격대 숙
청에 앞서서 돌격대 수뇌의 동성애 정보를 수집했고, 그 후에 게슈타포
청에서 동성애를 담당하던 요제프 마이징거를 형사경찰청 본부장에 임
명했다. 그로써 마이징거는 형사경찰과 게슈타포 모두에서 동성애를 담
당하게 되었다.

"본부"라고 해서 업무가 거창했던 것은 아니다. 본부는 각 범죄에 대
한 전국 경찰의 행동을 조율하는 것 외에 주요 범죄자들의 신상 카드를
관리했다. 흥미롭게도 힘러는 낙태범은 모두 카드화하라고 지시한 반

면, 성범죄에 대해서는 형법 174조(위계를 이용한 성교), 176조(강간 및 14세 미만 미성년자와의 성교) 및 253조(동성애자에 대한 협박) 위반자는 모두 카드화하되, 175조와 175a조 위반자는 나치당 당원, 나치당 산하 단체 회원, 군인, 수도 성직자, 공직자, 유대인, 나치 집권 이전 고위직 인사만을 카드화하라고 지시했다. 다시 말해서 나치가 정치적인 적으로 규정한 집단(유대인, 구정치인)과 남성동맹 단체인 나치 기관에 초점을 맞춘 것이다.

신상카드는 특별하지 않았다. 상단에 이름, 직업, 거주지, 생년월일, 출생지, 종교, 인종, 가족 관계, 국적, 공범이 기록되었고, 하단에 청소년 유혹, 남남매춘, 협박 전과 여부, 소속 기관이 기록되었다. 청소년의 경우에는 카드가 달랐다. 청소년 범죄자의 인적 사항과 소속 기관 외에, 주범인지 공범인지 아니면 유혹을 당했는지도 기록했다. 나치에게 청소년은 언제나 특별한 관리 대상이었다. 또한 힘러는 1937년 2월에 전국의 게슈타포 및 형사경찰 지청장들과 "본부" 경찰관들을 소집하여, 청소년 동성애 범죄자의 경우 검찰을 통하여 법원에 기소할 것이 아니라 "예방구금" 조치를 취해 유치장에 수감할지 '고려'하라고 지시하기도 했다.[25]

1937년 5월 11일에 "본부"는 형사경찰 지청에 "동성애와 낙태 퇴치를 위한 지침"을 하달했다. 세 달 전 힘러의 연설을 의식해서인지, 지침은 "남성 동성애자"를 국가의 적으로 규정하면서 "청소년에 끌리는 동성애자"와 "남창"을 "각별히 위험한 인물"로 규정했다. 그런 자들은 "가차 없이 사회로부터 격리시켜야 하고," "동성애가 처음이라고 강변해도 절대로 믿지 말라." 지침의 내용은 사소하고, 그래서 철저했다. 대로, 기차역, 공원, 공중화장실, 노동사무소, 술집을 항상 감시하라. 호텔 프런트 직원, 기차역 짐꾼, 택시 운전기사, 미용사, 수영장 직원을 이용하라. 의심스러운 자는 무조건 체포하여 심문할 것이며, 신문 광고란을 수시로 점검하고, 주민들과 좋은 관계를 유지하며, 소문에 귀를 기울이고, 믿을 만한 사람을 프락치로 만들어라. 동성애자로 판명난 자는 즉시 수감하고, 사진 찍고, 지문을 채취하라. 혐의가 입증되지 않아도 절대로 곧바로 석방하지 말고 가택 수색에 돌입할 것이며, 이때 특히 편지 내용을 일일이 점검하라. 심문을 할 때 제3자를 배제하라. 21세 미만의 청소년은 특히 섬세하게 다루어야 한다. 에로틱한 느낌이 드는 질문은 절대로 피하고, 경찰이 자신을 부당하게 다루기는커녕 도와주려 한다는 인상을 심어야 한다.

언뜻 기이해 보이는 것은, 힘러가 스스로 국가의 적으로 규정한 동성애 문제를 형사경찰에게 담당하도록 한 일이다. 그러나 힘러는 1936년 10월의 비밀명령을 형사경찰은 물론 게슈타포에게도 하달했다. 그리고 경찰 지청의 혼란이 염려되었던지, 힘러는 1937년 2월 9일의 비밀명령을 통하여, 일상적인 동성애 문제는 형사경찰이 처리하고, "인구 정책, 국민보건, 민족사회주의의 세계관 원칙, 청소년과 직결된 사항"은 게슈타포가 처리하라고 지시했다. 물론 그 사항들은 모든 동성애 사건과 관련될 수밖에 없는 노릇이었고, 현실적으로도 현장의 사정에 따라 형사경찰이 나서기도 하고 게슈타포가 나서기도 했다. 예컨대 쾰른 경찰은 이웃한 뒤셀도르프 게슈타포를 초빙하여 동성애자에 대한 일제단속 작전을 벌였고, 함부르크와 에센에서는 주로 게슈타포가 나섰다. 경찰은 또한 175조와 175a조 위반자의 경우 나치 당원과 산하 기관의 회원들만 보고하라는 명령을 무시하고, 할당량 채우듯 일반인 동성애자들의 신상카드를 "본부"에 보내기도 했다.[26]

〈표 9〉 나치 시대 175조 유죄 판결

1933년	853명
1934년	948명
1935년	2,106명
1936년	5,320명
1937년	8,271명
1938년	8,562명
1939년	7,614명
1940년	3,773명
1941년	3,753명

본부는 다채롭게 움직였다. 물론 175조 위반자 내지 위반 혐의자의 신상카드를 관리했다. 그 신상카드는 1940년까지 약 4만 1000개에 달했다. "본부"는 또한 동성애자의 단속 및 치료와 관련하여 여타의 기관들과 협력하기도 했고, 앞서 설명한 가톨릭 수도원 성직자들과 동맹청 소년을 억압할 때 게슈타포 지청들의 작전을 지휘하고 언론 공작에도 일조했다. 1938년 1월에 육군총사령관 프리슈를 숙청할 때 동성애 증거를 조작한 것도 본부였다. 본부의 활동은 그렇다 치고, 힘러가 동성애 문제를 틀어쥔 뒤 유죄 판결을 받은 동성애자는 얼마나 늘어났을까? 참고로, 동성애자의 처벌에서 정규 사법 기관을 거치는 더 이상의 조치는 나치가 패망하는 날까지 취해지지 않았다. 다시 말해서 1935년 6월의 175조 개정과 1936년의 본부 설치가 보통의 동성애자들에 대한 조치의 전부였던 것이다.

175조 위반으로 유죄 판결을 받은 사람은 연도별로 〈표 9〉와 같았다.

1942년부터 1945년까지의 통계는 발견되지 않고 있는데, 전쟁 중이던 1940년과 1941년에 그 수가 4000명을 넘지 않았으므로, 1942년부터 1944년까지 그 수가 매년 3700명이었고, 전쟁 마지막 해에 1000명이었다고 가정해보자. 그렇다면 1933년부터 1941년까지 8년 동안 총 4만 1200명, 그리고 1942년부터 1945년까지 약 1만 1000명, 합하여 나치 지배 11년 3개월 동안 약 5만여 명이 175조로 유죄 판결을 받았다고 추산할 수 있다. 한 가지 추가하자면 경찰에 검거된 사람이 모두 유죄 판결을 받았던 것은 아니다. 이를 알려주는 통계가 딱 하나 남아 있다. 1943년 2월 말에 독일군에 배속된 정신의학자인 부트Otto Wuth 대령이 독일군 총참모부에 보낸 비망록에 따르면, 나치 경찰이 175조 위반 혐의로 수사한 사람이 1937년에 3만 2360명, 1938년 2만 8882명, 1939년 전반기 6개월 동안 1만 6748명, 1942년 전반기에 4697명이었다. 1939년 후반기의 피수사자가 전반기와 동일했다고 가정한다면, 1937년에서 1939년까지 독일 경찰은 약 9만 5000명을 수사했다는 계산이 나온다. 그 기간 동안 유죄 판결을 받은 사람이 2만 4447명이므로 수사받은 사람의 25퍼센트가 유죄 판결을 받았음을 알 수 있다.[27]

다소 기계적이지만, 1930년대에 독일의 동성애자가 몇 명이었을지 어림잡아보자. 3장에서 우리는 히르슈펠트가 1903~1904년에 샤를로테 공과대학 학생들과 베를린 금속노조 조합원들에게 성 취향에 대한 설문을 실시하였으며, 이를 통하여 전자의 경우에 동성애자가 1.5퍼센트이고 양성애자가 4.5퍼센트이며, 후자의 경우 동성애자가 1.15퍼센트이고 양성애자가 3.19퍼센트임을 밝혔다. 동성애자와 양성애자를 합하면 전자는 6퍼센트이고 후자는 4.34퍼센트인데, 좀 보수적으로 4.34퍼센트를 지표로 삼아 계산을 해보자. 1939년에 20세 이상의 독일인 남성 인구는 2261만 명이었다.[28] 그것의 4.34퍼센트는 94만 명이다. 10대 동성애자까지 함께 고려한다면, 1930년대 후반에 남성과 성행위를 하는 남자는 낮게 잡아 약 100만 명이었다는 결론이 도출된다. 수사받은 사람 중에서 25퍼센트가 유죄 판결을 받았으므로, 총괄해보면 100만 명 중에서 20퍼센트인 약 20만 명이 수사를 받았고, 그중 25퍼센트인 5만 명이 유죄 판결을 받았다는 어림이 선다.

나치 시대 통계를 어떻게 평가할 것인가? 유죄 판결을 받은 사람이 많았던 것일까? 바이마르공화국의 경우 1919년부터 1932년까지 14년 동안 총 9257명이 유죄 판결을 받았다. 연평균 661명이다. 나치가 집권한 1933년부터 1941년까지는 연평균 5150명이다. 나치 정권에 와서 10배가량 증가한 것이다. 억압이 대단히 강력해졌음을 알 수 있다. 그러나 힘러와 친위경찰이 동성애자를 국가의 적으로 선포하고 독일 동성애자가 200만 명에 달한다고 주장했던 사실을 떠올리면, 저 숫자는 오히려 적은 것이 아닐까? 처벌받은 사람이 가장 많았던 1937년과 1938년으로 한정한다고 해도 그 수가 엄청난 것은 아니다. 몰역사적일 가능성을 감수하고 나치 패망 이후 서독의 경우와 비교해보아도 마찬가지다. 1953년부터 1965년까지 12년 동안 서독 법원은 175조 위반으로 총 3만 7668명에게 유죄 판결을 선고했다. 연평균 2897명이다.*

물론 나치에게는 정규 사법 기관의 조치와 무관한 처벌 수단이 있었다. "보호구금Schutzhaft"과 "예방구금Vorbeugende Haft"이 그것이다. 보호구금은 1933년 2월 28일의 "국가와 민족을 보호하기 위한 대통령 긴급명령"에 근거해, 경찰이 '국가와 민족의 적'을 사법 기관과 무관하게

---

* 1969년에 서독 정부는 성년 남자들 간의 합의에 의한 동성 성행위는 비범죄화했다. 즉 18세 미만의 청소년과의 성교만 처벌한 것이다. 이 조항마저 폐지된 때는 동독과 통일한 후인 1992년이다. 이는 동성애를 애초부터 비범죄화했던 동독의 형법과 서독의 형법을 통일시키면서 이루어진 일이다. H.-G. Stümke and R. Finkler, *Rosa Winkel, Rosa Listen*, p. 354, 368.

처벌할 수 있게 된 테러적 수단이었다. 아주 단순하게 말해, 경찰은 특정인을 법원에 넘기지 않고 강제수용소에 수감할 수 있었고, 또한 법원으로부터 유죄 판결을 받고 수형 기간을 모두 채운 사람을 교도소 문 앞에서 체포하여 무기한 수감하거나, 심지어 법원에서 무죄 판결을 받은 사람을 그 자리에서 체포하여 강제수용소에 처넣을 수도 있었다. 보호구금은 원래 제국 내무부장관과 제국 주총감에게 부여된 권리였으나 1936년에 힘러와 히틀러에 의해 게슈타포청장에게 귀속되었고, 예방구금은 1937년 12월 14일에 힘러의 "범죄예방명령"에 의하여 형사경찰청장에게 주어졌다. 힘러는 그 명령으로 "직업적 범죄자" "습관적 범죄자" "반사회분자"를 "체계적으로 감시"하거나 유치장 혹은 강제수용소에 수감하도록 했다.

우리는 비슷한 조치를 이미 만난 적이 있다. 1933년 11월 24일에 나치 정부는 "위험한 습관적 범죄자에 대한 수감과 교정에 관한 법"을 공포하여, 전과자("습관적 범죄자")와 강도 및 절도범("직업적 범죄자")을 노역소에 "보호감호"하도록 했다. 그 법은 또한 "공동체에 위험한 자(풍속범)," 즉 강간범, 미성년자와 성교한 자, 노출증자, 사디스트 등이면서 동시에 살인을 저지른 경우, 재범이면서 6개월 이상의 금고형을 선고받은 경우, 두 건 이상의 성범죄 행위로 1년 이상의 금고형을 선고받은 경우에 남근을 거세할 수 있도록 했다. 그때 175조 위반자는 포함되지 않았다. 그러나 1935년 6월 26일에 법이 개정되어 175조 위반자도 포함되었다. 다만 거세는 법의학자가 권고하고 본인이 동의할 경우로 한정되었다. 그런 상태에서 힘러가 1937년 12월의 범죄예방명령을 통하여 법원의 유죄 판결 여부와 무관하게 강간과 강도 전과자를 예방구금으로 처벌하도록 하고, 예방구금의 대상에 여타의 반사회분자도 포함시킨 것이다.

반사회분자란 도대체 누구일까? 형사경찰청 부청장 파울 베르너Paul Werner는 반사회분자를 "공동체에 해로운 자로서, 범죄를 저지르지는 않았지만 공동체에 적응하지 않음으로써 공동체를 손상시키는 자"로 규정했다. "예컨대 사소한 위법 행위를 반복하는 자, 거지, 부랑아, 창녀, 알코올중독자처럼 민족사회주의 국가의 자명한 질서에 순응하지 않는 자, 그리고 모든 민족의 동지에게 요구되는 노동의 의무를 회피하고 자신의 생계를 일반인들에게 떠넘기는 노동 회피자"가 그에 속했다. 경찰은 또한 6개월 동안 세 번 이상의 동성애 행위로 인하여 유죄 판결을 받은 자를 반사회분자 혹은 습관적 범죄자에 포함시켰다. 그리고 전쟁이 발발한 뒤인 1940년 7월 12일에 힘러는 유죄 판결을 받은 동성애자들 중에서 "한 명 이상을 유혹한" 자는 수형 만료 이후에 예방구금하라고 지시했다. 복역 여부는 곧 유명무실해졌다. 1941년 형사경찰청은 "여러 명을 유혹한 사실이 알려지면 유죄 판결 여부에 무관하게 예방구금으로 처벌하고 있다"고 밝혔다.[29]

예방구금에 의해 "체계적 감시"에 처해지면, 피감시인은 경찰에 신고하지 않고는 경찰에 등록한 거주지와 주소지를 벗어날 수 없고, 밤 시간에는 집 밖에 나갈 수 없으며, 낮에도 경찰이 지정한 특정한 시간에는 집 밖으로 나갈 수 없고, 이사를 하거나 직장을 옮길 경우 24시간 이내에 경찰에 신고해야 하고, 정기적으로 경찰에 출두해야 했다. 예방구금에 처해지면 "풍속범들"은 수감과 거세 중에서 선택해야 했고, 거세를 선택할 경우에는 수술한 뒤에 체계적 감시를 받았다. 1935년 6월 26일에 "습관적 범죄자법"이 개정되었을 때, 동성애자들을 거세하는 필수적인 조건으로 "자발적" 동의가 명시되었다. 그러나 힘러는 1938년 5월

22일의 명령에서 "거세 수술을 받으면 '아마' 석방될 거라고 암시한다고 해서 법적인 자발성을 침해하는 것은 아니"라고 강조했다.[30] 거세를 선택할 경우 남근 전체를 들어내기도 하고 고환만을 제거하기도 했는데, 효과는 똑같았다. 우울증을 비롯한 정신질환 외에, 노화가 빠르게 진행되었다. 얼굴에 주름이 늘고 피부가 처졌으며 머리칼이 세거나 빠지고 아랫배가 나왔다.

역사가들은 나치 시대 전체에 얼마나 많은 동성애자가 예방구금에 처해졌고, 그중 몇 명이 거세당했는지 전혀 모른다. 파편적인 통계만 발견되기 때문이다. 1935년 6월의 습관적 범죄자법이 개정된 후 반년 동안 총 87명이 거세되었다는 통계가 있다. 그러나 그들 중 몇 명이 동성애자였는지는 알 수 없다. 1940년부터 1943년 초까지 "최소" 2284명의 동성애자가 예방구금에 처해졌다는 통계는 있다. 그러나 그중에서 몇 명이 거세당했는지는 알 수 없다. 나치는 성범죄자에 대한 의학 연구를 위하여 총 7개의 "형사생물학적 자료수집처"를 설치하여 거세 자료를 축적했는데, 그중 하나인 함부르크 수집처에서 1934년부터 1945년까지 총 600명의 거세 신상카드가 관리되었다. 그들이 모두 성범죄자인 것은 확실하지만, 동성애자가 몇 명인지는 불확실하다. 다만 "자발적 동의"라고 기록된 신상카드는 120개인데, 동성애자는 그 안에 포함되었을 것이다.[31] 이상의 부분적 통계에서 우리는 동성애자들 중에서 적은 일부만이 거세되었다는 점을 알 수 있다.

수용소에 수감된 동성애자도 '예상'과 달리 그리 많지 않았다. 정확한 통계는 없다. 그러나 독일의 사회학자 뤼디거 라우트만Rüdiger Lautmann의 선구적인 연구가 있다. 라우트만은 1970년대 중반, 나치 희생자들에 관한 한 최대의 자료를 소장하고 있는 "국제적십자사 실종자청"에서 동성애자에 대한 기록을 뒤졌다. 라우트만 연구팀은 표본으로 추출해낸 1572개의 개인 신상카드와 나치 수용소 7개의 문서철을 분석하여 나치 수용소에 수감된 동성애자가 대략 1만 명에서 1만 5000명 사이였다는 결론에 도달했다. 1939년까지로 한정할 경우, 그 수는 나치 수용소 수감자의 1퍼센트에 못 미친다. 일각에서 거론되던 "게이 홀로코스트"는 없었던 것이다.[32]

나치는 왜 스스로가 국가의 적으로 명시한 동성애자들을 상대적으로 유하게 처벌했던 것일까? 국가의 적이라는 선언이 허풍에 불과했던 것은 결코 아니다. 1936~37년의 발언들도 그랬지만, 나치의 진지함은 동성애에 대한 나치의 태도가 제2차 세계대전 발발과 함께 격렬해진 점에서도 나타난다. 사실 나치즘은 1939년 9월 제2차 세계대전의 발발과 함께 여러 측면에서 과격화되었다. 혹은, 나치즘은 개전과 더불어 '적'을 테러적으로 제거하기 시작했다. 정신병 환자와 유전병 환자의 학살도 개전 직후에 시작되었고, 나치의 유대인 정책이 학살로 방향을 잡기 시작한 것도 전쟁 중이었다. 나치는 전쟁을 기회로 하여 안팎의 적을 공격함으로써 그들의 '불가능한 유토피아'에 가까이 가려 했던 것이다. 동성애 문제에서도 힘러가 "한 명 이상을 유혹한 동성애자"를 예방구금으로 다스리라고 명령한 때가 1940년 7월이었고, 형사경찰청이 유죄 판결 여부에 관계없이 동성애자들을 예방구금에 처하고 있다고 보고한 때도 1941년이었다.

그리고 히틀러는 1941년 8월 19일, 즉 소련에 침입한 지 두 달 정도 지난 시점에 돌연 동성애에 대하여 발언했다. 동성애는 페스트다. 동성애자는 능력의 원칙을 모른다. 따라서 나치당과 나치 기구와 군대에서 동성애자를 "가차 없이" 적발하여 처벌해야 하고, 특히 히틀러청소년단 내부의 동성애자는 사형시켜야 한다. 우리는 청소년들이 썩어가도록 방치할 수 없다. 그 시점에 히틀러는 소련전이 단기전으로 끝나지 않을지도 모른다는 불안감과 절망감에 사로잡혀 있었는데, 그 순간 그에게 동성애자는 독일 남성동맹 내부의 결속력을 허무는 존재라는 판에 박힌 생각이 떠올랐던 것 같다.* 그로부터 두 달 뒤인 1941년 11월 15일 히틀러는 동성애 행위로 적발된 친위대원을 사형에 처하라는 "지도자명령 Führererlaß"을 하달했다. 그리고 1942년 여름, 175조로 유죄 판결을 받은 육군 대위가 전선에서 "자신을 입증할 기회"를 달라고 사면을 요청하자 히틀러는 수형 기간이 만료될 때까지 복역시킨 뒤 군대에서 제명하라고 지시했다.

히틀러가 강경한 입장을 보이자 군대도 움직였다. 독일군 총사령부는 동성애에 대한 처벌 문제를 군대 내외에 문의했고 1943년 5월 19일 동성애 처벌 지침을 확정했다. 중범은 사형에 처하거나 징역 이후에 군대에서 내쫓고, 경범은 복역 이후에 전선으로 보낸다는 것이었다. 히틀러 청소년단도 움직였다. 1940년 8월에 폰 쉬라흐의 후임으로 단장에 임명된 아르투어 악스만Arthur Axmann은 1942년 10월 3일에 법무장관 티라크에게 "청소년 동성애를 퇴치하기 위한 특별 연구팀"을 만들자고 제안

---

* 괴벨스는 1941년 8월 19일의 일기에 전날 히틀러와 대화한 내용을 적어놓았다. 히틀러는 모스크바 점령이 어려워진 것에 절망하였는지 스탈린이 휴전을 제안해온다면 받아들일 수도 있다고 말함으로써 괴벨스를 망연자실하게 만들었다. 히틀러의 그 변덕스런 절망감이 위 동성애 발언의 원인이었는지는 분명치 않다. 그러나 그럴 가능성은 충분히 있다. 외적인 어려움을 내적인 숙정을 통하여 혹은 내부의 취약한 적을 타격함으로써 돌파하는 것은 불가능한 혁명을 꿈꾸는 혁명가들의 특징이기 때문이다. 참고로, 필자는 홀로코스트도 동일한 논리에서 발생했다고 판단한다. 괴벨스 일기기록에 대해서는 이언 커쇼, 『히틀러 II』, 이희재 옮김, 교양인, 2010, pp. 508~509. 홀로코스트에 대해서는 김학이, 「홀로코스트와 근대성」, 『독일 연구』 12호(2006. 12).

했다. 그리하여 히틀러청소년단, 법무부, 각종 교육 기관 대표자, 친위경찰, 마티아스 괴링 연구소가 참여하는 연구팀이 꾸려졌고, 1943년 6월 1일에 청소년 동성애를 방지하기 위한 지침을 확정했다. 지침은 청소년들에 대한 감시와 동성애 행위에 대한 신고를 의무화하고, 신고 의무를 이행하지 않은 자를 형사 처벌하도록 했다. 힘러도 과격해졌다. 1943년 6월 마티아스 괴링 연구소의 친위대 의사 브루스트만Martin Brustmann과 요하네스 슐츠가 동성애자에 대한 온건한 처벌을 주장하자, 힘러는 그 의사들이 독일이 생존을 놓고 싸우고 있다는 사실을 잊고 있는 것 같다고 비판했다. "동성애 죄악이 우리 민족 안에서 판치는 것을 처벌하지 않을 수 없다"는 것이었다.[33]

흥미로운 사실은 히틀러 발언에 뒤이어 내부의 동성애자들을 적발하겠다고 법석을 떨던 기관들이 하나같이 남성동맹이었다는 점이다. 친위경찰도 그렇고 독일군도 그러하며 히틀러청소년단도 마찬가지다. 게다가 그들의 논의와 조치는 전쟁 중에 벌어졌다. 전쟁은 나치에게 남성성이 극단으로 발휘되고 또 그래야 하는 장이었다. 방금 언급한 동성애 행위로 유죄 판결을 받은 그 육군 대위가 히틀러에게 전선에서 입증하겠다고 선언한 그 "자신" 역시 그의 남성성이었다. 더욱이 전쟁 때문에 군대의 규모는 총 700만 명으로 폭증했고, 히틀러청소년단 역시 전쟁 발발 년도인 1939년에 청소년단 가입을 형사법적으로 강요했으며, 수만 명의 단원이 전선에 파견되었다.

우리가 군대, 친위대, 히틀러청소년단의 움직임을 독재자의 변덕에 대한 측근들의 예종적 반응으로 해석하지 않고, 힘러에서 전형적으로 나타나듯 히틀러의 발언이 기존의 문제의식을 증폭시켰다고 해석한다면, 위 논의 속의 나치 지도부는 패닉에 가까운 모습이다. 논의의 밀도도 1936~37년 이래 그때가 가장 컸다. 전쟁에 암울한 기운이 감돌자 남성동맹이 다시 한 번 부각된 것이다. 이로써 우리는 우리의 질문으로 되돌아와 있다. 그럼에도 불구하고 나치는 왜 동성애자들을 상대적으로 유하게 대했던 것일까? 시사적인 점은 힘러가 동성애자에 대한 억압을 강화하면서도 동성애 '치료'를 단념하지 않았다는 사실이다. 1943년까지 힘러는 마티아스 괴링의 "심리연구 및 정신치료 연구소"에 수용소의 동성애자들을 보냈다. 힘러가 보낸 동성애자가 몇 명인지는 알 수 없지만, 전쟁 중에만 네 건이 있었다는 점은 확실하다. 그들이 치유되었는지는 알 수 없다. 다만 요하네스 슐츠는 1944년 11월, 연구소가 1939년까지 500명의 동성애자를 치유했다고 보고했다. 슐츠는 동성애자 방에 창녀를 들여보내서 성교가 이루어지면 완치 판정을 내렸다.

방금 언급했듯이 힘러는 1943년 6월에 마티아스 괴링 연구소와의 협력 관계를 단절했다. 치료에 투입되는 인력과 시간에 비해 성공률이 너무 낮다는 것이었다. 그러나 같은 시기에 힘러는 덴마크인 의사 카를 배르네트Carl Vaernet의 테러적인 치료법에 열광했다. 힘러는 동성애자에게 남성호르몬을 주입함으로써 이성애자로 바꿔놓을 수 있다고 주장하던 배르네트를 1943년 11월에 친위대 소위에 임명하고 프라하에 실험실을 설치해주었으며 아낌없는 지원을 약속했다. 배르네트는 1944년 10월에 부헨발트 강제수용소에서 동성애자들 몸 안에 '인조 성선性腺' 삽입하고 남성호르몬을 주입했다. 13명 혹은 15명이 그 수술을 받았고, 그중 한 명 혹은 두 명이 수술 후유증으로 사망했다. 배르네트는 1945년에도 노이감메 강제수용소에서 같은 수술을 반복했다.

힘러는 나치가 패망하는 순간까지 동성애자의 치료 가능성을 믿었던 것인데, 이는 다시금 그가 동성애자를 구제불능의 타고난 동성애자와 치유 가능한 "유혹된" 동성애자로 구분했기 때문이다. 기실 그 구분법은 위에서 언급한 전쟁 중에 벌어진 모든 동성애 논의를 관통하고 있었다. 1940~41년에 힘러와 친위경찰이 여러 명을 유혹한 동성애자를 예방구금으로 처벌하기로 했을 때, 힘러에게는 그 동성애자들이 바로 치유 불능의 동성애자였다. 1943년 5월에 독일군 총사령부가 동성애 군인 중에서 중범은 사형에 처하고 경범은 복역 이후에 전선으로 보내기로 결정했을 때, 그 "중범"도 그들이 보기에 치유 불능의 동성애자였다. 치유 불가능한 동성애자와 치유 가능한 동성애자의 구별은 물론 크라프트에빙에서 정립되어 에른스트 크래플린으로 이어진 토포스다. 그 담론이 2차 세계대전 말까지 현실을 만들어내고 있었던 것이다.

담론의 힘 외에 우리가 주목할 사항은 그 담론 지형이 나치즘에 와서 독특하게 활성화되었다는 점이다. 우선 그 구분법은 인구 증가를 민족의 생사가 걸린 문제로 간주하던 나치에게 희망고문이 되었다. 인구 문제 때문에 나치는 치유 가능한 남성 동성애자를 포기할 수 없었던 것이다. 인구 정책 못지않게 결정적 측면은 그 구분법과 남성동맹의 관계다. 앞서 우리가 수차례 강조했듯이 나치는 스스로를 남성동맹으로 이해했지만 남성동맹과 동성애의 경계는 모호했다. 그 때문에 호모포비아는 나치즘의 본질적 계기였고, 그리하여 나치는 내부를 동성애로부터 숙정해야 했지만, 다른 한편으로 내부 숙정은 남성동맹의 결속력과 역동성을 파괴시킬 위험성이 있었다. 힘러가, 그리고 나치가 치유 가능성에 매달린 것은 그 때문이었을 것이다. 대량으로 투입할 수 있는 치료법이 개발된다면, 내부를 숙정하면서도 내적인 통합력을 유지할 수 있을 것이기 때문이다.

위 설명의 문제점은 그것이 나치가 남성동맹 단체 소속원이 아닌 일반인 동성애자를 가혹하게 처벌하지 않은 이유가 되지는 못한다는 점이다. 물론 나치즘도 통치 체계이고, 그런 한에서 일관성이 요구되었으며, 따라서 나치 남성동맹 내부의 동성애자를 처벌하지 않으면서 일반인을 처벌할 수는 없었을 것이다. 게다가 인구를 늘려야 한다는 강박관념은 일반인 동성애자에 대한 가혹한 처벌을 막았을 것이다. 그러나 다른 이유는 없었을까? 지극히 단순한 이유가 한 가지 있었다. 게슈타포는 만성적으로 인력이 부족했다. 베를린의 경우 동성애, 낙태, 나치당 내부 사건을 담당하는 게슈타포 경찰관이 모두 35명이었는데, 그들이 1936년부터 1938년까지 총 7500명의 동성애 혐의자를 검찰에 넘겼다. 이는 일요일과 공휴일을 포함하여 하루 6.8명꼴이다. 기소율이 25퍼센트였던 점을 고려하면, 그것은 경찰관 한 명당 사흘에 두 건씩 동성애 사건이 처리되었음을 뜻한다. 이는 물론 기소 혹은 방면을 '결정'한 것만 가리킬 뿐 그 결정에 이르기까지의 수사 기간은 생략한 것이다. 게다가 그들은 동시에 낙태와 나치당 내부 사건까지 담당하고 있었다. 그렇듯 업무가 과중했던 탓에, 게슈타포청장 하이드리히가 1937년 5월에 동성애자들에 대한 "총체적 감시"를 지시하자, 예컨대 뒤셀도르프 게슈타포는 인력 부족 때문에 불가능하다고 간단하게 답했다.[34]

한 가지 원인이 더 있었다. 나치 내부의 갈등이 그것이다. 이는 1939년 개전 이후 형사경찰청이 제안하여 1944년 1월까지 논의된 소위 "공동체의 이방인처리법"에서 드러난다. "공동체의 이방인"이란 기존의 "반사회분자" 개념을 대폭 확대시킨 것으로서, 법안에 따르면 "이해력 부족" "성격 이상" "태만" "사회성 부족"으로 인하여 "타인 혹은 국민에게 위협이 되거나 부담이 되는 자"였다. 법안은 경찰이 "이방인들"을 사법 절차를 거치지 않고 감시하거나 감호소 혹은 강제수용소에 수감할 수 있도록 했다. 그리고 법안의 1조 3항은 "인성과 생활 방식으로 판단할 때, 그 기질이 범죄 행위에 정향되어 있는 자(공동체에 적대적인 범죄자와 성 취향 범죄자)," 즉 동성애자를 이방인에 포함시켰다. 나치 독일이 문자 그대로 '경찰국가' 혹은 힘러의 국가가 되는 순간이었다. 그 경찰국가는 자신이 정한 이해력, 성격, 성실성, 사회성, 성 취향의 기준에 따라 모든 독일인을 감시하고 규율화하게 될 것이었다.

그러나 법무부가 발끈했다. 경찰이 "법적 절차는 물론 당사자의 말을 한마디도 듣지 않고 오로지 문서 기록만으로 처벌하는 것"은 "인민의 법 의식을 침해하는" "결단코 불가능한" 조치라는 것이었다. 물론 법무부에게 문제는 국민의 기본권이 아니었다. 그들은 사법 기관의 관할 영역이 상대적으로 축소되는 것, 즉 사법부의 권력이 약화되는 것에 반발했던 것뿐이다. 1942년 12월 13일 힘러와 법무장관 티라크는 형사처벌의 대상이 되는 범죄 행위는 계속해서 사법 기관이 담당하고, 그에 미치지 못하는 행위는 이방인처리법을 적용하기로 합의했다. 그 후 문구 하나하나를 놓고 지루한 논의가 계속되었고, 그 와중에 경찰은 동성애자를 강제로 거세하는 조항을 삽입했다. 그러자 법무부가 동성애의 원인이 해명되지 않았다는 이유를 들어서 또다시 이의를 제기했고, 힘러는 강제거세 결정권을 사법부에 양보했다. 그리하여 1943년 7월에 힘러와 티라크는 다시 합의할 수 있었다. 그러자 이번에는 히틀러의 나치당 비서실장 마르틴 보어만이 반대하고 나섰다. 강제수용소 수감 여부를 "정규 판사들로 구성된 독립적인 법원의 소관"으로 하자고 제안한 것이다. 전쟁 중에 히틀러의 귀와 입으로 부상한 막강한 권력자 보르만은 '힘러 국가'의 등장을 받아들이려 하지 않았던 것이다. 1944년이 되자 이방인처리법은 더 이상 논의되지 않았다.[35]

동성애자에 대한 보다 가혹한 억압은 그렇게 19세기에서 전승된 담론의 질서, 남성동맹으로서의 나치의 정체성, 동성애자를 현장에서 단속해야 하는 경찰 인력의 부족, 관할권 다툼으로 점철된 나치즘 특유의 권력 행사 메커니즘 때문에 불발했다. 그렇다고 해서 위 서술로부터 동성애자들이 나치로부터 받은 억압이 별반 가혹하지 않았다고 생각하게 되었다면 그것은 오해다. 우리가 확인한 것은 동성애자들이, 예컨대 유대인에 비하여 훨씬 덜 가혹하게 억압받았다는 것뿐이기 때문이다. 동성애자들이 받은 억압의 실상을 드러내기 위하여 동성애자들이 강제수용소에서 겪어야 했던 일들을 아주 간단하게 알아보자.

나치 강제수용소는 외부로부터 분리된 그들만의 세상이었다. 이는 수용소가 가뜩이나 외진 곳에 위치한 데다가 가시철망과 담벼락이 외부를 차단하고 있었기 때문만이 아니다. 그것은 무엇보다도 한번 입소하면 석방되거나 사망할 때까지 수용소를 벗어날 수 없었고, 친위경찰을 제외하고는 그 누구도 수용소 내부에 간섭할 수 없었기 때문이다. 담벼락 내부는 격자 모양의 막사 몇 개가 하나의 블록을 이루고 그로부터 일정한 간격을 두고 다른 블록들이 이어지도록 배치함으로써, 재소자 구역 전체가 점호광장 뒤로 방사선처럼 뻗어 있었다. 막사 안은 언제나 붐볐다. 친위경찰이 "재교육"을 내세웠기 때문에 '교육'이 '완료되어' 석방되거나 죽지 않는 한 재소자 수가 줄어들지 않았기 때문이다. 게다가 예방구금과 보호구금 조치로 인하여 수용소에 수감되는 사람이 늘어만 갔기 때문에 막사는 콩나물시루처럼 빼곡하게 찼고, 그에 따라 타인의 몸과 자신의 몸을 공간적으로 분리시킬 방법이 없었다.

수용소는 또한 시간이 멈춘 곳이었다. 이는 새벽 4시나 5시에 기상으로 시작되는 하루 일정이 아침 점호, 노동조 편성, 노동, 정오의 점심 시간, 노동, 저녁 점호, 식사, 취침으로 기계처럼 짜였기 때문만이 아니다. 오히려 그렇게 짜여 있었지만 그 모든 과정에 폭력이 개입되어 시간이 언제나 흐트러졌다. 점호에서 한 사람이라도 비면 기필코 찾아내서 기둥에 매달고 매질을 가하는 과정을 지켜보며 기다려야 했다. 저녁 점호는 '무한정' 늘어날 수도 있었다. 더욱이 행진, 노동, 식사, 복장, 호칭, 태도에 현실적으로 이행 불가능한 규범이 설정되었고 규범의 불이행에는 폭력이 날아들었다. 따라서 하루 일과를 시간적으로 예측하는 것은 불가능했다. 또한 예측 불허로 닥쳐오는 그 폭력 때문에 과거를 기억하고 미래를 전망할 인간 내부의 시간성이 소멸했다. 시간은 언제나 현재인 동시에 영원이었다.

주체적 공간과 시간이 부재하면 정체성은 파괴되고 인간은 어린애 혹은 노예로 전락한다. 게다가 재소자들은 입소하자마자 개인 물품을 모조리 빼앗기고, 강제샤워 직후에 몸에 난 모든 털을 밀어버린 데다가, 팔뚝에 수형번호를 새기고 수형복을 입어야 했다. 그처럼 과거의 자아가 상징적으로 소멸된 터에 삶으로부터 분리된 공간과 시간 속에 내던져졌으니 수용소에 '인간'이란 없었다. 노예는 착취의 대상이고 그런 한에서 이윤 확보의 대상이며 따라서 살려두어야 한다. 그러나 나치 강제수용소에는 경제이성이 작동하지 않았다. 힘러는 수용소 기업들로 이루어진 친위대 기업 제국을 꿈꾸었지만, 수용소는 경제성과 무관한 자체의 논리에 따라 작동하였다. 이론적으로는 노동력이 외부로부터 무한대로 공급될 수 있었기 때문에 현장의 친위경찰을 관통하던 것은 질서를 통하여 테러를 가하고, 테러를 통하여 질서를 무너뜨리며, 무너진 질서를 테러로 재확립하는 테러의 논리였다.[36]

수용소의 노동은 공장노동, 벙커 건설, 채석, 벌목, 목재 가공, 벽돌

제조, 피복 등 매우 다양했다. 그러나 공통점이 있었다. 기술 수준이 높은 공장이든 터널을 파는 작업이든 아니면 입소자의 소지품을 분류하거나 수선하는 단순 작업이든 수용소의 노동은 압도적으로 육체노동이었다. 육체노동은 폭력을 부르기에 안성맞춤인 노동이다. 움직임이 둔하든 행위 규범을 위반하든 실적이 미비하든 수감자의 행동 하나하나가 감시의 시선에 노출될 수밖에 없기 때문이었다. 게다가 경제성이 고려의 대상이 아니었기에 폭력의 구실은 지극히 자의적이고 가변적이었다. 따라서 언제 어떤 폭력이 날아올지 예측할 수 없었고, 그리하여 폭력의 희생자는 폭력 메커니즘의 공범으로 이용될 수 있었다. 수용소 지배 체제의 일부가 되면 조금이나마 상황이 계산 가능해졌기 때문이다. 따라서 재소자들은 수형자 대표, 블록장, 막사장, 행정직, 식당, 세탁실, 창고, 수리실, 의료실, 노동조 조장 등 수용소의 행정 및 관리직에 기꺼이 선택되고자 했고, 선택되면 자기 일에 최선을 다했다.

수용소 재소자들의 일상적인 감시자들은 그 재소자 관리인, 나치 용어로 "카포"였다. "친위대 해골단"이 경비를 서고 친위대 경제행정청 관리와 게슈타포가 수용소의 업무를 통괄하고 기록했지만, 그들은 지켜보다가 불현듯 개입했을 뿐 기상, 점호, 노동조 집합, 행진, 노동, 식사, 노동, 귀환, 점호, 식사, 취침의 동작 하나하나를 통제하는 것은 카포였다. 따라서 재소자들의 주인은 카포였고, 수용소의 일상은 자치였다. 그것은 지배에 절대적으로 예속된 자치요, 명령권과 자치가 하나의 유기적인 흐름으로 통합된 지배였다. 그 자치에는 제2의 시장이 포함되어 있었다. 외부와의 접촉이 엄격히 통제된 상태에서 음식과 의복을 비롯한 필수품이 저급하기 짝이 없었기 때문에 생사는 바깥의 가족이 보내주거나 외부에서 은밀하게 반입된 빵 한 덩어리, 초콜릿 한 통, 내복 한

벌에 좌우되었고, 그 물품들이 거래되는 수용소 내부의 암시장은 카포와 그를 따르는 무리가 지배했다.*

그렇듯 수용소 재소자들의 자치는 위계화된 자치였다. 정치범은 빨간색, 범죄자는 녹색, 반사회분자는 검은색, 동성애자는 분홍색의 정삼각형 천 조각 배지를 왼쪽 팔뚝에 달았다. 그것은 그저 색깔에 불과했지만 실제로는 권력의 표식이었다. 정치범들은 내적인 유대감이 강한 데다가 '운동'에 이골이 난 사람들이어서 지배에 능했다. 재소자의 최상층은 그들이 차지했다. 범죄자들은 가학과 협박에 능했기에 정치범 다음의 자리를 차지했다. 그 아래에 여타의 반사회분자들이 위치했고, 마지막 자리는 동성애자들에게 돌아갔다. 세상과 단절된 수용소 재소자들의 내부 위계에 바깥세상과 친위경찰의 시선이 고스란히 관철되었던 것이다. 권력의 시선이 예속된 자에게 내면화되었기 때문인데, 동성애자에게 그 결과는 막대했다. 재소자 최하층에 위치하다 보니 동성애자들이 테러 기관으로서의 수용소의 폭력에 가장 적나라하게 노출되었던 것이다.

몇 가지 통계만으로도 수용소 동성애자들의 고통이 드러난다. 뤼디거 라우트만의 표본조사에 따르면 동성애자들 중에서 카포로 발탁된 사람은 0.6퍼센트였다. 정치범의 경우 그 비율은 4.6퍼센트였다. 수용소

---

* 현대사 최초의 본격적인 수용소는 1895년에 식민지 쿠바가 스페인에 대하여 봉기를 일으켰을 때 스페인 군대가 쿠바인들을 재배치하기 위하여 군부대 근처에 세운 "막사 reconcentrados"였다. 스페인은 그곳에 쿠바인 50만 명을 수감했다. "수용소concentration camp"라는 단어가 최초로 사용된 것은 보어전쟁 때였다. 1899년에 보어전쟁이 발발하자, 영국군은 보어인이 펼치던 게릴라 전투의 후방을 '평정'하기 위하여 109개의 막사를 세우고 백인 보어인들과 흑인들을 수감했다. 그들 중에서 성인 남자들은 대부분 해외로 이송되었고, 수용소에 남아 있던 약 2만 7000명의 여성들과 유소아들은 사망했다. 미국은 제2차 세계대전 중에 자국의 일본계 미국인 10만여 명을 서부 산악 지대와 사막의 수용소에 수감했다.

의 친위경찰은 재소자들에게 폭력을 가하는 것 외에, 그들을 형벌조에 편성하여 형벌 블록에 수용하고 형벌 노동에 투입했다. 부헨발트 강제수용소의 경우 정치범의 10퍼센트가 형벌조 처벌을 받았던 반면, 동성애자는 전원이 형벌조에 배치되었다. 게다가 정치범의 경우 그 10퍼센트 중 70퍼센트가 2.7개월 동안 형벌조에 배치되었지만, 동성애자는 전원이 무기한 형벌조에 편성되었다. 작센하우젠 강제수용소의 형벌 블록은 막사 6개에 침상이 무려 150개였고, 가장 힘들고 위험한 노동에 투입되었다. 따라서 사망률이 높은 것은 차라리 논리적이었다. 정치범의 사망률은 41퍼센트였던 데 반하여, 동성애자의 사망률은 60퍼센트였다. 수용소의 삶에서도 적응 여부가 생사를 갈라놓았던 듯, 1년 이하의 기간 동안 수감된 동성애자의 71퍼센트가 사망하였고, 수감 기간이 1년에서 2년 사이였던 동성애자의 43퍼센트, 2년 이상을 견딘 동성애자의 25퍼센트가 사망했다.[37]

재범일수록 사망률도 높았다. 174조(이성애와 동성애를 불문하고 감호 및 간호의 대상과 성교를 한 감호사와 간호사 등), 175조, 176조(이성애와 동성애를 불문하고 14세 미만의 미성년자와 성교를 한 자)를 위반한 초범의 사망률은 43퍼센트, 175조 재범의 사망률은 68퍼센트, 175a조를 위반한 재범의 사망률은 79퍼센트였다. 동성애자들의 생사는 연령과 관련되기도 했다. 10대 중반의 청소년들과 40대 중반부터의 중년 사망률은 70퍼센트가 넘었고, 30대의 사망률은 30퍼센트였다. 이는 물론 수용소의 조건이 신체적으로 허약한 자에게 가장 치명적이었기 때문이다. 수용소 동성애자들 중에서 석방된 사람이 13퍼센트였고, 연합군 부대에 의해 해방된 사람이 26퍼센트였다. 이는 정치범의 18퍼센트와 41퍼센트에 비해 비교적 낮은 수치다. 물론 우리는 동시에 유대인의 경우 사실상 전원이 사망했다는 사실을 염두에 두어야 한다. 아무리 고통스러웠어도 수용소 동성애자들의 고난은 유대인과는 비교조차 할 수 없는 것이었다.

다만 동성애자였기에 겪어야 했던 특별한 고통이 있었다. 가능한 모든 것이 거래되던 수용소에서 단골 거래품은 성이었다. 노동 실적이 월등한 재소자가 수용소 창녀촌 출입증을 보너스로 받은 것이 그랬고, 친위경찰이 유대인 여성을 성적으로 착취하는 것도 일반적이었지만, 이성애자 남성들 사이에서 남자의 성도 거래되었다. 수용소에서 남색은 그야말로 만연해 있었다. 친위경찰은 이를 알고도 모르는 척 묵인했다. 그러나 이는 동성애자들에게만큼은 적용되지 않았다. 동성애자를 "재교육"하겠다던 친위경찰이 동성애자들의 성애를 결단코 용납하려 하지 않았기 때문이다. 게다가 친위경찰이 동성애자란 성적 욕망을 억제하지 못하는 존재라고 믿었기 때문에 동성애자들은 특별한 감시를 받았다. 그들이 전원 형벌조에 배치된 이유는 바로 그 때문이었다. 그리고 동성애자들은 여타의 재소자들과 공간적으로 늘 거리를 유지해야 했고, 그들과의 대화는 일체 금지되었다. 유혹의 가능성에 대한 친위경찰의 믿음 때문이었다. 동성애자들은 자기들끼리만 있을 때에도 의심을 받았다. 동성애자들은 잠을 잘 때에도 양 손을 이불 밖으로 내놓아야 했다. 한 손만이라도 이불 안에 넣고 있으면 수음 혐의를 받아 영하 20도의 막사 바깥에서 며칠 동안 서 있어야 했다.[38]

수용소 내에서만 그랬던 것이 아니다. 1939년 12월에 회람된 법무장관의 지침은 교도소를 비롯한 각종 수감 시설에서 "상호 접촉할 가능성이 있는 모든 기회에 동성애자들을 여타의 수형자들로부터 분리시킬 것"이며 "동성애자들에게 성행위의 기회가 주어지지 않도록 그들을 한 공간에 수감하지 말라"고 지시했다.[39] 1934년의 룀 쿠데타 직후의 일제단속에서도 경찰은 혐의자들에게 온갖 욕설과 폭력을 퍼부은 뒤에야 방면했다. 그러나 그런 특별한 계기가 아닌, 일상에서 체포된 동성애자들은 어떤 대우를 받았을까? 아니 그보다도 우선, 동성애자들은 어떤 계기로 체포되었을까? 일제단속에서 적발되었던 것일까, 아니면 누군가가 밀고했던 것일까? 밀고자는 이웃이었을까 나치당 당원이었을까? 이런 종류의 물음에 답하기 위해서는 분석 단위를 좁혀야 한다. 이제 에센이란 도시의 게슈타포 파일을 들여다보자.

10장

일상의 억압과 삶

혐의, 밀고, 검거

에센은 서부 독일 북부의 저지라인란트와 루르 탄전 지대가 교차하는 곳에 위치한 도시다. 1930년대에 인구가 68만 3000명에 달하던 에센은 서부 독일에서 쾰른 다음으로 큰 도시요, 프로이센 주에서는 베를린과 쾰른 다음으로 큰 도시였다. 독일 전체에서도 에센보다 큰 도시는 베를린, 함부르크, 뮌헨, 쾰른, 라이프치히밖에 없었다. 역사적으로 중앙 집중이 취약했던 독일에서 에센은 대도시에 속했고, 서쪽으로는 뒤셀도르프가, 동쪽으로는 보훔과 도르트문트가, 그 사이사이에 겔젠키르헨, 뒤스부르크, 오버하우젠이 위치하고 있었다. 그 지역 전체가 하나의 메갈로폴리스를 형성하고 있었던 것이다. 도시의 익명성 속에 자신의 성애를 숨겨야 했던 동성애자들에게 에센은 그래서 무척 양호한 환경이었을 것이다. 게다가 에센은 크루프 제철 주식회사가 위치한 공업

도시였고, 제철은 군수산업의 핵심이었기에 외부 노동자의 유입이 대단히 활발했다.

에센의 그런 환경은 동성애자를 추적하여 처벌해야 했던 게슈타포에게 그 과제가 난감했음을 의미한다. 그런 곳에는 농촌이나 오래된 도시의 공동체적 구조, 즉 옆집의 사생활을 슬며시 엿보는 상호 감시 체제가 부재하기 때문이다. 그리고 에센은 프로이센에 속하지만 베를린으로부터 함부르크만큼이나 멀리 떨어져 있었고, 따라서 베를린 게슈타포청의 결정에 시시각각 반응하지 않아도 되었을 것이다. 우리는 앞 장에서 에센이 행정적으로 소속되어 있던 뒤셀도르프 지구의 게슈타포가 모든 동성애자를 감시하라는 게슈타포청의 지시를 간단하게 거부하는 것을 지켜본 바 있다. 그러한 에센의 사정은 게슈타포의 억압과 동성애자의 일상을 모두 그려내고자 하는 우리의 의도와 잘 부합된다. 에센이 전형적인 독일을 나타내지는 않지만, 혹은 '전형적인 독일'이란 원래 없는 것이기에, 우리의 연구에 필요한 경우case는 동성애자의 자율적 공간이 존재할 개연성이 높고 게슈타포 역시 독자적인 이니셔티브를 발휘할 여지가 있는 도시이기 때문이다.

에센 형사경찰의 자료는 망실되었지만 묘하게도 게슈타포의 수사기록은 남아 있다. 그 자료가 노르트라인-베스트팔렌 주 기록보관소 뒤셀도르프 지원에 보존되어 있다. 그 파일에 담긴 내용을 이야기하기에 앞서 게슈타포 수사기록을 통하여 나치즘의 특정 측면을 부각시킨 선행 연구들을 간단하게 살펴보자. 게슈타포 연구는 독일의 사회학자 라인하르트 만Reinhard Mann이 1979년의 독일 사회학대회에서 발표한 논문에 의해 촉발되어 2000년대 중반까지 밀도 높게 진행되었다. 가장 충격적인 발견은 아주 단순하게도 게슈타포의 규모였다. 나치가 오스트리아까지 통합했던 1938년, "대독일" 인구 8000만 명이 자신들의 꿈조차 감시하고 있다고 표상하던 게슈타포의 규모가 타이피스트까지 포함하여 2만 명에 불과했다. 도대체 어찌 된 일이었을까? 라인하르트 만이 힌트를 제시했다. 그는 "국가와 민족을 보호하기 위한 대통령 긴급명령" 위반자와 나치 국가에 대한 험담을 한 사람들을 심리하기 위해 세워진 "특별법원" 파일을 근거로 게슈타포 수사의 4분의 1이 주민들의 "밀고"에서 비롯되었다는 점을 밝혀냈다. 경찰관의 수가 적었어도 주민들의 밀고 덕분에 감시와 억압이 철저할 수 있었다는 것이다. 그렇다면 나치 경찰의 억압에는 일반인들의 협력이 결정적이었던 것일까?

캐나다의 역사가 로버트 젤라틀리Robert Gellately는 연구 대상을 바이에른 북서부에 위치한 저지프랑켄 게슈타포의 유대인 정책으로 좁혔다. 인구 84만 명을 책임지고 있던 게슈타포 경찰관의 수는 분소 요원까지 합해서 28명에 불과했다. 유대인과 성교를 했거나("인종오염범") 우호적인 관계를 맺었다는 이유로 수사를 받은 사람이 175명이었는데, 그중에서 나치당 등 나치 기관으로부터 이첩되어 수사에 착수한 경우가 9퍼센트였고, 게슈타포 첩보원의 정보에 의거한 경우가 1퍼센트에 불과했다. 그에 반하여 밀고의 비중은 무려 56퍼센트에 달했다. 이 사실로부터 젤라틀리는 게슈타포가 경찰국가의 적극적 수단이었다는 평가는 선입견일 뿐이고 게슈타포는 "반응적reactive" 기관이었으며, 소수의 게슈타포 요원들이 주민들의 자발적인 밀고를 기반으로 하여 인종주의 정책을 추진할 수 있었던 만큼 독일인들은 나치의 유대인 정책에 공감하고 공모한 것이라는 해석을 도출해냈다. 젤라틀리의 통계를 보면 게슈타포가 반응적으로 움직였다는 것은 사실로 보인다. 그러나 그로부터 나치 유대인 정책에 대한 독일인들의 공모를 읽어내는 것은 섣부른 해석이다.

밀고의 동기를 알아야 하기 때문이다.

미국의 역사가 에릭 존슨Eric A. Johnson은 2000년에 발표된 단행본에서 저지라인란트에 위치한 크레펠트와 쾰른 게슈타포의 유대인 수사 파일을 분석했다. 파일이 비교적 온전하게 보존된 크레펠트의 경우를 보면, 14만 명의 주민을 게슈타포 경찰관 14명이 담당했는데, 불법 행위와 관련된 유대인 파일이 모두 105개였고, 그 수사의 41퍼센트가 주민들의 밀고로 시작되었다. 흥미로운 것은 밀고당한 유대인과 독일인 밀고인의 관계였다. 밀고인의 15퍼센트가 이웃, 15퍼센트가 헤어진 애인, 일터 동료가 4퍼센트, 유대인 상점에서 일하던 종업원이 4퍼센트였다. 밀고의 동기는 당사자와의 일상적 다툼이 12퍼센트, 사랑싸움이 8퍼센트, 경제적 갈등이 19퍼센트, 정치적 신념이 35퍼센트를 차지했다. 즉 나치에 대한 충성심에서 발로된 경우가 비교적 적었다. 대부분은 오히려 사적인 동기에서 비롯된 거짓 밀고였다. 게다가 수사의 17퍼센트는 게슈타포 정보원에 의해 촉발되었다. 게슈타포는 능동적이기도 했던 것이다. 젤라틀리와 존슨에 대한 후속 역사가들의 평가는 엇갈리는데, 젤라틀리를 편드는 역사가들이 좀더 많은 편이다.[1]

위 연구에 자극을 받아 게슈타포 수사파일을 나치의 동성애 정책 연구에 사용한 학자들도 있다. 1991년에 부르크하르트 엘로네크Burkhard Jellonnek는 바이에른 팔츠 지구, 저지프랑켄 지구, 뒤셀도르프 지구 게슈타포의 동성애 수사파일을 분석한 박사학위 논문을 제출했다. 다만 관련 파일이 7만 2000여 개에 달하는 뒤셀도르프 지구의 경우에 그는 무작위 표본 추출 작업을 벌였다. 1997년에는 프란츠 슈파링Franz Sparing이 뒤셀도르프 시 게슈타포의 수사파일을 분석한 단행본을 출간했다. 문제의식은 같지만 사료가 약간 다른 연구도 출간되었다. 안드

레아스 프레첼Andreas Pretzel을 비롯한 5명의 게이 및 레즈비언 연구자
들은 2000년에 베를린 '지방법원' 기록을 분석한 연구서를 내놓았다.
2005년에는 스테판 미헬러Stefan Micheler가 함부르크 '검찰' 파일을 분
석한 박사학위 논문을 발간했다. 나치 체제에서 검찰은 친위경찰의 하
수인에 불과했다. 검찰은 기실 경찰의 수사 결과를 기소문으로 옮겨 법
원에 전달하는 존재였던 것이다.[2]

게슈타포의 수사기록과 검찰의 기소문 및 판사의 판결문에는 공통적
인 내용이 많다. 검찰과 법원의 자료에도 피의자가 누구이고 어떤 술집
에서 누구를 만났으며 어떤 행위를 했는지 적시되어 있다. 그러나 그 자
료는 게슈타포가 검찰에 송치하지 않은 사건은 누락되어 있고, 그에 따
라 일반 독일인들과 나치 경찰국가의 관계를 별반 드러내지 못한다. 우
리의 연구는 도시 차원에서 게슈타포의 동성애 수사파일을 분석한 세
번째 연구다. 선행 연구가 두 개가 있고 유사 연구도 두 개나 되는 만큼
우리가 전혀 새로운 연구를 선보이는 것은 아니다. 그러나 사료란 읽는
이에 따라서 달리 보일 수 있는 것이므로 선행 연구와는 조금 다른 주장
과 꽤 다른 뉘앙스를 기대해봄 직하다. 그리고 동일한 자료를 이용하는
경우조차 역사가들의 내러티브는 언제나 다른 법이다.

당시 에센 게슈타포는 에센에 본부를 두고 에센과 더불어 뒤스부르
크와 오버하우젠까지 담당하던 게슈타포 "정치감찰 에센"의 일부였
다. 당시 뒤스부르크와 오버하우젠의 인구가 각각 43만 5000명과 19만
5000명이었으므로, 정치감찰 에센은 에센까지 포함하여 131만 5000명
을 담당하였던 셈이다. 동일 시점에 정치감찰 에센에 근무하던 경찰관
의 정확한 수가 명시된 사료는 망실되었다. 다만 나치 집권 기간 전체를
통하여 그곳에서 근무한 내외근 경찰관의 수가 78명이었다는 기록은

있다. 전쟁 이전에 상당 규모의 인사이동이 있었다는 기록이 없고, 뷔르츠부르크(인구 84만 명/게슈타포 28명)와 크레펠트(인구 14만 명/게슈타포 14명) 및 쾰른(인구 75만 명/게슈타포 69명 내지 99명)의 경우에서 추론해보면 정치감찰 에센의 경찰관 역시 78명 정도였을 것이다. 많지 않은 숫자다. 정치감찰 에센과 '에센 시' 게슈타포에서 동성애와 낙태 문제를 담당하던 경찰관의 정확한 숫자 역시 알 수 없다. 다만 에센 시 게슈타포에서 동성애 혐의자를 심문한 뒤 수사파일에 서명을 한 경찰관은 동일 시점에 세 명이었다. 따라서 평소에는 그 세 명이 동성애와 낙태 문제를 전담하다가 특별 작전이 펼쳐질 경우에는 다른 경찰관들이 가세했을 것이다.

그들이 작성한 에센의 동성애자 파일은 모두 295개다. 아주 많은 편이다. 파일은 혐의자 개인별로 작성되었는데 그 형식과 내용이 동질적이지 않다. 혐의자의 이름, 생년월일, 학력, 종교, 혼인 여부, 직업, 수사의 단초, 혐의 내용, 수사 결과가 모두 들어 있는 파일도 적지 않지만, 그중 일부 사항만 기록되어 있는 파일이 더 많다. 재판 결과까지 적시되어 있는 파일은 전체의 3분의 1을 약간 넘어선다. 그처럼 부실하지만 그것만 해도 역사가가 만나는 사료 중에서 대단히 양호한 편이다. 우선 궁금한 것은 게슈타포가 언제 동성애자들을 수사했느냐는 점이다. 수사 개시 시점은 〈표 10〉과 같았다.

우리는 앞서 나치 동성애 정책의 단절점이 1936년이라고 주장했다. 그 해에 힘러가 전국 경찰을 장악했고, 그해에 힘러는 베를린 형사경찰청에 "동성애 및 낙태 퇴치 본부"를 설치했다. 에센의 게슈타포 파일은 그 역사적 단절점을 선명하게 보여준다. 1939년 이후 파일이 크게 감소한 것은, 나치가 전쟁으로 치달으면서 게슈타포의 업무가 전시경제 교

〈표 10〉 수사 시점

1933~1935년	14명 (5%)
1936~1938년	246명 (88.5%)
1939~1945년	18명 (6.5%)
합계	278명

란자 등으로 전환되었기 때문일 것이다. 형사경찰의 경우는 수사기록이 소실되었기 때문에 단정할 수는 없다. 다만 우리는 앞서 나치 시대 175조 유죄 판결자의 수가 독일 전체에서 1935년에 2100여 명, 1938년 8500여 명, 1940년 3700여 명이었음을 확인한 바 있다. 전쟁 중에 절반 이상 감소한 것이다. 이는 에센에서도 마찬가지였을 것이고, 따라서 우리는 독일의 동성애자들이 1936년에서 1938년까지 3년 동안만 나치 국가의 체계적이고 강도 높은 억압에 노출되었다고 평가할 수 있을 것이다.

게슈타포 파일을 분석한 다른 역사가들과 마찬가지로, 우리의 또 다른 관심사는 혐의자들이 수사를 받게 된 단초이다. 이를 통계화하면 〈표 11〉과 같다.

경찰이 스스로 식별하여 검거한 경우가 18.3퍼센트밖에 되지 않으므

〈표 11〉 수사의 단초

경찰의 검거	47명 (18.3%)
다른 혐의자의 자백 및 다른 수사 중의 자백	105명 (40.08%)
나치 기관과 다른 지역 경찰의 이관	26명 (10.1%)
주민들의 신고	77명 (30%)
자수	2명 (0.8%)
합계	257명

로 동성애 억압에서도 게슈타포는 반응적 기관이었다는 인상이 든다. 그러나 그것은 착시 현상이다. 경찰에 검거된 혐의자가 수사를 받던 도중에 성애 상대로 지목함에 따라 이루어진 수사도 경찰의 검거 항목과 함께 분류해야 하기 때문이다. 에센의 나치당 기관이나 다른 도시의 게슈타포가 에센으로 이관한 사건도 마찬가지다. 그렇게 재분류하면 게슈타포가 주도적으로 수사한 경우가 전체의 69.2퍼센트에 달한다. 게슈타포는 반응적이 아니라 대단히 능동적인 기관이었던 것이다.[*]

직접 검거한 경우 게슈타포는 어떻게 작업하였을까? 가장 단순하지만 그만큼 빈번한 검거 상황은 순찰 경찰관이 혐의자를 직접 체포하는 것이었다. 1936년 7월 초 서른한 살의 화차 기관사는 새벽 1시에 에센 역 뒤쪽 벤치에 앉아서 스무 살가량의 남자와 애무에 몰두하다가 개를 끌고 순찰 중이던 경찰관에게 체포되었다. 1937년 12월 초 스물다섯의 선반공은 에센 도심의 프론하우저스트라세 공중화장실에 들렀다가 연행되었다. 화장실을 감시하고 있던 게슈타포 경찰관이 그가 너무 오래 있는 것을 수상하게 생각했기 때문이었다.[**] 그 일은 순전한 오해로 판명

---

[*] 다른 역사가들의 분류 방법은 좀 다르다. 뒤셀도르프를 연구한 스파링은 남창이 성애의 상대로 지목한 경우들(34.40%)을 고발 항목에 포함시켰고, 엘로네크는 나치당 당원이 신고한 경우(지역에 따라 3~5%)를 고발 항목에 포함시켰다. 그런 방식으로 분류한 뒤 게슈타포가 반응적 기관이라고 판정하는 것은 무리다. 유대인 파일을 연구한 젤라틀리의 경우는 '어떤 고발'이었는지 명시하지 않아서 그 성격을 짐작할 수조차 없다. 독일의 일부 역사가들과 미국 및 이스라엘의 유대인 역사가들에게 공통점이 한 가지 있다. 그들은 모두 일반 독일인들이 나치 체제에 연루되었다는 것을 강조하려 하는 경향이 있는 것이다. 독일 역사학계의 경우 그래야만 '진보적인' 역사가임을 자임할 수 있고, 유대인 역사가들은 아마도 무의식적으로도 이스라엘 혹은 유대인의 역사적 정당성을 높이려 하는 것 같다. 하지만 나치 기관이 주도적으로 수사했다는 점을 강조한다고 해서 '보수적인' 역사가가 되는 것도 아니고 유대인들의 역사적 정당성이 약화되는 것도 아니다. B. Jellonnek, *Homosexuelle unter dem Hakenkreuz*, pp. 194, 237, 283; F. Sparing, *"...wegen Vergehen nach §175 verhaftet,"* p. 213.

[**] 독일의 기록관리법은 사회적으로 민감한 몇몇 주제의 경우 등장인물의 이름을 익명으로 처

났지만 보다 구체적인 경우도 있었다. 1937년 9월 말 어느 날 밤 경찰관 한 명이 카르펀스트라세 공중화장실에서 묘한 소리가 들리기에 안을 엿보았더니 남자 두 명이 붙어 있었다. 경찰이 화장실 문을 박차고 들어가면서 멈추라고 소리치자 한 명이 주먹을 휘두르며 저항했고, 경찰은 결국 권총을 꺼내 들었다. 그 와중에 나머지 한 명이 도망쳤다. 잡힌 사람은 마흔두 살의 광부였다.[3]

가장 과격한 방법은 "단속 작전"이었다. 서른 살의 어느 전기공 노동자의 진술에 따르면 1936년 4월 중순 게슈타포가 돌격대와 친위대 대원들 및 치안경찰과 함께 에센 도심에 위치한 동성애자 전용 술집 "슈미츠"를 포위했다. 이어서 게슈타포는 고객 전원을 샛길로 몰아넣고 신원을 일일이 확인한 뒤에 풀어주었다. 고객은 60명 내지 80명에 달했는데, 그중 몇 명이 체포되었는지는 알 수 없다.[4] 우리는 여기서 동성애자 단속 작전이 예컨대 공산주의자 단속 작전과 상당히 달랐음을 알 수 있다. 공산주의자들의 경우 게슈타포는 '붉은 거리' 전체를 앞뒤와 양옆에서 봉쇄한 채 검거 작전을 펼쳤다. 동성애자 단속 작전은 의외로 드물게 실시되었다. 파일에서 확인할 수 있는 것은 다섯 번뿐이다. 게슈타포는 원칙적으로 단속 작전을 꺼렸던 것 같다. 나치가 개최하는 행사가 지겹도록 반복되던 그 시절 게슈타포는 동성애자를 검거하기 위하여 일반인들의 일상을 깨트리고 싶어 하지 않았을 것이다.

단속 작전보다 빈번했던 것은 경찰 한두 명이 동성애자 출몰 지역에 가서 혐의자를 직접 검거하는 일이었다. 1938년 10월 초 게슈타포 경찰

리하도록 규정해놓았다. 그래서 서양의 연구자들은 동성애 연구에서 동성애자의 이름을 영문 이니셜로만 표기한다. 이 책에서는 동성애자의 이름을 가급적 밝히지 않되 밝혀야 할 경우에는 이름의 일부만 한글로 표기하고 영문 표기를 생략하기로 한다.

관 두 명이 에센 구舊 도심을 한 바퀴 돈 뒤 에센 역 광장으로 갔다. 그들은 역전 입구에서 중년 남자와 10대 청소년이 5분여 동안 "뭔가 자극적이고" "친밀하게" 대화하는 것을 보았다. 두 사람이 헤어지자마자 경찰관 한 명이 중년 남자를, 나머지 한 명이 청소년을 체포했다. 그처럼 분리해서 체포한 이유는 한 사람이 다른 사람도 체포되었다는 사실을 눈치 채지 못하도록 하기 위해서였다. 경찰서에서 실시된 심문에서, 중년 남자는 49세의 국민학교Volksschule 교사이고 청소년은 그 국민학교를 졸업한 뒤에 제철 관련 수공업 수련 과정을 밟고 있던 15세 소년이라는 사실이 드러났다. 교사는 침착했다. 그는 모든 혐의 사실을 부인했다. 소년은 당황했다. 중년 남자와 성행위를 한 적이 있느냐는 경찰관의 단도직입적인 질문에 "네"라고 답했다. 이어진 심문에서 소년은 교사와 유난히 가깝게 지내던 청소년의 이름을 발설했고, 소환된 그 청소년은 또 다른 이름을 자백했다. 결국 교사까지 포함하여 모두 10명이 수사 선상에 올랐다.[5]

교사와 제자를 체포한 경찰관들의 눈썰미가 유난히 좋았던 것은 아니다. 그들은 운이 좋았을 따름이다. 우리의 파일에서 다짜고짜 검거하는 데 성공한 경우는 그 파일 하나뿐이다. 동성애자를 한눈에 알아볼 수 있다는 속설은 허구였던 셈이다. 그리하여 검거 작전에 나섰지만 실패하는 경우도 종종 있었다. 방금 언급한 검거 작업이 실시되기 나흘 전 또 한 명의 게슈타포 경찰관은 알리안츠 보험회사의 에센 대리인을 소환했다. 열흘 전에 검거된 남창이 항문성교를 한 장소로 그의 자택을 지목했기 때문이었다. 서른 살의 그 보험회사 직원은 수감 생활이 공포스러웠던지 그동안의 성애 행위를 '모조리' 자백하면서 경찰관에게 역제안을 했다. 함께 동성애자 출몰 지역에 가서 자신과 성을 나누었던 당사자들을 지목하겠다는 것이었다. 경찰관은 동의했고, 그 두 사람은 그로부터 사흘 뒤 에센의 동성애자 술집 두 군데와 광장 두 곳과 역전을 둘러보았다. 그러나 그들은 한 명도 발견하지 못했다. 작전은 실패했지만 보험회사 직원은 풀려났고, 그 직후 다른 혐의자가 그의 이름을 발설하였기에 경찰관은 곤혹스럽게도 보험회사 직원을 방면한 것에 대한 사유서를 작성해야 했다.[6]

그 경찰관이 실패한 것은 그가 대동한 사람이 만난 지 1년도 넘는 시점에 과거의 성애 파트너들을 찾으려 했기 때문이었다. 그와 달리 남창을 대동하면 성공 가능성이 매우 높았다. 에센의 동성애 세계에서 남창은 적지 않았다. 수사파일에 "남창"이라고 명시된 청(소)년만 12명에 이른다. 게슈타포가 '청춘범죄단'이라고 간주했던, 떼거리로 몰려다니며 상호수음을 하고 경우에 따라 중년 남자와 어울리면서 물질적 보상을 받았던 소년들도 7명이나 된다. 그런 청(소)년들은 서로를 알았을 뿐만 아니라, 방금 보았듯이 성애의 상대방이 자택으로 데려갈 경우 그 집을 적시할 수 있었고, 청(소)년의 육체적 매력에서 헤어나지 못하여 '동성애 거리'에 빈번하게 나타나는 남자들의 얼굴을 식별할 수 있었다. 따라서 게슈타포가 남창을 한 명만 검거하더라도 눈덩이 효과가 나타났다. 남창은 친구 남창들의 이름을 줄줄이 거명했고, 그들이 만난 동성애자들의 이름을 서너 명씩 발설했다. 우리의 수사파일에서 동성애자가 성애의 상대로 자백함에 따라 검거된 사람은 무려 100명에 이르는데 그들 중 최소 절반은 남창의 자백 때문에 수사를 받았다.

경찰관에 의한 검거 상황보다 좀더 궁금한 것은 일반인들의 신고 혹은 밀고이다. 수사의 단초에서 신고가 차지하는 몫은 나치의 동성애 정책에 대한 이성애자들의 공감 내지 공모 관계를 드러낼 수 있다. 이 책에

〈표 12〉 신고자

가족 및 전처	8명 (10.4%)
이웃	14명 (18.2%)
직장 동료 및 상사	6명 (7.8%)
목격자	10명 (13%)
구애의 대상 및 그의 부모	39명 (50.6%)
합계	77명

서 "신고"와 "밀고"와 "고발"이라는 단어를 섞어 쓰는 이유는 일반인이 경찰에 신고할 때 비밀리에 하는 경우도 있었고 드러내놓고 하는 경우도 있었으며 처벌 의지를 드러내는 경우도 있었기 때문인데, 〈표 11〉에서 확인할 수 있듯이 전체 혐의자의 30퍼센트가 신고로 인하여 게슈타포의 수사 선상에 올랐다. 참고로 "인종범죄" 유대인에 대한 젤라틀리와 존슨의 연구에서는 신고의 몫이 각각 56퍼센트와 41퍼센트를 차지했다. 따라서 우리의 통계는 동성애에 대한 독일인들의 관심이 유대인에 대한 경계심보다 훨씬 적었다는 것, 혹은 동성애에 대한 관심이 유대인을 이용하여 다른 독일인들을 욕보이려는 마음보다 훨씬 덜했다는 것을 보여준다. 그러나 그 통계는 그 이상을 말해주지 않는다. 30퍼센트라는 통계 자체가 착시이기 때문이다. 이는 신고자와 피신고자의 관계에서 나타난다.

〈표 12〉를 보면 전체 신고자 중에서 구애 대상자가 무려 50.6퍼센트를 차지한다. 그들은 동성애자가 성애의 상대로 상상하고 육체적인 접근을 시도하자 구애를 거부하고 경찰에 고발한 사람들이다. 예컨대 1938년 9월 중순 스물세 살의 어느 정원사는 야간열차 삼등칸에 앉아 뒤셀도르프에서 에센으로 가다가 옆자리에 앉은 마흔세 살의 술 취한

상인이 키스 세례를 퍼부으면서 그의 성기를 움켜쥐는 일을 겪었다. 격분한 그는 검표원을 불러서 상인을 제압하여 경찰에 넘겼다. 1937년 10월 열여섯 살의 어느 크루프 제철 노동자는 회사 목욕실에서 한 살 위인 노동자가 자신의 성기를 때리자 경찰에 고발했다. 이듬해 7월 스물두 살의 석탄 하역 노동자는 길 가던 중에 마흔두 살의 운수 노동자가 "어이, 암탉. 영화관에 갔다 오는 길이니? 몇 살이야? 하기 좋은 나이다!"라고 소리치자 너무도 불쾌하여 경찰에 고발했다. 1937년 4월에 한 중년 부인은 스물세 살 먹은 남창이 그와 성교를 한 남편을 경찰에 밀고했을 뿐만 아니라 돈을 주지 않으면 남편의 성애에 대한 소문을 퍼뜨리겠다고 협박하자 변호사를 찾았다.[7]

그 외에도 열여섯 살 먹은 아들이 마흔여섯 살의 노동자에게 강간을 당하자 고발한 어머니도 있었고, 열여섯 살의 아들이 골목에서 스물세 살 먹은 보조노동자에게 성기를 붙잡히자 고발한 아버지도 있었다. 경찰에 고발한 것을 보면 그들이 자기 자신이나 자식이 동성애 대상자로 지목되거나 성추행을 당한 것에 얼마나 분노했는지 알 수 있다. 이로부터 동성애에 대한 그들의 근원적인 혐오감을 도출해내는 것은 무리이긴 하지만 불가능하지는 않을 것이다. 그러나 그들의 고발 행위가 나치 동성애 정책에 대한 공감, 심지어 나치 정책 내지 나치즘에 대한 공감을 나타내는 것은 결코 아니다. 그들은 자신의 구체적인 삶과 무관한 동성애자들을 사회로부터 추방하기 위해서가 아니라 스스로를 성추행의 피해자로 인식하여 고발한 것이기 때문이다.

나치 동성애 정책에 대한 공감을 추론해낼 수 있는 신고자는 오히려 우연한 목격자들과 직장 동료일 것이다. 1936년 5월 초 열일곱 살의 크루프 제철 노동자는 회사 휴게소 뒤편 숲을 산책하다가 동년배 소년 소녀들이 성교하는 장면을 목격한 뒤에 동료 노동자와 상호수음을 했다. 그 후 그는 회사 목욕실에서 열다섯 살의 견습생 두 명과 똑같은 행위를 했는데 이를 눈치 챈 십장이 경찰에 알렸다. 1938년 1월 말 에센 도심에 위치한 "라익스크로네" 술집 여주인은 예순여덟 살의 이발사가 열여덟 살의 청소년과 술을 마시던 중 식탁 밑으로 반복해서 청소년의 성기를 잡고 이어서 돈을 건네는 장면을 목격했다. 그 이발사는 기실 지난 몇 주일 동안 스무 차례나 넘게 청소년들을 데리고 그 술집에 드나든 터였다. 술집 여주인은 이를 남편에게 알렸고 남편은 경찰에 신고했다. 1938년 3월 말에는 또 다른 술집에서 40대의 운전수가 마흔일곱 살의 빵집 주인 동성애자 한 명을 알아보고 술집 주인에게 그 사실을 알렸다. 잠시 후 빵집 아저씨가 청소년과 화장실로 들어가자 주인은 화장실 안을 엿보았고 상호수음을 목격하자 경찰에 신고했다. 크루프 제철의 십장은 동성애에 대하여 적대적이었던 회사의 방침 때문에, 그리고 술집 주인들은 자신의 점포에 동성애자들이 출입하는 것을 꺼렸기 때문에 신고했겠지만, 그들을 게슈타포의 동성애 정책에 협조한 사람들로 분류할 수는 있을 것이다.[8]

이웃의 동성애 행위를 목격하거나 알아채고 경찰에 신고한 사람들도 마찬가지였을까? 1938년 3월 중순 열여덟 살의 열쇠공은 에센 역에서 만난 동년배 청소년과 상호수음을 했는데 창으로 이를 목격한 이웃이 경찰에 신고하여 체포되었다. 그 이웃은 분명히 나치의 동성애 정책에 적극 협력한 것이다. 그러나 사적인 동기에서 신고한 이웃도 몇 명 있었다. 1936년 10월 초 열아홉 살의 배관공은 여든한 살의 연금생활자 집의 화장실을 몇 차례에 걸쳐 수리했는데 이를 지켜본 이웃이 그와 노인을 동성애 혐의로 신고했다. 배관공이 40~50마르크라는 거금을 받았다는 것이 그 이유였다. 경찰의 수사 결과 그가 받은 돈은 1마르크와 1마르크 50페니히의 팁으로 밝혀졌다. 신고한 이웃은 금액을 오해하고 또 질투했던 것이다. 1937년 4월 말 마흔다섯 살의 셋집 관리인 여자는 세 들어 사는 마흔여섯 살의 사회복지사와 그 집에 자주 출입하는 마흔세 살의 보험회사 간부를 동성애 행위로 신고했다. 근거는 그 사회복지사가 손수건과 속옷을 너무 자주 빨 뿐만 아니라 속옷에 정액으로 보이는 흔적이 있다는 것이었다. 두 남자는 경찰에서 혐의를 부인했고 경찰 역시 그 셋집 관리인을 관심을 받으려고 안달이 난 사람으로 평했다.[9]

이혼한 전처 혹은 남편과 사이가 좋지 않은 아내가 경찰에 고발한 경우는 모두 거짓 고발이었다. 1936년 8월 초 스물여덟 살의 실내장식 노동자의 아내는 남편이 자신에게 항문성교를 요구할 뿐만 아니라 자주 만나는 남자들이 있다며 경찰에 고발했다. 경찰에 소환된 남편은 아내가 "복수심"에서 그런 것이라고 설명했고, 며칠 뒤 아내는 고발을 취소했다. 1937년 3월 중순 스물여덟 살의 소상인은 술집에서 청소년과 성교를 했다고 아내에 의해 고발당했다. 그녀는 이웃으로부터 남편에 대한 이야기를 듣고 고발했던 것인데, 알고 보니 술집에서 평소보다 과하게 술을 마신 소상인이 술집에서 나오는 길에 이웃과 부딪치자 자기 아내에게 자신의 음주 상황에 대하여 말하지 말라고 부탁한 것뿐이었다. 쉰한 살의 어느 회사원은 이혼한 전처로부터 스물세 살의 친아들과 성교를 했다고 고발당했는데 새로 결혼한 아내와 스물세 살의 아들은 경찰에서 혐의 내용을 모두 부인했다.[10] 우리의 수사파일에서 거짓 고발은 모두 9건(전체 고발의 11.7%)인데, 그것은 모두 고발인이 이웃 혹은 가족이었다.

전체 신고 건수 77개에서 구애 당사자의 고발 39건과 거짓 밀고 9건을 제외하면 29건이 남는다. 우리는 그들만이 나치 동성애 정책에 대한 공감에서 행동한 것으로 볼 수 있고, 그 29건은 수사의 단초가 알려진 총 257건에서 11.28퍼센트를 차지한다. 나머지 88.72퍼센트는 모두 경찰이 검거했거나 검거한 동성애자가 동성 성교의 파트너로 자백했거나 나치 기관이나 다른 지역 경찰로부터 이관되었거나 동성애자로부터 성추행을 당해서 고발했거나, 아니면 거짓 밀고였던 것이다. 이는 동성애의 경우 게슈타포가 일반 독일인들로부터 거의 협력을 받지 못했음을 보여준다. 그렇다고 해서 그것이 일반 독일인들이 나치의 동성애 정책에 적대적이었음을 보여주는 것은 물론 아니다. 에센 게슈타포의 수사파일은 오히려 일반 독일인들이 타인의 동성애에 대하여 대단히 무관심했음을 보여준다. 힘러와 베스트가 동성애자는 국가의 적이라고 그토록 열을 올렸지만 독일인들은 그것을 자신의 일로 간주하지 않았던 것이다.

방면, 기소, 판결

게슈타포는 동성애 혐의자들을 어떻게 처리하였을까? 〈표 13〉은 이를 통계화한 것이다.

이 통계는 동성애 혐의로 게슈타포의 수사를 받은 사람의 53.4퍼센트가 기소되거나 검사에게 보내지는 등 사법 처리되었음을 보여준다. 그러나 정작 우리의 눈을 찌르는 것은, 방면된 사람이 83명(36.9%)이나 된다는 아주 단순하지만 아주 놀라운 사실이다. 어찌 된 일일까? 이를 설명하기 위해서는 방면의 사유를 살펴보아야 한다.

〈표 14〉에서 "사소한 행위"는 성적 접촉이 있었던 것은 확실하지만 게

〈표 13〉 혐의자의 처리

방면	83명 (36.9%)
기소	112명 (49.8%)
검찰로 이관	6명 (2.7%)
타 게슈타포 이관	2명 (0.9%)
판사의 영장 기각	10명 (4.4%)
보호구금	9명 (14%)
거세	1명 (0.4%)
자살	2명 (0.9%)
합계	225명

〈표 14〉 방면의 사유

증거 없음	20명 (24.1%)
증거 부족	37명 (44.6%)
사소한 행위	6명 (7.2%)
18세 미만	12명 (14.5%)
정상참작	4명 (4.8%)
수감 불능	2명 (2.4%)
과거 행위	2명 (2.4%)
알 수 없음	2명 (2.4%)
합계	83명

슈타포가 범법으로 간주하지 않은 행위를 가리킨다. "18세 미만"의 혐의자는 동성 성행위가 확인되었다고 하더라도 단순한 청춘범죄로 간주되어 방면된 사람들이다. 당시 18세 미만의 청소년은 소추에 제한을 받았다. 그러나 게슈타포는 남창이거나 남창으로 될 가능성이 높은 경우에는 18세 미만이라도 기소했다. "정상참작"은 성행위가 확인되었지만 예컨대 초범인 데다가 기혼자인 경우, 혹은 만취 상태였던 경우이다. "수감 불능"은 의사가 혐의자의 건강 상태 때문에 수형 생활이 아예 불가능하다고 진단한 경우이다. "과거 행위"는 공소시효가 지난 경우이다. 우리는 이들 모두(26명, 31.3%)를 정상참작 항목에 함께 묶을 수 있을 것이다.

위 표를 보면 "증거 없음" 및 "증거 부족"으로 방면된 혐의자가 57명(68.7%)에 달한다. 우리가 〈표 13〉의 혐의자 처리 통계를 다시 보면 판사가 구속영장을 발급해주지 않은 경우가 10명이다. 게슈타포 파일에 그 근거가 명시되어 있다. "증거 부족"이다. 그 두 가지 사실을 겹쳐놓고 우리가 내릴 수 있는 결론은 게슈타포는 증거가 확실할 때에만 사법 처리 수순을 밟았다는 것이다. 참고로 증거 없음은 앞서 살펴본 거짓 밀고처럼 증거가 아예 없는 경우이다. 그 외에 경찰이 직접 검거하거나 구애 당사자가 신고한 경우에도 "암탉"이라고 불렀다가 검거된 예처럼 오해인 경우가 꽤 많았다. 문제는 증거 부족 항목이다. 도대체 게슈타포는 어떤 경우에 증거가 부족하다고 판단하였던 것일까? 역으로, 게슈타포는 무엇을 증거로 간주했던 것일까? 게슈타포의 수사파일에는 증거가 충분한 행위와 충분치 못한 행위가 구별되어 있지 않다. 게슈타포 경찰관은 혐의자에게 질문을 던지고 답을 들은 뒤에 그 내용을 정리하여 혐의자로부터 서명을 받았다. 그리하여 대부분의 파일에는 행위 내용만이 담겨 있을 뿐 그중 어느 것이 증거 능력을 갖춘 행위인지 적시되어 있지 않다.

우리에게는 다행스럽게도 혐의가 확실함에도 불구하고 입증하지 못해서 아쉽다는 게슈타포 수사관의 촌평이 적혀 있는 파일이 하나 있다. 1937년 5월 초 게슈타포는 에센 나치당 베르게보르베크 지구로부터 소속 당원 한 명이 동성애 성추행을 했다는 제보를 받았다. 게슈타포는 20대 초반의 고발인을 조사한 뒤 혐의자를 소환했다. 출두한 서른두 살의 정원사는 혐의 내용을 모두 부인했다. 그의 주장을 요약해보자면 다음과 같다. 내가 청소년들을 인솔하여 농촌으로 떠나게 될 고발인과 대화한 것은 사실이다. 그때 내가 몇 년 전 어느 농가에서 겪었던 일을 이야기해준 것도 맞다. 당시 한 방에서 함께 자던 나이 든 농부가 주먹으로 협박해가면서 나의 성기를 희롱했었다. 그 대화가 있은 지 몇 달 지난 올해 1월 어느 날 나는 저녁 6시경에 이발소로 가다가 고발인을 만났다. 어두운 골목에서 그가 플래시를 켜고 있기에 내가 끄라고 한 것은 사실이다. 그러나 내가 바지 위로 그의 성기를 잡았다는 것은 사실이 아니다. 나는 곧장 이발소로 갔는데 손님이 너무 많아서 나와버렸고 우연히 그를 다시 만났다. 그러나 내가 그를 "두번째로 비윤리적으로 잡았다"는 것은 사실이 아니다. 내가 그에게 용돈을 주겠다고 말한 것은 맞다. 그러나 그것은 가난한 그가 불쌍해서였을 뿐이다.[11]

조사를 마친 게슈타포는 다음과 같이 정리했다. "신뢰가 가는 증인의 진술에 따르면" 혐의자는 두 번이나 그를 "비윤리적으로 만졌다." 혐의자가 완강하게 부인하지만 그가 "증인을 동성 성행위로 유도하려 한 것만은 확실하다." "이는 용돈을 약속한 것에서 분명하게 나타난다." 성행위에 도달하지 못한 것은 오로지 증인의 "정확한 태도" 덕분이라고 할 것이다. "혐의자가 동성애 성행위를 의도했다는 것은 그 외에도 혐의자가 증인을 기다렸다는 사실과 이어서 또 한 번 만졌다는 것에서 입증된다." 게슈타포는 그렇듯 성행위 의도가 확실했고 성추행을 한 것 또한 명백했음에도 불구하고 그 정원사를 방면했다. 왜였을까? 그가 혐의를 부인했기 때문이었을까? 아니면 성기 접촉이 175조 위반에 해당되지 않는 행위였을까?

게슈타포가 증거로 간주한 것을 알려주는 파일이 하나 있다. 앞서 우리는 1938년 10월 초 게슈타포 경찰관이 남창의 자백에 따라 알리안츠 보험회사 에센 대리인을 검거했지만 수사에 대한 그의 협조 때문에 그를 방면했고 곤혹스럽게도 그 일에 대한 보고서를 써야 했다고 언급한 바 있다. 보고서에는 보험회사 직원의 혐의 내용도 첨부되어 있다. 그는 모두 다섯 번의 동성애 행위를 자백했다. 1937년 초에 에센 역전에서 키 180센티미터의 스물셋 내지 스물넷의 청년을 만나 함께 자기 집으로 가서 상호수음을 했고, 그해 여름에는 에센 역전에서 만난 스물여섯 내지 스물일곱 먹은 청년을 자신의 집으로 데려가서 상호수음을 했으며,

그 해 연말에는 에센 시내에서 키 165센티미터의 30세가량의 남자를 만나 인근 녹지대에서 상호수음을 했고, 1938년 초에는 에센 도심에 있는 영화관("스칼라")에서 서른넷 내지 서른다섯의 남자를 만나 자기 집에서 상호수음을 했으며, 마지막으로 1938년 여름 에센 시내에서 10대 청소년을 만나 함께 자기 집으로 간 뒤 그에게 먹을 것과 옷가지 몇 벌을 주었고, 그날 밤 한 침대에서 자면서 허벅지성교를 했다는 것이었다.

게슈타포 경찰관은 그 보험회사 직원이 자신의 성애 상대들을 검거하도록 도와주겠다고 해서 방면했노라고 설명하면서 다음과 같이 덧붙였다. 보험회사 직원이 자백한 다섯 번의 성교 중에서 "증거 능력"을 갖춘 유일한 행위는 마지막 행위 하나뿐이다. 그 경찰관은 증거 능력을 강조하기 위하여 그 단어에 밑줄까지 그었다. 기실 보험회사 직원이 수사를 받게 된 단초는 1938년 여름에 10대 청소년과 벌인 그 마지막 행위였다. 그날 만난 청소년은 사실 남창이었는데 경찰에 검거되자 그가 갔었던 보험회사 직원의 집을 적시하였던 것이다. 그 사건과 나머지 네 가지 사건의 차이는 10대 남창과 보험회사 직원 모두의 신원이 확인되었다는 점, 그리고 그 두 사람 모두가 혐의 내용을 시인했다는 사실이다. 여기서 우리는 게슈타포가 원칙적으로 성행위 당사자 모두가 시인한 경우에만 증거 능력이 있는 것으로 간주했다는 판단을 얻을 수 있다.

그러나 그 원칙이 절대적이었던 것 같지는 않다. 1936년 9월 말에 스물여덟 살의 어느 건설업자가 2년 전에 서른아홉 살의 무용수와 두 번 상호수음을 한 혐의와 1936년 2월에 "신원 미상의 남자"와 상호수음을 한 혐의로 기소되어 재판에 회부되었다. 판사는 전자에 대해서 7개월 금고형을, 후자에 대해서 3개월 금고형을 선고한 뒤 여타의 정상을 참작하여 도합 8개월 금고형을 선고했다.[12] 다른 한편으로 우리의 파일에는 신원 미상의 남자와 행한 성행위만으로 처벌을 받은 경우는 단 한 건도 없다. 게다가 위 건설업자는 뒤에 다시 기술할 에센 시립극단 동성애 스캔들 및 에센의 동성애 동아리와 연관된 사람이었다. 따라서 우리는 게슈타포와 법원이 그처럼 특별한 경우에 한하여 신원 미상의 남자와의 성행위도 처벌했다고 판단할 수 있다.

그러나 그 경우조차 게슈타포는 혐의자가 범법 행위를 시인해야만 기소를 할 수 있었던 것인데, 이 대목에서 게슈타포가 증거를 확보하는 과정에서 고문을 가했냐는 질문이 솟아오른다. 우리의 파일에는 고문 여부가 기록되어 있지 않다. 물론 게슈타포가 작성한 수사파일에 게슈타포의 고문 장면이 기록되어 있을 리는 없다. 파일에는 그저 혐의자가 성애를 부인하는 1차 진술 이후에 "경고를 가하자" 혹은 "강력한 경고를 가하자"라는 표현이 있고 이어서 성애를 시인하는 진술이 제시되어 있다. 고문을 했다면 바로 그 장면일 것이다.

그러나 게슈타포는 고문을 가하더라도 조심해야 했다. 고문은 간단치 않은 문제였다. 고문은 국가전복 음모자에 대해서만이 합법이었고, 따라서 문제가 되면 해당 경찰관이 책임을 져야 했다. 그런 사건이 실제로 벌어졌다. 에센의 이웃 도시인 뒤셀도르프 게슈타포에는 동성애 단속 특별 수사대가 설치되었는데 소속 경찰관 중에서 특히 슈튈렌베르크Heinrich Stüllenberg와 하이네만Ludwig Heinemann 경사가 유명했다. 그 두 사람이 얼마나 '유능'했던지 쾰른 경찰은 그들을 초빙하여 쾰른의 동성애자들을 검거하도록 했을 정도였다. 그러나 그 유능함의 비밀이 고문이었다는 것이 밝혀졌다. 두 사람은 1938년 12월에 동성애 혐의를 받은 네덜란드인에게 모진 고문을 가했다가 혐의자의 변호사에 의해 고발당했던 것이다. 외국인이 연루되었기 때문인지 검찰은 두 사람을 기소했고 법원은 각각 1년 징역형과 6개월 징역형을 선고했다. 그들의 형량은 곧 징역형에서 금고형으로, 그리고 수감 첫날에 이미 집행유예로 바뀌었지만 두 사람은 경찰을 떠나야 했다.[13] 에센 게슈타포에서는 그런 사건이 없었고, 따라서 뭐라 단정할 수 없다. 그러나 뒤셀도르프 사건에서 우리는 게슈타포가 원칙적으로는 고문을 하지 말아야 했으나 실제로는 했으며, 고문을 가할 경우에는 뒤탈이 나지 않도록 조심했을 것이라고 추측할 수 있다.

우리의 수사파일에는 고문이 가해진 경우를 암시해주는 파일이 몇 개 있다. 앞서 우리는 에센 역전에서 우연히 검거된 교사와 제자를 언급한 바 있다. 1938년 10월 8일 에센 역전에서 검거된 두 사람은 경찰서로 연행된 즉시 분리되어 조사를 받았다. 심문에서 제자는 교사와의 성관계를 시인했고 교사는 부인했다. 그 직후 경찰이 다시 한 번 제자를 심문했다. 소년이 이미 시인했음에도 불구하고 다시 심문한 것은 교사의 시인을 이끌어낼 만한 자세한 정황 증거가 필요했기 때문이었던 것 같다. 열다섯 살의 소년은 길게 진술했다. 6세부터 14세까지 교사가 재직하고 있던 학교를 다녔고, 마지막 학년에 교사와 매우 가까워졌으며, 그 후 함께 루르 강 조정장에서 보트놀이를 했고, 일주일 뒤 다시 찾은 조정장에서 처음으로 성교를 했으며, 똑같은 일이 그 후 교사의 집을 방문했을 때에도 반복되었다는 것이다. 진술서는 다음과 같이 끝난다. "나의 진술은 진실과 완전히 그리고 전적으로 일치한다. 나는 심문 경찰관으로부터 점잖게 대우받았고, 위 진술을 하라는 어떤 위협이나 압력도 받지 않았다. 나는 또한 위 진술을 징역형에 대한 두려움에서 하지도 않았다. 경찰관이 나에게 심문 뒤에 방면될 것이라고 말했기 때문이다. 이상의 진술서를 읽었고 내용을 올바로 이해했으며 서명함."[14] 몇 대 쥐어

박거나 협박을 가하지 않았더라면 진술서에 위와 같은 내용이 담길 리없다. 불필요한 부인은 곧 시인이기 때문이다.

우리의 수사파일에서 위와 같이 고문을 암시하는 '불필요한 언사'가담겨 있는 파일이 두 개 더 있다. 1936년 3월 초에 스물넷의 남성 무용수가 소환되었다. 그는 에센 시립극단 스캔들 및 동성애자 동아리 사건과 관련되는 인물인데, 진술서의 말미에 그는 "나의 진술은 모든 면에서 사실이며, 나는 그 진술을 자발적으로 했다"고 확인한 뒤 서명했다.1936년 7월 중순에는 나치당 당원인 서른 살 먹은 출판사 식자공이 자신의 성애사를 진술한 뒤에 "나의 자백은 모든 면에서 사실이며, 나는자발적으로 자백했다"고 확인했다.[15] 무용수는 시립극단 및 동성애자동아리와 연관된 인물이었기 때문에, 식자공은 나치당 당원이었기 때문에 고문이 가해졌을 것이다. 그리고 파일에 따라 "특별한 경고를 받은뒤에" 같이 고문을 강력히 암시하는 다른 표현들이 발견되기는 하지만,유사한 표현들과의 연속성 때문에 더 이상의 판단은 불가능하다.

고문에는 뒤탈이 따르기도 했다. 방금 언급한 출판사 식자공의 경우가 그랬다. 감옥에서 1년 6개월을 복역한 그는 출소한 뒤 열세 살 연하의 여성과 만나 결혼을 약속했다. 여자의 부모가 예비 신랑의 동성애 전력을 문제 삼으면서 결혼에 반대했지만 여자는 애인의 동성애는 과거사일 뿐이라며 물러서지 않았다. 그 후 어찌 된 일인지 게슈타포가 딸을소환했다. 딸은 진술했다. "그는 내게 단 한 번도 경찰 심문에서 자신이심문 경찰관으로부터 구타당했다거나 곤봉으로 위협을 받았다고 말하지 않았다. 그와 관련해서 나는 내 어머니에게도 아무런 말도 하지 않았다." 그녀의 진술서는 다음 문장으로 끝난다. "나는 그가 내게 단 한번도 당시의 심문에서 구타당했거나 위협받았다고 말하지 않았다는 것을 선언함. 읽고, 승인하고, 서명함." 진술서의 내용으로 보아 여자의 어머니는 이웃들에게 과거 게슈타포가 사윗감을 고문했다고 말하고 다녔고, 그 때문에 소문이 퍼졌으며, 그 소문이 게슈타포의 귀에 들어가자 게슈타포가 황급히 입을 막으려 했던 것이다.[16]

게슈타포는 고문 때문에 낭패를 보기도 했다. 1936년 3월 중순 스물아홉 살의 한 전직 서점 직원이 175조 위반으로 체포되었다. 그는 자백했다. 그는 동성애자 전용 술집에서 경리 일을 하고 있었고 체포 당시에 동성애자와 동거하고 있었다. 그럼에도 불구하고 그해 9월 하순에 열린 법원 심리에서 그는 "심문하는 경찰관으로부터 위협을 받았다"면서 경찰에서 했던 자백을 전면 취소했다. "손에 채찍을 든" 경찰관이 "거세와 강제수용소 수감"을 운위하며 위협을 가했다는 것이다. 판사는 9월 25일에 열린 선고공판에서 경찰은 175조 문제에서 피의자에게 고문을 가할 수 없고, "경찰에서의 진술이 공포감 때문이었다는 피고의 발언이 거짓임이 입증되지 않았으며," 그가 여자들과 자주 성교를 했음이 사실로 입증되었다면서 무죄를 선고했다. 그리고 앞서 언급한 스물네 살의 무용수, 즉 "자발적으로 (진술)했다"고 자술서에 서명한 그 사람도 법원 심리에서 경찰 수사에서 "곤봉으로 협박을 받았다"고 주장했다. 그는 입증된 또 다른 행위 때문에 유죄 판결을 받았지만, 판사는 이 경우에도 경찰에게 고문할 권리가 없다고 강조하고 그 항목에 대해서는 무죄를 선고했다.[17] 이 모든 사항이 판결문에 적시되어 있다. 우리는 여기서 두 가지 사항을 재차 확인할 수 있다. 게슈타포가 고문을 가한 것은 확실하지만, 그만큼 확실한 것은 게슈타포가 고문할 때 뒤탈과 낭패에 무척 신경을 써야 했다는 것이다.

게슈타포가 고문을 가하지 않았을 법한 정황이 식별되는 수사파일도 있다. 앞서 언급한 교사와 제자 사건에서의 교사가 그런 경우이다. 소년을 압박하여 정황증거를 확보한 게슈타포는 다음 날 교사를 재차 심문했고 교사는 결국 시인했다. 그러나 사건은 그것으로 끝나지 않았다. 소년이 교사와 가깝게 지낸 또 다른 청소년들의 이름을 발설했기 때문이다. 10월 11일, 새로 언급된 소년 한 명이 소환되어 교사와의 성관계를 자백했다. 그러나 교사는 부인했다. 교사는 그 소년을 오래전에 보았을 뿐이며 그가 에센에 살고 있다는 사실조차 몰랐다고 답했다. 10월 15일 경찰이 교사를 재차 심문했다. 게슈타포는 흥미롭게도 그때 경찰관과 교사 사이에 오간 말들을 부분적으로 기록해놓았다. 이 파일은 경찰관의 질문과 혐의자의 답변이 적혀 있는 유일한 파일이기도 하다. 게슈타포의 심문 방식을 힐끗 엿보기 위해서라도 질문과 답변 내용을 좀 길게 인용해보자. "엔데 씨, 당신은 오늘도 그리가트를 본 지 오래되었다고 주장하실 겁니까?" "네, 그래요. 그를 본 것은 올해 초였을 겁니다." "엔데 씨, 왜 첫번째 심문에서 거짓말을 한 거지요? 그때 당신은 그리가트를 본 지 오래되었다고 말하지 않았습니까?" "나는 거짓말하지 않았어요. 내 개념으로는 연초에 본 것은 본 지 오래된 겁니다."

머칠 뒤에 심문이 재개되었다. "엔데 씨, 당신이 그리가트를 몇 차례나 만난 것이 확인되었습니다. 어떻게 된 거지요?" "내가 그리가트와 강가에 텐트를 치고 몇 차례 야영한 것은 인정합니다. 내가 그리가트에게 버터 바른 빵을 준 것과 커피를 사준 것도 인정해요. 그러나 그리가트와 친밀한 관계를 갖지는 않았습니다." "엔데 씨, 이제는 정말 진실에게 명예를 주시지요. 그리가트와의 관계에 대해서 인정하세요." "아니오. 인정할 수 없습니다." "엔데 씨, 그리가트는 당신과 성행위를 했다고 말했습니다. 방금 그의 진술서를 읽어주었잖아요. 그리가트는 당신과 상호수음을 했다고 말했어요. 어떻게 된 거지요?" "그것은 사실이 아닙니다." "엔데 씨, 그리가트가 거짓말을 했다는 겁니까?" "네." "엔데 씨, 그리가트가 거짓말을 했다면 그가 왜 그랬는지 설명할 수 있겠습니까?" "아니오." "엔데 씨, 지난 번 심문에서 당신은 그리가트의 허벅지를 만졌다는 것을 인정했습니다. 어떻게 된 거지요?" "그건 순전히 우연이었습니다." "엔데 씨, 그리가트는 당신이 그의 성기를 입에 넣고 사정할 때까지 빨았다고 말했어요. 그것도 부인할 겁니까?" "네." "엔데 씨, 경고하는데 진실을 말하십시오. 곧 그리가트와의 대질심문이 벌어질 겁니다. 그때 거짓말쟁이는 그가 아니라 나이도 지긋하고 직업도 청소년 교육자이신 당신이라는 사실이 드러나게 될 겁니다. 그러니 이젠 정말로 진실에게 명예를 줍시다. 그래야 체면이라도 서지 않겠습니까?" "그리가트는 거짓말을 한 겁니다. 그리가트의 진술은 사실이 아닙니다. 나는 그리가트와 그 짓거리를 하지 않았습니다."[18]

그 직후 경찰관이 예고한 대로 교사와 청소년 간의 대질심문이 무려 세 명의 게슈타포 경찰관이 동석한 가운데 벌어졌다. 교사와 소년은 종래의 주장을 되풀이했다. 그러자 경찰은 두 사람이 서로를 볼 수 있도록 앉힌 뒤 다시 물었다. 답변은 바뀌지 않았다. 대질심문 직후에 경찰은 두 사람을 분리해서 한 번 더 심문했다. 똑같은 말이 반복되었다. 경찰이 마지막으로 물었다. "엔데 씨, 그리가트가 당신과 마주보고 앉아 서로 눈을 볼 수 있는 상태에서 그 짓이 벌어진 과정을 설명했어요. 그런데도 아무런 반자연적인 성교가 없었다고 주장할 겁니까?" "네." 게슈타포는 포기했다. 청소년은 방면했고 교사는 다른 청소년 한 명과 동성 성교를 한 것으로 기소했다.

게슈타포는 교사에게도 고문을 가했을까? 단정할 수는 없지만 그러지 않았을 것이다. 고문을 가했더라면 경찰관이 교사에게 차라리 범죄 사실을 인정하고 "진실에게 명예를 주"라고, 진실된 사람이라는 명예만이라도 얻으라고, 교육자의 체면이라도 살리라고 하는 등의 고등교육을 받은 교사의 양심과 명예심을 건드리는 발언을 할 필요가 없었을 것이기 때문이다. 이 추측이 옳다면 게슈타포가 혐의자의 신분에 따라, 그리고 사건의 경중에 따라 달리 행동했다고 추론할 수 있다. 중요한 사건의 열쇠를 쥐고 있던 남창들에게는 고문을 가했을 것이고, 단독 사건인 데다가 고문 사실을 알릴 수단을 갖고 있는 사회 중상위층의 인물들에게는 직접적인 신체적 고문을 가하기보다는 언어 혹은 몸짓을 통한 위협을 가했을 것이다. 물론 언어적인 위협과 고문의 경계는 언제나 모호하다. 서른아홉의 에센 시립극단 배우를 심문할 때 게슈타포 수사관은 그의 면전에서 "타이피스트에게 거세 명령서를 불러주어 작성하도록 하고" 이어서 두 명의 경찰관이 나타나 그 서류에 "서명했다." 그것은 물론 쇼였다. 그 배우는 법원 심리에서 그 위협적인 장면을 말했고 판사는 그때 이루어진 자백을 증거로 받아들이지 않았다.[19]

혐의자의 사회적 지위와 무관하게 고문이 확실시되는 수사상의 맥락도 있었다. 증거 확보가 시간적으로 급박할 때, 즉 판사가 증거 부족을 이유로 구속영장을 발부해주지 않았을 경우가 그것이다. 우리의 수사 파일에서 판사가 구속영장을 거부한 경우는 모두 10명이다. 게슈타포는 그들 중에서 2명은 방면하고 나머지 8명은 보호구금에 처했다. 앞서 제시한 〈표 13〉에는 보호구금에 처해진 사람이 9명으로 기록되어 있다. 이는 우리가 중복 계산을 피하기 위하여 영장 기각 직후에 보호구금에 처한 경우를 제외했기 때문이다. 그 8명까지 합하면 에센 게슈타포에서 보호구금에 처해진 동성애 혐의자는 모두 17명이다. 이는 전체 혐의자 295명의 5.8퍼센트요, 처리가 확인된 혐의자 224명의 7.6퍼센트이다. 보호구금에 처해지지 않은 경우에도 고문은 가해졌을 것이지만, 고문은 그 7.6퍼센트에서 가장 잦았을 것이다.

보호구금 문제에 잠시 머무르도록 하자. 모든 나치즘 연구자들은 게슈타포의 보호구금에서 '나치 테러국가'를 발견해낸다. 보호구금이 법원의 유죄 판결을 받지 않은 사람을 수감하는 법외적인 수단이요, 유죄 판결을 받고 수형 생활을 한 뒤에 만기 출소한 사람을 다시 수감하는 초법적인 수단이었던 것은 사실이다. 동성애자의 경우에는 어떠하였을까? 우선 게슈타포가 보호구금에 처한 동기부터 보자. 구속영장이 발부되지 않았기 때문이 8명, 구속영장을 청구하지 않은 상태에서 증거를 찾을 시간을 확보하기 위해서가 4명, 기소해보아야 무죄일 것이어서가 2명, 법원에서 무죄 선고를 받았기 때문이 1명, 만기 출소자에게 추가적인 형벌을 가하기 위해서가 2명이었다. 법외적인 조치가 두 번이고 초법적인 조치가 세 번에 불과하다. 나머지 12건은 모두 증거를 확보하기 위한, 즉 법적인 절차로 되돌아가기 위한 조치였던 것이다.

대부분의 나치즘 연구자들은 흔히 게슈타포에 의해 보호구금에 처해진 사람은 모두 강제수용소로 보내졌다고 주장하거나 가정한다. 우리의 수사파일은 상당히 다른 모습을 보여준다. 보호구금에 처해진 17명 중에서 강제수용소에 수감된 사람은 5명이었다. 나머지 12명은 강제수용소가 아닌 유치장에 수감되었다. 유치장 수감 기간도 한 달 정도였다. 그 12명은 말할 나위도 없이 게슈타포가 추가적인 증거를 찾아야 했거나 구속영장이 기각되어 새로운 증거를 찾아야 했던 혐의자들이다. 강제수용소로 보내진 혐의자들은 모두 좀 특이한 혐의자들이었다. 그들은 두 부류로 나눌 수 있다. 첫번째 부류는 게슈타포가 국가의 적으로 분류한 사람들이다. 구체적으로 한 명은 유대인이었고 다른 한 명은 한때 "혁명노조" 즉 바이마르공화국 공산당 노동조합에서 활동했던 노동자였으며, 나머지 한 명은 1년 반의 수형 생활을 마친 뒤 벨기에 국경을 넘다 체포된 남창이었다.

두번째 부류는 나치 남성동맹과 관련된 사람들이었다. 한 명은 친위대 대령Standartenführer이었는데, 아마도 친위대 고위직이어서 강제수용소에 수감된 듯하다. 또 다른 한 명은 히틀러청소년단 단원들을 성추행한 사람이었다. 청소년단 단원을 추행했다고 해서 모두 강제수용소로 보내는 것은 아니었다. 따라서 추가적인 요건이 있었을 것인데 유감스럽게도 알 수 없다. 그 5명 중에서 3명의 운명은 기록되어 있다. 유대인은 아우슈비츠로 보내져 사망했다. 히틀러청소년단 단원을 추행한 사람은 에스터베겐 강제수용소에 6개월 반 동안 수감되었다가 방면되었다. 혁명노조에서 활동했던 경력이 있던 사람은 작센하우젠 강제수용소에서 4년을 견딘 뒤에 돌아왔다. 친위대 대령과 벨기에 국경을 넘던 남창도 작센하우젠 강제수용소에 수감되었는데 생사가 기록되어 있지 않다. 두 사람 모두 사망했을 것이다.

차제에 보호구금 못지않게 끔찍한 테러 행위인 거세 문제를 살펴보자. 게슈타포 수사파일에서 거세를 당한 것으로 기록된 사람은 한 명으로 나이 예순다섯의 연금 생활자였다. 1938년 6월 초에 그는 스물네 살 먹은 포병 병사에게 접근했다가 흠씬 두들겨 맞고 경찰에 넘겨졌다. 피의자는 자신이 양성애자라고 말했다. 원체 매력이 없었던지 아니면 나이가 들어서였는지 그는 "여자와 성교한 지 30년이 넘었다"고 말했다. 그래서 남자와의 성교만이 출구였지만 마흔 살 연하의 병사에게 얻어터지기까지 하자, 그는 "이 모든 것이 너무도 고통스러우며" "이제는 끝장을 내고 싶다"고 거세를 요청했다.[20] 우리의 파일에는 게슈타포에 의해 기소되었다가 법정에서 판사가 거세를 명령한 경우도 하나 있다. 1935년 9월 중순에 마흔다섯 살의 노동자는 경찰서를 찾아와 14세 미만의 청소년과 성교를 했다면서 자수를 했다. 그는 전과 15범이었고, 미성년자와의 성교 때문에 1924년부터 1931년까지 네 차례나 유죄 판결을 받았다. 1936년 2월에 열린 법정 심리에서 그는 스스로 거세를 요청했고 의사 역시 이에 동의하자 판사가 거세를 명령했다.[21] 보호구금에서 게슈타포가 강제수용소 수감을 꺼렸던 것처럼 거세 문제에서도 에센의 게슈타포와 법원은 무척 소극적이었던 것이다.

우리는 앞서 제기한 질문 하나에 아직 답하지 않았다. 게슈타포는 어떤 행위를 175조 위반으로 간주했을까? 보다 구체적으로, 바지 위로 성기를 잡는 것은 175조 위반에 해당되지 않는 행위였을까? 기억을 되살리자면, 1935년 6월 28일에 공포된 새로운 175조는 "남자와 성교를 행한 남자"를 처벌하도록 했다. 그리고 이듬해에 제국대법원은 그 "성교" 개념에 "일반적인 성적 수치심과 윤리감을 해치는 행위"를 포함시켰다. 법원 안팎의 법률가들은 제국대법원의 입장을 "호색적인 의도"를 처벌하려는 것이라고 해석하면서, 호색의 증거가 성기의 응시, 포옹, 키스, 애무라고 주장했다.

일선 게슈타포는 어떠했을까? 수사파일에 있는 예를 하나 살펴보자. 1938년 2월 초 서른다섯 살의 한 제철 노동자가 동성애자가 자주 출몰하던 코프슈타트플라츠에서 서성거리다 광장 구석에 있는 공중화장실에 들어가 15분 동안 머물렀다. 검거된 그에게서 성행위 의도를 입증하는 바셀린과 분가루 두 통이 발견되었다. 그러나 그는 훈방되었다. 1938년 3월 초 쉰일곱 살의 노동자는 게슈타포 정보원의 꼬드김에 넘어가 그를 따라 화장실로 들어갔다. 성교에 접어들려는 순간 정보원이 그를 제압하여 게슈타포에 넘겼다. 이미 두 번이나 175조로 처벌받은 그였지만 성적 접촉이 없었기 때문에 그 역시 방면되었다. 이상의 예에서 우리는 게슈타포가 동성애자라고 하더라도 그의 호색적인 의도가 타인과의 성적 관계에서 행위로 표출되어야만 처벌했음을 알 수 있다.[22]

그렇다면 처벌 대상이 되는 그 성적인 행위는 구체적으로 어떤 것이었을까? 법원 안팎에서 논란이 되었던 사례를 통하여 물음에 답해보자. 우리는 앞서 1937년 5월에 20대 초반 남자의 성기를 바지 바깥에서 잡은 서른다섯 살의 정원사가 방면되는 장면을 지켜보았다. 비슷한 사건이 또 있었다. 1936년 11월 말 마흔 살의 회사원이 사무실 직원과 밤 늦도록 어울리다가 그를 배웅했다. 직원의 집 앞에 다다른 그는 갑자기 직원을 끌어안고 딥키스를 하면서 상대방의 성기를 만지려 했다. 직원은 그를 고발했고 게슈타포는 고심 끝에 그를 검찰에 넘겼다. 기소를 하든 말든 검찰이 알아서 하라는 것이었다. 게슈타포는 또한 1936년 7월 초 어느 날 새벽 1시경에 에센 역 뒤쪽 벤치에서 스무 살 가량의 남자와 애무하다가 체포된 화차 기관사에 대하여 구속영장을 청구했다. 그가 상대방을 끌어안고 키스하고 성기를 잡았다는 이유에서였다. 그러나 판사는 구속영장을 발부해주지 않았다. 동일한 내용의 세 가지 사건에 대한 게슈타포의 반응이 각각 달랐고, 법원도 기소에 우호적이지 않았던 것이다.[23]

다행스럽게도 우리의 수사파일에는 성기 접촉으로 기소된 한 피고인에 대한 법원의 판결문이 첨부되어 있다. 에센 게슈타포의 동성애 파일에는 총 11개의 판결문이 첨부되어 있는데, 게슈타포는 기소자의 수가 10여 명에 달하여 그 결과를 일목요연하게 파악할 필요가 있는 경우와 각별히 유의해야 할 판결의 경우에 한하여 판결문을 수사파일에 첨부해놓았다. 수사파일에 성기 접촉자에 대한 판결문이 남아 있는 것은 성기 접촉이 그만큼 논란이 분분한 문제였음을 보여준다. 그 판결문을 살펴보자. 1936년 6월 중순 서른 살의 회사원이 에센 시내 영화관("벨트 키노")에 들어갔다. 영화에 열광하던 당시에는 어디서나 그러하였듯, 영화관은 관람객들로 가득 차 있었다. 그가 운 좋게 빈 좌석을 찾아내어 앉고 보니 옆 좌석에 돌격대 제복을 입은 서른한 살의 광부 청년이 앉아 있었다. 회사원은 코트를 벗어 무릎에 얹어놓았는데 자리가 워낙 좁아서 코트 자락이 옆 손님의 무릎도 덮었다. 영화가 끝나고 회사원은 화장실에 갔다가 옆 좌석의 광부 청년을 만났다. 회사원은 청년의 성기를 잡았고 약간의 실랑이 끝에 맥주를 한 잔 사기로 했다. 그가 영화관을 나와 광부 청년을 따라가보니 술집이 아니라 경찰서였다. 그는 기소되었고, 8월 14일 에센의 경범죄법원에서 심리가 진행되었다. 판사는 무죄를 선고했다. 그러자 검찰이 항소했다. 이 사건은 우리의 수사파일에서 항소와 재심이 진행된 유일한 사건이다.

그 사건에 대한 항소심이 같은 해 10월 3일 에센 지방법원 형사 1부에서 진행되었다. 판사는 1심 판사와 동일한 사실을 확인했다. 고발인은 그 회사원이 코트 밑으로 자기 바지의 지퍼를 열고 성기를 움켜잡아서 꺼냈다고 주장한다. 그러나 고발인의 주장처럼 피고가 그 행위를 "(광부) 자신도 모르게unbemerkt" 행했다는 것은 믿을 수 없다. 피고는 화장실에 갔더니 광부 청년이 발기된 성기를 보여주었고, 그래서 "당황한 가운데" 성기를 잡았으나 상대방이 협박범일지 모른다는 생각이 들어서 곤란한 사태를 피하기 위하여 맥주 한 잔을 제안했다고 주장한다. 그것이 사실이든 아니든 피고가 화장실에서 상대방이 요구하지도 않았음에도 불구하고 그의 성기를 잡은 것은 분명하다. 피고는 "호색적인 의도"를 부인하기 위해서 "당황한 가운데" 그랬다고 주장하지만, 발기된 성기를 잡는 것은 "호색적이고 성적인 의도"에서 비롯된 행위로 간주해야 하고, 그것은 "일반적인 수치심과 윤리의식을 손상시킨 행위다." 판사는 그 행위가 형법 175조를 위반한 것이라고 엄숙하게 선언한 뒤에 2주일 금고형을 선고했다. 판사들은 한 번의 175조 위반 행위에 대하여 보통 3개월 금고형을 선고하였으므로, 2주일 금고형은 체면치레밖에 되지 않는다.[24]

위 판결문에서 우리는 두 가지를 식별해낼 수 있다. 첫째, 법원은 행위로 표출될 경우 호색적인 의도를 처벌의 근거로 삼으려 했다. 둘째, 달랑 2주일 금고형을 선고한 것을 보면 초심 판사와 항소심 판사 모두 어쩌다 한 번 남자의 성기를 잡은 것은 처벌하기에 충분치 않다고 여겼음이 분명하다. 항소심 판사는 검사가 이례적으로 항소를 했기에, 그리고 그것에서 게슈타포와 검찰의 격앙된 반응을 짐작할 수 있었기에 유죄를 선고하되 겨우 2주일 금고형을 선고했을 것이다. 그러나 판사들이 성기 접촉을 언제나 묵인했던 것은 결코 아니다. 1937년 1월 말 에센 지방법원 형사 4부의 판사들은 14세 미만의 히틀러청소년단 단원 4명의 성기를 잡은 스물일곱 살의 소년단 대대장에게 1년 금고형을 선고했다. 이 경우와 앞서 소개한 회사원의 경우로부터 우리는 나치 법원이 원칙적으로 일회적인 성기 접촉이 아니라 반복적인 성기 접촉을 처벌했다고 판단할 수 있을 것이다.[25]

증거 문제에서 고문 여부를 거쳐 성기 접촉을 둘러싼 논란까지의 이 모든 과정에서 우리는 한 가지 결정적인 사항을 읽어낼 수 있다. 게슈타포가 법원의 판결에 유의하여 동성애 혐의자를 처리했다는 아주 단순한 사실이 그것이다. 경찰이 그렇게 움직이는 것은 물론 지당한 일이다. 놀라운 것은, 게슈타포가 친위경찰 수뇌에 의해 국가의 적으로 선언된 동성애자들을 보통의 형사 사건과 똑같은 '그 지당한 방식'으로 처리했다는 점이다. 이는 게슈타포가 동성애라는 이데올로기적인 문제를 경험적으로 판정 가능한 행위로 치환시키는 한편, 혐의자를 통상적인 법적 형식과 절차에 따라 처리했다는 것을 보여준다. 이것이 중요한 이유는 법적 절차와 형식을 준수하는 한 게슈타포의 수사가 그 절차와 형식에 의하여 제약당하기 때문이다.

유의할 것이 한 가지 있다. 위 서술로부터 나치 치하에서 게슈타포가 법원과 판사에 대하여 무기력했다거나, 심지어 판사의 입장에 의해 일방적으로 좌우되었다는 인상을 갖게 되었다면 그것은 오해다. 게슈타포는 직간접으로 법원의 노선, 판사의 배정, 판결의 내용에 영향력을 행사할 수 있었다. 이는 에센 시립극단 스캔들에서 잘 나타난다. 1935년에 에센 시립극단 내부의 자리다툼은 심각한 수준이었다. 나치당 당원 예술가들이 괴벨스 휘하의 선전부까지 동원하면서 인사에 영향력을 행사하려 했고, 나치당 당원이기도 했던 단장은 이에 맞서고 있었다. 1935년 6월에 175조가 개정되어 동성애자에 대한 나치 정권의 억압이 강화되자 극단 내부의 갈등이 밀고의 형태를 띠기에 이르렀다. 에센 게슈타포에 단원들을 동성애자로 음해하는 밀고가 쏟아졌던 것인데 그중 일부는 음해가 아니라 사실이었다. 특히 극단의 수석배우로서 노래와 춤과 연기를 모두 책임지던 체들러가 집중적인 공격을 받았다. 게슈타포는 체들러의 우편물까지 검열했지만 증거를 발견하지 못했다. 1936년 2월 중순 체들러는 에센 시 카니발 축제의 주역인 왕으로 지명되어 카니발에서 "오토 1세"로 활약했다. 라인란트 최대의 축제에서 주인공이 되었으니 체들러는 배우 경력의 정점에 섰던 것이다.

카니발이 끝나고 열흘 남짓 흐른 1936년 3월 초, 에센 게슈타포에 동성애자들이 자기 옆집에서 매주 모임을 갖는다는 밀고가 접수되었다. 게슈타포가 모임을 급습했다. 체포된 사람 중에는 우연찮게 시립극단 무용수, 즉 위에서 여러 번 언급한 스물일곱 살의 무용수가 포함되어 있었다. 게슈타포는 작심하고 수사했다. 50명이 심문을 받았고, 체들러를 포함하여 모두 23명이 기소되었다. 그런데 그때 함께 기소된 무대감독 스트래터가 게슈타포로서는 "알 수 없는 이유"에서 나머지 사람들과 분리되어 단독으로 재판을 받았다. 1936년 6월 19일 에센 지방법원 형사 3부 법정에서 열린 1차 심리에서 스트래터의 동료 배우가 스트래터와 성행위를 했다고 시인했다. 그러나 그 배우는 2차 심리에서 갑자기 말을 바꿨다. 자신은 게슈타포에게 고문을 당하여 허위 진술을 했고 법정에 나와 있던 게슈타포 경찰관이 무서워 진실을 말하지 못했다는 것이었다. 증인으로 출두한 극단 단장은 "예술가들은 원래 가끔씩 현실과 환상을 구분하지 못한다"며 증언을 번복한 배우를 은근히 두둔했다. 판사는 스트래터에게 무죄를 선고했다.

게슈타포는 분노했다. 수사파일 진술서로 판단하건데, 게슈타포는 애초에 체포한 무용수는 고문했지만 증언을 번복한 배우는 고문하지 않았다. 게슈타포는 스트래터를 보호구금에 처해서 유치장에 수감하는 한편 에센 지방법원, 특히 스트래터 재판을 맡았던 주임판사 프리츠 틸 Fritz Thiel을 맹렬하게 공격했다. "법정에서 스트래터가 아니라 게슈타포 형사들이 피고가 된 듯한 인상마저 들었다." 틸 판사는 과거 "증거 부족을 이유로 유대인 범죄자에게 무죄를 선고한 인물이다." 게슈타포는 승리와 패배를 동시에 맛보았다. 게슈타포가 틸 판사와 법원을 공격한 덕분에 나머지 피고인들을 심리할 재판부가 틸 판사를 배제한 채 구성되었다. 그리고 그 재판부는 9월 25일에 열린 재판에서 나머지 피고인들에게 상대적으로 무거운 형벌을 선고했다. 후술하겠지만 175조 위반자에게 에센 법원이 선고한 평균 형량은 다른 지방법원보다 높은 7개월 2주일이었다. 함부르크와 뒤셀도르프의 경우는 평균 6개월이었다. 앞서 언급한 신원 미상의 남자와의 성교를 처벌한 재판부도 바로 그 새로운 재판부였다. 그러나 게슈타포는 패배도 감내해야 했다. 스트래터를 유치장에 수감하자 시립극단 단장은 물론 에센 시장이 석방을 요구하는 진정서를 보내왔고, 심지어 괴벨스 산하 제국 문화원에 소속된 제국 연극원 원장도 진정서를 보내왔다. 게슈타포는 1936년 9월 초에 스트래터를 석방했다.[26]

스트래터의 인맥에 대해서는 알려진 것이 전혀 없다. 그것은 우리의 관심도 아니다. 우리의 주제와 관련하여 에센 시립극단 스캔들에서 분명해진 것은 게슈타포가 판사와 법원에 대하여 무기력한 존재가 아니었다는 것이다. 그러나 여기서도 유의할 점은 판사의 판결에 불만을 가진 경우에도 게슈타포는 재판부의 구성에 영향력을 행사했지 재판 절차를 훼손하지는 않았다는 것이다. 이로써 우리는 법적 형식이라는 원래의 주제로 되돌아왔다. 법적 형식은 판사의 판결에서도 집요하게 준수되었다. 판결의 형식은 대동소이하므로 사례 하나를 언급하는 것만으로도 충분하리라. 1937년 12월 17일 에센 지방법원 청소년 2부는 마흔한 살의 남성 슈미트에게 다음과 같은 요지의 판결을 내렸다. 피고는 중등교육을 이수한 뒤에 우체국과 민간 기업에서 근무하였고, 제1차 세계대전에 참전하여 한 차례 부상을 당했다. 오래전부터 고정된 일자리가 없이 지내온 피고는 1931년에 사기죄로 4주일 금고형을, 1936년에 절도죄로 일주일 금고형을 선고받았다. 피고는 1928년부터 한 인물과 "고정된 우정"을 맺기도 했는데, 피고는 그것이 성적인 관계가 아니었다고 주장한다. 그 후 피고는 동성애자들이 모이는 휘겔스트라세에 있는 공중화장실을 수시로 드나들었다. 그가 1936년 이전에도 낯선 남자들과 성교를 했다는 혐의가 있기는 하지만 그 혐의는 심리에서 확인되지 않았다. 피고가 1936년에 행한 범법 행위는 다음과 같다.

첫째, 1936년 2월 에센의 키르메스 축제에서 피고는 블뤼멜을 만나 자신의 집으로 데려가 상호수음과 허벅지성교를 했다. 행위 당시 블뤼멜의 나이가 21세 미만이었으므로, 이에 형법 175조 a항에 의거 5개월 금고형을 선고한다. 둘째, 1936년 봄에 피고는 자신의 집에서 오버랜더와 상호수음을 했다. 이에 형법 175조에 의거 4개월 금고형을 선고한다. 셋째, 1936년 봄에 슈미트는 에센 역에서 남창 엥겔만을 만나 집으로 데려가서 상호수음과 허벅지성교를 하고 각각 1마르크와 60페니히를 지불했다. 이에 형법 175조 a항에 의거 6개월 금고형을 선고한다. 넷째, 검찰은 슈미트를 "습관적 범죄자"로 기소했으나 1936년에 행한 성교만이 입증되었으므로 습관적 범죄 항목에 대하여 무죄를 선고한다. 다섯째, 본 법원은 슈미트가 매춘을 주선했다는 검찰의 기소 내용을 확인할 수 없었다. 그가 뮐러에게 방을 임대해주었고, 뮐러가 그 방에서 해크에게 돈을 주고 여러 차례 성교를 한 것은 확인되었다. 그러나 뮐러와 해크는 성교를 할 때 슈미트의 도움을 필요로 하지 않았다. 그 외에도 뮐러는 슈미트에게 매달 방세를 지불하였고, 따라서 슈미트에 대하여 독립적이었다. 이에 "매춘 주선죄"에 대해서도 무죄를 선고한다. 그리하여 본 법원은 세 건의 175조 위반 행위에 대하여 총 1년 금고형을 선고한다. 형량을 결정함에 있어 본 법원은 한편으로는 슈미트가 "반자연적 성교에

<표 15> 판결

무죄	7명 (6.2%)
훈방	9명 (8%)
벌금	1명 (0.9%)
1개월 미만	1명 (0.9%)
1~3개월 미만	13명 (11.5%)
3~6개월 미만	25명 (22.1%)
6개월~1년 미만	27명 (23.9%)
1~3년 미만	26명 (23%)
3년 이상	3명 (2.7%)
거세	1명 (0.9%)
합계	113명

대한 성벽性癖, Hang"을 보유하고 있다는 점에 유의했고, 다른 한편으로는 1936년의 행위만이 입증되었다는 것과 그가 일반 청소년이 아니라 "부패한" 남창들과만 어울렸다는 점을 참작했다.[27]

판사는 확인된 행위에 대해서만, 그것도 그 모든 행위 하나하나의 위법 여부를 가리고 이어서 행위별로 형량을 정했다. 그리고 판사는 검사의 기소 내용 중에서 명석판명하게 입증되지 않은 것에 대해서는 무죄를 선고했다. 마지막으로 판사는 양형에 부정적인 요소와 긍정적인 요소를 참작하여 전체 형량을 정했다. 게슈타포와 법원이 그토록 법적 절차에 집착한 것을 어떻게 해석할지 논의하기에 앞서 동성애 행위에 대한 판결 전체를 일별해보자. 우리의 수사파일에서 판결 내용이 기록되어 있는 것은 모두 113개이다. 이를 통계화하면 <표 15>와 같다.

이 표는 게슈타포가 판결 결과를 명기해놓은 것만 통계화한 것이다. 그래서 기소자 수(112명)와 다르다. 표기되지 않은 경우는 알 수 없다.

그렇지만 위 통계가 크게 잘못되어 보이지는 않는다. 앞서 우리는 군의관 오토 부트의 비망록을 근거로 하여 나치 독일에서 동성애 혐의로 체포된 사람의 25퍼센트가 유죄 판결을 받았다고 계산한 바 있다. 우리의 표에서 무죄와 훈방을 빼면 97명이 남는데, 전체 수사파일이 295개이므로 혐의자의 32.9퍼센트가 유죄 판결을 받은 셈이다. 독일 전체의 흐름과 크게 어긋나지 않는다. 따라서 위 통계를 에센 게슈타포와 법원의 활동 전체로 간주해도 무방할 것이다.

〈표 15〉를 보면 무죄와 훈방이 판결의 14.2퍼센트를 차지하고, 여기에 벌금형까지 합하면 15퍼센트나 된다. 우리는 이미 게슈타포의 수사 단계에서 혐의자의 36.9퍼센트가 방면되는 것을 보았는데, 그에 더하여 법원에 기소된 피고의 15퍼센트가 또다시 풀려난 것이다. 참고로 훈방은 대부분 18세 미만인 경우였다. 그리고 유죄 판결을 받은 사람 97명 중에서 벌금형에서 1년 미만의 금고형까지가 67명(69.1%)이다. 1년형이면 중형이었던 것이다. 벌금형을 제외하고 최저 형량은 2주일 금고형이었고, 최대 형량은 3년 7개월 금고형이었다. 2주일 이상의 금고형을 선고받은 사람 96명의 형량을 모두 합하여 평균을 내면 7개월 2주일이다. 위 통계는 동성애 처벌에서 나치 시대에 일어난 변화가 무엇보다도 형량의 강화였음을 알려준다. 바이마르공화국에서의 형량은 최저 하루였고 많아야 3개월이었다. 그에 비하면 최저 2주일, 평균 7개월, 최대 3년 7개월이라는 수치는 나치 시대에 일어난 변화를 잘 보여준다.

사람에 따라 2주일 동안 감옥에 있는 것이 죽음보다 더 고통스럽기도 한 법이고, 따라서 수감 기간이 아무리 짧다고 하더라도 '형량이 작다'고 평가할 수는 없다. 그러나 평균 형량 7개월 반은 국가의 적이라는 동성애자의 이름값에 한참 모자라는 것이 아닐까? 왜 일선의 게슈타포와 법원은 동성애자를 그렇게 '유하게' 처리했던 것일까? 아니 그에 앞서 동성애 혐의자의 검거, 방면, 증거 확보, 기소, 판결의 전체 과정에서 드러나는 나치 국가는 어떤 국가로 규정할 수 있을까? 증거주의와 절차주의를 보면 불현듯 법치국가라고 칭하고픈 충동이 일기도 한다. 그러나 1933년 2월 27일의 "국가와 민족을 보호하기 위한 대통령 긴급명령"에 의거하여 인권을 말소시킬 수 있게 된 국가, 경우에 따라 고문을 가하기도 하는 국가는 결코 법치국가로 부를 수 없다. 그렇다면 정상 국가일까? 그러나 '정상'과 '비정상'이라는 언표는 그 자체로 이데올로기적이어서 사용할 수 없다. 그렇다면 보통 국가일까? 이 역시 '보통 국가'의 내용이 실체적으로 규정될 수 없기에 사용할 수 없다. 그렇다면 나치 국가는 도대체 어떤 국가였던 것일까?

우리는 여기서 에른스트 프랭켈의 도움을 받을 수 있으리라. 앞서 설명하였듯이 프랭켈은 나치 국가를 법적 규범을 준수하는 규범적 국가와 '정치적' 과제를 폭력적으로 관철하는 자의적 국가의 두 얼굴을 가진 "이중국가"로 정식화했다. 프랭켈은 또한 규범적 국가는 일반 행정 기구에서 나타나고 자의적 국가는 나치 기관에서 구현되는 것이 아니라, 나치의 모든 국가 기관이 특정 과제에서는 규범적 국가로 작동하고 또 다른 과제에서는 자의적 국가로 움직인다고 첨언했다. 에센 게슈타포 파일은 동성애자를 검거하고 기소하고 재판할 때의 게슈타포와 법원이 전형적인 규범적 국가로 작동했음을 보여준다. 문제는 동성애가 힘러와 베스트와 마이징거에 의해 '정치적 과제'로 설정되었다는 데 있다. 그럼에도 불구하고 정작 일선의 게슈타포와 법원은 그 정치적 문제에 대하여 규범적 국가로 접근한 것이다.

왜 그랬을까? 우선 동성애에 대한 힘러의 발언이 이중 발화였다는 점에 유의해야 할 것 같다. 힘러는 한편으로 동성애를 "민족의 생사"가 걸려 있는 문제로, 동성애자를 "국가의 적"으로 규정했다. 다른 한편으로 힘러는 독일의 동성애자들 중에서 타고난 동성애자 2퍼센트는 도려내어 파괴해야 하지만, 나머지 압도적인 다수는 교정해야 한다고 주장했다. 힘러의 연설문을 듣거나 읽은 일선의 게슈타포 경찰관은 그로부터 어떤 행동 지침을 얻을 수 있었을까? 근절시켜야 하는 동시에 교정해야 한다는 힘러의 이중 발화에서 게슈타포 경찰관은 아무런 지침도 얻지 못했을 것이다. 따라서 그들은 그때까지 해오던 방식대로, 즉 법대로 움직이는 수밖에 없었을 것이다. 게다가 힘러와 게슈타포청 동성애과와 형사경찰청 동성애 퇴치 본부가 일선 경찰에 하달한 구체적인 명령은 나치당 당원인 동성애자들의 신상카드를 정리하여 보고하라는 것이 전부였다.

더욱이 힘러의 선언은 텅 비어 있던 반면에, 법은 개정되었고 간헐적으로 하달되는 명령은 법에서 출발하고 있었다. 기억을 더듬어보자. 1935년 6월 26일에 175조가 개정되었다. 그리고 힘러는 1937년 12월 14일의 "범죄예방" 명령에서 6개월 동안 세 번 이상 동성애 행위로 유죄 판결을 받은 사람을 수용소에 수감할 수 있도록 했다. 힘러는 또한 1938년 5월 22일의 명령에서 석방을 암시하여 자발적 거세를 유도한다고 해도 법에 저촉되지 않는다고 강조했다. 전쟁이 발발하고 열 달이 지난 1940년 7월 12일에 힘러는 유죄 판결을 받은 동성애자들 중에서 한 명 이상을 유혹한 자는 수형 만료 이후에 예방구금에 처하라고 지시했다. 이 세 가지 조치는 모두 법적인 처리를 이미 전제하고 있다. 1941년 11월 15일 힘러는 동성애 행위로 적발된 친위대원을 사형에 처하라는 히틀러의 명령을 하달했다. 여기서 비로소 동성애 문제는 법을 떠났다. 그러나 그 대상은 일반인 동성애자가 아니라 친위대 대원으로 국한되었다.

위 서술에서 동성애자가 기본적으로 법외적, 초법적 처리의 대상이 아니었다는 점이 드러난다. 이는 다시금 나치가 유대인과 동성애자를 얼마나 근본적으로 다르게 대했는지를 잘 보여준다. 유대인은 법적 조치의 대상이 아니었기 때문이다. 유의할 것은 게슈타포와 법원은 유대인이라고 할지라도 175조 위반 혐의로 검거된 경우에 대해서만큼은 독일인 혐의자들과 동일한 법적 원칙과 절차에 따라 처리했다는 점이다. 우리의 수사파일에서 유대인 혐의자는 세 명이다. 그중 스물세 살의 서점 직원은 1935년 12월 중순에 뷔르츠부르크에 거주하는 또 다른 유대인과 성교를 행한 혐의를 받았다. 게슈타포는 그의 집을 수색해서 마그누스 히르슈펠트의 저서 『남자와 여자의 동성애』를 압수했다. 그럼에도 불구하고 그는 증거 부족으로 방면되었다. 1940년 11월 후반에 검거된 또 다른 유대인은 기소되어 재판에 회부되었고, 판사는 두 번의 175조 위반 행위에 대하여 한 건당 2개월씩 총 4개월 금고형을 선고했다. 1942년 3월에 서른한 살의 또 다른 유대인은 3년 7개월이라는, 우리 파일 최대의 형량을 선고받았다. 그러나 그는 전과 5범인 데다가 어느 영국인의 위탁으로 크루프 제철을 비롯한 여러 군사 시설을 촬영했다는 간첩 혐의를 받았다. 방금 언급한 4개월 금고형을 선고받은 유대인은 수감된 지 불과 열흘 만에 아우슈비츠로 이송되어 9개월 뒤에 사망했다.[28] 나머지 두 사람에 대한 기록은 없지만 틀림없이 학살수용소로 이송되어 살해당했을 것이다.

힘러의 이중 발화로 되돌아오자. 우리는 앞서 힘러가 이중 발화를 하게 된 원인과 과정을 기술한 바 있다. 그때 우리는 무엇보다도 남성동맹으로서의 나치의 자의식과 남성동맹과 동성애 간의 유동적인 경계에 주목했다. 그에 못지않게 중요한 것은 또한 힘러 스스로 독일 남성 동성애자의 수를 200만 명으로 추산했다는 점일 것이다. 힘러는 그 200만 명의 독일인들을 법의 외부에 놓을 수는 없었을 것이다. 그래서 법적으로 접근하였을 터인데, 동성애자를 법의 내부에 놓는 순간 법이라는 '체계'에 고유한 원칙과 절차에 따라 처리할 수밖에 없는 노릇이다. 이 대목에서 에른스트 프랭켈의 논변, 즉 나치 이중국가에서 규범적 국가와 자의적 국가는 긴장 속의 상보관계를 맺고 있다는 점을 다시 참조해보자. 그에 따르면 위기에 부딪친 규범적 국가는 자의적 국가의 폭력적 지원을 필요로 한다. 다른 한편 나치 국가가 자의적 국가로 작동하기 위한 필수적인 조건은 규범적 국가의 작동이다. 자의적 국가로 작동하기 위한 힘이 규범적 국가로부터 나올 뿐만 아니라, 규범적 국가가 파괴되면 나치 국가 자체가 풍비박산나기 때문이다. 프랭켈의 통찰을 우리의 주제에 기입하면, 200만 명을 법 바깥에 놓을 수 없던 나치가 "타고난 동성애자" 2퍼센트를 골라내기 위하여 규범적 국가에 흠집을 낼 수는 없었다는 판단이 선다. 보다 큰 차원에서 말하자면 나치가 제1차 세계대전을 거치면서 지극히 자유로워진 성에 그저 적응하는 수밖에 없었던 것과 똑같이, 동성애 문제에서도 나치는 수백 년에 걸쳐 형성되어 작동해온 제도와 관례, 그 역사의 힘 앞에서 무기력하기 짝이 없었던 것이다.*

---

* 나치 규범적 국가가 자의적 국가를 필요로 했던 한 예는 공산주의자에 대한 폭력적 억압이다. 거꾸로 유대인 학살은 규범적 국가의 노하우가 대폭 투입됨으로써 성공할 수 있었다. 동성애 문제를 검토함으로써 우리는 나치 국가가 많은 독일인들이 연루된 동성애 문제에서는 규범적 국가로 작동했지만 정신병자와 같은 일부의 '비정상적인' 독일인과 유대인과 같은 비非독일인에 대해서는 자의적 국가로 행동했던 것을 알 수 있다. 더불어 나치 국가는 점령지, 특히 동유럽 점령지에서는 가공할 만한 자의적 국가로 행동했다. 이는 나치가 국내의 독일인들을 무척 두려워했다는 것을 보여주기도 하고, 우리가 성과학 부문에서 확인한 남성동맹 나치의 파괴적 성격은 내외의 타자들에 대해서 비로소 폭발했다는 점을 드러내기도 한다.

그렇다면 규범적 국가를 체현하고 있던 판사들은 동성애 피의자들에게 무슨 말을 했을까? 그들의 말은 피고의 어떤 행위에 집중되었을까? 그리하여 판사의 언어는 성과학, 그리고 나치 정책과 얼마나 관련되어 있었던 것일까? 판사는 판결문을 직접 작성한다. 따라서 판결문은 판사를 직접 반영한다. 그러나 판결문을 쓸 때 판사는 법 조항에 의거하여 혐의 사실을 확인한다. 판사가 의거하는 법 조항은 체계로서의 법에 고유한 코드, 특정 행위에 대한 역사적·시대적 관점, 그 행위와 관련된 정권의 정책적 의지를 반영한다. 따라서 판결문은 법 체계에 고유한 규범, 역사적·시대적 담론, 체제의 이데올로기적 의지에 의하여 규정된다. 그리하여 175조 위반 혐의를 다루는 판결문은 독일의 전통적인 규범 국가, 성과학, 나치 이데올로기가 서로 조우하는 장이다. 따라서 그 언어에는 우리가 지금까지 살펴본 많은 문제가 응축되어 있을 것이다. 물론 판결문의 행간에는 판사 개인의 고유한 가치가 자리 잡고, 그에 따라 판결문과 판결문 사이에 크고 작은 편차가 나타나기 마련이다. 그러나 우리의 주제가 나치 시대의 사법은 아니기에 그 편차는 도외시하기로 한다.*

---

* 게슈타포의 언어에 대한 상술은 건너뛰겠다. 게슈타포가 남긴 진술서는 경찰관이 자신이 알고자 하는 행위 내용을 피의자로부터 이끌어내어 작성한 뒤 피의자가 서명한 텍스트이다. 우리의 주제에서 게슈타포가 알고자 하던 것은 일차적으로 175조의 위반 여부, 즉 판사의 판결과 직결되어 있었다. 판결문과 진술서의 가장 큰 차이는 판결문에는 때때로 판사 개인의 신념이 표출되어 있는 반면에, 진술서에는 주로 법법과 직접적으로 관련된 '사실적' 진술이 담겨 있다는 점이다. 그렇다고 해서 판결문은 가치의 표현이고 진술서는 사실의 표현이라는 뜻은 결코 아니다. 판결과 직결될 수밖에 없기에 진술서 역시 법조문에 깔려 있는 가치 체계를 반영한다. 게슈타포는 예컨대 유혹 여부와 '인격으로서의 동성애자' 여부를 집요하게 탐문했다. 우리가 게슈타포의 언어를 건너뛰는 현실적인 이유는, 판결문의 의미 구조와 진술서의 의미 구조가 대단히 유사한 상황에서 판사의 판결문이 그 의미 구조를 보다 직접적으로 표출하고 있기 때문이다.

우리의 수사파일에 첨부되어 있는 175조 판결문은 압도적으로 일상어로 구성되어 있다. 이는 판결문의 초점이 피고의 행위 내용을 중립적으로 기술하고, 그것을 근거로 하여 유무죄를 선고하는 데 있었기 때문일 것이다. 판결문은 앞서 몇 차례 제시되었으므로, 내용보다는 그 속에 담겨 있는 용어를 살펴보기로 하자. 우선 처벌의 관건이 되는 성행위가 일상어로 표현되었다. "성기를 잡다Geschlechtsglied anfassen"와 "성기를 가지고 놀다spielen" 혹은 "성기를 문지르다reiben"가 그 예다. "키스"와 "딥키스Zungenkuß(혀키스)"도 마찬가지다. 수음은 성경에서 유래한 전통적인 용어인 "오나니Onanie"로, 상호수음 역시 "교대로 하는 수음 혹은 상호적인 수음die wechselseitige Onanie, die gegenseitige Onanie"으로 표현되었다. 구강성교에도 일상어가 사용되었다. "성기를 입에 넣다" 혹은 "사정에 이를 때까지 성기를 입에 넣어 핥다"가 대표적이다. 때로는 입Mund과 성교Verkehr를 결합시킨 "Mundverkehr"라는 조어가 사용되기도 했다.

일상어와 성과학의 용어를 섞어 쓰는 경우도 빈번했다. 성과학자들이 즐겨 사용하던 라틴어인 "coitus(성교)"와 일상어인 "입"을 합하여 "Mundcoitus"라는 괴상한 조어를 만들어낸 것이 그 예다. 그러나 보다 전문적인 성과학자들의 용어인 "펠라티오fellatio"와 "쿠닐링구스cunnilingus"는 단 한 차례도 사용되지 않았다. 항문성교의 경우에도 일상적인 표현인 "성기를 항문After에 삽입하다einführen"라고 하거나, "항문"과 "성교"를 합한 조어인 "Afterverkehr"가 사용되었다. 일상어와 라틴어를 섞은 "Aftercoitus"라는 괴이쩍은 조어도 가끔 사용되었다. 그러나 성과학 문헌에서 자주 등장하던 라틴어인 "항문anus"과 "항문성교anus coitus"는 전혀 등장하지 않는다. 허벅지성교의 경우에도 "허벅지 사이에 성기를 넣어 앞뒤로 운동을 하다"라고 표현하거나, "허벅지Oberschenkel"와 "성교Verkehr, coitus"를 합한 "Oberschenkelverkehr" 혹은 "Oberschenkelcoitus"라는 조어가 사용되기도 했다. 반면에 성과학 문헌에 자주 나타나던 라틴어 "femur(허벅지)"는 전혀 등장하지 않는다.

전문 성과학 용어가 비교적 덜 사용되었다면 성과학은 법정과 판사들에게 관철되지 않았던 것일까? 성과학의 용어들은 그저 일상어에 대한 보충 용어로 사용되었던 것일까? 속단은 이르다. 무엇보다도 "동성애Homosexualität"와 "동성애자Homosexuelle"라는 총괄 개념이 일반적으로 사용되었다. "동성애적homosexuell"이라는 형용사도 광범하게 사용되었다. "동성애적 관계das homosexulle Verhältnis" "동성애적 행위die homosexuelle Handlung" "동성애적 기회die homosexulle Gelegenheit" "동성애적 성교die homosexuelle Verkehr" "동성애적 성벽die homosexuelle Hang" 등이 그 예다. 더욱 결정적인 점은 판결문에 "동성애 형질die homosexuelle Veranlagung"이라는 생물학적 표현이 자주 등장했다는 사실이다. 특히 판사가 피고인을 동성애자로 판단한 경우에는 어김없이 형질이란 개념의 형용사인 "형질적인veranlagt"이라는 단어가 사용되었다. 그리하여 "그는 동성애적 형질이다Er ist homosexuell veranlagt"라는 문장이 판결문에 숱하게 등장한다. 그렇다면 성과학이 동성애에 대하여 제시한 핵심적인 사고, 즉 '인격으로서의 동성애자' 개념이 법원과 판사들에게 수용되었던 것일까? 이 중요한 물음은 법리적인 언어의 용례를 살펴보아야만 답할 수 있다. 왜냐하면 "동성애 형질"이란 표현조차 경우에 따라 그저 '동성애 행위를 한 사람'을 뜻하기도 했기 때문이다.

사실 법리적인 언어야말로 판결문에서 가장 중요한 부분이다. 판사는 판결을 법문에 사용된 용어로만 정당화할 수 있는 것이기 때문이다. 동성애에 대한 법리적 언표는 몇 개 안 된다. 175조에 사용된 단어가 얼마 안 되기 때문이다. 다시 한 번 기억을 되살려보자면, "반자연적인 성교die widernatürliche Unzucht" "유사 성행위beischlaffähnlich" "성교" "업무상의 위계" "21세 이하의 청(소)년에 대한 유혹" "매매춘"이 법문에 사용되었다. 그 외에 175조 위반 혐의에서 법원이 언제나 확인하고자 하던 "습관적 범죄자"와 "직업적 범죄자"가 있었다. 그리고 제국대법원과 나치 법률가들은 "일반적인 성적 수치심과 윤리감을 해치는 행위" "법적 자산" "호색적인 의도"라는 표현을 추가했다. 이런 표현들은 실제로 판결문에 빠짐없이 등장한다.

그러나 위 법리적인 표현 중에서 경험적으로 확증 가능한 것은 "업무상의 위계"와 "21세 이하의 청(소)년"뿐이다. 나머지는 한결같이 범법 행위와 비범법 행위 간의 경계가 유동적이거나 그 자체로 지극히 추상적인 개념들이다. "일반적인 성적 수치심과 윤리감"은 그처럼 모호한 개념도 드물 지경이다. 일반인들의 성적 수치감을 경험적으로 확인할 도리는 없기 때문이다. "호색적인 의도"는 더더욱 그러하다. 호색이 아닌 성은 없기 때문이다. 제3자의 "법적 자산"은 경험적으로 확인 불가능하다. "업무상의 위계"의 경우에도 행위자의 지위는 확정 가능하지만, 두 사람 간의 성적 행위가 위력에서 비롯된 것인지 아니면 끌림이 결정적이었는지는 모호하다. 게다가 위계란 언제나 성적 끌림을 동반하는 법이다. 판사들은 주로 히틀러청소년단이나 노동봉사단 단위부대의 수장이 단원에게 성적인 접촉을 했을 때 그 개념을 사용했다. "유혹"의 경우에도 끌린 것인지 속아 넘어간 것인지를 분명하게 구분할 방법은 없다. 판사들은 기껏 "적극적"이었는가 아니면 첫 경험이었는가에 따라 유혹 여부를 결정했다. "매매춘" 여부에서도 판사들은 돈 이외에 누가 식사비와 술값을 지불했는지를 따졌지만, 그것이 지불인지 선물인지는 모호하다. "직업적 범죄자"의 경우도 마찬가지다. 판사들은 무직자가 성관계에서 돈을 받으면 직업적 범죄자로 판결했다. 그 모든 모호함을 제거해주는 것은 전과의 여부였다. 전과가 있으면 청소년을 위력을 이용하여 유혹한 사람이 되고, 성교를 돈벌이 수단으로 삼은 사람이 되고, "습관적 범죄자"가 되었던 것이다. 그러나 원칙적으로 새로운 범죄는 과거의 범죄와 무관하다. 모든 범법 규정에서 추상적인 법문과 구체적인 현실 행위 사이에 크나큰 간극이 벌어져 있었던 것이다.

그 원칙적인 모호함과 판사가 느꼈을 법한 당혹스러움이 가감 없이 표출된 판결문은 없다. 판사들은 언제나 기존의 판례대로 유죄를 가리고 형량을 정하고 선고를 했다. 그러나 흥미로운 점이 한 가지 식별된다. 판사가 피고인의 성을 "위력" "유혹" "지불" "습관" "직업"으로 판정할 때 자주 등장하는 개념이 있었다. "의도Vorsatz"가 그것이다. 우리가 의도로 번역한 독일어 단어 "Vorsatz"는 독일 형법에서 광범하게 사용되는 개념으로 행위자가 행위의 결과를 인지하거나 의도한 것을 가리킨다. 유의할 것은 동성애 재판의 경우 판사들이 그 의도란 단어를 아주 빈번하게 '일관된' 혹은 '통일적인'을 뜻하는 형용사 "einheitlich"로 수식했다는 사실이다. 그리하여 전과가 있거나 동일한 행위가 반복된 경우에는 예외 없이 "일관된 의도"라는 표현이 사용되었다. 또한 일관된 의도와 함께 아주 빈번하게 "지속적fortgesetzte 행위" 혹은 "지속적 관계der fortgesetzte Zusammenhang"라는 표현이 사용되었다. 이것이 무엇을 뜻할까?

그 표현이 함께 사용된 판례를 인용해보자. 1937년 12월 17일 에센 지방법원 청소년 2부에서 열린 선고공판에서 판사는 5년간 사귀면서 정기적으로 성교를 한 연인에게 다음과 같이 말했다. "(피고인들은) 상호자위를 비롯한 모든 종류의 동성애 행위를 했다. 두 사람 사이의 수년간에 걸친 교제는 그들이 반자연적인 성교를 했다는 점을 분명하게 드러낸다. 그 범법 행위가 '일관된 의도'에서 비롯되어 언제나 동일한 방식으로 수행되었다는 점에서 그 행위가 '지속적인 관계'였음이 확인된다." 그날 재판부는 피고인 7명을 한꺼번에 재판했는데, 판사는 또 다른 남성에 대하여 다음과 같이 설명했다. "그는 그 범법 행위를 '지속적으로' 행함으로써 그 반자연적인 성행위에 대한 내적인 성벽을 획득하였고," 그리하여 "수년간 그 범죄적인 성벽으로부터 벗어나지 못했다." 1936년 9월 25일에 열린 또 다른 선고공판의 판결문은 다음과 같았다. "동성애에 대한 피고의 성향은 특히 적극적으로 작동하였고, 따라서 사실로 입증된 개별 행위들은 반자연적인 성충동의 만족에 정향된 피고의 '일관된 의도'에서 비롯되었다고 할 것이다."[29]

"반자연적인"이라는 전통적인 용어, "일관된 의도"와 "지속적 행위"라는 법리적 개념, "동성애 행위"라는 성과학의 용어가 함께 사용되어 생산된 의미는 해당 인물이 동성애에 대한 "벗어나지 못하는" "내적인 성벽"을 보유했다는 것이다. 이것이 무엇인가? 바로 성과학 담론이 빚어낸 '인격으로서의 동성애'이다. 반증도 가능하다. 판사들은 양성애자인 경우, 이성 애인이 있는 경우, 혹은 한두 차례만 동성 성교를 한 경우에 피고인이 "동성애 형질이 아니"며 그의 동성 성교는 "어쩌다 이루어진 행위"라고 설명했다. 그리하여 우리는 법원에서 "동성애"와 "동성애자" 같은 총괄적 개념이 보편적으로 사용되고, "동성애 형질" 같은 생물학적 표현이 애용된 것은 동성애 행위가 동성애 인격으로부터 불가피하게 비롯된 것이라는 성과학의 표상이 법원에서 관철되었기 때문이라고 판단할 수 있다. 게다가 그런 표현이 특정한 행위가 "습관" "위력" "유혹" "지불" "직업"에서 비롯된 것으로 판정할 때 주로 사용되었다는 사실은 법리적 판단의 모호하고 유동적이고 추상적인 공백을 성과학적 표상으로 메우고 은폐하고 정당화했다는 점을 나타낸다. 성과학의 표상은 법원에 그저 관철된 것이 아니라 판사로 하여금 범죄 여부를 확정짓도록 해주었던 것이다. 그리고 판사들은 일관된 의도에서 비롯된 동성애 형질에 따른 동성 성교에 대해서는 4개월 금고형을 부과한 반면, "어쩌다 이루어진" 동성 성교에 대해서는 3개월 금고형을 선고했다.

우리는 성과학적 표상이 법원을 점령하기 이전 시기의 판결문은 어떠했을지 추측해볼 수 있으리라. 과거의 판결문들은 십중팔구 종교적 언어와 도덕적 언어로 채워졌을 것이다. 성과학이 등장하기 이전에 행위와 법문 간의 간극을 메울 수단은 그것밖에 없었을 것이기 때문이다. 흥미로운 점은 우리 수사파일에 첨부된 판결문에도 도덕적, 종교적 언어가 차고 넘쳤다는 사실이다. 그 표현들은 다음과 같았다. "죄악Laster" "속죄Sühne" "탈종된entartet" "썩어버린verdorben" "청소년을 타락시키는 사람Jugendverderber" "해충Schädlinge" "파렴치한 욕정schamloses Gelüste" "혐오스러움Scheußlichkeit" "저열함Niedrigkeit" "과오Verfehlung" "비윤리적인unsittlich" "비정상적인anormal" "방탕 Ausschweifung" "무절제한hemmungslos" "범죄적verbrecherisch 충동." 물론 이 단어들은 얼마든지 수식되거나 다른 단어와 결합될 수 있었다. "더러운 죄악" "죄악에 물든" "혐오스러운 더러운 짓거리" "심각한 과오" "윤리적 과오" "행동 방식의 과오" "윤리적으로 타락한" "동성애적 방탕" "반자연적 방탕" "동성 성교의 방탕" "범죄적 의지" "범죄적 성격”“엄청난 범죄적 에너지”“전형적인 무절제한 동성애자”“비정상적인 충동”“비정상적인 형질” 등.

위와 같은 도덕적, 종교적 단어들이 판결문에서 성과학적 표상과 함께 개별적 행위와 추상적 법문의 간극을 메웠던 것인데, 우리는 앞서 도덕과 과학이 함께 작동한 성과학 이론과 만난 적이 있다. 바로 크라프트에빙의 성과학이다. 크라프트에빙은 정상적인 성이 자연충동인 성적 욕구를 도덕에 의해 억제할 때 성립되는 것으로 정식화한 바 있다. 일부 판결문에는 도덕의 언어와 과학의 언어가 함께 나타날 뿐만 아니라 크라프트에빙의 정식화를 고스란히 담고 있기도 했다. 예컨대 1935년 9월 21일에 열린 한 선고공판에서 판사는 피고가 실업 상태에 있다는 점을 가리키며, “4년간의 실업이 그의 윤리적 견고함을 침식시켰다”고 강조했다. 윤리 의식의 저하가 동성애를 불렀다는 것이다. 피고에게는 다행스럽게도 판사는 그 상황을 참작하여 피고의 형량을 낮추었다. 1938년 11월 15일에 열린 또 다른 선고공판에서도 판사는 피고가 제1차 세계대전 중에 무려 5년간 러시아 포로수용소에 수감되어 있었고, 그 때문에 “영혼이 총체적인 혼란에 빠져” 동성애에 물들었다고 설명했다.[30] 심지어 크라프트에빙의 동성애 유형론도 판결문에서 발견된다. 위에서 인용한 1937년 12월 17일에 에센 지방법원 청소년 2부에서 열린 선고공판에서 판사는 피고의 동성애가 “획득된erworben” 것이라고 판정했다.

그렇다면 나치 법원은 크라프트에빙에서 시작되어 에른스트 크래플린으로 이어지던 성과학을 그저 수용한 것일까? 담론 차원에서 보면 수용은 수동적인 승인과 적용으로 끝나지 않는다. 의미화 메커니즘 전체를 보면 수용도 곧 생산이다. 그리하여 나치 판사들은 ‘인격으로서의 동성애자’를 판결문을 통하여 사법적 사실로 만들어내고 있었다고

할 것이다. 그것은 앞서 밝혔듯이, 판사들이 "동성애"와 "동성애자"라
는 총괄 개념을 수시로 사용하고 그 근거를 "동성애 형질"에서 찾은 것
에서 드러난다. 그러나 그뿐만이 아니었다. 판결문은 어차피 피고인을
특정한 인격으로 구성하고 있었다. 이 자리에서 길게 논의할 수는 없으
나, 19세기 후반부터 이미 판사들은 형사법 학계와 경찰과 더불어 '인격
으로서의 범죄자,' 즉 범죄형 인간을 구성하고 있었다. 판사들은 언제나
피고의 생년월일, 부모의 직업을 비롯한 성장 환경, 교육, 직업 등을 제
시하고 이어서 전과를 나열한 뒤에야 비로소 기소 내용에 대한 설명으
로 들어갔다. 이때 피고의 신상 및 전과와 새로운 범죄 사실이 인과적으
로 결합되기도 하고 양자가 단순히 나열되기도 하지만, 단순히 나열될
때조차 그 의미론적 효과는 인과적이다. 인격으로서의 범죄자가 생산
되는 것이다.[31] 인격으로서의 범죄자가 '발명'되던 시기는 우리가 제1부
에서 보았듯이 성과학에 의해 인격으로서의 성도착자와 동성애자가 발
명되던 시기와 정확하게 일치한다. 그렇듯 범죄형 인간을 구성하던 법원
에게 동성애자의 구성은 익숙한 일이었을 것이다.

　판결문에는 정치 차원의 언어도 식별된다. 우리가 확보한 11개의 판
결문 중에서 정치적 수사가 사용된 판결문은 모두 3개다. 정치 언어는
가끔 사용되었던 것인데 비중도 크지 않았다. 판결문에 가장 많이 사
용된 언어는 일상어적 표현이었고, 그다음이 도덕적 표상, 그다음이 성
과학 용어, 그다음이 법리적 개념, 마지막이 정치적 수사였다. 판결문
의 정치 언어는 우선적으로 민족국가와 관련되었다. 민족국가적 언어
가 사용된 데는 법리적인 이유가 있었다. 기억을 되살리자면 독일 법원
은 계몽주의적 사법 개혁을 수행하던 18세기 말에 이미 계몽주의적 원
칙과 어긋나게도 개인의 성행위인 동성애를 처벌하면서 그 근거를 타인

의 "법적 재산"에 대한 침해에서 찾았다. 1936년에 독일 제국대법원이 동성애 행위를 "일반적인 성적 수치심과 윤리감을 해치는 행위"로 규정했을 때 그 "일반적인 성적 수치감과 윤리감"이 바로 그 '타인의 법적 재산'이다.

우리가 확보한 판결문에서 일반적인 성적 수치감과 윤리감의 손상을 느끼는 주체는 다름 아닌 "인민" "민족" "독일 국가"이다. 동성애자는 "민족의 해충Volksschädlinge"으로 규정되어, 예컨대 한 판결문은 "독일 국가의 민족적 힘Volkskraft이 바로 그런 해충들에 의하여 크게 약화된다"고 선언했다.[31] 동일한 판결문에서 판사는 또 다른 피고인의 "개선 가능성"을 논하면서, "어쨌거나 그는 한 명의 독일인으로서 민족의 동지들 사이에 다시 받아들여질 수 있도록" 엄벌해야 한다고 말했다. 요컨대 크라프트에빙과 프리들랜더와 같은 성과학자들은 물론 바이마르 공화국 의회의 논의에서 수없이 되풀이되던 동성애와 민족 및 국가의 결합 관계가 나치 판사들에게서 고스란히 반복되었던 것이다.

나치 판사들의 판결문 일부에는 나치 체제와 연관된 정치적 수사도 등장한다. 그러나 체제와 직결된 정치 언어는 판결문에서 무거운 의미를 생산하지 못했다. 세 개의 판결문을 하나하나 살펴보자. 첫번째 판결문은 앞서 소개한 바 있는, 영화관 화장실에서 돌격대 정복을 입은 광부 청년의 성기를 잡았다가 기소된 회사원에 대한 판결문이다. 판사는 피고에게 전과가 없고 영화가 성적인 자극을 주었다는 점을 감형의 사유로 거론한 뒤에, 피고가 "그런 행위는 새로운 국가에서 특별하게 단속된다는 점을 알았음에도 불구하고, 게다가 돌격대 정복을 입은 대원에게 그런 행위를 했다는 것이 중형의 사유"라고 설명했다. 판사는 2주일 금고형을 선고했다. 그 재판은 검찰이 1심 법원의 무죄 판결에 대하여 항소함에 따라 열린 것이니, 판사는 새로운 혐의 사실을 확인할 수 없었음에도 불구하고 1심 판결을 뒤집어야 하자 그 근거를 돌연 나치 국가("새로운 국가")에서 찾았던 것이다. 다시 말해서 판사는 검경檢警의 압력에 굴복한 데서 비롯된 낭패감을 나치 국가를 언급함으로써 모면했던 것이다.

나치 국가가 언급된 두번째 판결문은 1937년 12월에 열린 서른다섯 살의 보조노동자에 대한 판결문이다. 전과 2범이었던 피고는 무려 열 건의 175조 위반 혐의로 재판을 받았는데, 판사는 175조 위반 사항을 일일이 확인하는 동시에 그를 "습관적 범죄자"로 판시했다. 이어서 판사는 그 "위험한 습관적 범죄자"이자 "민족의 해충"인 피고인이 만기 출소한 뒤에 그를 다시금 보호감호에 처할 것인가라는 물음을 던진 뒤, 갑자기 정치적 수사를 동원했다. "오늘의 국가는 그런 부류들을 근절시킬 수단을 충분히 갖고 있고 경찰 역시 그런 범죄에 대하여 유의하고 있으니만큼," 법원이 굳이 보호감호를 명령할 필요가 없다는 것이었다. 판사는 엉뚱하게 나치 국가("오늘의 국가")를 감형의 핑계로 삼은 것이다.[33]

나치 국가가 중형의 근거가 된 경우도 있었다. 1938년 7월 15일 에센 지방법원 대★형사부는 마흔두 살의 나치당 당원에게 다섯 건의 175조 위반 행위와 한 건의 175조 a항 위반 행위로 3년 6개월의 금고형을 선고했다. 이는 우리 수사파일에서 175조 위반 혐의와 간첩 혐의를 동시에 받은 유대인에게 선고한 3년 7개월 금고형 다음으로 무거운 형벌이다. 피고는 나치당 당원이었을 뿐만 아니라 제국 노동봉사단 중급 간부였다. 노동봉사단은 18세 이상의 모든 독일 남성들을 동원하여 늪지대에서 물을 빼거나 숲에 도로를 닦거나 농촌의 가을걷이를 돕도록 하던 조직이었고, 피고는 200명이 넘는 단원을 이끌었다. 그는 봉사단 야영 막사에서 단원들의 성기를 잡고 항문성교를 시도했다는 혐의를 받았다. 판사는 중형을 선고하면서 그 근거를 히틀러에서 찾았다. "피고는 지도자(히틀러)의 의지에 따라 독일 청소년들을 교육하라는 막중한 과제를 부여받았음에도 불구하고" "봉사단의 명예를 심각하게 훼손하였다."[34]

우리의 수사파일을 훑어보면, 다섯 건의 175조 위반 행위와 한 건의 175조 a항 위반 행위 정도의 범죄에는 보통 1년 6개월 금고형이 부과되었음을 알 수 있다. 따라서 위 나치당 당원은 이례적으로 중형을 선고받은 것이다. 중형의 이유는 쉽게 알아챌 수 있다. 제국 노동봉사단은 나치 남성동맹 조직의 하나로서 나치가 나치당과 히틀러청소년단만큼이나 중요시하던 기관이었다. 특히 히틀러는 노동봉사와 함께 이념 교육과 군사 훈련도 실시하던 봉사단을 군대를 견제하는 힘으로 간주했고, 그래서 노동부로부터 떼어내어 자신에게 직속시켰다. 위 판결문에서 판사는 피고의 "동성애 형질"과 "범죄적 충동"에 대해서도 개탄했지만, 그보다는 노동봉사단에 대한 히틀러의 애착과 나치 조직 내부의 동성애에 지극히 예민하던 힘러의 입장을 고려했을 것이다. 물론 히틀러의 애착이든 힘러의 예민함이든, 그것은 남성동맹을 둘러싼 두 사람의 이데올로기적 입장이다. 그리고 위 판결문은 나치 이데올로기의 영향력이 식별되는 유일한 경우이다. 우리의 판결문 11개는 피고인 30명에 대한 판결 내용을 담고 있다. 30명 중 단 한 명에 대한 판결에서 나치 이데올로기가 작동한 것이니, 나치 이데올로기는 판결문에서 사실상 삭제되어 있었다고 할 것이다. 이는 우리가 혐의자의 처리, 방면의 사유, 보호구금의 목적, 판결의 내역에서 확인한 바 있는 친위경찰의 이데올로기와 사법 처리 사이의 간극을 재차 확인해준다.

그러나 위 판결문 하나만으로는 나치 기관의 동성애에 대한 게슈타포와 법원의 입장이 충분히 드러나지 않는다. 그 결핍을 나치당 당원을 비롯한 나치 기관 소속원에 대한 통계로 메워보자. 혐의자 295명 중에서 나치 기관원은 25명(8.5%)이었다. 그 25명은 나치당 당원 외에 히틀러청소년단과 제국 노동봉사단 단위부대 부대장 이상의 직급 보유자들을 포함시킨 수치이다. 일반 단원을 배제한 이유는 청소년단이든 봉사단이든 1936년 이후에는 사실상 의무 조직이 되고, 따라서 평 단원들을 나치 기관원으로 범주화하는 것이 무의미하기 때문이다. 나치 기관원이 혐의자의 8.5퍼센트였다는 사실은 나치즘이 동성애의 소굴이었다는 일각의 시각이 선입견이라는 점을 드러낸다.[35]

나치 기관원 25명 중에서 방면된 자는 6명(24%), 기소된 자는 11명(44%), 보호구금에 처해진 자는 3명(12%)이다. 앞서 보았듯이 처리가 확인된 혐의자 225명 전체에서 방면이 36.9퍼센트, 기소가 49.8퍼센트였으므로 나치 기관원이 일반인보다 훨씬 엄격하게 처리되었음을 알 수 있다. 기소된 11명은 전원 유죄 판결을 받았고, 평균 형량은 1년 3주일이었다. 전체 피고인의 평균 형량이 7개월 2주일이었음을 기억해보면, 형량에서도 나치 기관원은 훨씬 더 가혹하게 처벌받았음을 알 수 있다. 더불어 우리는 방금 언급한 제국 노동봉사단 장교가 나치 기관원들 중에서도 이례적으로 가혹한 처벌을 받았음을 알 수 있다. 그러나 동시에 나치 남성동맹의 동성애에 대하여 전전긍긍하던 힘러의 입장이 사법의 현실에서는 단지 5개월 1주일 더 많은 형량으로 표출되었음이 확인된다. 힘러와 친위경찰이 동성애 문제에 법으로 접근하기로 한 순간, 나치 남성동맹에서 동성애를 박멸하겠다는 힘러의 선언은 공염불이 되고 말았던 것이다.

일상의 나치 국가는 통상적인 원칙과 절차에 따라서, 그리고 때로는 폭력적이지만 대부분은 머뭇거리면서 동성애자들에게 접근했던 것인데 일상의 동성애자들은 그런 국가를 배경으로 하여 어떻게 만나고 사랑하고 놀았을까? 두려워 떨었을까 아니면 태연했을까? 과거와는 확연히 달랐을까 아니면 그때나 지금이나 여전했을까? 이제 그들의 삶을 들여다보자.

트럼프 모임

에센 거주 동성애자들의 일상을 드러내기 위하여 앞서 여러 번 언급했던 에센 시립극단 무용수의 생애사를 잠시 따라가보자. 발터는 1912년 3월 중순에 에센에서 태어났다. 아버지는 식당 지배인이었고, 동생 두 명이 그랬듯이 발터의 학력 역시 국민학교 졸업이었다. 아버지가 가톨릭이어서 가톨릭 국민학교를 다녔던 그는 졸업 직후에는 담배 배달로 용돈을 벌었고, 이어서 삼촌이 운영하던 작은 호텔에서 식당 지배인 수련 과정을 시작했다. 그러나 일이 적성에 맞지 않아 1년 만에 그만두었다. 때마침 대공황이 닥쳐와 제대로 된 일자리를 구할 수 없게 되자, 발터는 1년 동안이나마 배운 것도 있고 해서 "푸른 천사에게로"라는 술집의 바텐더가 되었다. 그러나 그 일도 6개월 만에 그만두었다. 그 후 발터는 어찌 된 일이었는지 예술가의 길로 접어들었다. 1930년에 한 무용단 단장의 소개로 1927년에 문을 연 에센의 폴크방 예술학교 무용과에 입학한 것이다. 그러나 이번에도 졸업은 못하고 1년 반 만에 그만두었다. 그 후 발터는 단역배우이자 무용수로 에센 시립극단 무대에 간간히 섰다. 여자와 사귄 적은 한 번도 없었다. 추후 게슈타포 경찰관이 동성애

〈표 16〉 동성애 혐의자들의 연령

	에센 혐의자	인권동맹
19세 이하	64명 (21.7%)	3.1%
20세~29세	81명 (27.5%)	47.6%
30세~39세	78명 (26.5%)	38.7%
40세~49세	54명 (18.3%)	10%
50세 이상	18명 (6%)	0.64%
합계	295명	

자냐고 묻기에 한 여자와 성교를 세 번이나 했다고 응수했지만 여자의 이름을 대라는 추궁에는 할 말이 없었다. 실상 그는 1930년 12월 10일에 에센의 경범죄법원에서 미성년 소년과 동성 성교를 한 혐의로 6개월 금고형을 선고받았다. 그로부터 시간이 한참 흐른 1936년 3월 4일 발터는 평소 가깝게 지내던 고위 공무원의 집에서 동성애자들과 어울리다 게슈타포에게 체포되었다.[36]

발터는 '평균적인' 동성애자였을까? 혐의자들의 사회문화적 프로필을 알아보자. 에센 게슈타포에게 검거된 혐의자들의 연령 분포는 다음과 같다.

〈표 16〉에서 볼 수 있듯이, 1920년대 인권동맹의 10대 회원은 불과 3.1퍼센트를 차지했는데, 에센의 10대 동성애 혐의자는 전체의 21.7퍼센트를 차지한다. 20대와 30대의 경우는 정반대로, 인권동맹 회원의 절대다수는 20~30대였지만 게슈타포에게 검거된 20~30대는 다른 연령대와 거의 같다. 40대와 50대에서는 다시 뒤바뀐다. 그러나 그만큼 확연하게 눈에 띄는 것은 게슈타포에게 검거된 동성애 혐의자가 10대에서 40대까지 꽤나 고르게 분포되어 있었다는 점이다. 이를 어떻게 해석할 수

있을까? 위 통계가 알려주는 '사실'은 바이마르공화국에서는 연령에 따라 동성애 하위문화에의 참여도가 달랐으나, 나치 치하에서는 동성애자들이 연령과 무관하게 검거되었다는 것이다. 혹시 그들은 동성애 하위문화에 대한 참여 여부와 무관하게 바이마르공화국에서나 나치 체제에서나 성애에 몰두하다가, 나치 치하에서는 게슈타포에게 검거되었던 것이 아닐까? 이는 인간의 성을 지나치게 사물화한 해석으로 보일 수도 있다. 그러나 이 해석은 독일의 동성애자들이 나치 체제임에도 '불구하고' 성애를 향유했다는 점을 함축하기도 한다.

간접적인 증거가 있다. 우리는 앞서 동성애 혐의자들이 게슈타포에게 검거된 시점을 통계화하고, 그로부터 에센의 동성애자들이 1936년부터 1938년까지 본격적인 억압에 직면했다는 결론을 얻은 바 있다. 체포 시점을 재차 세분화하면 1936년에 105명, 1937년 94명, 1938년 47명이 검거되었다. 67만 명이 거주하는 대도시이긴 하지만 동성애자 수가 기껏해야 1500명밖에 안 되던 곳에서, 그리고 게슈타포가 1936년에 요란하게 체포 작전을 전개했음에도 불구하고 그 이듬해에 무려 94명이 검거된 것이다.* 이는 에센의 동성애자들이 1937년에도 태평스럽게 공중화장실에도 가고 동성애자 전용 술집에도 가고 수영장에도 갔기 때문이 아닐까? 물론 체포의 규모는 동성애자들의 태도 이외에 게슈타포의 수사 의지와 강도에 의해서 규정된다. 사실 1938년에 혐의자 수가 대폭 감소한 것은 게슈타포의 일제단속이 1936년과 1937년 두 해에만 실시된

---

* 앞서 우리는 한 군의관의 1943년 2월의 비망록과 히르슈펠트의 1903~1904년 설문조사를 토대로 하여 독일 동성애자들의 규모를 짐작해보았다. 그때 우리는 수사받은 사람의 5배가 실제 동성애자였다고 계산했다. 에센 게슈타포에게 검거된 사람이 295명이므로 에센의 동성애자는 약 1500명인 셈이다.

<표 17> 동성애 혐의자들의 사회적 지위

	에센 혐의자	뒤셀도르프 일반인	인권동맹
상위중간층 및 상층	32명 (11.2%)	11.71%	85.2%
하위중간층	102명 (35.6%)	27.25%	
노동자	152명 (53.2%)	61.03%	14.8%
합계	286명		

것과 연관된다. 일제단속의 성과가 언제나 컸던 것은 아니지만, 일제단속은 동성애자들을 검거하려는 게슈타포의 열의를 보여주는 지표이다. 아무래도 에센의 동성애자들은 나치 치하에서 태평스럽게 성애에 몰두했던 것 같다.

전혀 다른 측면이지만 그와 상통하는 면모가 있다. <표 17>은 에센의 동성애 혐의자들의 사회적 지위를 통계화한 것이다.

이 통계에서 염두에 둘 것은, 인권동맹의 통계는 계층이 아니라 직업별로 집계되었다는 점이다. 그래서 통계에는 노동자(14.8%)는 적시되어 있지만 나머지는 대학생, 예술가, 교사, 공무원, 상인, 요식업자, 수공업자로 표기되어 있다. 수공업자와 교사와 요식업자는 흔히 하위중간층으로 분류되지만, 공무원과 상인은 하위중간층인지 상위중간층인지 구분할 방도가 없다. 또한 표에서 에센이 아니라 뒤셀도르프 지구에 거주하는 일반인들의 사회적 지위를 비교치로 제시한 것은 에센 게슈타포가 겔젠키르헨과 뒤스부르크 거주자도 검거했기 때문이다. 이 통계를 보면 혐의자들의 사회적 지위가 1920년대 인권동맹보다는 오히려 뒤셀도르프 지구에 거주하던 일반인들의 사회적 지위에 접근하는 것을 알 수 있다. 이는 동성애자들이 모든 계층에 고르게 분포되어 있었고, 나치 치하에서 그들이 고르게 성애를 향유했음을 드러낸다고 할 것이다.

혐의자들의 학력 통계는 사회적 지위 통계와 유사하다. 모든 수사파일에 학력이 적시되어 있지는 않다. 게다가 노동자의 경우처럼 국민학교 졸업이 확실함에도 불구하고 학력이 명시되어 있지 않은 경우도 많다. 따라서 "중등교육" 혹은 "고등교육"이라고 명시된 파일을 제외한 나머지 모두를 국민학교 졸업으로 간주하는 것이 적절할 것이다. 에센의 혐의자들 중에서 아비투어(대학입학 자격)를 획득했든 아니면 수료만 하거나 중퇴를 했든 중등교육의 맛이라도 본 사람은 모두 29명이다. 전체 혐의자의 9.8퍼센트이다. 전문대학을 포함하여 고등교육 이수자는 모두 15명(5.1%)이고, 그들 중에서 "대학" 교육을 받은 사람은 5명(1.7%)이다. 독일 전체의 학력 상황과 비교해보면 위 분포가 평균에 가까웠음을 알 수 있다. 8년제였던 국민학교 입학생 중에서 국민학교만을 다닌 독일인은 1930년대 초에 87퍼센트였고, 국민학교를 4년 다닌 뒤에 중등학교로 옮겨가서 5년 내지 9년 동안 다닌 사람은 13퍼센트였다. 대학 진학률은 국민학교 입학생의 약 2.5퍼센트였다.[37] 에센 동성애 혐의자들의 학력과 대략 일치한다.

내친 김에 종교와 혼인 여부도 알아보자. 종교가 적시된 72명 중에서 가톨릭이 46명(64%), 개신교도가 26명(36%)이다. 종교 분포는 별다른 것을 말해주지 않는다. 에센은 어차피 개신교와 가톨릭이 뒤섞인 도시였다. 혼인 여부를 밝힌 179명 중에서 미혼이 130명(73%), 이혼자를 포함한 기혼자는 49명(27%)이다. 동성애자가 모든 연령에 고르게 분포되어 있는데 그들 중에 기혼자가 30퍼센트에 육박한다는 것은, 혐의자 중에 양성애자 혹은 위장 결혼한 동성애자가 많았음을 나타낸다.

발터는 가톨릭이었고 국민학교 졸업 이후 1년 반을 더 배웠지만 사회하층 혹은 하위중간층에 속하던, 1936년에 스물네 살이 된 미혼의 단역배우이자 무용수였다. 그는 '평균적인' 동성애자, 혹은 평균적인 에센 시민이었던 것이다. 이제 발터의 행로를 보다 정밀하게 추적해보자. 폴크방 예술학교에 다니던 1931년 어느 날 저녁 열아홉 살의 발터는 "한델스호프"라는 동성애자 카페에 앉아 있었다. 그때 중년 신사가 합석 의사를 물었다. 그렇게 만난 로타르라는 마흔여덟 살의 남성은 신분이 달랐다. 로타르는 김나지움을 졸업했고, 아헨 공과대학을 다녔으며, 제1차 세계대전에 참전하여 2급 철십자훈장, 1급 철십자훈장, 전선병사 명예십자훈장을 받았다. 전쟁이 끝난 뒤에 그는 쾰른 대학을 거쳐 뒤셀도르프 행정대학을 졸업했고, 1922년에 에센에 위치한 "루르 도시연합회 Ruhrsiedlungsverband"에 임용되었다. 부르주아이자 고위 공직자로 출세한 그는 나치 집권 직후에 나치당에도 입당했다. 그는 열다섯 살에 친구들과 상호수음을 처음으로 경험했고, 대학에서도 남성 단체에 가입하여 정기적으로 상호수음을 했으며, 입대한 뒤에도 마찬가지였다. 종전 이후 맞이한 바이마르공화국은 빛나는 시기였다. "동성애 기회의 엄청난 증가"를 경험한 것이다. 당시 그가 단골로 출입하던 에센의 동성애자 전용 술집만 해도 다섯 개나 되었다.[38]

발터와 로타르는 스물아홉의 나이 차이에도 불구하고 즐겁게 대화를 나누었다. 나흘 뒤에 한델스호프 카페에서 다시 마주친 그들은 커피를 마신 뒤에 영화관으로 갔다. 영화 관람 이후 헤어지면서 로타르는 발터에게 자신의 주소를 주었다. 수요일과 토요일 오후에는 항상 집에 있으니 언제라도 자신의 집을 방문하라는 것이었다. 발터는 초대에 응하여 그다음 주 수요일에 로타르를 방문했다. 그곳에서 그들은 키스를 나누고 상호수음도 했다. 그들의 고정된 관계는 그렇게 시작되었다. 그들은 동거하지는 않았지만 일주일에 두 번은 만났다. 로타르는 게슈타포에게 발터와 상호수음을 딱 네 번만 했다고 진술했지만, 그것은 거짓이었을 것이다. 또한 발터는 게슈타포에게 로타르로부터 돈을 받은 적이 없다고 진술했지만, 화대이건 선물이건 로타르는 발터에게 물질적 지원을 제공했을 것이다. 1931년에 시작된 그들의 관계는 1935년 초까지 지속되었다. 로타르는 게슈타포에게 그들 둘이 사귄 4년 동안 다른 남자와 상호수음을 한 경우가 딱 한 번이었다고 진술했다. 진실은 알 수 없지만, 로타르가 2차 심문에서 자백한 성애가 그것 하나뿐이었던 것으로 보아 '외도'가 잦았던 것 같지는 않다.

로타르와 달리 발터는 꽤나 바람둥이였다. 게슈타포에게 진술한 바에 따르면 발터는 1934년 봄에 자기보다 여덟 살 위인 서른 살의 건축가 포베르크를 에센 역전에서 만났다. 그들은 드라이브를 즐기다가 에센의 한 체육관에서 상호수음을 했다. 그들의 만남은 예술가답기도 했다. 발터의 집을 방문한 포베르크가 발터의 나체화를 그려 선물한 것이다. 포베르크는 또한 로타르보다 용감해서 투숙한 호텔에서 발터의 "배 위에서 유사 성행위를 했다." 포베르크와의 만남은 짧았던 듯 1934년 여름에 발터는 에센 시립극장에서 사업가인 아홉 살 연상의 브란트를 만났다. 브란트는 포베르크보다도 과감했다. 발터에게 항문성교를 시도한 것이다. 다만 발터가 통증을 호소해서 삽입을 포기하고 허벅지성교로 만족해야 했다.

같은 시기에 발터는, 중등학교를 졸업했지만 학력과 어울리지 않게 야채 도매상 직원으로 일하던 한 살 연하의 아펠을 만났다. 그러나 그와의 만남은 인상적이지 않았던 것 같다. 발터는 게슈타포에게 아펠과 어떻게 헤어졌는지 기억나지 않는다고 말했다. 아펠 역시 마찬가지였다. 그는 1934년 여름에 발터와 만나 분위기와 호기심에 밀려 상호수음을 했지만 "역겨움"을 느꼈다고 진술했다. 아펠은 중등학교를 졸업한 뒤에 제대로 된 직장을 잡지 못하자 야채 도매상에서 일했는데 가게 주인이 동성애자였다. 1898년에 태어난 야채 도매상 지프만은 국민학교를 졸업한 뒤에 부유한 집안 덕분에 우체국 공무원으로 일했다. 1920년에 그는 우체국에서 우편물 운반 일을 하던 한 살 위인 슈뢰더와 '친구'가 되었고, 그 해부터 두 사람은 한 방에서 동거를 했다. 그들은 "한 침대"에서 잤다. 1925년에 두 사람은 의기투합하여 야채 도매상을 차렸고, 1929년에는 지프만의 부모 집을 나와 독립하여 함께 살았다. 참고로, 두 사람은 모두 친위대 대원이었다.[39]

발터가 포베르크 및 아펠을 만나는 와중에 로타르와의 관계는 소원해져갔다. 발터가 로타르 집을 방문하는 횟수가 갈수록 줄어들었고 로타르 역시 굳이 발터를 찾지 않았다. 1935년 1월에 발터는 중등학교를 졸업한 뒤에 한 민간 회사의 실험실에서 일하던 한 살 연하의 바이스를 만났다. 발터는 한 출판업자의 집을 방문하였는데 이웃에 살던 바이스가 출판업자로부터 그림 한 점을 구입하러 와 있었다. 두 사람의 관계는 세 달을 지속하지 못했다. 바이스는 "1935년 4월 초에 발터와의 관계를 완전히 끝내버렸는데," 그것은 부분적으로 발터가 같은 시기에 열 살 위인 회사원 벤첼과도 만났기 때문이었다.[40]

발터와 직간접으로 연관된 사람들 중에서 상대방과 고정된 관계를 맺고 있던 사람이 두 명 더 있었다. 한 명은 발터에게 항문성교를 시도했던 브란트였다. 그는 에센이 아니라 오스나브뤼크 태생으로서 국민학교를 졸업한 뒤에 상업 수련 과정을 이수했는데, 어찌 된 일인지 한 민간 기업의 지점을 맡아 돈을 좀 모았고 얼마 후 독립했다. 그러던 1928년 어느 날 그는 우리가 앞서 부딪친 바 있는 오스나브뤼크 시립극단의 배우이자 가수인 체들러를 만났다. 브란트보다 네 살 위였던 체들러는 국민학교 졸업과 함께 상업 수련 과정을 이수했고, 그 후 사설 기관에서 노래와 연기 수업을 받았다. 베를린에서 배우로 데뷔한 그는 나이세, 프랑크푸르트 암 오데르, 헬골란트, 밤베르크 등을 거쳐 오스나브뤼크에 왔다. 오스나브뤼크 시립극단에 오페라를 보러 갔다가 체들러를 만난 브란트는 1년 뒤에 체들러와 동거를 시작했다. 체들러가 브란트 집으로 이사했던 것이다. 오스나브뤼크 시립극단이 경영난으로 인해 문을 닫자, 두 사람은 예금을 털어 양말 사업을 시작했다. 그러나 사업은 실패로 돌아갔고, 암담하던 찰나에 뤼베크 시립극단이 체들러를 초빙했다. 두 사람은 뤼베크로 이사했고 한 방을 썼다. 그리고 1932년에 에센 시립극단이 체들러를 임용함에 따라 에센으로 왔다.[41]

고정된 관계를 맺고 있던 또 다른 커플은 발터가 자주 출입하던 동성애자 전용 술집 바이의 웨이터인 케틀과 전직 서점 직원으로 바이에서 회계를 담당하던 크라였다. 케틀은 스물여덟 살로 크라보다 한 살 위였는데, 두 사람은 1934년부터 함께 살기 시작했다.

발터와 연관된 사람들을 지루할 정도로 나열한 데는 이유가 있다. 위에 언급된 사람들의 다수가 정기적인 모임을 갖고 있었던 것이다. 게슈타포에게는 그저 루미 트럼프를 치는 모임이라고 주장했던 그 동아리는 로타르와 그의 친구인 스투케만이 이끌었다. 1880년에 태어난 스투케만은 로타르보다 세 살 위였고, 제1차 세계대전에서 로타르와 마찬가지로 2급 철십자훈장, 1급 철십자훈장, 전선병사 명예십자훈장을 받았으며, 전쟁에서 입은 부상으로 인하여 왼 다리를 절단한 채 귀향하였고, 보훔의 "광부보험"에서 일했다. 학력이 낮았음에도 불구하고 그는 고위직(부장)까지 승진하여 근무하다가 은퇴했다.

스투케만은 이례적인 경험을 한 사람이기도 했다. 그가 청소년기에 또래들과 상호수음을 했고, 20대에 들어서 여자와 성교가 불가능한 것을 깨달았으며, 그 후 "한 달에 한 번씩" 남자들과 상호수음을 한 것까지는 평범하다고 할 것이다. 그러나 그는 특이하게도 1920년대 말에 베를린까지 가서 히르슈펠트를 만났다. 히르슈펠트는 스투케만의 동성애가 "교정 불가능한" "유기적인 형질"이며, "만일 견디기 힘들면 남자들과 상호수음을 하라"고 충고했다. 히르슈펠트는 "현행법은 상호수음을 처벌하지 않는다"고 친절하게 덧붙였다.[42]

스투케만이 1933년 말에 보훔에서 에센으로 이사했다고 말한 것으로 보아 '루미 모임'은 그때 시작되었던 것 같다. 모임은 매주 화요일 저녁에 스투케만 집과 로타르 집에서 교대로 열렸다. 핵심 회원은 로타르, 스투케만, 슈뢰더, 지프만, 케틀, 크라, 발터, 겔젠키르헨의 건설업자 로만이었다. 가끔 나타나는 인물은 바이스, 아펠, 브란트였고, 위에서 언급되지 않은 두 명이 더 있었다. 그 두 명 중에 한 사람은 민간 기업 간부였고, 다른 한 사람은 술집 바이의 주방장이었다. 게슈타포는 에센의 기업 간부에 대해서는 수사파일을 작성하지 않았다. 아마 혐의 내용이 사소했던 것 같다. 그리하여 에센의 동성애 동아리에서 최소 8명, 최대 14명이 매주 만났다.

루미 회원들의 면면을 이토록 상세하게 나열한 이유는 이를 통해 에센 동성애자들의 일상을 구체적으로 엿볼 수 있기 때문이다. 우리는 앞서 1900년대에서 1920년대에 이르는 시기에 동성애자들이 어떻게 만나 어떻게 사랑하였는지 알아보았다. 루미 회원들의 면면을 살펴본 지금, 우리는 그 삶이 나치 치하에서도 지속되었는지 점검해볼 수 있겠다. 위 서술에서 드러나듯, 그들은 연인을 익숙한 환경에서 만났다. 단역배우인 발터는 에센 시립극장이라는 일터에서 브란트를 만났고, 브란트는 오스나브뤼크 시립극장에서 배우인 체들러를 만났으며, 발터는 아펠을 지인의 집에서 만났고, 야채 도매상 지프만은 우체국에 근무하던 시절 우체국에서 수화물을 운반하던 슈뢰더를 만났고, 케틀과 크라 역시 그들의 직장인 술집 바이에서 만났다. 물론 익숙한 생활환경을 벗어나는 곳에서도 만남은 이루어졌다. 발터는 로타르와 포베르크를 동성애자 전용 술집과 에센 역전에서 만났다. 그러나 발터가 바람둥이였음에 유의하자. 기실 동성애자 전용 술집에서 고정된 관계의 상대를 만나는 경우는, 루미 회원들은 물론 수사파일에 등장하는 여타의 동성애자들 가운데서도 드물다. 술집과 공중화장실과 공원은 대부분 일회적인 만남을 위한 장소였던 것이다.

루미 회원들의 면면은 또한 고정된 관계를 맺은 연인들의 나이 차이가 적었음을 보여준다. 지프만과 슈뢰더는 한 살 차이였고, 브란트와 체들러는 네 살 차이, 케틀과 크라 역시 한 살 차이였다. 발터와 로타르가 스물아홉 살 차이였지만, 이는 루미 회원들은 물론 여타의 동성애자들 가운데서도 극히 예외적인 경우다. 그리고 발터의 다양한 만남이 보여주듯, 나이 차이가 많은 경우는 대부분 일회적인 만남이었고, 관계가 이어진다고 해도 몇 번에 그쳤다. 남창들도 고정된 관계를 맺는 경우가 심심치 않았는데, 그들조차 동거하거나 정기적으로 만나는 파트너는 동년배였다. 연인들의 사회적 지위도 엇비슷했다. 지프만과 슈뢰더는 우체국 직원으로 만나 야채 도매상을 했고, 브란트는 민간 기업의 지역 대표로 돈을 모은 후에 시립극단 배우인 체들러를 만났으며, 케틀과 크라는 모두 술집 종업원이었다. 여기서도 예외는 단역배우인 발터와 부르주아인 로타르이다. 물론 발터의 예술 세계가 로타르의 영혼에 닿았을 수도 있지만, 전체적으로 보아 나이와 사랑의 계급성에서도 나치 치하의 동성애자들은 그 이전 시기와 마찬가지였던 것이다. 발터의 애정 행각은 또한 성애가 계급으로부터 벗어나는 것은 고정된 관계를 벗어나는 경우, 즉 일회적이거나 단기적인 만남에서였음을 보여준다.

연인들의 교제 기간도 과거와의 연속성을 보여준다. 게슈타포에게 검거된 1936년 3월 초까지 케틀과 크라는 2년째, 브란트와 체들러는 7년째, 슈뢰더와 지프만은 무려 16년째 동거 중이었다. 동거를 하지 않았던 로타르와 발터는 1931년에서 1935년 초까지 4년간 연인 관계를 유지했다. 게슈타포 수사파일을 일별해보면, 7년간의 만남도 무척 긴 편에 속한다. 지프만과 슈뢰더가 16년간 사귄 것은 에센 수사파일에서 최장 기간이다. 여타 동성애자들의 경우까지 개관해보면, 고정된 관계로 유지되는 기간은 대략 3년이다. 그리고 발터의 행로를 살펴보면 1934년 초, 즉 로타르와의 관계가 3년 정도 되었을 때 발터가 본격적으로 일회성 만남을 추구했음을 알 수 있다. 그리고 지프만과 슈뢰더는 물론, 7년째 동거 중이던 브란트와 체들러도 여기저기서 일회적인 만남을 갖고 있었다. 나치 치하의 동성애자들은 그 이전 시기와 마찬가지로 사귀는 기간이 웬만큼 경과하면 고정된 관계에 융통성을 부여했던 것이다. 그리고 고정된 관계의 밀도가 떨어지는 경우에는 로타르와 발터처럼 점차 그리고 말 없이 결별하는 경우도 있었지만, 지프만과 슈뢰더, 브란트와 체들러는 '외도'에도 불구하고 관계를 지속했고, 게슈타포 심문에서는 자신의 연인에게 여자 애인이 있다고 말함으로써 동성애 혐의를 벗겨주려고 애썼다. 그리고 로타르와 발터는 연인 관계를 청산했음에도 불구하고 루미 모임에서 정기적으로 만났다. 연인은 아니어도 친구이기는 했던 것이다.

루미 회원들의 면면은 또한 그들의 성행위가 주로 상호수음이었음을 보여준다. 그들 중에서 항문성교를 언급한 사람은 발터와 바이스 두 명 뿐이다. 물론 주의할 필요는 있다. 게슈타포 수사관은 항문성교를 동성애 인격의 증거로 간주했고, 그래서 혐의자들에게 항문성교 여부를 집요하게 물었다. 피의자들도 이를 잘 알고 있었기에 필사적으로 항문성교를 부인했다. 그래서 유보적으로 판단해야 하지만, 수사파일 전체에서 항문성교를 했다거나 시도했다고 말한 사람은 모두 합해서 25명이다. 참고로 그들은 예외 없이 항문성교는 자신이 아니라 상대방이 시도했고, 자신은 참을 수 없는 통증을 느꼈거나 거부했다고 진술했다. 진실은 알 수 없다. 그러나 혐의자 295명, 기소된 사람 112명, 유죄 판결을 받은 사람 97명 중에서 25명이 항문성교를 시도했다고 말한 것을 보면, 나치 치하에서도 항문성교가 여전히 일반적이지 않았지만 1900년대보다는 훨씬 빈번해졌음을 알 수 있다. 앞서 말한 바처럼 히르슈펠트는 1914년의 저서에서 동성애자의 8퍼센트만이 항문성교를 한다고 기술했다.

성행위의 구체적인 내용만큼이나 어림잡기 힘든 것은 '동성애자'로서의 정체성 여부이다. 게슈타포에게 '나는 동성애 형질의 남자다'라고 말하는 피의자는 드물었다. 대부분은 1차 심문에서 동성애 행위 자체를 부인하고, "경고 후에" 혹은 "강력한 경고 후에" 비로소 행위만을 시인했다. 그리고 시인할 때조차 그 행위가 "일시적"이었다고 말하는 것이 대부분이었다. 우리가 그 발언을 액면 그대로 받아들일 수는 없다. 또한 동성애자라고 인정한 사람만을 통계화하는 것은 곤란하다. 게슈타포는 수사파일에 "동성애 형질" 여부는 기록하지 않은 채 행위 내용만을 적시하여 검찰에 넘긴 경우도 꽤 많았다. 그러므로 우리는 루미 회원들의 성만을 조사하고, 그로부터 나머지 경우를 유추하기로 한다.

루미 모임을 이끌던 로타르와 스투케만은 의심할 여지가 없는 '동성애자'였다. 로타르의 경우에 그가 열다섯 살에 동년배와 상호수음을 한 뒤 여성과는 단 한 번도 성행위를 하지 않았다는 이유 때문에만 그런 판단을 내리는 것은 아니다. 그는 게슈타포에게 "나는 청소년기부터 줄곧 동성애 형질이었다"고 시인했을 뿐만 아니라, 자신의 동성 성교 혐의를 부인하면서 스스로 "나는 능동적으로도 수동적으로도 성행위에 참여하지 않았다"고 말했다. 그가 "능동적" "수동적"이라는 성 역할 분담의 단어를 사용한 것에 유의하고, 그가 대학에서 행정학과 경제학을 공부한 지식인으로 대학생 "남성 결사"에서 정기적으로 상호수음을 했다는 사실을 함께 고려하면, 그가 성과학의 동성애 논의를 꿰뚫고 있었다는 추측이 가능하다. 이는 스투케만도 마찬가지였다. 그는 20대에 자신이 "(동성애) 형질"이라는 점을 인식하게 되었고, 집안에서 한 여성과의 결혼을 닦달하기에 "연습 삼아서" 다른 여자와 동침하려 했으나 발기가 되지 않았다고 진술했다. 그러나 더욱 결정적인 것은 그가 베를린에서 히르슈펠트를 만났고 그로부터 "유기적인 (동성애) 형질"이라는 평가를 들었다는 사실이다. 삶의 경로를 살펴보건대 그는 히르슈펠트의 진단에 공감했을 것이다. 로타르와 스투케만이 루미 모임을 만들고 이끈 것 역시 두 사람이 확고한 동성애 정체성을 보유하고 있었다는 판단을 가능하게 해준다.[43]

발터 역시 동성애자였음이 틀림없다. 그는 끊임없이 남자만을 찾았고, 게슈타포 경찰관이 "동성애 형질이냐"고 물었을 때 한 여자와 성교를 세 번이나 했다고 응수했지만, 당혹스럽게도 상대 여성의 이름은 말할 수 없었다. 동성애자 전용 술집의 웨이터인 케틀은 동성애자로서의 자의식을 보유하고 있었다. 그는 게슈타포 수사관에게 "약 8년 전에 나에게 여성적인 동성애 형질이 관철되었으며" 여성과의 성경험은 4년 전이 마지막이었다고 진술했다.[44] 그의 자의식을 드러내는 것은 그의 자백 내용보다는 오히려 그가 "여성적인 동성애 형질"이라는 표현을 사용했다는 사실이다. 성과학에서 그토록 오랫동안 주장된 그 토포스는 수사파일 전체를 일별해보아도 드물게 등장한다. 그리고 그런 표현을 사용하는 사람은 어김없이 스스로를 변경 불가능한 동성애자로 간주하는 사람이다. 야채 도매상인 지프만도 확고한 동성애자였던 것으로 보인다. 그는 슈뢰더와 동거하던 중에 '외도'를 하여 슈뢰더와 사랑싸움을 벌였고, 검거 직전인 1936년 2월에도 에센 역전에서 남창을 만났다.[45]

지프만과 동거하고 있던 슈뢰더의 성에는 모호한 구석이 있다. 그는 학창 시절부터 남자아이들에게 끌렸다고 말했지만, 동시에 그는 "최근에는 더 이상 동성애 형질이 아니"라고 주장했다. 형질이 있다가 없어질 수는 없는 노릇이므로 그 발언은 성립될 수 없는 것이지만, 그로써 그가 말하려 한 것은 자신이 돌이킬 수 없는 동성애자가 아니라는 점이었다. 그는 수사관에게 지난 몇 년 동안 여성 세 명과 성교를 했다고 주장했다. 사실일까? 한 건은 거짓임이 입증되었다. 그가 성애 상대로 지목한 유부녀가 게슈타포에 출두하여, 자신은 "하복부 수술"을 받아서 성교를 할 수 없는 사람인데 슈뢰더가 그것을 모른다고 증언했던 것이다. 그러나 나머지 두 번의 경험은 사실인 것으로 보인다. 지프만은 한 여성의 주소를 수사관에게 말해주었고, 또 다른 여성과의 성교에 대해서는 성교 직후에 임질에 걸렸으며 필요하다면 의사의 진단기록을 제출하겠다고 목소리를 높였다. 슈뢰더는 자신의 성과 싸우고 있었던 것이다.[46]

케틀과 동거하며 한 침대를 쓰던 크라의 성은 더욱 모호하다. 수사관은 그를 "동성애 형질 보유자"로 표기했다. 크라는 "최근에 동성애를 끊으려 했지만 유감스럽게도 두세 번 하고 말았다"고 자백했다. 그리고 법원 심리에서 크라는 게슈타포 수사관이 "손에 채찍을 들고 거세해버리겠다, 강제수용소에 보내겠다"고 협박했다고 폭로했다. 판사는 게슈타포가 협박했다는 것을 사실로 인정했고, 또한 크라가 여러 명의 여자들과 성교를 했다는 주장도 사실로 받아들였다. 전후 사정을 보아 "유감스럽게 두세 번 하고 말았다"는 진술이 바로 게슈타포의 협박 때문에 이루어진 진술이다. 그러나 크라가 케틀과 동거하면서 한 침대를 쓴 것도 사실이다. 그렇다면 우리는 그가 양성애자이거나, 혹은 동성애자이되 여자들과 성교를 되풀이함으로써 동성애로부터 멀어지기 위하여 노력하고 있었다고 판단해야 할 것이다.[47]

체들러와 동거 중이던 브란트의 성에도 묘한 구석이 있다. 그는 게슈타포 수사관에게 "양성애자"라고 말했다. 2년 전까지 한 여자와 무려 2년간 고정된 관계를 맺었고, 그녀와 헤어진 뒤에도 여성 서너 명과 성교를 했다는 것이다. 그 발언에 굳이 무게를 두지 않더라도, 자신의 성에 대한 그의 설명이 뜻밖에 솔직하고 정교하다. "나의 성애적 느낌은 가변적입니다. 오늘은 완전히 정상이고 그래서 여성과 성교를 하지만, 곧이어 남자에 대한 성적 욕망이 솟구치기도 합니다. 그 형질이 관철되면 나는 적극적인 행위로 기웁니다." 그의 성애에는 또 다른 면이 있었다. 브란트와 체들러의 성애를 캐던 에센의 게슈타포가 두 사람이 에센에 오기 전에 살았던 뤼베크의 형사경찰에게 문의를 했는데, 두 사람이 세 들어 살던 집 주인은 뤼베크 경찰에게 다음과 같이 증언했다. "체들러와 브란트의 성은 남다른 것 같았어요. 두 사람은 종종 야밤에 서로를 때렸어요. 그래서 방에서 욕설과 고함 소리와 신음 소리가 함께 흘러나왔지요. 한번은 한 사람이 다른 사람에게 칼로 찌르겠다고 소리치는 것을 들기도 했어요. 나는 브란트의 눈두덩에 피멍이 들어 있는 것도 자주 보았는데, 무엇으로 맞았는지는 모릅니다." 브란트는 마조히스트이기도 했던 것이다.[48]

겔젠키르헨의 건설업자 로만은 명백히 양성애자였다. 게슈타포에게 체포된 1936년 3월에 그에게는 고정된 관계의 여자 애인이 있었다. 판사도 이를 인정했고, 그래서 그를 "어쩌다 가끔 반자연적인 충동에 항복"하는 인물로 간주했다.[49] 발터가 1935년 초에 잠깐 만났던 실험실 직원인 바이스 역시 비슷했다. 항문성교의 경험이 있기도 했지만 그에게도 여자 애인이 있었고, 15년간 그를 담당했던 주치의는 법정 증언에서 그의 성을 "유소아 단계로의 퇴행"으로 판정했다. 1934년 여름에 발터와 잠깐 만난 아펠 역시 다른 사람들로부터 "양성애자"라는 말을 들었고, 아펠 스스로는 "그에 대하여 생각해보지 않았다"고 진술했다. 게슈타포는 돌격대 대원이었던 그를 3월 중순부터 4월 중순까지 한 달에 걸쳐서 유치장에 수감한 채 심문했지만, 발터와의 상호수음 두 번 외에 다른 혐의를 찾아내지 못했다. 아펠은 자신이 에른스트 룀 살해 사건 이후에 굉장히 조심했으며 여자들과 계속해서 만났다고 주장했는데, 게슈타포가 다른 혐의를 잡아내지 못한 것으로 보아 남자보다는 여성과의 만남이 더 잦았던 것 같다. 그리고 앞서 언급한 바처럼 루미 모임에는 게슈타포가 수사파일을 작성하지 않은, 다시 말해서 동성애 혐의를 전혀 발견할 수 없었던 민간 기업 간부도 참여하고 있었다. 또한 스투케만의 진술에 따르면 루미 모임에는 "소피 아줌마"라 불리던 기혼 여성이 참석하기도 했다.[50]

루미 회원들의 성을 하나하나 살펴본 지금, 그들의 성은 과연 무엇이었을까? 그들 중에서 동성 성행위를 하지 않은 사람은 단 한 사람도 없다. 그러나 그래서 그들은 '동성애자'인 것일까? 그들 중 절반은 분명히 동성애자이다. 그러나 나머지 절반은 불분명하다. 그들 중에는 자신의 동성애와 싸우는 와중에 여자를 만나는 사람도 있고, 여성과 교제 중인 사람도 있으며, 성이 순간적으로 뒤바뀌는 사람도 있고, 유소아적인 성도 있으며, 여성과의 성애가 더 빈번해 보이는 사람도 있고, 게슈타포가 보기에 동성애 행위를 전혀 행하지 않은 사람도 있고, 심지어 기혼 여성도 끼어 있다. 이 다양성이 놀라운 이유는 그들이 루미 모임이라는 동성애 동아리에서 매주 한 번씩 정기적으로 모이는 사람들이었기 때문이다. 다시 말해서 의심의 나위 없이 동성애자로 보이는 사람들이었음에도 불구하고, 그들의 성은 겉보기와 달리 그리 확고하지 않았던 것이다.

위 서술은 또한 동성애자라는 '자의식'이 일부에게만 관철되었다는 점을 보여준다(로타르, 스투케만). 다른 일부의 경우에는 동성애자라는 판단을 우리가 그들의 성행위로부터 논리적으로 추론할 수 있을 뿐 그들의 주관적인 자의식은 확인할 수 없다(발터, 케틀, 지프만). 또 다른 일부는 자신의 성과 싸우고 있었기에 그들은 자신의 성을 변경 불가능한 것으로 받아들이지 않았음이 분명하다(슈뢰더, 크라, 브란트). 동성애와 이성애를 동시에 향유하던 사람들에게는 동성애자냐고 묻는 것만큼이나 이성애자냐고 묻는 것이 자연스러울 수도 있다(로만, 바이스, 아펠). 성과학이 주창된 지 50여 년이 지났고 정치와 법원이 동성애 인격을 정치적 사실과 법적 사실로 만들어내고 있었지만, 정작 동성 성행위를 하는 사람들에게 동성애자로서의 정체성이 부분적으로만 관철되어 있었던 것이다.* 동성애 '동아리' 회원들의 성이 그처럼 다양했고 유동적이기까지 했다면, 다른 사람들의 경우는 어떠하였겠는가. 삶은 그처럼 과학과 정치와 법원으로부터 멀리 떨어져 있었던 것이다.

우리는 크라프트에빙의 1886년의 저술 『성 정신병리』와 히르슈펠트의 1910년 저술 『복장전환자들』에 실린 동성애자들의 자서전적 편지를 분석한 바 있다. 그 결과 우리는 그들의 성이 과학의 분류와 크게 어긋났을 뿐만 아니라 지극히 유동적이었음을 알 수 있었다. 루미 회원들의 성은 1930년대에 오면 1900년경보다 '동성애자'가 보다 많아지기는 했지만 일상의 성은 여전히 유동적이었음을 보여준다. 1930년대 동성애자들의 일상에서 20세기 초와 크게 다른 면모가 한 가지 있기는 하다. 과거에 노동자들은 자기 방을 갖지 못했다. 그래서 그들은 부르주아 파트너를 만나지 않는 이상, 공원이든 공중화장실이든 집 바깥에서 성애를 해야 했다. 그러나 어느덧 달라져 있었다. 바이마르공화국이 1920년대에 주택 건설에 온 힘을 기울인 덕분에 노동자들도 자기 방을 갖게 된 것이다. 발터 역시 셋방에서 혼자 살았고, 그래서 성애 상대를 자기 방으로 초대할 수 있었다.

그나저나 루미 회원들은 일주일에 한 번씩 모여서 도대체 무엇을 했던 것일까? 그들 말대로 그저 트럼프만 쳤던 것일까? 모임이 만들어진 동기부터 살펴보자. 로타르는 경찰에서 1933년 말에 스투케만이 자신

---

* 이제는 동성애 정체성에 대한 기존의 논의에 대한 입장을 밝힐 수 있겠다. 서언에서 언급하였듯이, 푸코 이후 일부 역사가들은 한편으로는 인격으로서의 동성애자가 성과학 이전에 이미 출현하였고, 다른 한편으로는 1930년대를 거치면서 동성애 정체성이 부르주아를 넘어 노동계급에까지 관철되었다고 주장한다. 이 책에서 분석한 19세기 말에서 1930년대에 이르는 시기의 독일에 한정하여 말하자면, 동성애 해방운동과 동성애 대중조직과 동성애 하위문화의 출현에서 볼 수 있듯이 이 시기에 동성애 정체성은 또렷하게 확인된다. 그러나 일반인 동성애자들을 살펴보면, 나치 시대에서조차 그 정체성이 전면적이지 않았음이 드러난다. 다시 말해서 설혹 18세기에 동성애자 정체성이 출현하였다고 하더라도 그것은 부분적이었을 것이며, 그처럼 부분적이기는 1930년대에도 마찬가지였다고 판단한다.

을 초대했고, 스투케만의 집에서 다수의 동성애자들을 만난 뒤에 스투케만과 함께 루미 모임을 만들었다고 진술했다. 스투케만은 침묵했지만, 그가 1920년대 말에 베를린으로 히르슈펠트를 방문했고 보훔에 근무하면서도 기차로 20여 분 거리인 에센의 동성애자 전용 술집에 자주 출입했다고 말한 점에 비추어볼 때, 에센으로 이사한 1933년 말에 그가 로타르에게 루미 모임을 주창했던 것 같다. 게슈타포도 그렇게 추측했다. "보아 하니 마그누스 히르슈펠트의 계몽이 스투케만을 격동시켜 그가 동성애자들을 불러 모았을 것이다." 또한 스투케만이 스스로 히르슈펠트를 찾아간 것으로 보아 그는 거의 틀림없이 인권동맹 회원이었을 것이다. 로타르 역시 인권동맹 회원이었을 가능성이 높다. 바이마르공화국에서 "동성애 기회의 엄청난 증가를 경험"했다는 그의 진술이 그 방증이다. 두 사람이 1933년에 루미 모임을 조직한 것은, 나치 집권과 함께 동성애 하위문화가 파괴되자 일부 동성애자들이 사적인 사회성을 구축했다는 점을 보여준다고 할 것이다. 로타르의 또 다른 진술도 이를 뒷받침한다. 그는 게슈타포에게 "동성애 형질의 남자들에게는 소위 접촉 욕구라는 것이 있습니다"라고 진술했다.

나치 집권으로 동성애자들의 공적인 사회성은 소멸되었지만, 그 사회성은 1933년이라는 히틀러가 집권한 해에 이미 사적인 형태로 복원되었던 것인데, 이는 에센의 동성애자 전용 술집이 나치 치하에서도 천연덕스럽게 성업 중이었다는 사실에서도 입증된다. 케틀과 크라가 일하던 술집 "바이"는 1938년까지도 게슈타포 수사파일에 등장한다. 그 외에도 에센 동성애자 전용 술집이 세 개 더 있었다. 발터가 로타르를 만난 "한델스호프," 게슈타포가 일제단속을 벌인 "슈미츠," 그리고 "아이스켈러." 흥미롭게도 그 술집들은 바이마르 시기와 마찬가지로 계급에 따라 구조화되어 있었다. 한델스호프는 부르주아들이 주로 출입했고, 아이스켈러는 남창들의 집합소였으며, 슈미츠는 노동자들이 주 고객이었고, 바이는 초계급적이었다. 우리는 게슈타포가 왜 그런 술집을 용인했는지 질문할 수 있다. 이에 대해서는 단 하나의 추측만이 가능하다. 게슈타포는 동성애자 전용 술집의 존속을 방치함으로써 필요할 때 손쉽게 동성애자들을 검거할 수 있었을 것이다.* 그러나 의도는 의도고 이용은 이용이다. 동성애자들은 전용 술집에 출입하다가 검거되기도 했지만, 그곳에서 다른 동성애자들을 만나기도 했을 것이다.

전체주의의 통제와 인간의 자율성은 그처럼 교차하며 공존하고 있었던 것인데, 우리는 아직도 루미 모임의 회원들이 만나서 무엇을 했는지 답하지 않았다. 그들이 행하지 않은 것은 분명하게 적시할 수 있다. 그들은 그곳에서 성행위를 하지 않았다. 게슈타포가 루미 모임의 존재를 포착한 뒤에 맹렬하게 알아내려 하던 것은 회원들이 그곳에서 성행위, 심지어 난교를 했는지 여부였다. 게슈타포가 집요하게 물었지만, 그리고 앞서 지적했듯이 일부 회원에게는 협박을 하고 고문도 가했지만, 그 누구도 그곳에서 성행위를 했다고 진술하지 않았다. 간접적인 증거도 있다. 야채 도매상인 지프만은 루미 모임이 파한 뒤에 그곳에서 만난 남자와 자신의 집으로 가서 성애를 나누었다. 루미 모임이 성애 모임이었다면 굳이 그럴 필요는 없었을 것이다. 루미 모임은 진정 동성애자들의 사회적인 욕구를 충족시켜주는 장이었을 것이다.

그렇다면 회원들의 진술처럼 트럼프 놀이가 그 사회성의 전부였을까?

---

* 게슈타포는 술집 슈미츠를 "175조 남자들의 사교 술집"으로 칭하기도 했다. HA-D RW 0058-31816.

그들은 물론 함께 독일식 스테이크 "슈니첸"도 먹었고 간간히 차도 마셨다. 그러나 수사파일에는 그보다 훨씬 중요한 행사가 기록되어 있다. 1935년의 카니발 기간인 2월 중순에 그들이 로타르 집에서 카니발 파티를 즐겼던 것이다. 그날 오후 발터와 바이스가 로타르의 집에 도착하여 셋이서 함께 치장을 했다. "종이 장미"를 만들어 "전등과 벽과 천장을 장식했고," "탁자 하나와 접이용 매트리스만을 남긴 채" 방에서 가구들을 모두 들어냈다. 탁자 위에는 그라모폰이 놓였고, 매트리스에 녹색 천이 덮였다. 파티는 11시에 시작되었다. 10명의 참석자 중 3명이 가장을 했다. 로타르는 어릿광대로 분했고, 크라는 "끔찍하게 긴 드레스를 걸치고 그에 맞는 여성용 모자를 썼으며," 신원 미상의 한 남자는 "바이에른 가죽 바지"를 입었다. 나머지 참석자들은 옷에 "카니발적인 표지"를 달았다. 사람들은 술을 마셨고, 분위기가 달아올랐으며, 그라모폰에서 음악이 흘러나왔고, 음악에 맞춰 춤을 추었으며, 연신 건배를 외쳤고, 만취했다. 파티는 새벽 2시 30분경에 끝났다. 이것은 무엇인가? 바이마르 공화국에서 동성애자 전용 술집이 적어도 일주일에 몇 차례씩, 많으면 매일같이 개최하던 동성애자들의 가장 무도회가 아닌가.

그런 파티가 1935년 카니발 기간에만 벌어졌을까? 로타르와 발터와 바이스는 카니발 파티가 1935년 2월에 열렸다고 진술했다. 그런데 지프만과 아펠은 엉뚱하게도 1936년 2월에 파티가 열렸다고 진술했다. 1936년 2월 중순이면 루미 모임 회원들이 게슈타포에게 검거되기 겨우 2주일 전이다. 그들이 2주일 전에 벌어진 일을 1년 전 파티와 혼동했을 리는 없다. 그렇다면 루미 회원들은 1936년 2월에도 카니발 파티를 했을 것이다. 참고로 지프만의 말로는 1936년의 파티는 새벽 5시에 끝났다. 루미 회원들은 또 다른 파티를 열었을까? 로타르는 회원들이 1935년

12월 31일 밤에도 이튿날 새벽 "3시 내지 4시경까지" 자기 집에서 술을 마셨다고 진술했다. 그들은 그때 "송년 파티Silvester"를 열었던 것이다. 파티와 관련된 진술은 더 이상 없다. 추측컨대 1934년 2월 중순에도, 1934년 섣달 그믐날 밤에도, 그리고 다른 기회에도 꽤나 빈번히 파티가 열렸겠지만 더 이상은 말할 수 없다. 그러나 위 기록만으로도 충분히 드러나는 것은 동성애자들의 놀이문화가 나치 치하에서도 지속되고 있었다는 단순한 사실이다. 참고로 그들은 파티에서만큼은 별명을 사용했다. 로타르는 "빌라Billa," 스투케만은 "헨리에타Henrietta," 케틀은 "안나 파울로바Anna Pawlowa," 슈뢰더는 "토스카Toska." 이 역시 바이마르 동성애 하위문화의 연속이다.

동성애자들의 가장무도회는 루미 회원들만 열었을까? 알 수 없다. 다만 로타르는 다음과 같이 진술했다. "내가 아는 바로는 여기 에센의 동성애 형질의 남자들은 느슨한 모임들을 구성하고 있습니다. 그 모임들은 다른 모임들과 접촉을 하고요. 한 모임의 회원이 다른 모임의 회원을 알면 그 모임을 방문하기도 합니다. 그러나 나는 회원들 간의 관계와 모임과 모임 간의 상호관계가 매우 느슨하다는 점을 강조하고 싶습니다."[51] 로타르의 진술을 뒷받침할 만한 기록과 진술은 수사파일에서 발견되지 않는다. 동성애 놀이문화에 대한 기록은 루미 모임에 대한 것이 전부다. 그러나 로타르의 진술은 사실과 부합할 것이다. 사회성에 대한 동성애자들의 욕구를 루미 회원들만이 갖지는 않았을 것이기 때문이다.

에센이 아니라 베를린에서, 남성 동성애자들이 아니라 여성 동성애자들이 벌인 일이었지만, 사회성에 대한 동성애자들의 갈망을 보여주는 사례가 하나 있다. 1935년 10월 초 베를린 게슈타포의 한 정보원은 여성 동성애자들의 모임인 "명랑한 아홉 명Die lustige Neun"의 파티 장면을 보고했다. 1920년대 중반에 결성된 그 모임은 나치 치하에서도 변함없이 유지되다가 1935년 10월에 그 정보원에게 포착되었던 것이다. 그들이 개최한 파티에 대한 보고서는 1937년 4월까지 이어지는데, 1936년 2월 15일에 열린 "나쁜 사내아이 무도회"의 모습은 다음과 같았다. 베를린 도심에 있는 "레지덴츠홀에 약 230~250명이 모였다. 참석한 여자들의 절반은 남장을 했다. 술판이 질펀하게 벌어졌고, 담배를 꼬나문 여성 동성애자 연인들이 술 판매대 앞으로 빼곡히 몰려든 통에 웨이터가 지나갈 수조차 없었다." "무아지경으로" 퍼마신 그들은 "키스하고, 가슴에 가슴을 끌어안고, 성기 주변에 몸을 밀착시켰다." "여기저기서 질투 때문에 고성이 오갔고, 일부 커플들은 쌍쌍이 홀을 나와 복도 혹은 화장실 앞에서 열렬하게 포옹했다." "다시없을 난장의 파티Orgie, 다시없을 관능의 탐닉"이었다. 게슈타포 정보원은 파티 참석자를 "여자 200여 명, 복장전환자 20명, 남자 20명, 유대인 여자 15명"으로 집계하고, "복장전환자들은 그들의 남창과 함께 있었다"고 보고했다. "복장전환자"란 여장을 한 남성 동성애자였을 것이다. 이성애자인 복장전환자가 "남창" 애인과 함께 파티에 참석하지는 않았을 것이기 때문이다. 그리고 "남자"로 표기된 사람은 동성애자이거나 남창이었을 것이다. 남성 동성애자들이 여성 동성애자들의 파티에 슬며시 끼어들었던 것이다. 파티에의 욕구가 얼마나 컸으면 그랬겠는가.*

---

* "명랑한 아홉 명"의 월별 파티는 게슈타포 정보원의 존재를 아는지 모르는지 1939년까지 계속되었다. 1937년 4월 25일에 게슈타포가 파티장을 급습하여 여자 83명의 신상을 확인하고 풀어준 뒤, 또 다른 여자 95명과 남자 2명을 체포하여 경찰청으로 연행했다. 그러나 그들은 모두 방면되었다. 여성 동성애자는 처벌의 대상이 아니었기 때문이다. 그로부터 1년 전에는 1936년 2월 15일의 파티에 참석한 남자 2명이 파티장이 아닌 그들의 집에서 체포되어 유치장에 수감되었다. 그러나 성행위의 증거가 발견되지 않았는지 이틀 뒤에 풀려났다. J. Dobler,

에센에서도 여성 동성애자들의 파티가 열렸는지, 열렸다면 남성 동성애자들이 함께했는지는 알 수 없다. 기록이 없기 때문이다. 그러나 바이마르공화국을 경험한 모든 동성애자들은 파티에 대한 갈증을 갖고 있었을 것이다. 루미 모임은 그 욕구가 사적으로 표현된 것이고, 그 모임 외에도 로타르가 말한 "에센 동성애 형질의 남자들의 느슨한 모임들"도 그런 파티를 열었을 것이다. 그렇게 삶은 지속되고 있었다. 동성애자 전용 술집은 여전히 성업 중이었고, 동성애자들은 여성 동성애자들의 파티에 끼어들거나 사적으로 파티를 즐겼으며, 에센의 경우 1935년까지 게슈타포의 수사를 받은 동성애자는 겨우 14명에 불과했다. 1936년 4월 중순 동성애자 전용 술집 슈미츠에 대한 일제단속을 신호탄으로 하여 게슈타포가 동성애자들을 대대적으로 단속하기 시작했고, 그래서 그해에만 105명이 검거되었다. 하지만 동성애자들은 태평하게 성애에 몰두했고, 그래서 1937년에도 94명이나 검거되었다. 그러나 그 숫자는 1938년에 47명으로, 1939년부터 1945년까지 18명으로 감소했다.[*]

1933년 1월 30일에 히틀러가 총리에 임명되고 한 달 뒤부터 동성애자에 대한 박해가 시작되었지만, 동성애자들의 공식적인 조직과 저널이 사라졌을 뿐 별다른 변화는 없었다. 나치의 동성애 정책은 동성애자들을 그저 비가시화하는 효과를 낳았을 뿐이다. 그러나 그조차 철저하지 못했다. 동성애자 전용 술집은 줄어들기는 했지만 여전히 성업 중이

Von anderen Ufern, pp. 182~187.

[*] 물론 형사경찰도 동성애를 단속했다. 따라서 1933년에서 1935년에 이르는 시기와 1939년과 1945년에 이르는 기간 동안 수사파일의 기록보다 더 많은 동성애자들이 검거되었을 것이다. 그러나 게슈타포가 눈에 불을 켜고 단속을 했던 1936년에도 100여 명이 검거되는 데 그쳤으므로, 형사경찰이 검거한 동성애자는 그리 많지 않았을 것이다.

었다. 1936년에 게슈타포가 동성애자 검거에 나서면서 드디어 암흑기가 오는 듯했으나, 게슈타포는 동성애자를 검거하기 위해서라도 동성애자 전용 술집을 존치시켜야 했다. 동성애자들은 천연덕스럽게 그 술집에 드나들었고, 게슈타포의 체포 가능성에도 불구하고 사적인 동아리를 만들었으며, 남들의 가장무도회에 끼어들거나 자기들끼리 주기적으로 파티를 즐겼다. 전쟁 중에 동성애자 술집이 끝내 사라진 것을 제외하면 독일의 동성애자들은 나치 정권 내내 정치와 사회의 표면 아래서 별일 없이 살고 사랑했다. 그렇게 삶은 지속되었고, 전체주의의 틈새는 그토록 넓었다.

그것은 나치가 원한 것이 아니었다. 힘러를 비롯한 나치 수뇌부는 동성애자들을 문자 그대로 박멸하려 했다. 그들에게는 동성애자가 "국가의 적"이었기 때문이다. 그러나 나치는 동성애자들을 없앨 수 없었다. 나치는 힘러의 계산으로 200만 명, 우리의 계산으로는 100만 명이나 되던 성인 남자들을 법의 바깥에 놓을 수 없었고, 그렇게 법적으로 억압하는 한 법에 내장된 근대 국가의 규범이 억압에 한계를 부여했다. 게슈타포는 '동성애자'가 아니라 동성애 행위만을 처벌할 수 있었고, 그 드높은 악명에도 불구하고 혐의자에게 거침없이 고문을 가할 수도 없었으며, 한꺼번에 여러 명과 성행위를 한 동시에 유죄 판결을 받지 않은 경우에는 강제수용소에 보낼 수도 거세해버릴 수도 없었다. 그들은 기껏 그렇게 하겠노라고 위협했을 뿐이다. 애써 자백을 받아 기소를 하더라도 평균 형량은 7개월 2주일에 불과했다. 동성애자들은 그 공간을 마음껏 이용했다. 남자 둘이 한 방에서 함께 살고 한 침대를 사용하면서도 성행위를 한 적이 없다고 우겼고, 4년 동안 정기적으로 만났으면서도 성행위는 네 차례뿐이었다고 고집을 부렸으며, 하필이면 히틀러가 집권

한 해에 동성애 동아리를 조직하여 무려 3년 동안 매주 모였다. 게슈타포와 법원은 그 모임 자체를 처벌할 수 없었다. 그들은 그곳에 드나들던 사람들의 확인된 성행위만을 처벌할 수 있었다. 나치는 일상을 살아가는 사람들의 자율성을 없앨 수 없었고, 역사의 굴곡을 뚫고 유장하게 지속되는 삶을 바꿔놓을 수 없었다.

에필로그

역사 연구에는 "결론"이 없다. 역사학이 아무리 '연구'라고 하더라도 역사는 과정이고, 과정은 열려 있는 것이기 때문이다. 그래서 독일 대학 역사학과에 제출되는 박사학위 논문은 거의 언제나 "요약"이라는 장으로 끝난다. 그러나 요약은 독자가 하는 것이지 지은이가 하는 것이 아니다. 게다가 역사가 문학이기도 하다면, 지은이 스스로의 요약은 더욱 불가능하다. 그러나 글을 맺기는 해야겠다. 그래서 필자는 독자의 위치로 자리를 옮겨, 이 글을 쓰면서 새삼 깨달은 것 몇 가지를 적기로 했다. 물론 쓰면서 깨달은 것과 쓰면서 논증한 것이 일치하라는 법은 없다.

크라프트에빙이 성과학을 정초한 1886년이나 한스 뷔르거프린츠가 나치 친위대에 영합하는 동성애론을 전개한 1937년이나, 그리고 오늘날까지도 동성애의 원인은 오리무중이다. 있는 것은 증거가 아니라 담론이다. 19세기 후반에 성이 과학에 의해 접수되었을 때, 남성 동성애자는 여성의 영혼을 가진 남성이라고 말해졌다. 그래서 그들은 감성적이라고, 부드럽다고, 사교적이라고, 음악을 사랑한다고, 또한 그래서 그들은 과학과 수학을 못한다고, 수동적이라고, 비합리적이라고, 변덕이 심하다고, 겁쟁이라고, 음모꾼이라고 말해졌다. 더욱이 정신과 육체의 일치를 믿던 당시의 과학은 영혼이 여성인 남성은 신체도 여성화된다고 말했다.

우리의 주인공 중의 한 명인 마그누스 히르슈펠트는 남성 동성애자의 여성성을 확인하기 위하여 4만 개가 넘는 설문을 확보했다. 그러나 말해진 그 어느 것도 사실로 확인되지 않았다. 히르슈펠트의 통계에서 목젖도, 턱수염도, 체모도, 가슴살의 형태도, 가슴둘레와 엉덩이둘레의 차이도, 어깨넓이와 허리둘레의 차이도, 상체와 하체의 비율도, 손과 발의 크기도, 보폭도, 걸음걸이도, 취미도, 좋아하는 색깔도, 휘파람도, 눈빛도 남성 동성애자들의 여성성을 입증해주지 못했다. 그러나 히르슈펠트는 그것을 믿었다. 남자 동성애자들 '대부분'도 그것을 믿었다. 그리하여 크라프트에빙과 히르슈펠트에게 수많은 자서전적 편지가 쏟아졌고, 그만큼이나 많은 방문객들이 내원했다. 그들은 자신의 "이름 없는 사랑"이 드디어 해명되었다고 기뻐했고 과학자들에게 열광했다. 그렇게 말이 사람을 만들어내고 삶을 빚어냈다.

물론 동성애에 대한 언어는 성에 대한 언어의 일부였다. 19세기 중후반에 종교로부터 성을 접수한 과학은 성을 자연적인 것으로 확정했다. 그때부터 성은 자신의 논리에 따라 자신의 삶을 사는 자율적인 "그것 Es," 프로이트의 개념을 빌리자면 "이드"가 되었다. 과학은 그 자율적인 성에 집착했다. 자율화되었으니 통제해야 했던 것이다. 성과학은 인간을 머리끝부터 발끝까지 성적인 존재로 표상하고 그렇게 인간을 성애화했다. 크라프트에빙은 성이 인격의 표현이라고 선언했고, 히르슈펠트는 인격이 성의 표현이라고 단언했다. 그처럼 성과 인격이 하나가 되자 성이 정치화되었다. 건강한 성이 건강한 인간을, 건강한 인간이 건강한 국가와 민족을 만들어내는 것이었기 때문이다. 따라서 여성적인 남자인 남성 동성애자는 국가와 사회와 민족의 "해충"이 되었고, 형사범이 되었다. 남성 동성애자는 공공의 도덕을 해치는 존재요, 국가와 민족이라는 "제3자의 법적 재산"을 침해하는 존재였다. 독일의 남성 동성애자들은 1969년에 부분적으로, 완전하게는 독일이 재통일된 1992년에서야 감옥에 갈 걱정을 하지 않고도 사랑을 할 수 있게 되었다.

흥미롭게도 동성애자 인격이 확립되는 시점에 동성애 해방운동도 시작되었다. 1896년에 '공식적'으로는 세계 최초였을 동성애 학술 및 문예 저널이 창간되었다. 이듬해에는 '공식적'으로는 세계 최초였을 동성애 해방운동 단체가 결성되었다. 1918년 11월 초 독일에서 혁명이 발생하고 바이마르공화국이 선포되자, 회원 수가 5만 명에 육박하는 대중적인 동성애 단체인 "인권동맹"이 출현했다. 그들은 동성애의 비범죄화를 주장하는 청원서를 제출하고 동성애의 역사를 정리하고 동성애자의 족보를 만들었으며 동성애자의 노래를 확산시켰다. 민주주의란 동성애자들도 그렇게 말하고 행동할 수 있는 가능성이었다.

해방운동은 말도 쏟아냈다. 그 말은 외부로도 향했지만, 내부로도 향했다. 그리고 그 말은 정치적인 동시에 일상적이었다. 청원서와 노래와 역사와 족보에서 그들은 "우리게 조국이 있는가? 아니다. 한 번 더 말하노니, 아니다!"라고 하면서 역설적으로 국가의 인정을 갈구했다. 그들은 "자연적인" 성만이 다를 뿐 우리 역시 제1차 세계대전에서 조국을 위해 싸웠으며, "도덕적인" 국민이라고 말했다. 그들이 만든 동성애자의 역사에는 영웅과 시인이 주인공이었고, 저널의 표지에는 탈성화된 누드가 게재되었으며, 저널의 콩트에서 그들은 사랑을 할 뿐 '난잡한' 성교와는 거리가 먼 존재였다. 그들은 정신적이고, 근면하고, 성실한, 그리하여 "품위"를 갖춘 모범적인 국민으로 표상되었다. 게다가 그들은 복장전환자, 양성애자, 남창이야말로 품위가 없는 부도덕한 부류라며 자신들과 선을 그었다. 그렇게 해방운동의 언어 역시 건강한 국민으로서의 동성애 인격을 생산하였고, 그런 한에서 이성애자들의 언어에 의해 식민화되었다.

그러나 동성애자들의 일상과 하위문화는 사뭇 달랐다. 난잡했다는 것이 아니라 품위라는 단어로는 그들을 포착할 수 없었다. 그들은 동거를 하고, 사랑을 하고, 성교를 하고, 애인이 없으면 수영장, 사우나, 공중화장실, 공원, 술집을 찾았고, 때로는 천연덕스럽게 남창을 만났다. 그들이 이성애자들의 언어로부터 완전히 자유로웠던 것은 아니다. 그들도 항문성교를 역겨워했고, 용기를 낸 끝에 감행하더라도 절정과 환희의 순간에서조차 쓰라리게 자책했다. 그러나 그들은 세상의 질서를 온전히 받아들이지 않았다. 그들은 베를린에서만 100개가 넘던 동성애자 전용 술집에서 매일같이 개최되던 가장무도회, 예컨대 "일본 벚꽃 축제" "싱가포르의 밤" "나쁜 사내아이 축제" 등에 게이샤, 카르멘, 음유시인 복장으로 나타나 술 마시고 노래하고 춤을 추었다. 그들은 인도 무희의 복장으로 무대에 올라 "아시아 사찰 댄스"나 뱀 춤을 추던 동성애자 배우와 가수들에게 환호했다. 축제의 명칭도, 그들의 가장도, 무대 위의 공연도 바깥세상의 음화요 패러디였다. 그들은 개인적으로도 남자 이름에 여성형 "-in"을 붙인 별명을 사용함으로써 남녀이분법의 견고한 선을 가볍게 넘어버렸다.

밤마다 개최되던 동성애 축제의 주인은 품위가 아니라 낭자하게 흐르던 환희였다. 그렇듯 이성애자들의 언어와 질서가 동성애자들의 삶에서 튕겨나가는 현상은 1920년대에 비로소 나타난 것이 아니다. 1900년경에 크라프트에빙과 히르슈펠트에게 보낸 동성애자들의 자서전적 편지는 그들의 성이 두 과학자가 고안해낸 정교한 분류법과 사뭇 달랐음을 보여준다. 그들의 성은 다양했고 유동적이었다. 그것은 개념으로 고정시킬 수 있는 것이 아니었다. 그렇듯 어차피 부유하던 그들의 삶이 바이마르 민주주의를 만나 화려하게 만개하였던 것이고, 그렇게 그들은 1920년대 유럽 문화의 전위를 뽐내던 바이마르 모더니즘 문화예술의 일부가 되었다. 그러나 그것이 문제였다. 나치를 비롯한 품위와 질서의 세력은 바이마르 민주주의와 동성애를 한 쌍으로 보았고, 동성애의 비범죄화를 좌절시켰으며, 끝내 공화국을 무너뜨렸다.

나치는, 특히 간첩 잡는 안보 경찰인 게슈타포는 남자 동성애자를 "국가의 적"으로 규정했다. 게슈타포는 남자 동성애자를 감옥에 보내고 거세하고 강제수용소에 수감하겠다고 선언했다. 그러나 나치 정권은 형량을 강화한 것 외에 한 일이 없었다. 나치가 거세한 남자는 일부를 제외하고는 남자 동성애자가 아니라 강간범이었고, 강제수용소에 끌려간 동성애자는 기껏 1만 명 내지 1만 5000명 정도였다. 스스로를 남자들 간의 영육의 결사체, 즉 "남성동맹"으로 이해하던 나치는 동성애를 전면적으로 공격할 수 없었다. 남성동맹과 동성애 사이의 경계가 원체 흐린 탓이었다. 나치는 결국 동성애자들을 법적으로 처리하도록 했다. 그러나 동성애가 법에 넘겨지자 법이라는 '체계'에 고유한 원칙과 절차가 준수되어야 했으니, 게슈타포는 증거를 찾아내야 했고, 그 와중에 고문을 했다가 피의자가 법정에서 고문 사실을 발설해버리면 판사가 무죄를 선고하는 일도 벌어졌다. 나치는 동성애에 관한 한 법외적인 "자의적 국가"가 아니라 법적인 "규범적 국가"였던 것이다. 그리고 그 규범적 국가는 나치가 정복전쟁을 수행하고, 그 와중에 소련군 포로, 유전병 환자, 집시, 유대인을 학살하는 데 필수적인 힘과 노하우를 공급하던 국가였다. 따라서 나치는 규범적 국가를 훼손할 수 없었다.

나치 국가의 그 틈새를 남성 동성애자들은 천연덕스럽게 이용했다. 나치 치하에서도 그들은 공원과 공중화장실과 동성애자 전용 술집에서 파트너를 만나고 대화하고 취하였으며, 여성 동성애자 가장무도회에 슬며시 끼어들어 함께 놀았다. 더욱이 일부는 자기들만의 동아리를 만들어 매주 한 번씩 모였고, 카니발 기간이나 섣달 그믐날과 같은 특별한 날에는 가장무도회를 열어 술 마시고 노래하고 춤을 추었다. 전체주의의 틈새는 그토록 넓었고, 남성 동성애자들은 그 틈을 사뿐히 이용했다. 나치는 일상의 자율성을 없앨 수도 그들의 삶을 바꿔놓을 수도 없었다. 정치와 과학의 피안에서, 그리고 얼마만큼은 언어의 피안에서 삶은 자기 길을 반복하며 나아갈 뿐이었다. 그때 그곳에서도 풀은 바람보다 먼저 눕지만 바람보다 먼저 일어났다.

후기

나는 운이 좋은 사람이다. 그저 읽어보니 재미있어서 역사 공부를 시작했는데, 좋은 스승들을 만났고 유학도 다녀왔다. 특별히 겨냥하지 않았는데도 교수가 되었다. 그러나 공부가 직업인 것이 좋지만은 않았다. 교수가 되어 요란하게 강의를 하고, 고통스럽게 번역을 하고, 엄숙하게 논문을 발표했지만 어딘지 모르게 늘 헛헛했다. 어느 날 나는 역사책을 한 권 쓰기로 결정했다. 그러면 내 영혼의 빈 곳이 채워지지나 않을까. 그리고 기왕 역사책을 쓴다면 지나치게 넓지도 좁지도 않은 주제에 대하여 가능한 한 독자적인 연구에 입각하여 일관되게 써내려간 책, 즉 모노그라피를 쓰고 싶었다. 욕심을 부리자면 전문적인 연구서임에도 불구하고 대중서처럼 읽히는 책을 쓰고 싶었다.

여러 주제들이 떠오르고 포기되었다. 조건이 조금은 까다로웠기 때문이다. 서양의 선행 연구가 많지도 적지도 않아야 했고, 너무 어렵지 않게 확보할 수 있는 사료가 있어야 했으며, 국내에 같은 주제에 대한 연구서가 없어야 했다. 고심 끝에 '성의 정치사'를 택했다. 독서가 웬만큼 진행되자 주제가 '동성애의 정치사'로 좁혀졌다. 나의 전공 영역인 19세기 후반에서 1945년에 이르는 시기의 독일에서 성과 관련하여 정치적으로 가장 뜨겁게 논의된 주제는 여자의 성 외에 바로 동성애였기 때문이다. 때마침 국가 재단인 한국연구재단이 인문저술을 지원하였기에 나는 그로부터 지원과 압박을 동시에 받을 수 있었다. 새삼 대한민국 국가와 세금을 내주신 국민, 그리고 내 연구계획서를 선정해준 심사위원들에게 고마움을 표한다.

책을 쓰면서 주로 역사학 전공자가 아닌 분들로부터 듣게 된 가장 흔한 질문은 이성애자인 내가 왜 동성애의 역사를 쓰느냐는 것이었다. 나의 대답은 한결같았다. 서양 동성애의 역사는 현재 대부분 동성애자들 자신이 연구하고 있는데 그들은 '대개' 동성애자들이 받은 고통을 강조한다. 그러나 이성애자 역사가들은 똑같은 주제에 대하여 거꾸로, 예컨대 나치 치하에서 유죄 판결을 받은 남성 동성애자의 70퍼센트가 만기 출소 후에 동부 전선에서 나치 독일을 위하여 싸웠다고 말한다. 물론 역사가 늘 그렇듯 그 두 가지 모두가 진실이고 더 큰 진실은 회색의 틈새에 자리한다. 보다 근본적으로는, 역사가 어차피 "낯선 나라"일 바에야 한 번 더 낯설다고 해서 대수는 아니다. 저자로서 독자들에게 도움말을 드리자면, 담론 이론과 정치적 논의가 낯선 분들은 이 책의 6장인 "동성애 하위문화"부터 읽으면 책에 보다 수월하게 익숙해질 것이다.

고마운 분들이 많다. 연로하시면서도 아들과 손주들 걱정뿐이신 아버님, 어언 15년 전에 하늘로 가신 어머님, 나를 친자식처럼 돌봐주시는 장인어른과 장모님, 선한 사람인 아우 학일이, 아름다운 사람인 아내, 사랑스러운 동희, 동하, 동은에게 진심으로 미안하고 고맙다. 동아대학교 사학과 대학원의 스터디그룹인 "미공"의 제자들도 고맙다. 내가 1년 반 동안 출입했던 부산대 인문대 대학원 여성학 공부모임의 이안나 선생님, 배혜정 선생님, 김인선 선생님도 잊을 수 없다. 나의 장광설을 들어주고 웃어준 나의 동아대 제자들, 만일이, 호민이, 동현이, 찬식이, 진이, 지영이(사학과), 은영이(문예창작과), 진영이(철학과), 지연이(법학과), 윤건이(의생명공학과)는 또 얼마나 고마운지. 책을 완성해갈 무렵에서야 연락을 취했음에도 불구하고 한순간의 망설임도 없이 즉각 출간을 허락해준 문학과지성사, 특히 상상 그 이상으로 원고를 살펴주신 김현주 선생님께도 깊은 감사의 말씀을 드린다. 학교 밖 활동이 거의 없는 나에게 위 사람들은 나의 세계요, 나는 그 세계 내 존재다. 나는 내가 느끼는 것보다 훨씬 많은 것을 그들에게 빚지고 있다는 사실을 안다.

1년이 훌쩍 넘는 기간 동안 집필에 매달리다 보니 동성애의 정치사 저 너머에서 불쑥 질문이 올라오곤 했다. 나는 도대체 무엇을 쓰고 있는가? 그때마다 어렵사리 답하곤 했다. 성과 사랑이 무엇인지, 담론이 무엇인지, 나치즘은 대체 무엇인지 등. 책을 마무리할 때쯤 나는 내가 삶을 위로하고 싶어 한다고 답했다.

2013년 10월
김학이

미주

서언

1 Joachim S. Hohmann, *Sexualforschung und –aufklärung in der Weimarer Republik. Eine Übersicht in Materialien und Dokumenten*(Frankfurt/M., 1985), pp. 21~22.

2 나인호, 『개념사란 무엇인가』, 역사비평, 2011.

3 Rolf Reichardt, *The Bastille: A History of a Symbol Despotism and Freedom* (Durham, 1997): 김학이, 「롤프 라이하르트의 개념사」, 박근갑 외, 『개념사의 지평과 전망』, 소화, 2009, pp. 93~138.

4 미셸 푸코, 『성의 역사 1: 앎의 의지』, 이규현 옮김, 나남출판, 1990.

5 호미 바바, 『문화의 위치』, 나병철 옮김, 소명, 2002; 주디스 버틀러, 『젠더 트러블』, 조현준 옮김, 문학동네, 2008; Candice West and Don H. Zimmermann, "Doing Gender," *Gender and Society*, vol. 1, no. 2(1987), pp. 125~151; Judith Butler, *Undoing Gender*(New York, 2004); Randolph Trumbach, *Sex and Gender Revolution*. vol. 1, *Heterosexuality and the Third Gender in Enlightment London*(Chicago, 1998); Kerwin Kaye, "Male Prostitution in the Twentieth Century: Pseudohomosexuals, Hoodlum Homosexuals, and Exploited Teens," *Journal of Homosexuality*, vol. 46(2003), pp. 1~77.

제1부 성과학

1장 부르주아적 성과학: 리하르트 폰 크라프트에빙

1 Richard von Krafft-Ebing, *Psychopathia Sexualis. Mit besonderer Berücksichtigung der conträren Sexualempfindung. Eine klinisch-forensische Studie*(Boston, 2005). 여기서 는 1893년에 슈투트가르트 소재 페르디난트 엥케 출판사의 판본을 2005년에 보스턴의 애더 먼트 미디어 출판사가 팩시밀리로 찍어 출간한 것을 사용했다. 이 책의 서지 사항에 대해서 는 Harry Oosterhuis, *Stepchildren of Nature. Krafft-Ebing, Psychiatry and the Making of Sexual Identity*(London, 2000), p. 275.

2 Albert Moll, *Handbuch der Sexualwissenschaften. Mit besonderer Berucksichtigung der kulturgeschichtlichen Beziehungen*(Leipzig, 1912).

3 Franz X. Eder, *Kultur der Begierde. Eine Geschichte der Sexualität*(München, 2001), p. 27.

4 R. v. Krafft-Ebing, *Psychopathia Sexualis*, pp. 35~37.

5 Klaus Müller, *Aber in meinem Herzen sprach eine Stimme so laut. Homosexuelle Autobiographien und medizinische Pathologien im neunzehnten Jahrhundert*(Berlin, 1991), p. 101.

6 R. v. Krafft-Ebing, *Psychopathia Sexualis*, pp. 35~37.

7 같은 책, pp. 57, 131.

8 Georges Canguilhem, *Das Normale und das Pathologische*(Frankfurt/M., 1977), pp. 19~21.

9 19세기 부르주아 남성들은 자신의 오르가슴에는 관심이 많았지만, 여성들의 오르가슴에는 무관심했다. 성교 시간이 짧았던 이유는 아마 그 때문이었던 것 같다. 피터 게이, 『부르주아 전』, 고유경 옮김, 서해문집, 2005, pp. 116~125.

10 R. v. Krafft-Ebing, *Psychopathia Sexualis*, pp. 56, 60, 99, 139, 152~153, 156, 379, 392, 406.

11 같은 책, p. 1.

12 같은 책, pp. 2~3, 7, 49.

13 같은 책, pp. 1~2.

14 같은 책, pp. 2~4.

15 같은 책, p. 13.

16 같은 책, pp. 12, 18.

17 Manfred Herzer, "Kertbeny and the nameless love," *Journal of Homosexuality*, No. 12(1985), pp. 1~26; Bernd-Ulrich Hergemöller, *Mann für Mann. Biographisches Lexikon zur Geschichte von Freundesliebe und mannlicher Sexualitat im deutschen Sprachraum*(Hamburg, 1998), pp. 699~701; K. Müller, *Aber in meinem Herzen sprach eine Stimme so laut*, p. 56; Volkmar Sigusch, *Geschichte der Sexualwissenschaft*(Frankfurt/M, 2008), p. 178.

18 정현백·김정안, 『처음 읽는 여성의 역사』, 동녘, 2011, pp. 131, 151.

19 F. X. Eder, *Kultur der Begierde*, p. 140.

20 같은 책, pp. 132~133.

21 Christina von Braun, *Nicht Ich*(Frankfurt/M, 1985), p. 370.

22 R. v. Krafft-Ebing, *Psychopathia Sexualis*, pp. 7, 14~15.

23 같은 책, pp. 59, 87, 134, 137, 157, 167, 180.

24 같은 책, pp. 186~319. 앞으로는 페이지를 정확히 표시하지 않으면 이는 Krafft-Ebing, *Psychopathia Sexualis*, pp. 186~319 곳곳에 있다는 뜻이다. 페이지를 정확하게 표시할 필요가 있거나 인용을 한 경우는 주석에서 이를 적시할 것이다.

25 같은 책, pp. 56, 186.

26 K. Müller, *Aber in meinem Herzen sprach eine Stimme so laut*, p. 206; H. Oosterhuis, *Stepchildren of Nature*, p. vii.

27 Johann Ludwig Casper, *Practisches Handbuch der gerichtlichen Medizin. Biologischer Teil*(Berlin, 1858).

28 R. v. Krafft-Ebing, *Psychopathia Sexualis*, pp. 268, 287, 290, 300.

29 같은 책, p. 296.

30 같은 책, pp. 215, 262, 266, 272, 287, 297, 300, 302.

31 H. Oosterhuis, *Stepchildren of Nature*, p. 110; R. v. Krafft-Ebing, *Psychopathia Sexualis*, p. v.

32 같은 책, pp. 203~215.

33 같은 책, pp. 238, 255.

34 같은 책, pp. 203, 255, 283.

35 같은 책, p. 294.

36 같은 책, pp. 251, 262, 270, 279, 295.

37 같은 책, pp. 241~242, 254, 266, 268.

38 로제 앙리 게랑, 「자위행위를 규탄한다!」, 조르주 뒤비, 『아름다운 사랑과 성의 역사』, 김석희 옮김, 공동체, 1991, pp. 348~349.

39 R. v. Krafft-Ebing, *Psychopathia Sexualis*, pp. 283, 286, 308.

40 같은 책, pp. 215, 251~252, 262, 270, 276.

41 K. Müller, *Aber in meinem Herzen sprach eine Stimme so laut*, p. 206.

42 H. Oosterhuis, *Stepchildren of Nature*, pp. 77~110.

2장 민주적 성과학: 마그누스 히르슈펠트

1 김학이, 「성性 만드는 사람들 —— 마그누스 히르슈펠트와 베를린 성과학연구소, 1896~1933」, 『서양사론』, 제103호(2009. 11.), pp. 153~195.

2 Magnus Hirschfeld, *Geschlechtskunde auf Grund dreißigjähriger Forschung und Erfahrung*, vol. III(Stuttgart, 1930), p. 511.

3 M. Hirschfeld, *Die Homosexualität des Mannes und des Weibes*(Berlin, 2001, 원본은 1914년), pp. 358~359.

4 M. Hirschfeld, *Geschlechtskunde*, vol. I, pp. 592~594.

5 M. Hirschfeld, *Die Homosexualität des Mannes und des Weibes*, pp. 240~263. 이 책에는 그 질문지가 고스란히 실려 있다.

6 같은 책, pp. 126, 14~160.

7 같은 책, pp. 223~224.

8 같은 책, p. 108.

9 같은 책, pp. 110, 325; M. Hirschfeld, *Die Geschlechtskunde*, vol. I, pp. 5, 19.

10 미국 인디애나 주에 있는 킨제이연구소 도서관에 히르슈펠트 관련 자료가 보관되어 있다. 그곳을 찾은 연구자들은 한결같이 히르슈펠트의 편지에서 나치즘에 대한 인식을 도출해내는 데 그쳤다. 따라서 그곳에 어떤 자료가 있는지조차 알려져 있지 않은 상황인데, 킨제이연구소의 성향으로 미루어 보건데 히르슈펠트가 수집한 설문지 일부가 보관되어 있을 가능성이 높다.

11 같은 책, pp. 479~495.

12 킨제이는 1948년의 보고서에서 미국 남성의 절반이 동성애 행위를 했거나 동성에 대하여 성적 욕망을 느꼈다고 보고했다. 앤서니 기든스, 『현대 사회의 성, 사랑, 에로티시즘: 친밀성의 구조 변동』, 배은경·황정미 옮김, 새물결, 1996, pp. 42~46.

13 M. Hirschfeld, *Die Homosexualität des Mannes und des Weibes*, p. 314.

14 같은 책, p. 386.

15 같은 책, pp. 134~145.

16 같은 책, pp. 154~177.

17 같은 책, p. 109.

18 M. Hirschfeld, *Transvestites. The Erotic Drive to Cross Dress*(New York, 1991), pp. 124~131, 139~144.

19 M. Hirschfeld, *Die Homosexualität des Mannes und des Weibes*, pp. 169, 240.

20 이러한 분류법과 산수는 『복장전환자들』에서 처음 나타나고, 세부 내용을 다듬어서 1926년의 『성과학 개론』 1권에 재차 제시되었다. M. Hirschfeld, *Transvestites*. pp. 224~225; M. Hirschfeld, *Die Geschlechtskunde*, Vol. I, pp. 595~596.

21 같은 책, vol. I, pp. 6, 546, 596, 599; 질 들뢰즈, 『앙띠 오이디푸스』, 최명관 옮김, 민음사, 1994.

22 히르슈펠트가 크라프트에빙을 비판하는 일은 아주 드물었다. 그리고 비판할 때조차 크라프트에빙이 노년에 들어서 관점이나 주장을 바꾸었다고 변호했다.

23 M. Hirschfeld, *Die Homosexualität des Mannes und des Weibes*, pp. 373, 383~384, 525, 598, 600.

24 M. Hirschfeld, *Die Geschlechtskunde*, vol. I, p. 3; Eric P. Jacobson, *Monism: The Evolution of a World-View in Germany from 1770 to 1930*, Diss.(Madison, 2001), pp. 360~367.

25 M. Hirschfeld, *Die Geschlechtskunde*, vol. I, pp. 3, 52, 390.

26 같은 책, vol. I, pp. 30, 34, 49, 51~52.

27 같은 책, vol. I, pp. 99, 192, 293~294.

28 같은 책, vol. I, pp. 11~12, 24: M. Hirschfeld, *Die Homosexualität des Mannes und des Weibes*, pp. 63~64, 312.

29 M. Hirschfeld, *Die Geschlechtskunde*, vol. I, pp. 23~25, 52.

30 M. Hirschfeld, *Die Homosexualität des Mannes und des Weibes*, pp. 162~163, 165~636.

31 M. Hirschfeld, *Die Geschlechtskunde*, vol. I, pp. 481~490.

32 M. Hirschfeld, *Die Weltreise eines Sexualforschers*(Brugg, 1933).

33 M. Hirschfeld, *Transvestites*. pp. 19~25.

34 같은 책, pp. 32~35.

35 같은 책, pp. 25~27.

36 Vern L. Bullough, *Science in the Bedroom: A History of Sex Research*(New York, 1994), pp. 125~129.

37 히르슈펠트는 울릭스 테제에서 출발하여 무한히 다양한 성이라는 고유한 테제에 이르렀고, 또 트랜스섹슈얼리티를 정립하는 등 참으로 혼란스러운 이론적 입장을 내보인 사람이다. 그 모든 혼란은, 그가 성이 문화적이라고 생각했지만 동성애 해방운동이라는 전략적 입장 때문에 성의 자연성을 주장하였다고 해석하면 해소된다. 필자는 「성性 만드는 사람들 — 마그누스 히르슈펠트와 베를린 성과학연구소, 1896~1933」이라는 논문에서 히르슈펠트를 바로 그렇게 해석했다. 이 책에서는 성에 대한 그의 이론 내지 사상보다 담론 내지 개념장에 집중했기에 그 문제를 정면으로 다루지 않았다.

3장 파쇼적 성 이론: 베네딕트 프리들랜더와 한스 블뤼어

1 Charlotte Wolff, *Magnus Hirschfeld. A Portrait of a Pioneer in Sexology*(London, 1986), pp. 46~50.

2 B.-U. Hergemöller, *Mann für Mann*, pp. 244~245.

3 Marita Keilson-Lauritz, *Die Geschichte der eigenen Geschichte. Literatur und Literaturkritik in den Anfängen der Schwulenbewegung*(Berlin, 1997), pp. 64~67.

4 H. Oosterhuis, *Homosexuality and Male Bonding in pre-Nazi Germany. the Youth Movements, the Gay Movement, and Male Bonding before Hitler's Rise. Original Transcripts from Der Eigene, the first Gay Journal of in the World*(New York, 1991), pp. 72~84.

5 Benedict Friedlaender, *Renaissance des Eros Uranios. Die physiologische Freundschaft, ein normaler Grundtrieb des Menschen und eine Frage der männlichen Gesellungsfreiheit*(Berlin, 1904), pp. 57~58, 85~86: H. Oosterhuis, *Homosexuality*

and Male Bonding in pre-Nazi Germany, pp. 72~73, 75~76, 81.

6 B. Friedlaender, *Renaissance des Eros Uranios*, pp. 84, 187~188.

7 같은 책, pp. 189~190.

8 같은 책, pp. 73~75.

9 같은 책, pp. 79, 192, 229.

10 같은 책, pp. 5, 87~88.

11 같은 책, pp. 16~17, 23, 35, 107, 131, 167, 245, 265.

12 같은 책, pp. 14, 102, 204~205, 212~217.

13 H. Oosterhuis, *Homosexuality and Male Bonding in pre-Nazi Germany*, p. 77.

14 B. Friedlaender, *Renaissance des Eros Uranios*, pp. 102~103.

15 니클라스 루만, 『열정으로서의 사랑: 친밀성의 코드화』, 권기돈 외 옮김, 새물결, 2009.

16 H. Oosterhuis, *Homosexuality and Male Bonding in pre-Nazi Germany*, pp. 75, 103; B. Friedlaender, *Renaissance des Eros Uranios*, pp. 132~133, 270.

17 같은 책, pp. 52~53, 90, 140.

18 같은 책, pp. 90, 156~157, 259, 298.

19 같은 책, pp. 69, 75, 153, 201, 206, 224.

20 같은 책, pp. 104, 106, 185, 208, 223, 226~227, 305.

21 H. Oosterhuis, *Homosexuality and Male Bonding in pre-Nazi Germany*, pp. 76, 79.

22 Gustav Jäger, *Entdeckung der Seele*(Leipzig, 1884); B. Friedlaender, *Renaissance des Eros Uranios*, pp. x, 69, 102~103, 118~119; H. Oosterhuis, *Homosexuality and Male Bonding in pre-Nazi Germany*, p. 77; M. Keilson-Lauritz, *Die Geschichte der eigenen Geschichte*, p. 88.

23 H. Oosterhuis, *Homosexuality and Male Bonding in pre-Nazi Germany*, pp. 219~220.

24 B. Friedlaender, *Renaissance des Eros Uranios*, pp. 6, 16, 19~22, 29, 42, 44~45, 58, 70~71, 131, 146, 150~151, 211, 247, 249, 256, 265~268, 271~272, 283, 295, 310~312, 317; H. Oosterhuis, *Homosexuality and Male Bonding in pre-Nazi Germany*, p. 208.

25 조지 모스, 『내셔널리즘과 섹슈얼리티』, 서강여성문학연구회 옮김, 소명출판, 2004, pp. 54~63, 102~116, 125~129, 265~278.

26 스티븐 컨, 『육체의 문화사』, 이성동 옮김, 의암출판, 1996, pp. 72~84.

27 B.-U. Hergemöller, *Mann für Mann*, pp. 127~129, 395~396.

28 지그문트 프로이트, 『성에 관한 세 편의 해석』, 오현숙 옮김, 을유문화사, 2007, pp. 45, 47, 51, 54.

29 나인호, 『개념사란 무엇인가』, pp. 286~288.

30 프로이트, 『성에 관한 세 편의 해석』, pp. 45~48, 63~64, 84; V. L. Bullough, *Science in the Bedroom*, pp. 89~90.

31 장 라플랑슈·장 베르트랑 퐁탈리스, 『정신분석 사전』, 임진수 옮김, 열린책들, 2005, pp. 189, 276~279.

32 Hans Blüher, *Die Rolle der Erotik in der Männlichen Gesellschaft. Eine Theorie der*

Menschlichen Staatsbildung nach Wesen und Wert(Jena, 1919), vol. 1, pp. 17~19, 88~92, 143~152, 203, 226~229, 242; 같은 책, vol. 2, pp. 91~109, 201, 218~224.

33 Klaus Theweleit, *Männerphantasien*, vol. 1, *Frauen, Fluten, Körpergeschichte; Männerphantasien, Zur Psychoanalyse des Weißen Terrors*(Hamburg, 2000).

34 같은 책, vol. 1, pp. 33~47, 67~79, 97, 193~199, 219~220, 238~250; 같은 책, vol. 2, pp. 46, 54, 144, 149, 164, 176, 184.

35 H. Blüher, *Wandervogel. Geschichte einer Jugendbewegung*(Berlin, 1912), vol. 1, pp. 26, 28, 33, 70, 85, 98~101, 103~108, 116~118; 같은 책, vol. 2, pp. 26, 28, 33, 44, 52, 66~67, 73, 83; H. Blüher, *Die Rolle der Erotik in der Männlichen Gesellschaft*, vol. 1, pp. 99, 104~105, 133, 151, 159, 193; 같은 책, vol. 2, pp. 32, 162, 191; K. Theweleit, *Männerphantasien*, vol. 2. p. 73; Ulfried Geuter, *Homosexualität in der deutschen Jugendbewegung*(Frankfurt/M., 1994), p. 76.

36 B. Friedlaender, *Renaissance des Eros Uranios*, pp. xi, 24, 30~32, 36, 75, 103, 199, 203, 205.

제2부 동성애 해방운동, 정치, 일상

4장 동성애 해방운동과 정치

1 M. Hirschfeld, *Von einst bis jetzt. Geschichte einer homosexuellen Bewegung*(Berlin, 1986), pp. 48~50. 히르슈펠트의 자서전인 이 책은 원래 1923년에 출간되었다.

2 과학·인도주의 위원회의 정확한 규모는 알 수 없다. 회비 납부자를 회원으로 계산하면 최대 700명 정도였던 것으로 보인다. Ralf Dose, *Magnus Hirschfeld. Deutscher-Jude-Weltbürger*(Potsdam, 2005), p. 54.

3 베벨은 히르슈펠트를 극진하게 대접했다. 대담이 끝난 뒤에 그는 아내와 딸이 히르슈펠트에게 인사를 하도록 했고, 사민당 지도부에 속하던 폴마르Vollmar를 불러서 히르슈펠트의 청원서 제출을 돕도록 조치했다. M. Hirschfeld, *Die Geschlechtskunde*, vol. III, pp. 683~685; M. Hirschfeld, *Von einst bis jetzt*, pp. 104~107.

4 B.-U. Hergemöller, "'iubemus insurgere leges.' Vom 'Senatus consultum de Baccanalisbus' bis zum 'Allgemeinen Landrecht für die Preußischen Staat,'" Freunde eines Schwulen Museums in Berlin e. V.(ed.), *Die Geschichte des §175. Strafrecht gegen Homosexuelle*(Berlin, 1990), pp. 14~29.

5 곽차섭, 「르네상스기 이탈리아의 동성애자들」, 곽차섭·임병철 엮음, 『역사 속의 소수자들』, 푸른역사, 2009, pp. 18~39.

6 조승래, 「슬픈 '몰리'/즐거운 '토미': 근대 초 영국의 남녀 동성애자들」, 『역사 속의 소수자들』, pp. 40~65.

7 Wofgang Schmale, "'Polizei'-Überwachung und 'mann-männliche Subkultur' in der Neuzeit: eine Hinführung zum Thema," Stephan Heiss and Wolfgang Schmale(ed.),

Polizei und schwule Subkulturen(Leipzig, 1999), pp. 17~21.

8 M. Herzer, "Deutsche Schwulenstrafrecht vor der Gründung des zweiten Kaiserreichs 1795~1870," Freunde eines Schwulen Museums in Berlin e. V.(ed.), *Die Geschichte des §175*, pp. 30~41.

9 Jens Dobler, *Zwischen Duldungspolitik und Verbrechensbekämpfung. Homosexuellenverfolgung durch die Berliner Polizei von 1848 bis 1933*(Frankfurt, 2008), pp. 168~172; Günter Dworek, "'Für Freiheit und Recht Justiz,' Sexualwissenschaft und schwule Emanzipation 1871~1890," Freunde eines Schwulen Museums in Berlin e. V.(ed.), *Die Geschichte des §175*, pp. 42~61; M. Hirschfeld, *Die Homosexualität des Mannes und des Weibes*, p. 837; Hans-Georg Stümke and Rudi Finkler, *Rosa Winkel, Rosa Listen. Homosexuelle und 'Gesundes Volksempfinden' von Auschwitz bis heute*(Reinbek, 1981), pp. 502~503.

10 M. Hirschfeld, *Geschlechtskunde*, vol. III, pp. 681~683.

11 M. Hirschfeld, *Die Homosexualität des Mannes und des Weibes*, pp. 982~984.

12 H. Oosterhuis, *Homosexuality and Male Bonding in pre-Nazi Germany*, p. 5; Ch. Wolff, *Magnus Hirschfeld*, pp. 68~84; M. Keilson-Lauritz, *Die Geschichte der eigenen Geschichte*, pp. 95~109; James Steakley, *The homosexual emancipation movement in Germany*(New York, 1975), pp. 37~40; H.-G. Stümke and R. Finkler, *Rosa Winkel, Rosa Listen*, p. 17; Hans Sievert, *Das Anormale Bestrafen. Homosexualität Strafrecht und Schwulenbewegung im Kaiserreich und in der Weimarer Republik*(Hamburg, 1984), pp. 19~23.

13 John Lauritsen and David Thorstad, *The Early Homosexual Rights Movement 1864~1935*(New York, 1974), p. 27; Ch. Wolff, *Magnus Hirschfeld*, pp. 170~171; Rainer Herrn, "Vom Traum zum Trauma. Das Institut für Sexualwissenschaft," Elke-Vera Kotowski and Julius H. Schoeps(ed.), *Der Sexualreformer Magnus Hirschfeld. Ein Leben im Spannunsfeld von Wissenschaft, Politik und Gesellschaft*(Berlin, 2004), p. 176.

14 H. Sievert, *Das Anormale Bestrafen*, pp. 49~83; R. Dose, *Magnus Hirschfeld*, pp. 61~63; Bodo Mende, "Die antihomosexuelle Gesetzgebung in der Weimarer Republik," Freunde eines Schwulen Museums in Berlin e. V.(ed.), *Die Geschichte des §175*, pp. 82~04.

15 M. Hirschfeld, *Geschlechtskunde*, vol. III, pp. 681~683.

16 Kartell für Reform des Sexualenstrafrechts(ed.), *Gegenentwurf zu den Strafbestimmungen des Amtlichen Entwurfs eines Allgemeinen Deutschen Strafgesetzbuchs über geschlechtliche und mit dem Geschlechtsleben im Zusammenhang stehende Handlungen (Abschnitte 17, 18, 21, 22 und 23) nebst Begründung*(Berlin, 1927), pp. 5, 8, 11, 45, 47.

17 H. Sievert, *Das Anormale Bestrafen*, pp. 54~57, 68~69, 81~82.

18 J. Steakley, *The homosexual emancipation movement in Germany*, pp. 1~3.

19 K. Müller, *Aber in meinem Herzen sprach eine Stimme so laut*, p. 57.

20 W. U. Eissler, *Arbeiterparteien und Homosexuellenfrage. Zur Sexualpolitik von SPD und KPD in der Weimarer Republik*(Hamburg, 1980), pp. 56~95; H. Sievert, *Das Anormale Bestrafen*, pp. 78~83.

5장 대중적 동성애 운동과 저널

1 H.-G. Stümke and R. Finkler, *Rosa Winkel, Rosa Listen*, p. 503.

2 Stefan Micheler, *Selbstbilder und Fremdbilder der "Anderen." Männer begehrende Männer in der Weimarer Republik und der NS-Zeit*(Konstanz, 2005), pp. 68~69.

3 S. Micheler, *Selbstbilder und Fremdbilder der "Anderen."* pp. 84~85, 88~89.

4 J. Steakley, *The homosexual emancipation movement in Germany*, pp. 76~77.

5 Friedrich Radszuweit, "Zum zehnjährigen Bestehen des 'Bund für Menschenrecht, E. V.,' 1919~1929," *Blätter für Menschenrecht*, Jg. 7, No. 10(Oct. 1929), pp. 20~21. 이하에서는 BfM으로 표기한다.

6 "Statuten des 'Bund für Menschenrecht E.V.,'" *BfM*, Jg. 6, No. 17(Dec. 1928), pp. 16~18.

7 여기에 제시된 통계는 모두 F. Radszuweit, "Lehrreiche statistische Feststellungen!," *BfM*, Jg. 4, No. 11(Nov/Dec. 1926), pp. 33~36.

8 M. Hirschfeld, *Die Homosexualität des Mannes und des Weibes*, p. 408.

9 F. Radszuweit, "Sieg oder Niederlage," *BfM*, Jg. 3, No. 9(Sep. 1925), p. 4; F. Radszuweit, "Unser Kampf," *BfM*, Jg. 4, No. 7(Juli. 1926), pp. 3~4; Zenon, "Aus unserer Bewegung," *BfM*, Jg. 4, No. 8(Aug. 1926), pp. 3~4.

10 Martino, "Aus der Bewegung," *BfM*, Jg. 5, No. 12(Dec. 1927), pp. 4~5; F. Radszuweit, "S.-R. Hirschfelds Filmskandal," *BfM*, Jg. 6, No. 1(Jan. 1928), pp. 1~3.

11 F. Radszuweit, "WhK ud männliche Prostitution," *BfM*, Jg. 7, No. 8(Aug. 1929), pp. 1~2; "Aus der Bewegung," *BfM*, Jg. 7, No. 12(Dec. 1929), p. 19.

12 "§175 muß abgeschafft werden! Denkschrift an den Deutschen Reichstag zur Beseitigung einer Kulturschande," *BfM*, Jg. 7, No. 4(April. 1929), p. 3; "15 Jahre in den Klauen eines Erpressers," *BfM*, Jg. 7, No. 7(Juli. 1929), pp. 2~4; F. Radszuweit, "Der Streit um die sexuelle Aufklärung der Jugend," *BfM*, Jg. 4, No. 2(Feb. 1929), pp. 3~4; Junghans, "Die sittliche Bedeutung der sexuellen Anormalen," *BfM*, Jg. 5, No. 7(Juli. 1929), pp. 3~7.

13 K. P. Jordan, "43 Millionen sexuelle Zwischenstufen," *BfM*, Jg. 3, No. 7(July. 1925), pp. 18~20; M. Hirschfeld, "Sexualbegriffe," *BfM*, Jg. 4, No. 1(Jan. 1926), pp. 7~19; M. Hirschfeld, "Sexualbegriffe," *BfM*, Jg. 4, No. 2(Feb. 1926), pp. 6~22; M. Hirschfeld, "Sexualbegriffe," *BfM*, Jg. 4, No. 3(March. 1926), pp. 5~12; "Vorträge," *BfM*, Jg. 4,

No. 3(March. 1926), pp. 16~17.

14 S. Miesel, "Die Freundschaft," *BfM*, Jg. 3, No. 9(Sept. 1925), pp. 24~25; F. M. Klinker, "Liebe und Freundschaft," *BfM*, Jg. 4, No. 7(July. 1926), p. 20; Zenon, "Gleichgeselligkeit und Gleichgeschlechtlichkeit," *BfM*, Jg. 5, No. 8(Aug. 1927), pp. 7~8.

15 *BfM*, Jg. 6, No. 3(March. 1928), pp, 2~3.

16 Susanne zur Nieden, "'Heroische Freundesliebe' ist 'dem Judengeist fremd.' Antisemitismus und Maskulinismus," Elke-Vera Kotowski and Julius H. Schoeps(ed.), *Der Sexualreformer Magnus Hirschfeld. Ein Leben im Spannungsfeld von Wissenschaft, Politik und Gesellschaft*(Berlin, 2004), pp. 329~337.

17 F. Radszuweit, "Falsche Wege. Männliche Kultur-oder-medizinische Wissenschaft?," *BfM*, Jg. 3, No. 11(Nov. 1925), pp. 3~18.

18 F. Radszuweit, "Falsche Wege," *BfM*, Jg. 3, No. 11(Nov. 1925), p. 18; "Das Ergebnis der Hamburger Bundestagung!," *BfM*, Jg. 6, No. 4(April. 1928), p. 3; "Aus der Bewegung," *BfM*, Jg. 3, No. 3(March. 1925), p. 37.

19 대표적으로, R. M. Roelling, "Die andere Seite," *BfM*, Jg. 2, No. 2(Feb. 1924), pp. 2~3; F. Ladszuweit, "Die Moral der Anderen," *BfM*, Jg. 5, No. 11(Nov. 1925), pp. 1~2.

20 S. Micheler, *Selbstbilder und Fremdbilder der "Anderen."* pp. 117, 126~127.

21 F. Karsch-Haack, "Großstadtbilder," *BfM*, Jg. 4, No. 4(April. 1926), pp. 11~27; F. Karsch-Haack, "Großstadtbilder," *BfM*, Jg. 4, No. 5(May. 1926), pp. 6~26.

22 R. Rudolfi, "Die Liebe siegt," *BfM*, Jg. 6, No. 1(Jan. 1928), p. 6; Hermann Born, "Der Frend. Das Bekenntnis eines von den andern Verlassenen," *BfM*, Jg. 6, No. 2(Feb. 1928), p. 6; M. Land, "Ein Kartengruß," *BfM*, Jg. 6, No. 3(March. 1928), p. 7.

23 "Tätigkeitsbericht des Bundes für Menschenrecht E. V.," *BfM*, Jg. 4, No. 4(April. 1926), pp. 4~5; Neuhierl, "Selbstdisziplin," *BfM*, Jg. 7, No. 12(Dec. 1929), pp. 17, 18; Paul Weber, "Das Ergebnis der Hamburger Bundestagung!," *BfM*, Jg. 6, No. 4(April. 1928), p. 3; Friedrich Radszuweit, "Geschäftsbericht," *BfM*, Jg. 9, No. 4(April. 1931), p. 9.

24 "Die deutshe Zukunft. Das tugendhafte Deutschland," *BfM*, Jg. 6, No. 3(March. 1928), p. 5; "Briefe an den B.f.M.," *BfM*, Jg. 7, No. 5(May. 1929), p. 11; Paul Tibor, "Un caldo fratello," *BfM*, Jg. 8, No. 8(Aug. 1930), pp. 13~16; "Jugend und Erotik," *BfM*, Jg. 8, No. 9(Sept. 1930), pp. 6~7; F. Radszuweit, "Denkt und handelt," *BfM*, Jg. 8, No. 10(Oct. 1930), pp. 1~2; F. Radszuweit, "Führer," *BfM*, Jg. 9, No. 7(July. 1931), pp. 2~4; Fritz Walter, "Staat und Eros," *BfM*, Jg. 9, No. 8(Aug. 1931), pp. 2~4; F. Radszuweit, "Herrn Adolf Hitler, München," *Das Freundschaftsblatt*, Jg. 9, No. 31(Aug. 6 1931), pp. 1~2; Zenon, "Der nationalsozialistische Männerbund," *BfM*, Jg. 9, No. 11(Nov. 1931), pp. 2~4; Paul Weber, "Reichstagswahl," *BfM*, Jg. 11, No. 2/3(Feb/March. 1933), pp. 1~2. 라추바이트는 1932년 3월에 사망했다. 라추바이트 없는 인권동맹은 히르슈펠트 없는 과학·인도주의 위원회만큼이나 무기력했다.

25 Carl Ottki, "Fahrt am Morgen," *BfM*, Jg. 6, No. 1(Jan. 1926), p. 6; Eberhard Renkewitz, "Drache Einsamkeit," *BfM*, Jg. 6, No. 3(Jan. 1928), p. 6; Herbert Speth, "Abschied," *BfM*, Jg. 6, No. 7(March. 1928), p. 7.

6장 동성애 하위문화

1 R. v. Krafft-Ebing, *Psychopathia Sexualis*. pp. 426~428.

2 M. Hirschfeld, *Berlins Drittes Geschlecht. Schwule und Lesben um 1900*(Berlin, 1991), pp. 103~111. 원본은 1904년에 출간되었고, 1908년까지 총 28쇄를 인쇄했다. 1쇄당 1000부씩 찍었으므로 4년간 2만 8000권이 팔린 셈이다.

3 미하일 바흐찐, 『프랑수아 라블레의 작품과 중세 및 르네상스의 민중문화』, 이덕형·최건영 옮김, 아카넷, 2001.

4 M. Hirschfeld, *Berlins Drittes Geschlecht*, pp. 50~52.

5 같은 책, pp. 52~54.

6 같은 책, p. 111.

7 *Das perverse Berlin*(Berlin, 1908), pp. 143~144.

8 Kurt Morek, *Führer durch das lasterhafte Berlin*(Leipzig, 1931), pp. 177~178.

9 *Das Freundschaftblatt*, Jg. 6(1928), No. 23.

10 M. Hirschfeld, *Von einst bis Jetzt*, pp. 44~45.

11 같은 책, p. 45.

12 M. Hirschfeld, *Berlins Drittes Geschlecht*, pp. 90~97.

13 Wolfgang Theis and Andreas Sternweiler, "Alltag im Kaiserreich und in der Weimarer Republik," Berlin Museum(ed.), *Eldorado. Homosexuelle Frauen und Männer in Berlin 1850~1950. Geschichte, Alltag und Kultur*(Berlin, 1984), p. 64.

14 S. Micheler, *Selbstbilder und Fremdbilder der "Anderen."* p. 102.

15 W. Theis and A. Sternweiler, "Alltag im Kaiserreich und in der Weimarer Republik," p. 64.

16 J. Dobler, *Von anderen Ufern. Geschichte der Berliner Lesben und Schwulen in Kreuzberg und Friedrichshain*(Berlin, 2003), pp. 135~136.

17 J. Dobler, *Von anderen Ufern*. p. 137; 크리스토퍼 이셔우드, 『베를린이여 안녕』, 유종호 옮김, 샘터사, 1978.

18 W. Theis and A. Sternweiler, "Alltag im Kaiserreich und in der Weimarer Republik," pp. 70~71.

19 J. Dobler, *Von anderen Ufern*, p. 55.

20 같은 책, pp. 155~162.

21 같은 책, pp. 77~83.

22 R. v. Krafft-Ebing, *Psychopathia Sexualis*, pp. 246~254, 287~296.

23 같은 책, pp. 260~267, 271~276.

24 같은 책, pp. 192~195, 198~201, 260~263, 327~330.

25 S. Micheler, *Selbstbilder und Fremdbilder der "Anderen."* pp. 241~242.

26 R. v. Krafft-Ebing, *Psychopathia Sexualis*, pp. 192~195, 198~201, 237~239, 268~271, 296~299.

27 같은 책, p. 289.

28 S. Micheler, *Selbstbilder und Fremdbilder der "Anderen."* pp. 247~248.

29 M. Hirschfeld, *Die Homosexualität des Mannes und des Weibes*, p. 704.

30 S. Micheler, *Selbstbilder und Fremdbilder der "Anderen."* pp. 235~236, 249~251.

31 S. Micheler, *Selbstbilder und Fremdbilder der "Anderen."*, p. 240; Christoph Schlatter, *"Merwürdigerweise bekam ich Neigung zu Burschen." Selbstbilder und Fremdbilder homosexueller Männer in Schaffhausen 1867 bis 1970*(Zürich, 2002), p. 291~298.

32 S. Micheler, *Selbstbilder und Fremdbilder der "Anderen."* pp. 252~254.

33 M. Hirschfeld, *Die Homosexualität des Mannes und des Weibes*, pp. 287~288.

34 R. v. Krafft-Ebing, *Psychopathia Sexualis*, pp. 260~263, 333~338; M. Hirschfeld, *Die Homosexualität des Mannes und des Weibes*, pp. 292, 294.

35 W. Theis and A. Sternweiler, "Alltag im Kaiserreich und Weimarer Republik," pp. 55~56.

36 M. Hirschfeld, *Die Homosexualität des Mannes und des Weibes*, pp. 694~698.

37 M. Hirschfeld, *Berlins Drittes Geschlecht*, p. 118.

38 같은 책, p. 124.

39 S. Micheler, *Selbstbilder und Fremdbilder der "Anderen."* pp. 211~212, 217~218.

40 M. Hirschfeld, *Die Homosexualität des Mannes und des Weibes*, pp. 475~479.

41 니클라스 루만, 『열정으로서의 사랑』, pp. 27~34.

42 Ute Frevert, *Frauen-Geschichte Zwischen Bürgerlicher Verbesserung und Neuer Weiblichkeit*(Frankfurt/M., 1987), pp. 181~186.

43 T. H. 반 데 벨데, 『완전한 결혼』, 이창식 옮김, 태창문화사, 1982.

44 Heike Schader, "Das lasterhafte Weib. Vorstellungen von weiblicher Homosexualitat, Sadismus und Masochismus in der Weimarer Republik," Claudia Bruns and Tilmann Walter(ed.), *Von Lust und Schmerz. Eine Historische Anthropologie der Sexualitat*(Koln, 2004), pp. 247~255; H. Schader, *Virile, Vamps und wilde Veilchen. Sexualitat, Begehren und Erotik in den Zeitschriften homosexueller Frauen in Berlin der 1920er Jahre*(Konigstein im Taunus: Helmer, 2004).

45 피에르 부르디외, 『남성 지배』, 김용숙 옮김, 동문선, 2003, pp. 159~160.

46 Detlev Peukert, *Die Weimarer Republik. Krisenjare der Klassischen Moderne* (Frankfurt/M., 1987).

47 Gerd Horst and Jürgen Kocka and Gerhard A. Ritter, *Sozialgeschichtliches Arbeitsbuch II. Materialien zur Statistik des Kaiserreichs 1870~1914*(München, 1975), pp. 27~30; D. Peukert, *Die Weimarer Republik*, pp. 20~21.

제3부 나치즘과 동성애

7장 나치 돌격대 참모장 에른스트 룀의 동성애

1 Rudolf Klare, *Homosexualität und Strafrecht*(Hamburg, 1937), p. 149.

2 마르틴 브로샤트, 『히틀러국가』, 김학이 옮김, 문학과지성사, 2011, pp. 11~36.

3 룀은 하인소트에게 자신의 성장 과정을 성애와 관련지어 세세히 밝히기도 했다. 룀은 자신
이 동성에게만 끌린다는 점을 인지한 때가 1924년이라고 쓰기도 했다. Susanne zur Nieden,
"Aufstieg und Fall des virilen Männerhelden. Der Skandal um Ernst Röhm und seine
Ermordung," E.-V. Kotowski(ed.), *Der Sexualreformer Magnus Hirschfeld*, pp. 152~157.

4 같은 글, pp. 165~173; H.-G. Stümke and R. Finkler, *Rosa Winkel, Rosa Listen*, pp.
119~145; W. U. Eissler, *Arbeiterparteien und Homosexuellenfrage*, pp. 106~114.

5 룀은 나치당 당내 정보를 총괄하던 친위대 대장 힘러를 통해 사태를 조용히 해결하려 했지
만, 암살 대상자 중 한 명이 바이에른 경찰에 알렸고, 경찰은 부흐의 수하 몇 명을 처벌하는
선에서 사태를 마무리했다. Burkhard Jellonnek, *Homosexuelle unter dem Hakenkreuz.
Die Verfolgung von Homosexuellen im Dritten Reich*(Paderborn, 1990), pp. 57~58,
68~72.

6 Eleanor Hancock, "'Only the Real, the True, the Maculine Held Its Value',": Ernst
Röhm, Masculinity, and Male Homosexulity," *Journal of the History of Sexuality*,
8(1998), pp. 616~623.

7 Geoffrey. J. Giles, "The Institutionalization of Homosexual Panic in the Third
Reich," Robert Gellately and Nathan Stoltzfus(ed.), *Social Outsiders in Nazi
Germany*(Princeton, 2001), pp. 241~242.

8 G. J. Giles, "The Denial of Homosexuality: Same-Sex Incidents in Himmler's SS and
Police," Dagmar Herzog(ed.), *Sexuality and German Fascism*(New York, 2005), pp.
256~257.

9 B. Jellonnek, *Homosexuelle unter dem Hakenkreuz*, pp. 267~268.

10 H.-G. Stümke and R. Finkler, *Rosa Winkel, Rosa Listen*, p. 93.

11 E. Hancock, "'Only the Real, the True, the Maculine Held Its Value'," p. 631.

8장 나치 시대의 성과학

1 Günter Grau(ed.), *Homosexualität in der NS-Zeit. Dokumente einer Diskriminierung
und Verfolgung*(Frankfurt/M, 2004), pp. 60~63.

2 M.Herzer, *Magnus Hirschfeld. Leben und Werk eines jüdischen, schwulen und
sozialistischen Sexologen*(Hamburg, 1992), pp. 21~22; R. Dose, *Magnus Hirschfeld*, p.
7; J. S. Hohmann, *Sexualforschung und –aufklärung in der Weimare Republick*, p. 25.

3 V. Bullough, *Science in the Bedroom*, pp. 125~129; M. Hirschfeld, *Die
Geschlechtskunde*, vol. I, pp. 408~424.

4 Marc Dupont, *Sexualwissenschaft im "Dritten Reich." Eine Inhaltanalyse medizinischer Zeitschriften* (Frankfurt/M., 1996), pp. 16~19, 63~64.

5 Peter von Rönn, "Politische und psychiatrische Homosexualitätskonstruktion im NS-Staat. Teil II: Die soziale Genese der Homosexualität als defizitäre Heterosexualität," *Zeitschrift für Sexualforschung*, 1998, No. 32, pp. 228~237; Volmar Sigusch, *Geschichte der Sexualwissenschaft* (Frankfurt/M., 2008), pp. 415~421.

6 클라레는 1939년에 외교관으로 활동하는 동시에 친위대 하사관 계급장SS Scharführer 을 달았다. Claudia Schopmann, *Nationalsozialistische Sexualpolitik und Weibliche Homosexualität* (Bamberg, 1991), pp. 103, 106; H.-G. Stümke and R. Finkler, *Rosa Winkel*, p. 221.

7 R. Klare, *Homosexualität und Strafrecht*, pp. 45~46; Gisela Bleibtreu-Ehrenberg, *Homosexualität. Die Geschichte eines Vorurteils* (Frankfurt/M, 1981), pp. 17~30, 172~173.

8 R. Klare, *Homosexualität und Strafrecht*, pp. 11~13, 47.

9 같은 책, p. 130.

10 같은 책, pp. 12~13, 16, 35, 116, 118, 121~122.

11 같은 책, pp. 30~32, 118.

12 같은 책, p. 125.

13 뷔르거프린츠는 클라레가 처벌을 강조할 뿐 "처벌의 의미"에 합당한 논의를 전개하지 못 했다고 비판했다. 처벌은 처벌로 끝나서는 안 되고 "재교육"을 목표로 해야 하는데, 그러 기 위해서는 우선 동성애의 "본질"을 명료하게 이해해야 한다는 것이었다. M. Dupont, *Sexualwissenschaft im "Dritten Reich,"* p. 89.

14 R. Klare, *Homosexulität und Strafrecht*, pp. 120~123; C. Schopmann, *Nationalsozialistische Sexualpolitik und Weibliche Homosexualität*, pp. 35~38; U. Frevert, *Frauen-Geschichte Zwischen Bürgerlicher Verbesserung und Neuer Weiblichkeit*, pp. 202~203.

15 C. Schopmann, *Nationalsozialistische Sexualpolitik und Weibliche Homosexualität*, pp. 143~162.

16 Johannes Schultz, *Geschlecht, Liebe, Ehe. Die Grundtatsachen des Liebes- und Geschlechtslebens in ihrer Bedeutung für Einzel- und Volksdasein* (München, 1942), pp. 51~52, 67, 73~74, 80.

17 같은 책, pp. 13, 42, 47, 74, 78~85, 102~103.

18 같은 책, pp. 53, 56~57, 60~61, 77, 102~106, 111, 113, 133, 160.

19 같은 책, pp. 28, 45, 137, 152, 163.

20 같은 책, pp. 19, 21, 67, 75, 113, 124, 127, 133, 135, 140~142, 160.

21 같은 책, pp. 96~101, 106~107, 114~115.

22 같은 책, pp. 77, 135, 145, 149, 153.

23 참고로, 1950년대의 서독은 여성의 오르가슴에 대하여 침묵했다. M. Dupont, *Sexual-*

wissenschaft im "Dritten Reich," pp. 27~41.

24 J. Schultz, *Geschlecht, Liebe, Ehe*, pp. 18, 21~22.

25 같은 책, pp. 18, 22, 41, 45, 93, 152, 160; M. Dupont, *Sexualwissenschaft im "Dritten Reich,"* pp. 101~134.

9장 나치의 동성애 정책

1 G. Grau(ed.), *Homosexualität in der NS-Zeit*, pp. 56~60.

2 H.-G. Stümke and R. Finkler, *Rosa Winkel, Rosa Listen*, pp. 149, 168~174, 505.

3 S. Micheler, *Selbstbilder und Fremdbilder der "Anderen."* pp. 287~293; C. Gerlach, "Außerdem habe ich dort mit meinem Freund getanzt," Andreas Pretzel and Gabriele Roßbach(ed.), *Homosexuellenverfolgung in Berlin 1933~1945*(Berlin, 2000), 312, 315, 319, 323; W. D. Berude, "Das Ende der 'Blütenfeste.' Zum Vorgehen der nationalsozialistischen Polizei gegen Homosexuellenlokale – dargestellt an Beispielen aus dem Ruhrgebiet," Centrum Schwule Geschichte(ed.), *"Das sind Volksfeinde!" Die Verfolgung von Homosexuellen an Rhein und Ruhr 1933~1945*(Köln, 1998), pp. 53~58.

4 Julia Roos, "Backlash against Prostitutes' Rights: Origins and Dynamics of Nazi Prostitution Policies," Dagmar Herzog(ed.), *Sexuality and German Fascism*(New York, 2005), pp. 80~82.

5 아동수당은 다섯번째 아이부터 지급하였는데, 1938년에는 세번째 아이부터 지급하였다. Kristine von Soden, *Die Sexualberatungsstellen der Weimarer Republik 1919~1933*(Berlin, 1988), pp. 146~163.

6 Giesela Bock, *Zwangssterilisation im Nationalsozialismus. Studien zur Rassenpolitik und Geschlechterpolitik*(Münster, 1986).

7 B. Jellonnek, *Homosexuelle unter dem Hakenkreuz*, p. 83.

8 마르틴 브로샤트, 『히틀러국가』, p. 290.

9 H.-G. Stümke and R. Finkler, *Rosa Winkel, Rosa Listen*, pp. 190~195.

10 C. Schopmann, *Nationalsozialistische Sexualpolitik und weibliche Homosexualität*, pp. 179~181; B. Jellonnek, *Homosexuelle unter dem Hakenkreuz*, pp. 100~107.

11 C. Schopmann, *Nationalsozialistische Sexualpolitik und weibliche Homosexualität*, pp. 84~95; B. Jellonnek, *Homosexuelle unter dem Hakenkreuz*, pp. 112~115.

12 G. Grau, *Homosexualität in der NS-Zeit*, No. 18, 18a, pp. 95~96; R. Klare, *Homosexualität und Strafrecht*, pp. 134~135.

13 A. Pretzel and V. Kruber, "Jeder 100. Berliner. Statistken zur Verfolgung Homosexueller in Berlin," A. Pretzel and G. Roßbach(ed.), *Homosexuellenverfolgung in Berlin 1933~1945*, p. 171.

14 Eric A. Johnson, *Nazi Terror. The Gestapo, Jews, and Ordinary Germans*(New York, 2000), pp. 195~212; S. Michels, "Homophobic Propaganda and Denunciation of

Same-Sex-Desiring Men under National Socialism," D. Herzog(ed.), *Sexuality and German Fascism*, pp. 109~114; Franz Sparing, *"... wegen Vergehen nach §175 verhaftet." Die Verfolgung der Düsseldorfer Homosexuellen während des Nationalsozialismus*(Düsseldorf, 1997), 47~54.

15 F. Sparing, *"...wegen Vergehen nach §175 verhaftet,"* pp. 36~46; A. Pretzel, "Erst dadurch wird eie wirksame Bekämpfung ermöglicht. Polizeiliche Ermittlungen," A. Pretzel and G. Roßbach(ed.), *Homosexuellenverfolgung in Berlin 1933~1945*, pp. 65~67; Arno Klönne, *Jugend im Dritten Reich. Die Hitler-Jugend und Ihre Gegner*(München, 1990), pp. 198~214.

16 데틀레프 포이케르트, 『나치 시대의 일상사: 순응, 저항, 인종주의』, 김학이 옮김, 개마고원, 2003, pp. 312~313; G. J. Giles, "The Denial of Homosexuality: Same-Sex Incidents in Himmler's SS and Police," D. Herzog(ed.), *Sexuality and German Fascism*, p. 261.

17 P. v. Rönn, "Politische und psychiatrische Homosexualitätskonstruktion im NS-Staat. Teil I: Die politische Genese des Homosexuellen als Staatsfeind," *Zeitschrift für Sexualforschung*, 1998, No. 11, pp. 109~113.

18 Heinrich Himmler, "Bevölkerungspolitische Rede Himmlers vor SS-Gruppenführern über die 'Frage der Homosexualalität' und ein 'natürliches Verhlältnis der Geschlechter zueinander vom 18. 2. 1937," H.-G. Stümke and R. Finkler, *Rosa Winkel, Rosa Listen*, pp. 433~442.

19 루돌프 헤스, 『헤스의 고백록』, 서석연 옮김, 범우사, 2006, pp. 125~127.

20 P. v. Rönn, "Politische und psychiatrische Homosexualitätskonstruktion im NS-Staat," *Zeitschrift für Sexualforschung*, Juni und September, Stuttgart, 1998, pp. 116~117.

21 D. Herzog, "Hubris and Hypocrisy, Incitement and Disavowal: Sexuality and German Fascism," D. Herzog(ed.), *Sexuality and German Fascism*, pp. 6~12.

22 Elisabeth Heinemann, "Sexuality and Nazism: The Doubly Unspeakable?," D. Herzog (ed.), *Sexuality and German Fascism*, p. 19; Julia Ross, "Blacklash against Prostitutes' Rights: Origins and Dynamics of Nazi Prostitution Policies," D. Herzog(ed.), *Sexuality and German Fascism*, pp. 83, 84, 86; Helga Timm, "Sex with a Purpose: Prositution, Veneral Disease, and Militarized Masculinity in the Third Reich," D. Herzog(ed.), *Sexuality and German Fascism*, pp. 231, 238.

23 Claudia Koonz, *The Nazi Conscience*(Boston, 2005).

24 G. Bock, *Zwangssterilisation im Nationalsozialismus*, p. 103.

25 G. Grau, *Homosexualität in der NS-Zeit*, No. 27, 28, pp. 122~128.

26 같은 책, No. 29, 30, 31, pp. 129~138.

27 같은 책, No. 56, p. 220.

28 Dietmar Petzina and Werner Abelshauser, *Sozialgeschichtliches Arbeitsbuch III* (München, 1978), p. 28.

29 C. Schopmann, *Nationalsozialistische Sexualpolitik und weibliche Homosexualität*, p.

206.

30 G. Grau, *Homosexualität in der NS-Zeit*, No. 48, 88, pp. 181~191, 310, 311.

31 같은 책, pp. 306~307.

32 Rüdiger Lautmann, *Seminar: Gesellschaft und Homosexualität*(Frankfurt/M., 1977), pp. 325~365.

33 G. Grau, *Homosexualität in der NS-Zeit*, No. 53, 54, 57, 85, 87, pp. 213~216, 224~227, 292~299.

34 A. Pretzel, "Erst dadurch wird eine wirksame Bekämpfung ermöglicht. Polizeiliche Ermittlungen," A. Pretzel and G. Roßbach(ed.), *Homosexuellenverfolgung in Berlin 1933~1945*, p. 57; B. Jellonnek, *Homosexuelle unter dem Hakenkreuz*, p. 280.

35 포이케르트, 『나치 시대의 일상사』, pp. 341~343; B. Jellonek, *Homosexuelle unter dem Hakenkreuz*, pp. 162~169.

36 Wolfgang Sofsky, *Die Ordnung des Terros. Das Konzentrationslager*(Frankfurt/M., 1993).

37 R. Lautmann, *Seminar*, pp. 341~364.

38 Joachim Müller, "'Wohl dem, der hier nur eine Nummer ist.' Die Isolierung der Homosexuellen," J. Müller and A. Sternweiler, *Homosexuelle Männer im KZ Sachsenhausen*(Berlin, 2000), pp. 89~108.

39 C. Schopmann, *Nationalsozialistische Sexualpolitik und weibliche Homosexualität*, p. 223(Anm. 246).

10장 일상의 억압과 삶

1 R. Gellately, "The Gestapo and German Society: Political Denunciation in the Gestapo Case files," *Journal of Modern History*, 60, 1988, pp. 654~694; R. Gellately, *The Gestapo and German Society. Enforcing Racial Policy 1933-1945*(New York, 1990), pp. 159~184; E. A. Johnson, *Nazi Terror*, pp. 83~158; Klaus Mallmann and Gerhard Paul(ed.), *Die Gestapo-Mythos und Realität*(Darmstadt, 1995); K. Mallmann and G. Paul(ed.), *Die Gestapo im zweiten Weltkrieg*(Darmstadt, 2000). 라인하르트 만의 연구에 대해서는 포이케르트, 『나치 시대의 일상사』, p. 371.

2 B. Jellonnek, *Homosexuelle unter dem Hakenkreuz*; F. Sparing, *"...wegen Vergehen nach §175 verhaftet"*; A. Pretzel et. al., *Homosexuellenverfolgung in Berlin*; S. Micheler, *Selbstbilder und Fremdbilder der "Anderen."*

3 Huptstaatsarchiv Düsseldorf Gestapo-Personenakten RW 0058-2340, 45390, 59009. Huptstaatsarchiv Düsseldorf는 추후 HA-D로 약칭한다.

4 HA-D RW 0058-48772.

5 HA-D RW 0058-31816.

6 HA-D RW 0058-55660.

7 HA-D RW 0058-32205, 46473, 59552, 61198, 62218.

8 HA-D RW 0058-38376, 49929, 57357.

9 HA-D RW 0058-28395, 55637, 63355.

10 HA-D RW 0058-55637, 59519, 63355.

11 HA-D RW 0058-45258.

12 HA-D RW 0058-13683.

13 F. Sparing, *"…wegen Vergehen nach §175 verhaftet,"* pp. 134~141.

14 HA-D RW 0058-31816.

15 HA-D RW 0058-12841, 25117.

16 HA-D RW 0058-12841, 25117, 33485.

17 HA-D RW 0058-12836, 13683.

18 HA-D RW 0058-31816.

19 HA-D RW 0058-13683.

20 HA-D RW 0058-61209.

21 HA-D RW 0058-28374.

22 HA-D RW 0058-32203, 58118.

23 HA-D RW 0058-49928, 50710,

24 HA-D RW 0058-15218, 25234.

25 HA-D RW 0058-25951.

26 HA-D RW 0058-25951; W. D. Berude, "'Verantwortungslose Volks- und Staatsfeinde.' Der Essener Theaterskandal 1936," Centrum Schwule Geschichte, *"Das sind Volksfeinde!,"* pp. 62~73.

27 HA-D RW 0058-49450.

28 HA-D RW 0058-16499, 27586, 47493, 58837.

29 HA-D RW 0058-49450, 13683.

30 HA-D RW 0058-04865, 22134.

31 Richard Wetzell, *Inventing the Criminal. A History of German Criminalogy, 1880-1945*(Chapel Hill, 2000).

32 HA-D RW 0058-49450.

33 HA-D RW 0058-49450.

34 HA-D RW 0058-22134.

35 Lothar Machtan, *Hitler's Geheimnis. Das Doppelleben eines Diktators*(Frankfurt/M., 2003).

36 HA-D RW 0058-12841.

37 Das Statistische Reichsamt, "Das Schulwesen des Deutschen Reiches," *Statistik des Deutaschen Reichs*, vol. 438(Berlin, 1933), pp. 21~30.

38 HA-D RW 0058-12835.

39 HA-D RW 0058-12846, 06998.

40 HA-D RW 0058-06987.

41 HA-D RW 0058-12843.

42 HA-D RW 0058-06998.

43 HA-D RW 0058-06988, 12835.

44 HA-D RW 0058-12850.

45 HA-D RW 0058-12846.

46 HA-D RW 0058-06998.

47 HA-D RW 0058-12836.

48 HA-D RW 0058-12843.

49 HA-D RW 0058-13683.

50 HA-D RW 0058-06988, 07000.

51 HA-D RW 0058-12835.

참고문헌

I. 기록보관소 사료

Landesarchiv Nordrhein-Westfalen, Abteilung Rheinland, Standort Dusseldorf, Gestapo-Personenakten RW 0058-02352, 10619, 10753, 12817, 12835, 12836, 12841, 12843, 12844, 12846, 12847, 12849, 12850, 13683, 1394, 13960, 14668, 15096, 15098, 15214, 15218, 15452, 16499, 16662, 16821, 17130, 18229, 19242, 19243, 19251, 19265, 19498, 20806, 20807, 20808, 21331, 21755, 22134, 22780, 23068, 23098, 2337, 2338, 2340, 2341, 2351, 24065, 2407, 25117, 25118, 25151, 25157, 25168, 25169, 25176, 25179, 25199, 25234, 25244, 25284, 25669, 25951, 2634, 2674, 26896, 26943, 27586, 28232, 28253, 28297, 28323, 28325, 28338, 28345, 28353, 28374, 28386, 28387, 28395, 28397, 28398, 28411, 28470, 28471, 29061, 29201, 30402, 31443, 31444, 31446, 31816, 32203, 32205, 32206, 32207, 32262, 33452, 33453, 33485, 35895, 36663, 36826, 36852, 36936, 36956, 36978, 37110, 37144, 37156, 3721, 37267, 38359, 38361, 38362, 38373, 38374, 38375, 38376, 38414, 38431, 38436, 38443, 38445, 38450, 38451, 39042, 39272, 40972, 41001, 41022, 41300, 41627, 41635, 41638, 41639, 42927, 43923, 44420, 45120, 45164, 45177, 45178, 45179, 45180, 45181, 45183, 45202, 45206, 45207, 45219, 45258, 45302, 45303, 45304, 45354, 45390, 45482, 46410, 46458, 46773, 47473, 47049, 47493, 47608, 48538, 48539, 4865, 48705, 48740, 48742, 48753, 48754, 48767, 48768, 48771, 48772, 48773, 48774, 48782, 48794, 48870, 48871, 48927, 49222, 4990, 49914, 49925, 49928, 49929, 4993, 50142, 50566, 50639, 50651, 50709, 50710, 50923, 5144, 51734, 51763, 51785, 52623, 54928, 55605, 55637, 55645, 55647, 55660,

57336, 57337, 57338, 57339, 57353, 57357, 57359, 57905, 58118, 58499, 58837, 58867, 59009, 59030, 59040, 59056, 59057, 59059, 59065, 59067, 59093, 59517, 59519, 59545, 59551, 59552, 59636, 5998, 60029, 60045, 60048, 60055, 60058, 60095, 60106, 6079, 61166, 61189, 61197, 61198, 61209, 61227, 62217, 62218, 62876, 63012, 63355, 63389, 63397, 63399, 64138, 65017, 65023, 65632, 65709, 65710, 66303, 6656, 6938, 6985, 6986, 6987, 6988, 6989, 6998, 6999, 7000, 70273, 70493, 70561, 70737, 7174, 7748, 9186.

II. 문헌

고프만, 어빙, 『스티그마』, 윤선길·정기현 옮김, 한신대학교 출판부, 2009.

곽차섭, 「르네상스기 이탈리아의 동성애자들」, 곽차섭·임병철 엮음, 『역사 속의 소수자들』, 푸른역사, 2009, pp. 18~39.

기든스, 앤서니, 『현대 사회의 성, 사랑, 에로티시즘: 친밀성의 구조 변동』, 배은경·황정민 옮김, 새물결, 1996.

김학이, 「홀로코스트와 근대성」, 『독일연구』 12호(2006. 12), pp. 73~120.

김학이, 「성性 만드는 사람들—마그누스 히르슈펠트와 베를린 성과학연구소, 1896~1933」, 『서양사론』, 제103호(2009. 11.), pp. 153~195.

김학이, 「한스 블뤼어의 국가 에로스—어느 반동적 모더니스트의 정신세계」, 『독일연구』 20호(2010. 12), pp. 117~152.

김학이, 「롤프 라이하르트의 개념사」, 박근갑 외, 『개념사의 지평과 전망』, 소화, 2009, pp. 93~138.

나인호, 『개념사란 무엇인가』, 역사비평, 2011.

뒤비, 조르주, 『아름다운 사랑과 성의 역사』, 김석희 옮김, 공동체, 1991.

들뢰즈, 질, 『앙띠 오이디푸스』, 최명관 옮김, 민음사, 1994.

라플랑슈, 장·퐁탈리스, 장 베르트랑, 『정신분석 사전』, 임진수 옮김, 열린책들, 2005.

루만, 니클라스, 『열정으로서의 사랑: 친밀성의 코드화』, 정성훈·권기돈·조형준 옮김, 새물결, 2009.

모스, 조지, 『내셔널리즘과 섹슈얼리티』, 서강여성문학연구회 옮김, 소명, 2004.

바흐찐, 미하일, 『프랑수아 라블레의 작품과 중세 및 르네상스의 민중문화』, 이덕형·최건영 옮김, 아카넷, 2001.

반 데 벨데, T. H., 『완전한 결혼』, 이창식 옮김, 태창문화사, 1982.

버틀러, 주디스, 『젠더 트러블』, 조현준 옮김, 문학동네, 2008.

부르디외, 피에르, 『남성 지배』, 김용숙·주경미 옮김, 동문선, 2003.

브로샤트, 마르틴, 『히틀러국가』, 김학이 옮김, 문학과지성사, 2011.

이셔우드, 크리스토퍼, 『베를린이여 안녕』, 류종호, 샘터사, 1978.

정현백·김정안, 『처음 읽는 여성의 역사』, 동녘, 2011.

조승래, 「슬픈 '몰리'/즐거운 '토미': 근대 초 영국의 남녀 동성애자들」, 곽차섭·임병철 엮음, 『역사 속의 소수자들』, 푸른역사, pp. 40~65.

커쇼, 이언, 『히틀러』 I, II, 이희재 옮김, 교양인, 2010.

컨, 스티븐, 『육체의 문화사』, 이성동 옮김, 의암출판, 1996.

포이케르트, 데틀레프, 『나치 시대의 일상사: 순응, 저항, 인종주의』, 김학이 옮김, 개마고원, 2003.

푸코, 미셸, 『성의 역사 1: 앎의 의지』, 이규현 옮김, 나남출판, 1990.

프로이트, 지그문트, 『성에 관한 세 편의 해석』, 오현숙 옮김, 을유문화사, 2007.

헤스, 루돌프, 『헤스의 고백록』, 서석연 옮김, 범우사, 2006.

Blätter für Menschenrecht. Offizielle Monatsheft des Bundes für Menschenrecht, Jg. 1923~1933.

Berlin Museum(ed.), *Eldorado. Homosexuelle Frauen und Männer in Berlin 1850-1950. Geschichte, Alltag und Kultur*(Berlin, 1984).

Bleibtreu-Ehrenberg, Gisela, *Homosexualität. Die Geschichte eines Vorurteils*(Frankfurt/M, 1981).

Blüher, Hans, *Wandervogel. Geschichte einer Jugendbewegung*(Berlin, 1912).

Blüher, Hans, *Die Rolle der Erotik in der Männlichen Gesellschaft. Eine Theorie der Menschlichen Staatsbildung nach Wesen und Wert*(Jena, 1919).

Blüher, Hans, *Werke und Tage*(München, 1953).

Bock, Giesela, *Zwangssterilisation im Nationalsozialismus. Studien zur Rassenpolitik und Geschlechterpolitik*(Münster, 1986).

Braun, Christina von, *Nicht Ich*(Frankfurt/M, 1985).

Bruns, Claudia and Walter, Tilmann(ed.), *Von Lust und Schmerz. Eine Historische Anthropologie der Sexualität*(Köln, 2004).

Bullough, Vern L., *Science in the Bedroom: A History of Sex Research*(New York, 1994).

Butler, Judith, *Undoing Gender*(New York, 2004).

Canguillem, Georges, *Das Normale und das Pathologische*(Frankfurt/M., 1977).

Casper, Johann Ludwig, *Practisches Handbuch der gerichtlichen Medizin. Biologischer Teil*(Berlin, 1858).

Centrum Schwule Geschichte(ed.), *"Das sind Volksfeinde!" Die Verfolgung von Homosexuellen an Rhein und Ruhr 1933-1945*(Köln, 1998).

Das perverse Berlin(Berlin, 1908).

Dobler, Jens, *Von anderen Ufern. Geschichte der Berliner Lesben und Schwulen in Kreuzberg und Friedrichshain*(Berlin, 2003).

Dobler, Jens, *Zwischen Duldungspolitik und Verbrechensbekömpfung. Homosexuellenverfolgung durch die Berliner Polizei von 1848 bis 1933*(Frankfurt, 2008).

Dose, Ralf, *Magnus Hirschfeld. Deutscher-Jude-Weltbürger*(Potsdam, 2005).

Dupont, Marc, *Sexualwissenschaft im "Dritten Reich." Eine Inhaltanalyse medizinischer Zeitschriften*(Frankfurt/M., 1996).

Eder, Franz X., *Kultur der Begierde. Eine Geschichte der Sexualität*(München, 2001).

Eissler, W. U., *Arbeiterparteien und Homosexuellenfrage. Zur Sexualpolitik von SPD und KPD in der Weimarer Republik*(Hamburg, 1980).

Fraenkel, Ernst, *The Duat State*(New York, 1941).

Frei, Nobert, *Der Führerstaat. Nationalsozialistische Herrschaft 1933-1945*(München, 1987).

Freunde eines Schwulen Museums in Berlin e. V.(ed.), *Die Geschichte des §175. Strafrecht gegen Homosexuelle*(Berlin, 1990).

Frevert, Ute, *Frauen-Geschichte Zwischen Bürgerlicher Verbesserung und Neuer Weiblichkeit*(Frankfurt/M., 1987).

Friedlaender, Benedict, *Renaissance des Eros Uranios. Die physiologische Freundschaft, ein normaler Grundtrieb des Menschen und eine Frage der männlichen Gesellungsfreiheit*(Berlin, 1904).

Gellately, Robert, *The Gestapo and German Society. Enforcing Racial Policy 1933-1945*(New York, 1990).

Gellately, Robert and Stoltzfus, Nathan(ed.), *Social Outsiders in Nazi Germany*(Princeton, 2001).

Geuter, Ulfried, *Homosexualität in der deutschen Jugendbewegung*(Frankfurt/M., 1994).

Grau, Günter(ed.), *Homosexualität in der NS-Zeit. Dokumente einer Diskriminierung und Verfolgung*(Frankfurt/M, 2004).

Hancock, Eleanor, "'Only the Real, the True, the Maculine Held Its Value': Ernst Röhm, Masculinity, and Male Homosexuality," *Journal of the History of Sexuality*, 8(1998), pp. 616~641.

Heiss, Stephan and Schmale, Wolfgang(ed.), *Polizei und schwule Subkulturen*(Leipzig, 1999).

Hergemöller, Bernd-Ulrich, *Mann für Mann. Biographisches Lexikon zur Geschichte von Freundesliebe und männlicher Sexualität im deutschen Sprachraum*(Hamburg, 1998)

Herrn, Rainer, *Schnittmuster des Geschlechts. Transvestismus und Transsexualität in der frühen Sexualwissenschaft*(Gießen, 2005).

Herzer, Manfred, "Kertbeny and the nameless love," *Journal of Homosexuality*, No. 12(1985), pp. 1~26.

Herzer, Manfred, *Magnus Hirschfeld. Leben und Werk eines jüdischen, schwulen und sozialistischen Sexologen*(Hamburg, 1992).

Herzog, Dagmar(ed.), *Sexuality and German Fascism*(New York, 2005).

Hirschfeld, Magnus, *Berlins Drittes Geschlecht*(Berlin, 1991). original 1904.

Hirschfeld, Magnus, *Transvestites, The Erotic Drive to Cross Dress*(New York, 1991)(original 1910).

Hirschfeld, Magnus, *Die Homosexualität des Mannes und des Weibes*(Berlin, 2001) (original 1914).

Hirschfeld, Magnus, *Von einst bis jetzt. Geschichte einer homosexuellen Bewegung*(Berlin, 1986)(original 1922).

Hirschfeld, Magnus, *Geschlechtskunde auf Grund dreißigjähriger Forschung und Erfahrung*, Vol. I, *Physische Grundlagen*, Vol. II, *Folgerungen*, III. *Einblicke und Ausblicke*(Stuttgart, 1926, 1928, 1930).

Hirschfeld, Magnus, *Die Weltreise eines Sexualforschers*(Brugg, 1933).

Hirschfeld, Magnus, *Geschlechtsanomalien und Perversionen*(London, 1938).

Jacobson, Eric Paul, *Monism: The Evolution of a World-View in Germany from 1770 to 1930*, Diss.(Madison, 2001).

Jäger, Gustav, *Entdeckung der Seele*(Leipzig, 1884).

Jellonnek, Burkhard, *Homosexuelle unter dem Hakenkreuz. Die Verfolgung von Homosexuellen im Dritten Reich*(Paderborn, 1990).

Johnson, Eric, *Nazi Terror. The Gestapo, Jews, and Ordinary Germans*(New York, 2000).

Hohmann, Joachim S., *Sexualforschung und –aufklärung in der Weimarer Republik. Eine Übersicht in Materialien und Dokumenten*(Frankfurt/M., 1985).

Horst, Gerd and Kocka, Jürgen, and Ritter, Gerhard A., *Sozialgeschichtliches Arbeitsbuch II. Materialien zur Statistik des Kaiserreichs 1870-1914*(München, 1975).

Kartell für Reform des Sexualenstrafrechts(ed.), *Gegenentwurf zu den Strafbestimmungen des Amtlichen Entwurfs eines Allgemeinen Deutschen Strafgesetzbuchs über geschlechtliche und mit dem Geschlechtsleben im Zusammenhang stehende Handlungen (Abschnitte 17, 18, 21, 22 und 23) nebst Begründung*(Berlin, 1927).

Kaye, Kerwin, "Male Prostitution in the Twentieth Century: Pseudohomosexuals, Hoodlum Homosexuals, and Exploited Teense," *Journal of Homosexuality*, vol. 46(2003), pp. 1~77.

Keilson-Lauritz, Marita, *Die Geschichte der eigenen Geschichte. Literatur und Literaturkritik in den Anfängen der Schwulenbewegung*(Berlin, 1997).

Klare, Rudof, *Homosexualität und Strafrecht*(Hamburg, 1937).

Klönne, Arno, *Jugend im Dritten Reich. Die Hitler-Jugend und Ihre Gegner*(München, 1990).

Koonz, Claudia, *The Nazi Conscience*(Boston, 2005).

Kotowski, Elke-Vera and Schoeps, Julius H.(ed.), *Der Sexualreformer Magnus Hirschfeld. Ein Leben im Spannunsfeld von Wissenschaft, Politik und Gesellschaft*(Berlin, 2004).

Krafft-Ebing, Richard von, *Lehrbuch der Psychiatrie auf klinishcer Grundlage für practische Ärzte und Studirende*(Stuttgart, 1879).

Krafft-Ebing, Richard von, *Psychopathia Sexualis. Mit besonderer Berücksichtigung der conträren Sexualempfindung. Eine klinisch-forensische Studie*(Boston, 2005)(원본은 1886년).

Lauritsen, John and Thorstad, David, *The Early Homosexual Rights Movement 1864-1935*(New York, 1974).

Lautmann, Rüdiger, *Seminar: Gesellschaft und Homosexualität*(Frankfurt/M., 1977).

Lücke, Martin, *Männlichkeit in Unordnung. Homoseualität und männliche Prostitution in Kaiserreich und Weimarer Republik*(Frankfurt/M., 2008).

Machtan, Lothar, *Hitler's Geheimnis. Das Doppelleben eines Diktators*(Frankfurt/M., 2003).

Magnan, Valentin, *Psychiatrische Vorlesungen*(Nabu Press, 2012).

Mallmann, Klaus and Paul, Gerhard(ed.), *Die Gestapo-Mythos und Realität*(Darmstadt, 1995).

Mallmann Klaus and Paul, Gerhard(ed.), *Die Gestapo im zweiten Weltkrieg*(Darmstadt, 2000).

Micheler, Stefan, *Selbstbilder und Fremdbilder der "Anderen." Männer begehrende Männer in der Weimarer Republik und der NS-Zeit*(Konstanz, 2005).

Moll, Albert(ed.), *Handbuch der Sexualwissenschaften. Mit besonderer Berücksichtigung der kulturgeschichtlichen Beziehungen*(Leipzig, 1912).

Morek, Kurt, *Führer durch das lasterhafte Berlin*(Leipzig, 1931).

Müller, Joachim and Sternweiler, Andreas(ed.), *Homosexuelle Männer im KZ Sachsenhausen*(Berlin, 2000).

Müller, Klaus, *Aber in meinem Herzen sprach eine Stimme so laut. Homosexuelle Autobiographien und medizinische Pathologien im neunzehnten Jahrhundert*(Berlin, 1991).

Oosterhuis, Harry, *Homosexuality and Male Bonding in pre-Nazi Germany. the Youth Movements, the Gay Movement, and Male Bonding before Hitler's Rise. Original Transcript from the Eigene, the first Gay Journal of the World*(New York, 1991).

Oosterhuis, Harry, *Stepchildren of Nature. Krafft-Ebing, Psychiatry and the Making of Sexual Identity*(London, 2000).

Petzina, Dietmar and Abelshauser, Werner, *Sozialgeschichtliches Arbeitsbuch III. Materialien des Deutschen Reiches 1914-1945*(München, 1978).

Peukert, Detlev, *Die Weiarer Republik. Krisenjare der Klassischen Moderne*(Frankfurt/M., 1987).

Pretzel, Andreas and Roßbach, Gabriele(ed.), *Homosexuellenverfolgung in Berlin 1933-1945*(Berlin, 2000).

Reichardt, Rolf, *The Bastille. A History of a Symbol Despotism and Freedom*(Durham, 1997).

Rönn, Peter von, "Politische und psychiatrische Homosexualitätskonstruktion im NS-Staat. Teil I: Die politische Genese des Homosexuellen als Staatsfeind"; Teil II: "Die soziale Genese der Homosexualität als defizitäre Heterosexualität," *Zeitschrift für*

Sexualforschung, 1998, No. 2 and 3, pp. 99~129, 220~260.

Schader, Heike, *Virile, Vamps und wilde Veilchen. Sexualität, Begehren und Erotik in den Zeitschriften homosexueller Frauen in Berlin der 1920er Jahre*(Königstein im Taunus: Helmer, 2004).

Schlatter, Christoph, *"Merwürdigerweise bekam ich Neigung zu Burschen." Selbstbilder und Fremdbilder homosexueller Männer in Schaffhausen 1867 bis 1970*(Zürich, 2002).

Schopmann, Claudia, *Nationalsozialistische Sexualpolitik und weibliche Homosexualität*(Bamberg, 1991).

Schultz, Johannes, *Geschlecht, Liebe, Ehe. Die Grundtatsachen des Liebes- und Geschlechtslebens in ihrer Bedeutung für Einzel- und Volksdasein*(München, 1942).

Schwule Geschichte Kölns(ed.), *"Verführte Männer." Das Leben der Kölner Homosexuellen im Dritten Reich*(Köln, 1991).

Sedgwick, Eve, *Between Men: English Literature and Male Homosocial Desire*(New York, 1985).

Sievert, Hans, *Das Anormale Bestrafen. Homosexualität Strafrecht und Schwulenbewegung im Kaiserreich und in der Weimarer Republik*(Hamburg, 1984).

Sigusch, Volkmar, *Geschichte der Sexualwissenschaft*(Frankfurt/M, 2008).

Soden, Kristine von, *Die Sexualberatungsstellen der Weimarer Republik 1919-1933*(Berlin, 1988).

Sofsky, Wolfgang, *Die Ordnung des Terros. Das Konzentrationslager*(Frankfurt/M., 1993).

Sparing, Franz, *"...wegen Vergehen nach §175 verhaftet." Die Verfolgung der Düsseldorfer Homosexuellen während des Nationalsozialismus*(Düsseldorf, 1997).

Das Statistische Reichsamt, "Das Schulwesen des Deutschen Reiches," *Statistik des Deutaschen Reichs*, vol. 438(Berlin, 1933).

Strasser, Peter, *Verbrechermenschen. Zur kriminalwissenschaftlichen Erzeugung des Bösen*(Frankfurt/M., 2005).

Steakley, James, *The homosexual emancipation movement in Germany*(New York, 1975).

Steakley, James, *"Anders als die Andern." Ein Film und seine Geschichte*(Hamburg, 2007).

Stümke, Hans Georg and Finkler, Rudi, *Rosa Listen. Homosexuelle und 'Gesundes Volksempfinden' von Auschwitz bis heute*(Reinbek, 1981).

Theweleit, Klaus, *Männerphantasien.* Vol. I: *Frauen, Fluten, Körpergeschichte; Männerphantasien, Zur Psychoanalyse des Weißen Terrors. Vol. II: Männerkörper. Zur Psychoanalyse des weißen Terrors*(Hamburg, 1986, 1987).

Trumbach, Randolph, *Sex and Gender Revolution.* Vol. 1: *Heterosexuality and the Third Gender in Enlightment London*(Chicago, 1998).

West, Candice and Zimmermann, Don H., "Doing Gender," *Gender and Soiety*, vol. 1, No. 2(1987), pp. 125~151.

Wetzell, Richard, *Inventing the Criminal. A History of German Criminalogy, 1880–1945*(Chapel Hill, 2000).

Wolff, Charlotte, *Magnus Hirschfeld. A Portrait of a Pioneer in Sexology*(London, 1986).

찾아보기